BARRON'S
FOREIGN LANGUAGE GUIDES

501
LATIN
Verbs

SECOND EDITION

Fully conjugated in all the tenses in a new
easy-to-learn format alphabetically arranged

by

Richard E. Prior, Ph.D.
Associate Professor of Classics
Furman University
Greenville, South Carolina

and

Joseph Wohlberg, Ph.D.
Formerly Professor of Latin
The City College of the City University of New York
New York, NY

BARRON'S

Joseph Wohlberg was the author of 201 Latin Verbs, first edition, © copyright 1964 by Barron's Educational Series, Inc., which was adapted by Richard E. Prior for the first edition of 501 Latin Verbs, © copyright 1995 by Barron's Educational Series, Inc.

All inquiries should be addressed to:
Barron's Educational Series, Inc.
250 Wireless Boulevard
Hauppauge, New York 11788
www.barronseduc.com

Library of Congress Catalog Card No. 2007021333

ISBN-13: 978-0-7641-3742-6
ISBN-10: 0-7641-3742-5

Library of Congress Cataloging-in-Publication Data
Prior, Richard E.
  501 Latin verbs fully conjugated in all the tenses in a new easy-to-learn format alphabetically arranged / by Richard E. Prior. — 2nd ed.
    p. cm.
  Includes indexes.
  ISBN-13: 978-0-7641-3742-6
  ISBN-10: 0-7641-3742-5
    1. Latin language—Verb—Tables. I. Wohlberg, Joseph. II. Title.
III. Title: Five hundred one Latin verbs fully conjugated in all the tenses in a new easy-to-learn format, alphabetically arranged. IV. Title: Five hundred and one Latin verbs fully conjugated in all the tenses in a new easy-to-learn format, alphabetically arranged.

PA2158.P7 2008
478.2'421—dc22   2007021333

PRINTED IN THE UNITED STATES OF AMERICA
9 8 7 6 5 4 3 2 1

Contents

Acknowledgments

For my partner Scott, who is my anchor and supreme proofreader, for my boys Tarquin, Numa, and Sherman, who greet me every morning and make my life new daily, and for my deliciously obnoxious neighbors Fred and Sam, who love and support me beyond words. I am truly blessed.

Preface to *501 Latin Verbs*, Second Edition

This aim of this book is to be a handy reference guide not only for secondary and post-secondary students just beginning their study of Latin, but also for people striking out on their own to teach themselves the language. Since Latin's verb system can be rather intimidating—a verb can appear in well over one hundred forms!—I have tried to make this book as user-friendly as possible. One way is to maintain clean, uncluttered, easy-to-read pages. By not including rare and archaic forms (e.g. the future imperative) that students in the early stages of their study are highly unlikely to run across, the eye can more easily locate the form being looked for, and much potential confusion is therefore avoided. With few exceptions I have also excluded forms that, although theoretically possible, have no evidence of having existed.

The verbs in this book have been chosen for several reasons. The main rationale for inclusion is frequency of appearance both in Latin literature and in the most commonly used textbooks. Also included are all Latin's irregular verbs, which are considerably few compared to most other languages, and defective verbs, which are ones missing forms, such as *coepi*.

Compared to other languages, Latin has a relatively small vocabulary. Many words, verbs especially, are simply combinations of base words with prefixes, suffixes, or other variations. These base verbs, along with others that invite comment, appear in this edition as Essential Verbs and have second pages all their own. Since these base verbs can appear with so many different prefixes not to mention other variations, it is hard to decide where to introduce them; for simplicity, they usually appear early in the book under their first compound in alphabetical order. There is an appendix in the back to guide you. The more common compounds have their own pages.

The verbs in the book are organized by the same convention used by glossaries and dictionaries. There are two traditions in listing the principal parts of verbs. One is to include the perfect passive participle for the fourth part (e.g. *missus*). The other, which is followed in this book, is to use the supine (e.g. *missum*). If neither of them exists, but there is a future active participle, it appears.

At the bottom of each page you will find additional information, including alternate forms, related words, compounds, and a short, simple quote from an ancient author in order to demonstrate the verb in action. Some quotations have been edited to make the usage more clear.

Other features of this edition include an overview of the Latin verb system, an appendix for locating odd verb formations, and exercises for those who would like to test their mastery.

feliciter et tibi!

Richard E. Prior
Furman University

Overview of the Latin Verb System

This section provides a quick, simple reference, designed for students in the early stages of their study, when it's easy to get lost in the forest of formal grammatical terminology.

Principal Parts

Verbs can appear in many ways. There are verbal nouns (gerunds), verbal adjectives (participles), and, of course, verbs behaving as verbs. All the information you need to create any of the forms that a verb can possibly take is contained in its **principal parts**. English verbs also have principal parts, such as *drink, drank, drunk* or *lie, lay, lain* or *go, went, gone*. The first part is the simple present, the second is the simple past, and the third is the past participle. Most Latin verbs have four principle parts. Let's use the verb **capio, capere, cepi, captum**, as our example.

The FIRST principal part, **capio** *I take* is the first person singular, present indicative active. It is the form traditionally used to refer to a verb and how you look it up in a dictionary. It also tells you whether or not it is an **-io** verb, which **capio** clearly is.

The SECOND principal part, **capere** *to take* is the present infinitive active. Latin verbs are divided into four groups called conjugations based on the ending of this form. It is important to know to which conjugation a verb belongs because it determines how its present, imperfect, and future tense forms are made.

first conjugation	amāre
second conjugation	manēre
third conjugation	capere
fourth conjugation	sentīre

These first two principal parts also provide the information you need to form the imperative, the present active participle, the future passive participle (gerundive), and the gerund. The last two principal parts are for all the other possible forms.

The THIRD principal part, **cepi** *I took* is the first person singular, perfect indicative active. It provides the stem needed for the perfect, pluperfect, and future perfect tenses, and the perfect infinitive, *active voice only*.

The FOURTH principal part, **captum** *take* is the supine. From its base the perfect passive and future active participles are made. The perfect passive participle is especially important since it is used with the verb **sum** to create all the passive voice forms in the perfect system.

There are two traditions for listing the fourth principal part of Latin verbs. One is to supply the supine as this book does. The other tradition is to provide the perfect passive participle, and if no perfect passive participle exists for a verb, the future active participle is used instead. e.g. **sum, esse, fui, futurus** *to be*. It is important to note that some verbs, such as **timeo, timere, timui** *to fear*, have no fourth principal at all.

Most Latin verb forms can be described in terms of *person*, *number*, *tense*, *mood*, and *voice*. Here is a breakdown of each of these terms.

PERSON refers to the speaker's point of reference. The FIRST person is the speaker: **ego** *I*. The SECOND person is the person being spoken to: **tu** *you*. The THIRD person is anyone or anything else.

NUMBER refers to quantity, singular or plural. The plural of **ego** *I* is **nos** *we*, of **tu** *you* it's **vos** *you*. Since the endings for these persons are distinct, the nominative case forms of these pronouns aren't necessary. They are only used to express emphasis. For the third person however, the subject isn't clear unless the reference is obvious, so watch for a noun or pronoun in the nominative. Ordinarily the subject of a third person verb will remain the same until another nominative appears.

VOICE refers to the relationship of the subject to the verb.

ACTIVE voice shows the subject performing the action.

Ianuam aperiebam. *I was opening the door.*

PASSIVE voice shows the subject receiving the action.

Ianua aperiebatur. *The door was being opened.*

MIDDLE voice suggests that the subject is performing the action either to itself, for its own benefit, or has a deep personal interest in an action.

Ianua aperiebatur. *The door was opening.*

In the present system tenses (i.e., the present, imperfect, and future), Latin uses special sets of personal endings, one to signify active voice, and another to show passive and middle voice.

ACTIVE VOICE		PASSIVE VOICE		MIDDLE VOICE	
-o/-m	**-mus**	**-or/-r**	**-mur**	**-or/-r**	**-mur**
-s	**-tis**	**-ris/-re**	**-mini**	**-ris**	**-mini**
-t	**-nt**	**-tur**	**-ntur**	**-tur**	**-ntur**

As you can see, the forms for middle voice are identical to those for passive voice, which can pose a point of confusion since middle voice reads with an active sense. Occasionally you will find a regular verb used in middle voice, but for the most part Latin has restricted a certain group of verbs called **deponents** to middle voice in form and meaning, which is why deponents look like they only have passive forms but always have active meanings.

In the perfect system tenses (i.e., the perfect, pluperfect, and future perfect), Latin splits ways to express them. For active voice there are special personal endings. They are attached to the third principal part of a verb minus the final **-i**.

PERFECT ACTIVE

-i	**-imus**
-isti	**-istis**
-it	**-erunt**

PLUPERFECT ACTIVE

-eram	**-eramus**
-eras	**-eratis**
-erat	**-erant**

FUTURE PERFECT ACTIVE

-ero	**-erimus**
-eris	**-eritis**
-erit	**-erint**

For passive (and middle) voice in the perfect system, you need the perfect passive participle with a form of the verb **sum** in the present, imperfect, or future tense for the perfect, pluperfect, or future perfect tenses respectively. Since participles are verbal adjectives, and adjectives must agree in gender, case, and number, the form the participle itself takes can vary. The following are examples using the verb **ago** in masculine gender.

PERFECT PASSIVE

actus sum	**acti sumus**
actus es	**acti estis**
actus est	**acti sunt**

PLUPERFECT PASSIVE

actus eram	**acti eramus**
actus eras	**acti eratis**
actus eras	**acti erant**

PERFECT PASSIVE

actus ero	**acti erimus**
actus eris	**acti eritis**
actus erit	**acti erunt**

TENSE refers to more than simply the time of an action. There is also an element called *aspect* involved. Aspect is the way the speaker views an action, either as in progress or completed. For example, *I was watching the show* says the action was in progress at some time in the past, as opposed to *I (have) watched the show*, which declares it a finished act. Latin has six tenses, one for each time frame (i.e. now, earlier, and later) in each of the two aspects as this table illustrates.

	CONTINUOUS	COMPLETED
NOW	*present*	*perfect*
EARLIER	*imperfect*	*pluperfect*
LATER	*future*	*future perfect*

Note: The continuous aspect is also called *the present system*, and the completed aspect *the perfect system*.

PRESENT TENSE is the present time tense for the continuous aspect. It mostly refers to an action in progress, although sometimes it can also speak of an action in general terms. There is only one way to express present tense in Latin while there are three in English. For example, **portas** can be translated *you carry, you do carry,* or *you are carrying.*

For the most part irregular verbs are only irregular in present tense and must be memorized. As for all other verbs, each conjugation has its own way of forming the present tense. Here is a chart showing the patterns found in each conjugation.

FIRST CONJUGATION

ACTIVE		PASSIVE	
-ō	-āmus	-or	-āmur
-ās	-ātis	-āris	-āminī
-at	-ant	-ātur	-antur

SECOND CONJUGATION

ACTIVE		PASSIVE	
-eō	-ēmus	-eor	-ēmur
-ēs	-ētis	-ēris	-ēminī
-et	-ent	-ētur	-entur

THIRD CONJUGATION

ACTIVE		PASSIVE	
-ō	-imus	-or	-imur
-is	-itis	-eris	-iminī
-it	-unt	-itur	-untur

THIRD CONJUGATION *-io*

ACTIVE		PASSIVE	
-iō	-imus	-ior	-imur
-is	-itis	-eris	-iminī
-it	-iunt	-itur	-iuntur

FOURTH CONJUGATION

-iō	-īmus	-ior	-īmur
-īs	-ītis	-īris	-īminī
-it	-iunt	-ītur	-iuntur

IMPERFECT TENSE is the past time tense for the continuous aspect. It refers to an action that was repeated, habitual, or happening over a period of time in the past. The emphasis is on the fact that it wasn't a single completed act. It doesn't matter if the act is still going on since the emphasis is on the fact that it was in progress at some time in the past. The ideas it conveys can be expressed in several ways in English.

portābās	*you were carrying*
	you kept carrying
	you used to carry
	you began to carry

It could also be translated *you carried,* but only if context makes clear that the act wasn't a one time occurrence.

All conjugations and irregular verbs (except **sum**) contain the tense indicator **-ba-** for imperfect tense.

FUTURE TENSE is the future time tense for the continuous aspect. It can refer to an action in progress in the future or merely to an action happening then in general. Latin makes a huge break among the conjugations as to how the future tense is formed. First and second conjugations use **-bo-, -bi-, -bu-** for tense indicators while third and fourth conjugations use an "**-a-** and five **-e-**'s". The following chart illustrates the ending patterns found across the conjugations.

FIRST CONJUGATION

ACTIVE		PASSIVE	
-ābó	-ābimus	-ābor	-ābimur
-ābis	-ābitis	-āberis	-ābiminī
-ābit	-ābunt	-ābitur	-abuntur

SECOND CONJUGATION

ACTIVE		PASSIVE	
-ēbō	-ēbimus	-ēbor	-ēbimur
-ēbis	-ēbitis	-ēberis	-ēbiminī
-ēbit	-ēbunt	-ēbitur	-ēbuntur

THIRD CONJUGATION

ACTIVE		PASSIVE	
-am	-ēmus	-ar	-ēmur
-ēs	-ētis	-ēris	-ēminí
-et	-ent	-ētur	-entur

THIRD CONJUGATION -*io*

ACTIVE		PASSIVE	
-iam	-iēmus	-iar	-iēmur
-iēs	-iētis	-iēris	-iēminī
-iet	-ient	-iētur	-ientur

FOURTH CONJUGATION

-iam	-iēmus	-iar	-iēmur
-iēs	-iētis	-iēris	-iēminī
-iet	-ient	-iētur	-ientur

PERFECT TENSE shows a single completed act. Even though the action happened in the past, the emphasis is on its completion at the present moment. You could translate **portavisti** as *you have carried, you carried,* or *you did carry.*

Like all perfect system tenses it is formed the same way for all conjugations, irregulars included! Unlike the present system tenses, however, the ways to form the active and passive voice forms are extremely different.

The third principal part of a verb provides the stem for the perfect active forms. Simply drop the final -i and add the special perfect active personal endings.

portō, portāre, *portāvī*, portātum

portāvī	portāvimus
portāvistī	portāvistis
portāvit	portāvērunt

Passive forms for perfect tense use the perfect passive participle, which is formed from the fourth principal part, with the present of the verb **sum**. It is important to remember that the participle must agree with the subject in gender and number. The following example is masculine.

portō, portāre, portāvī, *portātum*

portātus sum	portātī sumus
portātus es	portātī estis
portātus est	portātī sunt

PLUPERFECT TENSE refers to an act that was completed in the past before some other action in the past. You might think of it as a sort of double past tense. There is generally only one way to translate it: **portāverās** *you had carried*.

Like all perfect system tenses it is formed the same way for all conjugations, irregulars included! Unlike the present system tenses, however, the ways to form the active and passive voice forms are extremely different.

The third principal part of a verb provides the stem for the pluperfect active forms. Simply drop the final -i and add the special pluperfect active personal endings. If you already know the imperfect of **sum**, then you already know these endings as well!

portō, portāre, *portāvī*, portātum

portāv**eram**	portāv**erāmus**
portāv**erās**	portāv**erātis**
portāv**erat**	portāv**erant**

Passive forms for pluperfect tense use the perfect passive participle, which is formed from the fourth principal part, with the imperfect of the verb **sum**. It is important to remember that the participle must agree with the subject in gender and number. The following example is masculine.

portō, portāre, portāvī, *portātum*

portāt**us eram**	portāt**ī erāmus**
portāt**us erās**	portāt**ī erātis**
portāt**us erat**	portāt**ī erant**

FUTURE PERFECT TENSE refers to an act that will be completed in the future before some other action in the future. The strictly formal and traditional way to translate it is *will have* (e.g. **portāveris** *you will have carried*).

Like all perfect system tenses it is formed the same way for all conjugations, irregulars included! Unlike the present system tenses, however, the ways to form the active and passive voice forms are extremely different.

The third principal part of a verb provides the stem for the future perfect active forms. Simply drop the final -i and add the special future perfect active personal endings. If you already know the future of **sum**, then you already know these endings as well, but with one exception: the third person plural is **-erint** rather than **-erunt**.

portō, portāre, *portāvī*, portātum

portāv**erō**	portāv**erimus**
portāv**eris**	portāv**eritis**
portāv**erit**	portāv**erint**

Passive forms for future perfect tense use the perfect passive participle, which is formed from the fourth principal part, with the future of the verb **sum**. It is important to remember that the participle must agree with the subject in gender and number. The following example is masculine.

portō, portāre, portāvī, *portātum*

portā**tus** er**ō**	portā**tī** erimus
portā**tus** eris	portā**tī** eritis
portā**tus** erit	portā**tī** erunt

MOOD refers to the way a speaker views an action, either as a fact (*indicative*), a command (*imperative*), an idea or a wish (*subjunctive*), or just as a general concept (*infinitive*).

INDICATIVE MOOD treats an action as a fact. The majority of verbs you encounter will be in indicative mood. The tenses and forms of this mood are explored in the section above.

IMPERATIVE MOOD expresses a command. Its formation is very simple. For nearly all verbs it is the present infinitive active (i.e., the second principal part) minus the final **-re**. To make the command plural, add **-te** on to that stem. Remember that for third conjugation verbs, the short **e** changes to an **i**.

first conjugation	portā!	portāte!
second conjugation	manē!	manēte!
third conjugation	trahe!	trahite!
third conjugation -io	cape!	capite!
fourth conjugation	venī!	venīte!

There are four verbs with irregular imperative forms. They are **dico** (**dic**), **duco** (**duc**), **facio** (**fac**), and **fero** (**fer**).

Negative commands are made with the word **noli** (plural **nolite**) and the infinitive, for example, **noli saltare!** *don't jump!*

SUBJUNCTIVE MOOD is actually the merger of two different moods, the original subjunctive mood, which treats action as an *idea*, and the optative mood, which treats action as a *wish*.

There are only four tenses in subjunctive mood, present, imperfect, perfect, and pluperfect, and they are quite easy to form and recognize.

PRESENT SUBJUNCTIVE is distinguished by an unexpected vowel swap. First conjugation, which usually features an **a**, suddenly has an **e**, and the other conjugations suddenly have an **a**! An easy way to remember how to form the present subjunctive is to go to the first principal part and change the final **o** to the other vowel, **e** for first conjugation verbs and **a** for the others. The irregular verbs **sum**, **possum**, **volo**, **nolo**, and **malo** are irregular in the present subjunctive as well. They use an **i** as a mood indicator and must be learned individually.

Here is a chart showing the patterns found in each conjugation.

FIRST CONJUGATION					SECOND CONJUGATION			
ACTIVE		PASSIVE			ACTIVE		PASSIVE	
-em	-ēmus	-er	-ēmur		-eam	-eāmus	-ear	-eāmur
-ēs	-ētis	-ēris	-ēminī		-eās	-eātis	-eāris	-eāminī
-et	-ent	-ētur	-entur		-eat	-eant	-eātur	-eantur

THIRD CONJUGATION					THIRD CONJUGATION -io			
ACTIVE		PASSIVE			ACTIVE		PASSIVE	
-am	-āmus	-ar	-āmur		-iam	-iāmus	-iar	-iāmur
-ās	-ātis	-āris	-āminī		-iās	-iātis	-iāris	-iāminī
-at	-ant	-ātur	-antur		-iat	-iant	-iātur	-iantur

FOURTH CONJUGATION			
-iam	-iāmus	-iar	-iāmur
-iās	-iātis	-iāris	-iāminī
-iat	-iant	-iātur	-iantur

IMPERFECT SUBJUNCTIVE is among the most common subjunctive forms found. It is also among the easiest to make and recognize! Simply take the present infinitive active and attach personal endings. Here is a chart showing the patterns found in each conjugation.

FIRST CONJUGATION					SECOND CONJUGATION			
ACTIVE		PASSIVE			ACTIVE		PASSIVE	
-ārem	-ārēmus	-ārer	-ārēmur		-ērem	-ērēmus	-ērer	-ērēmur
-ārēs	-ārētis	-ārēris	-ārēminī		-ērēs	-ērētis	-ērēris	-ērēminī
-āret	-ārent	-ārētur	-ārentur		-ēret	-ērent	-ērētur	-ērentur

THIRD CONJUGATION					THIRD CONJUGATION -io			
ACTIVE		PASSIVE			ACTIVE		PASSIVE	
-erem	-erēmus	-erer	-erēmur		-erem	-erēmus	-erer	-erēmur
-erēs	-erētis	-erēris	-erēminī		-erēs	-erētis	-erēris	-erēminī
-eret	-erent	-erētur	-erentur		-eret	-erent	-erētur	-erentur

FOURTH CONJUGATION			
-īrem	-īrēmus	-īrer	-īrēmur
-īrēs	-īrētis	-īrēris	-īrēminī
-īret	-īrent	-īrētur	-īrentur

PERFECT SUBJUNCTIVE is not very common. In active voice its forms are identical to those of the future perfect indicative except in one place, the first person singular. There, instead of **-ero** you find **-erim**. As for all perfect active forms, the third principal part provides the stem.

portō, portāre, *portāvī*, portātum

portā**verim**	portā**verimus**
portā**veris**	portā**veritis**
portā**verit**	portā**verint**

Passive forms for the perfect subjunctive use the perfect passive participle, which is formed from the fourth principal part, with the present subjunctive of the verb **sum**. It is important to remember that the participle must agree with the subject in gender and number. The following example is masculine.

portō, portāre, portāvī, *portātum*

portāt**us sim**	portāt**ī sīmus**
portāt**us sīs**	portāt**ī sītis**
portāt**us sit**	portāt**ī sint**

PLUPERFECT SUBJUNCTIVE in active voice is formed by adding personal endings to the perfect infinitive active.

portā**vissem**	portā**vissēmus**
portā**vissēs**	portā**vissētis**
portā**visset**	portā**vissent**

Passive forms for the pluperfect subjunctive use the perfect passive participle, which is formed from the fourth principal part, with the imperfect subjunctive of the verb **sum**. It is important to remember that the participle must agree with the subject in gender and number. The following example is masculine.

portō, portāre, portāvī, *portātum*

portāt**us essem**	portāt**ī essēmus**
portāt**us essēs**	portāt**ī essētis**
portāt**us esset**	portāt**ī essent**

Note: **forem, fores**, etc. are sometimes found in place of **essem, esses**, etc.

USES OF THE SUBJUNCTIVE in Latin are many. Some uses appear independently, but most are found in subordinate clauses, which are introduced by certain words. Here is a quick reference and review of the most common uses.

Independent Uses

The **HORTATORY** or **JUSSIVE SUBJUNCTIVE** is most commonly found in present tense and usually in the first or third person. It expresses a sort of command or urging. It uses **ne** in the negative.

Note: Some books use the terms *hortatory* and *jussive* interchangeably, others restrict *hortatory* to the first person and *jussive* to the third.

Gaudeamus igitur iuvenes dum sumus.
So let's have fun while we're young.

Ne intret!
Don't let him in!

The **OPTATIVE SUBJUNCTIVE** expresses a wish on the part of the speaker and is often preceded by the word **utinam**. It uses **ne** in the negative.

(Utinam) frater meus adesset.
I wish my brother were here.

The **DELIBERATIVE SUBJUNCTIVE** is used in questions that suggest doubt, or to suggest that something is impossible. It uses **non** in the negative.

Quid facerent?
What were they supposed to do?

The **POTENTIAL SUBJUNCTIVE** is used as its name suggests—to show that an action is possible. It uses **non** in the negative.

Non crederem hoc verum esse.
I wouldn't have believed this was true.

DEPENDENT SUBJUNCTIVE clauses have a special relationship with the main clause that they depend on known as *sequence of tense*. Basically, when the verb in a main clause is in a certain tense, the subjunctive verb in the subordinate clause will only be in one of two tenses depending on its time relationship.

	MAIN VERB	SUBJUNCTIVE VERB	
		same time or after	time before
PRIMARY SEQUENCE	*present* *future* *future perfect*	*present*	*perfect*
SECONDARY SEQUENCE	*perfect* *imperfect* *pluperfect*	*imperfect*	*pluperfect*

CUM **CLAUSES** The conjunction **cum** is used with the indicative to stress the time at which something happened, or with the subjunctive to introduce clauses that express the circumstances under which the main clause takes place. *Cum* clauses may be handled a variety of ways:

CUM TEMPORAL refers to a **cum** clause where the time relationship to the main clause is stressed. The indicative mood is usually used.

Cum omnes pervenerant, servi potiones attulerunt.
When *everyone had arrived, the slaves brought in the drinks.*

CUM CIRCUMSTANTIAL refers to a **cum** clause that looks to the circumstances attending or preceding the main clause rather than stressing the time when it happened. They generally translate the same as *cum temporal* clauses, and the nuance is lost in translation.

> **Cum** omnes pervenissent, servi potiones attulerunt.
> *When everyone had arrived, the slaves brought in the drinks.*

CUM CAUSAL refers to a **cum** clause that introduces the reason for the main clause.

> **Cum** omnes pervenissent, servi potiones attulerunt.
> *Since everyone had arrived, the slaves brought in the drinks.*

CUM CONCESSIVE refers to a **cum** clause that expresses something that has happened despite the main clause, where the word **tamen** is often found noting it.

> **Cum** pauci modo pervenissent, servi tamen potiones attulerunt.
> *Although only a few had arrived, the slaves brought in the drinks anyway.*

INDIRECT COMMAND is a subjunctive use that reports what someone is trying to get someone else to do. It generally follows a verb of asking, commanding, or ordering and is introduced by **ut**, or **ne** if the clause is negative.

> Militibus imperavit **ut** oppidum irrumperent.
> *He ordered the soldiers to break into the town.*

> Militibus imperavit **ne** oppidum irrumperent.
> *He ordered the soldiers **not** to break into the town.*

PURPOSE CLAUSES show the purpose of the action of the main clause. They are introduced by **ut**, or **ne** if the clause is negative.

> Milites Capuam progressi sunt **ut** oppidum caperent.
> *The soldiers set out for Capua to seize the town.*

> Milites Capuam progressi sunt **ne** oppidum caperetur.
> *The soldiers set out for Capua so the town wouldn't be seized.*

Relative clauses of purpose is similar, but introduced by a form of the relative pronoun **qui** or an adverb such as **unde**, **ubi**, **eo**, etc. It points to the purpose of the antecedent rather than the action.

> Exploratores missi sunt **qui** loci naturam inspicerent.
> *Spies were sent to examine the nature of the place.*
> (That's what the spies were supposed to do.)

Exploratores missi sunt **ut** naturam loci inspicerent.
Spies were sent to examine the nature of the place.
(That's why they were sent.)

BUT if the purpose clause contains a comparative, **quo** is used.

Exploratores missi sunt **quo** naturam difficiliorem loci inspicerent.
Spies were sent to examine the more difficult nature of the place.

Relative clauses of characteristic are introduced by a form of the relative pronoun **qui** and refer to some general characteristic, but of no one in particular.

Tu quidem non es **qui** hoc crederes.
Of course you're not the sort of person who would believe this.

RESULT CLAUSES show the result of the main clause. They are introduced by **ut**, but when negative **ne** is *not* used. Instead, a regular negative adverb, such as **non**, **numquam**, **nemo**, *et al.*, appears. These clauses are usually signaled by a "so" word (e.g., **tam**, **ita**, **sic**, **tantus**, *et al.*) in the main clause.

Sic portas obstruerunt ut milites oppidum non irrumperent.
They blocked the gates in such a way that the soldiers couldn't break into the town.

CLAUSES AFTER VERBS OF FEARING are counter-intuitive. They are introduced in an affirmative clause by **ne**, or by **ut** or **ne ... non** to introduce a negative clause.

Timuit ne canis morderet.
He was afraid that the dog would bite.

Timuit ut amicus suus fidelis esset.
He was afraid that his friend wasn't trustworthy.

PROVISO CLAUSES are introduced by the words **dum**, **modo**, and **dummodo**. They take a subjunctive when they introduce events that depend on the occurrence of some other event.

Me oderint dum metuant.
Let them hate me so long as they fear me.

CONDITIONS are if/then situations. In Latin grammar six types have formal names. The first three in this list show the basic idea behind the indicative mood, which is to treat an action as a fact. The last three illustrate the subjunctive mood's view of an action as an idea or a wish.

PRESENT SIMPLE FACT: present indicative
Si hoc facit, sapiens est.
If he does this, he is wise.

PAST SIMPLE FACT: imperfect/perfect indicative
Si hoc fecit, sapiens erat.
If he did this, he was wise.

FUTURE MORE VIVID: future indicative
Si hoc faciet, sapiens erit.
If he'll do this, he'll be wise.

FUTURE LESS VIVID: present subjunctive
Si hoc faciat, sapiens sit.
If he'd do this, he'd be wise.

PRESENT CONTRARY TO FACT: imperfect subjunctive
Si hoc faceret, sapiens esset.
If he did this, he'd be wise.

PAST CONTRARY TO FACT: pluperfect subjunctive
Si hoc fecisset, sapiens fuisset.
If he had done this, he would have been wise.

INDIRECT QUESTION refers to a question that is being reported rather than directly asked. The construction is like that in English, but in Latin the verb is in the subjunctive.

Nesciebamus cur canes latrarent.
We didn't know why the dogs were barking.

INFINITIVES are a type of verbal noun that refers to a vague notion of the verb's meaning without saying that anyone in particular is doing it. They can have active and passive forms and come in three tenses. It is important to remember that the tense value of an infinitive is relative to the main verb as this chart shows.

TENSE	ACTIVE	PASSIVE	TENSE RELATIONSHIP TO MAIN VERB
Present	*iacio*	*iaci*	same time
Perfect	*iecisse*	*iactus esse*	time before
Future	*iacturus esse*	*iactum iri*	time after

INFINITIVE USES: Infinitives are primarily used in the following four ways.

COMPLEMENTARY infinitives complete the thought of the main verb so that both actions refer to the same subject.

> Hodie pervenire volebant.
> *They wanted to arrive today.*

OBJECTIVE infinitives use the direct object of the main verb as the subject of the infinitive so that each action has its own subject.

> Hodie me pervenire volebant.
> *They wanted me to arrive today.*

SUBJECTIVE infinitives use the infinitive as the subject of the main verb, which is usually some form of *sum, fit,* or an impersonal verb or expression.

> Hodie pervenire mihi necesse erat.
> *It was necessary for me to arrive today.*

INDIRECT STATEMENTS report some other original statement. They consist of a main verb of saying, thinking, knowing, perceiving with the original statement converted to an infinitive phrase for its object. Notice how the time value of different infinitives relate to the main verb in these examples.

> Nesciebam Marcum hodie pervenire.
> *I didn't know Marcus was arriving today.*

> Nesciebam Marcum hodie pervenisse.
> *I didn't know Marcus had arrived today.*

> Nesciebam Marcum hodie perventurum esse.
> *I didn't know Marcus was going to arrive today.*

PARTICIPLES are verbal adjectives. As adjectives they have gender, case, and number, and must agree with whatever they modify. They are all first/second declension except for the present active participle. It declines like a third declension adjective, but can have an **-e** rather than an **-i** in the ablative singular.

As verb forms they can be active or passive and have three tenses: present, perfect, and future. There is no present passive or perfect active participle. Despite the tense names, their time value is relative to the main verb as this chart shows.

TENSE	ACTIVE	PASSIVE	TENSE RELATIONSHIP TO MAIN VERB
Present	*capiens, capientis*	——	same time
Perfect	——	*captus (-a, -um)*	time before
Future	*capturus (-a, -um)*	*capiendus (-a, -um)*	time after

STRATEGIES FOR TRANSLATING PARTICIPIAL PHRASES

Latin uses participles much more frequently than does English. They mostly appear in participial phrases, which consist of a head noun and a participle bracketing any other information that pertains to them. Very often it works best to translate a participial phrase as a separate clause linked to the main clause by a conjunction. Here are some common approaches. Context will tell you which is the best for a particular phrase.

Canes in horto latrantes audivimus.

SIMPLE ADJECTIVE: We heard **the dogs barking in the garden**.
RELATIVE CLAUSE: We heard the dogs *that* were barking in the garden.
CAUSAL CLAUSE: We heard the dogs *because* they were barking in the garden.
TEMPORAL CLAUSE: We heard the dogs *while* they were barking in the garden.

Note: Be careful of time relationships. This example has a present participle, so it takes place at the same time as the main verb. For a perfect participle use *after*; for a future, use *before*.

COORDINATE CLAUSE: **The dogs were barking in the garden** *and* we heard them.
CONCESSIVE CLAUSE: *Although* **the dogs were barking in the garden**, we heard them.

Note: A concessive participial phrase often has the word **tamen** (*but, nevertheless, anyway*) in the main clause.

PASSIVE PERIPHRASTIC is the term used for a construction that involves the future passive participle, also called the gerundive, and a form of the verb **sum**. It shows necessity and obligation, and the agent is shown by the dative.

Omnia mihi **facienda erant**.
Everything had to be done by me.
(*I had to do everything.*)

The **GERUND** is a verbal noun that has no nominative form or plural. Its forms are second declension neuter. Here is an example with some sample sentences.

Genitive	lege**ndi**	**Legendi** cupidus sum.	I am desirous **of reading**.
Dative	lege**ndo**	**Legendo** idoneum est.	It is suitable **for reading**.
Accusative	lege**ndum**	Ad **legendum** venimus.	We came **to read**.
Ablative	lege**ndo**	**Hoc legendo** didici.	I learned this **by reading**.

Note: **Ad** with the accusative of the gerund, or **causa** or **gratia** with a preceding gerund in genitive case, can be used to show purpose.

When a gerund has an object, the object takes on the needed case use for the sentence and the gerund switches to the gerundive in agreement with it.

Hoc **libros legendo** didici.　　changes to　　Hoc **libris legendis** didici.
I learned this by reading books.

The **SUPINE** is also a type of verbal noun. It looks like the perfect passive participle with only two forms, fourth declension accusative and ablative singular. It has two very specific uses.

The accusative is used with verbs of motion to express purpose:

Venerunt **pugnatum**.
They came to fight.

The ablative is used as an ablative of respect:

Mirabile **dictu**.
Amazing to say.

Sample English Verb Conjugation

ACTIVE

portō

portō, portāre, portāvī, portātum

INDICATIVE

Pres.	I	carry (am carrying) (do carry)	we	carry (are carrying) (do carry)
	you	carry (are carrying) (do carry)	you	carry (are carrying) (do carry)
	he (she, it)	carries (is carrying) (does carry)	they	carry (are carrying) (do carry)
Impf.	I	was carrying	we	were carrying
	you	were carrying	you	were carrying
	he (she, it)	was carrying	they	were carrying
Fut.	I	shall (carry, be carrying)	we	shall (carry, be carrying)
	you	will (carry, be carrying)	you	will (carry, be carrying)
	he (she, it)	will (carry, be carrying)	they	will (carry, be carrying)
Perf.	I	carried, have carried	we	carried, have carried
	you	carried, have carried	you	carried, have carried
	he (she, it)	carried, has carried	they	carried, have carried
Plup.	I	had carried	we	had carried
	you	had carried	you	had carried
	he (she, it)	had carried	they	had carried
Fut.	I	shall have carried	we	shall have carried
Perf.	you	will have carried	you	will have carried
	he (she, it)	will have carried	they	will have carried

SUBJUNCTIVE

Given the wide variety of possibilities for translation for the Latin subjunctive, it would be misleading to offer any one way in this sample conjugation.

IMPERATIVE

Pres.	carry!	carry!

INFINITIVE

Pres.	to carry
Perf.	to have carried
Fut.	to be about to carry

PARTICIPLE

Pres.	carrying
Perf.	
Fut.	about to carry

GERUND of carrying, for carrying, carrying, by carrying   SUPINE to carry, to carry

Sample English Verb Conjugation

INDICATIVE

Pres.	I	am (am being) carried	we	are (are being) carried
	you	are (are being) carried	you	are (are being) carried
	he (she, it)	is (is being) carried	they	are (are being) carried
Impf.	I	was being carried	we	were being carried
	you	were being carried	you	were being carried
	he (she, it)	was being carried	they	were being carried
Fut.	I	shall be carried	we	shall be carried
	you	will be carried	you	will be carried
	he (she, it)	will be carried	they	will be carried
Perf.	I	was (have been) carried	we	were (have been) carried
	you	were (have been) carried	you	were (have been) carried
	he (she, it)	was (has been) carried	they	were (have been) carried
Plup.	I	had been carried	we	had been carried
	you	had been carried	you	had been carried
	he (she, it)	had been carried	they	had been carried
Fut.	I	shall have been carried	we	shall have been carried
Perf.	you	will have been carried	you	will have been carried
	he (she, it)	will have been carried	they	will have been carried

SUBJUNCTIVE

Given the wide variety of possibilities for translation for the Latin subjunctive, it would be misleading to offer any one way in this sample conjugation.

IMPERATIVE

Pres.	be carried!	be carried!

INFINITIVE

Pres.	to be carried
Perf.	to have been carried
Fut.	

PARTICIPLE

Pres.	
Perf.	carried, having been carried
Fut.	to be carried (GERUNDIVE)

Essential 55 Verb List

These 55 verbs are very important, each in their own special way. Some are among the few irregular verbs in the language, others are base verbs with many common compounds or worthy of note for another reason. Each has its own extra page accompanying its conjugation.

ago	**morior**
audeo	**nosco**
audio	**parco**
cado	**pello**
caedo	**peto**
capio	**pono**
cedo	**possum**
claudo	**premo**
credo	**rapio**
cupio	**rego**
curro	**rideo**
debeo	**scio**
dico	**scribo**
do	**soleo**
duco	**specto**
eo	**statuo**
facio	**sto**
fero	**sum**
fugio	**tendo**
gero	**traho**
gradior	**utor**
habeo	**veho**
iacio	**venio**
iubeo	**verto**
lego	**video**
licet	**volo**
memini	
mitto	
moneo	

Verb Tense Abbreviations

Fut.	Future
Fut. Perf.	Future Perfect
Impers.	Impersonal
Impf.	Imperfect
Perf.	Perfect
Plup.	Pluperfect
Pres.	Present

Alphabetical Listing of
501 Latin Verbs
Fully Conjugated in
All the Tenses

go away

ACTIVE		PASSIVE	

INDICATIVE

	ACTIVE		PASSIVE
Pres.	abeō	abīmus	
	abīs	abītis	
	abit	abeunt	abītur (Impers.)
Impf.	abībam	abībāmus	
	abībās	abībātis	
	abībat	abībant	abībātur (Impers.)
Fut.	abībō	abībimus	
	abībis	abībitis	
	abībit	abībunt	abībitur (Impers.)
Perf.	abiī	abiimus	
	abiistī	abiistis	
	abiit	abiērunt (-ēre)	abitum est (Impers.)
Plup.	abieram	abierāmus	
	abierās	abierātis	
	abierat	abierant	abitum erat (Impers.)
Fut.	abierō	abierimus	
Perf.	abieris	abieritis	
	abierit	abierint	abitum erit (Impers.)

SUBJUNCTIVE

Pres.	abeam	abeāmus	
	abeās	abeātis	
	abeat	abeant	abeātur (Impers.)
Impf.	abīrem	abīrēmus	
	abīrēs	abīrētis	
	abīret	abīrent	abīrētur (Impers.)
Perf.	abierim	abierimus	
	abieris	abieritis	
	abierit	abierint	abitum sit (Impers.)
Plup.	abīssem	abīssēmus	
	abīssēs	abīssētis	
	abīsset	abīssent	abitum esset (Impers.)

IMPERATIVE

Pres.	abī	abīte	

INFINITIVE

Pres.	abere		abīrī
Perf.	abīsse		abitus (-a, -um) esse
Fut.	abitūrus (-a, -um) esse		abitum īrī

PARTICIPLE

Pres.	abiens, (-euntis)		
Perf.			abitus (-a, -um)
Fut.	abitūrus (-a, -um)		abeundus (-a, -um) (GERUNDIVE)

GERUND abeundī, -ō, -um, -ō   SUPINE abitum, -ū

Alternate forms: **abin** = abisne; **abivi** = abii
Compounds and related words: **abitio, -onis, f.** departure; **abito (1)** to go away; **abitus, -us, m.** departure
See **eo** for other compounds of this verb.
Model sentence: *Tempus **abire** tibi est.* —Horace

throw away

	ACTIVE		PASSIVE	
INDICATIVE				
Pres.	abiciō	abicimus	abicior	abicimur
	abicis	abicitis	abiceris (-re)	abiciminī
	abicit	abiciunt	abicitur	abiciuntur
Impf.	abiciēbam	abiciēbāmus	abiciēbar	abiciēbāmur
	abiciēbās	abiciēbātis	abiciēbāris (-re)	abiciēbāminī
	abiciēbat	abiciēbant	abiciēbātur	abiciēbantur
Fut.	abiciam	abiciēmus	abiciar	abiciēmur
	abiciēs	abiciētis	abiciēris (-re)	abiciēminī
	abiciet	abicient	abiciētur	abicientur
Perf.	abiēcī	abiēcimus	abiectus sum	abiectī sumus
	abiēcistī	abiēcistis	(-a, -um) es	(-ae, -a) estis
	abiēcit	abiēcērunt (-ēre)	est	sunt
Plup.	abiēceram	abiēcerāmus	abiectus eram	abiectī erāmus
	abiēcerās	abiēcerātis	(-a, -um) erās	(-ae, -a) erātis
	abiēcerat	abiēcerant	erat	erant
Fut.	abiēcerō	abiēcerimus	abiectus erō	abiectī erimus
Perf.	abiēceris	abiēceritis	(-a, -um) eris	(-ae, -a) eritis
	abiēcerit	abiēcerint	erit	erunt
SUBJUNCTIVE				
Pres.	abiciam	abiciāmus	abiciar	abiciāmur
	abiciās	abiciātis	abiciāris (-re)	abiciāminī
	abiciat	abiciant	abiciātur	abiciantur
Impf.	abicerem	abicerēmus	abicerer	abicerēmur
	abicerēs	abicerētis	abicerēris (-re)	abicerēminī
	abiceret	abicerent	abicerētur	abicerentur
Perf.	abiēcerim	abiēcerimus	abiectus sim	abiectī sīmus
	abiēceris	abiēceritis	(-a, -um) sīs	(-ae, -a) sītis
	abiēcerit	abiēcerint	sit	sint
Plup.	abiēcissem	abiēcissēmus	abiectus essem	abiectī essēmus
	abiēcissēs	abiēcissētis	(-a, -um) essēs	(-ae, -a) essētis
	abiēcisset	abiēcissent	esset	essent
IMPERATIVE				
Pres.	abice	abicite		
INFINITIVE				
Pres.	abicere		abicī	
Perf.	abiēcisse		abiectus (-a, -um) esse	
Fut.	abiectūrus (-a, -um) esse		abiectum īrī	
PARTICIPLE				
Pres.	abiciens, (-ntis)			
Perf.			abiectus (-a, -um)	
Fut.	abiectūrus (-a, -um)		abiciendus (-a, -um) (GERUNDIVE)	

GERUND abiciendī, -ō, -um, -ō   SUPINE abiectum, -ū

Compounds and related words: **abiecte** abjectly; **abiectio, -onis, f.** a throwing away, despair; **abiectus, -a, -um** low, common
See **iacio** for other compounds of this verb.
Model sentence: *Lacrimae fluxere per ora qualiter **abiecta** de nive manat aqua.* —Ovid

be away

ACTIVE

INDICATIVE

Pres.	absum	absumus
	abes	abestis
	abest	absunt
Impf.	aberam	aberāmus
	aberās	aberātis
	aberat	aberant
Fut.	aberō	aberimus
	aberis	aberitis
	aberit	aberunt
Perf.	āfuī	āfuimus
	āfuistī	āfuistis
	āfuit	āfuērunt (-ēre)
Plup.	āfueram	āfuerāmus
	āfuerās	āfuerātis
	āfuerat	āfuerant
Fut.	āfuerō	āfuerimus
Perf.	āfueris	āfueritis
	āfuerit	āfuerint

SUBJUNCTIVE

Pres.	absim	absīmus
	absīs	absītis
	absit	absint
Impf.	abessem (āforem)	abessēmus (āforēmus)
	abessēs (āforēs)	abessētis (āforētis)
	abesset (āforet)	abessent (āforent)
Perf.	āfuerim	āfuerimus
	āfueris	āfueritis
	āfuerit	āfuerint
Plup.	āfuissem	āfuissēmus
	āfuissēs	āfuissētis
	āfuisset	āfuissent

IMPERATIVE

Pres.	abes	abeste

INFINITIVE

Pres.	abesse
Perf.	āfuisse
Fut.	āfutūrus (-a, -um) esse (āfore)

PARTICIPLE

Pres.	absens, (-ntis)
Perf.	
Fut.	āfutūrus (-a, -um)

GERUND   SUPINE

Alternate forms: **abfui** = afui
See **sum** for other compounds of this verb.
Model sentence: ***Absit*** *a iocorum nostrorum simplicitate malignus interpres.* —Martial

approach

	ACTIVE		PASSIVE
		INDICATIVE	
Pres.	accēdō	accēdimus	
	accēdis	accēditis	
	accēdit	accēdunt	accēditur (Impers.)
Impf.	accēdēbam	accēdēbāmus	
	accēdēbās	accēdēbātis	
	accēdēbat	accēdēbant	accēdēbātur (Impers.)
Fut.	accēdam	accēdēmus	
	accēdēs	accēdētis	
	accēdet	accēdent	accēdētur (Impers.)
Perf.	accessī	accessimus	
	accessistī	accessistis	
	accessit	accessērunt (-ēre)	accessum est (Impers.)
Plup.	accesseram	accesserāmus	
	accesserās	accesserātis	
	accesserat	accesserant	accessum erat (Impers.)
Fut.	accesserō	accesserimus	
Perf.	accesseris	accesseritis	
	accesserit	accesserint	accessum erit (Impers.)
		SUBJUNCTIVE	
Pres.	accēdam	accēdāmus	
	accēdās	accēdātis	
	accēdat	accēdant	accēdātur (Impers.)
Impf.	accēderem	accēderēmus	
	accēderēs	accēderētis	
	accēderet	accēderent	accēderētur (Impers.)
Perf.	accesserim	accesserimus	
	accesseris	accesseritis	
	accesserit	accesserint	accessum sit (Impers.)
Plup.	accessissem	accessissēmus	
	accessissēs	accessissētis	
	accessisset	accessissent	accessum esset (Impers.)
		IMPERATIVE	
Pres.	accēde	accēdite	
		INFINITIVE	
Pres.	accēdere		accēdī
Perf.	accessisse		accessum esse
Fut.	accessūrus (-a, -um) esse		accessum īrī
		PARTICIPLE	
Pres.	accēdens, (-ntis)		
Perf.			accessus (-a, -um)
Fut.	accessūrus (-a, -um)		accēdendus (-a, -um) (GERUNDIVE)

GERUND accēdendī, -ō, -um, -ō   SUPINE accessum, -ū

Usage notes: with *ad* or *in* and the **accusative**
Alternate forms: **accestis** = accessitis
See **cedo** for other compounds of this verb.
Model sentence: *Quam simul adspexit, "comites, **accedite!**" dixit.* —Ovid

ACTIVE

INDICATIVE

Pres.	accidō	accidimus
	accidis	acciditis
	accidit	accidunt
Impf.	accidēbam	accidēbāmus
	accidēbās	accidēbātis
	accidēbat	accidēbant
Fut.	accidam	accidēmus
	accidēs	accidētis
	accidet	accident
Perf.	accidī	accidimus
	accidistī	accidistis
	accidit	accidērunt (-ēre)
Plup.	accideram	acciderāmus
	acciderās	acciderātis
	acciderat	acciderant
Fut.	acciderō	acciderimus
Perf.	accideris	accideritis
	acciderit	acciderint

SUBJUNCTIVE

Pres.	accidam	accidāmus
	accidās	accidātis
	accidat	accidant
Impf.	acciderem	acciderēmus
	acciderēs	acciderētis
	accideret	acciderent
Perf.	acciderim	acciderimus
	accideris	accideritis
	acciderit	acciderint
Plup.	accidiessem	accidissēmus
	accidissēs	accidissētis
	accidisset	accidissent

IMPERATIVE

Pres.	accide	accidite

INFINITIVE

Pres.	accidere
Perf.	accidisse

PARTICIPLE

Pres.	accidens, (-ntis)

GERUND accidendī, -ō, -um, -ō

See **cado** for other compounds of this verb.
Model sentence: *Id aliquot de causis* ***acciderat****, ut subito Galli belli renovandi consilium caperent.*
   —Caesar

accept, receive

ACTIVE   PASSIVE

INDICATIVE

	ACTIVE		PASSIVE	
Pres.	accipiō	accipimus	accipior	accipimur
	accipis	accipitis	acciperis (-re)	accipiminī
	accipit	accipiunt	accipitur	accipiuntur
Impf.	accipiēbam	accipiēbāmus	accipiēbar	accipiēbāmur
	accipiēbās	accipiēbātis	accipiēbāris (-re)	accipiēbāminī
	accipiēbat	accipiēbant	accipiēbātur	accipiēbantur
Fut.	accipiam	accipiēmus	accipiar	accipiēmur
	accipiēs	accipiētis	accipiēris (-re)	accipiēminī
	accipiet	accipient	accipiētur	accipientur
Perf.	accēpī	accēpimus	acceptus sum	acceptī sumus
	accēpistī	accēpistis	(-a, -um) es	(-ae, -a) estis
	accēpit	accēpērunt (-ēre)	est	sunt
Plup.	accēperam	accēperāmus	acceptus eram	acceptī erāmus
	accēperās	accēperātis	(-a, -um) erās	(-ae, -a) erātis
	accēperat	accēperant	erat	erant
Fut. Perf.	accēperō	accēperimus	acceptus erō	acceptī erimus
	accēperis	accēperitis	(-a, um) eris	(-ae, -a) eritis
	accēperit	accēperint	erit	erunt

SUBJUNCTIVE

	ACTIVE		PASSIVE	
Pres.	accipiam	accipiāmus	accipiar	accipiāmur
	accipiās	accipiātis	accipiāris (-re)	accipiāminī
	accipiat	accipiant	accipiātur	accipiantur
Impf.	acciperem	acciperēmus	acciperer	acciperēmur
	acciperēs	acciperētis	acciperēris (-re)	acciperēminī
	acciperet	acciperent	acciperētur	acciperentur
Perf.	accēperim	accēperimus	acceptus sim	acceptī sīmus
	accēperis	accēperitis	(-a, -um) sīs	(-ae, -a) sītis
	accēperit	accēperint	sit	sint
Plup.	accēpissem	accēpissēmus	acceptus essem	acceptī essēmus
	accēpissēs	accēpissētis	(-a, -um) essēs	(-ae, -a) essētis
	accēpisset	accēpissent	esset	essent

IMPERATIVE

Pres.	accipe	accipite

INFINITIVE

	ACTIVE	PASSIVE
Pres.	accipere	accipī
Perf.	accēpisse	acceptus (-a, -um) esse
Fut.	acceptūrus (-a, -um) esse	acceptum īrī

PARTICIPLE

	ACTIVE	PASSIVE
Pres.	accipiens, (-ntis)	
Perf.		acceptus (-a, -um)
Fut.	acceptūrus (-a, -um)	accipiendus (-a, -um) (GERUNDIVE)

GERUND accipiendī, -ō, -um, -ō   SUPINE acceptum, -ū

Alternate forms: **accepso** = accepero
See **capio** for other compounds of this verb.
Model sentence: *Qui dedit beneficium taceat: narret qui **accepit**.* —Seneca

charge, accuse

ACTIVE		PASSIVE	

A

INDICATIVE

Pres.	accūsō	accūsāmus	accūsor	accūsāmur	
	accūsās	accūsātis	accūsāris (-re)	accūsāminī	
	accūsat	accūsant	accūsātur	accūsantur	
Impf.	accūsābam	accūsābāmus	accūsābar	accūsābāmur	
	accūsābās	accūsābātis	accūsābāris (-re)	accūsābāminī	
	accūsābat	accūsābant	accūsābātur	accūsābantur	
Fut.	accūsābō	accūsābimus	accūsābor	accūsābimur	
	accūsābis	accusābitis	accūsāberis (-re)	accūsābiminī	
	accūsābit	accūsābunt	accūsābitur	accūsābuntur	
Perf.	accūsāvī	accūsāvimus	accūsātus sum	accūsātī sumus	
	accūsāvistī	accūsāvistis	(-a, -um) es	(-ae, -a) estis	
	accūsāvit	accūsāvērunt (-ēre)	est	sunt	
Plup.	accūsāveram	accūsāverāmus	accūsātus eram	accūsātī erāmus	
	accūsāverās	accūsāverātis	(-a, -um) erās	(-ae, -a) erātis	
	accūsāverat	accūsāverant	erat	erant	
Fut.	accūsāverō	accūsāverimus	accūsātus erō	accūsātī erimus	
Perf.	accūsāveris	accūsāveritis	(-a, -um) eris	(-ae, -a) eritis	
	accūsāverit	accūsāverint	erit	erunt	

SUBJUNCTIVE

Pres.	accūsem	accūsēmus	accūser	accūsēmur	
	accūsēs	accūsētis	accūsēris (-re)	accūsēminī	
	accūset	accūsent	accūsētur	accūsentur	
Impf.	accūsārem	accūsārēmus	accūsārer	accūsārēmur	
	accūsārēs	accūsārētis	accūsārēris (-re)	accūsārēminī	
	accūsāret	accūsārent	accūsārētur	accūsārentur	
Perf.	accūsāverim	accūsāverimus	accūsātus sim	accūsātī sīmus	
	accūsāveris	accūsāveritis	(-a, -um) sīs	(-ae, -a) sītis	
	accūsāverit	accūsāverint	sit	sint	
Plup.	accūsāvissem	accūsāvissēmus	accūsātus essem	accūsātī essēmus	
	accūsāvissēs	accūsāvissētis	(-a, -um) essēs	(-ae, -a) essētis	
	accūsāvisset	accūsāvissent	esset	essent	

IMPERATIVE

Pres.	accūsā	accūsāte	

INFINITIVE

Pres.	accūsāre	accūsārī
Perf.	accūsāvisse	accūsātus (-a, -um) esse
Fut.	accūsātūrus (-a, -um) esse	accūsātum īrī

PARTICIPLE

Pres.	accūsans, (-ntis)	
Perf.		accūsātus (-a, -um)
Fut.	accūsātūrus (-a, -um)	accūsandus (-a, -um) (GERUNDIVE)

GERUND accūsandī, -ō, -um, -ō   SUPINE accūsātum, -ū

Alternate forms: **accusso** = accuso
Compounds and related words: **accusatio, -onis, f.** accusation; **accusator, -is, m.** accuser;
 acusito (1) to accuse frequently; **excuso (1)** to excuse; **recuso (1)** to refuse
Model sentence: *Si id me non **accuses**, tute ipse obiurgandus es.* —Plautus

sharpen, encourage, practice

ACTIVE		PASSIVE	
INDICATIVE			

Pres.
acuō	acuimus	acuor	acuimur
acuis	acuitis	acueris (-re)	acuiminī
acuit	acuunt	acuitur	acuuntur

Impf.
acuēbam	acuēbāmus	acuēbar	acuēbāmur
acuēbās	acuēbātis	acuēbāris (-re)	acuēbāminī
acuēbat	acuēbant	acuēbātur	acuēbantur

Fut.
acuam	acuēmus	acuar	acuēmur
acuēs	acuētis	acuēris (-re)	acuēminī
acuet	acuent	acuētur	acuentur

Perf.
acuī	acuimus	acūtus sum	acūtī sumus
acuistī	acuistis	(-a, -um) es	(-ae, -a) estis
acuit	acuērunt (-ēre)	est	sunt

Plup.
acueram	acuerāmus	acūtus eram	acūtī erāmus
acuerās	acuerātis	(-a, -um) erās	(-ae, -a) erātis
acuerat	acuerant	erat	erant

Fut.
Perf.
acuerō	acuerimus	acūtus erō	acūtī erimus
acueris	acueritis	(-a, -um) eris	(-ae, -a) eritis
acuerit	acuerint	erit	erunt

| **SUBJUNCTIVE** | | | |

Pres.
acuam	acuāmus	acuar	acuāmur
acuās	acuātis	acuāris (-re)	acuāminī
acuat	acuant	acuātur	acuantur

Impf.
acuerem	acuerēmus	acuerer	acuerēmur
acuerēs	acuerētis	acuerēris (-re)	acuerēminī
acueret	acuerent	acuerētur	acuerentur

Perf.
acuerim	acuerimus	acūtus sim	acūtī sīmus
acueris	acueritis	(-a, -um) sīs	(-ae, -a) sītis
acuerit	acuerint	sit	sint

Plup.
acuissem	acuissēmus	acūtus essem	acūtī essēmus
acuissēs	acuissētis	(-a, -um) essēs	(-ae, -a) essētis
acuisset	acuissent	esset	essent

| **IMPERATIVE** | | | |

Pres.
| acue | acuite | | |

| **INFINITIVE** | | | |

Pres.	acuere	acuī	
Perf.	acuisse	acūtus (-a, -um) esse	
Fut.	acūtūrus (-a, -um) esse	acūtum īrī	

| **PARTICIPLE** | | | |

Pres.	acuens, (-ntis)		
Perf.		acūtus (-a, -um)	
Fut.	acūtūrus (-a, -um)	acuendus (-a, -um) (GERUNDIVE)	

GERUND acuendī, -ō, -um, -ō   SUPINE acūtum, -ū

Compounds and related words: **acer, acris, acre** sharp; **acerbitas, -tatis, f.** bitterness; **acerbus, -a, -um** bitter; **acetum, -i n.** vinegar; **acidus, -a, -um** sour; **acies, -ei, f.** edge; **acrimonia, -ae, f.** sharpness; **acumen, -inis, n.** sharp point; **acus, -us, f.** needle; **acutus, -a, -um** sharpened

Model sentence: *Neminem totis mox castris quietum videres:* ***acuere*** *alii gladios, alii galeas buculasque scutorum.* —Livy

add

ACTIVE		PASSIVE	
INDICATIVE			

	ACTIVE		PASSIVE	
Pres.	addō	addimus	addor	addimur
	addis	additis	adderis (-re)	addiminī
	addit	addunt	additur	adduntur
Impf.	addēbam	addēbāmus	addēbar	addēbāmur
	addēbās	addēbātis	addēbāris (-re)	addēbāminī
	addēbat	addēbant	addēbātur	addēbantur
Fut.	addam	addēmus	addar	addēmur
	addēs	addētis	addēris (-re)	addēminī
	addet	addent	addētur	addentur
Perf.	addidī	addidimus	additus sum	additī sumus
	addidistī	addidistis	(-a, -um) es	(-ae, -a) estis
	addidit	addidērunt (-ēre)	est	sunt
Plup.	addideram	addiderāmus	additus eram	additī erāmus
	addiderās	addiderātis	(-a, -um) erās	(-ae, -a) erātis
	addiderat	addiderant	erat	erant
Fut.	addiderō	addiderimus	additus erō	additī erimus
Perf.	addideris	addideritis	(-a, -um) eris	(-ae, -a) eritis
	addiderit	addiderint	erit	erunt
SUBJUNCTIVE				
Pres.	addam	addāmus	addar	addāmur
	addās	addātis	addāris (-re)	addāminī
	addat	addant	addātur	addantur
Impf.	adderem	adderēmus	adderer	adderēmur
	adderēs	adderētis	adderēris (-re)	adderēminī
	adderet	adderent	adderētur	adderentur
Perf.	addiderim	addiderimus	additus sim	additī sīmus
	addideris	addideritis	(-a, -um) sīs	(-ae, -a) sītis
	addiderit	addiderint	sit	sint
Plup.	addidissem	addidissēmus	additus essem	additī essēmus
	addidissēs	addidissētis	(-a, -um) essēs	(-ae, -a) essētis
	addidisset	addidissent	esset	essent
IMPERATIVE				
Pres.	adde	addite		
INFINITIVE				
Pres.	addere		addī	
Perf.	addidisse		additus (-a, -um) esse	
Fut.	additūrus (-a, -um) esse		additum īrī	
PARTICIPLE				
Pres.	addens, (-ntis)			
Perf.			additus (-a, -um)	
Fut.	additūrus (-a, -um)		addendus (-a, -um) (GERUNDIVE)	

GERUND addendī, -ō, -um, -ō   SUPINE additum, -ū

Alternate forms: **adduis** = addideris
Compounds and related words: **abdo (3)** to hide; **dedo (3)** to surrender; **indo (3)** to put in;
 perdo (3) to destroy; **prodo (3)** to betray; **reddo (3)** to restore; **subdo (3)** to subdue; **trado (3)**
 to hand over
Model sentence: *Adde manus in vincla meas.* —Ovid

approach

	ACTIVE			PASSIVE	
			INDICATIVE		
Pres.	adeō	adīmus		adeor	adīmur
	adīs	adītis		adīris (-re)	adīminī
	adit	adeunt		adītur	adeuntur
Impf.	adībam	adībāmus		adībar	adībāmur
	adībās	adībātis		adībāris (-re)	adībāminī
	adībat	adībant		adībātur	adībantur
Fut.	adībō	adībimus		adībor	adībimur
	adībis	adībitis		adīberis (-re)	adībiminī
	adībit	adībunt		adībitur	adībuntur
Perf.	adiī	adiimus		aditus sum	aditī sumus
	adiistī	adiistis		(-a, -um) es	(-ae, -a) estis
	adiit	adiērunt (-ēre)		est	sunt
Plup.	adieram	adierāmus		aditus eram	aditī erāmus
	adierās	adierātis		(-a, -um) erās	(-ae, -a) erātis
	adierat	adierant		erat	erant
Fut.	adierō	adierimus		aditus erō	aditī erimus
Perf.	adieris	adieritis		(-a, -um) eris	(-ae, -a) eritis
	adierit	adierint		erit	erunt
			SUBJUNCTIVE		
Pres.	adeam	adeāmus		adear	adeāmur
	adeās	adeātis		adeāris (-re)	adeāminī
	adeat	adeant		adeātur	adeantur
Impf.	adīrem	adīrēmus		adīrer	adīrēmur
	adīrēs	adīrētis		adīrēris (-re)	adīrēminī
	adīret	adīrent		adīrētur	adīrentur
Perf.	adierim	adierimus		aditus sim	aditī sīmus
	adieris	adieritis		(-a, -um) sīs	(-ae, -a) sītis
	adierit	adierint		sit	sint
Plup.	adīssem	adīssēmus		aditus essem	aditī essēmus
	adīssēs	adīssētis		(-a, -um) essēs	(-ae, -a) essētis
	adīsset	adīssent		esset	essent
			IMPERATIVE		
Pres.	adī	adīte			
			INFINITIVE		
Pres.	adīre			adīrī	
Perf.	adīsse			aditus (-a, -um) esse	
Fut.	aditūrus (-a, -um) esse			aditum īrī	
			PARTICIPLE		
Pres.	adiens, (-euntis)				
Perf.				aditus (-a, -um)	
Fut.	aditūrus (-a, -um)			adeundus (-a, -um) (GERUNDIVE)	

GERUND adeundī, -ō, -um, -ō   SUPINE aditum, -ū

Alternate forms: **adirier** = adiri; **adivi** = adii
Compounds and related words: **aditio, -onis, f.** approach; **aditus, -us, m.** approach
See **eo** for other compounds of this verb.
Model sentence: *Mille domos **adiere**, locum requiemque petentes, | mille domos clausere serae.* —Ovid

summon, furnish

	ACTIVE		**PASSIVE**	

A

INDICATIVE

Pres.	adhibeō	adhibēmus	adhibeor	adhibēmur
	adhibēs	adhibētis	adhibēris (-re)	adhibēminī
	adhibet	adhibent	adhibētur	adhibentur
Impf.	adhibēbam	adhibēbāmus	adhibēbar	adhibēbāmur
	adhibēbās	adhibēbātis	adhibēbāris (-re)	adhibēbāminī
	adhibēbat	adhibēbant	adhibēbātur	adhibēbantur
Fut.	adhibēbō	adhibēbimus	adhibēbor	adhibēbimur
	adhibēbis	adhibēbitis	adhibēberis (-re)	adhibēbiminī
	adhibēbit	adhibēbunt	adhibēbitur	adhibēbuntur
Perf.	adhibuī	adhibuimus	adhibitus sum	adhibitī sumus
	adhibuistī	adhibuistis	(-a, -um) es	(-ae, -a) estis
	adhibuit	adhibuērunt (-ēre)	est	sunt
Plup.	adhibueram	adhibuerāmus	adhibitus eram	adhibitī erāmus
	adhibuerās	adhibuerātis	(-a, -um) erās	(-ae, -a) erātis
	adhibuerat	adhibuerant	erat	erant
Fut.	adhibuerō	adhibuerimus	adhibitus erō	adhibitī erimus
Perf.	adhibueris	adhibueritis	(-a, -um) eris	(-ae, -a) eritis
	adhibuerit	adhibuerint	erit	erunt

SUBJUNCTIVE

Pres.	adhibeam	adhibeāmus	adhibear	adhibeāmur
	adhibeās	adhibeātis	adhibeāris (-re)	adhibeāminī
	adhibeat	adhibeant	adhibeātur	adhibeantur
Impf.	adhibērem	adhibērēmus	adhibērer	adhibērēmur
	adhibērēs	adhibērētis	adhibērēris (-re)	adhibērēminī
	adhibēret	adhibērent	adhibērētur	adhibērentur
Perf.	adhibuerim	adhibuerimus	adhibitus sim	adhibitī sīmus
	adhibueris	adhibueritis	(-a, -um) sīs	(-ae, -a) sītis
	adhibuerit	adhibuerint	sit	sint
Plup.	adhibuissem	adhibuissēmus	adhibitus essem	adhibitī essēmus
	adhibuissēs	adhibuissētis	(-a, -um) essēs	(-ae, -a) essētis
	adhibuisset	adhibuissent	esset	essent

IMPERATIVE

Pres.	adhibē	adhibēte

INFINITIVE

Pres.	adhibēre	adhibērī
Perf.	adhibuisse	adhibitus (-a, -um) esse
Fut.	adhibitūrus (-a, -um) esse	adhibitum īrī

PARTICIPLE

Pres.	adhibens, (-ntis)	
Perf.		adhibitus (-a, -um)
Fut.	adhibitūrus (-a, -um)	adhibendus (-a, -um) (GERUNDIVE)

GERUND adhibendī, -ō, -um, -ō　　SUPINE adhibitum, -ū

See **habeo** for other compounds of this verb.

Model sentence: *Nunc animum nobis **adhibe** veram ad rationem.* —Lucretius

add, throw toward

<table>
<tr><td colspan="3" align="center">**ACTIVE**</td><td colspan="2" align="center">**PASSIVE**</td></tr>
<tr><td colspan="5" align="center">**INDICATIVE**</td></tr>
<tr><td>*Pres.*</td><td>adiciō</td><td>adicimus</td><td>adicior</td><td>adicimur</td></tr>
<tr><td></td><td>adicis</td><td>adicitis</td><td>adiceris (-re)</td><td>adiciminī</td></tr>
<tr><td></td><td>adicit</td><td>adiciunt</td><td>adicitur</td><td>adiciuntur</td></tr>
<tr><td>*Impf.*</td><td>adiciēbam</td><td>adiciēbāmus</td><td>adiciēbar</td><td>adiciēbāmur</td></tr>
<tr><td></td><td>adiciēbās</td><td>adiciēbātis</td><td>adiciēbāris (-re)</td><td>adiciēbāminī</td></tr>
<tr><td></td><td>adiciēbat</td><td>adiciēbant</td><td>adiciēbātur</td><td>adiciēbantur</td></tr>
<tr><td>*Fut.*</td><td>adiciam</td><td>adiciēmus</td><td>adiciar</td><td>adiciēmur</td></tr>
<tr><td></td><td>adiciēs</td><td>adiciētis</td><td>adiciēris (-re)</td><td>adiciēminī</td></tr>
<tr><td></td><td>adiciet</td><td>adicient</td><td>adiciētur</td><td>adicientur</td></tr>
<tr><td>*Perf.*</td><td>adiēcī</td><td>adiēcimus</td><td>adiectus sum</td><td>adiectī sumus</td></tr>
<tr><td></td><td>adiēcistī</td><td>adiēcistis</td><td>(-a, -um) es</td><td>(-ae, -a) estis</td></tr>
<tr><td></td><td>adiēcit</td><td>adiēcērunt (-ēre)</td><td>est</td><td>sunt</td></tr>
<tr><td>*Plup.*</td><td>adiēceram</td><td>adiēcerāmus</td><td>adiectus eram</td><td>adiectī erāmus</td></tr>
<tr><td></td><td>adiēcerās</td><td>adiēcerātis</td><td>(-a, -um) erās</td><td>(-ae, -a) erātis</td></tr>
<tr><td></td><td>adiēcerat</td><td>adiēcerant</td><td>erat</td><td>erant</td></tr>
<tr><td>*Fut.*</td><td>adiēcerō</td><td>adiēcerimus</td><td>adiectus erō</td><td>adiectī erimus</td></tr>
<tr><td>*Perf.*</td><td>adiēceris</td><td>adiēceritis</td><td>(-a, -um) eris</td><td>(-ae, -a) eritis</td></tr>
<tr><td></td><td>adiēcerit</td><td>adiēcerint</td><td>erit</td><td>erunt</td></tr>
<tr><td colspan="5" align="center">**SUBJUNCTIVE**</td></tr>
<tr><td>*Pres.*</td><td>adiciam</td><td>adiciāmus</td><td>adiciar</td><td>adiciāmur</td></tr>
<tr><td></td><td>adiciās</td><td>adiciātis</td><td>adiciāris (-re)</td><td>adiciāminī</td></tr>
<tr><td></td><td>adiciat</td><td>adiciant</td><td>adiciātur</td><td>adiciantur</td></tr>
<tr><td>*Impf.*</td><td>adicerem</td><td>adicerēmus</td><td>adicerer</td><td>adicerēmur</td></tr>
<tr><td></td><td>adicerēs</td><td>adicerētis</td><td>adicerēris (-re)</td><td>adicerēminī</td></tr>
<tr><td></td><td>adiceret</td><td>adicerent</td><td>adicerētur</td><td>adicerentur</td></tr>
<tr><td>*Perf.*</td><td>adiēcerim</td><td>adiēcerimus</td><td>adiectus sim</td><td>adiectī sīmus</td></tr>
<tr><td></td><td>adiēceris</td><td>adiēceritis</td><td>(-a, -um) sīs</td><td>(-ae, -a) sītis</td></tr>
<tr><td></td><td>adiēcerit</td><td>adiēcerint</td><td>sit</td><td>sint</td></tr>
<tr><td>*Plup.*</td><td>adiēcissem</td><td>adiēcissēmus</td><td>adiectus essem</td><td>adiectī essēmus</td></tr>
<tr><td></td><td>adiēcissēs</td><td>adiēcissētis</td><td>(-a, -um) essēs</td><td>(-ae, -a) essētis</td></tr>
<tr><td></td><td>adiēcisset</td><td>adiēcissent</td><td>esset</td><td>essent</td></tr>
<tr><td colspan="5" align="center">**IMPERATIVE**</td></tr>
<tr><td>*Pres.*</td><td>adice</td><td>adicite</td><td></td><td></td></tr>
<tr><td colspan="5" align="center">**INFINITIVE**</td></tr>
<tr><td>*Pres.*</td><td colspan="2">adicere</td><td colspan="2">adicī</td></tr>
<tr><td>*Perf.*</td><td colspan="2">adiēcisse</td><td colspan="2">adiectus (-a, -um) esse</td></tr>
<tr><td>*Fut.*</td><td colspan="2">adiectūrus (-a, -um) esse</td><td colspan="2">adiectum īrī</td></tr>
<tr><td colspan="5" align="center">**PARTICIPLE**</td></tr>
<tr><td>*Pres.*</td><td colspan="2">adiciens, (-ntis)</td><td colspan="2"></td></tr>
<tr><td>*Perf.*</td><td colspan="2"></td><td colspan="2">adiectus (-a, -um)</td></tr>
<tr><td>*Fut.*</td><td colspan="2">adiectūrus (-a, -um)</td><td colspan="2">adiciendus (-a, -um) (GERUNDIVE)</td></tr>
</table>

GERUND adiciendī, -ō, -um, -ō   SUPINE adiectum, -ū

Compounds and related words: **adiectio, -onis, f.** addition; **adiectus, -us, m.** addition
See **iacio** for other compounds of this verb.
Model sentence: *Huc natas **adice** septem | et totidem iuvenis, et mox generosque nurusque.* —Ovid

take away, deprive

ACTIVE		PASSIVE	

A

INDICATIVE

Pres.	adimō	adimimus		adimor	adimimur
	adimis	adimitis		adimeris (-re)	adimiminī
	adimit	adimunt		adimitur	adimuntur
Impf.	adimēbam	adimēbāmus		adimēbar	adimēbāmur
	adimēbās	adimēbātis		adimēbāris (-re)	adimēbāminī
	adimēbāt	adimēbant		adimēbātur	adimēbantur
Fut.	adimam	adimēmus		adimar	adimēmur
	adimēs	adimētis		adimēris (-re)	adimēminī
	adimet	adiment		adimētur	adimentur
Perf.	adēmī	adēmimus		ademptus sum	ademptī sumus
	adēmistī	adēmistis		(-a, -um) es	(-ae, -a) estis
	adēmit	adēmērunt (-ēre)		est	sunt
Plup.	adēmeram	adēmerāmus		ademptus eram	ademptī erāmus
	adēmerās	adēmerātis		(-a, -um) erās	(-ae, -a) erātis
	adēmerat	adēmerant		erat	erant
Fut.	adēmerō	adēmerimus		ademptus erō	ademptī erimus
Perf.	adēmeris	adēmeritis		(-a, -um) eris	(-ae, -a) eritis
	adēmerit	adēmerint		erit	erunt

SUBJUNCTIVE

Pres.	adimam	adimāmus		adimar	adimāmur
	adimās	adimātis		adimāris (-re)	adimāminī
	adimat	adimant		adimātur	adimantur
Impf.	adimerem	adimerēmus		adimerer	adimerēmur
	adimerēs	adimerētis		adimerēris (-re)	adimerēminī
	adimeret	adimerent		adimerētur	adimerentur
Perf.	adēmerim	adēmerimus		ademptus sim	ademptī sīmus
	adēmeris	adēmeritis		(-a, -um) sīs	(-ae, -a) sītis
	adēmerit	adēmerint		sit	sint
Plup.	adēmissem	adēmissēmus		ademptus essem	ademptī essemus
	adēmissēs	adēmissētis		(-a, -um) essēs	(-ae, -a) essētis
	adēmisset	adēmissent		esset	essent

IMPERATIVE

Pres.	adime	adimite		

INFINITIVE

Pres.	adimere		adimī
Perf.	adēmisse		ademptus (-a, -um) esse
Fut.	ademptūrus (-a, -um) esse		ademptum īrī

PARTICIPLE

Pres.	adimens, (-ntis)		
Perf.			ademptus (-a, -um)
Fut.	ademptūrus (-a, -um)		adimendus (-a, -um) (GERUNDIVE)

GERUND adimendī, -ō, -um, -ō   SUPINE ademptum, -ū

Alternate forms: **adempsit** = ademerit
Compounds and related words: **ademptio, -onis, f.** removal
See **emo** for other compounds of this verb.
Model sentence: *Testareturque deos hominesque hic, . . . ferrum atque arma iratis et pugnare cupientibus*
   adimi *militibus.* —Livy

attain, obtain

ACTIVE

INDICATIVE

Pres.	adipiscor	adipiscimur	
	adipisceris (-re)	adipisciminī	
	adipiscitur	adipiscuntur	
Impf.	adipiscēbar	adipiscēbāmur	
	adipiscēbāris (-re)	adipiscēbāminī	
	adipiscēbātur	adipiscēbantur	
Fut.	adipiscar	adipiscēmur	
	adipiscēris (-re)	adipiscēminī	
	adipiscētur	adipiscentur	
Perf.	adeptus sum	adeptī sumus	
	(-a, -um) es	(-ae, -a) estis	
	est	sunt	
Plup.	adeptus eram	adeptī erāmus	
	(-a, -um) erās	(-ae, -a) erātis	
	erat	erant	
Fut.	adeptus erō	adeptī erimus	
Perf.	(-a, -um) eris	(-ae, -a) eritis	
	erit	erunt	

SUBJUNCTIVE

Pres.	adipiscar	adipiscāmur	
	adipiscāris (-re)	adipiscāminī	
	adipiscātur	adipiscantur	
Impf.	adipiscerer	adipiscerēmur	
	adipiscerēris (-re)	adipiscerēminī	
	adipiscerētur	adipiscerentur	
Perf.	adeptus sum	adeptī sīmus	
	(-a, -um) sīs	(-ae, -a) sītis	
	sit	sint	
Plup.	adeptus essem	adeptī essēmus	
	(-a, -um) essēs	(-ae, -a) essētis	
	esset	essent	

IMPERATIVE

Pres.	adipiscere	adipisciminī

INFINITIVE

Pres.	adipiscī
Perf.	adeptus (-a, -um) esse
Fut.	adeptūrus (-a, -um) esse

PARTICIPLE

	Active	Passive
Pres.	adipiscens, (-ntis)	
Perf.	adeptus (-a, -um)	
Fut.	adeptūrus (-a, -um)	adipiscendus (-a, -um) (GERUNDIVE)

GERUND adipiscendī, -ō, -um, -ō   SUPINE adeptum, -ū

Compounds and related words: **adeptio, onis, f.** attainment
Model sentence: *Litteras ad exercitus tamquam **adepto** principatu misit.* —Tacitus

grow up

ACTIVE

INDICATIVE

Pres.	adolescō	adolescimus
	adolescis	adolescitis
	adolescit	adolescunt
Impf.	adolescēbam	adolescēbāmus
	adolescēbās	adolescēbātis
	adolescēbat	adolescēbant
Fut.	adolescam	adolescēmus
	adolescēs	adolescētis
	adolescēt	adolescēnt
Perf.	adolēvī	adolēvimus
	adolēvistī	adolēvistis
	adolēvit	adolēvērunt (-ēre)
Plup.	adolēveram	adolēverāmus
	adolēverās	adolēverātis
	adolēverat	adolēverant
Fut.	adolēverō	adolēverimus
Perf.	adolēveris	adolēveritis
	adolēverit	adolēverint

SUBJUNCTIVE

Pres.	adolescam	adolescāmus
	adolescās	adolescātis
	adolescat	adolescant
Impf.	adolescerem	adolescerēmus
	adolescerēs	adolescerētis
	adolesceret	adolescerent
Perf.	adolēverim	adolēverimus
	adolēveris	adolēveritis
	adolēverit	adolēverint
Plup.	adolēvissem	adolēvissēmus
	adolēvissēs	adolēvissētis
	adolēvisset	adolēvissent

IMPERATIVE

Pres.	adolesce	adolescite

INFINITIVE

Pres.	adolescere
Perf.	adolēvisse
Fut.	adultūrus (-a, -um) esse

PARTICIPLE

	Active	Passive
Pres.	adolescens, (-ntis)	
Perf.		adultus (-a, -um)
Fut.	adultūrus (-a, -um)	adolescendus (-a, -um) (GERUNDIVE)

GERUND adolescendī, -ō, -um, -ō   SUPINE adultum, -ū

Alternate forms: **adolesse** = adolevisse; **adolui** = adolevi
Compounds and related words: **adoleo, -ēre, -ui** magnify; **adulescens (adolescens), -ntis, m.** young man; **adulescentia, -ae, f.** youth; **adultus, -a, -um** mature
Model sentence: *Ita geniti itaque educati, cum primum **adolevit** aetas, venando peragrare saltus.* —Livy

be present

ACTIVE

INDICATIVE

Pres.	adsum	adsumus
	ades	adestis
	adest	adsunt
Impf.	aderam	aderāmus
	aderās	aderātis
	aderat	aderant
Fut.	aderō	aderimus
	aderis	aderitis
	aderit	aderunt
Perf.	adfuī	adfuimus
	adfuistī	adfuistis
	adfuit	adfuērunt (-ēre)
Plup.	adfueram	adfuerāmus
	adfuerās	adfuerātis
	adfuerat	adfuerant
Fut.	adfuerō	adfuerimus
Perf.	adfueris	adfueritis
	adfuerit	adfuerint

SUBJUNCTIVE

Pres.	adsim	adsīmus
	adsīs	adsītis
	adsit	adsint
Impf.	adessem (adforem)	adessēmus (adforēmus)
	adessēs (adforēs)	adessētis (adforētis)
	adesset (adforet)	adessent (adforent)
Perf.	adfuerim	adfuerimus
	adfueris	adfueritis
	adfuerit	adfuerint
Plup.	adfuissem	adfuissēmus
	adfuissēs	adfuissētis
	adfuisset	adfuissent

IMPERATIVE

Pres.	ades	adeste

INFINITIVE

Pres.	adesse
Perf.	adfuisse
Fut.	adfutūrus (-a, -um) esse (adfore)

PARTICIPLE

	Active	Passive
Pres.		
Perf.		
Fut.	adfutūrus (-a, -um)	

Alternate forms: **adsiem** = adsim; **adsient** = adsint; **adsiet** = adsit; **afui** = adfui; **arfui** = adfui; **arfuise** = adfuisse; **assum** = adsum
See **sum** for other compounds of this verb.
Model sentence: *Auctor **adest.*** —Martial

build

ACTIVE

PASSIVE

INDICATIVE

Pres.	aedificō	aedificāmus	aedificor	aedificāmur
	aedificās	aedificātis	aedificāris (-re)	aedificāminī
	aedificat	aedificant	aedificātur	aedificantur
Impf.	aedificābam	aedificābāmus	aedificābar	aedificābāmur
	aedificābās	aedificābātis	aedificābāris (-re)	aedificābāminī
	aedificābat	aedificābant	aedificābātur	aedificābantur
Fut.	aedificābō	aedificābimus	aedificābor	aedificābimur
	aedificābis	aedificābitis	aedificāberis (-re)	aedificābiminī
	aedificābit	aedificābunt	aedificābitur	aedificābuntur
Perf.	aedificāvī	aedificāvimus	aedificātus sum	aedificātī sumus
	aedificāvistī	aedificāvistis	(-a, -um) es	(-ae, -a) estis
	aedificāvit	aedificāvērunt (-ēre)	est	sunt
Plup.	aedificāveram	aedificāverāmus	aedificātus eram	aedificātī erāmus
	aedificāverās	aedificāverātis	(-a, -um) erās	(-ae, -a) erātis
	aedificāverat	aedificāverant	erat	erant
Fut.	aedificāverō	aedificāverimus	aedificātus erō	aedificātī erimus
Perf.	aedificāveris	aedificāveritis	(-a, -um) eris	(-ae, -a) eritis
	aedificāverit	aedificāverint	erit	erunt

SUBJUNCTIVE

Pres.	aedificem	aedificēmus	aedificer	aedificēmur
	aedificēs	aedificētis	aedificēris (-re)	aedificēminī
	aedificet	aedificent	aedificētur	aedificentur
Impf.	aedificārem	aedificārēmus	aedificārer	aedificārēmur
	aedificārēs	aedificārētis	aedificārēris (-re)	aedificārēminī
	aedificāret	aedificārent	aedificārētur	aedificārentur
Perf.	aedificāverim	aedificāverimus	aedificātus sim	aedificātī sīmus
	aedificāveris	aedificāveritis	(-a, -um) sīs	(-ae, -a) sītis
	aedificāverit	aedificāverint	sit	sint
Plup.	aedificāvissem	aedificāvissēmus	aedificātus essem	aedificātī essēmus
	aedificāvissēs	aedificāvissētis	(-a, -um) essēs	(-ae, -a) essētis
	aedificāvisset	aedificāvissent	esset	essent

IMPERATIVE

Pres.	aedificā	aedificāte	

INFINITIVE

Pres.	aedificāre	aedificārī
Perf.	aedificāvisse	aedificātus (-a, -um) esse
Fut.	aedificātūrus (-a, -um) esse	aedificātum īrī

PARTICIPLE

Pres.	aedificans, (-ntis)	
Perf.		aedificātus (-a, -um)
Fut.	aedificātūrus (-a, -um)	aedificandus (-a, -um) (GERUNDIVE)

GERUND aedificandī, -ō, -um, -ō   SUPINE aedificātum, -ū

Compounds and related words: **aedes, is, f.** temple; **aedes, -ium, f.** house; **aedicula, -ae, f.** shrine; **aedificatio, -onis, f.** building; **aedificator, -is, m.** builder; **aedificium, -i, n.** building; **aedilis, -is, m.** aedile; **facio, -ere, feci, factum** make

Model sentence: *Divina natura dedit agros, ars humana **aedificavit** urbes.* —Varro

make or be equal or level

	ACTIVE		**PASSIVE**	
INDICATIVE				
Pres.	aequō	aequāmus	aequor	aequāmur
	aequās	aequātis	aequāris (-re)	aequāminī
	aequat	aequant	aequātur	aequantur
Impf.	aequābam	aequābāmus	aequābar	aequābāmur
	aequābās	aequābātis	aequābāris (-re)	aequābāminī
	aequābat	aequābant	aequābātur	aequābantur
Fut.	aequābō	aequābimus	aequābor	aequābimur
	aequābis	aequābitis	aequāberis (-re)	aequābiminī
	aequābit	aequābunt	aequābitur	aequābuntur
Perf.	aequāvī	aequāvimus	aequātus sum	aequātī sumus
	aequāvistī	aequāvistis	(-a, -um) es	(-ae, -a) estis
	aequāvit	aequāvērunt (-ēre)	est	sunt
Plup.	aequāveram	aequāverāmus	aequātus eram	aequātī erāmus
	aequāverās	aequāverātis	(-a, -um) erās	(-ae, -a) erātis
	aequāverat	aequāverant	erat	erant
Fut.	aequāverō	aequāverimus	aequātus erō	aequātī erimus
Perf.	aequāveris	aequāveritis	(-a, -um) eris	(-ae, -a) eritis
	aequāverit	aequāverint	erit	erunt
SUBJUNCTIVE				
Pres.	aequem	aequēmus	aequer	aequēmur
	aequēs	aequētis	aequēris (-re)	aequēminī
	aequet	aequent	aequētur	aequentur
Impf.	aequārem	aequārēmus	aequārer	aequārēmur
	aequārēs	aequārētis	aequārēris (-re)	aequārēminī
	aequāret	aequārent	aequārētur	aequārentur
Perf.	aequāverim	aequāverimus	aequātus sim	aequātī sīmus
	aequāveris	aequāveritis	(-a, -um) sīs	(-ae, -a) sītis
	aequāverit	aequāverint	sit	sint
Plup.	aequāvissem	aequāvissēmus	aequātus essem	aequātī essēmus
	aequāvissēs	aequāvissētis	(-a, -um) essēs	(-ae, -a) essētis
	aequāvisset	aequāvissent	esset	essent
IMPERATIVE				
Pres.	aequā	aequāte		
INFINITIVE				
Pres.	aequāre		aequārī	
Perf.	aequāvisse		aequātus (-a, -um) esse	
Fut.	aequātūrus (-a, -um) esse		aequātum īrī	
PARTICIPLE				
Pres.	aequans, (-ntis)			
Perf.			aequātus (-a, -um)	
Fut.	aequātūrus (-a, -um)		aequandus (-a, -um) (GERUNDIVE)	

GERUND aequandī, -ō, -um, -ō SUPINE aequātum, -ū

Usage notes: may be used with a **dative** or *cum* and the **ablative**
Compounds and related words: **adaeque** in like manner; **adaequo (1)** make equal with; **aequalis, -e** level; **aequalitas, -tatis, f.** evenness; **aequanimitas, -tatis, f.** impartiality; **aequitas, -tatis, f.** fairness; **aequor, -is, n.** sea; **aequus, -a, -um** equal; **iniquitas, -tatis, f.** inequality; **iniquus, -a, -um** unequal
Model sentence: *Carthaginienses Capuae amissae Tarentum captum **aequabant**.* —Livy

be hot, heave

ACTIVE
INDICATIVE

Pres.	aestuō	aestuāmus
	aestuās	aestuātis
	aestuat	aestuant
Impf.	aestuābam	aestuābāmus
	aestuābās	aestuābātis
	aestuābat	aestuābant
Fut.	aestuābō	aestuāmus
	aestuābis	aestuābitis
	aestuābit	aestuābunt
Perf.	aestuāvī	aestuāvimus
	aestuāvistī	aestuāvistis
	aestuāvit	aestuāvērunt (-ēre)
Plup.	aestuāveram	aestuāverāmus
	aestuāverās	aestuāverātis
	aestuāverat	aestuāverant
Fut.	aestuāverō	aestuāverimus
Perf.	aestuāveris	aestuāveritis
	aestuāverit	aestuāverint

SUBJUNCTIVE

Pres.	aestuem	aestuēmus
	aestuēs	aestuētis
	aestuet	aestuent
Impf.	aestuārem	aestuārēmus
	aestuārēs	aestuārētis
	aestuāret	aestuārent
Perf.	aestuāverim	aestuāverimus
	aestuāveris	aestuāveritis
	aestuāverit	aestuāverint
Plup.	aestuāvissem	aestuāvissēmus
	aestuāvissēs	aestuāvissētis
	aestuāvisset	aestuāvissent

IMPERATIVE

Pres.	aestuā	aestuāte

INFINITIVE

Pres.	aestuāre
Perf.	aestuāvisse
Fut.	aestuātūrus (-a, -um) esse

PARTICIPLE

	Active	Passive
Pres.	aestuans, (-ntis)	
Perf.		aestuātus (-a, -um)
Fut.	aestuātūrus (-a, -um)	aestuandus (-a, -um) (GERUNDIVE)

GERUND aestuandī, -ō, -um, -ō   SUPINE aestuātum, -ū

Compounds and related words: **aestas, -tatis, f.** summer; **aestifer, -a, -um** heat-bearing; **aestivo (1)** to pass the summer; **aestivus, -a, -um** pertaining to summer; **aestuarium, -i, n.** estuary; **aestuosus, -a, -um** hot; **aestus, -us, m.** heat, seething, tide

Model sentence: *Nunc dum occasio est, dum scribilitae **aestuant**, occurrite.* —Plautus

afferō

afferō, afferre, attulī, allātum

bring to, report

	ACTIVE		PASSIVE	
	INDICATIVE			
Pres.	afferō	afferimus	afferor	afferimur
	affers	affertis	afferris (-re)	afferiminī
	affert	afferunt	affertur	afferuntur
Impf.	afferēbam	afferēbāmus	afferēbar	afferēbāmur
	afferēbās	afferēbātis	afferēbāris (-re)	afferēbāminī
	afferēbat	afferēbant	afferēbātur	afferēbantur
Fut.	afferam	afferēmus	afferar	afferēmur
	afferēs	afferētis	afferēris (-re)	afferēminī
	afferet	afferent	afferētur	afferentur
Perf.	attulī	attulimus	allātus sum	allātī sumus
	attulistī	attulistis	(-a, -um) es	(-ae, -a) estis
	attulit	attulērunt (-ēre)	est	sunt
Plup.	attuleram	attulerāmus	allātus eram	allātī erāmus
	attulerās	attulerātis	(-a, -um) erās	(-ae, -a) erātis
	attulerat	attulerant	erat	erant
Fut.	attulerō	attulerimus	allātus erō	allātī erimus
Perf.	attuleris	attuleritis	(-a, -um) eris	(-ae, -a) eritis
	attulerit	attulerint	erit	erunt
	SUBJUNCTIVE			
Pres.	afferam	afferāmus	afferar	afferāmur
	afferās	afferātis	afferāris (-re)	afferāminī
	afferat	afferant	afferātur	afferantur
Impf.	afferrem	afferrēmus	afferrer	afferrēmur
	afferrēs	afferrētis	afferrēris (-re)	afferrēminī
	afferret	afferrent	afferrētur	afferrentur
Perf.	attulerim	attulerimus	allātus sim	allātī sīmus
	attuleris	attuleritis	(-a, -um) sīs	(-ae, -a) sītis
	attulerit	attulerint	sit	sint
Plup.	attulissem	attulissēmus	allātus essem	allātī essēmus
	attulissēs	attulissētis	(-a, -um) essēs	(-ae, -a) essētis
	attulisset	attulissent	esset	essent
	IMPERATIVE			
Pres.	affer	afferte		
	INFINITIVE			
Pres.	afferre		afferrī	
Perf.	attulisse		allātus (-a, -um) esse	
Fut.	allātūrus (-a, -um) esse		allātum īrī	
	PARTICIPLE			
Pres.	afferens, (-ntis)			
Perf.			allātus (-a, -um)	
Fut.	allātūrus (-a, -um)		afferendus (-a, -um) (GERUNDIVE)	

GERUND afferendī, -ō, -um, -ō   SUPINE allātum, -ū

Alternate forms: **adfero** = affero; **adferre** = afferre; **adlatum** = allatum; **adtuli** = attuli
See **fero** for other compounds of this verb.
Model sentence: *Statim **allatae sunt** amphorae vitreae diligenter gypsatae.* —Petronius

strike, ruin, lessen

ACTIVE		PASSIVE	
INDICATIVE			

Pres.

afflīgō	afflīgimus	afflīgor	afflīgimur
afflīgis	afflīgitis	afflīgeris (-re)	afflīgiminī
afflīgit	afflīgunt	afflīgitur	afflīguntur

Impf.

afflīgēbam	afflīgēbāmus	afflīgēbar	afflīgēbāmur
afflīgēbās	afflīgēbātis	afflīgēbāris (-re)	afflīgēbāminī
afflīgēbat	afflīgēbant	afflīgēbātur	afflīgēbantur

Fut.

afflīgam	afflīgēmus	afflīgar	afflīgēmur
afflīgēs	afflīgētis	afflīgēris (-re)	afflīgēminī
afflīget	afflīgent	afflīgētur	afflīgentur

Perf.

afflīxī	affliximus	afflictus	sum	afflictī	sumus
afflīxistī	afflīxistis	(-a, -um)	es	(-ae, -a)	estis
afflīxit	afflīxērunt (-ēre)		est		sunt

Plup.

afflīxeram	afflīxerāmus	afflictus	eram	afflictī	erāmus
afflīxerās	afflīxerātis	(-a, -um)	erās	(-ae, -a)	erātis
afflīxerat	afflīxerant		erat		erant

Fut.
Perf.

afflīxerō	afflīxerimus	afflictus	erō	afflictī	erimus
afflīxeris	afflīxeritis	(-a, -um)	eris	(-ae, -a)	eritis
afflīxerit	afflīxerint		erit		erunt

SUBJUNCTIVE			

Pres.

afflīgam	afflīgāmus	afflīgar	afflīgāmur
afflīgās	afflīgātis	afflīgāris (-re)	afflīgāminī
afflīgat	afflīgant	afflīgātur	afflīgantur

Impf.

afflīgerem	afflīgerēmus	afflīgerer	afflīgerēmur
afflīgerēs	afflīgerētis	afflīgerēris (-re)	afflīgerēminī
afflīgeret	afflīgerent	afflīgerētur	afflīgerentur

Perf.

afflīxerim	afflīxerimus	afflictus	sim	afflictī	sīmus
afflīxeris	afflīxeritis	(-a, -um)	sīs	(-ae, -a)	sītis
afflīxerit	afflīxerint		sit		sint

Plup.

afflīxissem	afflīxissēmus	afflictus	essem	afflictī	essēmus
afflīxissēs	afflīxissētis	(-a, -um)	essēs	(-ae, -a)	essētis
afflīxisset	afflīxissent		esset		essent

IMPERATIVE			

Pres.

afflīge	afflīgite	

INFINITIVE			

Pres.	afflīgere	afflīgī
Perf.	afflīxisse	afflictus (-a, -um) esse
Fut.	afflictūrus (-a, -um) esse	afflictum īrī

PARTICIPLE			

Pres.	afflīgens, (-ntis)	
Perf.		afflictus (-a, -um)
Fut.	afflictūrus (-a, -um)	afflīgendus (-a, -um) (GERUNDIVE)

GERUND afflīgendī, -ō, -um, -ō   SUPINE afflictum, -ū

Alternate forms: **adfligo** = affligo; **afflixint** = afflixerint
Compounds and related words: **afflicto (1)** harass; **afflictor, -is, m.** agitator; **afflictus, -a, -um** damaged; **confligo (3)** smash together
Model sentence: *Te ad terram, scelus, adfligam.* —Plautus

affor

ACTIVE

INDICATIVE

Pres.		affāmur
	affāris (-re)	affāminī
	affātur	affantur
Impf.		
Fut.		
Perf.		
Plup.		
Fut. *Perf.*		

SUBJUNCTIVE

Pres.	
Impf.	
Perf.	
Plup.	

IMPERATIVE

Pres.	affāre	affāminī

INFINITIVE

Pres.	affārī
Perf.	affātus (-a, -um) esse
Fut.	

PARTICIPLE

	Active	Passive
Pres.		
Perf.	affātus (-a, -um)	
Fut.		

Usage notes: defective
Alternate forms: **adfor** = affor
Compounds and related words: **affatus, -us, m.** a speech
Model sentence: *Sic miser **adfatus** dicitur undas: "Parcite dum propero, mergite cum redeo."* —Martial

attack

ACTIVE

INDICATIVE

Pres.	aggredior	aggredimur
	aggrederis (-re)	aggrediminī
	aggreditur	aggrediuntur
Impf.	aggrediēbar	aggrediēbāmur
	aggrediēbāris (-re)	aggrediēbāminī
	aggrediēbātur	aggrediēbantur
Fut.	aggrediar	aggrediēmur
	aggrediēris (-re)	aggrediēminī
	aggrediētur	aggredientur
Perf.	aggressus sum	aggressī sumus
	(-a, -um) es	(-ae, -a) estis
	est	sunt
Plup.	aggressus eram	aggressī erāmus
	(-a, -um) erās	(-ae, -a) erātis
	erat	erant
Fut.	aggressus erō	aggressī erimus
Perf.	(-a, -um) eris	(-ae, -a) eritis
	erit	erunt

SUBJUNCTIVE

Pres.	aggrediar	aggrediāmur
	aggrediāris (-re)	aggrediāminī
	aggrediātur	aggrediantur
Impf.	aggrederer	aggrederēmur
	aggrederēris (-re)	aggrederēminī
	aggrederētur	aggrederentur
Perf.	aggressus sim	aggressī sīmus
	(-a, -um) sīs	(-ae, -a) sītis
	sit	sint
Plup.	aggressus essem	aggressī essēmus
	(-a, -um) essēs	(-ae, -a) essētis
	esset	essent

IMPERATIVE

Pres.	aggredere	aggrediminī

INFINITIVE

Pres.	aggredī
Perf.	aggressus (-a, -um) esse
Fut.	aggressūrus (-a, -um) esse

PARTICIPLE

	Active	Passive
Pres.	aggrediens, (-ntis)	
Perf.	aggressus (-a, -um)	
Fut.	aggressūrus (-a, -um)	aggrediendus (-a, -um) (GERUNDIVE)

GERUND aggrediendī, -ō, -um, -ō   SUPINE aggressum, -ū

Alternate forms: **adgredior,** etc. = aggredior, etc.; **adgredire** = aggrederis; **adgrediri** = aggredi; **adgredirier** = aggredi; **adgretus** = aggressus

Compounds and related words: **aggressio, -onis, f.** introduction (to a speech)

See **gradior** for other compounds of this verb.

Model sentence: *Quis audeat bene comitatum **adgredi**?* —Cicero

do, drive

	ACTIVE			PASSIVE	
			INDICATIVE		
Pres.	agō	agimus		agor	agimur
	agis	agitis		ageris (-re)	agiminī
	agit	agunt		agitur	aguntur
Impf.	agēbam	agēbāmus		agēbar	agēbāmur
	agēbās	agēbātis		agēbāris (-re)	agēbāminī
	agēbat	agēbant		agēbātur	agēbantur
Fut.	agam	agēmus		agar	agēmur
	agēs	agētis		agēris	agēmīnī
	aget	agent		agētur	agentur
Perf.	ēgī	ēgimus		actus sum	actī sumus
	ēgistī	ēgistis		(-a, -um) es	(-ae, -a) estis
	ēgit	ēgērunt (-ēre)		est	sunt
Plup.	ēgeram	ēgerāmus		actus eram	actī erāmus
	ēgerās	ēgerātis		(-a, -um) erās	(-ae, -a) erātis
	ēgerat	ēgerant		erat	erant
Fut.	ēgerō	ēgerimus		actus erō	actī erimus
Perf.	ēgeris	ēgeritis		(-a, -um) eris	(-ae, -a) eritis
	ēgerit	ēgerint		erit	erunt
			SUBJUNCTIVE		
Pres.	agam	agāmus		agar	agāmur
	agās	agātis		agāris (-re)	agāminī
	agat	agant		agātur	agantur
Impf.	agerem	agerēmus		agerer	agerēmur
	agerēs	agerētis		agerēris (-re)	agerēminī
	ageret	agerent		agerētur	agerentur
Perf.	ēgerim	ēgerimus		actus sim	actī sīmus
	ēgeris	ēgeritis		(-a, -um) sīs	(-ae, -a) sītis
	ēgerit	ēgerint		sit	sint
Plup.	ēgissem	ēgissēmus		actus essem	actī essēmus
	ēgissēs	ēgissētis		(-a, -um) essēs	(-ae, -a) essētis
	ēgisset	ēgissent		esset	essent
			IMPERATIVE		
Pres.	age	agite			
			INFINITIVE		
Pres.	agere			agī	
Perf.	ēgisse			actus (-a, -um) esse	
Fut.	āctūrus (-a, -um) esse			actum īrī	
			PARTICIPLE		
Pres.	agens, (-ntis)				
Perf.				actus (-a, -um)	
Fut.	actūrus (-a, -um)			agendus (-a, -um) (GERUNDIVE)	

GERUND agendī, -ō, -um, -ō   SUPINE actum, -ū

AN ESSENTIAL 55 VERB

AN ESSENTIAL 55 VERB

Related Words

actio, actionis, f. action

actor, actoris, m. driver

agito, agitare, agitavi, agitatum to drive

agmen, agminis, n. procession, marching column

exactus, exacta, exactum precise

Expressions

res agere to take care of business

gratias agere to thank

quid agis? how are you?

se agere to go

animam agere to die

age! c'mon!

This is one of the busiest verbs in the entire language, which is fitting since its central meaning is to be busy at something. Translating it simply as *do* doesn't even begin to cover the broad range of its uses. How best to translate it depends on the context in which it appears since English often has special verbs for various situations. For example, **equos agere** means *to drive horses* (not *do* them), **gratias agere** is *to give thanks*, and the command **age!** is like the English *c'mon!*

This verb is also busy in that it appears in very many compounds as you see below.

ALTERNATE FORMS:
agier = agi
axim = egerim
axit = egerit

COMPOUNDS:
abigo, abigere, abegi, abactum to drive away

cogo, cogere, coegi, coactum to force

dego, degere, degi to pass time

exigo, exigere, exegi, exactum to drive out

perago, peragere, peregi, peractum to complete

redigo, redigere, redegi, redactum to bring back

satago, satagere to be very busy

subigo, subigere, subegi, subactum to compel

transigo, transigere, transegi, transactum to complete

MODEL SENTENCE:
*Hos super advenit Volsca de gente Camilla agmen **agens** equitum.* —Vergil

say, affirm

ACTIVE

INDICATIVE

Pres.	āiō (āiiō)	
	ais	
	ait	āiunt
Impf.	āiēbam (aibam)	āiēbāmus (aibāmus)
	āiēbās (aibās)	āiēbātis (aibātis)
	āiēbat (aibat)	āiēbant (aibant)
Fut.		
Perf.		
Plup.		
Fut.		
Perf.		

SUBJUNCTIVE

Pres.		
	āiās	
	āiat	āiant
Impf.		
Perf.		
Plup.		

IMPERATIVE

Pres.	āī

INFINITIVE

Pres.
Perf.
Fut.

PARTICIPLE

Pres.	āiens, (-ntis)
Perf.	
Fut.	

GERUND   SUPINE

Usage notes: defective
Alternate forms: **aibam** = aiebam; **aiio** = aio; **ain** = aisne
Model sentence: *Ad caelum liventia bracchia tollens,* I *"Pascere, crudelis, nostro, Latona, dolere,* I *pascere,"* **ait.** —Ovid

nourish, cherish

ACTIVE			PASSIVE		

A

INDICATIVE

Pres.	alō	alimus	alor	alimur
	alis	alitis	aleris (-re)	aliminī
	alit	alunt	alitur	aluntur
Impf.	alēbam	alēbāmus	alēbar	alēbāmur
	alēbās	alēbātis	alēbāris (-re)	alēbāminī
	alēbat	alēbant	alēbātur	alēbantur
Fut.	alam	alēmus	alar	alēmur
	alēs	alētis	alēris (-re)	alēminī
	alet	alent	alētur	alentur

Perf.	aluī	aluimus	altus	sum	altī	sumus
	aluistī	aluistis	(-a, -um)	es	(-ae, -a)	estis
	aluit	aluērunt (-ēre)		est		sunt
Plup.	alueram	aluerāmus	altus	eram	altī	erāmus
	aluerās	aluerātis	(-a, -um)	erās	(-ae, -a)	erātis
	aluerat	aluerant		erat		erant
Fut.	aluerō	aluerimus	altus	erō	altī	erimus
Perf.	alueris	alueritis	(-a, -um)	eris	(-ae, -a)	eritis
	aluerit	aluerint		erit		erunt

SUBJUNCTIVE

Pres.	alam	alāmus	alar	alāmur
	alās	alātis	alāris (-re)	alāminī
	alat	alant	alātur	alantur
Impf.	alerem	alerēmus	alerer	alerēmur
	alerēs	alerētis	alerēris (-re)	alerēminī
	aleret	alerent	alerētur	alerentur

Perf.	aluerim	aluerimus	altus	sim	altī	sīmus
	alueris	alueritis	(-a, -um)	sīs	(-ae, -a)	sītis
	aluerit	aluerint		sit		sint
Plup.	aluissem	aluissēmus	altus	essem	altī	essēmus
	aluissēs	aluissētis	(-a, -um)	essēs	(-ae, -a)	essētis
	aluisset	aluissent		esset		essent

IMPERATIVE

Pres.	ale	alite	

INFINITIVE

Pres.	alere	alī
Perf.	aluisse	altus (-a, -um) esse
Fut.	altūrus (-a, -um) esse	altum īrī

PARTICIPLE

Pres.	alens, (-ntis)	
Perf.		altus (-a, -um)
Fut.	altūrus (-a, -um)	alendus (-a, -um) (GERUNDIVE)

GERUND alendī, -ō, -um, -ō　　SUPINE altum, -ū

Alternate forms: **alitus** = altus
Compounds and related words: **altilis, -e** fattened; **altitudo, -dinis, f.** height, depth; **altor, -is, m.** foster-father; **altrix, -tricis, f.** foster-mother; **altus, -a, -um** high, deep; **alumnus, -i, m.** fosterling
Model sentence: *Animus se ipse alit.* —Seneca

ambiō

go around, surround

	ACTIVE		PASSIVE	
			INDICATIVE	

	ACTIVE		PASSIVE	
INDICATIVE				
Pres.	ambiō	ambīmus	ambior	ambīmur
	ambīs	ambītis	ambīris (-re)	ambīminī
	ambit	ambiunt	ambītur	ambiuntur
Impf.	ambiēbam	ambiēbāmus	ambiēbar	ambiēbāmur
	ambiēbās	ambiēbātis	ambiēbāris (-re)	ambiēbāminī
	ambiēbat	ambiēbant	ambiēbātur	ambiēbantur
Fut.	ambiam	ambiēmus	ambiar	ambiēmur
	ambiēs	ambiētis	ambiēris (-re)	ambiēminī
	ambiet	ambient	ambiētur	ambientur
Perf.	ambiī	ambiimus	ambītus sum	ambītī sumus
	ambiistī	ambiistis	(-a, -um) es	(-ae, -a) estis
	ambiit	ambiērunt (-ēre)	est	sunt
Plup.	ambieram	ambierāmus	ambītus eram	ambītī erāmus
	ambierās	ambierātis	(-a, -um) erās	(-ae, -a) erātis
	ambierat	ambierant	erat	erant
Fut.	ambierō	ambierimus	ambītus erō	ambītī erimus
Perf.	ambieris	ambieritis	(-a, -um) eris	(-ae, -a) eritis
	ambierit	ambierint	erit	erunt
SUBJUNCTIVE				
Pres.	ambiam	ambiāmus	ambiar	ambiāmur
	ambiās	ambiātis	ambiāris (-re)	ambiāminī
	ambiat	ambiant	ambiātur	ambiantur
Impf.	ambīrem	ambīrēmus	ambīrer	ambīrēmur
	ambīrēs	ambīrētis	ambīrēris (-re)	ambīrēminī
	ambīret	ambīrent	ambīrētur	ambīrentur
Perf.	ambierim	ambierimus	ambītus sim	ambītī sīmus
	ambieris	ambieritis	(-a, -um) sīs	(-ae, -a) sītis
	ambierit	ambierint	sit	sint
Plup.	ambiissem	ambiissēmus	ambītus essem	ambītī essēmus
	ambiissēs	ambiissētis	(-a, -um) essēs	(-ae, -a) essētis
	ambiisset	ambiissent	esset	essent
IMPERATIVE				
Pres.	ambī	ambīte		
INFINITIVE				
Pres.	ambīre		ambīrī	
Perf.	ambiisse		ambītus (-a, -um) esse	
Fut.	ambītūrus (-a, -um) esse		ambītum īrī	
PARTICIPLE				
Pres.	ambiens, (-ntis)			
Perf.			ambītus (-a, -um)	
Fut.	ambītūrus (-a, -um)		ambiendus (-a, -um) (GERUNDIVE)	

GERUND ambiendī, -ō, -um, -ō   SUPINE ambītum, -ū

Alternate forms: **ambibat** = ambiebat; **ambivi** = ambii
Compounds and related words: **ambitio, -onis, f.** canvassing for office; **ambitiosus, -a, -um** ambitious; **ambitus, -us, m.** circuit, bribery
Model sentence: *Virtute **ambire** oportet, non fautoribus.* —Plautus

walk, navigate

ACTIVE		PASSIVE	
INDICATIVE			

Pres.	ambulō	ambulāmus		
	ambulās	ambulātis		
	ambulat	ambulant	ambulātur	ambulantur
Impf.	ambulābam	ambulābāmus		
	ambulābās	ambulābātis		
	ambulābat	ambulābant	ambulābātur	ambulābantur
Fut.	ambulābō	ambulābimus		
	ambulābis	ambulābitis		
	ambulābit	ambulābunt	ambulābitur	ambulābutur
Perf.	ambulāvī	ambulāvimus		
	ambulāvistī	ambulāvistis		
	ambulāvit	ambulāvērunt (-ēre)	ambulātus (-ae, -a) est	ambulātī (-ae, -a) sunt
Plup.	ambulāveram	ambulāverāmus		
	ambulāverās	ambulāverātis		
	ambulāverat	ambulāverant	ambulātus (-ae, -a) erat	ambulātī (-ae, -a) erant
Fut.	ambulāverō	ambulāverimus		
Perf.	ambulāveris	ambulāveritis		
	ambulāverit	ambulāverint	ambulātus (-ae, -a) erit	ambulātī (-ae, -a) erunt

SUBJUNCTIVE			

Pres.	ambulem	ambulēmus		
	ambulēs	ambulētis		
	ambulet	ambulent	ambulētur	
Impf.	ambulārem	ambulārēmus		
	ambulārēs	ambulārētis		
	ambulāret	ambulārent	ambulārētur	
Perf.	ambulāverim	ambulāverimus		
	ambulāveris	ambulāveritis		
	ambulāverit	ambulāverint	ambulātus (-ae, -a) sit	ambulātī (-ae, -a) sint
Plup.	ambulāvissem	ambulāvissēmus		
	ambulāvissēs	ambulāvissētis		
	ambulāvisset	ambulāvissent	ambulātus (-ae, -a) esset	ambulātī (-ae, -a) essent

IMPERATIVE			
Pres.	ambulā	ambulāte		

INFINITIVE			
Pres.	ambulāre		ambulārī	
Perf.	ambulāvisse		ambulātus (-a, -um) esse	
Fut.	ambulātūrus (-a, -um) esse		ambulātum īrī	

PARTICIPLE			
Pres.	ambulans, (-ntis)			
Perf.			ambulātus (-a, -um)	
Fut.	ambulātūrus (-a, -um)		ambulandus (-a, -um) (GERUNDIVE)	

GERUND ambulandī, -ō, -um, -ō   SUPINE ambulātum, -ū

Compounds and related words: **adambulo (1)** to walk by; **ambulacrum, -i, n.** a shady walkway;
   ambulatio, -onis, f. a walk; **ambulator, -is, m.** a walker; **deambulo (1)** to take a walk;
Model sentence: *Melissa mea mirari coepit, quod tam sero **ambularem**.* —Petronius

amiciō

clothe, conceal

ACTIVE			PASSIVE		
INDICATIVE					
Pres.	amiciō	amicīmus	amicior	amicīmur	
	amicīs	amicītis	amicīris (-re)	amicīminī	
	amicit	amiciunt	amicītur	amiciuntur	
Impf.	amiciēbam	amiciēbāmus	amiciēbar	amiciēbāmur	
	amiciēbās	amiciēbātis	amiciēbāris (-re)	amiciēbāminī	
	amiciēbat	amiciēbant	amiciēbātur	amiciēbantur	
Fut.	amiciam	amiciēmus	amiciar	amiciēmur	
	amiciēs	amiciētis	amiciēris (-re)	amiciēminī	
	amiciet	amicient	amiciētur	amicientur	
Perf.	amicuī	amicuimus	amictus sum	amictī sumus	
	amicuistī	amicuistis	(-a, -um) es	(-ae, -a) estis	
	amicuit	amicuērunt (-ēre)	est	sunt	
Plup.	amicueram	amicuerāmus	amictus eram	amictī erāmus	
	amicuerās	amicuerātis	(-a, -um) erās	(-ae, -a) erātis	
	amicuerat	amicuerant	erat	erant	
Fut.	amicuerō	amicuerimus	amictus erō	amictī erimus	
Perf.	amicueris	amicueritis	(-a, -um) eris	(-ae, -a) eritis	
	amicuerit	amicuerint	erit	erunt	
SUBJUNCTIVE					
Pres.	amiciam	amiciāmus	amiciar	amiciāmur	
	amiciās	amiciātis	amiciāris (-re)	amiciāminī	
	amiciat	amiciant	amiciātur	amiciantur	
Impf.	amicīrem	amicīrēmus	amicīrer	amicīrēmur	
	amicīrēs	amicīrētis	amicīrēris (-re)	amicīrēminī	
	amicīret	amicīrent	amicīrētur	amicīrentur	
Perf.	amicuerim	amicuerimus	amictus sim	amictī sīmus	
	amicueris	amicueritis	(-a, -um) sīs	(-ae, -a) sītis	
	amicuerit	amicuerint	sit	sint	
Plup.	amicuissem	amicuissēmus	amictus essem	amictī essēmus	
	amicuissēs	amicuissētis	(-a, -um) essēs	(-ae, -a) essētis	
	amicuisset	amicuissent	esset	essent	
IMPERATIVE					
Pres.	amicī	amicīte			
INFINITIVE					
Pres.	amicīre		amicīrī		
Perf.	amicuisse		amictus (-a, -um) esse		
Fut.	amictūrus (-a, -um) esse		amictum īrī		
PARTICIPLE					
Pres.	amiciens, (-ntis)				
Perf.			amictus (-a, -um)		
Fut.	amictūrus (-a, -um)		amiciendus (-a, -um) (GERUNDIVE)		

GERUND amiciendī, -ō, -um, -ō   SUPINE amictum, -ū

Usage notes: Passive forms often used with middle sense.
Alternate forms: **amicibor** = amiciar; **amicisse** = amicuisse; **amixi** = amicui
Model sentence: *Ibat ovis lana corpus **amicta** sua.* —Ovid

like, love

ACTIVE   PASSIVE

INDICATIVE

	ACTIVE		PASSIVE	
Pres.	amō	amāmus	amor	amāmur
	amās	amātis	amāris (-re)	amāminī
	amat	amant	amātur	amantur
Impf.	amābam	amābāmus	amābar	amābāmur
	amābās	amābātis	amābāris (-re)	amābāminī
	amābat	amābant	amābātur	amābantur
Fut.	amābō	amābimus	amābor	amābimur
	amābis	amābitis	amāberis (-re)	amābiminī
	amābit	amābunt	amābitur	amābuntur
Perf.	amāvī	amāvimus	amātus sum	amātī sumus
	amāvistī	amāvistis	(-a, -um) es	(-ae, -a) estis
	amāvit	amāvērunt (-ēre)	est	sunt
Plup.	amāveram	amāverāmus	amātus eram	amātī erāmus
	amāverās	amāverātis	(-a, -um) erās	(-ae, -a) erātis
	amāverat	amāverant	erat	erant
Fut.	amāverō	amāverimus	amātus erō	amātī erimus
Perf.	amāveris	amāveritis	(-a, -um) eris	(-ae, -a) eritis
	amāverit	amāverint	erit	erunt

SUBJUNCTIVE

	ACTIVE		PASSIVE	
Pres.	amem	amēmus	amer	amēmur
	amēs	amētis	amēris (-re)	amēminī
	amet	ament	amētur	amentur
Impf.	amārem	amārēmus	amārer	amārēmur
	amārēs	amārētis	amārēris (-re)	amārēminī
	amāret	amārent	amārētur	amārentur
Perf.	amāverim	amāverimus	amātus sim	amātī sīmus
	amāveris	amāveritis	(-a, -um) sīs	(-ae, -a) sītis
	amāverit	amāverint	sit	sint
Plup.	amāvissem	amāvissēmus	amātus essem	amātī essēmus
	amāvissēs	amāvissētis	(-a, -um) essēs	(-ae, -a) essētis
	amāvisset	amāvissent	esset	essent

IMPERATIVE

Pres.	amā	amāte

INFINITIVE

	ACTIVE	PASSIVE
Pres.	amāre	amārī
Perf.	amāvisse	amātus (-a, -um) esse
Fut.	amātūrus (-a, -um) esse	amātum īrī

PARTICIPLE

	ACTIVE	PASSIVE
Pres.	amans, (-ntis)	
Perf.		amātus (-a, -um)
Fut.	amātūrus (-a, -um)	amandus (-a, -um) (GERUNDIVE)

GERUND amandī, -ō, -um, -ō   SUPINE amātum, -ū

Alternate forms: **amasse** = amavisse; **amasso** = amavero

Compounds and related words: **adamo (1)** to fall in love; **amabilis, -e** loveable; **amator, -is, m.** lover; **amicitia, -ae, f.** friendship; **amicus/-a, -i/-ae, m./f.** friend; **amicus, -a, -um** friendly; **amor, -is, m.** love; **inimicus/-a, -i/-ae, m./f.** enemy; **inimicus, -a, -um,** hostile

Model sentence: *Tu me **amas**, ego te **amo**.* —Plautus

nod, give assent

ACTIVE

INDICATIVE

Pres.	annuō	annuimus
	annuis	annuitis
	annuit	annuunt
Impf.	annuēbam	annuēbāmus
	annuēbās	annuēbātis
	annuēbat	annuēbant
Fut.	annuam	annuēmus
	annuēs	annuētis
	annuēt	annuēnt
Perf.	annuī	annuimus
	annuistī	annuistis
	annuit	annuērunt (-ēre)
Plup.	annueram	annuerāmus
	annuerās	annuerātis
	annuerat	annuerant
Fut. *Perf.*	annuerō	annuerimus
	annueris	annueritis
	annuerit	annuerint

SUBJUNCTIVE

Pres.	annuam	annuāmus
	annuās	annuātis
	annuat	annuant
Impf.	annuerem	annuerēmus
	annuerēs	annuerētis
	annueret	annuerent
Perf.	annuerim	annuerimus
	annueris	annueritis
	annuerit	annuerint
Plup.	annuissem	annuissēmus
	annuissēs	annuissētis
	annuisset	annuissent

IMPERATIVE

Pres.	annue	annuite

INFINITIVE

Pres.	annuere
Perf.	annuisse
Fut.	annūtūrus (-a, -um) esse

PARTICIPLE

	Active	Passive
Pres.	annuens, (-ntis)	
Perf.		annūtus (-a, -um)
Fut.	annūtūrus (-a, -um)	annuendus (-a, -um) (GERUNDIVE)

GERUND annuendī, -ō, -um, -ō   SUPINE annūtum, -ū

Usage notes: generally used with the **dative**
Alternate forms: **adnuo** = annuo; **annuvi** = annui
Compounds and related words: **abnuo (3)** refuse by a nod; **abnuto (1)** refuse by a nod repeatedly; **numen, -inis, n.** divine will; **nuto (1)** nod; **nutus, -us, m.** nod
Model sentence: *Adnuit oranti Neptunus et abstulit illis.* —Ovid

54

open, uncover

ACTIVE		PASSIVE	
INDICATIVE			

Pres.	aperiō	aperīmus	aperior	aperīmur	
	aperīs	aperītis	aperīris (-re)	aperīminī	
	aperit	aperiunt	aperītur	aperiuntur	
Impf.	aperiēbam	aperiēbāmus	aperiēbar	aperiēbāmur	
	aperiēbās	aperiēbātis	aperiēbāris (-re)	aperiēbāminī	
	aperiēbat	aperiēbant	aperiēbātur	aperiēbantur	
Fut.	aperiam	aperiēmus	aperiar	aperiēmur	
	aperiēs	aperiētis	aperiēris (-re)	aperiēminī	
	aperiet	aperient	aperiētur	aperientur	
Perf.	aperuī	aperuimus	apertus sum	apertī sumus	
	aperuistī	aperuistis	(-a, -um) es	(-ae, -a) estis	
	aperuit	aperuērunt (-ēre)	est	sunt	
Plup.	aperueram	aperuerāmus	apertus eram	apertī erāmus	
	aperuerās	aperuerātis	(-a, -um) erās	(-ae, -a) erātis	
	aperuerat	aperuerant	erat	erant	
Fut.	aperuerō	aperuerimus	apertus erō	apertī erimus	
Perf.	aperueris	aperueritis	(-a, -um) eris	(-ae, -a) eritis	
	aperuerit	aperuerint	erit	erunt	

SUBJUNCTIVE			

Pres.	aperiam	aperiāmus	aperiar	aperiāmur	
	aperiās	aperiātis	aperiāris (-re)	aperiāminī	
	aperiat	aperiant	aperiātur	aperiantur	
Impf.	aperīrem	aperīrēmus	aperīrer	aperīrēmur	
	aperīrēs	aperīrētis	aperīrēris (-re)	aperīrēminī	
	aperīret	aperīrent	aperīrētur	aperīrentur	
Perf.	aperuerim	aperuerimus	apertus sim	apertī sīmus	
	aperueris	aperueritis	(-a, -um) sīs	(-ae, -a) sītis	
	aperuerit	aperuerint	sit	sint	
Plup.	aperuissem	aperuissēmus	apertus essem	apertī essēmus	
	aperuissēs	aperuissētis	(-a, -um) essēs	(-ae, -a) essētis	
	aperuisset	aperuissent	esset	essent	

IMPERATIVE			

Pres.	aperī	aperīte	

INFINITIVE			

Pres.	aperīre	aperīrī	
Perf.	aperuisse	apertus (-a, -um) esse	
Fut.	apertūrus (-a, -um) esse	apertum īrī	

PARTICIPLE			

Pres.	aperiens, (-ntis)		
Perf.		apertus (-a, -um)	
Fut.	apertūrus (-a, -um)	aperiendus (-a, -um) (GERUNDIVE)	

GERUND aperiendī, -ō, -um, -ō   SUPINE apertum, -ū

Alternate forms: **aperibo** = aperiam
Compounds and related words: **adaperio (4)** open fully; **aperte** openly; **aperto (1)** lay open
Model sentence: *Incustoditis et **apertis**, Lesbia, semper liminibus peccas nec tua furta tegis.* —Martial

name

ACTIVE		PASSIVE	
INDICATIVE			
Pres. appellō	appellāmus	appellor	appellāmur
appellās	appellātis	appellāris (-re)	appellāminī
appellat	appellant	appellātur	appellantur
Impf. appellābam	appellābāmus	appellābar	appellābāmur
appellābās	appellābātis	appellābāris (-re)	appellābāminī
appellābat	appellābant	appellābātur	appellābantur
Fut. appellābō	appellābimus	appellābor	appellābimur
appellābis	appellābitis	appellāberis (-re)	appellābiminī
appellābit	appellābunt	appellābitur	appellābuntur
Perf. appellāvī	appellāvimus	appellātus sum	appellātī sumus
appellāvistī	appellāvistis	(-a, -um) es	(-ae, -a) estis
appellāvit	appellāvērunt (-ēre)	est	sunt
Plup. appellāveram	appellāverāmus	appellātus eram	appellātī erāmus
appellāverās	appellāverātis	(-a, -um) erās	(-ae, -a) erātis
appellāverat	appellāverant	erat	erant
Fut. appellāverō	appellāverimus	appellātus erō	appellātī erimus
Perf. appellāveris	appellāveritis	(-a, -um) eris	(-ae, -a) eritis
appellāverit	appellāverint	erit	erunt
SUBJUNCTIVE			
Pres. appellem	appellēmus	appeller	appellēmur
appellēs	appellētis	appellēris (-re)	appellēminī
appellet	appellent	appellētur	appellentur
Impf. appellārem	appellārēmus	appellārer	appellārēmur
appellārēs	appellārētis	appellārēris (-re)	appellārēminī
appellāret	appellārent	appellārētur	appellārentur
Perf. appellāverim	appellāverimus	appellātus sim	appellātī sīmus
appellāveris	appellāveritis	(-a, -um) sīs	(-ae, -a) sītis
appellāverit	appellāverint	sit	sint
Plup. appellāvissem	appellāvissēmus	appellātus essem	appellātī essēmus
appellāvissēs	appellāvissētis	(-a, -um) essēs	(-ae, -a) essētis
appellāvisset	appellāvissent	esset	essent
IMPERATIVE			
Pres. appellā	appellāte		
INFINITIVE			
Pres. appellāre		appellārī	
Perf. appellāvisse		appellātus (-a, -um) esse	
Fut. appellātūrus (-a, -um) esse		appelātum īrī	
PARTICIPLE			
Pres. appellans, (-ntis)			
Perf.		appellātus (-a, -um)	
Fut. appellātūrus (-a, -um)		appellandus (-a, -um) (GERUNDIVE)	

GERUND appellandī, -ō, -um, -ō   SUPINE appellātum, -ū

Alternate forms: **adpello, adpellare, etc.** = appello, appellare, etc.; **appellassis** = appellaveris
Compounds and related words: **appellatio, -onis, f.** a naming; **appellator, -is, m.** an appellant
Model sentence: *Nunc vero exsul patria, . . . quo accedam aut quos **appellem**?* —Sallust

think, perceive

ACTIVE

INDICATIVE

Pres.	arbitror	arbitrāmur
	arbitrāris (-re)	arbitrāminī
	arbitrātur	arbitrantur
Impf.	arbitrābar	arbitrābāmur
	arbitrābāris (-re)	arbitrābāminī
	arbitrābātur	arbitrābantur
Fut.	arbitrābor	arbitrābimur
	arbitrāberis (-re)	arbitrābiminī
	arbitrābitur	arbitrābuntur
Perf.	arbitrātus sum	arbitrātī sumus
	(-a, -um) es	(-ae, -a) estis
	est	sunt
Plup.	arbitrātus eram	arbitrātī erāmus
	(-a, -um) erās	(-ae, -a) erātis
	erat	erant
Fut.	arbitrātus erō	arbitrātī erimus
Perf.	(-a, -um) eris	(-ae, -a) eritis
	erit	erunt

SUBJUNCTIVE

Pres.	arbitrer	arbitrēmur
	arbitrēris (-re)	arbitrēminī
	arbitrētur	arbitrentur
Impf.	arbitrārer	arbitrārēmur
	arbitrārēris (-re)	arbitrārēminī
	arbitrārētur	arbitrārentur
Perf.	arbitrātus sim	arbitrātī sīmus
	(-a, -um) sīs	(-ae, -a) sītis
	sit	sint
Plup.	arbitrātus essem	arbitrātī essēmus
	(-a, -um) essēs	(-ae, -a) essētis
	esset	essent

IMPERATIVE

Pres.	arbitrāre	arbitrāminī

INFINITIVE

Pres.	arbitrārī
Perf.	arbitrātus (-a, -um) esse
Fut.	arbitrātūrus (-a, -um) esse

PARTICIPLE

	Active	**Passive**
Pres.	arbitrans, (-ntis)	
Perf.	arbitrātus (-a, -um)	
Fut.	arbitrātūrus (-a, -um)	arbitrandus (-a, -um) (GERUNDIVE)

GERUND arbitrandī, -ō, -um, -ō   SUPINE arbitrātum, -ū

Alternate forms: **arbitrarier** = arbitrari; **arbitro** (rare active form)

Compounds and related words: **arbiter, -tri, m.** judge; **arbitratus, -us, m.** decision; **arbitrium, -i, n.** judgement

Model sentence: *Quid proxima, quid superiore nocte egeris, . . . quem nostrum ignorare **arbitraris?*** —Cicero

enclose, ward off, protect

	ACTIVE		PASSIVE	

INDICATIVE

Pres.	arceō	arcēmus	arceor	arcēmur
	arcēs	arcētis	arcēris (-re)	arcēminī
	arcet	arcent	arcētur	arcentur
Impf.	arcēbam	arcēbāmus	arcēbar	arcēbāmur
	arcēbās	arcēbātis	arcēbāris (-re)	arcēbāminī
	arcēbat	arcēbant	arcēbātur	arcēbantur
Fut.	arcēbō	arcēbimus	arcēbor	arcēbimur
	arcēbis	arcēbitis	arcēberis (-re)	arcēbiminī
	arcēbit	arcēbunt	arcēbitur	arcēbuntur
Perf.	arcuī	arcuimus		
	arcuistī	arcuistis		
	arcuit	arcuērunt (-ēre)		
Plup.	arcueram	arcuerāmus		
	arcuerās	arcuerātis		
	arcuerat	arcuerant		
Fut.	arcuerō	arcuerimus		
Perf.	arcueris	arcueritis		
	arcuerit	arcuerint		

SUBJUNCTIVE

Pres.	arceam	arceāmus	arcear	arceāmur
	arceās	arceātis	arceāris (-re)	arceāminī
	arceat	arceant	arceātur	arceantur
Impf.	arcērem	arcērēmus	arcērer	arcērēmur
	arcērēs	arcērētis	arcērēris (-re)	arcērēminī
	arcēret	arcērent	arcērētur	arcērentur
Perf.	arcuerim	arcuerimus		
	arcueris	arcueritis		
	arcuerit	arcuerint		
Plup.	arcuissem	arcuissēmus		
	arcuissēs	arcuissētis		
	arcuisset	arcuissent		

IMPERATIVE

Pres.	arcē	arcēte		

INFINITIVE

Pres.	arcēre		arcērī
Perf.	arcuisse		arctus (-a, -um) esse
Fut.	arctūrus (-a, -um) esse		arctum īrī

PARTICIPLE

Pres.	arcens, (-ntis)		
Perf.			
Fut.	arctūrus (-a, -um)		arcendus (-a, -um) (GERUNDIVE)

GERUND arcendī, -ō, -um, -ō   SUPINE arctum, -ū

Alternate forms: **arcitum** = arctum
Compounds and related words: **arca, -ae, f.** box; **arcanus, -a, -um** secret; **coerceo (2)** control; **exerceo (2)** train; **exercito (1)** exercise
Model sentence: *Alvus **arcet** et continet quod recipit.* —Cicero

blaze, glow

ACTIVE		PASSIVE	
INDICATIVE			
Pres. ardeō	ardēmus	ardeor	ardēmur
ardēs	ardētis	ardēris (-re)	ardēminī
adet	ardent	ardētur	ardentur
Impf. ardēbam	ardēbāmus	ardēbar	ardēbāmur
ardēbās	ardēbātis	ardēbāris (-re)	ardēbāminī
ardēbat	ardēbant	ardēbātur	ardēbantur
Fut. ardēbō	ardēbimus	ardēbor	ardēbimur
ardēbis	ardēbitis	ardēberis (-re)	ardēbiminī
ardēbit	ardēbunt	ardēbitur	ardēbuntur
Perf. arsī	arsimus	arsus sum	arsī sumus
arsistī	arsistis	(-a, -um) es	(-ae, -a) estis
arsit	arsērunt (-ēre)	est	sunt
Plup. arseram	arserāmus	arsus eram	arsī erāmus
arserās	arserātis	(-a, -um) erās	(-ae, -a) erātis
arserat	arserant	erat	erant
Fut. arserō	arserimus	arsus erō	arsī erimus
Perf. arseris	arseritis	(-a, -um) eris	(-ae, -a) eritis
arserit	arserint	erit	erunt
SUBJUNCTIVE			
Pres. ardeam	ardeāmus	ardear	ardeāmur
ardeās	ardeātis	ardeāris (-re)	ardeāminī
ardeat	ardeant	ardeātur	ardeantur
Impf. ardērem	ardērēmus	ardērer	ardērēmur
ardērēs	ardērētis	ardērēris (-re)	ardērēminī
ardēret	ardērent	ardērētur	ardērentur
Perf. arserim	arserimus	arsus sim	arsī sīmus
arseris	arseritis	(-a, -um) sīs	(-ae, -a) sītis
arserit	arserint	sit	sint
Plup. arsissem	arsissēmus	arsus essem	arsī essēmus
arsissēs	arsissētis	(-a, -um) essēs	(-ae, -a) essētis
arsisset	arsissent	esset	essent
IMPERATIVE			
Pres. ardē	ardēte		
INFINITIVE			
Pres. ardēre		ardērī	
Perf. arsisse		arsus (-a, -um) esse	
Fut. arsūrus (-a, -um) esse		arsum īrī	
PARTICIPLE			
Pres. ardens, (-ntis)			
Perf.		arsus (-a, -um)	
Fut. arsūrus (-a, -um)		ardendus (-a, -um) (GERUNDIVE)	

GERUND ārdendī, -ō, -um, -ō   SUPINE ārsum, -ū

Alternate forms: **arduerint** = arserint
Compounds and related words: **ardesco (3)** to catch fire, glitter; **ardor, is, m.** heat
Model sentence: ... *cum **ardente** domo per noctem huc illiuc cursaret incustoditus.* —Tacitus

arm, equip

ACTIVE   PASSIVE

INDICATIVE

Pres.	armō	armāmus	armor	armāmur	
	armās	armātis	armāris (-re)	armāminī	
	armat	armant	armātur	armantur	
Impf.	armābam	armābāmus	armābar	armābāmur	
	armābās	armābātis	armābāris (-re)	armābāminī	
	armābat	armābant	armābātur	armābantur	
Fut.	armābō	armābimus	armābor	armābimur	
	armābis	armābitis	armāberis (-re)	armābiminī	
	armābit	armābunt	armābitur	armābuntur	
Perf.	armāvī	armāvimus	armātus sum	armātī	sumus
	armāvistī	armāvistis	(-a, -um) es	(-ae, -a)	estis
	armāvit	armāvērunt (-ēre)	est		sunt
Plup.	armāveram	armāverāmus	armātus eram	armātī	erāmus
	armāverās	armāverātis	(-a, -um) erās	(-ae, -a)	erātis
	armāverat	armāverant	erat		erant
Fut.	armāverō	armāverimus	armātus erō	armātī	erimus
Perf.	armāveris	armāveritis	(-a, -um) eris	(-ae, -a)	eritis
	armāverit	armāverint	erit		erunt

SUBJUNCTIVE

Pres.	armem	armēmus	armer	armēmur	
	armēs	armētis	armēris (-re)	armēminī	
	armet	arment	armētur	armentur	
Impf.	armārem	armārēmus	armārer	armārēmur	
	armārēs	armārētis	armārēris (-re)	armārēminī	
	armāret	armārent	armārētur	armārentur	
Perf.	armāverim	armāverimus	armātus sim	armātī	sīmus
	armāveris	armāveritis	(-a, -um) sīs	(-ae, -a)	sītis
	armāverit	armāverint	sit		sint
Plup.	armāvissem	armāvissēmus	armātus essem	armātī	essēmus
	armāvissēs	armāvissētis	(-a, -um) essēs	(-ae, -a)	essētis
	armāvisset	armāvissent	esset		essent

IMPERATIVE

Pres.	armā	armāte	

INFINITIVE

Pres.	armāre	armārī
Perf.	armāvisse	armātus (-a, -um) esse
Fut.	armātūrus (-a, -um) esse	armātum īrī

PARTICIPLE

Pres.	armans, (-ntis)	
Perf.		armātus (-a, -um)
Fut.	armātūrus (-a, -um)	armandus (-a, -um) (GERUNDIVE)

GERUND armandī, -ō, -um, -ō   SUPINE armātum, -ū

Compounds and related words: **arma, -orum n. pl.** weapons; **armamenta, -orum, n. pl.** implements; **armifer, -a, -um** bearing weapons; **armiger, -a, -um** bearing weapons; **inermis, -e** unarmed
Model sentence: *Re cognita Caesar scalas parari militesque **armari** iubet.* —Caesar

mount, rise

ACTIVE   PASSIVE

INDICATIVE

Pres.	ascendō	ascendimus	ascendor	ascendimur	
	ascendis	ascenditis	ascenderis (-re)	ascendiminī	
	ascendit	ascendunt	ascenditur	ascenduntur	
Impf.	ascendēbam	ascendēbāmus	ascendēbar	ascendēbāmur	
	ascendēbās	ascendēbātis	ascendēbāris (-re)	ascendēbāminī	
	ascendēbat	ascendēbant	ascendēbātur	ascendēbantur	
Fut.	ascendam	ascendēmus	ascendar	ascendēmur	
	ascendēs	ascendētis	ascendēris (-re)	ascendēminī	
	ascendet	ascendent	ascendētur	ascendentur	
Perf.	ascendī	ascendimus	ascensus sum	ascensī sumus	
	ascendistī	ascendistis	(-a, -um) es	(-ae, -a) estis	
	ascendit	ascendērunt (-ēre)	est	sunt	
Plup.	ascenderam	ascenderāmus	ascensus eram	ascensī erāmus	
	ascenderās	ascenderātis	(-a, -um) erās	(-ae, -a) erātis	
	ascenderat	ascenderant	erat	erant	
Fut.	ascenderō	ascenderimus	ascensus erō	ascensī erimus	
Perf.	ascenderis	ascenderitis	(-a, -um) eris	(-ae, -a) eritis	
	ascenderit	ascenderint	erit	erunt	

SUBJUNCTIVE

Pres.	ascendam	ascendāmus	ascendar	ascendāmur	
	ascendās	ascendātis	ascendāris (-re)	ascendāminī	
	ascendat	ascendant	ascendātur	ascendantur	
Impf.	ascenderem	ascenderēmus	ascenderer	ascenderēmur	
	ascenderēs	ascenderētis	ascenderēris (-re)	ascenderēminī	
	ascenderet	ascenderent	ascenderētur	ascenderentur	
Perf.	ascenderim	ascenderimus	ascensus sim	ascensī sīmus	
	ascenderis	ascenderitis	(-a, -um) sīs	(-ae, -a) sītis	
	ascenderit	ascenderint	sit	sint	
Plup.	ascendissem	ascendissēmus	ascensus essem	ascensī essēmus	
	ascendissēs	ascendissētis	(-a, -um) essēs	(-ae, -a) essētis	
	ascendisset	ascendissent	esset	essent	

IMPERATIVE

Pres.	ascende	ascendite

INFINITIVE

Pres.	ascendere	ascendī
Perf.	ascendisse	ascensus (-a, -um) esse
Fut.	ascensūrus (-a, -um) esse	ascensum īrī

PARTICIPLE

Pres.	ascendens, (-ntis)	
Perf.		ascensus (-a, -um)
Fut.	ascensūrus (-a, -um)	ascendendus (-a, -um) (GERUNDIVE)

GERUND ascendendī, -ō, -um, -ō   SUPINE ascensum, -ū

Alternate forms: **adscendo** = ascendo; **asscendo** = ascendo
Compounds and related words: **ascensio, -onis, f.** ascent; **ascensus, -us, m.** ascent
See **scando** for other compounds of this verb.
Model sentence: *...curro aurato per urbem vectus in Capitolium **ascenderit**.* —Livy

scatter, sprinkle

ACTIVE			PASSIVE	

INDICATIVE

	ACTIVE			PASSIVE	
Pres.	aspergō	aspergimus		aspergor	aspergimur
	aspergis	aspergitis		aspergeris (-re)	aspergiminī
	aspergit	aspergunt		aspergitur	asperguntur
Impf.	aspergēbam	aspergēbāmus		aspergēbar	aspergēbāmur
	aspergēbās	aspergēbātis		aspergēbāris (-re)	aspergēbāminī
	aspergēbat	aspergēbant		aspergēbātur	aspergēbantur
Fut.	aspergam	aspergēmus		aspergar	aspergēmur
	aspergēs	aspergētis		aspergēris (-re)	aspergēminī
	asperget	aspergent		aspergētur	aspergentur
Perf.	aspersī	aspersimus	aspersus sum	aspersī sumus
	aspersistī	aspersistis	(-a, -um) es	(-ae, -a) estis
	aspersit	aspersērunt (-ēre)	est	sunt
Plup.	asperseram	asperserāmus	aspersus eram	aspersī erāmus
	asperserās	asperserātis	(-a, -um) erās	(-ae, -a) erātis
	asperserat	asperserant	erat	erant
Fut.	asperserō	asperserimus	aspersus erō	aspersī erimus
Perf.	asperseris	asperseritis	(-a, -um) eris	(-ae, -a) eritis
	asperserit	asperserint	erit	erunt

SUBJUNCTIVE

	ACTIVE			PASSIVE	
Pres.	aspergam	aspergāmus		aspergar	aspergāmur
	aspergās	aspergātis		aspergāris (-re)	aspergāminī
	aspergat	aspergant		aspergātur	aspergantur
Impf.	aspergerem	aspergerēmus		aspergerer	aspergerēmur
	aspergerēs	aspergerētis		aspergerēris (-re)	aspergerēminī
	aspergeret	aspergerent		aspergerētur	aspergerentur
Perf.	asperserim	asperserimus	aspersus sim	aspersī sīmus
	asperseris	asperseritis	(-a, -um) sīs	(-ae, -a) sītis
	asperserit	asperserint	sit	sint
Plup.	aspersissem	aspersissēmus	aspersus essem	aspersī essēmus
	aspersissēs	aspersissētis	(-a, -um) essēs	(-ae, -a) essētis
	aspersisset	aspersissent	esset	essent

IMPERATIVE

Pres.	asperge	aspergite

INFINITIVE

Pres.	aspergere	aspergī
Perf.	aspersisse	aspersus (-a, -um) esse
Fut.	aspersūrus (-a, -um) esse	aspersum īrī

PARTICIPLE

Pres.	aspergens, (-ntis)	
Perf.		aspersus (-a, -um)
Fut.	aspersūrus (-a, -um)	aspergendus (-a, -um) (GERUNDIVE)

GERUND aspergendī, -ō, -um, -ō   SUPINE aspersum, -ū

Alternate forms: **adspergo** = aspergo; **aspargo** = aspergo
Compounds and related words: **aspergo, -inis, f.** sprinkling
See **spargo** for other compounds of this verb.
Model sentence: *Corpus eius adustum **adspergunt** aliis carnibus.* —Pliny

raise

ACTIVE		PASSIVE	

A

INDICATIVE

Pres.	attollō	attollimus	attollor	attollimur
	attollis	attollitis	attolleris (-re)	attolliminī
	attollit	attollunt	attollitur	attolluntur
Impf.	attollēbam	attollēbāmus	attollēbar	attollēbāmur
	attollēbās	attollēbātis	attollēbāris (-re)	attollēbāminī
	attollēbat	attollēbant	attollēbātur	attollēbantur
Fut.	attollam	attollēmus	attollar	attollēmur
	attollēs	attollētis	attollēris (-re)	attollēminī
	attollet	attollent	attollētur	attollentur
Perf.				
Plup.				
Fut. Perf.				

SUBJUNCTIVE

Pres.	attollam	attollāmus	attollar	attollāmur
	attollās	attollātis	attollāris (-re)	attollāminī
	attollat	attollant	attollātur	attollantur
Impf.	attollerem	attollerēmus	attollerer	attollerēmur
	attollerēs	attollerētis	attollerēris (-re)	attollerēminī
	attolleret	attollerent	attollerētur	attollerentur
Perf.				
Plup.				

IMPERATIVE

Pres.	attolle	attollite	

INFINITIVE

Pres.	attollere		attollī
Perf.			
Fut.			

PARTICIPLE

Pres.	attollens, (-ntis)	
Perf.		
Fut.		attollendus (-a, -um) (GERUNDIVE)

GERUND attollendī, -ō, -um, -ō   SUPINE

Alternate forms: **attolo** = attollo
See **tollo** for other compounds of this verb.
Model sentence: *Turres in centenos vicenosque **attollebantur**.* —Tacitus

dare

ACTIVE

INDICATIVE

Pres.	audeō	audēmus
	audēs	audētis
	audet	audent

Impf.	audēbam	audēbāmus
	audēbās	audēbātis
	audēbat	audēbant

Fut.	audēbō	audēbimus
	audēbis	audēbitis
	audēbit	audēbunt

Perf.	ausus	sum	ausī	sumus
	(-a, -um)	es	(-ae, -a)	estis
		est		sunt

Plup.	ausus	eram	ausī	erāmus
	(-a, -um)	erās	(-ae, -a)	erātis
		erat		erant

Fut.	ausus	erō	ausī	erimus
Perf.	(-a, -um)	eris	(-ae, -a)	eritis
		erit		erunt

SUBJUNCTIVE

Pres.	audeam	audeāmus
	audeās	audeātis
	audeat	audeant

Impf.	audērem	audērēmus
	audērēs	audērētis
	audēret	audērent

Perf.	ausus	sim	ausī	sīmus
	(-a, -um)	sīs	(-ae, -a)	sītis
		sit		sint

Plup.	ausus	essem	ausī	essēmus
	(-a, -um)	essēs	(-ae, -a)	essētis
		esset		essent

IMPERATIVE

| *Pres.* | audē | audēte |

INFINITIVE

Pres.	audēre
Perf.	ausus (-a, -um) esse
Fut.	ausūrus (-a, -um) esse

PARTICIPLE

	Active	Passive
Pres.	audens, (-ntis)	
Perf.	ausus (-a, -um)	
Fut.	ausūrus (-a, -um)	

GERUND audendī, -ō, -um, -ō   SUPINE ausum, -ū

AN ESSENTIAL 55 VERB

audeō

A

Related Words

audacia, audaciae, f. boldness

audax, audacis bold

audentia, audentiae, f. boldness

avidus, avida, avidum eager

This is the most common of a group of four verbs in Latin called semi-deponents. As the term implies, they are only half deponent. In the present system tenses (i.e. the present, imperfect, and future) they are normal, having active forms with active meanings. In the perfect system tenses (i.e. the perfect, pluperfect and future perfect), however, they act like deponent verbs having passive forms with active meanings.

The other three semi-deponents are:
fido, fidere, fisus sum to trust
gaudeo, gaudere, gavisus sum to be happy
soleo, solere, solitus sum to be in the habit of

Audeō can also be tricky. Students sometimes confuse it with **audio** *to hear* in the present, imperfect, and future tenses. Apart from context, another good guide to distinguish them is by their forms. **Audeo** is second conjugation while **audio** is fourth conjugation. Remember that fourth conjugation verbs always have an **i** involved in their verb stem, so **audēbat** *he was daring* is easy to tell from **audiebat** *he was hearing*.

ALTERNATE FORMS:
ausi = ausus sum
ausim = ausus sim
ausint = ausi (-ae, -a) sint
ausis = ausus sis
ausit = ausus sit

MODEL SENTENCE:
*Quis **audeat** bene comitatum adgredi?*—Cicero

hear

	ACTIVE		PASSIVE	
		INDICATIVE		
Pres.	audiō	audīmus	audior	audīmur
	audīs	audītis	audīris (-re)	audīminī
	audit	audiunt	audītur	audiuntur
Impf.	audiēbam	audiēbāmus	audiēbar	audiēbāmur
	audiēbās	audiēbātis	audiēbāris (-re)	audiēbāminī
	audiēbat	audiēbant	audiēbātur	audiēbantur
Fut.	audiam	audiēmus	audiar	audiēmur
	audiēs	audiētis	audiēris (-re)	audiēminī
	audiet	audient	audiētur	audientur
Perf.	audīvī	audīvimus	audītus sum	audītī sumus
	audīvistī	audīvistis	(-a, -um) es	(-ae, -a) estis
	audīvit	audīvērunt (-ēre)	est	sunt
Plup.	audīveram	audīverāmus	audītus eram	audītī erāmus
	audīverās	audīverātis	(-a, -um) erās	(-ae, -a) erātis
	audīverat	audīverant	erat	erant
Fut.	audīverō	audīverimus	audītus erō	audītī erimus
Perf.	audīveris	audīveritis	(-a, -um) eris	(-ae, -a) eritis
	audīverit	audīverint	erit	erunt
		SUBJUNCTIVE		
Pres.	audiam	audiāmus	audiar	audiāmur
	audiās	audiātis	audiāris (-re)	audiāminī
	audiat	audiant	audiātur	audiantur
Impf.	audīrem	audīrēmus	audīrer	audīrēmur
	audīrēs	audīrētis	audīrēris (-re)	audīrēminī
	audīret	audīrent	audīrētur	audīrentur
Perf.	audīverim	audīverimus	audītus sim	audītī sīmus
	audīveris	audīveritis	(-a, -um) sīs	(-ae, -a) sītis
	audīverit	audīverint	sit	sint
Plup.	audīvissem	audīvissēmus	audītus essem	audītī essēmus
	audīvissēs	audīvissētis	(-a, -um) essēs	(-ae, -a) essētis
	audīvisset	audīvissent	esset	essent
		IMPERATIVE		
Pres.	audī	audīte		
		INFINITIVE		
Pres.	audīre		audīrī	
Perf.	audīvisse		audītus (-a, -um) esse	
Fut.	audītūrus (-a, -um) esse		audītum īrī	
		PARTICIPLE		
Pres.	audiens, (-ntis)			
Perf.			audītus (-a, -um)	
Fut.	audītūrus (-a, -um)		audiendus (-a, -um) (GERUNDIVE)	

GERUND audiendī, -ō, -um, -ō   SUPINE audītum, -ū

AN ESSENTIAL 55 VERB

Related Words

auditio, auditionis, f. hearing

auditor, auditoris, m. hearer

auditorium, auditorii, n. a place for hearing

auditus, auditus, m. the sense of hearing

inauditus, inaudita, inauditum unheard

This is an essential verb because it is so common. After all, in the ancient world people did much more speaking and listening than writing and reading!

Sometimes students confuse **audiō** to *hear* with **audeō** *to dare* in the present, imperfect, and future tenses. Apart from context, another good guide to distinguish them is by their forms. **Audeo** is second conjugation while **audio** is fourth conjugation. Remember that fourth conjugation verbs always have an **i** involved in their verb stem, so **audebat** *he was daring* is easy to tell from **aud*i*ebat** *he was hearing*.

ALTERNATE FORMS:
audibant = audiebant
audibat = audiebat
audibis = audies
audibo = audiam
audii = audivi
audin = audisne
audisse = audivisse

COMPOUNDS:
exaudio, exaudire, exaudivi, exauditus to hear clearly
oboedio, oboedire, oboedivi, oboeditum to obey

MODEL SENTENCE:
*Quae vera **audivi**, taceo.* —Terence

take away

	ACTIVE			PASSIVE	
			INDICATIVE		
Pres.	auferō	auferimus		auferor	auferimur
	aufers	aufertis		auferris (-re)	auferiminī
	aufert	auferunt		aufertur	auferuntur
Impf.	auferēbam	auferēbāmus		auferēbar	auferēbāmur
	auferēbās	auferēbātis		auferēbāris (-re)	auferēbāminī
	auferēbat	auferēbant		auferēbātur	auferēbantur
Fut.	auferam	auferēmus		auferar	auferēmur
	auferēs	auferētis		auferēris (-re)	auferēminī
	auferet	auferent		auferētur	auferentur
Perf.	abstulī	abstulimus		ablātus sum	ablātī sumus
	abstulistī	abstulistis		(-a, -um) es	(-ae, -a) estis
	abstulit	abstulērunt (-ēre)		est	sunt
Plup.	abstuleram	abstulerāmus		ablātus eram	ablātī erāmus
	abstulerās	abstulerātis		(-a, -um) erās	(-ae, -a) erātis
	abstulerat	abstulerant		erat	erant
Fut.	abstulerō	abstulerimus		ablātus erō	ablātī erimus
Perf.	abstuleris	abstuleritis		(-a, -um) eris	(-ae, -a) eritis
	abstulerit	abstulerint		erit	erunt
			SUBJUNCTIVE		
Pres.	auferam	auferāmus		auferar	auferāmur
	auferās	auferātis		auferāris (-re)	auferāminī
	auferat	auferant		auferātur	auferantur
Impf.	auferrem	auferrēmus		auferrer	auferrēmur
	auferrēs	auferrētis		auferrēris (-re)	auferrēminī
	auferret	auferrent		auferrētur	auferrentur
Perf.	abstulerim	abstulerimus		ablātus sim	ablātī sīmus
	abstuleris	abstuleritis		(-a, -um) sīs	(-ae, -a) sītis
	abstulerit	abstulerint		sit	sint
Plup.	abstulissem	abstulissēmus		ablātus essem	ablātī essēmus
	abstulissēs	abstulissētis		(-a, -um) essēs	(-ae, -a) essētis
	abstulisset	abstulissent		esset	essent
			IMPERATIVE		
Pres.	aufer	auferte			
			INFINITIVE		
Pres.	auferre			auferrī	
Perf.	abstulisse			ablātus (-a, -um) esse	
Fut.	ablātūrus (-a, -um) esse			ablātum īrī	
			PARTICIPLE		
Pres.	auferens, (-ntis)				
Perf.				ablātus (-a, -um)	
Fut.	ablātūrus (-a, -um)			auferendus (-a, -um) (GERUNDIVE)	

GERUND auferendī, -ō, -um, -ō   SUPINE ablātum, -ū

See **fero** for other compounds of this verb.

Model sentence: *Sic erimus cuncti postquam nos **auferet** Orcus.* —Petronius

increase

ACTIVE		PASSIVE	
INDICATIVE			

	ACTIVE		PASSIVE	
Pres.	augeō	augēmus	augeor	augēmur
	augēs	augētis	augēris (-re)	augēminī
	auget	augent	augētur	augentur
Impf.	augēbam	augēbāmus	augēbar	augēbāmur
	augēbās	augēbātis	augēbāris (-re)	augēbāminī
	augēbat	augēbant	augēbātur	augēbantur
Fut.	augēbō	augēbimus	augēbor	augēbimur
	augēbis	augēbitis	augēberis (-re)	augēbiminī
	augēbit	augēbunt	augēbitur	augēbuntur
Perf.	auxī	auximus	auctus sum	auctī sumus
	auxistī	auxistis	(-a, -um) es	(-ae, -a) estis
	auxit	auxērunt (-ēre)	est	sunt
Plup.	auxeram	auxerāmus	auctus eram	auctī erāmus
	auxerās	auxerātis	(-a, -um) erās	(-ae, -a) erātis
	auxerat	auxerant	erat	erant
Fut.	auxerō	auxerimus	auctus erō	auctī erimus
Perf.	auxeris	auxeritis	(-a, -um) eris	(-ae, -a) eritis
	auxerit	auxerint	erit	erunt

SUBJUNCTIVE				
Pres.	augeam	augeāmus	augear	augeāmur
	augeās	augeātis	augeāris (-re)	augeāminī
	augeat	augeant	augeātur	augeantur
Impf.	augērem	augērēmus	augērer	augērēmur
	augērēs	augērētis	augērēris (-re)	augērēminī
	augēret	augērent	augērētur	augērentur
Perf.	auxerim	auxerimus	auctus sim	auctī sīmus
	auxeris	auxeritis	(-a, -um) sīs	(-ae, -a) sītis
	auxerit	auxerint	sit	sint
Plup.	auxissem	auxissēmus	auctus essem	auctī essēmus
	auxissēs	auxissētis	(-a, -um) essēs	(-ae, -a) essētis
	auxisset	auxissent	esset	essent

IMPERATIVE			
Pres.	augē	augēte		

INFINITIVE			
Pres.	augēre		augērī
Perf.	auxisse		auctus (-a, -um) esse
Fut.	auctūrus (-a, -um) esse		auctum īrī

PARTICIPLE			
Pres.	augens, (-ntis)		
Perf.			auctus (-a, -um)
Fut.	auctūrus (-a, -um)		augendus (-a, -um) (GERUNDIVE)

GERUND augendī, -ō, -um, -ō   SUPINE auctum, -ū

Alternate forms: **auxitis** = auxeritis
Compounds and related words: **adauctus, -us, m.** increase; **adaugesco (3)** begin to increase; **auctor, -is, m.** originator; **auctoritas, -tatis, f.** authority
Model sentence: *...cibus **auget** corpus alitque.* —Lucretius

drink

ACTIVE		PASSIVE
INDICATIVE		

	ACTIVE		PASSIVE
Pres.	bibō	bibimus	
	bibis	bibitis	
	bibit	bibunt	bibitur (Impers.)
Impf.	bibēbam	bibēbāmus	
	bibēbās	bibēbātis	
	bibēbat	bibēbant	bibēbātur (Impers.)
Fut.	bibam	bibēmus	
	bibēs	bibētis	
	bibet	bibent	bibētur (Impers.)
Perf.	bibī	bibimus	
	bibistī	bibistis	
	bibit	bibērunt (-ēre)	bibitum est (Impers.)
Plup.	biberam	biberāmus	
	biberās	biberātis	
	biberat	biberant	bibitum erat (Impers.)
Fut.	biberō	biberimus	
Perf.	biberis	biberitis	
	biberit	biberint	bibitum erit (Impers.)
SUBJUNCTIVE			
Pres.	bibam	bibāmus	
	bibās	bibātis	
	bibat	bibant	bibātur (Impers.)
Impf.	biberem	biberēmus	
	biberēs	biberētis	
	biberet	biberent	biberētur (Impers.)
Perf.	biberim	biberimus	
	biberis	biberitis	
	biberit	biberint	bibitum sit (Impers.)
Plup.	bibissem	bibissēmus	
	bibissēs	bibissētis	
	bibisset	bibissent	bibitum esset (Impers.)
IMPERATIVE			
Pres.	bibe	bibite	
INFINITIVE			
Pres.	bibere		bibī
Perf.	bibisse		bibitus (-a, -um) esse
Fut.	bibitūrus (-a, -um) esse		bibitum īrī
PARTICIPLE			
Pres.	bibens, (-ntis)		
Perf.			bibitus (-a, -um)
Fut.	bibitūrus (-a, -um)		bibendus (-a, -um) (GERUNDIVE)

GERUND bibendī, -ō, -um, -ō   SUPINE bibitum, -ū

Alternate forms: **potatum** = bibitum; **potum** = bibitum
Compounds and related words: **potio, -onis, f.** a drink; **poto (1)** to drink; **potor, -is, m.** drinker;
    potulentus, -a, -um drinkable
Model sentence: *Quare bis decies solus, Sextiliane, **bibis?*** —Martial

fall

ACTIVE

INDICATIVE

Pres.	cadō	cadimus
	cadis	caditis
	cadit	cadunt
Impf.	cadēbam	cadēbāmus
	cadēbās	cadēbātis
	cadēbat	cadēbant
Fut.	cadam	cadēmus
	cadēs	cadētis
	cadet	cadent
Perf.	cecidī	cecidimus
	cecidistī	cecidistis
	cecidit	cecidērunt (-ēre)
Plup.	cecideram	ceciderāmus
	ceciderās	ceciderātis
	ceciderat	ceciderant
Fut.	ceciderō	ceciderimus
Perf.	cecideris	cecideritis
	ceciderit	ceciderint

SUBJUNCTIVE

Pres.	cadam	cadāmus
	cadās	cadātis
	cadat	cadant
Impf.	caderem	caderēmus
	caderēs	caderētis
	caderet	caderent
Perf.	ceciderim	ceciderimus
	cecideris	cecideritis
	ceciderit	ceciderint
Plup.	cecidissem	cecidissēmus
	cecidissēs	cecidissētis
	cecidisset	cecidissent

IMPERATIVE

Pres.	cade	cadite

INFINITIVE

Pres.	cadere
Perf.	cecidisse
Fut.	casūrus (-a, -um) esse

PARTICIPLE

	Active	Passive
Pres.	cadens, (-ntis)	
Perf.		cāsus, -a -um
Fut.	casūrus (-a, -um)	cadendus (-a, -um) (GERUNDIVE)

GERUND cadendī, -ō, -um, -ō   SUPINE cāsum

cadō

Related Words

casus, casus, m. accident

occasio, occasionis, f. opportunity

occasus, occasus, m. downfall

COMPOUNDS:

accido, accidere, accidi to happen

concido, concidere, concidi to collapse

decido, decidere, decidi to fall down

excido, excidere, excidi to escape

incido, incidere, incidi to come upon

occido, occidere, occidi to fall

procido, procidere, procidi to fall forward

recido, recidere, recidi to fall back

MODEL SENTENCE:
*Multa tibi ante aras nostra **cadet** hostia dextra.*
—Vergil

This verb is essential because it and its compounds are quite common, especially when reading military histories. Another reason to consider it as an essential verb is that there is another verb, **caedō** *to cut*, with which it and its compounds can be confused. There are a few ways to keep these two verbs straight.

One, of course, is context. *Falling* and *cutting* are pretty different actions. It's interesting to note, though, the similar kinship between the English verbs *to fall* and *to fell*. When a tree is felled it falls.

Another way is to remember that **cadō** is intransitive and so cannot take a direct object. **Caedō**, however, is transitive and therefore *must* have a direct object, so if in doubt, look for an accusative.

A third way to tell is by the quantity of a certain vowel The term *vowel quantity* refers to whether a vowel is long or short, ergo this tactic only works if your book uses macrons or you are scanning poetry. Basically, if any affix precedes the initial **c** in **cado**, that short **a** changes to a short **i**. That is why the third principal part of **cado** is **cecidi** and prefixes can make it hard to recognize (e.g. **re-** + **cado** = **recido**). The important thing to remember is that that **i** remains short. For **caedo** on the other hand, rather than an **a** in the base there is **ae**, which is a diphthong. (Diphthongs are two vowels pronounced as if one.) Since diphthongs are always long, when anything precedes the **c** in **caedo**, the **ae** changes to a long **ī**, so the third principal part of **caedo** is **cecīdo** and **re-** + **caedo** = **recīdo**.

cut, kill

ACTIVE		**PASSIVE**	

INDICATIVE

Pres.	caedō	caedimus	caedor	caedimur	
	caedis	caeditis	caederis (-re)	caediminī	
	caedit	caedunt	caeditur	caeduntur	
Impf.	caedēbam	caedēbāmus	caedēbar	caedēbāmur	
	caedēbās	caedēbātis	caedēbāris (-re)	caedēbāminī	
	caedēbat	caedēbant	caedēbātur	caedēbantur	
Fut.	caedam	caedēmus	caedar	caedēmur	
	caedēs	caedētis	caedēris (-re)	caedēminī	
	caedet	ceadent	caedētur	caedentur	
Perf.	cecīdī	cecīdimus	caesus sum	caesī sumus	
	cecīdistī	cecīdistis	(-a, -um) es	(-ae, -a) estis	
	cecīdit	cecīdērunt (-ēre)	est	sunt	
Plup.	cecīderam	cecīderāmus	caesus eram	caesī erāmus	
	cecīderās	cecīderātis	(-a, -um) erās	(-ae, -a) erātis	
	cecīderat	cecīderant	erat	erant	
Fut.	cecīderō	cecīderimus	caesus erō	caesī erimus	
Perf.	cecīderis	cecīderitis	(-a, -um) eris	(-ae, -a) eritis	
	cecīderit	cecīderint	erit	erunt	

SUBJUNCTIVE

Pres.	caedam	caedāmus	caedar	caedāmur	
	caedās	caedātis	caedāris (-re)	caedāminī	
	caedat	caedant	caedātur	caedantur	
Impf.	caederem	caederēmus	caederer	caederēmur	
	caederēs	caederētis	caederēris (-re)	caederēminī	
	caederet	caederent	caederētur	caederentur	
Perf.	cecīderim	cecīderimus	caesus sim	caesī sīmus	
	cecīderis	cecīderitis	(-a, -um) sīs	(-ae, -a) sītis	
	cecīderit	cecīderint	sit	sint	
Plup.	cecīdissem	cecīdissēmus	caesus essem	caesī essēmus	
	cecīdissēs	cecīdissētis	(-a, -um) essēs	(-ae, -a) essētis	
	cecīdisset	cecīdissent	esset	essent	

IMPERATIVE

Pres.	caede	caedite	

INFINITIVE

Pres.	caedere	caedī
Perf.	cecīdisse	caesus (-a, -um) esse
Fut.	caesūrus (-a, -um) esse	caesum īrī

PARTICIPLE

Pres.	caedens, (-ntis)	
Perf.		caesus (-a, -um)
Fut.	caesūrus (-a, -um)	caedendus (-a, -um) (GERUNDIVE)

GERUND caedendī, -ō, -um, -ō   SUPINE caesum, -ū

AN ESSENTIAL
55 VERB

caedō

caedes, caedis, f. slaughter

trucido, trucidare to slaughter

ALTERNATE FORMS:
caecidi = cecedi

COMPOUNDS:
abscido, abscidere, abscidi, abscisum to cut off

accido, accidere, accidi, accisum to hack at

concido, concidere, concidi, concisum to cut to pieces

decido, decidere, decidi, decisum to cut off

excido, excidere, excidi, excisum to cut out

incido, incidere, incidi, incisum to cut open

occido, occidere, occidi, occisum to kill

praecido, praecidere, praecidi, praecisum to cut short

recido, recidere, recidi, recisum to cut back

MODEL SENTENCE:
Caedebant pariter pariterque ruebant victores victique. —Vergil

This verb is essential because it and its compounds are quite common, especially when reading military histories. Another reason to consider it as an essential verb is that there is another verb, **cadō** *to fall*, with which it and its compounds can be confused. There are a few ways to keep these two verbs straight.

One, of course, is context. *Falling* and *cutting* are pretty different actions. It's interesting to note, though, the similar kinship between the English verbs *to fall* and *to fell*. When a tree is felled it falls.

Another way is to remember that **cadō** is intransitive and so cannot take a direct object. **Caedō**, however, is transitive and therefore *must* have a direct object, so if in doubt, look for an accusative.

A third way to tell is by the quantity of a certain vowel. The term *vowel quantity* refers to whether a vowel is long or short, ergo this tactic only works if your book uses macrons or you are scanning poetry. Basically, if anything precedes the initial **c** in **cado**, that short **a** changes to a short **i**. That is why the third principal part of **cado** is **cecidi** and prefixes can make it hard to recognize (e.g. **re-** + **cado** = **recido**). The important thing to remember is that that **i** remains short. For **caedo** on the other hand, rather than an **a** in the base there is **ae**, which is a diphthong. (Diphthongs are two vowels pronounced as if one.) Since diphthongs are always long, when anything precedes the **c** in **caedo**, the **ae** changes to a long **ī**, so the third principal part of **caedo** is **cecīdī** and **re-** + **caedo** = **recīdī**.

be warm or hot

ACTIVE		PASSIVE
INDICATIVE		

Pres.	caleō	calēmus	
	calēs	calētis	
	calet	calent	calētur (Impers.)
Impf.	calēbam	calēbāmus	
	calēbās	calēbātis	
	calēbat	calēbant	calēbātur (Impers.)
Fut.	calēbō	calēbimus	
	calēbis	calēbitis	
	calēbit	calēbunt	calēbitur (Impers.)
Perf.	caluī	caluimus	
	caluistī	caluistis	
	caluit	caluērunt (-ēre)	
Plup.	calueram	caluerāmus	
	caluerās	caluerātis	
	caluerat	caluerant	
Fut.	caluerō	caluerimus	
Perf.	calueris	calueritis	
	caluerit	caluerint	

SUBJUNCTIVE		

Pres.	caleam	caleāmus	
	caleās	caleātis	
	caleat	caleant	caleātur (Impers.)
Impf.	calērem	calērēmus	
	calērēs	calērētis	
	calēret	calērent	calērētur (Impers.)
Perf.	caluerim	caluerimus	
	calueris	calueritis	
	caluerit	caluerint	
Plup.	caluissem	caluissēmus	
	caluissēs	caluissētis	
	caluisset	caluissent	

IMPERATIVE		
Pres.	calē	calēte	

INFINITIVE		
Pres.	calēre		calērī
Perf.	caluisse		
Fut.	calitūrus (-a, -um) esse		

PARTICIPLE		
Pres.	calens, (-ntis)		
Perf.			
Fut.	calitūrus (-a, -um)		calendus (-a, -um) (GERUNDIVE)

GERUND calendī, -ō, -um, -ō   SUPINE

Alternate forms: **calitarus** = caliturus
Compounds and related words: **calefacio (calfacio), -ere, -feci, -factum** to make warm;
    calefacto (1) to make warm; **calesco, -ere** to become warm; **calidus (caldus), -a, -um** warm;
    calor, -is, m. warmth
Model sentence: *Omnes homines ad suum quaestum* **calent.** —Plautus

sing

ACTIVE		PASSIVE	
		INDICATIVE	

	ACTIVE		PASSIVE	
Pres.	canō	canimus	canor	canimur
	canis	canitis	caneris (-re)	caniminī
	canit	canunt	canitur	canuntur
Impf.	canēbam	canēbāmus	canēbar	canēbāmur
	canēbās	canēbātis	canēbāris (-re)	canēbāminī
	canēbat	canēbant	canēbātur	canēbantur
Fut.	canam	canēmus	canar	canēmur
	canēs	canētis	canēris (-re)	canēminī
	canet	canent	canētur	canentur
Perf.	cecinī	cecinimus		
	cecinistī	cecinistis		
	cecinit	cecinērunt (-ēre)		
Plup.	cecineram	cecinerāmus		
	cecinerās	cecinerātis		
	cecinerat	cecinerant		
Fut.	cecinerō	cecinerimus		
	cecineris	cecineritis		
	cecinerit	cecinerint		

		SUBJUNCTIVE	

	ACTIVE		PASSIVE	
Pres.	canam	canāmus	canar	canāmur
	canās	canātis	canāris (-re)	canāminī
	canat	canant	canātur	canantur
Impf.	canerem	canerēmus	canerer	canerēmur
	canerēs	canerētis	canerēris (-re)	canerēminī
	caneret	canerent	canerētur	canerentur
Perf.	cecinerim	cecinerimus		
	cecineris	cecineritis		
	cecinerit	cecinerint		
Plup.	cecinissem	cecinissēmus		
	cecinissēs	cecinissētis		
	cecinisset	cecinissent		

		IMPERATIVE	
Pres.	cane	canite	

		INFINITIVE	
Pres.	canere		canī
Perf.	cecinisse		
Fut.	cantātūrus (-a, -um) esse		cantum īrī

		PARTICIPLE	
Pres.	canens, (-ntis)		
Perf.			
Fut.			canendus (-a, -um) (GERUNDIVE)

GERUND canendī, -ō, -um, -ō   SUPINE cantum, -ū

Compounds and related words: **canorus, -a, -um** musical; **cantilena, -ae, f.** gossip; **canto (1)** sing; **cantus, -us, m.** music; **concino (3)** harmonize; **decanto (1)** keep repeating
Model sentence: *Arma virumque cano.* —Vergil

seize, take

ACTIVE		**PASSIVE**	

INDICATIVE

Pres.	capiō	capimus	capior	capimur	
	capis	capitis	caperis (-re)	capiminī	
	capit	capiunt	capitur	capiuntur	
Impf.	capiēbam	capiēbāmus	capiēbar	capiēbāmur	
	capiēbās	capiēbātis	capiēbāris (-re)	capiēbāminī	
	capiēbat	capiēbant	capiēbātur	capiēbantur	
Fut.	capiam	capiēmus	capiar	capiēmur	
	capiēs	capiētis	capiēris (-re)	capiēminī	
	capiet	capient	capiētur	capientur	
Perf.	cēpī	cēpimus	captus sum	captī sumus	
	cēpistī	cēpistis	(-a, -um) es	(-ae, -a) estis	
	cēpit	cēpērunt (-ēre)	est	sunt	
Plup.	cēperam	cēperāmus	captus eram	captī erāmus	
	cēperās	cēperātis	(-a, -um) erās	(-ae, -a) erātis	
	cēperat	cēperant	erat	erant	
Fut.	cēperō	cēperimus	captus erō	captī erimus	
Perf.	cēperis	cēperitis	(-a, -um) eris	(-ae, -a) eritis	
	cēperit	cēperint	erit	erunt	

SUBJUNCTIVE

Pres.	capiam	capiāmus	capiar	capiāmur	
	capiās	capiātis	capiāris (-re)	capiāminī	
	capiat	capiant	capiātur	capiantur	
Impf.	caperem	caperēmus	caperer	caperemur	
	caperēs	caperētis	caperēris (-re)	caperēminī	
	caperet	caperent	caperētur	caperentur	
Perf.	cēperim	cēperimus	captus sim	captī sīmus	
	cēperis	cēperitis	(-a, -um) sīs	(-ae, -a) sītis	
	cēperit	cēperint	sit	sint	
Plup.	cēpissem	cēpissēmus	captus essem	captī essēmus	
	cēpissēs	cēpissētis	(-a, -um) essēs	(-ae, -a) essētis	
	cēpisset	cēpissent	esset	essent	

IMPERATIVE

Pres.	cape	capite	

INFINITIVE

Pres.	capere	capī
Perf.	cēpisse	captus (-a, -um) esse
Fut.	captūrus (-a, -um) esse	captum īrī

PARTICIPLE

Pres.	capiens, (-ntis)	
Perf.		captus (-a, -um)
Fut.	captūrus (-a, -um)	capiendus (-a, -um) (GERUNDIVE)

GERUND capiendī, -ō, -um, -ō   SUPINE captum, -ū

AN ESSENTIAL 55 VERB

capiō

Related Words

accepto, acceptare, acceptavi, acceptatum to receive

capesso, capessere, capessivi, capessitum to take eagerly

captivus, captivi, m. prisoner

capto, captare, captavi, captatum to seize

mancipium, mancipii, n. purchase

nuncupo, nuncupare, nuncupavi, nuncupatum to call by name

recupero, recuperare, recuperavi, recuperatum to recover

Expressions

consilium capere to adopt a plan

This verb is essential because it and its compounds are extremely common. Its central idea is to take something to oneself and is used in a range of ways including everything from seizing a prisoner to catching a ball.

COMPOUNDS:
accipio, accipere, accepi, acceptum to receive

concipio, concipere, concepi, conceptum to begin

decipio, decipere, decepi, deceptum to deceive

excipio, excipere, excepi, exceptum to remove

incipio, incipere, incepi, inceptum to begin

intercipio, intercipere, intercepi, interceptum to intercept

percipio, percipere, percepi, perceptum to take

praecipio, praecipere, praecepi, praeceptum to anticipate

recipio, recipere, recepi, receptum to receive

suscipio, suscipere, suscepi, susceptum to undertake

MODEL SENTENCE:
*Infelix, quae tanta animum dementia **cepit**?*
—Vergil

be without, do without

ACTIVE

INDICATIVE

Pres.	careō	carēmus
	carēs	carētis
	caret	carent
Impf.	carēbam	carēbāmus
	carēbās	carēbātis
	carēbat	carēbant
Fut.	carēbō	carēbimus
	carēbis	carēbitis
	carebit	carēbunt
Perf.	caruī	caruimus
	caruistī	caruistis
	caruit	caruērunt (-ēre)
Plup.	carueram	caruerāmus
	caruerās	caruerātis
	caruerat	caruerant
Fut.	caruerō	caruerimus
Perf.	carueris	carueritis
	caruerit	caruerint

SUBJUNCTIVE

Pres.	caream	careāmus
	careās	careātis
	careat	careant
Impf.	carērem	carērēmus
	carērēs	carērētis
	carēret	carērent
Perf.	caruerim	caruerimus
	carueris	carueritis
	caruerit	caruerint
Plup.	caruissem	caruissēmus
	caruissēs	caruissētis
	caruisset	caruissent

IMPERATIVE

Pres.	carē	carēte

INFINITIVE

Pres.	carēre
Perf.	caruisse
Fut.	caritūrus (-a, -um) esse

PARTICIPLE

	Active	Passive
Pres.	carens, (-ntis)	
Perf.		
Fut.	caritūrus (-a, -um)	

GERUND carendī, -ō, -um, -ō   SUPINE caritum

Usage notes: generally used with the **ablative**
Alternate forms: **carint** = careant
Compounds and related words: **caritas, -titis, f.** high price; **carus, -a, -um,** expensive, dear
Model sentence: *Tum vero exarsit iuveni dolor ossibus ingens, nec lacrimis caruere genae.* —Vergil

pluck, divide

ACTIVE		PASSIVE	
INDICATIVE			
Pres. carpō	carpimus	carpor	carpimur
carpis	carpitis	carperis (-re)	carpiminī
carpit	carpunt	carpitur	carpuntur
Impf. carpēbam	carpēbāmus	carpēbar	carpēbāmur
carpēbās	carpēbātis	carpēbāris (-re)	carpēbāminī
carpēbat	carpēbant	carpēbātur	carpēbantur
Fut. carpam	carpēmus	carpar	carpēmur
carpēs	carpētis	carpēris (-re)	carpēminī
carpet	carpent	carpētur	carpentur
Perf. carpsī	carpsimus	carptus sum	carptī sumus
carpsistī	carpsistis	(-a, -um) es	(-ae, -a) estis
carpsit	carpsērunt (-ēre)	est	sunt
Plup. carpseram	carpserāmus	carptus eram	carptī erāmus
carpserās	carpserātis	(-a, -um) erās	(-ae, -a) erātis
carpserat	carpserant	erat	erant
Fut. carpserō	carpserimus	carptus erō	carptī erimus
Perf. carpseris	carpseritis	(-a, -um) eris	(-ae, -a) eritis
carpserit	carpserint	erit	erunt
SUBJUNCTIVE			
Pres. carpam	carpāmus	carpar	carpāmur
carpās	carpātis	carpāris (-re)	carpāminī
carpat	carpant	carpātur	carpantur
Impf. carperem	carperēmus	carperer	carperēmur
carperēs	carperētis	carperēris (-re)	carperēminī
carperet	carperent	carperētur	carperentur
Perf. carpserim	carpserimus	carptus sim	carptī sīmus
carpseris	carpseritis	(-a, -um) sīs	(-ae, -a) sītis
carpserit	carpserint	sit	sint
Plup. carpsissem	carpsissēmus	carptus essem	carptī essēmus
carpsissēs	carpsissētis	(-a, -um) essēs	(-ae, -a) essētis
carpsisset	carpsissent	esset	essent
IMPERATIVE			
Pres. carpe	carpite		
INFINITIVE			
Pres. carpere		carpī	
Perf. carpsisse		carptus (-a, -um) esse	
Fut. carptūrus (-a, -um) esse		carptum īrī	
PARTICIPLE			
Pres. carpens, (-ntis)			
Perf.		carptus (-a, -um)	
Fut. carptūrus (-a, -um)		carpendus (-a, -um) (GERUNDIVE)	

GERUND carpendī, -ō, -um, -ō SUPINE carptum, -ū

Compounds and related words: **carptim** in pieces; **carptor, -is, m.** carver; **decerpo (3)** pluck off; **discerpo (3)** tear apart; **excerpo (3)** select

Model sentence: ***Carpe diem.*** —Horace

avoid, beware

	ACTIVE			PASSIVE	

INDICATIVE

Pres.	caveō	cavēmus	caveor	cavēmur
	cavēs	cavētis	cavēris (-re)	cavēminī
	cavet	cavent	cavētur	caventur
Impf.	cavēbam	cavēbāmus	cavēbar	cavēbāmur
	cavēbās	cavēbātis	cavēbāris (-re)	cavēbāminī
	cavēbat	cavēbant	cavēbātur	cavēbantur
Fut.	cavēbō	cavēbimus	cavēbor	cavēbimur
	cavēbis	cavēbitis	cavēberis (-re)	cavēbiminī
	cavēbit	cavēbunt	cavēbitur	cavēbuntur

Perf.	cāvī	cāvimus	cautus	sum	cautī	sumus
	cāvistī	cāvistis	(-a, -um)	es	(-ae, -a)	estis
	cāvit	cāvērunt (-ēre)		est		sunt
Plup.	cāveram	cāverāmus	cautus	eram	cautī	erāmus
	cāverās	cāverātis	(-a, -um)	erās	(-ae, -a)	erātis
	cāverat	cāverant		erat		erant
Fut.	cāverō	cāverimus	cautus	erō	cautī	erimus
Perf.	cāveris	cāveritis	(-a, -um)	eris	(-ae, -a)	eritis
	cāverit	cāverint		erit		erunt

SUBJUNCTIVE

Pres.	caveam	caveāmus	cavear	caveāmur
	caveās	caveātis	caveāris (-re)	caveāminī
	caveat	caveant	caveātur	caveantur
Impf.	cavērem	cavērēmus	cavērer	cavērēmur
	cavērēs	cavērētis	cavērēris (-re)	cavērēminī
	cavēret	cavērent	cavērētur	cavērentur

Perf.	cāverim	cāverimus	cautus	sim	cautī	sīmus
	cāveris	cāveritis	(-a, -um)	sīs	(-ae, -a)	sīmus
	cāverit	cāverint		sit		sint
Plup.	cāvissem	cāvissēmus	cautus	essem	cautī	essēmus
	cāvissēs	cāvissētis	(-a, -um)	essēs	(-ae, -a)	essētis
	cāvisset	cāvissent		esset		essent

IMPERATIVE

Pres.	cavē	cavēte	

INFINITIVE

Pres.	cavēre	cavērī
Perf.	cāvisse	cautus (-a, -um) esse
Fut.	cautūrus (-a, -um) esse	cautum īrī

PARTICIPLE

Pres.	cavens, (-ntis)	
Perf.		cautus (-a, -um)
Fut.	cautūrus (-a, -um)	cavendus (-a, -um) (GERUNDIVE)

GERUND cavendī, -ō, -um, -ō   SUPINE cautum, -ū

Compounds and related words: **cautus, -a, -um** cautious; **incautus, -a, -um** careless
Model sentence: *Cave canem.* —Petronius

go, yield

ACTIVE

INDICATIVE

Pres.	cēdō	cēdimus
	cēdis	cēditis
	cēdit	cēdunt
Impf.	cēdēbam	cēdēbāmus
	cēdēbās	cēdēbātis
	cēdēbat	cēdēbant
Fut.	cēdam	cēdēmus
	cēdēs	cēdētis
	cēdet	cēdent
Perf.	cessī	cessimus
	cessistī	cessistis
	cessit	cessērunt (-ēre)
Plup.	cesseram	cesserāmus
	cesserās	cesserātis
	cesserat	cesserant
Fut. Perf.	cesserō	cesserimus
	cesseris	cesseritis
	cesserit	cesserint

SUBJUNCTIVE

Pres.	cēdam	cēdāmus
	cēdās	cēdātis
	cēdat	cēdant
Impf.	cēderem	cēderēmus
	cēderēs	cēderētis
	cēderet	cēderent
Perf.	cesserim	cesserimus
	cesseris	cesseritis
	cesserit	cesserint
Plup.	cessissem	cessissēmus
	cessissēs	cessissētis
	cessisset	cessissent

IMPERATIVE

Pres.	cēde	cēdite

INFINITIVE

Pres.	cēdere
Perf.	cessisse
Fut.	cessūrus (-a, -um) esse

PARTICIPLE

	Active	Passive
Pres.	cēdens, (-ntis)	
Perf.		cessus (-a, -um)
Fut.	cessūrus (-a, -um)	cēdendus (-a, -um) (GERUNDIVE)

GERUND cēdendī, -ō, -um, -ō   SUPINE cessum

AN ESSENTIAL 55 VERB

cēdō

C

Related Words

arcesso, arcessere, arcessivi, arcsessitum to summon

cesso, cessare, cessavi, cessatum to loiter

Latin has many verbs meaning *to go*. **Cēdō** and its compounds is a fairly common one. In addition to meaning simply *to go* it can also have a sense of *going away* or *withdrawing*.

COMPOUNDS:

abscedo, abscedere, abscessi, abscessum to depart

accedo, accedere, accessi, accessum to approach

concedo, concedere, concessi, concessum to yield

decedo, decedere, decessi, decessum to depart

discedo, discedere, discessi, discessum to depart

excedo, excedere, excessi, excessum to leave

incedo, incedere, incessi, incessum to walk

intercedo, intercedere, intercessi, intercessum to intervene

praecedo, praecedere, praecessi, praecessum to precede

procedo, procedere, processi, processum to go forward

recedo, recedere, recessi, recessum to withdraw

succedo, succedere, successi, successum to advance

MODEL SENTENCE:
Cedant arma togae. —Cicero

cēlō

cēlō, cēlāre, cēlāvī, cēlātum

hide

	ACTIVE		**PASSIVE**	
INDICATIVE				
Pres.	cēlō	cēlāmus	cēlor	cēlāmur
	cēlās	cēlātis	cēlāris (-re)	cēlāminī
	cēlat	cēlant	cēlātur	cēlantur
Impf.	cēlābam	cēlābāmus	cēlābar	cēlābāmur
	cēlābās	cēlābātis	cēlābāris (-re)	cēlābāminī
	cēlābat	cēlābant	cēlābātur	cēlābantur
Fut.	cēlābō	cēlābimus	cēlābor	cēlābimur
	cēlābis	cēlābitis	cēlāberis (-re)	cēlābiminī
	cēlābit	cēlābunt	cēlābitur	cēlābuntur
Perf.	cēlāvī	cēlāvimus	cēlātus sum	cēlātī sumus
	cēlāvistī	cēlāvistis	(-a, -um) es	(-ae, -a) estis
	cēlāvit	cēlāvērunt (-ēre)	est	sunt
Plup.	cēlāveram	cēlāverāmus	cēlātus eram	cēlātī erāmus
	cēlāverās	cēlāverātis	(-a, -um) erās	(-ae, -a) erātis
	cēlāverat	cēlāverant	erat	erant
Fut.	cēlāverō	cēlāverimus	cēlātus erō	cēlātī erimus
Perf.	cēlāveris	cēlāveritis	(-a, -um) eris	(-ae, -a) eritis
	cēlāverit	cēlāverint	erit	erunt
SUBJUNCTIVE				
Pres.	cēlem	cēlēmus	cēler	cēlēmur
	cēlēs	cēlētis	cēlēris (-re)	cēlēminī
	cēlet	cēlent	cēlētur	cēlentur
Impf.	cēlārem	cēlārēmus	cēlārer	cēlārēmur
	cēlārēs	cēlārētis	cēlārēris (-re)	cēlārēminī
	cēlāret	cēlārent	cēlārētur	cēlārentur
Perf.	cēlāverim	cēlāverimus	cēlātus sim	cēlātī sīmus
	cēlāveris	cēlāveritis	(-a, -um) sīs	(-ae, -a) sītis
	cēlāverit	cēlāverint	sit	sint
Plup.	cēlāvissem	cēlāvissēmus	cēlātus essem	cēlātī essēmus
	cēlāvissēs	cēlāvissētis	(-a, -um) essēs	(-ae, -a) essētis
	cēlāvisset	cēlāvissent	esset	essent
IMPERATIVE				
Pres.	cēlā	cēlāte		
INFINITIVE				
Pres.	cēlāre		cēlārī	
Perf.	cēlāvisse		cēlātus (-a, -um) esse	
Fut.	cēlātūrus (-a, -um) esse		cēlātum īrī	
PARTICIPLE				
Pres.	cēlans, (-ntis)			
Perf.			cēlātus (-a, -um)	
Fut.	cēlātūrus (-a, -um)		cēlandus (-a, -um) (GERUNDIVE)	

GERUND cēlandī, -ō, -um, -ō   SUPINE cēlātum, -ū

Usage notes: with **accusative** of thing hidden and **accusative** of person from whom it is concealed
Compounds and related words: **concelo (1)** to hide
Model sentence: *Amor tussisque non **celantur**.* —Ovid

	ACTIVE			**PASSIVE**	
			INDICATIVE		

	ACTIVE			**PASSIVE**	
Pres.	censeō	censēmus	censeor	censēmur	
	censēs	censētis	censēris (-re)	censēminī	
	censet	censent	censētur	censentur	
Impf.	censēbam	censēbāmus	censēbar	censēbāmur	
	censēbās	censēbātis	censēbāris (-re)	censēbāminī	
	censēbat	censēbant	censēbātur	censēbantur	
Fut.	censēbō	censēbimus	censēbor	censēbimur	
	censēbis	censēbitis	censēberis (-re)	censēbiminī	
	censēbit	censēbunt	censēbitur	censēbuntur	
Perf.	censuī	censuimus	census sum	censī sumus	
	censuistī	censuistis	(-a, -um) es	(-ae, -a) estis	
	censuit	censuērunt (-ēre)	est	sunt	
Plup.	censueram	censuerāmus	census eram	censī erāmus	
	censuerās	censuerātis	(-a, -um) erās	(-ae, -a) erātis	
	censuerat	censuerant	erat	erant	
Fut.	censuerō	censuerimus	census erō	censī erimus	
Perf.	censueris	censueritis	(-a, -um) eris	(-ae, -a) eritis	
	censuerit	censuerint	erit	erunt	

SUBJUNCTIVE

Pres.	censeam	censeāmus	censear	censeāmur	
	censeās	censeātis	censeāris (-re)	censeāminī	
	censeat	censeant	censeātur	censeantur	
Impf.	censērem	censērēmus	censērer	censērēmur	
	censērēs	censērētis	censērēris (-re)	censērēminī	
	censēret	censērent	censērētur	censērentur	
Perf.	censuerim	censuerimus	census sim	censī sīmus	
	censueris	censueritis	(-a, -um) sīs	(-ae, -a) sītus	
	censuerit	censuerint	sit	sint	
Plup.	censuissem	censuissēmus	census essem	censī essēmus	
	censuissēs	censuissētis	(-a, -um) essēs	(-ae, -a) essētis	
	censuisset	censuissent	esset	essent	

IMPERATIVE

Pres.	censē	censēte

INFINITIVE

Pres.	censēre	censērī
Perf.	censuisse	census (-a, -um) esse
Fut.	censūrus (-a, -um) esse	censum īrī

PARTICIPLE

Pres.	censens, (-ntis)	
Perf.		census (-a, -um)
Fut.	censūrus (-a, -um)	censendus (-a, -um) (GERUNDIVE)

GERUND censendī, -ō, -um, -ō   SUPINE censum, -ū

Alternate forms: **censitum** = census
Compounds and related words: **censor, -is, m.** judge
Model sentence: *Quaeso ut ea quae dicam non a militibus imperatori dicta censeas sed a plebe patribus.* —Livy

cerno

distinguish, understand, decide

ACTIVE		PASSIVE	
INDICATIVE			
Pres. cernō	cernimus	cernor	cernimur
cernis	cernitis	cerneris (-re)	cerniminī
cernit	cernunt	cernitur	cernuntur
Impf. cernēbam	cernēbāmus	cernēbar	cernēbāmur
cernēbās	cernēbātis	cernēbāris (-re)	cernēbāminī
cernēbat	cernēbant	cernēbātur	cernēbantur
Fut. cernam	cernēmus	cernar	cernēmur
cernēs	cernētis	cernēris (-re)	cernēminī
cernet	cernent	cernētur	cernentur
Perf. crēvī	crēvimus	crētus sum	crētī sumus
crēvistī	crēvistis	(-a, -um) es	(-ae, -a) estis
crēvit	crēvērunt (-ēre)	est	sunt
Plup. crēveram	crēverāmus	crētus eram	crētī erāmus
crēverās	crēverātis	(-a, -um) erās	(-ae, -a) erātis
crēverat	crēverant	erat	erant
Fut. crēverō	crēverimus	crētus erō	crētī erimus
Perf. crēveris	crēveritis	(-a, -um) eris	(-ae, -a) eritis
crēverit	crēverint	erit	erunt
SUBJUNCTIVE			
Pres. cernam	cernāmus	cernar	cernāmur
cernās	cernātis	cernāris (-re)	cernāminī
cernat	cernant	cernātur	cernantur
Impf. cernerem	cernerēmus	cernerer	cernerēmur
cernerēs	cernerētis	cernerēris (-re)	cernerēminī
cerneret	cernerent	cernerētur	cernerentur
Perf. crēverim	crēverimus	crētus sim	crētī sīmus
crēveris	crēveritis	(-a, -um) sīs	(-ae, -a) sītis
crēverit	crēverint	sit	sint
Plup. crēvissem	crēvissēmus	crētus essem	crētī essēmus
crēvissēs	crēvissētis	(-a, -um) essēs	(-ae, -a) essētis
crēvisset	crēvissent	esset	essent
IMPERATIVE			
Pres. cerne	cernite		
INFINITIVE			
Pres. cernere		cernī	
Perf. crēvisse		crētus (-a, -um) esse	
Fut. crētūrus (-a, -um) esse		crētum īrī	
PARTICIPLE			
Pres. cernens, (-ntis)			
Perf.		crētus (-a, -um)	
Fut. crētūrus (-a, -um)		cernendus (-a, -um) (GERUNDIVE)	

GERUND cernendī, -ō, -um, -ō   SUPINE crētum, -ū

Alternate forms: **certus** = cretus
Compounds and related words: **certus, -a, -um** certain; **decerno (3)** to decide; **discerno (3)** to divide; **secerno (3)** to separate; **secretus, -a, -um** separate
Model sentence: *Hoc melius ea fortasse, quae erant vera,* **cernebat.** —Cicero

struggle

ACTIVE   PASSIVE

INDICATIVE

	ACTIVE		PASSIVE	
Pres.	certō	certāmus	certor	certāmur
	certās	certātis	certāris (-re)	certāminī
	certat	certant	certātur	certantur
Impf.	certābam	certābāmus	certābar	certābāmur
	certābās	certābātis	certābāris (-re)	certābāminī
	certābat	certābant	certābātur	certābantur
Fut.	certābō	certābimus	certābor	certābimur
	certābis	certābitis	certāberis (-re)	certābiminī
	certābit	certābunt	certābitur	certābuntur
Perf.	certāvī	certāvimus	certātus sum	certātī sumus
	certāvistī	certāvistis	(-a, -um) es	(-ae, -a) estis
	certāvit	certāvērunt (-ēre)	est	sunt
Plup.	certāveram	certāverāmus	certātus eram	certātī erāmus
	certāverās	certāverātis	(-a, -um) erās	(-ae, -a) erātis
	certāverat	certāverant	erat	erant
Fut.	certāverō	certāverimus	certātus erō	certātī erimus
Perf.	certāveris	certāveritis	(-a, -um) eris	(-ae, -a) eritis
	certāverit	certāverint	erit	erunt

SUBJUNCTIVE

	ACTIVE		PASSIVE	
Pres.	certem	certēmus	certer	certēmur
	certēs	certētis	certēris (-re)	certēminī
	certet	certent	certētur	certentur
Impf.	certārem	certārēmus	certārer	certārēmur
	certārēs	certārētis	certārēris (-re)	certārēminī
	certāret	certārent	certārētur	certārentur
Perf.	certāverim	certāverimus	certātus sim	certātī sīmus
	certāveris	certāveritis	(-a, -um) sīs	(-ae, -a) sītis
	certāverit	certāverint	sit	sint
Plup.	certāvissem	certāvissēmus	certātus essem	certātī essēmus
	certāvissēs	certāvissētis	(-a, -um) essēs	(-ae, -a) essētis
	certāvisset	certāvissent	esset	essent

IMPERATIVE

Pres.	certā	certāte

INFINITIVE

Pres.	certāre	certārī
Perf.	certāvisse	certātus (-a, -um) esse
Fut.	certātūrus (-a, -um) esse	certātum īrī

PARTICIPLE

Pres.	certans, (-ntis)	
Perf.		certātus (-a, -um)
Fut.	certātūrus (-a, -um)	certandus (-a, -um) (GERUNDIVE)

GERUND certandī, -ō, -um, -ō   SUPINE certātum, -ū

Compounds and related words: **certamen, -minis, n.** contest; **certatim** eagerly; **decerto (1)** fight it out
Model sentence: *...utrum igitur utilius Fabricio....armis cum hoste* **certare** *an venenis?* —Cicero

loiter, stop

ACTIVE		PASSIVE	
INDICATIVE			

	ACTIVE		PASSIVE	
Pres.	cessō	cessāmus	cessor	cessāmur
	cessās	cessātis	cessāris (-re)	cessāminī
	cessat	cessant	cessātur	cessantur
Impf.	cessābam	cessābāmus	cessābar	cessābāmur
	cessābās	cessābātis	cessābāris (-re)	cessābāminī
	cessābat	cessābant	cessābātur	cessābantur
Fut.	cessābō	cessābimus	cessābor	cessābimur
	cessābis	cessābitis	cessāberis (-re)	cessābiminī
	cessābit	cessābunt	cessābitur	cessābuntur
Perf.	cessāvī	cessāvimus	cessātus sum	cessātī sumus
	cessāvistī	cessāvistis	(-a, -um) es	(-ae, -a) estis
	cessāvit	cessāvērunt (-ēre)	est	sunt
Plup.	cessāveram	cessāverāmus	cessātus eram	cessātī erāmus
	cessāverās	cessāverātis	(-a, -um) erās	(-ae, -a) erātis
	cessāverat	cessāverant	erat	erant
Fut.	cessāverō	cessāverimus	cessātus erō	cessātī erimus
Perf.	cessāveris	cessāveritis	(-a, -um) eris	(-ae, -a) eritis
	cessāverit	cessāverint	erit	erunt
SUBJUNCTIVE				
Pres.	cessem	cessēmus	cesser	cessēmur
	cessēs	cessētis	cessēris (-re)	cessēminī
	cesset	cessent	cessētur	cessentur
Impf.	cessārem	cessārēmus	cessārer	cessārēmur
	cessārēs	cessārētis	cessārēris (-re)	cessārēminī
	cessāret	cessārent	cessārētur	cessārentur
Perf.	cessāverim	cessāverimus	cessātus sim	cessātī sīmus
	cessāveris	cessāveritis	(-a, -um) sīs	(-ae, -a) sītis
	cessāverit	cessāverint	sit	sint
Plup.	cessāvissem	cessāvissēmus	cessātus essem	cessātī essēmus
	cessāvissēs	cessāvissētis	(-a, -um) essēs	(-ae, -a) essētis
	cessāvisset	cessāvissent	esset	essent
IMPERATIVE				
Pres.	cessā	cessāte		
INFINITIVE				
Pres.	cessāre		cessārī	
Perf.	cessāvisse		cessātus (-a, -um) esse	
Fut.	cessātūrus (-a, -um) esse		cessātum īrī	
PARTICIPLE				
Pres.	cessans, (-ntis)			
Perf.			cessātus (-a, -um)	
Fut.	cessātūrus (-a, -um)		cessandus (-a, -um) (GERUNDIVE)	

GERUND cessandī, -ō, -um, -ō   SUPINE cessātum, -ū

Compounds and related words: **cedo, -ere, cessi, cessum** go, withdraw
Model sentence: *Cur tam multos deos nihil agere et **cessare** patitur?* —Cicero

set in motion

ACTIVE		PASSIVE	
INDICATIVE			

Pres.	cieō	ciēmus	cieor	ciēmur
	ciēs	ciētis	ciēris (-re)	ciēminī
	ciet	cient	ciētur	cientur
Impf.	ciēbam	ciēbāmus	ciēbar	ciēbāmur
	ciēbās	ciēbātis	ciēbāris (-re)	ciēbāminī
	ciēbat	ciēbant	ciēbātur	ciēbantur
Fut.	ciēbō	ciēbimus	ciēbor	ciēbimur
	ciēbis	ciēbitis	ciēberis (-re)	ciēbiminī
	ciēbit	ciēbunt	ciēbitur	ciēbuntur

Perf.	cīvī	cīvimus	citus	sum	citī	sumus
	cīvistī	cīvistis	(-a, -um)	es	(-ae, -a)	estis
	cīvit	cīvērunt (-ēre)		est		sunt
Plup.	cīveram	cīverāmus	citus	eram	citī	erāmus
	cīverās	cīverātis	(-a, -um)	erās	(-ae, -a)	erātis
	cīverat	cīverant		erat		erant
Fut.	cīverō	cīverimus	citus	erō	citī	erimus
Perf.	cīveris	cīveritis	(-a, -um)	eris	(-ae, -a)	eritis
	cīverit	cīverint		erit		erunt

SUBJUNCTIVE					

Pres.	cieam	cieāmus	ciear	cieāmur
	cieās	cieātis	cieāris (-re)	cieāminī
	cieat	cieant	cieātur	cieantur
Impf.	ciērem	ciērēmus	ciērer	ciērēmur
	ciērēs	ciērētis	ciērēris (-re)	ciērēminī
	ciēret	ciērent	ciērētur	ciērentur

Perf.	cīverim	cīverimus	citus	sim	citī	sīmus
	cīveris	cīveritis	(-a, -um)	sīs	(-ae, -a)	sītis
	cīverit	cīverint		sit		sint
Plup.	cīvissem	cīvissēmus	citus	essem	citī	essēmus
	cīvissēs	cīvissētis	(-a, -um)	essēs	(-ae, -a)	essētis
	cīvisset	cīvissent		esset		essent

IMPERATIVE		
Pres.	ciē	ciēte

INFINITIVE		
Pres.	ciēre	ciērī
Perf.	cīvisse	citus (-a, -um) esse
Fut.	citūrus (-a, -um) esse	citum īrī

PARTICIPLE		
Pres.	ciens, (-ntis)	
Perf.		citus (-a, -um)
Fut.	citūrus (-a, -um)	ciendus (-a, -um) (GERUNDIVE)

GERUND ciendī, -ō, -um, -ō   SUPINE citum, -ū

Alternate forms: **cio (4)** = cieo
Compounds and related words: **accieo (2)** to summon; **accio (4)** to summon; **citatim** quickly; **cito** quickly; **cito (1)** to put into motion; **concieo (2)** to assemble; **concito (1)** to excite; **excieo (2)** to summon; **excito (1)** to excite; **incito (1)** to incite; **recito (1)** to recite; **suscito (1)** to incite
Model sentence: *Imo Nereus ciet aequora fundo.* —Vergil

encircle

	ACTIVE		PASSIVE	
INDICATIVE				
Pres.	cingō	cingimus	cingor	cingimur
	cingis	cingitis	cingeris (-re)	cingiminī
	cingit	cingunt	cingitur	cinguntur
Impf.	cingēbam	cingēbāmus	cingēbar	cingēbāmur
	cingēbās	cingēbātis	cingēbāris (-re)	cingēbāminī
	cingēbat	cingēbant	cingēbātur	cingēbantur
Fut.	cingam	cingēmus	cingar	cingēmur
	cingēs	cingētis	cingēris (-re)	cingēminī
	cinget	cingent	cingētur	cingentur
Perf.	cinxī	cinximus	cinctus sum	cinctī sumus
	cinxistī	cinxistis	(-a, -um) es	(-ae, -a) estis
	cinxit	cinxērunt (-ēre)	est	sunt
Plup.	cinxeram	cinxerāmus	cinctus eram	cinctī erāmus
	cinxerās	cinxerātis	(-a, -um) erās	(-ae, -a) erātis
	cinxerat	cinxerant	erat	erant
Fut.	cinxerō	cinxerimus	cinctus erō	cinctī erimus
Perf.	cinxeris	cinxeritis	(-a, -um) eris	(-ae, -a) eritis
	cinxerit	cinxerint	erit	erunt
SUBJUNCTIVE				
Pres.	cingam	cingāmus	cingar	cingāmur
	cingās	cingātis	cingāris (-re)	cingāminī
	cingat	cingant	cingātur	cingantur
Impf.	cingerem	cingerēmus	cingerer	cingerēmur
	cingerēs	cingerētis	cingerēris (-re)	cingerēminī
	cingeret	cingerent	cingerētur	cingerentur
Perf.	cinxerim	cinxerimus	cinctus sim	cinctī sīmus
	cinxeris	cinxeritis	(-a, -um) sīs	(-ae, -a) sītis
	cinxerit	cinxerint	sit	sint
Plup.	cinxissem	cinxissēmus	cinctus essem	cinctī essēmus
	cinxissēs	cinxissētis	(-a, -um) essēs	(-ae, -a) essētis
	cinxisset	cinxissent	esset	essent
IMPERATIVE				
Pres.	cinge	cingite		
INFINITIVE				
Pres.	cingere		cingī	
Perf.	cinxisse		cinctus (-a, -um) esse	
Fut.	cinctūrus (-a, -um) esse		cinctum īrī	
PARTICIPLE				
Pres.	cingens, (-ntis)			
Perf.			cinctus (-a, -um)	
Fut.	cinctūrus (-a, -um)		cingendus (-a, -um) (GERUNDIVE)	

GERUND cingendī, -ō, -um, -ō   SUPINE cinctum, -ū

Compounds and related words: **accingo (3)** to gird; **cinctura, -as, f.** girdle; **cinctus, -us, m.** a girdling; **cinctutus, -a, -um** girded; **cingula, -ae, f.** girdle; **cingulum, -i, n.** girdle; **recingo (3)** to loosen
Model sentence: *Non enim corona consessus vester **cinctus est,** ut solebat.* —Cicero

go around, encircle, solicit

ACTIVE			**PASSIVE**	
		INDICATIVE		

	ACTIVE		**PASSIVE**	
Pres.	circu(m)eō	circu(m)īmus	circu(m)eor	circu(m)īmur
	circu(m)īs	circu(m)ītis	circu(m)īris (-re)	circu(m)īminī
	circu(m)it	circu(m)eunt	circu(m)ītur	circu(m)euntur
Impf.	circu(m)ībam	circu(m)ībāmus	circu(m)ībar	circu(m)ībāmur
	circu(m)ībās	circu(m)ībātis	circu(m)ībāris (-re)	circu(m)ībāminī
	circu(m)ībat	circu(m)ībant	circu(m)ībātur	circu(m)ībantur
Fut.	circu(m)ībō	circu(m)ībimus	circu(m)ībor	circu(m)ībimur
	circu(m)ībis	circu(m)ībitis	circu(m)īberis (-re)	circu(m)ībiminī
	circu(m)ībit	circu(m)ībunt	circu(m)ībitur	circu(m)ībuntur
Perf.	circu(m)iī	circu(m)iimus	circu(m)itus sum	circu(m)itī sumus
	circu(m)iistī	circu(m)iistis	(-a, -um) es	(-ae, -a) estis
	circu(m)iit	circu(m)iērunt (-ēre)	est	sunt
Plup.	circu(m)ieram	circu(m)ierāmus	circu(m)itus eram	circu(m)itī erāmus
	circu(m)ierās	circu(m)ierātis	(-a, -um) erās	(-ae, -a) erātis
	circu(m)ierat	circu(m)ierant	erat	erant
Fut.	circu(m)ierō	circu(m)ierimus	circu(m)itus erō	circu(m)itī erimus
Perf.	circu(m)ieris	circu(m)ieritis	(-a, -um) eris	(-ae, -a) eritis
	circu(m)ierit	circu(m)ierint	erit	erunt

			SUBJUNCTIVE	
Pres.	circu(m)eam	circu(m)eāmus	circu(m)ear	circu(m)eāmur
	circu(m)eās	circu(m)eātis	circu(m)eāris (-re)	circu(m)eāminī
	circu(m)eat	circu(m)eant	circu(m)eātur	circu(m)eantur
Impf.	circu(m)īrem	circu(m)īrēmus	circu(m)īrer	circu(m)īrēmur
	circu(m)īrēs	circu(m)īrētis	circu(m)īrēris (-re)	circu(m)īrēminī
	circu(m)īret	circu(m)īrent	circu(m)īrētur	circu(m)īrentur
Perf.	circu(m)ierim	circu(m)ierimus	circu(m)itus sim	circu(m)itī sīmus
	circu(m)ieris	circu(m)ieritis	(-a, -um) sīs	(-ae, -a) sītis
	circu(m)ierit	circu(m)ierint	sit	sint
Plup.	circu(m)īssem	circu(m)īssēmus	circu(m)itus essem	circu(m)itī essēmus
	circu(m)īssēs	circu(m)īssētis	(-a, -um) essēs	(-ae, -a) essētis
	circu(m)īsset	circu(m)īssent	esset	essent

			IMPERATIVE	
Pres.	circu(m)ī	circu(m)īte		

			INFINITIVE	
Pres.	circu(m)īre		circu(m)īrī	
Perf.	circu(m)īsse		circu(m)itus (-a, -um) esse	
Fut.	circu(m)itūrus (-a, -um) esse		circu(m)itum īrī	

			PARTICIPLE	
Pres.	circu(m)iens, (-euntis)			
Perf.			circu(m)itus (-a, -um)	
Fut.	circu(m)itūrus (-a, -um)		circu(m)eundus (-a, -um) (GERUNDIVE)	

GERUND circu(m)eundī, -ō, -um, -ō   SUPINE circu(m)itum, -ū

Alternate forms: **circumirier** = circumiri; **circu(m)ivi** = circu(m)ii
Compounds and related words: **circuitus, -us, m.** circuit; **circu(m)itio, -onis, f.** a going around
See **eo** for other compounds of this verb.
Model sentence: *Saepe etiam manibus nexis ex ordine trunci **circuiere** modum.* —Ovid

circumferō

carry around, disseminate

<table>
<tr><th colspan="2" align="center">ACTIVE</th><th colspan="2" align="center">PASSIVE</th></tr>
</table>

INDICATIVE

	ACTIVE		PASSIVE	
Pres.	circumferō	circumferimus	circumferor	circumferimur
	circumfers	circumfertis	circumferris (-re)	circumferiminī
	circumfert	circumferunt	circumfertur	circumferuntur
Impf.	circumferēbam	circumferēbāmus	circumferēbar	circumferēbāmur
	circumferēbās	circumferēbātis	circumferēbāris (-re)	circumferēbāminī
	circumferēbat	circumferēbant	circumferēbātur	circumferēbantur
Fut.	circumferam	circumferēmus	circumferar	circumferēmur
	circumferēs	circumferētis	circumferēris (-re)	circumferēminī
	circumferet	circumferent	circumferētur	circumferentur
Perf.	circumtulī	circumtulimus	circumlātus sum	circumlātī sumus
	circumtulistī	circumtulistis	(-a, -um) es	(-ae, -a) estis
	circumtulit	circumtulērunt (-ēre)	est	sunt
Plup.	circumtuleram	circumtulerāmus	circumlātus eram	circumlātī erāmus
	circumtulerās	circumtulerātis	(-a, -um) erās	(-ae, -a) erātis
	circumtulerat	circumtulerant	erat	erant
Fut.	circumtulerō	circumtulerimus	circumlātus erō	circumlātī erimus
Perf.	circumtuleris	circumtuleritis	(-a, -um) eris	(-ae, -a) eritis
	circumtulerit	circumtulerint	erit	erunt

SUBJUNCTIVE

	ACTIVE		PASSIVE	
Pres.	circumferam	circumferāmus	circumferar	circumferāmur
	circumferās	circumferātis	circumferāris (-re)	circumferāminī
	circumferat	circumferant	circumferātur	circumferantur
Impf.	circumferrem	circumferrēmus	circumferrer	circumferrēmur
	circumferrēs	circumferrētis	circumferrēris (-re)	circumferrēminī
	circumferret	circumferrent	circumferrētur	circumferrentur
Perf.	circumtulerim	circumtulerimus	circumlātus sim	circumlātī sīmus
	circumtuleris	circumtuleritis	(-a, -um) sīs	(-ae, -a) sītis
	circumtulerit	circumtulerint	sit	sint
Plup.	circumtulissem	circumtulissēmus	circumlātus essem	circumlātī essēmus
	circumtulissēs	circumtulissētis	(-a, -um) essēs	(-ae, -a) essētis
	circumtulisset	circumtulissent	esset	essent

IMPERATIVE

	ACTIVE		PASSIVE
Pres.	circumfer	circumferte	

INFINITIVE

	ACTIVE	PASSIVE
Pres.	circumferre	circumferrī
Perf.	circumtulisse	circumlātus (-a, -um) esse
Fut.	circumlātūrus (-a, -um) esse	circumlātum īrī

PARTICIPLE

	ACTIVE	PASSIVE
Pres.	circumferens, (-ntis)	
Perf.		circumlātus (-a, -um)
Fut.	circumlātūrus (-a, -um)	circumferendus (-a, -um) (GERUNDIVE)

GERUND circumferendī, -ō, -um, -ō   SUPINE circumlātum, -ū

Compounds and related words: **circumferentia, -ae, f.** circumference
See **fero** for other compounds of this verb.
Model sentence: *Satiatis vino ciboque poculum **circumferetur**.* —Livy

shout

ACTIVE			PASSIVE	
INDICATIVE				
Pres.	clāmō	clāmāmus	clāmor	clāmāmur
	clāmās	clāmātis	clāmāris (-re)	clāmāminī
	clāmat	clāmant	clāmātur	clāmantur
Impf.	clāmābam	clāmābāmus	clāmābar	clāmābāmur
	clāmābās	clāmābātis	clāmābāris (-re)	clāmābāminī
	clāmābat	clāmābant	clāmābātur	clāmābantur
Fut.	clāmābō	clāmābimus	clāmābor	clāmābimur
	clāmābis	clāmābitis	clāmāberis (-re)	clāmābiminī
	clāmābit	clāmābunt	clāmābitur	clāmābuntur
Perf.	clāmāvī	clāmāvimus	clāmātus sum	clāmātī sumus
	clāmāvistī	clāmāvistis	(-a, -um) es	(-ae, -a) estis
	clāmāvit	clāmāvērunt (-ēre)	est	sunt
Plup.	clāmāveram	clāmāverāmus	clāmātus eram	clāmātī erāmus
	clāmāverās	clāmāverātis	(-a, -um) erās	(-ae, -a) erātis
	clāmāverat	clāmāverant	erat	erant
Fut.	clāmāverō	clāmāverimus	clāmātus erō	clāmātī erimus
Perf.	clāmāveris	clāmāveritis	(-a, -um) eris	(-ae, -a) eritis
	clāmāverit	clāmāverint	erit	erunt
SUBJUNCTIVE				
Pres.	clāmem	clāmēmus	clāmer	clāmēmur
	clāmēs	clāmētis	clāmēris (-re)	clāmēminī
	clāmet	clāment	clāmētur	clāmentur
Impf.	clāmārem	clāmārēmus	clāmārer	clāmārēmur
	clāmārēs	clāmārētis	clāmārēris (-re)	clāmārēminī
	clāmāret	clāmārent	clāmārētur	clāmārentur
Perf.	clāmāverim	clāmāverimus	clāmātus sim	clāmātī sīmus
	clāmāveris	clāmāveritis	(-a, -um) sīs	(-ae, -a) sītis
	clāmāverit	clāmāverint	sit	sint
Plup.	clāmāvissem	clāmāvissēmus	clāmātus essem	clāmātī essēmus
	clāmāvissēs	clāmāvissētis	(-a, -um) essēs	(-ae, -a) essētis
	clāmāvisset	clāmāvissent	esset	essent
IMPERATIVE				
Pres.	clāmā	clāmāte		
INFINITIVE				
Pres.	clāmāre		clāmārī	
Perf.	clāmāvisse		clāmātus (-a, -um) esse	
Fut.	clāmātūrus (-a, -um) esse		clāmātum īrī	
PARTICIPLE				
Pres.	clāmans, (-ntis)			
Perf.	clāmātus (-a, -um)			
Fut.	clāmātūrus (-a, -um)		clāmandus (-a, -um) (GERUNDIVE)	

GERUND clāmandī, -ō, -um, -ō   SUPINE clāmātum, -ū

Compounds and related words: **clamor, -is, m.** noise; **conclamo (1)** shout; **exclamo (1)** shout; **proclamo (1)** proclaim

Model sentence: *Dum tacent, **clamant**.* —Cicero

close, shut

	ACTIVE			**PASSIVE**	
			INDICATIVE		
Pres.	claudō	claudimus		claudor	claudimur
	claudis	clauditis		clauderis (-re)	claudiminī
	claudit	claudunt		clauditur	clauduntur
Impf.	claudēbam	claudēbāmus		claudēbar	claudēbāmur
	claudēbās	claudēbātis		claudēbāris (-re)	claudēbāminī
	claudēbat	claudēbant		claudēbātur	claudēbantur
Fut.	claudam	claudēmus		claudar	claudēmur
	claudēs	claudētis		claudēris (-re)	claudēminī
	claudet	claudent		claudētur	claudentur
Perf.	clausī	clausimus		clausus sum	clausī sumus
	clausistī	clausistis		(-a, -um) es	(-ae, -a) estis
	clausit	clausērunt (-ēre)		est	sunt
Plup.	clauseram	clauserāmus		clausus eram	clausī erāmus
	clauserās	clauserātis		(-a, -um) erās	(-ae, -a) erātis
	clauserat	clauserant		erat	erant
Fut.	clauserō	clauserimus		clausus erō	clausī erimus
Perf.	clauseris	clauseritis		(-a, -um) eris	(-ae, -a) eritis
	clauserit	clauserint		erit	erunt
			SUBJUNCTIVE		
Pres.	claudam	claudāmus		claudar	claudāmur
	claudās	claudātis		claudāris (-re)	claudāminī
	claudat	claudant		claudātur	claudantur
Impf.	clauderem	clauderēmus		clauderer	clauderēmur
	clauderēs	clauderētis		clauderēris (-re)	clauderēminī
	clauderet	clauderent		clauderētur	clauderentur
Perf.	clauserim	clauserimus		clausus sim	clausī sīmus
	clauseris	clauseritis		(-a, -um) sīs	(-ae, -a) sītis
	clauserit	clauserint		sit	sint
Plup.	clausissem	clausissēmus		clausus essem	clausī essēmus
	clausissēs	clausissētis		(-a, -um) essēs	(-ae, -a) essētis
	clausisset	clausissent		esset	essent
			IMPERATIVE		
Pres.	claude	claudite			
			INFINITIVE		
Pres.	claudere			claudī	
Perf.	clausisse			clausus (-a, -um) esse	
Fut.	clausūrus (-a, -um) esse			clausum īrī	
			PARTICIPLE		
Pres.	claudens, (-ntis)				
Perf.				clausus (-a, -um)	
Fut.	clausūrus (-a, -um)			claudendus (-a, -um) (GERUNDIVE)	

GERUND claudendī, -ō, -um, -ō   SUPINE clausum, -ū

AN ESSENTIAL
55 VERB

claudō

Related Words

clavis, clavis, f. key

This is an essential verb because it and its compounds are fairly common. One of its compounds, **recludo**, means *to open*, but the more common verb for its opposite is **aperio**.

ALTERNATE FORMS:
clodo = claudō
cludo = claudō

COMPOUNDS:
concludo, concludere, conclusi, conclusum
    to enclose

excludo, excludere, exclusi, exclusum
    to shut out

includo, includere, inclusi, inclusum
    to enclose

intercludo, intercludere, interclusi, interclusum to block

recludo, recludere, reclusi, reclusum
    to open up

MODEL SENTENCE:
*Nullum saeculum magnis ingeniis **clausum est**.*
—Seneca

meet, unite

	ACTIVE		PASSIVE	

INDICATIVE

	ACTIVE		PASSIVE	
Pres.	coeō	coīmus	coeor	coīmur
	coīs	coītis	coīris (-re)	coīminī
	coit	coeunt	coītur	coeuntur
Impf.	coībam	coībāmus	coībar	coībāmur
	coībās	coībātis	coībāris (-re)	coībāminī
	coībat	coībant	coībātur	coībantur
Fut.	coībō	coībimus	coībor	coībimur
	coībis	coībitis	coīberis (-re)	coībiminī
	coībit	coībunt	coībitur	coībuntur
Perf.	coiī	coiimus	coitus sum	coitī sumus
	coiistī	coiistis	(-a, -um) es	(-ae, -a) estis
	coiit	coiērunt (-ēre)	est	sunt
Plup.	coieram	coierāmus	coitus eram	coitī erāmus
	coierās	coierātis	(-a, -um) erās	(-ae, -a) erātis
	coierat	coierant	erat	erant
Fut.	coierō	coierimus	coitus erō	coitī erimus
Perf.	coieris	coieritis	(-a, -um) eris	(-ae, -a) eritis
	coierit	coierint	erit	erunt

SUBJUNCTIVE

	ACTIVE		PASSIVE	
Pres.	coeam	coeāmus	coear	coeāmur
	coeās	coeātis	coeāris (-re)	coeāminī
	coeat	coeant	coeātur	coeantur
Impf.	coīrem	coīrēmus	coīrer	coīrēmur
	coīrēs	coīrētis	coīrēris (-re)	coīrēminī
	coīret	coīrent	coīrētur	coīrentur
Perf.	coierim	coierimus	coitus sim	coitī sīmus
	coieris	coieritis	(-a, -um) sīs	(-ae, -a) sītis
	coierit	coierint	sit	sint
Plup.	coīssem	coīssēmus	coitus essem	coitī essēmus
	coīssēs	coīssētis	(-a, -um) essēs	(-ae, -a) essētis
	coīsset	coīssent	esset	essent

IMPERATIVE

	ACTIVE	
Pres.	coī	coīte

INFINITIVE

	ACTIVE	PASSIVE
Pres.	coīre	coīrī
Perf.	coīsse	coitus (-a, -um) esse
Fut.	coitūrus (-a, -um) esse	coitum īrī

PARTICIPLE

	ACTIVE	PASSIVE
Pres.	coiens, (-euntis)	
Perf.		coitus (-a, -um)
Fut.	coitūrus (-a, -um)	coeundus (-a, -um) (GERUNDIVE)

GERUND coeundī, -ō, -um, -ō   SUPINE coitum, -ū

Alternate forms: **coiisse** = coisse; **coivi** = coii
Compounds and related words: **coetus/coitus, -us, m.** meeting; **comes, -itis, c.** companion;
   comito (1) to accompany; **comitor (1)** to accompany
See **eo** for other compounds of this verb.
Model sentence: *Mille domos **coiere**, locum requiemque petentes, | mille domos clausere serae.* —Ovid

began

	ACTIVE			PASSIVE		
INDICATIVE						
Pres.						
Impf.						
Fut.						
Perf.	coepī	coepimus		coeptus	sum	coeptī	sumus
	coepistī	coepistis		(-a, -um)	es	(-ae, -a)	estis
	coepit	coepērunt (-ēre)			est		sunt
Plup.	coeperam	coeperāmus		coeptus	eram	coeptī	erāmus
	coeperās	coeperātis		(-a, -um)	erās	(-ae, -a)	erātis
	coeperat	coeperant			erat		erant
Fut.	coeperō	coeperimus		coeptus	erō	coeptī	erimus
Perf.	coeperis	coeperitis		(-a, -um)	eris	(-ae, -a)	eritis
	coeperit	coeperint			erit		erunt
SUBJUNCTIVE						
Pres.						
Impf.						
Perf.	coeperim	coeperimus		coeptus	sim	coeptī	sīmus
	coeperis	coeperitis		(-a, -um)	sīs	(-ae, -a)	sītis
	coeperit	coeperint			sit		sint
Plup.	coepissem	coepissēmus		coeptus	essem	coeptī	essēmus
	coepissēs	coepissētis		(-a, -um)	essēs	(-ae, -a)	essētis
	coepisset	coepissent			esset		essent
INFINITIVE						
Perf.	coepisse			coeptus (-a, -um) esse			
Fut.	coeptūrus (-a, -um) esse			coeptum īrī			
PARTICIPLE						
Perf.				coeptus (-a, -um)			
Fut.	coeptūrus (-a, -um)						

GERUND   SUPINE   coeptum, -ū

Alternate forms: Ante-Classical present system of **coepio, -ere** replaced by present system of **incipio** in Classical Latin.
Model sentence: ***Coeperunt*** *certam medici spondere salutem.* —Martial

cōgitō

cōgitō, cōgitāre, cōgitāvī, cōgitātum

think, reflect

ACTIVE		PASSIVE	
INDICATIVE			
Pres. cōgitō	cōgitāmus	cōgitor	cōgitāmur
cōgitās	cōgitātis	cōgitāris (-re)	cōgitāminī
cōgitat	cōgitant	cōgitatur	cōgitantur
Impf. cōgitābam	cōgitābāmus	cōgitābar	cōgitābāmur
cōgitābās	cōgitābātis	cōgitābāris (-re)	cōgitābāminī
cōgitābat	cōgitābant	cōgitābātur	cōgitābantur
Fut. cōgitābō	cōgitābimus	cōgitābor	cōgitābimur
cōgitābis	cōgitābitis	cōgitāberis (-re)	cōgitābiminī
cōgitābit	cōgitābunt	cōgitābitur	cōgitābuntur
Perf. cōgitāvī	cōgitāvimus	cōgitātus sum	cōgitātī sumus
cōgitāvistī	cōgitāvistis	(-a, -um) es	(-ae, -a) estis
cōgitāvit	cōgitāvērunt (-ēre)	est	sunt
Plup. cōgitāveram	cōgitāverāmus	cōgitātus eram	cōgitātī erāmus
cōgitāverās	cōgitāverātis	(-a, -um) erās	(-ae, -a) erātis
cōgitāverat	cōgitāverant	erat	erant
Fut. cōgitāverō	cōgitāverimus	cōgitātus erō	cōgitātī erimus
Perf. cōgitāveris	cōgitāveritis	(-a, -um) eris	(-ae, -a) eritis
cōgitāverit	cōgitāverint	erit	erunt
SUBJUNCTIVE			
Pres. cōgitem	cōgitēmus	cōgiter	cōgitēmur
cōgitēs	cōgitētis	cōgitēris (-re)	cōgitēminī
cōgitet	cōgitent	cōgitētur	cōgitentur
Impf. cōgitārem	cōgitārēmus	cōgitārer	cōgitārēmur
cōgitārēs	cōgitārētis	cōgitārēris (-re)	cōgitārēminī
cōgitāret	cōgitārent	cōgitārētur	cōgitārentur
Perf. cōgitāverim	cōgitāverimus	cōgitātus sim	cōgitātī sīmus
cōgitāveris	cōgitāveritis	(-a, -um) sīs	(-ae, a) sītis
cōgitāverit	cōgitāverint	sit	sint
Plup. cōgitāvissem	cōgitāvissēmus	cōgitātus essem	cōgitātī essēmus
cōgitāvissēs	cōgitāvissētis	(-a, -um) essēs	(-ae, -a) essētis
cōgitāvisset	cōgitāvissent	esset	essent
IMPERATIVE			
Pres. cōgitā	cōgitāte		
INFINITIVE			
Pres. cōgitāre		cōgitārī	
Perf. cōgitāvisse		cōgitātus (-a, -um) esse	
Fut. cōgitātūrus (-a, -um) esse		cōgitātum īrī	
PARTICIPLE			
Pres. cōgitans, (-ntis)			
Perf.		cōgitātus (-a, -um)	
Fut. cōgitātūrus (-a, -um)		cōgitandus (-a, -um) (GERUNDIVE)	

GERUND cōgitandī, -ō, -um, -ō   SUPINE cōgitātum, -ū

Compounds and related words: **excogito (1)** contrive
Model sentence: *Nec **cogitandi** nec quiescendi in urbe locus est pauperi.* —Martial

collect, compel, force

	ACTIVE		**PASSIVE**	
		INDICATIVE		
Pres.	cōgō	cōgimus	cōgor	cōgimur
	cōgis	cōgitis	cōgeris (-re)	cōgiminī
	cōgit	cōgunt	cōgitur	cōguntur
Impf.	cōgēbam	cōgēbāmus	cōgēbar	cōgēbāmur
	cōgēbās	cōgēbātis	cōgēbāris (-re)	cōgēbāminī
	cōgēbat	cōgēbant	cōgēbātur	cōgēbantur
Fut.	cōgam	cōgēmus	cōgar	cōgēmur
	cōgēs	cōgētis	cōgēris (-re)	cōgēminī
	cōget	cōgent	cōgētur	cōgentur
Perf.	coēgī	coēgimus	coactus sum	coactī sumus
	coēgistī	coēgistis	(-a, -um) es	(-ae, -a) estis
	coēgit	coēgērunt (-ēre)	est	sunt
Plup.	coēgeram	coēgerāmus	coactus eram	coactī erāmus
	coēgerās	coēgerātis	(-a, -um) erās	(-ae, -a) erātis
	coēgerat	coēgerant	erat	erant
Fut.	coēgerō	coēgerimus	coactus erō	coactī erimus
Perf.	coēgeris	coēgeritis	(-a, -um) eris	(-ae, -a) eritis
	coēgerit	coēgerint	erit	erunt
		SUBJUNCTIVE		
Pres.	cōgam	cōgāmus	cōgar	cōgāmur
	cōgās	cōgātis	cōgāris (-re)	cōgāminī
	cōgat	cōgant	cōgātur	cōgantur
Impf.	cōgerem	cōgerēmus	cōgerer	cōgerēmur
	cōgerēs	cōgerētis	cōgerēris (-re)	cōgerēminī
	cōgeret	cōgerent	cōgerētur	cōgerentur
Perf.	coēgerim	coēgerimus	coactus sim	coactī sīmus
	coēgeris	coēgeritis	(-a, -um) sīs	(-ae, -a) sītis
	coēgerit	coēgerint	sit	sint
Plup.	coēgissem	coēgissēmus	coactus essem	coactī essēmus
	coēgissēs	coēgissetis	(-a, -um) essēs	(-ae, -a) essētis
	coēgisset	coēgissent	esset	essent
		IMPERATIVE		
Pres.	cōge	cōgite		
		INFINITIVE		
Pres.	cōgere		cōgī	
Perf.	coēgisse		coāctus (-a, -um) esse	
Fut.	coactūrus (-a, -um) esse		coactum īrī	
		PARTICIPLE		
Pres.	cōgens, (-ntis)			
Perf.			coactus (-a, -um)	
Fut.	coactūrus (-a, -um)		cōgendus (-a, -um) (GERUNDIVE)	

GERUND cōgendī, -ō, -um, -ō   SUPINE coactum, -ū

Alternate forms: **coguit** = cogit
Compounds and related words: **coactus, -a, -um** constrained; **coagmentum, -i, n.** joint
See **ago** for other compounds of this verb.
Model sentence: *Improbe amor, quid non mortalia pectora **cogis**?* —Vergil

recognize, find out, learn

ACTIVE		PASSIVE	
INDICATIVE			

	ACTIVE		PASSIVE	
Pres.	cognoscō	cognoscimus	cognoscor	cognoscimur
	cognoscis	cognoscitis	cognosceris (-re)	cognosciminī
	cognoscit	cognoscunt	cognoscitur	cognoscuntur
Impf.	cognoscēbam	cognoscēbāmus	cognoscēbar	cognoscēbāmur
	cognoscēbās	cognoscēbātis	cognoscēbāris (-re)	cognoscēbāminī
	cognoscēbat	cognoscēbant	cognoscēbātur	cognoscēbantur
Fut.	cognoscam	cognoscēmus	cognoscar	cognoscēmur
	cognoscēs	cognoscētis	cognoscēris (-re)	cognoscēminī
	cognoscet	cognoscent	cognoscētur	cognoscentur
Perf.	cognōvī	cognōvimus	cognitus sum	cognitī sumus
	cognōvistī	cognōvistis	(-a, -um) es	(-ae, -a) estis
	cognōvit	cognōvērunt (-ēre)	est	sunt
Plup.	cognōveram	cognōverāmus	cognitus eram	cognitī erāmus
	cognōverās	cognōverātis	(-a, -um) erās	(-ae, -a) erātis
	cognōverat	cognōverant	erat	erant
Fut.	cognōverō	cognōverimus	cognitus erō	cognitī erimus
Perf.	cognōveris	cognōveritis	(-a, -um) eris	(-ae, -a) eritis
	cognōverit	cognōverint	erit	erunt

SUBJUNCTIVE			

	ACTIVE		PASSIVE	
Pres.	cognoscam	cognoscāmus	cognoscar	cognoscāmur
	cognoscās	cognoscātis	cognoscāris (-re)	cognoscāminī
	cognoscat	cognoscant	cognoscātur	cognoscantur
Impf.	cognoscerem	cognoscerēmus	cognoscerer	cognoscerēmur
	cognoscerēs	cognoscerētis	cognoscerēris (-re)	cognoscerēminī
	cognosceret	cognoscerent	cognoscerētur	cognoscerentur
Perf.	cognōverim	cognōverimus	cognitus sim	cognitī sīmus
	cognōveris	cognōveritis	(-a, -um) sīs	(-ae, -a) sītis
	cognōverit	cognōverint	sit	sint
Plup.	cognōvissem	cognōvissēmus	cognitus essem	cognitī essēmus
	cognōvissēs	cognōvissētis	(-a, -um) essēs	(-ae, -a) essētis
	cognōvisset	cognōvissent	esset	essent

IMPERATIVE		
Pres.	cognosce	cognoscite

INFINITIVE		
Pres.	cognoscere	cognoscī
Perf.	cognōvisse	cognitus (-a, -um) esse
Fut.	cognitūrus (-a, -um) esse	cognitum īrī

PARTICIPLE		
Pres.	cognoscens, (-ntis)	
Perf.		cognitus (-a, -um)
Fut.	cognitūrus (-a, -um)	cognoscendus (-a, -um) (GERUNDIVE)

GERUND cognoscendī, -ō, -um, -ō   SUPINE cognitum, -ū

Alternate forms: **cognoram** = cognoveram; **cognorim** = cognoverim; **cognoris** = cognoveris;
    cognorit = cognoverit; **cognoro** = cognovero; **cognosse** = cognovisse; **cognossent** = cognovissent;
    cognosses = cognovisses; **cognosti** = cognovisti; **cognostis** = cognovistis
Compounds and related words: **incognitus, -a, -um** unrecognized
See **nosco** for other compounds of this verb.
Model sentence: *Felix qui potuit rerum **cognoscere** causas.* —Vergil

C

cherish, cultivate

ACTIVE		PASSIVE	

INDICATIVE

	ACTIVE		PASSIVE	
Pres.	colō	colimus	color	colimur
	colis	colitis	coleris (-re)	coliminī
	colit	colunt	colitur	coluntur
Impf.	colēbam	colēbāmus	colēbar	colēbāmur
	colēbās	colēbātis	colēbāris (-re)	colēbāminī
	colēbat	colēbant	colēbātur	colēbantur
Fut.	colam	colēmus	colar	colēmur
	colēs	colētis	colēris (-re)	colēminī
	colet	colent	colētur	colentur
Perf.	coluī	coluimus	cultus sum	cultī sumus
	coluistī	coluistis	(-a, -um) es	(-ae, -a) estis
	coluit	coluērunt (-ēre)	est	sunt
Plup.	colueram	coluerāmus	cultus eram	cultī erāmus
	coluerās	coluerātis	(-a, -um) erās	(-ae, -a) erātis
	coluerat	coluerant	erat	erant
Fut.	coluerō	coluerimus	cultus erō	cultī erimus
Perf.	colueris	colueritis	(-a, -um) eris	(-ae, -a) eritis
	coluerit	coluerint	erit	erunt

SUBJUNCTIVE

	ACTIVE		PASSIVE	
Pres.	colam	colāmus	colar	colāmur
	colās	colātis	colāris (-re)	colāminī
	colat	colant	colātur	colantur
Impf.	colerem	colerēmus	colerer	colerēmur
	colerēs	colerētis	colerēris (-re)	colerēminī
	coleret	colerent	colerētur	colerentur
Perf.	coluerim	coluerimus	cultus sim	cultī sīmus
	colueris	colueritis	(-a, -um) sīs	(-ae, -a) sītis
	coluerit	coluerint	sit	sint
Plup.	coluissem	coluissēmus	cultus essem	cultī essēmus
	coluissēs	coluissētis	(-a, -um) essēs	(-ae, -a) essētis
	coluisset	coluissent	esset	essent

IMPERATIVE

Pres.	cole	colite	

INFINITIVE

Pres.	colere	colī
Perf.	coluisse	cultus (-a, -um) esse
Fut.	cultūrus (-a, -um) esse	cultum īrī

PARTICIPLE

Pres.	colens, (-ntis)	
Perf.		cultus (-a, -um)
Fut.	cultūrus (-a, -um)	colendus (-a, -um) (GERUNDIVE)

GERUND colendī, -ō, -um, -ō   SUPINE cultum, -ū

Compounds and related words: **accola, -ae, c.** neighbor; **accolo (3)** live nearby; **agricola, -ae, m.** farmer; **caelicola, -ae, c.** divine being; **cultor, -is. m.** cultivator; **cultura, -ae, f.** cultivation; **cultus, -a, -um** cultivated; **cultus, -us, m.** cultivation; **incola, -ae, c.** inhabitant; **incolo (3)** inhabit; **incultus, -a, -um** uncultivated

Model sentence: *Hanc olim veteres vitam **coluere** Sabini.* —Vergil

comedō

eat up, devour

	ACTIVE		**PASSIVE**	
			INDICATIVE	
Pres.	comedō	comedimus		
	comēs	comēstis		
	comēst	comedunt	comeditur	comeduntur
Impf.	comedēbam	comedēbāmus		
	comedēbās	comedēbātis		
	comedēbat	comedēbant	comedēbātur	comedēbantur
Fut.	comedam	comedēmus		
	comedēs	comedētis		
	comedet	comedent	comedētur	comedentur
Perf.	comēdī	comēdimus		
	comēdistī	comēdistis		
	comēdit	comēdērunt (-ēre)	comēsus (-a, -um) est	comēsī (-a, -um) sunt
Plup.	comēderam	comēderāmus		
	comēderās	comēderātis		
	comēderat	comēderant	comēsus (-a, -um) erat	comēsī (-a, -um) erant
Fut.	comēderō	comēderimus		
Perf.	comēderis	comēderitis		
	comēderit	comēderint	comēsus (-a, -um) erit	comēsī (-a, -um) erunt
			SUBJUNCTIVE	
Pres.	comedam (comedim)	comedāmus (comedīmus)		
	comedās (comedīs)	comedātis (comedītis)		
	comedat (comedit)	comedant (comedint)	comedātur	comedantur
Impf.	comessem	comessēmus		
	comessēs	comessētis		
	comesset	comessent	comessētur	comessentur
Perf.	comēderim	comēderimus		
	comēderis	comēderitis		
	comēderit	comēderint	comēsus (-a, -um) sit	comēsī (-ae, -a) sint
Plup.	comēdissem	comēdissēmus		
	comēdissēs	comēdissētis		
	comēdisset	comēdissent	comēsus (-a, -um) esset	comēsī (-ae, -a) essent
			IMPERATIVE	
Pres.	comesto	comestote		
			INFINITIVE	
Pres.	comesse		comedī	
Perf.	comēdisse		comēsus (-a, -um) esse	
Fut.	comēsūrus (-a, -um) esse		comēsum īrī	
			PARTICIPLE	
Pres.	comedens, (-ntis)			
Perf.			comēsus (-a, -um)	
Fut.	comēsūrus (-a, -um)		comedendus (-a, -um) (GERUNDIVE)	

GERUND comedendī, -ō, -um, -ō   SUPINE comēsum, -ū

Alternate forms: **comedim, etc.** = comedam, etc.; **comessus** = comesus; **comestum** = comesum
Model sentence: *Celerius potuit venenum **comestum** quam epotum in venas permanere?* —Cicero

accompany

	ACTIVE		PASSIVE	
		INDICATIVE		
Pres.	comitō	comitāmus	comitor	comitāmur
	comitās	comitātis	comitāris (-re)	comitāminī
	comitat	comitant	comitātur	comitantur
Impf.	comitābam	comitābāmus	comitābar	comitābāmur
	comitābās	comitābātis	comitābāris (-re)	comitābāminī
	comitābat	comitābant	comitābātur	comitābantur
Fut.	comitābō	comitābimus	comitābor	comitābimur
	comitābis	comitābitis	comitāberis (-re)	comitābiminī
	comitābit	comitābunt	comitābitur	comitābuntur
Perf.	comitāvī	comitāvimus	comitātus sum	comitātī sumus
	comitāvistī	comitāvistis	(-a, -um) es	(-ae, -a) estis
	comitāvit	comitāvērunt (-ēre)	est	sunt
Plup.	comitāveram	comitāverāmus	comitātus eram	comitātī erāmus
	comitāverās	comitāverātis	(-a, -um) erās	(-ae, -a) erātis
	comitāverat	comitāverant	erat	erant
Fut.	comitāverō	comitāverimus	comitātus erō	comitātī erimus
Perf.	comitāveris	comitāveritis	(-a, -um) eris	(-ae, -a) eritis
	comitāverit	comitāverint	erit	erunt
		SUBJUNCTIVE		
Pres.	comitem	comitēmus	comiter	comitēmur
	comitēs	comitētis	comitēris (-re)	comitēminī
	comitet	comitent	comitētur	comitentur
Impf.	comitārem	comitārēmus	comitārer	comitārēmur
	comitārēs	comitārētis	comitārēris (-re)	comitārēminī
	comitāret	comitārent	comitārētur	comitārentur
Perf.	comitāverim	comitāverimus	comitātus sim	comitātī sīmus
	comitāveris	comitāveritis	(-a, -um) sīs	(-ae, -a) sītis
	comitāverit	comitāverint	sit	sint
Plup.	comitāvissem	comitāvissēmus	comitātus essem	comitātī essēmus
	comitāvissēs	comitāvissētis	(-a, -um) essēs	(-ae, -a) essētis
	comitāvisset	comitāvissent	esset	essent
		IMPERATIVE		
Pres.	comitā	comitāte	comitāre	comitāminī
		INFINITIVE		
Pres.	comitāre		comitārī	
Perf.	comitāvisse		comitātus (-a, -um) esse	
Fut.	comitātūrus (-a, -um) esse		comitātum īrī	
		PARTICIPLE		
Pres.	comitans, (-ntis)			
Perf.			comitātus (-a, -um)	
Fut.	comitātūrus (-a, -um)		comitandus (-a, -um) (GERUNDIVE)	

GERUND comitandī, -ō, -um, -ō   SUPINE comitātum, -ū

Usage notes: passive forms also deponent
Compounds and related words: **coeo, -ire, -ii, -itum** to meet; **coetus/coitus, -us, m.** meeting, sexual
   intercourse; **comes, -itis, c.** companion; **comitatus, -us, m.** retinue; **comitium, -i, n.** place of assembly
Model sentence: *Sola fuga nautas **comitabor** ovantis?* —Vergil

entrust, insure

ACTIVE		PASSIVE	

INDICATIVE

Pres.	commendō	commendāmus	commendor	commendāmur
	commendās	commendātis	commendāris (-re)	commendāminī
	commendat	commendant	commendātur	commendantur
Impf.	commendābam	commendābāmus	commendābar	commendābāmur
	commendābās	commendābātis	commendābāris (-re)	commendābāminī
	commendābat	commendābant	commendābātur	commendābantur
Fut.	commendābō	commendābimus	commendābor	commendābimur
	commendābis	commendābitis	commendāberis (-re)	commendābiminī
	commendābit	commendābunt	commendābitur	commendābuntur
Perf.	commendāvī	commendāvimus	commendātus sum	commendātī sumus
	commendāvistī	commendāvistis	(-a, -um) es	(-ae, -a) estis
	commendāvit	commendāvērunt (-ēre)	est	sunt
Plup.	commendāveram	commendāverāmus	commendātus eram	commendātī erāmus
	commendāverās	commendāverātis	(-a, -um) erās	(-ae, -a) erātis
	commendāverat	commendāverant	erat	erant
Fut. *Perf.*	commendāverō	commendāverimus	commendātus erō	commendātī erimus
	commendāveris	commendāveritis	(-a, -um) eris	(-ae, -a) eritis
	commendāverit	commendāverint	erit	erunt

SUBJUNCTIVE

Pres.	commendem	commendēmus	commender	commendēmur
	commendēs	commendētis	commendēris (-re)	commendēminī
	commendet	commendent	commendētur	commendentur
Impf.	commendārem	commendārēmus	commendārer	commendārēmur
	commendārēs	commendārētis	commendārēris (-re)	commendārēminī
	commendāret	commendārent	commendārētur	commendārentur
Perf.	commendāverim	commendāverimus	commendātus sim	commendātī sīmus
	commendāveris	commendāveritis	(-a, -um) sīs	(-ae, -a) sītis
	commendāverit	commendāverint	sit	sint
Plup.	commendāvissem	commendāvissēmus	commendātus essem	commendātī essēmus
	commendāvissēs	commendāvissētis	(-a, -um) essēs	(-ae, -a) essētis
	commendāvisset	commendāvissent	esset	essent

IMPERATIVE

Pres.	commendā	commendāte		

INFINITIVE

Pres.	commendāre	commendārī
Perf.	commendāvisse	commendātus (-a, -um) esse
Fut.	commendātūrus (-a, -um) esse	commendātum īrī

PARTICIPLE

Pres.	commendans, (-ntis)	
Perf.		commendātus (-a, -um)
Fut.	commendātūrus (-a, -um)	commendandus (-a, -um) (GERUNDIVE)

GERUND commendandī, -ō, -um, -ō SUPINE commendātum, -ū

Alternate forms: **conmendo** = commendo
Compounds and related words: **commendabilis, -e** praiseworthy; **commendatio, -onis, f.**
 recommendation; **commendator, -is, m.** recommendor; **commendatus, -a, -um** recommended
Model sentence: *Voluptates **commendat** rarior usus.* —Juvenal

embrace, surround

C

ACTIVE

INDICATIVE

Pres.	complector	complectimur
	complecteris (-re)	complectiminī
	complectitur	complectuntur
Impf.	complectēbar	complectēbāmur
	complectēbāris (-re)	complectēbāminī
	complectēbātur	complectēbantur
Fut.	complectar	complectēmur
	complectēris (-re)	complectēminī
	complectētur	complectentur

Perf.	complexus	sum	complexī	sumus
	(-a, -um)	es	(-ae, -a)	estis
		est		sunt
Plup.	complexus	eram	complexī	erāmus
	(-a, -um)	erās	(-ae, -a)	erātis
		erat		erant
Fut.	complexus	erō	complexī	erimus
Perf.	(-a, -um)	eris	(-ae, -a)	eritis
		erit		erunt

SUBJUNCTIVE

Pres.	complectar	complectāmur
	complectāris (-re)	complectāminī
	complectātur	complectantur
Impf.	complecterer	complecterēmur
	complecterēris (-re)	complecterēminī
	complecterētur	complecterentur

Perf.	complexus	sim	complexī	sīmus
	(-a, -um)	sīs	(-ae, -a)	sītis
		sit		sint
Plup.	complexus	essem	complexī	essēmus
	(-a, -um)	essēs	(-ae, -a)	essētis
		esset		essent

IMPERATIVE

Pres.	complectere	complectiminī

INFINITIVE

Pres.	complectī
Perf.	complexus (-a, -um) esse
Fut.	complexūrus (-a, -um) esse

PARTICIPLE

	Active	Passive
Pres.	complectens, (-ntis)	
Perf.	complexus (-a, -um)	
Fut.	complexūrus (-a, -um)	complectendus (-a, -um) (GERUNDIVE)

GERUND complectendī, -ō, -um, -ō   SUPINE complexum, -ū

Alternate forms: **conplector** = complector
Compounds and related words: **amplector, -i, -plexus sum** embrace; **amplexor (1)** embrace; **amplexus, -us, m.** embrace; **duplex, -icis** double; **multiplex, -icis** many-sided; **plico (1)** fold; **simplex, -icis** single; **supplex, -icis** suppliant; **supplicium, -i, n.** punishment
Model sentence: *His corpus tremulum **complectens** undique vestis candida purpurea talos incinxerat ora.* —Catullus

sing together, harmonize, make harmonize

	ACTIVE			**PASSIVE**	
			INDICATIVE		
Pres.	concinō	concinimus		concinor	concinimur
	concinis	concinitis		concineris (-re)	conciniminī
	concinit	concinunt		concinitur	concinuntur
Impf.	concinēbam	concinēbāmus		concinēbar	concinēbāmur
	concinēbās	concinēbātis		concinēbāris (-re)	concinēbāminī
	concinēbat	concinēbant		concinēbātur	concinēbantur
Fut.	concinam	concinēmus		concinar	concinēmur
	concinēs	concinētis		concinēris (-re)	concinēminī
	concinet	concinent		concinētur	concinentur
Perf.	concinuī	concinuimus			
	concinuistī	concinuistis			
	concinuit	concinuērunt (-ēre)			
Plup.	concinueram	concinuerāmus			
	concinuerās	concinuerātis			
	concinuerat	concinuerant			
Fut.	concinuerō	concinuerimus			
Perf.	concinueris	concinueritis			
	concinuerit	concinuerint			
			SUBJUNCTIVE		
Pres.	concinam	concināmus		concinar	concināmur
	concinās	concinātis		concināris (-re)	concināminī
	concinat	concinant		concinātur	concinantur
Impf.	concinerem	concinerēmus		concinerer	concinerēmur
	concinerēs	concinerētis		concinerēris (-re)	concinerēminī
	concineret	concinerent		concinerētur	concinerentur
Perf.	concinuerim	concinuerimus			
	concinueris	concinueritis			
	concinuerit	concinuerint			
Plup.	concinuissem	concinuissēmus			
	concinuissēs	concinuissētis			
	concinuisset	concinuissent			
			IMPERATIVE		
Pres.	concine	concinite			
			INFINITIVE		
Pres.	concinere			concinī	
Perf.	concinuisse				
Fut.					
			PARTICIPLE		
Pres.	concinens, (-ntis)				
Perf.					
Fut.				concinendus (-a, -um) (GERUNDIVE)	

GERUND concinendī, -ō, -um, -ō   SUPINE

Compounds and related words: **cano, -ere, cecini, cantum** sing
Model sentence: *Haec cum pressis et flebilibus modis, qui totis theatris maestitiam inferant,*
    concinuntur. —Cicero

found, make, hide

ACTIVE		PASSIVE	
INDICATIVE			

Pres.	condō	condimus	condor	condimur
	condis	conditis	conderis (-re)	condiminī
	condit	condunt	conditur	conduntur
Impf.	condēbam	condēbāmus	condēbar	condēbāmur
	condēbās	condēbātis	condēbāris (-re)	condēbāminī
	condēbat	condēbant	condēbātur	condēbantur
Fut.	condam	condēmus	condar	condēmur
	condēs	condētis	condēris (-re)	condēminī
	condet	condent	condētur	condentur
Perf.	condidī	condidimus	conditus sum	conditī sumus
	condidistī	condidistis	(-a, -um) es	(-ae, -a) estis
	condidit	condidērunt (-ēre)	est	sunt
Plup.	condideram	condiderāmus	conditus eram	conditī erāmus
	condiderās	condiderātis	(-a, -um) erās	(-ae, -a) erātis
	condiderat	condiderant	erat	erant
Fut.	condiderō	condiderimus	conditus erō	conditī erimus
Perf.	condideris	condideritis	(-a, -um) eris	(-ae, -a) eritis
	condiderit	condiderint	erit	erunt

SUBJUNCTIVE

Pres.	condam	condāmus	condar	condāmur
	condās	condātis	condāris (-re)	condāminī
	condat	condant	condātur	condantur
Impf.	conderem	conderēmus	conderer	conderēmur
	conderēs	conderētis	conderēris (-re)	conderēminī
	conderet	conderent	conderētur	conderentur
Perf.	condiderim	condiderimus	conditus sim	conditī sīmus
	condideris	condideritis	(-a, -um) sīs	(-ae, -a) sītis
	condiderit	condiderint	sit	sint
Plup.	condidissem	condidissēmus	conditus essem	conditī essēmus
	condidissēs	condidissētis	(-a, -um) essēs	(-ae, -a) essētis
	condidisset	condidissent	esset	essent

IMPERATIVE

Pres.	conde	condite		

INFINITIVE

Pres.	condere	condī
Perf.	condidisse	conditus (-a, -um) esse
Fut.	conditūrus (-a, -um) esse	conditum īrī

PARTICIPLE

Pres.	condens, (-ntis)	
Perf.		conditus (-a, -um)
Fut.	conditūrus (-a, -um)	condendus (-a, -um) (GERUNDIVE)

GERUND condendī, -ō, -um, -ō   SUPINE conditum, -ū

Compounds and related words: **abscondo (3)** to hide; **conditor, -s, m.** founder; **condo (3)** to establish; **recondo (3)** to hide away; **trado (3)** to betray

Model sentence: *Tantae molis erat Romanam **condere** gentem.* —Vergil

bring together, be useful

ACTIVE		PASSIVE	
INDICATIVE			

Pres.	conferō	conferimus	conferor	conferimur
	confers	confertis	conferris (-re)	conferiminī
	confert	conferunt	confertur	conferuntur
Impf.	conferēbam	conferēbāmus	conferēbar	conferēbāmur
	conferēbās	conferēbātis	conferēbāris (-re)	conferēbāminī
	conferēbat	conferēbant	conferēbātur	conferēbantur
Fut.	conferam	conferēmus	conferar	conferēmur
	conferēs	conferētis	conferēris (-re)	conferēminī
	conferet	conferent	conferētur	conferentur
Perf.	contulī	contulimus	collātus sum	collātī sumus
	contulistī	contulistis	(-a, -um) es	(-ae, -a) estis
	contulit	contulērunt (-ēre)	est	sunt
Plup.	contuleram	contulerāmus	collātus eram	collātī erāmus
	contulerās	contulerātis	(-a, -um) erās	(-ae, -a) erātis
	contulerat	contulerant	erat	erant
Fut.	contulerō	contulerimus	collātus erō	collātī erimus
Perf.	contuleris	contuleritis	(-a, -um) eris	(-ae, -a) eritis
	contulerit	contulerint	erit	erunt

SUBJUNCTIVE			

Pres.	conferam	conferāmus	conferar	conferāmur
	conferās	conferātis	conferāris (-re)	conferāminī
	conferat	conferant	conferātur	conferantur
Impf.	conferrem	conferrēmus	conferrer	conferrēmur
	conferrēs	conferrētis	conferrēris (-re)	conferrēminī
	conferret	conferrent	conferrētur	conferrentur
Perf.	contulerim	contulerimus	collātus sim	collātī sīmus
	contuleris	contuleritis	(-a, -um) sīs	(-ae, -a) sītis
	contulerit	contulerint	sit	sint
Plup.	contulissem	contulissēmus	collātus essem	collātī essēmus
	contulissēs	contulissētis	(-a, -um) essēs	(-ae, -a) essētis
	contulisset	contulissent	esset	essent

IMPERATIVE			

Pres.	confer	conferte		

INFINITIVE			

Pres.	conferre		conferrī	
Perf.	contulisse		collātus (-a, -um) esse	
Fut.	collātūrus (-a, -um) esse		collātum īrī	

PARTICIPLE			

Pres.	conferens, (-ntis)			
Perf.			collātus (-a, -um)	
Fut.	collātūrus (-a, -um)		conferendus (-a, -um) (GERUNDIVE)	

GERUND conferendī, -ō, -um, -ō   SUPINE collātum, -ū

Alternate forms: **conlatum** = collatum
Compounds and related words: **confertus, -a, -um** crowded; **conlatio, -onis, f.** comparison, battle; **conlator, -is, m.** contributor
See **fero** for other compounds of this verb.
Model sentence: ***Contulit** aes populus de quo delubra Metellus fecit.* —Ovid

accomplish, finish

ACTIVE		PASSIVE	
INDICATIVE			

	ACTIVE		PASSIVE	
Pres.	conficiō	conficimus	conficior	conficimur
	conficis	conficitis	conficeris (-re)	conficiminī
	conficit	conficiunt	conficitur	conficiuntur
Impf.	conficiēbam	conficiēbāmus	conficiēbar	conficiēbāmur
	conficiēbās	conficiēbātis	conficiēbāris (-re)	conficiēbāminī
	conficiēbat	conficiēbant	conficiēbātur	conficiēbantur
Fut.	conficiam	conficiēmus	conficiar	conficiēmur
	conficiēs	conficiētis	conficiēris (-re)	conficiēminī
	conficiet	conficient	conficiētur	conficientur
Perf.	confēcī	confēcimus	confectus sum	confectī sumus
	confēcistī	confēcistis	(-a, -um) es	(-ae, -a) estis
	confēcit	confēcērunt (-ēre)	est	sunt
Plup.	confēceram	confēcerāmus	confectus eram	confectī erāmus
	confēcerās	confēcerātis	(-a, -um) erās	(-ae, -a) erātis
	confēcerat	confēcerant	erat	erant
Fut.	confēcerō	confēcerimus	confectus erō	confectī erimus
Perf.	confēceris	confēceritis	(-a, -um) eris	(-ae, -a) eritis
	confēcerit	confēcerint	erit	erunt

SUBJUNCTIVE			

	ACTIVE		PASSIVE	
Pres.	conficiam	conficiāmus	conficiar	conficiāmur
	conficiās	conficiātis	conficiāris (-re)	conficiāminī
	conficiat	conficiant	conficiātur	conficiantur
Impf.	conficerem	conficerēmus	conficerer	conficerēmur
	conficerēs	conficerētis	conficerēris (-re)	conficerēminī
	conficeret	conficerent	conficerētur	conficerentur
Perf.	confēcerim	confēcerimus	confectus sim	confectī sīmus
	confēceris	confēceritis	(-a, -um) sīs	(-ae, -a) sītis
	confēcerit	confēcerint	sit	sint
Plup.	confēcissem	confēcissēmus	confectus essem	confectī essēmus
	confēcissēs	confēcissētis	(-a, -um) essēs	(-ae, -a) essētis
	confēcisset	confēcissent	esset	essent

IMPERATIVE			

Pres.	confice	conficite		

INFINITIVE			

Pres.	conficere	conficī	
Perf.	confēcisse	confectus (-a, -um) esse	
Fut.	confectūrus (-a, -um) esse	confectum īrī	

PARTICIPLE			

Pres.	conficiens, (-ntis)		
Perf.		confectus (-a, -um)	
Fut.	confectūrus (-a, -um)	conficiendus (-a, -um) (GERUNDIVE)	

GERUND conficiendī, -ō, -um, -ō SUPINE confectum, -ū

Alternate forms: **confexim** = confecerim; **confiant** = conficiantur; **confiat** = conficiatur;
  confierent = conficerentur; **confieret** = conficeretur; **confieri** = confici; **confit** = conficitur;
  confiunt = conficiuntur
Compounds and related words: **confectio, -onis, f.** a completing, consumption; **confector, -is, m.**
  one who completes
See **facio** for other compounds of this verb.
Model sentence: *Opera ex pecunia attributa divisaque inter se haec* **confecerunt.** —Livy

confess, concede

ACTIVE

INDICATIVE

Pres.	confiteor	confitēmur
	confitēris (-re)	confitēminī
	confitētur	confitentur

Impf.	confitēbar	confitēbāmur
	confitēbāris (-re)	confitēbāminī
	confitēbātur	confitēbantur

Fut.	confitēbor	confitēbimur
	confitēberis (-re)	confitēbiminī
	confitēbitur	confitēbuntur

Perf.	confessus	sum	confessī	sumus
	(-a, -um)	es	(-ae, -a)	estis
		est		sunt

Plup.	confessus	eram	confessī	erāmus
	(-a, -um)	erās	(-ae, -a)	erātis
		erat		erant

Fut.	confessus	erō	confessī	erimus
Perf.	(-a, -um)	eris	(-ae, -a)	eritis
		erit		erunt

SUBJUNCTIVE

Pres.	confitear	confiteāmur
	confiteāris (-re)	confiteāminī
	confiteātur	confiteantur

Impf.	confitērer	confitērēmur
	confitērēris (-re)	confitērēminī
	confitērētur	confitērentur

Perf.	confessus	sim	confessī	sīmus
	(-a, -um)	sīs	(-ae, -a)	sītis
		sit		sint

Plup.	confessus	essem	confessī	essēmus
	(-a, -um)	essēs	(-ae, -a)	essētis
		esset		essent

IMPERATIVE

| *Pres.* | confitēre | confitēminī |

INFINITIVE

Pres.	confitērī
Perf.	confessus (-a, -um) esse
Fut.	confessūrus (-a, -um) esse

PARTICIPLE

	Active	Passive
Pres.	confitens, (-ntis)	
Perf.	confessus (-a, -um)	
Fut.	confessūrus (-a, -um)	confitendus (-a, -um) (GERUNDIVE)

GERUND confitendī, -ō, -um, -ō   SUPINE confessum, -ū

Alternate forms: **confiterier** = confiteri
Compounds and related words: **confessio, -onis, f.** confession
See **fateor** for other compounds of this verb.
Model sentence: *Me abs te cupisse laudari aperte atque ingenue **confitebar**.* —Cicero

break

ACTIVE   PASSIVE

INDICATIVE

	ACTIVE		PASSIVE	
Pres.	confringō	confringimus	confringor	confringimur
	confringis	confringitis	confringeris (-re)	confringiminī
	confringit	confringunt	confringitur	confringuntur
Impf.	confringēbam	confringēbāmus	confringēbar	confringēbāmur
	confringēbās	confringēbātis	confringēbāris (-re)	confringēbāminī
	confringēbat	confringēbant	confringēbātur	confringēbantur
Fut.	confringam	confringēmus	confringar	confringēmur
	confringēs	confringētis	confringēris (-re)	confringēminī
	confringet	confringent	confringētur	confringentur
Perf.	confrēgī	confrēgimus	confractus sum	confractī sumus
	confrēgistī	confrēgistis	(-a, -um) es	(-ae, -a) estis
	confrēgit	confrēgērunt (-ēre)	est	sunt
Plup.	confrēgeram	confrēgerāmus	confractus eram	confractī erāmus
	confrēgerās	confrēgerātis	(-a, -um) erās	(-ae, -a) erātis
	confrēgerat	confrēgerant	erat	erant
Fut.	confrēgerō	confrēgerimus	confractus erō	confractī erimus
Perf.	confrēgeris	confrēgeritis	(-a, -um) eris	(-ae, -a) eritis
	confrēgerit	confrēgerint	erit	erunt

SUBJUNCTIVE

	ACTIVE		PASSIVE	
Pres.	confringam	confringāmus	confringar	confringāmur
	confringās	confringātis	confringāris (-re)	confringāminī
	confringat	confringant	confringātur	confringantur
Impf.	confringerem	confringerēmus	confringerer	confringerēmur
	confringerēs	confringerētis	confringerēris (-re)	confringerēminī
	confringeret	confringerent	confringerētur	confringerentur
Perf.	confrēgerim	confrēgerimus	confrāctus sim	confractī sīmus
	confrēgeris	confrēgeritis	(-a, -um) sīs	(-ae, -a) sītis
	confrēgerit	confrēgerint	sit	sint
Plup.	confrēgissem	confrēgissēmus	confractus essem	confractī essēmus
	confrēgissēs	confrēgissētis	(-a, -um) essēs	(-ae, -a) essētis
	confrēgisset	confrēgissent	esset	essent

IMPERATIVE

Pres.	confringe	confringite

INFINITIVE

	ACTIVE	PASSIVE
Pres.	confringere	confringī
Perf.	confrēgisse	confractus (-a, -um) esse
Fut.	confractūrus (-a, -um) esse	confractum īrī

PARTICIPLE

	ACTIVE	PASSIVE
Pres.	confringens, (-ntis)	
Perf.		confractus (-a, -um)
Fut.	confractūrus (-a, -um)	confringendus (-a, -um) (GERUNDIVE)

GERUND confringendī, -ō, -um, -ō   SUPINE confractum, -ū

Compounds and related words: **confragosus, -a, -um** uneven, rugged
See **frango** for other compounds of this verb.
Model sentence: *Pultando pedibus paene **confregi** hasce ambas fores.* —Plautus

hurl

	ACTIVE		PASSIVE	
INDICATIVE				
Pres.	cōniciō	cōnicimus	cōnicior	cōnicimur
	cōnicis	cōnicitis	cōniceris (-re)	cōniciminī
	cōnicit	cōniciunt	cōnicitur	cōniciuntur
Impf.	cōniciēbam	cōniciēbāmus	cōniciēbar	cōniciēbāmur
	cōniciēbās	cōniciēbātis	cōniciēbāris (-re)	cōniciēbāminī
	cōniciēbat	cōniciēbant	cōniciēbātur	cōniciēbantur
Fut.	cōniciam	cōniciēmus	cōniciar	cōniciēmur
	cōniciēs	cōniciētis	cōniciēris (-re)	cōniciēminī
	cōniciet	conicient	cōniciētur	cōnicientur
Perf.	cōniēcī	cōniēcimus	cōniectus sum	cōniectī sumus
	cōniēcistī	cōniēcistis	(-a, -um) es	(-ae, -a) estis
	cōniēcit	cōniēcērunt (-ēre)	est	sunt
Plup.	cōniēceram	cōniēcerāmus	cōniēctus eram	cōniectī erāmus
	cōniēcerās	cōniēcerātis	(-a, -um) erās	(-ae, -a) erātis
	cōniēcerat	cōniēcerant	erat	erant
Fut. Perf.	cōniēcerō	cōniēcerimus	cōniectus erō	cōniectī erimus
	cōniēceris	cōniēceritis	(-a, -um) eris	(-ae, -a) eritis
	cōniēcerit	cōniēcerint	erit	erunt
SUBJUNCTIVE				
Pres.	cōniciam	cōniciāmus	cōniciar	cōniciāmur
	cōniciās	cōniciātis	cōniciāris (-re)	cōniciāminī
	coniciat	cōniciant	cōniciātur	cōniciantur
Impf.	cōnicerem	cōnicerēmus	cōnicerer	cōnicerēmur
	cōnicerēs	cōnicerētis	cōnicerēris (-re)	cōnicerēminī
	cōniceret	cōnicerent	cōnicerētur	cōnicerentur
Perf.	cōniēcerim	cōniēcerimus	cōniectus sim	cōniectī sīmus
	cōniēceris	cōniēceritis	(-a, -um) sīs	(-ae, -a) sītis
	cōniēcerit	cōniēcerint	sit	sint
Plup.	cōniēcissem	cōniēcissēmus	cōniectus essem	cōniectī essēmus
	cōniēcissēs	cōniēcissētis	(-a, -um) essēs	(-ae, -a) essētis
	cōniēcisset	cōniēcissent	esset	essent
IMPERATIVE				
Pres.	cōnice	cōnicite		
INFINITIVE				
Pres.	cōnicere		cōnicī	
Perf.	cōniēcisse		cōniectus (-a, -um) esse	
Fut.	cōniectūrus (-a, -um) esse		cōniectum īrī	
PARTICIPLE				
Pres.	cōniciens, (-ntis)			
Perf.			cōniectus (-a, -um)	
Fut.	cōniectūrus (-a, -um)		cōniciendus (-a, -um) (GERUNDIVE)	

GERUND cōniciendī, -ō, -um, -ō SUPINE cōniectum, -ū

Alternate forms: **coicio** = conicio

Compounds and related words: **coniectio, -onis, f.** a throwing; **coniectio (1)** to throw together; **coniector, -is, m.** interpreter of dreams; **coniectura, -ae, f.** a guess; **coniectus, -us, m.** a throwing together

See **iacio** for other compounds of this verb.

Model sentence: *Quinque dies aquam in os suum non* ***coniecit,*** *non micam panis.* —Petronius

try, attempt

ACTIVE

INDICATIVE

Pres.	cōnor	cōnāmur
	cōnāris (-re)	cōnāminī
	cōnātur	cōnantur
Impf.	cōnābar	cōnābāmur
	cōnābāris (-re)	cōnābāminī
	cōnābātur	cōnābantur
Fut.	cōnābor	cōnābimur
	cōnāberis (-re)	cōnābiminī
	cōnābitur	cōnābuntur
Perf.	cōnātus sum	cōnātī sumus
	(-a, -um) es	(-ae, -a) estis
	est	sunt
Plup.	cōnātus eram	cōnātī erāmus
	(-a, -um) erās	(-ae, -a) erātis
	erat	erant
Fut.	cōnātus erō	cōnātī erimus
Perf.	(-a, -um) eris	(-ae, -a) eritis
	erit	erunt

SUBJUNCTIVE

Pres.	cōner	cōnēmur
	cōnēris (-re)	cōnēminī
	cōnētur	cōnentur
Impf.	cōnārer	cōnārēmur
	cōnārēris (-re)	cōnārēminī
	cōnārētur	cōnārentur
Perf.	cōnātus sim	cōnātī sīmus
	(-a, -um) sīs	(-ae, -a) sītis
	sit	sint
Plup.	cōnātus essem	cōnātī essēmus
	(-a, -um) essēs	(-ae, -a) essētis
	esset	essent

IMPERATIVE

Pres.	cōnāre	cōnāminī

INFINITIVE

Pres.	cōnārī
Perf.	cōnātus (-a, -um) esse
Fut.	cōnātūrus (-a, -um) esse

PARTICIPLE

	Active	Passive
Pres.	cōnans, (-ntis)	
Perf.	cōnātus (-a, -um)	
Fut.	cōnātūrus (-a, -um)	cōnandus (-a, -um) (GERUNDIVE)

GERUND cōnandī, -ō, -um, -ō   SUPINE cōnātum, -ū

Model sentence: *Paene vapulavi quia **conatus sum** circa solium sedentibus carmen recitare.* —Petronius

113

consecrō

consecrō, consecrāre, consecrāvī, consecrātum

dedicate, deify

ACTIVE		PASSIVE	

INDICATIVE

Pres.	consecrō	consecrāmus		consecror	consecrāmur
	consecrās	consecrātis		consecrāris (-re)	consecrāminī
	consecrat	consecrant		consecrātur	consecrantur
Impf.	consecrābam	consecrābāmus		consecrābar	consecrābāmur
	consecrābās	consecrābātis		consecrābāris (-re)	consecrābāminī
	consecrābat	consecrābant		consecrābātur	consecrābantur
Fut.	consecrābō	consecrābimus		consecrābor	consecrābimur
	consecrābis	consecrābitis		consecrāberis (-re)	consecrābiminī
	consecrābit	consecrābunt		consecrābitur	consecrābuntur
Perf.	consecrāvī	consecrāvimus		consecrātus sum	consecrātī sumus
	consecrāvistī	consecrāvistis		(-a, -um) es	(-ae, -a) estis
	consecrāvit	consecrāvērunt (-ēre)		est	sunt
Plup.	consecrāveram	consecrāverāmus		consecrātus eram	consecrātī erāmus
	consecrāverās	consecrāverātis		(-a, -um) erās	(-ae, -a) erātis
	consecrāverat	consecrāverant		erat	erant
Fut. *Perf.*	consecrāverō	consecrāverimus		consecrātus erō	consecrātī erimus
	consecrāveris	consecrāveritis		(-a, -um) eris	(-ae, -a) eritis
	consecrāverit	consecrāverint		erit	erunt

SUBJUNCTIVE

Pres.	consecrem	consecrēmus		consecrer	consecrēmur
	consecrēs	consecrētis		consecrēris (-re)	consecrēminī
	consecret	consecrent		consecrētur	consecrentur
Impf.	consecrārem	consecrārēmus		consecrārer	consecrārēmur
	consecrārēs	consecrārētis		consecrārēris (-re)	consecrārēminī
	consecrāret	consecrārent		consecrārētur	consecrārentur
Perf.	consecrāverim	consecrāverimus		consecrātus sim	consecrātī sīmus
	consecrāveris	consecrāveritis		(-a, -um) sīs	(-ae, -a) sītis
	consecrāverit	consecrāverint		sit	sint
Plup.	consecrāvissem	consecrāvissēmus		consecrātus essem	consecrātī essēmus
	consecrāvissēs	consecrāvissētis		(-a, -um) essēs	(-ae, -a) essētis
	consecrāvisset	consecrāvissent		esset	essent

IMPERATIVE

Pres.	consecrā	consecrāte

INFINITIVE

Pres.	consecrāre	consecrārī
Perf.	consecrāvisse	consecrātus (-a, -um) esse
Fut.	consecrātūrus (-a, -um) esse	consecrātum īrī

PARTICIPLE

Pres.	consecrans, (-ntis)	
Perf.		consecrātus (-a, -um)
Fut.	consecrātūrus (-a, -um)	consecrandus (-a, -um) (GERUNDIVE)

GERUND consecrandī, -ō, -um, -ō   SUPINE consecrātum, -ū

Alternate forms: **consacro** = consecro
Compounds and related words: **consecratio, -onis, f.** dedication; **sacro (1)** to dedicate
Model sentence: ***Consecrabantur*** *ades, non privatorum domicilia, sed quae sacra nominantur.* —Cicero

decide, determine

ACTIVE		**PASSIVE**	
INDICATIVE			

	ACTIVE		PASSIVE	
Pres.	constituō	constituimus	constituor	constituimur
	constituis	constituitis	constitueris (-re)	constituiminī
	constituit	constituunt	constituitur	constituuntur
Impf.	constituēbam	constituēbāmus	constituēbar	constituēbāmur
	constituēbās	constituēbātis	constituēbāris (-re)	constituēbāminī
	constituēbat	constituēbant	constituēbātur	constituēbantur
Fut.	constituam	constituēmus	constituar	constituēmur
	constituēs	constituētis	constituēris (-re)	constituēminī
	constituet	constituent	constituētur	constituentur
Perf.	constituī	constituimus	constitūtus sum	constitūtī sumus
	constituistī	constituistis	(-a, -um) es	(-ae, -a) estis
	constituit	constituērunt (-ēre)	est	sunt
Plup.	constitueram	constituerāmus	constitūtus eram	constitūtī erāmus
	constituerās	constituerātis	(-a, -um) erās	(-ae, -a) erātis
	constituerat	constituerant	erat	erant
Fut. Perf.	constituerō	constituerimus	constitūtus erō	constitūtī erimus
	constitueris	constitueritis	(-a, -um) eris	(-ae, -a) eritis
	constituerit	constituerint	erit	erunt
SUBJUNCTIVE			
Pres.	constituam	constituāmus	constituar	constituāmur
	constituās	constituātis	constituāris (-re)	constituāminī
	constituat	constituant	constituātur	constituantur
Impf.	constituerem	constituerēmus	constituerer	constituerēmur
	constituerēs	constituerētis	constituerēris (-re)	constituerēminī
	constitueret	constituerent	constituerētur	constituerentur
Perf.	constituerim	constituerimus	constitūtus sim	constitūtī sīmus
	constitueris	constitueritis	(-a, -um) sīs	(-ae, -a) sītis
	constituerit	constituerint	sit	sint
Plup.	constituissem	constituissēmus	constitūtus essem	constitutī essēmus
	constituissēs	constituissētis	(-a, -um) essēs	(-ae, -a) essētis
	constituisset	constituissent	esset	essent
IMPERATIVE			
Pres.	constitue	constituite		
INFINITIVE			
Pres.	constituere		constituī	
Perf.	constituisse		constitūtus (-a, -um) esse	
Fut.	constitūtūrus (-a, -um) esse		constitūtum īrī	
PARTICIPLE			
Pres.	constituens, (-ntis)			
Perf.			constitūtus (-a, -um)	
Fut.	constitūtūrus (-a, -um)		constituendus (-a, -um) (GERUNDIVE)	

GERUND constituendī, -ō, -um, -ō   SUPINE constitūtum, -ū

Compounds and related words: **constitutio, -onis, f.** the act of agreeing; **constitutum, -i. n.** something agreed upon; **constitutus, -a, -um** arranged

Model sentence: *Ineuntis enim aetatis inscitia senum **constituenda** et regenda prudentia est.* —Cicero

consult, deliberate

ACTIVE		PASSIVE	
INDICATIVE			

Pres.	consulō	consulimus		
	consulis	consulitis		
	consulit	consulunt	consulitur	consuluntur
Impf.	consulēbam	consulēbāmus		
	consulēbās	consulēbātis		
	consulēbat	consulēbant	consulēbātur	consulēbantur
Fut.	consulam	consulēmus		
	consulēs	consulētis		
	consulet	consulent	consulētur	consulentur
Perf.	consuluī	consuluimus		
	consuluistī	consuluistis		
	consuluit	consuluērunt (-ēre)	consultus (-a, -um) est	consultī (-ae, -a) sunt
Plup.	consulueram	consuluerāmus		
	consuluerās	consuluerātis		
	consuluerat	consuluerant	consultus (-a, -um) erat	consultī (-ae, -a) erant
Fut.	consuluerō	consuluerimus		
Perf.	consulueris	consulueritis		
	consuluerit	consuluerint	consultus (-a, -um) erit	consultī (-ae, -a) erunt
SUBJUNCTIVE			
Pres.	consulam	consulāmus		
	consulās	consulātis		
	consulat	consulant	consulātur	consulantur
Impf.	consulerem	consulerēmus		
	consulerēs	consulerētis		
	consuleret	consulerent	consulerētur	consulerentur
Perf.	consuluerim	consuluerimus		
	consulueris	consulueritis		
	consuluerit	consuluerint	consultus (-a, -um) sit	consultī (-ae, -a) sint
Plup.	consuluissem	consuluissēmus		
	consuluissēs	consuluissētis		
	consuluisset	consuluissent	consultus (-a, -um) esset	consultī (-ae, -a) essent
IMPERATIVE			
Pres.	consule	consulite		
INFINITIVE			
Pres.	consulere		consulī	
Perf.	consuluisse		consultus (-a, -um) esse	
Fut.	consultūrus (-a, -um) esse		consultum īrī	
PARTICIPLE			
Pres.	consulens, (-ntis)			
Perf.			consultus (-a, -um)	
Fut.	consultūrus (-a, -um)		consulendus (-a, -um) (GERUNDIVE)	

GERUND consulendī, -ō, -um, -ō   SUPINE consultum, -ū

Compounds and related words: **consultatio, -onis, f.** deliberation; **consulto (adv.)** deliberately; **consulto (1)** to consider; **consultor, -is, m.** adviser; **consultum, -i, n.** decree; **consultus, -i, m.** lawyer; **inconsultus, -a, -um** unconsulted

Model sentence: *Bello confecto de Rhodiis **consultum est.*** —Sallust

despise

ACTIVE		PASSIVE	
INDICATIVE			

Pres.	contemnō	contemnimus	contemnor	contemnimur
	contemnis	contemnitis	contemneris (-re)	contemniminī
	contemnit	contemnunt	contemnitur	contemnuntur
Impf.	contemnēbam	contemnēbāmus	contemnēbar	contemnēbāmur
	contemnēbās	contemnēbātis	contemnēbāris (-re)	contemnēbāminī
	contemnēbat	contemnēbant	contemnēbātur	contemnēbantur
Fut.	contemnam	contemnēmus	contemnar	contemnēmur
	contemnēs	contemnētis	contemnēris (-re)	contemnēminī
	contemnet	contemnent	contemnētur	contemnentur
Perf.	contempsī	contempsimus	contemptus sum	contemptī sumus
	contempsistī	contempsistis	(-a, -um) es	(-ae, -a) estis
	contempsit	contempsērunt (-ēre)	est	sunt
Plup.	contempseram	contempserāmus	contemptus eram	contemptī erāmus
	contempserās	contempserātis	(-a, -um) erās	(-ae, -a) erātis
	contempserat	contempserant	erat	erant
Fut.	contempserō	contempserimus	contemptus erō	contemptī erimus
Perf.	contempseris	contempseritis	(-a, -um) eris	(-ae, -a) eritis
	contempserit	contempserint	erit	erunt

SUBJUNCTIVE			

Pres.	contemnam	contemnāmus	contemnar	contemnāmur
	contemnās	contemnātis	contemnāris (-re)	contemnāminī
	contemnat	contemnant	contemnātur	contemnantur
Impf.	contemnerem	contemnerēmus	contemnerer	contemnerēmur
	contemnerēs	contemnerētis	contemnerēris (-re)	contemnerēminī
	contemneret	contemnerent	contemnerētur	contemnerentur
Perf.	contempserim	contempserimus	contemptus sim	contemptī sīmus
	contempseris	contempseritis	(-a, -um) sīs	(-ae, -a) sītis
	contempserit	contempserint	sit	sint
Plup.	contempsissem	contempsissēmus	contemptus essem	contemptī essēmus
	contempsissēs	contempsissētis	(-a, -um) essēs	(-ae, -a) essētis
	contempsisset	contempsissent	esset	essent

IMPERATIVE			
Pres.	contemne	contemnite	

INFINITIVE			
Pres.	contemnere		contemnī
Perf.	contempsisse		contemptus (-a, -um) esse
Fut.	contemptūrus (-a, -um) esse		contemptum īrī

PARTICIPLE			
Pres.	contemnens, (-ntis)		
Perf.			contemptus (-a, -um)
Fut.	contemptūrus (-a, -um)		contemnendus (-a, -um) (GERUNDIVE)

GERUND contemnendī, -ō, -um, -ō   SUPINE contemptum, -ū

Alternate forms: **contempno** = contemno; **contemsi** = contempsi; **contemtum** = contemptum
Compounds and related words: **contemptim** contemptuously; **contemptio, -onis, f.** scorn
  contemptor, -is, m. one who despises; **contemptus, -a, -um** despicable; **contemptus, -us, m.** disdain
Model sentence: *Urere manum potuit **contempto** Mucius igne.* —Martial

contendō

hasten, fight

	ACTIVE		**PASSIVE**
		INDICATIVE	
Pres.	contendō	contendimus	
	contendis	contenditis	
	contendit	contendunt	contenditur (Impers.)
Impf.	contendēbam	contendēbāmus	
	contendēbās	contendēbātis	
	contendēbat	contendēbant	contendēbātur (Impers.)
Fut.	contendam	contendēmus	
	contendēs	contendētis	
	contendet	contendent	contendētur (Impers.)
Perf.	contendī	contendimus	
	contendistī	contendistis	
	contendit	contendērunt (-ēre)	contentum est (Impers.)
Plup.	contenderam	contenderāmus	
	contenderās	contenderātis	
	contenderat	contenderant	contentum erat (Impers.)
Fut.	contenderō	contenderimus	
Perf.	contenderis	contenderitis	
	contenderit	contenderint	contentum erit (Impers.)
		SUBJUNCTIVE	
Pres.	contendam	contendāmus	
	contendās	contendātis	
	contendat	contendant	contendātur (Impers.)
Impf.	contenderem	contenderēmus	
	contenderēs	contenderētis	
	contenderet	contenderent	contenderētur (Impers.)
Perf.	contenderim	contenderimus	
	contenderis	contenderitis	
	contenderit	contenderint	contentum erit (Impers.)
Plup.	contendissem	contendissēmus	
	contendissēs	contendissētis	
	contendisset	contendissent	contentum esset (Impers.)
		IMPERATIVE	
Pres.	contende	contendite	
		INFINITIVE	
Pres.	contendere		contendī
Perf.	contendisse		contentum esse
Fut.	contentūrus (-a, -um) esse		contentum īrī
		PARTICIPLE	
Pres.	contendens, (-ntis)		
Perf.			contentus (-a, -um)
Fut.	contentūrus (-a, -um)		contendendus (-a, -um) (GERUNDIVE)

GERUND contendendī, -ō, -um, -ō   SUPINE contentum, -ū

Compounds and related words: **contentio, -onis, f.** effort; **contentus, -a, -um** tense
Model sentence: ***Contendit*** *omnis nervos Chrysippus.* —Cicero

C

hold together, contain, restrain

ACTIVE		PASSIVE	
INDICATIVE			

Pres.	contineō	continēmus	contineor	continēmur
	continēs	continētis	continēris (-re)	continēminī
	continet	continent	continētur	continentur
Impf.	continēbam	continēbāmus	continēbar	continēbāmur
	continēbās	continēbātis	continēbāris (-re)	continēbāminī
	continēbat	continēbant	continēbātur	continēbantur
Fut.	continēbō	continēbimus	continēbor	continēbimur
	continēbis	continēbitis	continēberis (-re)	continēbiminī
	continēbit	continēbunt	continēbitur	continēbuntur
Perf.	continuī	continuimus	contentus sum	contentī sumus
	continuistī	continuistis	(-a, -um) es	(-ae, -a) estis
	continuit	continuērunt (-ēre)	est	sunt
Plup.	continueram	continuerāmus	contentus eram	contentī erāmus
	continuerās	continuerātis	(-a, -um) erās	(-ae, -a) erātis
	continuerat	continuerant	erat	erant
Fut.	continuerō	continuerimus	contentus erō	contentī erimus
Perf.	continueris	continueritis	(-a, -um) eris	(-ae, -a) eritis
	continuerit	continuerint	erit	erunt

SUBJUNCTIVE			

Pres.	contineam	contineāmus	continear	contineāmur
	contineās	contineātis	contineāris (-re)	contineāminī
	contineat	contineant	contineātur	contineantur
Impf.	continērem	continērēmus	continērer	continērēmur
	continērēs	continērētis	continērēris (-re)	continērēminī
	continēret	continērent	continērētur	continērentur
Perf.	continuerim	continuerimus	contentus sim	contentī sīmus
	continueris	continueritis	(-a, -um) sīs	(-ae, -a) sītis
	continuerit	continuerint	sit	sint
Plup.	continuissem	continuissēmus	contentus essem	contentī essēmus
	continuissēs	continuissētis	(-a, -um) essēs	(-ae, -a) essētis
	continuisset	continuissent	esset	essent

IMPERATIVE			
Pres.	continē	continēte	

INFINITIVE			
Pres.	continēre		continērī
Perf.	continuisse		contentus (-a, -um) esse
Fut.	contentūrus (-a, -um) esse		contentum īrī

PARTICIPLE			
Pres.	continens, (-ntis)		
Perf.			contentus (-a, -um)
Fut.	contentūrus (-a, -um)		continendus (-a, -um) (GERUNDIVE)

GERUND continendī, -ō, -um, -ō   SUPINE contentum, -ū

Compounds and related words: **contentus, -a, -um** content; **continens, -ntis** bordering; **continentia, -ae, f.** self-control; **continuo (1)** to unite; **continuus, -a, -um** continuous, successive
See **teneo** for other compounds of this verb.
Model sentence: *Mundus omnia complexu suo coercet et **continet.*** —Cicero

touch, reach, happen

ACTIVE		PASSIVE	

INDICATIVE

Pres.	contingō	contingimus	contingor	contingimur
	contingis	contingitis	contingeris (-re)	contingiminī
	contingit	contingunt	contingitur	continguntur
Impf.	contingēbam	contingēbāmus	contingēbar	contingēbāmur
	contingēbās	contingēbātis	contingēbāris (-re)	contingēbāminī
	contingēbat	contingēbant	contingēbātur	contingēbantur
Fut.	contingam	contingēmus	contingar	contingēmur
	contingēs	contingētis	contingēris (-re)	contingēminī
	continget	contingent	contingētur	contingentur
Perf.	contigī	contigimus	contactus sum	contactī sumus
	contigistī	contigistis	(-a, -um) es	(-ae, -a) estis
	contigit	contigērunt (-ēre)	est	sunt
Plup.	contigeram	contigerāmus	contactus eram	contactī erāmus
	contigerās	contigerātis	(-a, -um) erās	(-ae, -a) erātis
	contigerat	contigerant	erat	erant
Fut.	contigerō	contigerimus	contactus erō	contactī erimus
Perf.	contigeris	contigeritis	(-a, -um) eris	(-ae, -a) eritis
	contigerit	contigerint	erit	erunt

SUBJUNCTIVE

Pres.	contingam	contingāmus	contingar	contingāmur
	contingās	contingātis	contingāris (-re)	contingāminī
	contingat	contingant	contingātur	contingantur
Impf.	contingerem	contingerēmus	contingerer	contingerēmur
	contingerēs	contingerētis	contingerēris (-re)	contingerēminī
	contingeret	contingerent	contingerētur	contingerentur
Perf.	contigerim	contigerimus	contactus sim	contactī sīmus
	contigeris	contigeritis	(-a, -um) sīs	(-ae, -a) sītis
	contigerit	contigerint	sit	sint
Plup.	contigissem	contigissēmus	contactus essem	contactī essēmus
	contigissēs	contigissētis	(-a, -um) essēs	(-ae, -a) essētis
	contigisset	contigissent	esset	essent

IMPERATIVE

Pres.	continge	contingite	

INFINITIVE

Pres.	contingere		contingī
Perf.	contigisse		contactus (-a, -um) esse
Fut.	contactūrus (-a, -um) esse		contactum īrī

PARTICIPLE

Pres.	contingens, (-ntis)		
Perf.			contactus (-a, -um)
Fut.	contactūrus (-a, -um)		contingendus (-a, -um) (GERUNDIVE)

GERUND contingendī, -ō, -um, -ō   SUPINE contactum, -ū

Compounds and related words: **contactus, -us, m.** contact; **contages, -is, f.** contact; **contagio, -onis, f.** contact; **contagium, -i, n.** contact
See **tango** for other compounds of this verb.
Model sentence: ***Contigeris** nostros, Caesar, si forte libellos...* —Martial

beat, break

ACTIVE		PASSIVE	
INDICATIVE			
Pres. contundō	contundimus	contundor	contundimur
contundis	contunditis	contunderis (-re)	contundiminī
contundit	contundunt	contunditur	contunduntur
Impf. contundēbam	contundēbāmus	contundēbar	contundēbāmur
contundēbās	contundēbātis	contundēbāris (-re)	contundēbāminī
contundēbat	contundēbant	contundēbātur	contundēbantur
Fut. contundam	contundēmus	contundar	contundēmur
contundēs	contundētis	contundēris (-re)	contundēminī
contundet	contundent	contundētur	contundentur
Perf. contudī	contudimus	contūsus sum	contūsī sumus
contudistī	contudistis	(-a, -um) es	(-ae, -a) estis
contudit	contudērunt (-ēre)	est	sunt
Plup. contuderam	contuderāmus	contūsus eram	contūsī erāmus
contuderās	contuderātis	(-a, -um) erās	(-ae, -a) erātis
contuderat	contuderant	erat	erant
Fut. contuderō	contuderimus	contūsus erō	contūsī erimus
Perf. contuderis	contuderitis	(-a, -um) eris	(-ae, -a) eritis
contuderit	contuderint	erit	erunt
SUBJUNCTIVE			
Pres. contundam	contundāmus	contundar	contundāmur
contundās	contundātis	contundāris (-re)	contundāminī
contundat	contundant	contundātur	contundantur
Impf. contunderem	contunderēmus	contunderer	contunderēmur
contunderēs	contunderētis	contunderēris (-re)	contunderēminī
contunderet	contunderent	contunderētur	contunderentur
Perf. contuderim	contuderimus	contūsus sim	contūsī sīmus
contuderis	contuderitis	(-a, -um) sīs	(-ae, -a) sītis
contuderit	contuderint	sit	sint
Plup. contudissem	contudissēmus	contūsus essem	contūsī essēmus
contudissēs	contudissētis	(-a, -um) essēs	(-ae, -a) essētis
contudisset	contudissent	esset	essent
IMPERATIVE			
Pres. contunde	contundite		
INFINITIVE			
Pres. contundere		contundī	
Perf. contudisse		contūsus (-a, -um) esse	
Fut. contūsūrus (-a, -um) esse		contūsum īrī	
PARTICIPLE			
Pres. contundens, (-ntis)			
Perf.		contūsus (-a, -um)	
Fut. contūsūrus (-a, -um)		contundendus (-a, -um) (GERUNDIVE)	

GERUND contundendī, -ō, -um, -ō   SUPINE contūsum, -ū

Alternate forms: **contunsum** = contusum
Compounds and related words: **tundo, -ere, tutudi, tunsum** to strike
Model sentence: *Classis regis Antiochi antehac fusa,* **contusa,** *fugataque est.* —Livy

cook, contrive

	ACTIVE		**PASSIVE**	
			INDICATIVE	
Pres.	coquō	coquimus	coquor	coquimur
	coquis	coquitis	coqueris (-re)	coquiminī
	coquit	coquunt	coquitur	coquuntur
Impf.	coquēbam	coquēbāmus	coquēbar	coquēbāmur
	coquēbās	coquēbātis	coquēbāris (-re)	coquēbāminī
	coquēbat	coquēbant	coquēbātur	coquēbantur
Fut.	coquam	coquēmus	coquar	coquēmur
	coquēs	coquētis	coquēris (-re)	coquēminī
	coquet	coquent	coquētur	coquentur
Perf.	coxī	coximus	coctus sum	coctī sumus
	coxistī	coxistis	(-a, -um) es	(-ae, -a) estis
	coxit	coxērunt (-ēre)	est	sunt
Plup.	coxeram	coxerāmus	coctus eram	coctī erāmus
	coxerās	coxerātis	(-a, -um) erās	(-ae, -a) erātis
	coxerat	coxerant	erat	erant
Fut.	coxerō	coxerimus	coctus erō	coctī erimus
Perf.	coxeris	coxeritis	(-a, -um) eris	(-ae, -a) eritis
	coxerit	coxerint	erit	erunt
			SUBJUNCTIVE	
Pres.	coquam	coquāmus	coquar	coquāmur
	coquās	coquātis	coquāris (-re)	coquāminī
	coquat	coquant	coquātur	coquantur
Impf.	coquerem	coquerēmus	coquerer	coquerēmur
	coquerēs	coquerētis	coquerēris (-re)	coquerēminī
	coqueret	coquerent	coquerētur	coquerentur
Perf.	coxerim	coxerimus	coctus sim	coctī sīmus
	coxeris	coxeritis	(-a, -um) sīs	(-ae, -a) sītis
	coxerit	coxerint	sit	sint
Plup.	coxissem	coxissēmus	coctus essem	coctī essēmus
	coxissēs	coxissētis	(-a, -um) essēs	(-ae, -a) essētis
	coxisset	coxissent	esset	essent
			IMPERATIVE	
Pres.	coque	coquite		
			INFINITIVE	
Pres.	coquere		coquī	
Perf.	coxisse		coctus (-a, -um) esse	
Fut.	coctūrus (-a, -um) esse		coctum īrī	
			PARTICIPLE	
Pres.	coquens, (-ntis)			
Perf.			coctus (-a, -um)	
Fut.	coctūrus (-a, -um)		coquendus (-a, -um) (GERUNDIVE)	

GERUND coquendī, -ō, -um, -ō   SUPINE coctum, -ū

Compounds and related words: **concoquo (3)** to cook thoroughly; **coqua, -ae, f.** a female cook; **coquina, -ae, f.** kitchen; **coquino (1)** to cook; **coquus/cocus, -i, m.** a male cook
Model sentence: *Cottidie sic cena ei coquebatur...* —Nepos

believe

ACTIVE		PASSIVE	

INDICATIVE

Pres.	crēdō	crēdimus		
	crēdis	crēditis		
	crēdit	crēdunt	crēditur	crēduntur
Impf.	crēdēbam	crēdēbāmus		
	crēdēbās	crēdēbātis		
	crēdēbat	crēdēbant	crēdēbātur	crēdēbantur
Fut.	crēdam	crēdēmus		
	crēdēs	crēdētis		
	crēdet	crēdent	crēdētur	crēdentur
Perf.	crēdidī	crēdidimus		
	crēdidistī	crēdidistis		
	crēdidit	crēdidērunt (-ēre)	crēditus (-a, -um) est	crēditī (-ae, -a) sunt
Plup.	crēdideram	crēdiderāmus		
	crēdiderās	crēdiderātis		
	crēdiderat	crēdiderant	crēditus (-a, -um) erat	crēditī (-ae, -a) erant
Fut.	crēdiderō	crēdiderimus		
Perf.	crēdideris	crēdideritis		
	crēdiderit	crēdiderint	crēditus (-a, -um) erit	crēditī (-ae, -a) erunt

SUBJUNCTIVE

Pres.	crēdam	crēdāmus		
	crēdās	crēdātis		
	crēdat	crēdant	crēdātur	crēdantur
Impf.	crēderem	crēderēmus		
	crēderēs	crēderētis		
	crēderet	crēderent	crēderētur	crēderentur
Perf.	crēdiderim	crēdiderimus		
	crēdideris	crēdideritis		
	crēdiderit	crēdiderint	crēditus (-a, -um) sit	crēditī (-ae, -a) sint
Plup.	crēdidissem	crēdidissēmus		
	crēdidissēs	crēdidissētis		
	crēdidisset	crēdidissent	crēditus (-a, -um) esset	crēditī (-ae, -a) essent

IMPERATIVE

Pres.	crēde	crēdite

INFINITIVE

Pres.	crēdere	crēdī
Perf.	crēdidisse	crēditus (-a, -um) esse
Fut.	crēditūrus (-a, -um) esse	crēditum īrī

PARTICIPLE

Pres.	crēdens, (-ntis)	
Perf.		crēditus (-a, -um)
Fut.	crēditūrus (-a, -um)	crēdendus (-a, -um) (GERUNDIVE)

GERUND crēdendī, -ō, -um, -ō   SUPINE crēditum, -ū

AN ESSENTIAL 55 VERB

AN ESSENTIAL 55 VERB

crēdō

Although this verb is poor in compounds, its frequency makes it essential. It is also one of the more common verbs that are intransitive in Latin but transitive in English.

Transitive verbs take accusative direct objects. Intransitive verbs show a state of being and so they can't. Some intransitive verbs, however, like this one, can show a state of being with reference to someone or something, which is why they take dative objects, so a Latin speaker has belief *in* someone whereas an English speaker believes them. For another example of this concept, the verb **noceo** also takes a dative object. Even though it's best to translate it as *to harm*, the real thought behind it is *to be harmful*. It can be helpful if when learning vocabulary and you have a verb that takes a dative, you try to imagine how what we perceive as an action the Romans perceived as a state of being.

USAGE NOTES:
Generally used with a **dative** object.

ALTERNATE FORMS:
credier = credi
creduam = credam
creduas = credas
creduat = credat
creduis = credas
creduit = credat
crevi = credidi

COMPOUNDS:
accredo, accredere, accredidi, accreditum to believe

concredo, concredere, concredidi, concreditum to entrust

124

make, elect, beget

ACTIVE		PASSIVE	

INDICATIVE

Pres.	creō	creāmus	creor	creāmur	
	creās	creātis	creāris (-re)	creāminī	
	creat	creant	creātur	creantur	
Impf.	creābam	creābāmus	creābar	creābāmur	
	creābās	creābātis	creābāris (-re)	creābāminī	
	creābat	creābant	creābātur	creābantur	
Fut.	creābō	creābimus	creābor	creābimur	
	creābis	creābitis	creāberis (-re)	creābiminī	
	creābit	creābunt	creābitur	creābuntur	
Perf.	creāvī	creāvimus	creātus sum	creātī sumus	
	creāvistī	creāvistis	(-a, -um) es	(-ae, -a) estis	
	creāvit	creāvērunt (-ēre)	est	sunt	
Plup.	creāveram	creāverāmus	creātus eram	creātī erāmus	
	creāverās	creāverātis	(-a, -um) erās	(-ae, -a) erātis	
	creāverat	creāverant	erat	erant	
Fut.	creāverō	creāverimus	creātus erō	creātī erimus	
Perf.	creāveris	creāveritis	(-a, -um) eris	(-ae, -a) eritis	
	creāverit	creāverint	erit	erunt	

SUBJUNCTIVE

Pres.	creem	creēmus	creer	creēmur	
	creēs	creētis	creēris (-re)	creēminī	
	creet	creent	creētur	creentur	
Impf.	creārem	creārēmus	creārer	creārēmur	
	creārēs	creārētis	creārēris (-re)	creārēminī	
	creāret	creārent	creārētur	creārentur	
Perf.	creāverim	creāverimus	creātus sim	creātī sīmus	
	creāveris	creāveritis	(-a, -um) sīs	(-ae, -a) sītis	
	creāverit	creāverint	sit	sint	
Plup.	creāvissem	creāvissēmus	creātus essem	creātī essēmus	
	creāvissēs	creāvissētis	(-a, -um) essēs	(-ae, -a) essētis	
	creāvisset	creāvissent	esset	essent	

IMPERATIVE

Pres.	creā	creāte	

INFINITIVE

Pres.	creāre	creārī	
Perf.	creāvisse	creātus (-a, -um) esse	
Fut.	creātūrus (-a, -um) esse	creātum īrī	

PARTICIPLE

Pres.	creans, (-ntis)		
Perf.		creātus (-a, -um)	
Fut.	creātūrus (-a, -um)	creandus (-a, -um) (GERUNDIVE)	

GERUND creandī, -ō, -um, -ō   SUPINE creātum, -ū

Alternate forms: **cereo** = creo

Compounds and related words: **creator, -is, m.** creator; **creatura, -ae, f.** creature; **cresco, -ere, crevi, cretum** to come into being, grow; **recreo (2)** to remake

Model sentence: *Saepe **creat** molles aspera spina rosas.* —Ovid

make a noise

ACTIVE

INDICATIVE

Pres.	crepō	crepāmus
	crepās	crepātis
	crepat	crepant
Impf.	crepābam	crepābāmus
	crepābās	crepābātis
	crepābat	crepābant
Fut.	crepābō	crepāmus
	crepābis	crepābitis
	crepābit	crepābunt
Perf.	crepuī	crepuimus
	crepuistī	crepuistis
	crepuit	crepuērunt (-ēre)
Plup.	crepueram	crepuerāmus
	crepuerās	crepuerātis
	crepuerat	crepuerant
Fut.	crepuerō	crepuerimus
Perf.	crepueris	crepueritis
	crepuerit	crepuerint

SUBJUNCTIVE

Pres.	crepem	crepēmus
	crepēs	crepētis
	crepet	crepent
Impf.	crepārem	crepārēmus
	crepārēs	crepārētis
	crepāret	crepārent
Perf.	crepuerim	crepuerimus
	crepueris	crepueritis
	crepuerit	crepuerint
Plup.	crepuissem	crepuissēmus
	crepuissēs	crepuissētis
	crepuisset	crepuissent

IMPERATIVE

Pres.	crepā	crepāte

INFINITIVE

Pres.	crepāre
Perf.	crepuisse
Fut.	crepitūrus (-a, -um) esse

PARTICIPLE

	Active	**Passive**
Pres.	crepans, (-ntis)	
Perf.		crepitus (-a, -um)
Fut.	crepitūrus (-a, -um)	crepandus (-a, -um) (GERUNDIVE)

GERUND crepandī, -ō, -um, -ō   SUPINE crepitum, -ū

Compounds and related words: **concrepo, -are, -ui, -itum** make a noise; **crepitaculum, -i, m.** a little rattle (noise); **crepito (1)** make a noise; **crepudia, -ae, f.** a rattle (baby toy); **increpo, -are, -ui, -itum** make a noise

Model sentence: *Digiti **crepantis** signa novit eunuchus.* —Martial

grow larger, increase

ACTIVE		PASSIVE	

INDICATIVE

	ACTIVE		PASSIVE	
Pres.	crescō	crescimus	crescor	crescimur
	crescis	crescitis	cresceris (-re)	cresciminī
	crescit	crescunt	crescitur	crescuntur
Impf.	crescēbam	crescēbāmus	crescēbar	crescēbāmur
	crescēbās	crescēbātis	crescēbāris (-re)	crescēbāminī
	crescēbat	crescēbant	crescēbātur	crescēbantur
Fut.	crescam	crescēmus	crescar	crescēmur
	crescēs	crescētis	crescēris (-re)	crescēminī
	crescet	crescent	crescētur	crescentur
Perf.	crēvī	crēvimus	crētus　　sum	crētī　　sumus
	crēvistī	crēvistis	(-a, -um) es	(-ae, -a) estis
	crēvit	crēvērunt (-ēre)	est	sunt
Plup.	crēveram	crēverāmus	crētus　　eram	crētī　　erāmus
	crēverās	crēverātis	(-a, -um) erās	(-ae, -a) erātis
	crēverat	crēverant	erat	erant
Fut.	crēverō	crēverimus	crētus　　erō	crētī　　erimus
Perf.	crēveris	crēveritis	(-a, -um) eris	(-ae, -a) eritis
	crēverit	crēverint	erit	erunt

SUBJUNCTIVE

	ACTIVE		PASSIVE	
Pres.	crescam	crescāmus	crescar	crescāmur
	crescās	crescātis	crescāris (-re)	crescāminī
	crescat	crescant	crescātur	crescantur
Impf.	crescerem	crescerēmus	crescerer	crescerēmur
	crescerēs	crescerētis	crescerēris (-re)	crescerēminī
	cresceret	crescerent	crescerētur	crescerentur
Perf.	crēverim	crēverimus	crētus　　sim	crētī　　sīmus
	crēveris	crēveritis	(-a, -um) sīs	(-ae, -a) sītis
	crēverit	crēverint	sit	sint
Plup.	crēvissem	crēvissēmus	crētus　　essem	crētī　　essēmus
	crēvissēs	crēvissētis	(-a, -um) essēs	(-ae, -a) essētis
	crēvisset	crēvissent	esset	essent

IMPERATIVE

	ACTIVE	
Pres.	cresce	crescite

INFINITIVE

	ACTIVE	PASSIVE
Pres.	crescere	crescī
Perf.	crēvisse	crētus (-a, -um) esse
Fut.	crētūrus (-a, -um) esse	crētum īrī

PARTICIPLE

	ACTIVE	PASSIVE
Pres.	crescens, (-ntis)	
Perf.		crētus (-a, -um)
Fut.	crētūrus (-a, -um)	crescendus (-a, -um) (GERUNDIVE)

GERUND crescendī, -ō, -um, -ō　SUPINE crētum, -ū

Alternate forms: **cresse** = crevisse
Compounds and related words: **concresco (3)** to congeal;　**creo (1)** to create
Model sentence: *Hic ubi **crescunt** media pegmata celsa via.* —Martial

torture, crucify

	ACTIVE			PASSIVE	
	INDICATIVE				
Pres.	cruciō	cruciāmus		crucior	cruciāmur
	cruciās	cruciātis		cruciāris (-re)	cruciāminī
	cruciat	cruciant		cruciātur	cruciantur
Impf.	cruciābam	cruciābāmus		cruciābar	cruciābāmur
	cruciābās	cruciābātis		cruciābāris (-re)	cruciābāminī
	cruciābat	cruciābant		cruciābātur	cruciābantur
Fut.	cruciābō	cruciābimus		cruciābor	cruciābimur
	cruciābis	cruciābitis		cruciāberis (-re)	cruciābiminī
	cruciābit	cruciābunt		cruciābitur	cruciābuntur
Perf.	cruciāvī	cruciāvimus		cruciātus sum	cruciātī sumus
	cruciāvistī	cruciāvistis		(-a, -um) es	(-ae, -a) estis
	cruciāvit	cruciāvērunt (-ēre)		est	sunt
Plup.	cruciāveram	cruciāverāmus		cruciātus eram	cruciātī erāmus
	cruciāverās	cruciāverātis		(-a, -um) erās	(-ae, -a) erātis
	cruciāverat	cruciāverant		erat	erant
Fut.	cruciāverō	cruciāverimus		cruciātus erō	cruciātī erimus
Perf.	cruciāveris	cruciāveritis		(-a, -um) eris	(-ae, -a) eritis
	cruciāverit	cruciāverint		erit	erunt
	SUBJUNCTIVE				
Pres.	cruciem	cruciēmus		crucier	cruciēmur
	cruciēs	cruciētis		cruciēris (-re)	cruciēminī
	cruciet	crucient		cruciētur	crucientur
Impf.	cruciārem	cruciārēmus		cruciārer	cruciārēmur
	cruciārēs	cruciārētis		cruciārēris (-re)	cruciārēminī
	cruciāret	cruciārent		cruciārētur	cruciārentur
Perf.	cruciāverim	cruciāverimus		cruciātus sim	cruciātī sīmus
	cruciāveris	cruciāveritis		(-a, -um) sīs	(-ae, -a) sītis
	cruciāverit	cruciāverint		sit	sint
Plup.	cruciāvissem	cruciāvissēmus		cruciātus essem	cruciātī essēmus
	cruciāvissēs	cruciāvissētis		(-a, -um) essēs	(-ae, -a) essētis
	cruciāvisset	cruciāvissent		esset	essent
	IMPERATIVE				
Pres.	cruciā	cruciāte			
	INFINITIVE				
Pres.	cruciāre			cruciārī	
Perf.	cruciāvisse			cruciātus (-a, -um) esse	
Fut.	cruciātūrus (-a, -um) esse			cruciātum īrī	
	PARTICIPLE				
Pres.	crucians, (-ntis)				
Perf.				cruciātus (-a, -um)	
Fut.	cruciātūrus (-a, -um)			cruciandus (-a, -um) (GERUNDIVE)	

GERUND cruciandī, -ō, -um, -ō   SUPINE cruciātum, -ū

Usage notes: passive forms may be used with middle sense
Compounds and related words: **cruciabilitas, -tatis, f.** torturer; **cruciamentum, -i, n.** torture; **cruciatus, -us, m.** torture; **crucifico (1)** to crucify; **crux, crucis, f.** cross; **excruciabilis, -e** worthy of torture; **excrucio (1)** to torture
Model sentence: *Officii me deliberatio **cruciat cruciavit**que adhuc.* —Cicero

recline, sleep

ACTIVE

INDICATIVE

Pres.	cubō	cubāmus
	cubās	cubātis
	cubat	cubant
Impf.	cubābam	cubābāmus
	cubābās	cubābātis
	cubābat	cubābant
Fut.	cubābō	cubāmus
	cubābis	cubābitis
	cubābit	cubābunt
Perf.	cubuī	cubuimus
	cubuistī	cubuistis
	cubuit	cubuērunt (-ēre)
Plup.	cubueram	cubuerāmus
	cubuerās	cubuerātis
	cubuerat	cubuerant
Fut.	cubuerō	cubuerimus
Perf.	cubueris	cubueritis
	cubuerit	cubuerint

SUBJUNCTIVE

Pres.	cubem	cubēmus
	cubēs	cubētis
	cubet	cubent
Impf.	cubārem	cubārēmus
	cubārēs	cubārētis
	cubāret	cubārent
Perf.	cubuerim	cubuerimus
	cubueris	cubueritis
	cubuerit	cubuerint
Plup.	cubuissem	cubuissēmus
	cubuissēs	cubuissētis
	cubuisset	cubuissent

IMPERATIVE

Pres.	cubā	cubāte

INFINITIVE

Pres.	cubāre
Perf.	cubuisse
Fut.	cubitūrus (-a, -um) esse

PARTICIPLE

	Active	Passive
Pres.	cubans, (-ntis)	
Perf.		
Fut.	cubitūrus (-a, -um)	cubandus (-a, -um) (GERUNDIVE)

GERUND cubandī, -ō, -um, -ō　　SUPINE cubitum, -ū

Alternate forms: **cubaris** = cubueris; **cubasse** = cubuisse; **cubavi** = cubui
Compounds and related words: **accubo, -are, -ui, -itum** recline at a table; **concubina, -ae, f.** concubine; **cubicularis, -e** pertaining to bedroom; **cubiculum, -i, n.** bedroom; **cubile, -is, n.** bed, bedroom; **cubital, -is, n.** an elbow cushion; **cubito (1)** recline often; **cubitum, -i, n.** elbow; **incubo, -are, -ui, -itum** lie upon; **recubo, -are, -ui, -itum** recline

hesitate

ACTIVE

INDICATIVE

Pres.	cunctor	cunctāmur
	cunctāris (-re)	cunctāminī
	cunctātur	cunctantur
Impf.	cunctābar	cunctābāmur
	cunctābāris (-re)	cunctābāminī
	cunctābātur	cunctābantur
Fut.	cunctābor	cunctābimur
	cunctāberis (-re)	cunctābiminī
	cunctābitur	cunctābuntur
Perf.	cunctātus sum	cunctātī sumus
	(-a, -um) es	(-ae, -a) estis
	est	sunt
Plup.	cunctātus eram	cunctātī erāmus
	(-a, -um) erās	(-ae, -a) erātis
	erat	erant
Fut.	cunctātus erō	cunctātī erimus
Perf.	(-a, -um) eris	(-ae, -a) eritis
	erit	erunt

SUBJUNCTIVE

Pres.	cuncter	cunctēmur
	cunctēris (-re)	cunctēminī
	cunctētur	cunctentur
Impf.	cunctārer	cunctārēmur
	cunctārēris (-re)	cunctārēminī
	cunctārētur	cunctārentur
Perf.	cunctātus sim	cunctātī sīmus
	(-a, -um) sīs	(-ae, -a) sītis
	sit	sint
Plup.	cunctātus essem	cunctātī essēmus
	(-a, -um) essēs	(-ae, -a) essētis
	esset	essent

IMPERATIVE

Pres.	cunctāre	cunctāminī

INFINITIVE

Pres.	cunctārī
Perf.	cunctātus (-a, -um) esse
Fut.	cunctātūrus (-a, -um) esse

PARTICIPLE

	Active	Passive
Pres.	cunctans, (-ntis)	
Perf.	cunctātus (-a, -um)	
Fut.	cunctātūrus (-a, -um)	cunctandus (-a, -um) (GERUNDIVE)

GERUND cunctandī, -ō, -um, -ō   SUPINE cunctātum, -ū

Alternate forms: **contor** = cunctor; **cunctarier** = cunctari; **cuncto (1)** = cunctor
Compounds and related words: **cunctabundus, -a, -um** loitering; **cunctatio, -onis, f.** a delay;
cunctator, -is, m. he who delays
Model sentence: ***Cunctatur** amnis rauca sonans revocatque pedem Tiberinus ab alto.* —Vergil

desire, wish

ACTIVE | PASSIVE

INDICATIVE

	ACTIVE		PASSIVE	
Pres.	cupiō	cupīmus	cupior	cupimur
	cupīs	cupītis	cuperis (-re)	cupiminī
	cupit	cupiunt	cupītur	cupiuntur
Impf.	cupiēbam	cupiēbāmus	cupiēbar	cupiēbāmur
	cupiēbas	cupiēbātis	cupiēbāris (-re)	cupiēbāminī
	cupiēbat	cupiēbant	cupiēbātur	cupiēbantur
Fut.	cupiam	cupiēmus	cupiar	cupiēmur
	cupiēs	cupiētis	cupiēris (-re)	cupiēminī
	cupiet	cupient	cupiētur	cupientur
Perf.	cupīvī	cupīvimus	cupītus sum	cupītī sumus
	cupīvistī	cupīvistis	(-a, -um) es	(-ae, -a) estis
	cupīvit	cupīvērunt (-ēre)	est	sunt
Plup.	cupīveram	cupīverāmus	cupītus eram	cupītī erāmus
	cupīverās	cupīverātis	(-a, -um) erās	(-ae, -a) erātis
	cupīverat	cupīverant	erat	erant
Fut.	cupīverō	cupīverimus	cupītus erō	cupīti erimus
Perf.	cupīveris	cupīveritis	(-a, -um) eris	(-ae, -a) eritis
	cupīverit	cupīverint	erit	erunt

SUBJUNCTIVE

	ACTIVE		PASSIVE	
Pres.	cupiam	cupiāmus	cupiar	cupiāmur
	cupiās	cupiātis	cupiāris (-re)	cupiāminī
	cupiat	cupiant	cupiātur	cupiantur
Impf.	cuperem	cuperēmus	cuperer	cuperēmur
	cuperēs	cuperētis	cuperēris (-re)	cuperēminī
	cuperet	cuperent	cuperētur	cuperentur
Perf.	cupīverim	cupīverimus	cupītus sim	cupītī sīmus
	cupīveris	cupīveritis	(-a, -um) sīs	(-ae, -a) sītis
	cupīverit	cupīverint	sit	sint
Plup.	cupīvissem	cupīvissēmus	cupītus essem	cupītī essēmus
	cupīvissēs	cupīvissētis	(-a, -um) essēs	(-ae, -a) essētis
	cupīvisset	cupīvissent	esset	essent

IMPERATIVE

	ACTIVE		PASSIVE
Pres.	cupe	cupite	

INFINITIVE

	ACTIVE	PASSIVE
Pres.	cupere	cupī
Perf.	cupīvisse	cupītus (-a, -um) esse
Fut.	cupītūrus (-a, -um) esse	cupītum īrī

PARTICIPLE

	ACTIVE	PASSIVE
Pres.	cupiens, (-ntis)	
Perf.		cupītus (-a, -um)
Fut.	cupitūrus (-a, -um)	cupiendus (-a, -um) (GERUNDIVE)

GERUND cupiendī, -ō, -um, -ō SUPINE cupītum, -ū

AN ESSENTIAL 55 VERB

cupiō

Related Words

concupisco, concupiscere to desire

cupiditas, cupiditatis, f. greed

cupido, cupidinis, f. desire

cupidus, cupida, cupidum greedy

Sometimes beginning students are tempted to confuse this verb with **capio** *to take* because of their similarity in appearance at first glance. They are also both transitive and so both can take accusative direct objects. Think of being **cap**tured by **Cup**id and you'll have no problem keeping them separate!

ALTERNATE FORMS:
cupiret = cuperet

MODEL SENTENCE:
Daedale, Lucano cum sic lacereris ab urso,
quam **cuperes** *pinnas nunc habuisse tuas!*
—Martial

care for

	ACTIVE		**PASSIVE**	
			INDICATIVE	
Pres.	cūrō	cūrāmus	cūror	cūrāmur
	cūrās	cūrātis	cūrāris (-re)	cūrāminī
	cūrat	cūrant	cūrātur	cūrantur
Impf.	cūrābam	cūrābāmus	cūrābar	cūrābāmur
	cūrābās	cūrābātis	cūrābāris (-re)	cūrābāminī
	cūrābat	cūrābant	cūrābātur	cūrābantur
Fut.	cūrābō	cūrābimus	cūrābor	cūrābimur
	cūrābis	cūrābitis	cūrāberis (-re)	cūrābiminī
	cūrābit	cūrābunt	cūrābitur	cūrābuntur
Perf.	cūrāvī	cūrāvimus	cūrātus sum	cūrātī sumus
	cūrāvistī	cūrāvistis	(-a, -um) es	(-ae, -a) estis
	cūrāvit	cūrāvērunt (-ēre)	est	sunt
Plup.	cūrāveram	cūrāverāmus	cūrātus eram	cūrātī erāmus
	cūrāverās	cūrāverātis	(-a, -um) erās	(-ae, -a) erātis
	cūrāverat	cūrāverant	erat	erant
Fut.	cūrāverō	cūrāverimus	cūrātus erō	cūrātī erimus
Perf.	cūrāveris	cūrāveritis	(-a, -um) eris	(-ae, -a) eritis
	cūrāverit	cūrāverint	erit	erunt
			SUBJUNCTIVE	
Pres.	cūrem	cūrēmus	cūrer	cūrēmur
	cūrēs	cūrētis	cūrēris (-re)	cūrēminī
	cūret	cūrent	cūrētur	cūrentur
Impf.	cūrārem	cūrārēmus	cūrārer	cūrārēmur
	cūrārēs	cūrārētis	cūrārēris (-re)	cūrārēminī
	cūrāret	cūrārent	cūrārētur	cūrārentur
Perf.	cūrāverim	cūrāverimus	cūrātus sim	cūrātī sīmus
	cūrāveris	cūrāveritis	(-a, -um) sīs	(-ae, -a) sītis
	cūrāverit	cūrāverint	sit	sint
Plup.	cūrāvissem	cūrāvissēmus	cūrātus essem	cūrātī essēmus
	cūrāvissēs	cūrāvissētis	(-a, -um) essēs	(-ae, -a) essētis
	cūrāvisset	cūrāvissent	esset	essent
			IMPERATIVE	
Pres.	cūrā	cūrāte		
			INFINITIVE	
Pres.	cūrāre		cūrārī	
Perf.	cūrāvisse		cūrātus (-a, -um) esse	
Fut.	cūrātūrus (-a, -um) esse		cūrātum īrī	
			PARTICIPLE	
Pres.	cūrans, (-ntis)			
Perf.			cūrātus (-a, -um)	
Fut.	cūrātūrus (-a, -um)		cūrandus (-a, -um) (GERUNDIVE)	

GERUND cūrandī, -ō, -um, -ō   SUPINE cūrātum, -ū

Alternate forms: **coerandi** = curandi; **coerari** = curari; **coeret** = curet; **coero** = curo; **coiro** = curo;
  curarier = curari; **curassis** = curavisses
Compounds and related words: **accurate** carefully; **accuratio, -onis, f.** accuracy; **accuro (1)** take care of;
  procuro (1) take care of; **securus, -a, -um** secure
Model sentence: *Magna di **curant**, parva neglegunt.* —Cicero

run

ACTIVE		PASSIVE
INDICATIVE		

	ACTIVE		PASSIVE
Pres.	currō	currimus	
	curris	curritis	
	currit	currunt	curritur (Impers.)
Impf.	currēbam	currēbāmus	
	currēbās	currēbātis	
	currēbat	currēbant	currēbātur (Impers.)
Fut.	curram	currēmus	
	currēs	currētis	
	curret	current	currētur (Impers.)
Perf.	cucurrī	cucurrimus	
	cucurristī	cucurristis	
	cucurrit	cucurrērunt (-ēre)	cursum est (Impers.)
Plup.	cucurreram	cucurrerāmus	
	cucurrerās	cucurrerātis	
	cucurrerat	cucurrerant	cursum erat (Impers.)
Fut.	cucurrerō	cucurrerimus	
Perf.	cucurreris	cucurreritis	
	cucurrerit	cucurrerint	cursum erit (Impers.)

SUBJUNCTIVE

	ACTIVE		PASSIVE
Pres.	curram	currāmus	
	currās	currātis	
	currat	currant	currātur (Impers.)
Impf.	currerem	currerēmus	
	currerēs	currerētis	
	curreret	currerent	currerētur (Impers.)
Perf.	cucurrerim	cucurrerimus	
	cucurreris	cucurreritis	
	cucurrerit	cucurrerint	cursum sit (Impers.)
Plup.	cucurrissem	cucurrissēmus	
	cucurrissēs	cucurrissētis	
	cucurrisset	cucurrissent	cursum esset (Impers.)

IMPERATIVE

	ACTIVE		PASSIVE
Pres.	curre	currite	

INFINITIVE

	ACTIVE	PASSIVE
Pres.	currere	currī
Perf.	cucurrisse	cursum esse
Fut.	cursūrus (-a, -um) esse	cursum īrī

PARTICIPLE

	ACTIVE	PASSIVE
Pres.	currens, (-ntis)	
Perf.		cursus (-a, -um)
Fut.	cursūrus (-a, -um)	currendus (-a, -um) (GERUNDIVE)

GERUND currendī, -ō, -um, -ō   SUPINE cursum, -ū

AN ESSENTIAL
55 VERB

AN ESSENTIAL 55 VERB

currō

Related Words

curriculum, curriculi, n. course

currus, currus, m. chariot

cursus, cursus, m. course

occurso, occursare, occursavi, occursatum to meet

COMPOUNDS:

accurro, accurrere, accurri, accursum to run to

concurro, concurrere, concurri, concursum to rush together

decurro, decurrere, decurri, decursum to run down

discurro, discurrere, discurri, discursum to run in different directions

incurro, incurrere, incurri, incursum to run into

occurro, occurrere, occurri, occursum to meet

percurro, percurrere, percurri, percursum to run through

procurro, procurrere, procurri, procursum to rush forward

recurro, recurrere, recurri, recursum to run back

succurro, succurrere, succurri, succursum to run to help

This verb is essential because of how often it and its compounds are found. Sometimes it can be tricky to tell the tense of its compounds because **curro** forms its perfect stem by a method called reduplication. In reduplication the first letter or first syllable of the present stem is repeated, so **curr-** becomes *cu* **curr-**. The tricky part is that when reduplicating verbs have a prefix, the prefix takes the place of the reduplication, so **recurr-** becomes *re* **curr-**. As a consequence, for compounds of this verb some forms of the present tense are indentical in perfect tense. For example, **recurrit** *he runs back* looks exactly the same as **recurrit** *he ran back*. In these situations you must rely on context.

ALTERNATE FORMS:
cecurri = cucurri
curri = cucurri

MODEL SENTENCE:
Nec iacuit partus, sed matre cadente **cucurrit**.
—Martial

custōdiō

custōdiō, custōdīre, custōdīvī or custōdiī, custōditum

guard

	ACTIVE		**PASSIVE**	
INDICATIVE				
Pres.	custōdiō	custōdīmus	custōdior	custōdīmur
	custōdīs	custōdītis	custōdīris (-re)	custōdīminī
	custōdit	custōdiunt	custōdītur	custōdiuntur
Impf.	custōdiēbam	custōdiēbāmus	custōdiēbar	custōdiēbāmur
	custōdiēbās	custōdiēbātis	custōdiēbāris (-re)	custōdiēbāminī
	custōdiēbat	custōdiēbant	custōdiēbātur	custōdiēbantur
Fut.	custōdiam	custōdiēmus	custōdiar	custōdiēmur
	custōdiēs	custōdiētis	custōdiēris (-re)	custōdiēminī
	custōdiet	custōdient	custōdiētur	custōdientur
Perf.	custōdīvī	custōdīvimus	custōdītus sum	custōdītī sumus
	custōdīvistī	custōdīvistis	(-a, -um) es	(-ae, -a) estis
	custōdīvit	custōdīvērunt (-ēre)	est	sunt
Plup.	custōdīveram	custōdīverāmus	custōdītus eram	custōdītī erāmus
	custōdīverās	custōdīverātis	(-a, -um) erās	(-ae, -a) erātis
	custōdīverat	custōdīverant	erat	erant
Fut.	custōdīverō	custōdīverimus	custōdītus erō	custōdītī erimus
Perf.	custōdīveris	custōdīveritis	(-a, -um) eris	(-ae, -a) eritis
	custōdīverit	custōdīverint	erit	erunt
SUBJUNCTIVE				
Pres.	custōdiam	custōdiāmus	custōdiar	custōdiāmur
	custōdiās	custōdiātis	custōdiāris (-re)	custōdiāminī
	custōdiat	custōdiant	custōdiātur	custōdiantur
Impf.	custōdīrem	custōdīrēmus	custōdīrer	custōdīrēmur
	custōdīrēs	custōdīrētis	custōdīrēris (-re)	custōdīrēminī
	custōdīret	custōdīrent	custōdīrētur	custōdīrentur
Perf.	custōdīverim	custōdīverimus	custōdītus sim	custōdītī sīmus
	custōdīveris	custōdīveritis	(-a, -um) sīs	(-ae, -a) sītis
	custōdīverit	custōdīverint	sit	sint
Plup.	custōdīvissem	custōdīvissēmus	custōdītus essem	custōdītī essēmus
	custōdīvissēs	custōdīvissētis	(-a, -um) essēs	(-ae, -a) essētis
	custōdīvisset	custōdīvissent	esset	essent
IMPERATIVE				
Pres.	custōdī	custōdīte		
INFINITIVE				
Pres.	custōdīre		custōdīrī	
Perf.	custōdīvisse		custōdītus (-a, -um) esse	
Fut.	custōdītūrus (-a, -um) esse		custōditum īrī	
PARTICIPLE				
Pres.	custōdiens, (-ntis)			
Perf.			custōdītus (-a, -um)	
Fut.	custōdītūrus (-a, -um)		custōdiendus (-a, -um) (GERUNDIVE)	

GERUND custōdiendī, -ō, -um, -ō SUPINE custōdītum, -ū

Alternate forms: **custodibitur** = custodietur; **custodii** = custodivi
Compounds and related words: **custodia, -ae, f.** guard; **custos, -todis, m.** guard
Model sentence: *Quis custodiet ipsos custodes?* —Juvenal

ought, owe

ACTIVE		PASSIVE	
INDICATIVE			
Pres. dēbeō	dēbēmus	dēbeor	dēbēmur
dēbēs	dēbētis	dēbēris (-re)	dēbēminī
dēbet	dēbent	dēbētur	dēbentur
Impf. dēbēbam	dēbēbāmus	dēbēbar	dēbēbāmur
dēbēbās	dēbēbātis	dēbēbāris (-re)	dēbēbāminī
dēbēbat	dēbēbant	dēbēbātur	dēbēbantur
Fut. dēbēbō	dēbēbimus	dēbēbor	dēbēbimur
dēbēbis	dēbēbitis	dēbēberis (-re)	dēbēbiminī
dēbēbit	dēbēbunt	dēbēbitur	dēbēbuntur
Perf. dēbuī	dēbuimus	dēbitus sum	dēbitī sumus
dēbuistī	dēbuistis	(-a, -um) es	(-ae, -a) estis
dēbuit	dēbuērunt (-ēre)	est	sunt
Plup. dēbueram	dēbuerāmus	dēbitus eram	dēbitī erāmus
dēbuerās	dēbuerātis	(-a, -um) erās	(-ae, -a) erātis
dēbuerat	dēbuerant	erat	erant
Fut. dēbuerō	dēbuerimus	dēbitus erō	dēbitī erimus
Perf. dēbueris	dēbueritis	(-a, -um) eris	(-ae, -a) eritis
dēbuerit	dēbuerint	erit	erunt
SUBJUNCTIVE			
Pres. dēbeam	dēbeāmus	dēbear	dēbeāmur
dēbeās	dēbeātis	dēbeāris (-re)	dēbeāminī
dēbeat	dēbeant	dēbeātur	dēbeantur
Impf. dēbērem	dēbērēmus	dēbērer	dēbērēmur
dēbērēs	dēbērētis	dēbērēris (-re)	dēbērēminī
dēbēret	dēbērent	dēbērētur	dēbērentur
Perf. dēbuerim	dēbuerimus	dēbitus sim	dēbitī sīmus
dēbueris	dēbueritis	(-a, -um) sīs	(-ae, -a) sītis
dēbuerit	dēbuerint	sit	sint
Plup. dēbuissem	dēbuissēmus	dēbitus essem	dēbitī essēmus
dēbuissēs	dēbuissētis	(-a, -um) essēs	(-ae, -a) essētis
dēbuisset	dēbuissent	esset	essent
IMPERATIVE			
Pres. dēbē	dēbēte		
INFINITIVE			
Pres. dēbēre		dēbērī	
Perf. dēbuisse		dēbitus (-a, -um) esse	
Fut. dēbitūrus (-a, -um) esse		dēbitum īrī	
PARTICIPLE			
Pres. dēbens, (-ntis)			
Perf.		dēbitus (-a, -um)	
Fut. dēbitūrus (-a, -um)		dēbendus (-a, -um) (GERUNDIVE)	

GERUND dēbendī, -ō, -um, -ō   SUPINE dēbitum, -ū

AN ESSENTIAL 55 VERB

dēbeō

This verb is essential because of how commonly it appears. It means *owe* when talking about money or favors and the like, otherwise it is used the way we use *ought* or *is bound* in English.

Magnam pecuniam mihi debebat.
He used to owe me a lot of money.

Hoc bonum esse debet!
This ought/is bound to be good!

ALTERNATE FORMS:
dehibeo = debeo

MODEL SENTENCE:
*Modum tenere **debemus**.* —Seneca

decide, decree, resolve

ACTIVE		PASSIVE	
INDICATIVE			
Pres. dēcernō	dēcernimus	dēcernor	dēcernimur
dēcernis	dēcernitis	dēcerneris (-re)	dēcerniminī
dēcernit	dēcernunt	dēcernitur	dēcernuntur
Impf. dēcernēbam	dēcernēbāmus	dēcernēbar	dēcernēbāmur
dēcernēbās	dēcernēbātis	dēcernēbāris (-re)	dēcernēbāminī
dēcernēbat	dēcernēbant	dēcernēbātur	dēcernēbantur
Fut. dēcernam	dēcernēmus	dēcernar	dēcernēmur
dēcernēs	dēcernētis	dēcernēris (-re)	dēcernēminī
dēcernet	dēcernent	dēcernētur	dēcernentur
Perf. decrēvī	decrēvimus	decrētus sum	decrētī sumus
decrēvistī	decrēvistis	(-a, -um) es	(-ae, -a) estis
decrēvit	decrēvērunt (-ēre)	est	sunt
Plup. decrēveram	decrēverāmus	decrētus eram	decrētī erāmus
decrēverās	decrēverātis	(-a, -um) erās	(-ae, -a) erātis
decrēverat	decrēverant	erat	erant
Fut. decrēverō	decrēverimus	decrētus erō	decrētī erimus
Perf. decrēveris	decrēveritis	(-a, -um) eris	(-ae, -a) eritis
decrēverit	decrēverint	erit	erunt
SUBJUNCTIVE			
Pres. dēcernam	dēcernāmus	dēcernar	dēcernāmur
dēcernās	dēcernātis	dēcernāris (-re)	dēcernāminī
dēcernat	dēcernant	dēcernātur	dēcernantur
Impf. dēcernerem	dēcernerēmus	dēcernerer	dēcernerēmur
dēcernerēs	dēcernerētis	dēcernerēris (-re)	dēcernerēminī
dēcerneret	dēcernerent	dēcernerētur	dēcernerentur
Perf. decrēverim	decrēverimus	decrētus sim	decrētī sīmus
decrēveris	decrēveritis	(-a, -um) sīs	(-ae, -a) sītis
decrēverit	decrēverint	sit	sint
Plup. decrēvissem	decrēvissēmus	decrētus essem	decrētī essēmus
decrēvissēs	decrēvissētis	(-a, -um) essēs	(-ae, -a) essētis
decrēvisset	decrēvissent	esset	essent
IMPERATIVE			
Pres. dēcerne	dēcernite		
INFINITIVE			
Pres. dēcernere		dēcernī	
Perf. decrēvisse		decrētus (-a, -um) esse	
Fut. decrētūrus (-a, -um) esse		decrētum īrī	
PARTICIPLE			
Pres. dēcernens, (-ntis)			
Perf.		decrētus (-a, -um)	
Fut. decrētūrus (-a, -um)		dēcernendus (-a, -um) (GERUNDIVE)	

GERUND dēcernendī, -ō, -um, -ō   SUPINE decrētum, -ū

Alternate forms: **decreram, etc.** = decreveram, etc.; **decrerim, etc.** = decreverim, etc.;
  decresse = decrevisse
Compounds and related words: **decretum, -i, n.** a resolution
Model sentence: *Si quod est admissum facinus, si caedes facta, idem Druides **decernunt**.* —Caesar

is fitting, becomes (Impers.)

INDICATIVE

Pres.

decet

Impf.

decēbat

Fut.

decēbit

Perf.

decuit

Plup.

decuerat

Fut.
Perf.

decuerit

SUBJUNCTIVE

Pres.

deceat

Impf.

decēret

Perf.

decuerit

Plup.

decuisset

INFINITIVE

Pres.   decēre
Perf.   decuisse

PARTICIPLE

Pres.   decens, (-ntis)

Usage notes: Impersonal, but third person plural forms also appear.

Compounds and related words: **decens, -tis** proper; **decor, -is, m.** beauty; **decoro (1)** adorn; **decorus, -a, -um** adorned; **decus, -oris, n.** beauty; **dedecus, -oris, n.** disgrace

Model sentence: *Te non citharae **decent**.* —Horace

turn aside, lower, avoid

	ACTIVE		**PASSIVE**	
		INDICATIVE		
Pres.	declīnō	declīnāmus	declīnor	declīnāmur
	declīnās	declīnātis	declīnāris (-re)	declīnāminī
	declīnat	declīnant	declīnātur	declīnantur
Impf.	declīnābam	declīnābāmus	declīnābar	declīnābāmur
	declīnābās	declīnābātis	declīnābāris (-re)	declīnābāminī
	declīnābat	declīnābant	declīnābātur	declīnābantur
Fut.	declīnābō	declīnābimus	declīnābor	declīnābimur
	declīnābis	declīnābitis	declīnāberis (-re)	declīnābiminī
	declīnābit	declīnābunt	declīnābitur	declīnābuntur
Perf.	declīnāvī	declīnāvimus	declīnātus sum	declīnātī sumus
	declīnāvistī	declīnāvistis	(-a, -um) es	(-ae, -a) estis
	declīnāvit	declīnāvērunt (-ēre)	est	sunt
Plup.	declīnāveram	declīnāverāmus	declīnātus eram	declīnātī erāmus
	declīnāverās	declīnāverātis	(-a, -um) erās	(-ae, -a) erātis
	declīnāverat	declīnāverant	erat	erant
Fut.	declīnāverō	declīnāverimus	declīnātus erō	declīnātī erimus
Perf.	declīnāveris	declīnāveritis	(-a, -um) eris	(-ae, -a) eritis
	declīnāverit	declīnāverint	erit	erunt
		SUBJUNCTIVE		
Pres.	declīnem	declīnēmus	declīner	declīnēmur
	declīnēs	declīnētis	declīnēris (-re)	declīnēminī
	declīnet	declīnent	declīnētur	declīnentur
Impf.	declīnārem	declīnārēmus	declīnārer	declīnārēmur
	declīnārēs	declīnārētis	declīnārēris (-re)	declīnārēminī
	declīnāret	declīnārent	declīnārētur	declīnārentur
Perf.	declīnāverim	declīnāverimus	declīnātus sim	declīnātī sīmus
	declīnāveris	declīnāveritis	(-a, -um) sīs	(-ae, -a) sītis
	declīnāverit	declīnāverint	sit	sint
Plup.	declīnāvissem	declīnāvissēmus	declīnātus essem	declīnātī essēmus
	declīnāvissēs	declīnāvissētis	(-a, -um) essēs	(-ae, -a) essētis
	declīnāvisset	declīnāvissent	esset	essent
		IMPERATIVE		
Pres.	declīnā	declīnāte		
		INFINITIVE		
Pres.	declīnāre		declīnārī	
Perf.	declīnāvisse		declīnātus (-a, -um) esse	
Fut.	declīnātūrus (-a, -um) esse		declīnātum īrī	
		PARTICIPLE		
Pres.	declīnans, (-ntis)			
Perf.			declīnātus (-a, -um)	
Fut.	declīnātūrus (-a, -um)		declīnandus (-a, -um) (GERUNDIVE)	

GERUND declīnandī, -ō, -um, -ō   SUPINE declīnātum, -ū

Compounds and related words: **clivosus, -a, -um** steep; **clivus, -i, m.** slope; **declinatio, -onis, f.** turning away; **inclino (1)** bend; **reclino (1)** lean back; **triclinium, -i, n.** dining room

Model sentence: *Ego modo **declinavi** paullum me extra viam.* —Plautus

defend

	ACTIVE		PASSIVE	
		INDICATIVE		
Pres.	dēfendō	dēfendimus	dēfendor	dēfendimur
	dēfendis	dēfenditis	dēfenderis (-re)	dēfendiminī
	dēfendit	dēfendunt	dēfenditur	dēfenduntur
Impf.	dēfendēbam	dēfendēbāmus	dēfendēbar	dēfendēbāmur
	dēfendēbās	dēfendēbātis	dēfendēbāris (-re)	dēfendēbāminī
	dēfendēbat	dēfendēbant	dēfendēbātur	dēfendēbantur
Fut.	dēfendam	dēfendēmus	dēfendar	dēfendēmur
	dēfendēs	dēfendētis	dēfendēris (-re)	dēfendēminī
	dēfendet	dēfendent	dēfendētur	dēfendentur
Perf.	dēfendī	dēfendimus	dēfensus sum	dēfensī sumus
	dēfendistī	dēfendistis	(-a, -um) es	(-ae, -a) estis
	dēfendit	dēfendērunt (-ēre)	est	sunt
Plup.	dēfenderam	dēfenderāmus	dēfensus eram	dēfensī erāmus
	dēfenderās	dēfenderātis	(-a, -um) erās	(-ae, -a) erātis
	dēfenderat	dēfenderant	erat	erant
Fut.	dēfenderō	dēfenderimus	dēfensus erō	dēfensī erimus
Perf.	dēfenderis	dēfenderitis	(-a, -um) eris	(-ae, -a) eritis
	dēfenderit	dēfenderint	erit	erunt
		SUBJUNCTIVE		
Pres.	dēfendam	dēfendāmus	dēfendar	dēfendāmur
	dēfendās	dēfendātis	dēfendāris (-re)	dēfendāminī
	dēfendat	dēfendant	dēfendātur	dēfendantur
Impf.	dēfenderem	dēfenderēmus	dēfenderer	dēfenderēmur
	dēfenderēs	dēfenderētis	dēfenderēris (-re)	dēfenderēminī
	dēfenderet	dēfenderent	dēfenderētur	dēfenderentur
Perf.	dēfenderim	dēfenderimus	dēfensus sim	dēfensī sīmus
	dēfenderis	dēfenderitis	(-a, -um) sīs	(-ae, -a) sītis
	dēfenderit	dēfenderint	sit	sint
Plup.	dēfendissem	dēfendissēmus	dēfensus essem	dēfensī essēmus
	dēfendissēs	dēfendissētis	(-a, -um) essēs	(-ae, -a) essētis
	dēfendisset	dēfendissent	esset	essent
		IMPERATIVE		
Pres.	dēfende	dēfendite		
		INFINITIVE		
Pres.	dēfendere		dēfendī	
Perf.	dēfendisse		dēfensus (-a, -um) esse	
Fut.	dēfensūrus (-a, -um) esse		dēfensum īrī	
		PARTICIPLE		
Pres.	dēfendens, (-ntis)			
Perf.			dēfensus (-a, -um)	
Fut.	dēfensūrus (-a, -um)		dēfendendus (-a, -um) (GERUNDIVE)	

GERUND dēfendendī, -ō, -um, -ō   SUPINE dēfensum, -ū

Alternate forms: **defendier** = defendi
Compounds and related words: **offendo (3)** to hit against
Model sentence: *Arma ferunt alii et pergunt **defendere** muros.* —Vergil

bring down or away

ACTIVE　　　　　　　　　　PASSIVE

INDICATIVE

Pres.	dēferō	dēferimus		dēferor	dēferimur
	dēfers	dēfertis		dēferris (-re)	dēferiminī
	dēfert	dēferunt		dēfertur	dēferuntur
Impf.	dēferēbam	dēferēbāmus		dēferēbar	dēferēbāmur
	dēferēbās	dēferēbātis		dēferēbāris (-re)	dēferēbāminī
	dēferēbat	dēferēbant		dēferēbātur	dēferēbantur
Fut.	dēferam	dēferēmus		dēferar	dēferēmur
	dēferēs	dēferētis		dēferēris (-re)	dēferēminī
	dēferet	dēferent		dēferētur	dēferentur
Perf.	dētulī	dētulimus		dēlātus　sum	dēlātī　sumus
	dētulistī	dētulistis		(-a, -um)　es	(-ae, -a)　estis
	dētulit	dētulērunt (-ēre)		est	sunt
Plup.	dētuleram	dētulerāmus		dēlātus　eram	dēlātī　erāmus
	dētulerās	dētulerātis		(-a, -um)　erās	(-ae, -a)　erātis
	dētulerat	dētulerant		erat	erant
Fut.	dētulerō	dētulerimus		dēlātus　erō	dēlātī　erimus
Perf.	dētuleris	dētuleritis		(-a, -um)　eris	(-ae, -a)　eritis
	dētulerit	dētulerint		erit	erunt

SUBJUNCTIVE

Pres.	dēferam	dēferāmus		dēferar	dēferāmur
	dēferās	dēferātis		dēferāris (-re)	dēferāminī
	dēferat	dēferant		dēferātur	dēferantur
Impf.	dēferrem	dēferrēmus		dēferrer	dēferrēmur
	dēferrēs	dēferrētis		dēferrēris (-re)	dēferrēminī
	dēferret	dēferrent		dēferrētur	dēferrentur
Perf.	dētulerim	dētulerimus		dēlātus　sim	dēlātī　sīmus
	dētuleris	dētuleritis		(-a, -um)　sīs	(-ae, -a)　sītis
	dētulerit	dētulerint		sit	sint
Plup.	dētulissem	dētulissēmus		dēlātus　essem	dēlātī　essēmus
	dētulissēs	dētulissētis		(-a, -um)　essēs	(-ae, -a)　essētis
	dētulisset	dētulissent		esset	essent

IMPERATIVE

Pres.	dēfer	dēferte	

INFINITIVE

Pres.	dēferre		dēferrī
Perf.	dētulisse		dēlātus (-a, -um) esse
Fut.	dēlātūrus (-a, -um) esse		dēlātum īrī

PARTICIPLE

Pres.	dēferens, (-ntis)		
Perf.			dēlātus (-a, -um)
Fut.	dēlātūrus (-a, -um)		dēferendus (-a, -um)　(GERUNDIVE)

GERUND　dēferendī, -ō, -um, -ō　　SUPINE　dēlātum, -ū

Compounds and related words: **delatio, -onis, f.** denunciation; **delator, -is, m.** informer
See **fero** for other compounds of this verb.
Model sentence: *Semen quod ex arbore per surculos **defertur** in terram.* —Varro

throw down, dislodge

	ACTIVE		**PASSIVE**	
		INDICATIVE		
Pres.	dēiciō	dēicimus	dēicior	dēicimur
	dēicis	dēicitis	dēiceris (-re)	dēiciminī
	dēicit	dēiciunt	dēicitur	dēiciuntur
Impf.	dēiciēbam	dēiciēbāmus	dēiciēbar	dēiciēbāmur
	dēiciēbās	dēiciēbātis	dēiciēbāris (-re)	dēiciēbāminī
	dēiciēbat	dēiciēbant	dēiciēbātur	dēiciēbantur
Fut.	dēiciam	dēiciēmus	dēiciar	dēiciēmur
	dēiciēs	dēiciētis	dēiciēris (-re)	dēiciēminī
	dēiciet	dēicient	dēiciētur	dēicientur
Perf.	dēiēcī	dēiēcimus	dēiectus sum	dēiectī sumus
	dēiēcistī	dēiēcistis	(-a, -um) es	(-ae, -a) estis
	dēiēcit	dēiēcērunt (-ēre)	est	sunt
Plup.	dēiēceram	dēiēcerāmus	dēiectus eram	dēiectī erāmus
	dēiēcerās	dēiēcerātis	(-a, -um) erās	(-ae, -a) erātis
	dēiēcerat	dēiēcerant	erat	erant
Fut.	dēiēcerō	dēiēcerimus	dēiectus erō	dēiectī erimus
Perf.	dēiēceris	dēiēceritis	(-a, -um) eris	(-ae, -a) eritis
	dēiēcerit	dēiēcerint	erit	erunt
		SUBJUNCTIVE		
Pres.	dēiciam	dēiciāmus	dēiciar	dēiciāmur
	dēiciās	dēiciātis	dēiciāris (-re)	dēiciāminī
	dēiciat	dēiciant	dēiciātur	dēiciantur
Impf.	dēicerem	dēicerēmus	dēicerer	dēicerēmur
	dēicerēs	dēicerētis	dēicerēris (-re)	dēicerēminī
	dēiceret	dēicerent	dēicerētur	dēicerentur
Perf.	dēiēcerim	dēiēcerimus	dēiectus sim	dēiectī sīmus
	dēiēceris	dēiēceritis	(-a, -um) sīs	(-ae, -a) sītis
	dēiēcerit	dēiēcerint	sit	sint
Plup.	dēiēcissem	dēiēcissēmus	dēiectus essem	dēiectī essēmus
	dēiēcissēs	dēiēcissētis	(-a, -um) essēs	(-ae, -a) essētis
	dēiēcisset	dēiēcissent	esset	essent
		IMPERATIVE		
Pres.	dēice	dēicite		
		INFINITIVE		
Pres.	dēicere		dēicī	
Perf.	dēiēcisse		dēiectus (-a, -um) esse	
Fut.	dēiectūrus (-a, -um) esse		dēiectum īrī	
		PARTICIPLE		
Pres.	dēiciens, (-ntis)			
Perf.			dēiectus (-a, -um)	
Fut.	dēiectūrus (-a, -um)		dēiciendus (-a, -um) (GERUNDIVE)	

GERUND dēiciendī, -ō, -um, -o   SUPINE dēiectum, -ū

Compounds and related words: **deiectio, -onis, f.** eviction; **deiectus, -us, m.** throwing down
See **iacio** for other compounds of this verb.
Model sentence: *Se de superiore parte aedium deiecit.* —Nepos

destroy

ACTIVE		PASSIVE	
INDICATIVE			

	ACTIVE		PASSIVE	
Pres.	dēleō	dēlēmus	dēleor	dēlēmur
	dēlēs	dēlētis	dēlēris (-re)	dēlēminī
	dēlet	dēlent	dēlētur	dēlentur
Impf.	dēlēbam	dēlēbāmus	dēlēbar	dēlēbāmur
	dēlēbās	dēlēbātis	dēlēbāris (-re)	dēlēbāminī
	dēlēbat	dēlēbant	dēlēbātur	dēlēbantur
Fut.	dēlēbō	dēlēbimus	dēlēbor	dēlēbimur
	dēlēbis	dēlēbitis	dēlēberis (-re)	dēlēbiminī
	dēlēbit	dēlēbunt	dēlēbitur	dēlēbuntur
Perf.	dēlēvī	dēlēvimus	dēlētus sum	dēlētī sumus
	dēlēvistī	dēlēvistis	(-a, -um) es	(-ae, -a) estis
	dēlēvit	dēlēvērunt (-ēre)	est	sunt
Plup.	dēlēveram	dēlēverāmus	dēlētus eram	dēlētī erāmus
	dēlēverās	dēlēverātis	(-a, -um) erās	(-ae, -a) erātis
	dēlēverat	dēlēverant	erat	erant
Fut.	dēlēverō	dēlēverimus	dēlētus erō	dēlētī erimus
Perf.	dēlēveris	dēlēveritis	(-a, -um) eris	(-ae, -a) eritis
	dēlēverit	dēlēverint	erit	erunt

SUBJUNCTIVE			

	ACTIVE		PASSIVE	
Pres.	dēleam	dēleāmus	dēlear	dēleāmur
	dēleās	dēleātis	dēleāris (-re)	dēleāminī
	dēleat	dēleant	dēleātur	dēleantur
Impf.	dēlērem	dēlērēmus	dēlērer	dēlērēmur
	dēlērēs	dēlērētis	dēlērēris (-re)	dēlērēminī
	dēlēret	dēlērent	dēlērētur	dēlērentur
Perf.	dēlēverim	dēlēverimus	dēlētus sim	dēlētī sīmus
	dēlēveris	dēlēveritis	(-a, -um) sīs	(-ae, -a) sītis
	dēlēverit	dēlēverint	sit	sint
Plup.	dēlēvissem	dēlēvissēmus	dēlētus essem	dēlētī essēmus
	dēlēvissēs	dēlēvissētis	(-a, -um) essēs	(-ae, -a) essētis
	dēlēvisset	dēlēvissent	esset	essent

IMPERATIVE		
Pres.	dēlē	dēlēte

INFINITIVE		
Pres.	dēlēre	dēlērī
Perf.	dēlēvisse	dēlētus (-a, -um) esse
Fut.	dēlētūrus (-a, -um) esse	dēlētum īrī

PARTICIPLE		
Pres.	dēlens, (-ntis)	
Perf.		dēlētus (-a, -um)
Fut.	dēlētūrus (-a, -um)	dēlendus (-a, -um) (GERUNDIVE)

GERUND dēlendī, -ō, -um, -ō   SUPINE dēlētum, -ū

Alternate forms: **delerant** = deleverant; **delerat** = deleverat; **delerit** = deleverit; **delerunt** = deleverunt; **delesset** = delevisset; **delitus** = deletus
Model sentence: *Juppiter saepe urbes delevit.* —Cicero

perish

ACTIVE

INDICATIVE

Pres.	dēpereō	dēperīmus
	dēperīs	dēperītis
	dēperit	dēpereunt
Impf.	dēperībam	dēperībāmus
	dēperībās	dēperībātis
	dēperībat	dēperībant
Fut.	dēperībō	dēperībimus
	dēperībis	dēperībitis
	dēperībit	dēperībunt
Perf.	dēperiī	dēperiimus
	dēperiistī	dēperiistis
	dēperiit	dēperiērunt (-ēre)
Plup.	dēperieram	dēperierāmus
	dēperierās	dēperierātis
	dēperierat	dēperierant
Fut.	dēperierō	dēperierimus
Perf.	dēperieris	dēperieritis
	dēperierit	dēperierint

SUBJUNCTIVE

Pres.	dēpeream	dēpereāmus
	dēpereās	dēpereātis
	dēpereat	dēpereant
Impf.	dēperīrem	dēperīrēmus
	dēperīrēs	dēperīrētis
	dēperīret	dēperīrent
Perf.	dēperierim	dēperierimus
	dēperieris	dēperieritis
	dēperierit	dēperierint
Plup.	dēperīssem	dēperīssēmus
	dēperīssēs	dēperīssētis
	dēperīsset	dēperīssent

IMPERATIVE

Pres.	dēperī	dēperīte

INFINITIVE

Pres.	dēperīre
Perf.	dēperīsse
Fut.	dēperitūrus (-a, -um) esse

PARTICIPLE

	Active	Passive
Pres.	dēperiens, (-euntis)	
Perf.		
Fut.	dēperitūrus (-a, -um)	dēpereundus (-a, -um) (GERUNDIVE)

GERUND   dēpereundī, -ō, -um, -ō   SUPINE

Alternate forms: **deperiet** = deperibit; **deperivi** = deperii
See **eo** for other compounds of this verb.
Model sentence: *Perexigua pars illius exercitus superest, magna pars **deperiit**.* —Caesar

abandon

ACTIVE		**PASSIVE**	
INDICATIVE			
Pres. dēserō	dēserimus	dēseror	dēserimur
dēseris	dēseritis	dēsereris (-re)	dēseriminī
dēserit	dēserunt	dēseritur	dēseruntur
Impf. dēserēbam	dēserēbāmus	dēserēbar	dēserēbāmur
dēserēbās	dēserēbātis	dēserēbāris (-re)	dēserēbāminī
dēserēbat	dēserēbant	dēserēbātur	dēserēbantur
Fut. dēseram	dēserēmus	dēserar	dēserēmur
dēserēs	dēserētis	dēserēris (-re)	dēserēminī
dēseret	dēserent	dēserētur	dēserentur
Perf. dēseruī	dēseruimus	dēsertus sum	dēsertī sumus
dēseruistī	dēseruistis	(-a, -um) es	(-ae, -a) estis
dēseruit	dēseruērunt (-ēre)	est	sunt
Plup. dēserueram	dēseruerāmus	dēsertus eram	dēsertī erāmus
dēseruerās	dēseruerātis	(-a, -um) erās	(-ae, -a) erātis
dēseruerat	dēseruerant	erat	erant
Fut. dēseruerō	dēseruerimus	dēsertus erō	dēsertī erimus
Perf. dēserueris	dēserueritis	(-a, -um) eris	(-ae, -a) eritis
dēseruerit	dēseruerint	erit	erunt
SUBJUNCTIVE			
Pres. dēseram	dēserāmus	dēserar	dēserāmur
dēserās	dēserātis	dēserāris (-re)	dēserāminī
dēserat	dēserant	dēserātur	dēserantur
Impf. dēsererem	dēsererēmus	dēsererer	dēsererēmur
dēsererēs	dēsererētis	dēsererēris (-re)	dēsererēminī
dēsereret	dēsererent	dēsererētur	dēsererentur
Perf. dēseruerim	dēseruerimus	dēsertus sim	dēsertī sīmus
dēserueris	dēserueritis	(-a, -um) sīs	(-ae, -a) sītis
dēseruerit	dēseruerint	sit	sint
Plup. dēseruissem	dēseruissēmus	dēsertus essem	dēsertī essēmus
dēseruissēs	dēseruissētis	(-a, -um) essēs	(-ae, -a) essētis
dēseruisset	dēseruissent	esset	essent
IMPERATIVE			
Pres. dēsere	dēserite		
INFINITIVE			
Pres. dēserere		dēserī	
Perf. dēseruisse		dēsertus (-a, -um) esse	
Fut. dēsertūrus (-a, -um) esse		dēsertum īrī	
PARTICIPLE			
Pres. dēserens, (-ntis)			
Perf.		dēsertus (-a, -um)	
Fut. dēsertūrus (-a, -um)		dēserendus (-a, -um) (GERUNDIVE)	

GERUND dēserendī, -ō, -um, -ō   SUPINE dēsertum, -ū

Compounds and related words: **dissero, -ere, -ui, -tum** to arrange in order
Model sentence: ***Deseritur** a suis Varus.* —Caesar

jump down

ACTIVE

INDICATIVE

Pres.	dēsiliō	dēsilīmus
	dēsilīs	dēsilītis
	dēsilit	dēsiliunt
Impf.	dēsiliēbam	dēsiliēbāmus
	dēsiliēbās	dēsiliēbātis
	dēsiliēbat	dēsiliēbant
Fut.	dēsiliam	dēsiliēmus
	dēsiliēs	dēsiliētis
	dēsiliēt	dēsiliēnt
Perf.	dēsiluī	dēsiluimus
	dēsiluistī	dēsiluistis
	dēsiluit	dēsiluērunt (-ēre)
Plup.	dēsilueram	dēsiluerāmus
	dēsiluerās	dēsiluerātis
	dēsiluerat	dēsiluerant
Fut.	dēsiluerō	dēsiluerimus
Perf.	dēsilueris	dēsilueritis
	dēsiluerit	dēsiluerint

SUBJUNCTIVE

Pres.	dēsiliam	dēsiliāmus
	dēsiliās	dēsiliātis
	dēsiliat	dēsiliant
Impf.	dēsilīrem	dēsilīrēmus
	dēsilīrēs	dēsilīrētis
	dēsilīret	dēsilīrent
Perf.	dēsiluerim	dēsiluerimus
	dēsilueris	dēsilueritis
	dēsiluerit	dēsiluerint
Plup.	dēsiluissem	dēsiluissēmus
	dēsiluissēs	dēsiluissētis
	dēsiluisset	dēsiluissent

IMPERATIVE

Pres.	dēsilī	dēsilīte

INFINITIVE

Pres.	dēsilīre
Perf.	dēsiluisse
Fut.	dēsultūrus (-a, -um) esse

PARTICIPLE

	Active	Passive
Pres.	dēsiliens, (-ntis)	
Perf.		dēsultus (-a, -um)
Fut.	dēsultūrus (-a, -um)	dēsiliendus (-a, -um) (GERUNDIVE)

GERUND dēsiliendī, -ō, -um, -ō   SUPINE dēsultum, -ū

Alternate forms: **desilii** = desilui; **desilivi** = desilui; **desului** = desilui
See **salio** for other compounds of this verb.
Model sentence: *"**Desilite**," inquit "milites, nisi vultis aquilam hostibus prodere."* —Caesar

fail, fall short

ACTIVE

INDICATIVE

Pres.	dēsum	dēsumus
	dēes	dēestis
	dēest	dēsunt
Impf.	dēeram	dēerāmus
	dēerās	dēerātis
	dēerat	dēerant
Fut.	dēerō	dēerimus
	dēeris	dēeritis
	dēerit	dēerunt
Perf.	dēfuī	dēfuimus
	dēfuistī	dēfuistis
	dēfuit	dēfuērunt (-ēre)
Plup.	dēfueram	dēfuerāmus
	dēfuerās	dēfuerātis
	dēfuerat	dēfuerant
Fut.	dēfuerō	dēfuerimus
Perf.	dēfueris	dēfueritis
	dēfuerit	dēfuerint

SUBJUNCTIVE

Pres.	dēsim	dēsīmus
	dēsīs	dēsītis
	dēsit	dēsint
Impf.	dēessem (dēforem)	dēessēmus (dēforēmus)
	dēessēs (dēforēs)	dēessētis (dēforētis)
	dēesset (dēforet)	dēessent (dēforent)
Perf.	dēfuerim	dēfuerimus
	dēfueris	dēfueritis
	dēfuerit	dēfuerint
Plup.	dēfuissem	dēfuissēmus
	dēfuissēs	dēfuissētis
	dēfuisset	dēfuissent

IMPERATIVE

Pres.	dēes	dēeste

INFINITIVE

Pres.	dēesse
Perf.	dēfuisse
Fut.	dēfutūrus (-a, -um) esse (dēfore)

PARTICIPLE

	Active	Passive
Pres.		
Perf.		
Fut.	dēfutūrus (-a, -um)	

GERUND　　SUPINE

Usage notes: regularly with **dative** object
Alternate forms: **desiet** = desit; **dēfuat** = dēsit
See **sum** for other compounds of this verb.
Model sentence: *Non **deest** rei publicae consilium neque auctoritas huius ordinis; nos consules* ***desumus.*** —Cicero

D

say, speak, tell

	ACTIVE		PASSIVE	
INDICATIVE				
Pres.	dīcō	dīcimus	dīcor	dīcimur
	dīcis	dīcitis	dīceris (-re)	dīciminī
	dīcit	dīcunt	dīcitur	dīcuntur
Impf.	dīcēbam	dīcēbāmus	dīcēbar	dīcēbāmur
	dīcēbās	dīcēbātis	dīcēbāris (-re)	dīcēbāminī
	dīcēbat	dīcēbant	dīcēbātur	dīcēbantur
Fut.	dīcam	dīcēmus	dīcar	dīcēmur
	dīcēs	dīcētis	dīcēris (-re)	dīcēminī
	dīcet	dīcent	dīcētur	dīcentur
Perf.	dixī	diximus	dictus sum	dictī sumus
	dixistī	dixistis	(-a, -um) es	(-ae, -a) estis
	dixit	dixērunt (-ēre)	est	sunt
Plup.	dixeram	dixerāmus	dictus eram	dictī erāmus
	dixerās	dixerātis	(-a, -um) erās	(-ae, -a) erātis
	dixerat	dixerant	erat	erant
Fut.	dixerō	dixerimus	dictus erō	dictī erimus
Perf.	dixeris	dixeritis	(-a, -um) eris	(-ae, -a) eritis
	dixerit	dixerint	erit	erunt
SUBJUNCTIVE				
Pres.	dīcam	dīcāmus	dīcar	dīcāmur
	dīcās	dīcātis	dīcāris (-re)	dīcāminī
	dīcat	dīcant	dīcātur	dīcantur
Impf.	dīcerem	dīcerēmus	dīcerer	dīcerēmur
	dīcerēs	dīcerētis	dīcerēris (-re)	dīcerēminī
	dīceret	dīcerent	dīcerētur	dīcerentur
Perf.	dixerim	dixerimus	dictus sim	dictī sīmus
	dixeris	dixeritis	(-a, -um) sīs	(-ae, -a) sītis
	dixerit	dixerint	sit	sint
Plup.	dixissem	dixissēmus	dictus essem	dictī essēmus
	dixissēs	dixissētis	(-a, -um) essēs	(-ae, -a) essētis
	dixisset	dixissent	esset	essent
IMPERATIVE				
Pres.	dīc	dīcite		
INFINITIVE				
Pres.	dīcere		dīcī	
Perf.	dixisse		dictus (-a, -um) esse	
Fut.	dictūrus (-a, -um) esse		dictum īrī	
PARTICIPLE				
Pres.	dīcens, (-ntis)			
Perf.			dictus (-a, -um)	
Fut.	dictūrus (-a, -um)		dīcendus (-a, -um) (GERUNDIVE)	

GERUND dicendī, -ō, -um, -ō   SUPINE dictum, -ū

dīcō

Related Words

dico, dicare, dicavi, dicatum to consecrate

indico, indicare, indicavi, indicatum to point out

vindico, vindicare, vindicavi, vindicatum to claim

This is a very common verb in Latin. Students sometimes confuse it with **duco** *to lead* because of the similarity in appearance at first glance of their principal parts.

dico, dicere, dixi, dictum   *to say*
duco, ducere, duxi, ductum   *to lead*

The only difference in spelling may be the first vowel, but there is a big difference in meaning between *saying* and *leading*! Let context be your guide.

ALTERNATE FORMS:
deico = dico
deixserint = dixerint
dicem = dicam
dicier = dici
dixe = dixisse
dixem = dixissem
dixis = dixeris
dixti = dixisti

COMPOUNDS:
benedico, benedicere, benedixi, benedictum to praise

indico, indicere, indixi, indictum to declare

interdico, interdicere, interdixi, interdictum to forbid

maledico, maledicere, maledixi, maledictum to curse

praedico, praedicere, praedixi, praedictum to say beforehand

MODEL SENTENCE:
*Credula vitam spes fovet et melius cras fore semper **dicit**.* —Tibullus

scatter, harass, delay, differ

	ACTIVE			PASSIVE	
			INDICATIVE		
Pres.	differō	differimus		differor	differimur
	differs	differtis		differris (-re)	differiminī
	differt	differunt		differtur	differuntur
Impf.	differēbam	differēbāmus		differēbar	differēbāmur
	differēbās	differēbātis		differēbāris (-re)	differēbāminī
	differēbat	differēbant		differēbātur	differēbantur
Fut.	differam	differēmus		differar	differēmur
	differēs	differētis		differēris (-re)	differēminī
	differet	different		differētur	differentur
Perf.	distulī	distulimus		dīlātus sum	dīlātī sumus
	distulistī	distulistis		(-a, -um) es	(-ae, -a) estis
	distulit	distulērunt (-ēre)		est	sunt
Plup.	distuleram	distulerāmus		dīlātus eram	dīlātī erāmus
	distulerās	distulerātis		(-a, -um) erās	(-ae, -a) erātis
	distulerat	distulerant		erat	erant
Fut.	distulerō	distulerimus		dīlātus erō	dīlātī erimus
Perf.	distuleris	distuleritis		(-a, -um) eris	(-ae, -a) eritis
	distulerit	distulerint		erit	erunt
			SUBJUNCTIVE		
Pres.	differam	differāmus		differar	differāmur
	differās	differātis		differāris (-re)	differāminī
	differat	differant		differātur	differantur
Impf.	differrem	differrēmus		differrer	differrēmur
	differrēs	differrētis		differrēris (-re)	differrēminī
	differret	differrent		differrētur	differrentur
Perf.	distulerim	distulerimus		dīlātus sim	dīlātī sīmus
	distuleris	distuleritis		(-a, -um) sīs	(-ae, -a) sītis
	distulerit	distulerint		sit	sint
Plup.	distulissem	distulissēmus		dīlātus essem	dīlātī essēmus
	distulissēs	distulissētis		(-a, -um) essēs	(-ae, -a) essētis
	distulisset	distulissent		esset	essent
			IMPERATIVE		
Pres.	differ	differte			
			INFINITIVE		
Pres.	differre			differrī	
Perf.	distulisse			dīlātus (-a, -um) esse	
Fut.	dīlātūrus (-a, -um) esse			dīlātum īrī	
			PARTICIPLE		
Pres.	differens, (-ntis)				
Perf.				dīlātus (-a, -um)	
Fut.	dīlātūrus (-a, -um)			differendus (-a, -um) (GERUNDIVE)	

GERUND differendī, -ō, -um, -ō   SUPINE dīlātum, -ū

Alternate forms: **differier** = differi
Compounds and related words: **differentia, -ae, f.** difference; **differitas, -tatis, f.** difference; **dilatio, -onis, f.** delaying; **dilato (1)** to extend; **dilator, -is, m.** a loiterer
Model sentence: *Nos cum scapha tempestas **differt** ab illis.* —Plautus

think worthy

ACTIVE		PASSIVE	
INDICATIVE			
Pres. dignō	dignāmus	dignor	dignāmur
dignās	dignātis	dignāris (-re)	dignāminī
dignat	dignant	dignātur	dignantur
Impf. dignābam	dignābāmus	dignābar	dignābāmur
dignābās	dignābātis	dignābāris (-re)	dignābāminī
dignābat	dignābant	dignābātur	dignābantur
Fut. dignābō	dignābimus	dignābor	dignābimur
dignābis	dignābitis	dignāberis (-re)	dignābiminī
dignābit	dignābunt	dignābitur	dignābuntur
Perf. dignāvī	dignāvimus	dignātus sum	dignātī sumus
dignāvistī	dignāvistis	(-a, -um) es	(-ae, -a) estis
dignāvit	dignāvērunt (-ēre)	est	sunt
Plup. dignāveram	dignāverāmus	dignātus eram	dignātī erāmus
dignāverās	dignāverātis	(-a, -um) erās	(-ae, -a) erātis
dignāverat	dignāverant	erat	erant
Fut. dignāverō	dignāverimus	dignātus erō	dignātī erimus
Perf. dignāveris	dignāveritis	(-a, -um) eris	(-ae, -a) eritis
dignāverit	dignāverint	erit	erunt
SUBJUNCTIVE			
Pres. dignem	dignēmus	digner	dignēmur
dignēs	dignētis	dignēris (-re)	dignēminī
dignet	dignent	dignētur	dignentur
Impf. dignārem	dignārēmus	dignārer	dignārēmur
dignārēs	dignārētis	dignārēris (-re)	dignārēminī
dignāret	dignārent	dignārētur	dignārentur
Perf. dignāverim	dignāverimus	dignātus sim	dignātī sīmus
dignāveris	dignāveritis	(-a, -um) sīs	(-ae, -a) sītis
dignāverit	dignāverint	sit	sint
Plup. dignāvissem	dignāvissēmus	dignātus essem	dignātī essēmus
dignāvissēs	dignāvissētis	(-a, -um) essēs	(-ae, -a) essētis
dignāvisset	dignāvissent	esset	essent
IMPERATIVE			
Pres. dignā	dignāte		
INFINITIVE			
Pres. dignāre		dignārī	
Perf. dignāvisse		dignātus (-a, -um) esse	
Fut. dignātūrus (-a, -um) esse		dignātum īrī	
PARTICIPLE			
Pres. dignans, (-ntis)			
Perf.		dignātus (-a, -um)	
Fut. dignātūrus (-a, -um)		dignandus (-a, -um) (GERUNDIVE)	

GERUND dignandī, -ō, -um, -ō   SUPINE dignātum, -ū

Usage notes: passive forms often used as deponents
Compounds and related words: **dignatio, -onis, f.** esteem; **dignitas, -tatis, f.** dignity; **dignor (1)** think worthy; **dignus, -a, -um** worthy; **indignor (1)** be angry at; **indignus, -a, -um** unworthy
Model sentence: *Haud equidem tali me **dignor** honore.* —Vergil

pick, choose, love

	ACTIVE			**PASSIVE**	
			INDICATIVE		
Pres.	dīligō	dīligimus		dīligor	dīligimur
	dīligis	dīligitis		dīligeris (-re)	dīligiminī
	dīligit	dīligunt		dīligitur	dīliguntur
Impf.	dīligēbam	dīligēbāmus		dīligēbar	dīligēbāmur
	dīligēbās	dīligēbātis		dīligēbāris (-re)	dīligēbāminī
	dīligēbat	dīligēbant .		dīligēbātur	dīligēbantur
Fut.	dīligam	dīligēmus		dīligar	dīligēmur
	dīligēs	dīligētis		dīligēris (-re)	dīligēminī
	dīliget	dīligent		dīligētur	dīligentur
Perf.	dīlexī	dīleximus		dīlectus sum	dīlectī sumus
	dīlexistī	dīlexistis		(-a, -um) es	(-ae, -a) estis
	dīlexit	dīlexērunt (-ēre)		est	sunt
Plup.	dīlexeram	dīlexerāmus		dīlectus eram	dīlectī erāmus
	dīlexerās	dīlexerātis		(-a, -um) erās	(-ae, -a) erātis
	dīlexerat	dīlexerant		erat	erant
Fut.	dīlexerō	dīlexerimus		dīlectus erō	dīlectī erimus
Perf.	dīlexeris	dīlexeritis		(-a, -um) eris	(-ae, -a) eritis
	dīlexerit	dīlexerint		erit	erunt
			SUBJUNCTIVE		
Pres.	dīligam	dīligāmus		dīligar	dīligāmur
	dīligās	dīligātis		dīligāris (-re)	dīligāminī
	dīligat	dīligant		dīligātur	dīligantur
Impf.	dīligerem	dīligerēmus		dīligerer	dīligerēmur
	dīligerēs	dīligerētis		dīligerēris (-re)	dīligerēminī
	dīligeret	dīligerent		dīligerētur	dīligerentur
Perf.	dīlexerim	dīlexerimus		dīlectus sim	dīlectī sīmus
	dīlexeris	dīlexeritis		(-a, -um) sīs	(-ae, -a) sītis
	dīlexerit	dīlexerint		sit	sint
Plup.	dīlexissem	dīlexissēmus		dīlectus essem	dīlectī essēmus
	dīlexissēs	dīlexissētis		(-a, -um) essēs	(-ae, -a) essētis
	dīlexisset	dīlexissent		esset	essent
			IMPERATIVE		
Pres.	dīlige	dīligite			
			INFINITIVE		
Pres.	dīligere			dīligī	
Perf.	dīlexisse			dīlectus (-a, -um) esse	
Fut.	dīlectūrus (-a, -um) esse			dīlectum īrī	
			PARTICIPLE		
Pres.	dīligens, (-ntis)				
Perf.				dīlectus (-a, -um)	
Fut.	dīlectūrus (-a, -um)			dīligendus (-a, -um) (GERUNDIVE)	

GERUND dīligendī, -ō, -um, -ō   SUPINE dīlectum -ū

Compounds and related words: **dilectio, -onis, f.** love; **dilectus, -a, -um** beloved; **diligens, -ntis** careful; **diligentia, -ae, f.** carefulness

See **lego** for other compounds of this verb.

Model sentence: *Quem di **diligunt,** adolescens moritur.* —Plautus

arrange, send in a straight line

ACTIVE		PASSIVE	

INDICATIVE

Pres.	dīrigō	dīrigimus	dīrigor	dīrigimur
	dīrigis	dīrigitis	dīrigeris (-re)	dīrigiminī
	dīrigit	dīrigunt	dīrigitur	dīriguntur
Impf.	dīrigēbam	dīrigēbāmus	dīrigēbar	dīrigēbāmur
	dīrigēbās	dīrigēbātis	dīrigēbāris (-re)	dīrigēbāminī
	dīrigēbat	dīrigēbant	dīrigēbātur	dīrigēbantur
Fut.	dīrigam	dīrigēmus	dīrigar	dīrigēmur
	dīrigēs	dīrigētis	dīrigēris (-re)	dīrigēminī
	dīriget	dīrigent	dīrigētur	dīrigentur
Perf.	dīrexī	dīreximus	dīrectus sum	dīrectī sumus
	dīrexistī	dīrexistis	(-a, -um) es	(-ae, -a) estis
	dīrexit	dīrexērunt (-ēre)	est	sunt
Plup.	dīrexeram	dīrexerāmus	dīrectus eram	dīrectī erāmus
	dīrexerās	dīrexerātis	(-a, -um) erās	(-ae, -a) erātis
	dīrexerat	dīrexerant	erat	erant
Fut.	dīrexerō	dīrexerimus	dīrectus erō	dīrectī erimus
Perf.	dīrexeris	dīrexeritis	(-a, -um) eris	(-ae, -a) eritis
	dīrexerit	dīrexerint	erit	erunt

SUBJUNCTIVE

Pres.	dīrigam	dīrigāmus	dīrigar	dīrigāmur
	dīrigās	dīrigātis	dīrigāris (-re)	dīrigāminī
	dīrigat	dīrigant	dīrigātur	dīrigantur
Impf.	dīrigerem	dīrigerēmus	dīrigerer	dīrigerēmur
	dīrigerēs	dīrigerētis	dīrigerēris (-re)	dīrigerēminī
	dīrigeret	dīrigerent	dīrigerētur	dīrigerentur
Perf.	dīrexerim	dīrexerimus	dīrectus sim	dīrectī sīmus
	dīrexeris	dīrexeritis	(-a, -um) sīs	(-ae, -a) sītis
	dīrexerit	dīrexerint	sit	sint
Plup.	dīrexissem	dīrexissēmus	dīrectus essem	dīrectī essēmus
	dīrexissēs	dīrexissētis	(-a, -um) essēs	(-ae, -a) essētis
	dīrexisset	dīrexissent	esset	essent

IMPERATIVE

Pres.	dīrige	dīrigite	

INFINITIVE

Pres.	dīrigere	dīrigī
Perf.	dīrexisse	dīrectus (-a, -um) esse
Fut.	dīrectūrus (-a, -um) esse	dīrectum īrī

PARTICIPLE

Pres.	dīrigens, (-ntis)	
Perf.		dīrectus (-a, -um)
Fut.	dīrectūrus (-a, -um)	dīrigendus (-a, -um) (GERUNDIVE)

GERUND dīrigendī, -ō, -um, -ō   SUPINE dīrectum, -ū

Alternate forms: **derigo** = dirigo; **direxti** = direxisti
Compounds and related words: **directim** directly; **directitudo, -inis, f.** correctness; **directus, -a,**
   -um straight
See **rego** for other compounds of this verb.
Model sentence: *Meas cogitationes sic **dirigo** . . . .* —Cicero

rend, scatter

	ACTIVE		**PASSIVE**	
		INDICATIVE		
Pres.	discerpō	discerpimus	discerpor	discerpimur
	discerpis	discerpitis	discerperis (-re)	discerpiminī
	discerpit	discerpunt	discerpitur	discerpuntur
Impf.	discerpēbam	discerpēbāmus	discerpēbar	discerpēbāmur
	discerpēbās	discerpēbātis	discerpēbāris (-re)	discerpēbāminī
	discerpēbat	discerpēbant	discerpēbātur	discerpēbantur
Fut.	discerpam	discerpēmus	discerpar	discerpēmur
	discerpēs	discerpētis	discerpēris (-re)	discerpēminī
	discerpet	discerpent	discerpētur	discerpentur
Perf.	discerpsī	discerpsimus	discerptus sum	discerptī sumus
	discerpsistī	discerpsistis	(-a, -um) es	(-ae, -a) estis
	discerpsit	discerpsērunt (-ēre)	est	sunt
Plup.	discerpseram	discerpserāmus	discerptus eram	discerptī erāmus
	discerpserās	discerpserātis	(-a, -um) erās	(-ae, -a) erātis
	discerpserat	discerpserant	erat	erant
Fut.	discerpserō	discerpserimus	discerptus erō	discerptī erimus
Perf.	discerpseris	discerpseritis	(-a, -um) eris	(-ae, -a) eritis
	discerpserit	discerpserint	erit	erunt
		SUBJUNCTIVE		
Pres.	discerpam	discerpāmus	discerpar	discerpāmur
	discerpās	discerpātis	discerpāris (-re)	discerpāminī
	discerpat	discerpant	discerpātur	discerpantur
Impf.	discerperem	discerperēmus	discerperer	discerperēmur
	discerperēs	discerperētis	discerperēris (-re)	discerperēminī
	discerperet	discerperent	discerperētur	discerperentur
Perf.	discerpserim	discerpserimus	discerptus sim	discerptī sīmus
	discerpseris	discerpseritis	(-a, -um) sīs	(-ae, -a) sītis
	discerpserit	discerpserint	sit	sint
Plup.	discerpsissem	discerpsissēmus	discerptus essem	discerptī essēmus
	discerpsissēs	discerpsissētis	(-a, -um) essēs	(-ae, -a) essētis
	discerpsisset	discerpsissent	esset	essent
		IMPERATIVE		
Pres.	discerpe	discerpite		
		INFINITIVE		
Pres.	discerpere		discerpī	
Perf.	discerpsisse		discerptus (-a, -um) esse	
Fut.	discerptūrus (-a, -um) esse		discerptum īrī	
		PARTICIPLE		
Pres.	discerpens, (-ntis)			
Perf.			discerptus (-a, -um)	
Fut.	discerptūrus (-a, -um)		discerpendus (-a, -um) (GERUNDIVE)	

GERUND discerpendī, -ō, -um, -ō   SUPINE discerptum, -ū

See **carpo** for other compounds of this verb.

Model sentence: *Animus nec secerni nec dividi nec **discerpi** nec distrahi potest.* —Cicero

learn

ACTIVE

INDICATIVE

Pres.	discō	discimus
	discis	discitis
	discit	discunt
Impf.	discēbam	discēbāmus
	discēbās	discēbātis
	discēbat	discēbant
Fut.	discam	discēmus
	discēs	discētis
	discet	discent
Perf.	didicī	didicimus
	didicistī	didicistis
	didicit	didicērunt (-ēre)
Plup.	didiceram	didicerāmus
	didicerās	didicerātis
	didicerat	didicerant
Fut.	didicerō	didicerimus
Perf.	didiceris	didiceritis
	didicerit	didicerint

SUBJUNCTIVE

Pres.	discam	discāmus
	discās	discātis
	discat	discant
Impf.	discerem	discerēmus
	discerēs	discerētis
	disceret	discerent
Perf.	didicerim	didicerimus
	didiceris	didiceritis
	didicerit	didicerint
Plup.	didicissem	didicissēmus
	didicissēs	didicissētis
	didicisset	didicissent

IMPERATIVE

Pres.	disce	discite

INFINITIVE

Pres.	discere
Perf.	didicisse
Fut.	

PARTICIPLE

	Active	Passive
Pres.	discens, (-ntis)	
Perf.		
Fut.		

GERUND discendī, -ō, -um, -ō,   SUPINE

Compounds and related words: **disciplina, -ae, f.** instruction; **discipulus, -i, m.** student; **edisco (3)** learn well

Model sentence: *Homines dum docent, **discunt**.* —Seneca

disiciō

disiciō, disicere, disiēcī, disiectum

scatter

ACTIVE		PASSIVE	
INDICATIVE			
Pres.	disiciō / disicimus	disicior	disicimur
	disicis / disicitis	disiceris (-re)	disiciminī
	disicit / disiciunt	disicitur	disiciuntur
Impf.	disiciēbam / disiciēbāmus	disiciēbar	disiciēbāmur
	disiciēbās / disiciēbātis	disiciēbāris (-re)	disiciēbāminī
	disiciēbat / disiciēbant	disiciēbātur	disiciēbantur
Fut.	disiciam / disiciēmus	disiciar	disiciēmur
	disiciēs / disiciētis	disiciēris (-re)	disiciēminī
	disiciet / disicient	disiciētur	disicientur
Perf.	disiēcī / disiēcimus	disiectus sum	disiectī sumus
	disiēcistī / disiēcistis	(-a, -um) es	(-ae, -a) estis
	disiēcit / disiēcērunt (-ēre)	est	sunt
Plup.	disiēceram / disiēcerāmus	disiectus eram	disiectī erāmus
	disiēcerās / disiēcerātis	(-a, -um) erās	(-ae, -a) erātis
	disiēcerat / disiēcerant	erat	erant
Fut.	disiēcerō / disiēcerimus	disiectus erō	disiectī erimus
Perf.	disiēceris / disiēceritis	(-a, -um) eris	(-ae, -a) eritis
	disiēcerit / disiēcerint	erit	erunt
SUBJUNCTIVE			
Pres.	disiciam / disiciāmus	disiciar	disiciāmur
	disiciās / disiciātis	disiciāris (-re)	disiciāminī
	disiciat / disiciant	disiciātur	disiciantur
Impf.	disicerem / disicerēmus	disicerer	disicerēmur
	disicerēs / disicerētis	disicerēris (-re)	disicerēminī
	disiceret / disicerent	disicerētur	disicerentur
Perf.	disiēcerim / disiēcerimus	disiectus sim	disiectī sīmus
	disiēceris / disiēceritis	(-a, -um) sīs	(-ae, -a) sītis
	disiēcerit / disiēcerint	sit	sint
Plup.	disiēcissem / disiēcissēmus	disiectus essem	disiectī essēmus
	disiēcissēs / disiēcissētis	(-a, -um) essēs	(-ae, -a) essētis
	disiēcisset / disiēcissent	esset	essent
IMPERATIVE			
Pres.	disice / disicite		
INFINITIVE			
Pres.	disicere	disicī	
Perf.	disiēcisse	disiectus (-a, -um) esse	
Fut.	disiectūrus (-a, -um) esse	disiectum īrī	
PARTICIPLE			
Pres.	disiciens, (-ntis)		
Perf.		disiectus (-a, -um)	
Fut.	disiectūrus (-a, -um)	disiciendus (-a, -um) (GERUNDIVE)	

GERUND disiciendī, -ō, -um, -ō   SUPINE disiectum, -ū

Alternate forms: **dissicio** = disicio
Compounds and related words: **disiecto (1)** to scatter; **disiectus, -us, m.** a scattering
See **iacio** for other compounds of this verb.
Model sentence: *Alia **disiecerunt**, alia igni corruperunt.* —Livy

displease

ACTIVE		PASSIVE

INDICATIVE

Pres.	displiceō	displicēmus	
	displicēs	displicētis	
	displicet	displicent	displicētur (Impers.)
Impf.	displicēbam	displicēbāmus	
	displicēbās	displicēbātis	
	displicēbat	displicēbant	displicēbātur (Impers.)
Fut.	displicēbō	displicēbimus	
	displicēbis	displicēbitis	
	displicēbit	displicēbunt	displicēbitur (Impers.)
Perf.	displicuī	displicuimus	
	displicuistī	displicuistis	
	displicuit	displicuērunt (-ēre)	displicitum est (Impers.)
Plup.	displicueram	displicuerāmus	
	displicuerās	displicuerātis	
	displicuerat	displicuerant	displicitum erat (Impers.)
Fut.	displicuerō	displicuerimus	
Perf.	displicueris	displicueritis	
	displicuerit	displicuerint	displicitum erit (Impers.)

SUBJUNCTIVE

Pres.	displiceam	displiceāmus	
	displiceās	displiceātis	
	displiceat	displiceant	displiceātur (Impers.)
Impf.	displicērem	displicērēmus	
	displicērēs	displicērētis	
	displicēret	displicērent	displicērētur (Impers.)
Perf.	displicuerim	displicuerimus	
	displicueris	displicueritis	
	displicuerit	displicuerint	displicitum sit (Impers.)
Plup.	displicuissem	displicuissēmus	
	displicuissēs	displicuissētis	
	displicuisset	displicuissent	displicitum esset (Impers.)

IMPERATIVE

Pres.	displicē	displicēte

INFINITIVE

Pres.	displicēre	displicērī
Perf.	displicuisse	displicitus (-a, -um) esse
Fut.	displicitūrus (-a, -um) esse	displicitum īrī

PARTICIPLE

Pres.	displicens, (-ntis)	
Perf.		displicitus (-a, -um)
Fut.	displicitūrus (-a, -um)	displicendus (-a, -um) (GERUNDIVE)

GERUND displicendī, -ō, -um, -ō   SUPINE displicitum, -ū

Compounds and related words: **displicentia, -ae, f.** dissatisfaction
See **placeo** for other compounds of this verb.
Model sentence: *Mirabar quare nunquam me, Cotta, vocasses: | Iam scio me nudum **displicuisse** tibi.* —Martial

divide

ACTIVE		PASSIVE	
INDICATIVE			

Pres.	dīvidō	dīvidimus	dīvidor	dīvidimur
	dīvidis	dīviditis	dīvideris (-re)	dīvidiminī
	dīvidit	dīvidunt	dīviditur	dīviduntur
Impf.	dīvidēbam	dīvidēbāmus	dīvidēbar	dīvidēbāmur
	dīvidēbās	dīvidēbātis	dīvidēbāris (-re)	dīvidēbāminī
	dīvidēbat	dīvidēbant	dīvidēbātur	dīvidēbantur
Fut.	dīvidam	dīvidēmus	dīvidar	dīvidēmur
	dīvidēs	dīvidētis	dīvidēris (-re)	dīvidēminī
	dīvidet	dīvident	dīvidētur	dīvidentur
Perf.	dīvīsī	dīvīsimus	dīvīsus sum	dīvīsī sumus
	dīvīsistī	dīvīsistis	(-a, -um) es	(-ae, -a) estis
	dīvīsit	dīvīsērunt (-ēre)	est	sunt
Plup.	dīvīseram	dīvīserāmus	dīvīsus eram	dīvīsī erāmus
	dīvīserās	dīvīserātis	(-a, -um) erās	(-ae, -a) erātis
	dīvīserat	dīvīserant	erat	erant
Fut.	dīvīserō	dīvīserimus	dīvīsus erō	dīvīsī erimus
Perf.	dīvīseris	dīvīseritis	(-a, -um) eris	(-ae, -a) eritis
	dīvīserit	dīvīserint	erit	erunt

SUBJUNCTIVE			
Pres.	dīvidam	dīvidāmus	dīvidar	dīvidāmur
	dīvidās	dīvidātis	dīvidāris (-re)	dīvidāminī
	dīvidat	dīvidant	dīvidātur	dīvidantur
Impf.	dīviderem	dīviderēmus	dīviderer	dīviderēmur
	dīviderēs	dīviderētis	dīviderēris (-re)	dīviderēminī
	dīvideret	dīviderent	dīviderētur	dīviderentur
Perf.	dīvīserim	dīvīserimus	dīvīsus sim	dīvīsī sīmus
	dīvīseris	dīvīseritis	(-a, -um) sīs	(-ae, -a) sītis
	dīvīserit	dīvīserint	sit	sint
Plup.	dīvīsissem	dīvīsissēmus	dīvīsus essem	dīvīsī essēmus
	dīvīsissēs	dīvīsissētis	(-a, -um) essēs	(-ae, -a) essētis
	dīvīsisset	dīvīsissent	esset	essent

IMPERATIVE			
Pres.	dīvide	dīvidite		

INFINITIVE		
Pres.	dīvidere	dīvidī
Perf.	dīvīsisse	dīvīsus (-a, -um) esse
Fut.	dīvīsūrus (-a, -um) esse	dīvīsum īrī

PARTICIPLE		
Pres.	dīvidens, (-ntis)	
Perf.		dīvīsus (-a, -um)
Fut.	dīvīsūrus (-a, -um)	dīvidendus (-a, -um) (GERUNDIVE)

GERUND dīvidendī, -ō, -um, -ō   SUPINE dīvīsum, -ū

Alternate forms: **divisse** = divisisse

Compounds and related words: **dividia, -ae, f.** division; **dividuus, -a, -um** divisible; **divisio, -onis, f.** division; **divisor, -is, m.** divider

Model sentence: *Opera ex pecunia attributa **divisa**que inter se haec confecerunt.* —Livy

give

ACTIVE | PASSIVE

INDICATIVE

	ACTIVE		PASSIVE	
Pres.	dō	damus		damur
	dās	datis	daris (-re)	daminī
	dat	dant	datur	dantur
Impf.	dabam	dabāmus	dabar	dabāmur
	dabās	dabātis	dabāris (-re)	dabāminī
	dabat	dabant	dabātur	dabantur
Fut.	dabō	dabimus	dabor	dabimur
	dabis	dabitis	daberis (-re)	dabiminī
	dabit	dabunt	dabitur	dabuntur
Perf.	dedī	dedimus	datus sum	datī sumus
	dedistī	dedistis	(-a, -um) es	(-ae, -a) estis
	dedit	dedērunt (-ēre)	est	sunt
Plup.	dederam	dederāmus	datus eram	datī erāmus
	dederās	dederātis	(-a, -um) erās	(-ae, -a) erātis
	dederat	dederant	erat	erant
Fut.	dederō	dederimus	datus erō	datī erimus
Perf.	dederis	dederitis	(-a, -um) eris	(-ae, -a) eritis
	dederit	dederint	erit	erunt

SUBJUNCTIVE

	ACTIVE		PASSIVE	
Pres.	dem	dēmus		dēmur
	dēs	dētis	dēris (-re)	dēminī
	det	dent	dētur	dentur
Impf.	dārem	dārēmus	darer	darēmur
	dārēs	dārētis	darēris (-re)	darēminī
	dāret	dārent	darētur	darentur
Perf.	dederim	dederimus	datus sim	datī sīmus
	dederis	dederitis	(-a, -um) sīs	(-ae, -a) sītis
	dederit	dederint	sit	sint
Plup.	dedissem	dedissēmus	datus essem	datī essēmus
	dedissēs	dedissētis	(-a, -um) essēs	(-ae, -a) essētis
	dedisset	dedissent	esset	essent

IMPERATIVE

	ACTIVE	PASSIVE
Pres.	dā date	

INFINITIVE

	ACTIVE	PASSIVE
Pres.	dare	darī
Perf.	dedisse	datus (-a, -um) esse
Fut.	datūrus (-a, -um) esse	datum īrī

PARTICIPLE

	ACTIVE	PASSIVE
Pres.	dans, (-ntis)	
Perf.		datus (-a, -um)
Fut.	datūrus (-a, -um)	dandus (-a, -um) (GERUNDIVE)

GERUND dandī, -ō, -um, -ō   SUPINE datum, -ū

AN ESSENTIAL
55 VERB

dō

Related Words

dono, donare, donavi, donatum *to give (as a gift)*

This verb is essential because of its commonness. It has very few related words or compounds. There is, however, a list of verbs that look like compounds, but in fact they are compounds formed on the third conjugation base of a totally different verb, **-do, -dere, -didi, -ditum**, which only exists in compounds and has a basic meaning *to put* or *place*. Here is a list of the most common compounds of this other verb:

abdo	*to hide*
addo	*to add*
dedo	*to surrender*
indo	*to put in*
perdo	*to destroy*
prodo	*to betray*
reddo	*to restore*
subdo	*to subdue*
trado	*to hand over*

ALTERNATE FORMS:
dane = dasne
danunt = dant
dasi = dari
duas = des
duim = dem
duint = dent
duis = des
duit = det

COMPOUNDS:
circumdo, circumdare, circumdedi, circumdatum *to surround*

MODEL SENTENCE:
*Divina natura **dedit** agros, ars humana aedificavit urbes.* —Varro

explain, teach

ACTIVE   PASSIVE

INDICATIVE

	ACTIVE		PASSIVE	
Pres.	doceō	docēmus	doceor	docēmur
	docēs	docētis	docēris (-re)	docēminī
	docet	docent	docētur	docentur
Impf.	docēbam	docēbāmus	docēbar	docēbāmur
	docēbās	docēbātis	docēbāris (-re)	docēbāminī
	docēbat	docēbant	docēbātur	docēbantur
Fut.	docēbō	docēbimus	docēbor	docēbimur
	docēbis	docēbitis	docēberis (-re)	docēbiminī
	docēbit	docēbunt	docēbitur	docēbuntur
Perf.	docuī	docuimus	doctus sum	doctī sumus
	docuistī	docuistis	(-a, -um) es	(-ae, -a) estis
	docuit	docuērunt (-ēre)	est	sunt
Plup.	docueram	docuerāmus	doctus eram	doctī erāmus
	docuerās	docuerātis	(-a, -um) erās	(-ae, -a) erātis
	docuerat	docuerant	erat	erant
Fut.	docuerō	docuerimus	doctus erō	doctī erimus
Perf.	docueris	docueritis	(-a, -um) eris	(-ae, -a) eritis
	docuerit	docuerint	erit	erunt

SUBJUNCTIVE

	ACTIVE		PASSIVE	
Pres.	doceam	doceāmus	docear	doceāmur
	doceās	doceātis	doceāris (-re)	doceāminī
	doceat	doceant	doceātur	doceantur
Impf.	docērem	docērēmus	docērer	docērēmur
	docērēs	docērētis	docērēris (-re)	docērēminī
	docēret	docērent	docērētur	docērentur
Perf.	docuerim	docuerimus	doctus sim	doctī sīmus
	docueris	docueritis	(-a, -um) sīs	(-ae, -a) sītis
	docuerit	docuerint	sit	sint
Plup.	docuissem	docuissēmus	doctus essem	doctī essēmus
	docuissēs	docuissētis	(-a, -um) essēs	(-ae, -a) essētis
	docuisset	docuissent	esset	essent

IMPERATIVE

	ACTIVE	
Pres.	docē	docēte

INFINITIVE

	ACTIVE	PASSIVE
Pres.	docēre	docērī
Perf.	docuisse	doctus (-a, -um) esse
Fut.	doctūrus (-a, -um) esse	doctum īrī

PARTICIPLE

	ACTIVE	PASSIVE
Pres.	docens, (-ntis)	
Perf.		doctus (-a, -um)
Fut.	doctūrus (-a, -um)	docendus (-a, -um) (GERUNDIVE)

GERUND docendī, -ō, -um, -ō   SUPINE doctum, -ū

Usage notes: generally **accusative** of person and **accusative** of thing taught

Compounds and related words: **docilis, -e** teachable; **doctor, -is, m.** teacher; **doctrina, -ae, f.** instruction; **documentum, -i, n.** lesson; **edoceo (2)** to teach clearly

Model sentence: *Homines dum **docent**, discunt.* —Seneca

doleō

feel pain, grieve

ACTIVE		PASSIVE	

INDICATIVE

Pres.	doleō	dolēmus	doleor	dolēmur	
	dolēs	dolētis	dolēris (-re)	dolēminī	
	dolet	dolent	dolētur	dolentur	
Impf.	dolēbam	dolēbāmus	dolēbar	dolēbāmur	
	dolēbās	dolēbātis	dolēbāris (-re)	dolēbāminī	
	dolēbat	dolēbant	dolēbātur	dolēbantur	
Fut.	dolēbō	dolēbimus	dolēbor	dolēbimur	
	dolēbis	dolēbitis	dolēberis (-re)	dolēbiminī	
	dolēbit	dolēbunt	dolēbitur	dolēbuntur	
Perf.	doluī	doluimus	dolitus sum	dolitī sumus	
	doluistī	doluistis	(-a, -um) es	(-ae, -a) estis	
	doluit	doluērunt (-ēre)	est	sunt	
Plup.	dolueram	doluerāmus	dolitus eram	dolitī erāmus	
	doluerās	doluerātis	(-a, -um) erās	(-ae, -a) erātis	
	doluerat	doluerant	erat	erant	
Fut.	doluerō	doluerimus	dolitus erō	dolitī erimus	
Perf.	dolueris	dolueritis	(-a, -um) eris	(-ae, -a) eritis	
	doluerit	doluerint	erit	erunt	

SUBJUNCTIVE

Pres.	doleam	doleāmus	dolear	doleāmur	
	doleās	doleātis	doleāris (-re)	doleāminī	
	doleat	doleant	doleātur	doleantur	
Impf.	dolērem	dolērēmus	dolērer	dolērēmur	
	dolērēs	dolērētis	dolērēris (-re)	dolērēminī	
	dolēret	dolērent	dolērētur	dolērentur	
Perf.	doluerim	doluerimus	dolitus sim	dolitī sīmus	
	dolueris	dolueritis	(-a, -um) sīs	(-ae, -a) sītis	
	doluerit	doluerint	sit	sint	
Plup.	doluissem	doluissēmus	dolitus essem	dolitī essēmus	
	doluissēs	doluissētis	(-a, -um) essēs	(-ae, -a) essētis	
	doluisset	doluissent	esset	essent	

IMPERATIVE

Pres.	dolē	dolēte

INFINITIVE

Pres.	dolēre	dolērī
Perf.	doluisse	dolitus (-a, -um) esse
Fut.	dolitūrus (-a, -um) esse	dolitum īrī

PARTICIPLE

Pres.	dolens, (-ntis)	
Perf.		dolitus (-a, -um)
Fut.	dolitūrus (-a, -um)	dolendus (-a, -um) (GERUNDIVE)

GERUND dolendī, -ō, -um, -ō   SUPINE dolitum, -ū

Usage notes: Third person sometimes used impersonally. Passive forms used as deponents.
Compounds and related words: **dolor, -is, m.** pain
Model sentence: *Ille **dolet** vere qui sine teste **dolet**.* —Martial

sleep

ACTIVE		PASSIVE
INDICATIVE		

Pres.	dormiō	dormīmus	
	dormīs	dormītis	
	dormit	dormiunt	dormītur (Impers.)
Impf.	dormiēbam	dormiēbāmus	
	dormiēbās	dormiēbātis	
	dormiēbat	dormiēbant	dormiēbātur (Impers.)
Fut.	dormiam	dormiēmus	
	dormiēs	dormiētis	
	dormiet	dormient	dormiētur (Impers.)
Perf.	dormīvī	dormīvimus	
	dormīvistī	dormīvistis	
	dormīvit	dormīvērunt (-ēre)	dormītum est (Impers.)
Plup.	dormīveram	dormīverāmus	
	dormīverās	dormīverātis	
	dormīverat	dormīverant	dormītum erat (Impers.)
Fut. *Perf.*	dormīverō	dormīverimus	
	dormīveris	dormīveritis	
	dormīverit	dormīverint	dormītum erit (Impers.)

SUBJUNCTIVE		

Pres.	dormiam	dormiāmus	
	dormiās	dormiātis	
	dormiat	dormiant	dormiātur (Impers.)
Impf.	dormīrem	dormīrēmus	
	dormīrēs	dormīrētis	
	dormīret	dormīrent	dormīrētur (Impers.)
Perf.	dormīverim	dormīverimus	
	dormīveris	dormīveritis	
	dormīverit	dormīverint	dormītum sit (Impers.)
Plup.	dormīvissem	dormīvissēmus	
	dormīvissēs	dormīvissētis	
	dormīvisset	dormīvissent	dormītum esset (Impers.)

IMPERATIVE		
Pres.	dormī	dormīte	

INFINITIVE		
Pres.	dormīre		dormīrī
Perf.	dormīvisse		dormītum esse
Fut.	dormītūrus (-a, -um) esse		dormītum īrī

PARTICIPLE		
Pres.	dormiens, (-ntis)		
Perf.			dormītus (-a, -um)
Fut.	dormītūrus (-a, -um)		dormiendus (-a, -um) (GERUNDIVE)

GERUND dormiendī, -ō, -um, -ō   SUPINE dormītum, -ū

Alternate forms: **dormibit** = dormiet; **dormibo** = dormiam; **dormii** = dormivi
Compounds and related words: **dormito (1)** to be sleepy; **obdormio (4)** to fall asleep
Model sentence: *Cubiculum in quo ipse **dormio** est viperae huius sessorium.* —Petronius

dubitō

dubitō, dubitāre, dubitāvī, dubitātum

doubt, hesitate

ACTIVE		PASSIVE	
INDICATIVE			

	ACTIVE		PASSIVE	
Pres.	dubitō	dubitāmus	dubitor	dubitāmur
	dubitās	dubitātis	dubitāris (-re)	dubitāminī
	dubitat	dubitant	dubitātur	dubitantur
Impf.	dubitābam	dubitābāmus	dubitābar	dubitābāmur
	dubitābās	dubitābātis	dubitābāris (-re)	dubitābāminī
	dubitābat	dubitābant	dubitābātur	dubitābantur
Fut.	dubitābō	dubitābimus	dubitābor	dubitābimur
	dubitābis	dubitābitis	dubitāberis (-re)	dubitābiminī
	dubitābit	dubitābunt	dubitābitur	dubitābuntur
Perf.	dubitāvī	dubitāvimus	dubitātus sum	dubitātī sumus
	dubitāvistī	dubitāvistis	(-a, -um) es	(-ae, -a) estis
	dubitāvit	dubitāvērunt (-ēre)	est	sunt
Plup.	dubitāveram	dubitāverāmus	dubitātus eram	dubitātī erāmus
	dubitāverās	dubitāverātis	(-a, -um) erās	(-ae, -a) erātis
	dubitāverat	dubitāverant	erat	erant
Fut.	dubitāverō	dubitāverimus	dubitātus erō	dubitātī erimus
Perf.	dubitāveris	dubitāveritis	(-a, -um) eris	(-ae, -a) eritis
	dubitāverit	dubitāverint	erit	erunt

SUBJUNCTIVE

	ACTIVE		PASSIVE	
Pres.	dubitem	dubitēmus	dubiter	dubitēmur
	dubitēs	dubitētis	dubitēris (-re)	dubitēminī
	dubitet	dubitent	dubitētur	dubitentur
Impf.	dubitārem	dubitārēmus	dubitārer	dubitārēmur
	dubitārēs	dubitārētis	dubitārēris (-re)	dubitārēminī
	dubitāret	dubitārent	dubitārētur	dubitārentur
Perf.	dubitāverim	dubitāverimus	dubitātus sim	dubitātī sīmus
	dubitāveris	dubitāveritis	(-a, -um) sīs	(-ae, -a) sītis
	dubitāverit	dubitāverint	sit	sint
Plup.	dubitāvissem	dubitāvissēmus	dubitātus essem	dubitātī essēmus
	dubitāvissēs	dubitāvissētis	(-a, -um) essēs	(-ae, -a) essētis
	dubitāvisset	dubitāvissent	esset	essent

IMPERATIVE

	ACTIVE	
Pres.	dubitā	dubitāte

INFINITIVE

	ACTIVE	PASSIVE
Pres.	dubitāre	dubitārī
Perf.	dubitāvisse	dubitātus (-a, -um) esse
Fut.	dubitātūrus (-a, -um) esse	dubitātum īrī

PARTICIPLE

	ACTIVE	PASSIVE
Pres.	dubitans, (-ntis)	
Perf.		dubitātus (-a, -um)
Fut.	dubitātūrus (-a, -um)	dubitandus (-a, -um) (GERUNDIVE)

GERUND dubitandī, -ō, -um, -ō   SUPINE dubitātum, -ū

Compounds and related words: **addubito (1)** begin to doubt; **dubitabilis, -e** doubtful; **dubitatio, -onis, f.** uncertainty; **dubius, -a, -um** doubtful

Model sentence: *Multi **dubitabant** quid optimum esset.* —Cicero

lead

	ACTIVE		**PASSIVE**	
		INDICATIVE		
Pres.	dūcō	dūcimus	dūcor	dūcimur
	dūcis	dūcitis	dūceris (-re)	dūciminī
	dūcit	dūcunt	dūcitur	dūcuntur
Impf.	dūcēbam	dūcēbāmus	dūcēbar	dūcēbāmur
	dūcēbās	dūcēbātis	dūcēbāris (-re)	dūcēbāminī
	dūcēbat	dūcēbant	dūcēbātur	dūcēbantur
Fut.	dūcam	dūcēmus	dūcar	dūcēmur
	dūcēs	dūcētis	dūcēris (-re)	dūcēminī
	dūcet	dūcent	dūcētur	dūcentur
Perf.	duxī	duximus	ductus sum	ductī sumus
	duxistī	duxistis	(-a, -um) es	(-ae, -a) estis
	duxit	duxērunt (-ēre)	est	sunt
Plup.	duxeram	duxerāmus	ductus eram	ductī erāmus
	duxerās	duxerātis	(-a, -um) erās	(-ae, -a) erātis
	duxerat	duxerant	erat	erant
Fut.	duxerō	duxerimus	ductus erō	ductī erimus
Perf.	duxeris	duxeritis	(-a, -um) eris	(-ae, -a) eritis
	duxerit	duxerint	erit	erunt
		SUBJUNCTIVE		
Pres.	dūcam	dūcāmus	dūcar	dūcāmur
	dūcās	dūcātis	dūcāris (-re)	dūcāminī
	dūcat	dūcant	dūcātur	dūcantur
Impf.	dūcerem	dūcerēmus	dūcerer	dūcerēmur
	dūcerēs	dūcerētis	dūcerēris (-re)	dūcerēminī
	dūceret	dūcerent	dūceretur	dūcerentur
Perf.	duxerim	duxerimus	ductus sim	ductī sīmus
	duxeris	duxeritis	(-a, -um) sīs	(-ae, -a) sītis
	duxerit	duxerint	sit	sint
Plup.	duxissem	duxissēmus	ductus essem	ductī essēmus
	duxissēs	duxissētis	(-a, -um) essēs	(-ae, -a) essētis
	duxisset	duxissent	esset	essent
		IMPERATIVE		
Pres.	dūc	dūcite		
		INFINITIVE		
Pres.	dūcere		dūcī	
Perf.	duxisse		ductus (-a, -um) esse	
Fut.	ductūrus (-a, -um) esse		ductum īrī	
		PARTICIPLE		
Pres.	dūcens, (-ntis)			
Perf.			ductus (-a, -um)	
Fut.	ductūrus (-a, -um)		dūcendus (-a, -um) (GERUNDIVE)	

GERUND dūcendī, -ō, -um, -ō   SUPINE ductum, -ū

AN ESSENTIAL
55 VERB

dūcō

COMPOUNDS:

abduco, abducere, abduxi, abductum to lead away

adduco, adducere, adduxi, adductum to lead to

circumduco, circumducere, circumduxi, circumductum to lead around

conduco, conducere, conduxi, conductum to assemble

deduco, deducere, deduxi, deductum to lead away

educo, educere, eduxi, eductum to lead out

induco, inducere, induxi, inductum to introduce

introduco, introducere, introduxi, introductum to introduce

obduco, obducere, obduxi, obductum to cover over

perduco, perducere, perduxi, perductum to guide

produco, producere, produxi, productum to bring forward

reduco, reducere, reduxi, reductum to lead back

seduco, seducere, seduxi, seductum to take away

subduco, subducere, subduxi, subductum to take away

traduco, traducere, traduxi, traductum to bring across

This verb and its compounds are among the most essential in the entire language. Its central idea involves taking someone or something from point A to point B as opposed to **mitto** *to send*, which refers to getting whatever to point B on its own.

Students sometimes confuse it with **dico** *to say* because of the similarity in appearance at first glance of their principal parts.

dico, dicere, dixi, dictum	*to say*
duco, ducere, duxi, ductum	*to lead*

The only difference in spelling may be the first vowel, but there is a big difference in meaning between *saying* and *leading*! Let context be your guide.

ALTERNATE FORMS:
duxti = duxisti

MODEL SENTENCE:
*Ratio **ducat**, non fortuna.* —Livy

harden, remain

	ACTIVE		PASSIVE	

INDICATIVE

Pres.	dūrō	dūrāmus	dūror	dūrāmur
	dūrās	dūrātis	dūrāris (-re)	dūrāminī
	dūrat	dūrant	dūrātur	dūrantur
Impf.	dūrābam	dūrābāmus	dūrābar	dūrābāmur
	dūrābās	dūrābātis	dūrābāris (-re)	dūrābāminī
	dūrābat	dūrābant	dūrābātur	dūrābantur
Fut.	dūrābō	dūrābimus	dūrābor	dūrābimur
	dūrābis	dūrābitis	dūrāberis (-re)	dūrābiminī
	dūrābit	dūrābunt	dūrābitur	dūrābuntur
Perf.	dūrāvī	dūrāvimus	dūrātus sum	dūrātī sumus
	dūrāvistī	dūrāvistis	(-a, -um) es	(-ae, -a) estis
	dūrāvit	dūrāvērunt (-ēre)	est	sunt
Plup.	dūrāveram	dūrāverāmus	dūrātus eram	dūrātī erāmus
	dūrāverās	dūrāverātis	(-a, -um) erās	(-ae, -a) erātis
	dūrāverat	dūrāverant	erat	erant
Fut.	dūrāverō	dūrāverimus	dūrātus erō	dūrātī erimus
Perf.	dūrāveris	dūrāveritis	(-a, -um) eris	(-ae, -a) eritis
	dūrāverit	dūrāverint	erit	erunt

SUBJUNCTIVE

Pres.	dūrem	dūrēmus	dūrer	dūrēmur
	dūrēs	dūrētis	dūrēris (-re)	dūrēminī
	dūret	dūrent	dūrētur	dūrentur
Impf.	dūrārem	dūrārēmus	dūrārer	dūrārēmur
	dūrārēs	dūrārētis	dūrārēris (-re)	dūrārēminī
	dūrāret	dūrārent	dūrārētur	dūrārentur
Perf.	dūrāverim	dūrāverimus	dūrātus sim	dūrātī sīmus
	dūrāveris	dūrāveritis	(-a, -um) sīs	(-ae, -a) sītis
	dūrāverit	dūrāverint	sit	sint
Plup.	dūrāvissem	dūrāvissēmus	dūrātus essem	dūrātī essēmus
	dūrāvissēs	dūrāvissētis	(-a, -um) essēs	(-ae, -a) essētis
	dūrāvisset	dūrāvissent	esset	essent

IMPERATIVE

Pres.	dūrā	dūrāte	

INFINITIVE

Pres.	dūrāre	dūrārī
Perf.	dūrāvisse	dūrātus (-a, -um) esse
Fut.	dūrātūrus (-a, -um) esse	dūrātum īrī

PARTICIPLE

Pres.	dūrans, (-ntis)	
Perf.		dūrātus (-a, -um)
Fut.	dūrātūrus (-a, -um)	dūrandus (-a, -um) (GERUNDIVE)

GERUND dūrandī, -ō, -um, -ō　　SUPINE dūrātum, -ū

Compounds and related words: **durabilis, -e** durable; **duramen, -minis, n.** hardness;
　　duresco (3) to harden; **duritas, -tatis, f.** hardness; **duritia, -ae, f.** hardness; **durus, -a, -um** hard;
　　obduro (1) to harden
Model sentence: *...ut opere in duro **durarent** membra manusque.* —Lucretius

set forth, explain

ACTIVE		**PASSIVE**	

INDICATIVE

	ACTIVE		PASSIVE	
Pres.	ēdō	ēdimus	ēdor	ēdimur
	ēdis	ēditis	ēderis (-re)	ēdiminī
	ēdit	ēdunt	ēditur	ēduntur
Impf.	ēdēbam	ēdēbāmus	ēdēbar	ēdēbāmur
	ēdēbās	ēdēbātis	ēdēbāris (-re)	ēdēbāminī
	ēdēbat	ēdēbant	ēdēbātur	ēdēbantur
Fut.	ēdam	ēdēmus	ēdar	ēdēmur
	ēdēs	ēdētis	ēdēris (-re)	ēdēminī
	ēdet	ēdent	ēdētur	ēdentur
Perf.	ēdidī	ēdidimus	ēditus sum	ēditī sumus
	ēdidistī	ēdidistis	(-a, -um) es	(-ae, -a) estis
	ēdidit	ēdidērunt (-ēre)	est	sunt
Plup.	ēdideram	ēdiderāmus	ēditus eram	ēditī erāmus
	ēdiderās	ēdiderātis	(-a, -um) erās	(-ae, -a) erātis
	ēdiderat	ēdiderant	erat	erant
Fut.	ēdiderō	ēdiderimus	ēditus erō	ēditī erimus
Perf.	ēdideris	ēdideritis	(-a, -um) eris	(-ae, -a) eritis
	ēdiderit	ēdiderint	erit	erunt

SUBJUNCTIVE

	ACTIVE		PASSIVE	
Pres.	ēdam	ēdāmus	ēdar	ēdāmur
	ēdās	ēdātis	ēdāris (-re)	ēdāminī
	ēdat	ēdant	ēdātur	ēdantur
Impf.	ēderem	ēderēmus	ēderer	ēderēmur
	ēderēs	ēderētis	ēderēris (-re)	ēderēminī
	ēderet	ēderent	ēderētur	ēderentur
Perf.	ēdiderim	ēdiderimus	ēditus sim	ēditī sīmus
	ēdideris	ēdideritis	(-a, -um) sīs	(-ae, -a) sītis
	ēdiderit	ēdiderint	sit	sint
Plup.	ēdidissem	ēdidissēmus	ēditus essem	ēditī essēmus
	ēdidissēs	ēdidissētis	(-a, -um) essēs	(-ae, -a) essētis
	ēdidisset	ēdidissent	esset	essent

IMPERATIVE

	ACTIVE	
Pres.	ēde	ēdite

INFINITIVE

	ACTIVE	PASSIVE
Pres.	ēdere	ēdī
Perf.	ēdidisse	ēditus (-a, -um) esse
Fut.	ēditūrus (-a, -um) esse	ēditum īrī

PARTICIPLE

	ACTIVE	PASSIVE
Pres.	ēdens, (-ntis)	
Perf.		ēditus (-a, -um)
Fut.	ēditūrus (-a, -um)	ēdendus (-a, -um) (GERUNDIVE)

GERUND ēdendī, -ō, -um, -ō   SUPINE ēditum, -ū

Compounds and related words: **editio, -onis, f.** publishing; **editus, -a, -um** high
Model sentence: *Talia tum placido Saturnius **edidit** ore....* —Ovid

eat

ACTIVE		PASSIVE
INDICATIVE		

Pres.	edō	edimus	
	ēs (edis)	estis (editis)	
	est (edit)	edunt	estur (Impers.)
Impf.	edēbam	edēbāmus	
	edēbās	edēbātis	
	edēbat	edēbant	
Fut.	edam	edēmus	
	edēs	edētis	
	edet	edent	
Perf.	ēdī	ēdimus	
	ēdistī	ēdistis	
	ēdit	ēdērunt (-ēre)	
Plup.	ēderam	ēderāmus	
	ēderās	ēderātis	
	ēderat	ēderant	
Fut.	ēderō	ēderimus	
Perf.	ēderis	ēderitis	
	ēderit	ēderint	

SUBJUNCTIVE		

Pres.	edam (edim)	edāmus (edīmus)	
	edās (edīs)	edātis (edītis)	
	edat (edit)	edant (edint)	
Impf.	essem (ederem)	essēmus (ederēmus)	
	essēs (ederēs)	essētis (ederētis)	
	esset (ederet)	essent (ederent)	essētur (Impers.)
Perf.	ēderim	ēderimus	
	ēderis	ēderitis	
	ēderit	ēderint	
Plup.	ēdissem	ēdissēmus	
	ēdissēs	ēdissētis	
	ēdisset	ēdissent	

IMPERATIVE		
Pres.	ēs (ede)	este (edite)

INFINITIVE		
Pres.	esse (edere)	
Perf.	ēdisse	
Fut.	ēsūrus (-a, -um) esse	

PARTICIPLE		
Pres.	edens, (-ntis)	
Perf.		
Fut.	ēsūrus (-a, -um)	

GERUND edendī, -ō, -um, -ō   SUPINE ēsum, -ū

Alternate forms: incorporated above
Compounds and related words: **adedo (3)** to nibble; **comedo (3)** to devour; **edax, edacis** gluttonous
Model sentence: *Boletum qualem Claudius **edit, edas.*** —Martial

carry out, bury, raise up

	ACTIVE			PASSIVE	

INDICATIVE

Pres.	efferō	efferimus		efferor	efferimur
	effers	effertis		efferris (-re)	efferiminī
	effert	efferunt		effertur	efferuntur
Impf.	efferēbam	efferēbāmus		efferēbar	efferēbāmur
	efferēbās	efferēbātis		efferēbāris (-re)	efferēbāminī
	efferēbat	efferēbant		efferēbātur	efferēbantur
Fut.	efferam	efferēmus		efferar	efferēmur
	efferēs	efferētis		efferēris (-re)	efferēminī
	efferet	efferent		efferētur	efferentur
Perf.	extulī	extulimus		ēlātus sum	ēlātī sumus
	extulistī	extulistis		(-a, -um) es	(-ae, -a) estis
	extulit	extulērunt (-ēre)		est	sunt
Plup.	extuleram	extulerāmus		ēlātus eram	ēlātī erāmus
	extulerās	extulerātis		(-a, -um) erās	(-ae, -a) erātis
	extulerat	extulerant		erat	erant
Fut.	extulerō	extulerimus		ēlātus erō	ēlātī erimus
Perf.	extuleris	extuleritis		(-a, -um) eris	(-ae, -a) eritis
	extulerit	extulerint		erit	erunt

SUBJUNCTIVE

Pres.	efferam	efferāmus		efferar	efferāmur
	efferās	efferātis		efferāris (-re)	efferāminī
	efferat	efferant		efferātur	efferantur
Impf.	efferrem	efferrēmus		efferrer	efferrēmur
	efferrēs	efferrētis		efferrēris (-re)	efferrēminī
	efferret	efferrent		efferrētur	efferrentur
Perf.	extulerim	extulerimus		ēlātus sim	ēlātī sīmus
	extuleris	extuleritis		(-a, -um) sīs	(-ae, -a) sītis
	extulerit	extulerint		sit	sint
Plup.	extulissem	extulissēmus		ēlātus essem	ēlātī essēmus
	extulissēs	extulissētis		(-a, -um) essēs	(-ae, -a) essētis
	extulisset	extulissent		esset	essent

IMPERATIVE

Pres.	effer	efferte			

INFINITIVE

Pres.	efferre		efferrī
Perf.	extulisse		ēlātus (-a, -um) esse
Fut.	ēlātūrus (-a, -um) esse		ēlātum īrī

PARTICIPLE

Pres.	efferens, (-ntis)		
Perf.			ēlātus (-a, -um)
Fut.	ēlātūrus (-a, -um)		efferendus (-a, -um) (GERUNDIVE)

GERUND efferendī, -ō, -um, -ō   SUPINE ēlātum, -ū

Alternate forms: **ecfero** = effero; **ecferre** = efferre
Compounds and related words: **elatio, -onis, f.** exaltation; **elatus, -a, -um** high
See **fero** for other compounds of this verb.
Model sentence: *Argentum iubeo iam intus **efferri** foras.* —Plautus

escape, avoid

ACTIVE		PASSIVE	
INDICATIVE			

	ACTIVE		PASSIVE	
Pres.	effugiō	effugimus	effugior	effugimur
	effugis	effugitis	effugeris (-re)	effugiminī
	effugit	effugiunt	effugitur	effugiuntur
Impf.	effugiēbam	effugiēbāmus	effugiēbar	effugiēbāmur
	effugiēbās	effugiēbātis	effugiēbāris (-re)	effugiēbāminī
	effugiēbat	effugiēbant	effugiēbātur	effugiēbantur
Fut.	effugiam	effugiēmus	effugiar	effugiēmur
	effugiēs	effugiētis	effugiēris (-re)	effugiēminī
	effugiet	effugient	effugiētur	effugientur
Perf.	effūgī	effūgimus		
	effūgistī	effūgistis		
	effūgit	effūgērunt (-ēre)		
Plup.	effūgeram	effūgerāmus		
	effūgerās	effūgerātis		
	effūgerat	effūgerant		
Fut.	effūgerō	effūgerimus		
Perf.	effūgeris	effūgeritis		
	effūgerit	effūgerint		

SUBJUNCTIVE

	ACTIVE		PASSIVE	
Pres.	effugiam	effugiāmus	effugiar	effugiāmur
	effugiās	effugiātis	effugiāris (-re)	effugiāminī
	effugiat	effugiant	effugiātur	effugiantur
Impf.	effugerem	effugerēmus	effugerer	effugerēmur
	effugerēs	effugerētis	effugerēris (-re)	effugerēminī
	effugeret	effugerent	effugerētur	effugerentur
Perf.	effūgerim	effūgerimus		
	effūgeris	effūgeritis		
	effūgerit	effūgerint		
Plup.	effūgissem	effūgissēmus		
	effūgissēs	effūgissētis		
	effūgisset	effūgissent		

IMPERATIVE

Pres.	effuge	effugite	

INFINITIVE

Pres.	effugere		effugī
Perf.	effūgisse		
Fut.	effugitūrus (-a, -um) esse		

PARTICIPLE

Pres.	effugiens, (-ntis)		
Perf.			
Fut.	effugitūrus (-a, -um)		effugiendus (-a, -um) (GERUNDIVE)

GERUND effugiendī, -ō, -um, -ō   SUPINE

Alternate forms: **effugiri** = effugi
Compounds and related words: **effugium, -i, n.** flight; **effugo (1)** to rout
See **fugio** for other compounds of this verb.
Model sentence: *Ita vix poteris **effugere** infortunium.* —Plautus

pour out

	ACTIVE		PASSIVE	
		INDICATIVE		
Pres.	effundō	effundimus	effundor	effundimur
	effundis	effunditis	effunderis (-re)	effundiminī
	effundit	effundunt	effunditur	effunduntur
Impf.	effundēbam	effundēbāmus	effundēbar	effundēbāmur
	effundēbās	effundēbātis	effundēbāris (-re)	effundēbāminī
	effundēbat	effundēbant	effundēbātur	effundēbantur
Fut.	effundam	effundēmus	effundar	effundēmur
	effundēs	effundētis	effundēris (-re)	effundēminī
	effundet	effundent	effundētur	effundentur
Perf.	effūdī	effūdimus	effūsus sum	effūsī sumus
	effūdistī	effūdistis	(-a, -um) es	(-ae, -a) estis
	effūdit	effūdērunt (-ēre)	est	sunt
Plup.	effūderam	effūderāmus	effūsus eram	effūsī erāmus
	effūderās	effūderātis	(-a, -um) erās	(-ae, -a) erātis
	effūderat	effūderant	erat	erant
Fut.	effūderō	effūderimus	effūsus erō	effūsī erimus
Perf.	effūderis	effūderitis	(-a, -um) eris	(-ae, -a) eritis
	effūderit	effūderint	erit	erunt
		SUBJUNCTIVE		
Pres.	effundam	effundāmus	effundar	effundāmur
	effundās	effundātis	effundāris (-re)	effundāminī
	effundat	effundant	effundātur	effundantur
Impf.	effunderem	effunderēmus	effunderer	effunderēmur
	effunderēs	effunderētis	effunderēris (-re)	effunderēminī
	effunderet	effunderent	effunderētur	effunderentur
Perf.	effūderim	effūderimus	effūsus sim	effūsī sīmus
	effūderis	effūderitis	(-a, -um) sīs	(-ae, -a) sītis
	effūderit	effūderint	sit	sint
Plup.	effūdissem	effūdissēmus	effūsus essem	effūsī essēmus
	effūdissēs	effūdissētis	(-a, -um) essēs	(-ae, -a) essētis
	effūdisset	effūdissent	esset	essent
		IMPERATIVE		
Pres.	effunde	effundite		
		INFINITIVE		
Pres.	effundere		effundī	
Perf.	effūdisse		effūsus (-a, -um) esse	
Fut.	effūsūrus (-a, -um) esse		effūsum īrī	
		PARTICIPLE		
Pres.	effundens, (-ntis)			
Perf.			effūsus (-a, -um)	
Fut.	effūsūrus (-a, -um)		effundendus (-a, -um) (GERUNDIVE)	

GERUND effundendī, -ō, -um, -ō SUPINE effūsum, -ū

Usage notes: passive forms often in middle sense with the meaning "surrender"
Alternate forms: **ecfundo** = effundo
Compounds and related words: **effuse** profusely; **effusio, -onis, f.** an outpour
Model sentence: *Sangarius flumen in Propontidem se **effundit**.* —Livy

be in need

ACTIVE			**PASSIVE**
INDICATIVE			
Pres.	egeō	egēmus	
	egēs	egētis	
	eget	egent	egētur (Impers.)
Impf.	egēbam	egēbāmus	
	egēbās	egēbātis	
	egēbat	egēbant	egēbātur (Impers.)
Fut.	egēbō	egēbimus	
	egēbis	egēbitis	
	egēbit	egēbunt	egēbitur (Impers.)
Perf.	eguī	eguimus	
	eguistī	eguistis	
	eguit	eguērunt (-ēre)	
Plup.	egueram	eguerāmus	
	eguerās	eguerātis	
	eguerat	eguerant	
Fut.	eguerō	eguerimus	
Perf.	egueris	egueritis	
	eguerit	eguerint	
SUBJUNCTIVE			
Pres.	egeam	egeāmus	
	egeās	egeātis	
	egeat	egeant	egeātur (Impers.)
Impf.	egērem	egērēmus	
	egērēs	egērētis	
	egēret	egērent	egērētur (Impers.)
Perf.	eguerim	eguerimus	
	egueris	egueritis	
	eguerit	eguerint	
Plup.	eguissem	eguissēmus	
	eguissēs	eguissētis	
	eguisset	eguissent	
IMPERATIVE			
Pres.	egē	egēte	
INFINITIVE			
Pres.	egēre		egērī
Perf.	eguisse		
Fut.	egitūrus (-a, -um) esse		
PARTICIPLE			
Pres.	egens, (-ntis)		
Perf.			
Fut.	egitūrus (-a, -um)		egendus (-a, -um) (GERUNDIVE)

GERUND egendī, -ō, -um, -ō   SUPINE

Usage notes: generally used with the **ablative**
Compounds and related words: **egestas, -tatis, f.** need; **indigeo (2)** to need
Model sentence: *Dictitabant se domo patriaque expulsos omnibus necessariis **egere** rebus.* —Caesar

ēiciō

throw out

ACTIVE		PASSIVE	
INDICATIVE			

Pres.	ēiciō	ēicimus	ēicior	ēicimur
	ēicis	ēicitis	ēiceris (-re)	ēiciminī
	ēicit	ēiciunt	ēicitur	ēiciuntur
Impf.	ēiciēbam	ēiciēbāmus	ēiciēbar	ēiciēbāmur
	ēiciēbās	ēiciēbātis	ēiciēbāris (-re)	ēiciēbāminī
	ēiciēbat	ēiciēbant	ēiciēbātur	ēiciēbantur
Fut.	ēiciam	ēiciēmus	ēiciar	ēiciēmur
	ēiciēs	ēiciētis	ēiciēris (-re)	ēiciēminī
	ēiciet	ēicient	ēiciētur	ēicientur
Perf.	ēiēcī	ēiēcimus	ēiectus sum	ēiectī sumus
	ēiēcistī	ēiēcistis	(-a, -um) es	(-ae, -a) estis
	ēiēcit	ēiēcērunt (-ēre)	est	sunt
Plup.	ēiēceram	ēiēcerāmus	ēiectus eram	ēiectī erāmus
	ēiēcerās	ēiēcerātis	(-a, -um) erās	(-ae, -a) erātis
	ēiēcerat	ēiēcerant	erat	erant
Fut.	ēiēcerō	ēiēcerimus	ēiectus erō	ēiectī erimus
Perf.	ēiēceris	ēiēceritis	(-a, -um) eris	(-ae, -a) eritis
	ēiēcerit	ēiēcerint	erit	erunt

SUBJUNCTIVE			

Pres.	ēiciam	ēiciāmus	ēiciar	ēiciāmur
	ēiciās	ēiciātis	ēiciāris (-re)	ēiciāminī
	ēiciat	ēiciant	ēiciātur	ēiciantur
Impf.	ēicerem	ēicerēmus	ēicerer	ēicerēmur
	ēicerēs	ēicerētis	ēicerēris (-re)	ēicerēminī
	ēiceret	ēicerent	ēicerētur	ēicerentur
Perf.	ēiēcerim	ēiēcerimus	ēiectus sim	ēiectī sīmus
	ēiēceris	ēiēceritis	(-a, -um) sīs	(-ae, -a) sītis
	ēiēcerit	ēiēcerint	sit	sint
Plup.	ēiēcissem	ēiēcissēmus	ēiectus essem	ēiectī essēmus
	ēiēcissēs	ēiēcissētis	(-a, -um) essēs	(-ae, -a) essētis
	ēiēcisset	ēiēcissent	esset	essent

IMPERATIVE			
Pres.	ēice	ēicite		

INFINITIVE			
Pres.	ēicere		ēicī	
Perf.	ēiēcisse		ēiectus (-a, -um) esse	
Fut.	ēiectūrus (-a, -um) esse		ēiectum īrī	

PARTICIPLE			
Pres.	ēiciens, (-ntis)			
Perf.			ēiectus (-a, -um)	
Fut.	ēiectūrus (-a, -um)		ēiciendus (-a, -um) (GERUNDIVE)	

GERUND ēiciendī, -ō, -um, -ō SUPINE ēiectum, -ū

Compounds and related words: **eiectio, -onis, f.** banishment; **eiecto (1)** throw out; **eiectus, -us, m.** ejection
See **iacio** for other compounds of this verb.
Model sentence: *Ventus tollit se ac rectis ita faucibus eicit alte.* —Lucretius

slip away, escape

ACTIVE

INDICATIVE

Pres.	ēlābor	ēlābimur
	ēlāberis (-re)	ēlābiminī
	ēlābitur	ēlābuntur
Impf.	ēlābēbar	ēlābēbāmur
	ēlābēbāris (-re)	ēlābēbāminī
	ēlābēbātur	ēlābēbantur
Fut.	ēlābar	ēlābēmur
	ēlābēris (-re)	ēlābēminī
	ēlābētur	ēlābentur
Perf.	ēlapsus sum	ēlapsī sumus
	(-a, -um) es	(-ae, -a) estis
	est	sunt
Plup.	ēlapsus eram	ēlapsī erāmus
	(-a, -um) erās	(-ae, -a) erātis
	erat	erant
Fut.	ēlapsus erō	ēlapsī erimus
Perf.	(-a, -um) eris	(-ae, -a) eritis
	erit	erunt

SUBJUNCTIVE

Pres.	ēlābar	ēlābāmur
	ēlābāris (-re)	ēlābāminī
	ēlābātur	ēlābantur
Impf.	ēlāberer	ēlāberēmur
	ēlāberēris (-re)	ēlāberēminī
	ēlāberētur	ēlāberentur
Perf.	ēlapsus sim	ēlapsī sīmus
	(-a, -um) sīs	(-ae, -a) sītis
	sit	sint
Plup.	ēlapsus essem	ēlapsī essēmus
	(-a, -um) essēs	(-ae, -a) essētis
	esset	essent

IMPERATIVE

Pres.	ēlābere	ēlābiminī

INFINITIVE

Pres.	ēlābī
Perf.	ēlapsus (-a, -um) esse
Fut.	ēlapsūrus (-a, -um) esse

PARTICIPLE

	Active	Passive
Pres.	ēlābens, (-ntis)	
Perf.	ēlapsus (-a, -um)	
Fut.	ēlapsūrus (-a, -um)	ēlābendus (-a, -um) (GERUNDIVE)

GERUND ēlābendī, -ō, -um, -ō   SUPINE ēlapsum, -ū

Alternate forms: **elabsus** = elapsus
See **labor** for other compounds of this verb.
Model sentence: ***Elapsae** manibus cecidere tabellae.* —Ovid

ēligō

choose, elect

	ACTIVE			PASSIVE	
INDICATIVE					
Pres.	ēligō	ēligimus		ēligor	ēligimur
	ēligis	ēligitis		ēligeris (-re)	ēligiminī
	ēligit	ēligunt		ēligitur	ēliguntur
Impf.	ēligēbam	ēligēbāmus		ēligēbar	ēligēbāmur
	ēligēbās	ēligēbātis		ēligēbāris (-re)	ēligēbāminī
	ēligēbat	ēligēbant		ēligēbātur	ēligēbantur
Fut.	ēligam	ēligēmus		ēligar	ēligēmur
	ēligēs	ēligētis		ēligēris (-re)	ēligēminī
	ēliget	ēligent		ēligētur	ēligentur
Perf.	ēlēgī	ēlēgimus		ēlectus sum	ēlectī sumus
	ēlēgistī	ēlēgistis		(-a, -um) es	(-ae, -a) estis
	ēlēgit	ēlēgērunt (-ēre)		est	sunt
Plup.	ēlēgeram	ēlēgerāmus		ēlectus eram	ēlectī erāmus
	ēlēgerās	ēlēgerātis		(-a, -um) erās	(-ae, -a) erātis
	ēlēgerat	ēlēgerant		erat	erant
Fut.	ēlēgerō	ēlēgerimus		ēlectus erō	ēlectī erimus
Perf.	ēlēgeris	ēlēgeritis		(-a, -um) eris	(-ae, -a) eritis
	ēlēgerit	ēlēgerint		erit	erunt
SUBJUNCTIVE					
Pres.	ēligam	ēligāmus		ēligar	ēligāmur
	ēligās	ēligātis		ēligāris (-re)	ēligāminī
	ēligat	ēligant		ēligātur	ēligantur
Impf.	ēligerem	ēligerēmus		ēligerer	ēligerēmur
	ēligerēs	ēligerētis		ēligerēris (-re)	ēligerēminī
	ēligeret	ēligerent		ēligerētur	ēligerentur
Perf.	ēlēgerim	ēlēgerimus		ēlectus sim	ēlectī sīmus
	ēlēgeris	ēlēgeritis		(-a, -um) sīs	(-ae, -a) sītis
	ēlēgerit	ēlēgerint		sit	sint
Plup.	ēlēgissem	ēlēgissēmus		ēlectus essem	ēlectī essēmus
	ēlēgissēs	ēlēgissētis		(-a, -um) essēs	(-ae, -a) essētis
	ēlēgisset	ēlēgissent		esset	essent
IMPERATIVE					
Pres.	ēlige	ēligite			
INFINITIVE					
Pres.	ēligere			ēligī	
Perf.	ēlēgisse			ēlectus (-a, -um) esse	
Fut.	ēlectūrus (-a, -um) esse			ēlectum īrī	
PARTICIPLE					
Pres.	ēligens, (-ntis)				
Perf.				ēlectus (-a, -um)	
Fut.	ēlectūrus (-a, -um)			ēligendus (-a, -um) (GERUNDIVE)	

GERUND ēligendī, -ō, -um, -ō   SUPINE ēlectum, -ū

Compounds and related words: **electio, -onis, f.** choice; **elegans, -ntis** refined; **elegantia, -ae, f.** elegance
Model sentence: *Haud semper errat fama, aliquando et **elegit**.* —Tacitus

buy

ACTIVE   PASSIVE

INDICATIVE

	ACTIVE		PASSIVE	
Pres.	emō	emimus	emor	emimur
	emis	emitis	emeris (-re)	emiminī
	emit	emunt	emitur	emuntur
Impf.	emēbam	emēbāmus	emēbar	emēbāmur
	emēbās	emēbātis	emēbāris (-re)	emēbāminī
	emēbat	emēbant	emēbātur	emēbantur
Fut.	emam	emēmus	emar	emēmur
	emēs	emētis	emēris (-re)	emēminī
	emet	ement	emētur	ementur
Perf.	ēmī	ēmimus	emptus sum	emptī sumus
	ēmistī	ēmistis	(-a, -um) es	(-ae, -a) estis
	ēmit	ēmērunt (-ēre)	est	sunt
Plup.	ēmeram	ēmerāmus	emptus eram	emptī erāmus
	ēmerās	ēmerātis	(-a, -um) erās	(-ae, -a) erātis
	ēmerat	ēmerant	erat	erant
Fut.	ēmerō	ēmerimus	emptus erō	emptī erimus
Perf.	ēmeris	ēmeritis	(-a, -um) eris	(-ae, -a) eritis
	ēmerit	ēmerint	erit	erunt

SUBJUNCTIVE

Pres.	emam	emāmus	emar	emāmur
	emās	emātis	emāris (-re)	emāminī
	emat	emant	emātur	emantur
Impf.	emerem	emerēmus	emerer	emerēmur
	emerēs	emerētis	emerēris (-re)	emerēminī
	emeret	emerent	emerētur	emerentur
Perf.	ēmerim	ēmerimus	emptus sim	emptī sīmus
	ēmeris	ēmeritis	(-a, -um) sīs	(-ae, -a) sītis
	ēmerit	ēmerint	sit	sint
Plup.	ēmissem	ēmissēmus	emptus essem	emptī essēmus
	ēmissēs	ēmissētis	(-a, -um) essēs	(-ae, -a) essētis
	ēmisset	ēmissent	esset	essent

IMPERATIVE

Pres.	eme	emite

INFINITIVE

Pres.	emere	emī
Perf.	ēmisse	emptus (-a, -um) esse
Fut.	emptūrus (-a, -um) esse	emptum īrī

PARTICIPLE

Pres.	emens, (-ntis)	
Perf.		emptus (-a, -um)
Fut.	emptūrus (-a, -um)	emendus (-a, -um) (GERUNDIVE)

GERUND emendī, -ō, -um, -ō   SUPINE emptum, -ū

Alternate forms: **emissim** = emerim
Compounds and related words: **ademptio, -onis, f.** removal; **adimo (3)** to take away; **como (3)** to arrange; **demo (3)** to take away; **eximius, -a, -um** distinguished; **interimo (3)** to destroy; **perimo (3)** to destroy; **promo (3)** to produce; **promptus, -a, -um** ready; **redemptio, -onis, f.** ransoming; **redimo (3)** to buy back; **sumo (3)** to take up

go

ACTIVE		PASSIVE

INDICATIVE

Pres.	eō	īmus	
	īs	ītis	
	it	eunt	ītur (Impers.)
Impf.	ībam	ībāmus	
	ībās	ībātis	
	ībat	ībant	ībātur (Impers.)
Fut.	ībō	ībimus	
	ībis	ībitis	
	ībit	ībunt	ībitur (Impers.)
Perf.	iī (īvī)	iimus (īvimus)	
	iistī (īvistī)	iistis (īvistis)	
	iit (īvit)	iērunt (iēre) or	itum est (Impers.)
		īvērunt (īvēre)	
Plup.	ieram (īveram)	ierāmus (īverāmus)	
	ierās (īverās)	ierātis (īverātis)	
	ierat (īverat)	ierant (īverant)	itum erat (Impers.)
Fut.	ierō (īverō)	ierimus (īverimus)	
Perf.	ieris (īveris)	ieritis (īveritis)	
	ierit (īverit)	ierint (īverint)	itum erit (Impers.)

SUBJUNCTIVE

Pres.	eam	eāmus	
	eās	eātis	
	eat	eant	eātur (Impers.)
Impf.	īrem	īrēmus	
	īrēs	īrētis	
	īret	īrent	irētur (Impers.)
Perf.	ierim (īverim)	ierimus (īverimus)	
	ieris (īveris)	ieritis (īveritis)	
	ierit (īverit)	ierint (īverint)	itum sit (Impers.)
Plup.	īssem (īvissem)	īssēmus (īvissēmus)	
	īssēs (īvissēs)	īssētis (īvissētis)	
	īsset (īvisset)	īssent (īvissent)	itum esset (Impers.)

IMPERATIVE

Pres.	ī	īte	

INFINITIVE

Pres.	īre		īrī
Perf.	īsse (īvisse)		itum esse
Fut.	itūrus (-a, -um) esse		itum īrī

PARTICIPLE

Pres.	iens, (euntis)		
Perf.			
Fut.	itūrus (-a, -um)		eundum (GERUNDIVE)

GERUND eundī, -ō, -um, -ō   SUPINE itum, -ū

AN ESSENTIAL
55 VERB

AN ESSENTIAL 55 VERB

eō

Related Words

abitio, abitionis, f. departure

abito, abitare to go away

abitus, abitus, m. departure

aditus, aditus, m. approach

ambio, ambire, ambivi, ambitum to go around

comitor, comitari, comitatus sum to accompany

The compounds of this verb are extremely common, far more so than the base verb all by itself. A quick glance at the chart reveals that it looks like nothing more than a set of endings with no stem. Consequently, its compounds look like someone conjugated a preposition or a prefix! If you think of them that way you should have no trouble recognizing them.

E

USAGE NOTES:
Passive forms are used impersonally.

ALTERNATE FORMS:
irier = iri
isse = iisse
issem, etc. = iissem, etc.
isti = iisti
istis = iistis
ivi = ii

MODEL SENTENCE:
Ibam forte Via Sacra, sicut meus est mos...
—Horace

COMPOUNDS:

abeo, abire, abii, abitum to depart

adeo, adire, adii, aditum to approach

circumeo, circumire, circumii, circumitum to go around

coeo, coire, coii, coitum to meet

depereo, deperire, deperii, deperitum to perish

exeo, exire, exii, exitum to leave

ineo, inire, inii, initum to enter

intereo, interire, interii, interitum to perish

introeo, introire, introii, introitum to enter

obeo, obire, obii, obitum to meet

pereo, perire, perii, peritum to die

praeeo, praeire, praeii, praeitum to lead the way

praetereo, praeterire, praeterii, praeteritum to pass by

prodeo, prodire, prodii, proditum to go forward

redeo, redire, redii, reditum to return

subeo, subire, subii, subitum to come up close to

transeo, transire, transii, transitum to cross

veneo, venire, venii, venitum to be for sale

snatch

	ACTIVE		**PASSIVE**	
INDICATIVE				
Pres.	ēripiō	ēripimus	ēripior	ēripimur
	ēripis	ēripitis	ēriperis (-re)	ēripiminī
	ēripit	ēripiunt	ēripitur	ēripiuntur
Impf.	ēripiēbam	ēripiēbāmus	ēripiēbar	ēripiēbāmur
	ēripiēbās	ēripiēbātis	ēripiēbāris (-re)	ēripiēbāminī
	ēripiēbat	ēripiēbant	ēripiēbātur	ēripiēbantur
Fut.	ēripiam	ēripiēmus	ēripiar	ēripiēmur
	ēripiēs	ēripiētis	ēripiēris (-re)	ēripiēminī
	ēripiet	ēripient	ēripiētur	ēripientur
Perf.	ēripuī	ēripuimus	ēreptus sum	ēreptī sumus
	ēripuistī	ēripuistis	(-a, -um) es	(-ae, -a) estis
	ēripuit	ēripuērunt (-ēre)	est	sunt
Plup.	ēripueram	ēripuerāmus	ēreptus eram	ēreptī erāmus
	ēripuerās	ēripuerātis	(-a, -um) erās	(-ae, -a) erātis
	ēripuerat	ēripuerant	erat	erant
Fut.	ēripuerō	ēripuerimus	ēreptus erō	ēreptī erimus
Perf.	ēripueris	ēripueritis	(-a, -um) eris	(-ae, -a) eritis
	ēripuerit	ēripuerint	erit	erunt
SUBJUNCTIVE				
Pres.	ēripiam	ēripiāmus	ēripiar	ēripiāmur
	ēripiās	ēripiātis	ēripiāris (-re)	ēripiāminī
	ēripiat	ēripiant	ēripiātur	ēripiantur
Impf.	ēriperem	ēriperēmus	ēriperer	ēriperēmur
	ēriperēs	ēriperētis	ēriperēris (-re)	ēriperēminī
	ēriperet	ēriperent	ēriperētur	ēriperentur
Perf.	ēripuerim	ēripuerimus	ēreptus sim	ēreptī sīmus
	ēripueris	ēripueritis	(-a, -um) sīs	(-ae, -a) sītis
	ēripuerit	ēripuerint	sit	sint
Plup.	ēripuissem	ēripuissēmus	ēreptus essem	ēreptī essēmus
	ēripuissēs	ēripuissētis	(-a, -um) essēs	(-ae, -a) essētis
	ēripuisset	ēripuissent	esset	essent
IMPERATIVE				
Pres.	ēripe	ēripite		
INFINITIVE				
Pres.	ēripere		ēripī	
Perf.	ēripuisse		ēreptus (-a, -um) esse	
Fut.	ēreptūrus (-a, -um) esse		ēreptum īrī	
PARTICIPLE				
Pres.	ēripiens, (-ntis)			
Perf.			ēreptus (-a, -um)	
Fut.	ēreptūrus (-a, -um)		ēripiendus (-a, -um) (GERUNDIVE)	

GERUND ēripiendī, -ō, -um, -ō   SUPINE ēreptum, -ū

See **rapio** for other compounds of this verb.
Model sentence: ***Eripiunt** flammae noctem.* —Silius Italicus

make a mistake, wander

ACTIVE		PASSIVE
INDICATIVE		

Pres.	errō	errāmus	
	errās	errātis	
	errat	errant	errātur (Impers.)
Impf.	errābam	errābāmus	
	errābās	errābātis	
	errābat	errābant	errābātur (Impers.)
Fut.	errābō	errābimus	
	errābis	errābitis	
	errābit	errābunt	errābitur (Impers.)
Perf.	errāvī	errāvimus	
	errāvistī	errāvistis	
	errāvit	errāvērunt (-ēre)	errātum est (Impers.)
Plup.	errāveram	errāverāmus	
	errāverās	errāverātis	
	errāverat	errāverant	errātum erat (Impers.)
Fut.	errāverō	errāverimus	
Perf.	errāveris	errāveritis	
	errāverit	errāverint	errātum erit (Impers.)
SUBJUNCTIVE			
Pres.	errem	errēmus	
	errēs	errētis	
	erret	errent	errētur (Impers.)
Impf.	errārem	errārēmus	
	errārēs	errārētis	
	errāret	errārent	errārētur (Impers.)
Perf.	errāverim	errāverimus	
	errāveris	errāveritis	
	errāverit	errāverint	errātum sit (Impers.)
Plup.	errāvissem	errāvissēmus	
	errāvissēs	errāvissētis	
	errāvisset	errāvissent	errātum esset (Impers.)
IMPERATIVE			
Pres.	errā	errāte	
INFINITIVE			
Pres.	errāre		errārī
Perf.	errāvisse		errātum esse
Fut.	errātūrus (-a, -um) esse		errātum īrī
PARTICIPLE			
Pres.	errans, (-ntis)		
Perf.			errātus (-a, -um)
Fut.	errātūrus (-a, -um)		errandus (-a, -um) (GERUNDIVE)

GERUND errandī, -ō, -um, -ō   SUPINE errātum, -ū

Compounds and related words: **aberro (1)** to wander; **erro, -onis, m.** a wanderer; **error, -is, m.** mistake
Model sentence: ***Errare** est humanum.* —Seneca

polish, educate

<table>
<tr><td colspan="2" align="center">**ACTIVE**</td><td colspan="2" align="center">**PASSIVE**</td></tr>
<tr><td colspan="4" align="center">**INDICATIVE**</td></tr>
<tr><td>*Pres.*</td><td>ērudiō
ērudīs
ērudit</td><td>ērudīmus
ērudītis
ērudiunt</td><td>ērudior
ērudīris (-re)
ērudītur</td><td>ērudīmur
ērudīminī
ērudiuntur</td></tr>
<tr><td>*Impf.*</td><td>ērudiēbam
ērudiēbās
ērudiēbat</td><td>ērudiēbāmus
ērudiēbātis
ērudiēbant</td><td>ērudiēbar
ērudiēbāris (-re)
ērudiēbātur</td><td>ērudiēbāmur
ērudiēbāminī
ērudiēbantur</td></tr>
<tr><td>*Fut.*</td><td>ērudiam
ērudiēs
ērudiet</td><td>ērudiēmus
ērudiētis
ērudient</td><td>ērudiar
ērudiēris (-re)
ērudiētur</td><td>ērudiēmur
ērudiēminī
ērudientur</td></tr>
<tr><td>*Perf.*</td><td>ērudīvī
ērudīvistī
ērudīvit</td><td>ērudīvimus
ērudīvistis
ērudīvērunt (-ēre)</td><td>ērudītus sum
(-a, -um) es
       est</td><td>ērudītī sumus
(-ae, -a) estis
       sunt</td></tr>
<tr><td>*Plup.*</td><td>ērudīveram
ērudīverās
ērudīverat</td><td>ērudīverāmus
ērudīverātis
ērudīverant</td><td>ērudītus eram
(-a, -um) erās
       erat</td><td>ērudītī erāmus
(-ae, -a) erātis
       erant</td></tr>
<tr><td>*Fut.*
Perf.</td><td>ērudīverō
ērudīveris
ērudīverit</td><td>ērudīverimus
ērudīveritis
ērudīverint</td><td>ērudītus erō
(-a, -um) eris
       erit</td><td>ērudītī erimus
(-ae, -a) eritis
       erunt</td></tr>
<tr><td colspan="4" align="center">**SUBJUNCTIVE**</td></tr>
<tr><td>*Pres.*</td><td>ērudiam
ērudiās
ērudiat</td><td>ērudiāmus
ērudiātis
ērudiant</td><td>ērudiar
ērudiāris (-re)
ērudiātur</td><td>ērudiāmur
ērudiāminī
ērudiantur</td></tr>
<tr><td>*Impf.*</td><td>ērudīrem
ērudīrēs
ērudīret</td><td>ērudīrēmus
ērudīrētis
ērudīrent</td><td>ērudīrer
ērudīrēris (-re)
ērudīrētur</td><td>ērudīrēmur
ērudīrēminī
ērudīrentur</td></tr>
<tr><td>*Perf.*</td><td>ērudīverim
ērudīveris
ērudīverit</td><td>ērudīverimus
ērudīveritis
ērudīverint</td><td>ērudītus sim
(-a, -um) sīs
       sit</td><td>ērudītī sīmus
(-ae, -a) sītis
       sint</td></tr>
<tr><td>*Plup.*</td><td>ērudīvissem
ērudīvissēs
ērudīvisset</td><td>ērudīvissēmus
ērudīvissētis
ērudīvissent</td><td>ērudītus essem
(-a, -um) essēs
       esset</td><td>ērudītī essēmus
(-ae, -a) essētis
       essent</td></tr>
<tr><td colspan="4" align="center">**IMPERATIVE**</td></tr>
<tr><td>*Pres.*</td><td>ērudī</td><td>ērudīte</td><td></td><td></td></tr>
<tr><td colspan="4" align="center">**INFINITIVE**</td></tr>
<tr><td>*Pres.*</td><td colspan="2">ērudīre</td><td colspan="2">ērudīrī</td></tr>
<tr><td>*Perf.*</td><td colspan="2">ērudīvisse</td><td colspan="2">ērudītus (-a, -um) esse</td></tr>
<tr><td>*Fut.*</td><td colspan="2">ērudītūrus (-a, -um) esse</td><td colspan="2">ērudītum īrī</td></tr>
<tr><td colspan="4" align="center">**PARTICIPLE**</td></tr>
<tr><td>*Pres.*</td><td colspan="2">ērudiens, (-ntis)</td><td colspan="2"></td></tr>
<tr><td>*Perf.*</td><td colspan="2"></td><td colspan="2">ērudītus (-a, -um)</td></tr>
<tr><td>*Fut.*</td><td colspan="2">ērudītūrus (-a, -um)</td><td colspan="2">ērudiendus (-a, -um) (GERUNDIVE)</td></tr>
</table>

GERUND ērudiendī, -ō, -um, -ō SUPINE ērudītum, -ū

Alternate forms: **erudii** = erudivi
Compounds and related words: **eruditio, -onis, f.** education; **eruditus, -a, -um** learned
Model sentence: *Non est saits politus iis artibus, quas qui tenent **eruditi** appellantur.* —Cicero

go out, escape

ACTIVE

INDICATIVE

Pres.	ēvādō	ēvādimus
	ēvādis	ēvāditis
	ēvādit	ēvādunt
Impf.	ēvādēbam	ēvādēbāmus
	ēvādēbās	ēvādēbātis
	ēvādēbat	ēvādēbant
Fut.	ēvādam	ēvādēmus
	ēvādēs	ēvādētis
	ēvādēt	ēvādent
Perf.	ēvāsī	ēvāsimus
	ēvāsistī	ēvāsistis
	ēvāsit	ēvāsērunt (-ēre)
Plup.	ēvāseram	ēvāserāmus
	ēvāserās	ēvāserātis
	ēvāserat	ēvāserant
Fut.	ēvāserō	ēvāserimus
Perf.	ēvāseris	ēvāseritis
	ēvāserit	ēvāserint

SUBJUNCTIVE

Pres.	ēvādam	ēvādāmus
	ēvādās	ēvādātis
	ēvādat	ēvādant
Impf.	ēvāderem	ēvāderēmus
	ēvāderēs	ēvāderētis
	ēvāderet	ēvāderent
Perf.	ēvāserim	ēvāserimus
	ēvāseris	ēvāseritis
	ēvāserit	ēvāserint
Plup.	ēvāsissem	ēvāsissēmus
	ēvāsissēs	ēvāsissētis
	ēvāsisset	ēvāsissent

IMPERATIVE

Pres.	ēvāde	ēvādite

INFINITIVE

Pres.	ēvādere
Perf.	ēvāsisse
Fut.	ēvāsūrus (-a, -um) esse

PARTICIPLE

	Active	**Passive**
Pres.	ēvādens, (-ntis)	
Perf.		ēvāsus (-a, -um)
Fut.	ēvāsūrus (-a, -um)	ēvādendus (-a, -um) (GERUNDIVE)

GERUND ēvādendī, -ō, -um, -ō   SUPINE ēvāsum, -ū

Alternate forms: **evadi** = evasi; **evasti** = evasisti
See **vado** for other compounds of this verb.
Model sentence: *Evado ad summi fastigia culminis.* —Vergil

go out

	ACTIVE		PASSIVE
		INDICATIVE	
Pres.	exeō	exīmus	
	exīs	exītis	
	exit	exeunt	exītur (Impers.)
Impf.	exībam	exībāmus	
	exībās	exībātis	
	exībat	exībant	exībātur (Impers.)
Fut.	exībō	exībimus	
	exībis	exībitis	
	exībit	exībunt	exībitur (Impers.)
Perf.	exiī	exiimus	
	exiistī	exiistis	
	exiit	exiērunt (-ēre)	exitum est (Impers.)
Plup.	exieram	exierāmus	
	exierās	exierātis	
	exierat	exierant	exitum erat (Impers.)
Fut.	exierō	exierimus	
Perf.	exieris	exieritis	
	exierit	exierint	exitum erit (Impers.)
		SUBJUNCTIVE	
Pres.	exeam	exeāmus	
	exeās	exeātis	
	exeat	exeant	exeātur (Impers.)
Impf.	exīrem	exīrēmus	
	exīrēs	exīrētis	
	exīret	exīrent	exīrētur (Impers.)
Perf.	exierim	exierimus	
	exieris	exieritis	
	exierit	exierint	exitum sit (Impers.)
Plup.	exīssem	exīssēmus	
	exīssēs	exīssētis	
	exīsset	exīssent	exitum esset (Impers.)
		IMPERATIVE	
Pres.	exī	exīte	
		INFINITIVE	
Pres.	exīre		exīrī
Perf.	exīsse		exitus (-a, -um) esse
Fut.	exitūrus (-a, -um) esse		exitum īrī
		PARTICIPLE	
Pres.	exiens, (-euntis)		
Perf.			exitus (-a, -um)
Fut.	exitūrus (-a, -um)		exeundus (-a, -um) (GERUNDIVE)

GERUND exeundī, -ō, -um, -ō   SUPINE exitum, -ū

Alternate forms: **exies** = exibis; **exiet** = exibit; **exit** = exiit; **exivi** = exii
Compounds and related words: **exitium, -i, n.** destruction; **exitus, -us, m.** outcome
See **eo** for other compounds of this verb.
Model sentence: *Potest ex casa magnus vir **exire**.* —Pliny

train

ACTIVE			PASSIVE	
INDICATIVE				

	ACTIVE		PASSIVE	
Pres.	exerceō	exercēmus	exerceor	exercēmur
	exercēs	exercētis	exercēris (-re)	exercēminī
	exercet	exercent	exercētur	exercentur
Impf.	exercēbam	exercēbāmus	exercēbar	exercēbāmur
	exercēbās	exercēbātis	exercēbāris (-re)	exercēbāminī
	exercēbat	exercēbant	exercēbātur	exercēbantur
Fut.	exercēbō	exercēbimus	exercēbor	exercēbimur
	exercēbis	exercēbitis	exercēberis (-re)	exercēbiminī
	exercēbit	exercēbunt	exercēbitur	exercēbuntur
Perf.	exercuī	exercuimus	exercitus sum	excercitī sumus
	exercuistī	exercuistis	(-a, -um) es	(-ae, -a) estis
	exercuit	exercuērunt (-ēre)	est	sunt
Plup.	exercueram	exercuerāmus	exercitus eram	exercitī erāmus
	exercuerās	exercuerātis	(-a, -um) erās	(-ae, -a) erātis
	exercuerat	exercuerant	erat	erant
Fut.	exercuerō	exercuerimus	exercitus erō	exercitī erimus
Perf.	exercueris	exercueritis	(-a, -um) eris	(-ae, -a) eritis
	exercuerit	exercuerint	erit	erunt

SUBJUNCTIVE				
Pres.	exerceam	exerceāmus	exercear	exerceāmur
	exerceās	exerceātis	exerceāris (-re)	exerceāminī
	exerceat	exerceant	exerceātur	exerceantur
Impf.	exercērem	exercērēmus	exercērer	exercērēmur
	exercērēs	exercērētis	exercēreris (-re)	exercērēminī
	exercēret	exercērent	exercērētur	exercērentur
Perf.	exercuerim	exercuerimus	exercitus sim	exercitī sīmus
	exercueris	exercueritis	(-a, -um) sīs	(-ae, -a) sītis
	exercuerit	exercuerint	sit	sint
Plup.	exercuissem	exercuissēmus	exercitus essem	exercitī essēmus
	exercuissēs	exercuissētis	(-a, -um) essēs	(-ae, -a) essētis
	exercuisset	exercuissent	esset	essent

IMPERATIVE			
Pres.	exercē	exercēte	

INFINITIVE			
Pres.	exercēre		exercērī
Perf.	exercuisse		exercitus (-a, -um) esse
Fut.	exercitūrus (-a, -um) esse		exercitum īrī

PARTICIPLE			
Pres.	exercens, (-ntis)		
Perf.			exercitus (-a, -um)
Fut.	exercitūrus (-a, -um)		exercendus (-a, -um) (GERUNDIVE)

GERUND exercendī, -ō, -um, -ō   SUPINE exercitum, -ū

Compounds and related words: **exercitatio, -onis, f.** practice; **exercitatus, -a, -um** trained; **exercitium, -i, n.** practice; **exercito (1)** to train hard; **exercitus, -us, m.** army

Model sentence: *Difficile est tenere quae acceperis nisi exerceas.* —Pliny

exigō

drive out, demand, complete, examine

ACTIVE   PASSIVE

INDICATIVE

Pres.	exigō	exigimus	exigor	exigimur
	exigis	exigitis	exigeris (-re)	exigiminī
	exigit	exigunt	exigitur	exiguntur
Impf.	exigēbam	exigēbāmus	exigēbar	exigēbāmur
	exigēbās	exigēbātis	exigēbāris (-re)	exigēbāminī
	exigēbat	exigēbant	exigēbātur	exigēbantur
Fut.	exigam	exigēmus	exigar	exigēmur
	exigēs	exigētis	exigēris (-re)	exigēminī
	exiget	exigent	exigētur	exigentur
Perf.	exēgī	exēgimus	exactus sum	exactī sumus
	exēgistī	exēgistis	(-a, -um) es	(-ae, -a) estis
	exēgit	exēgērunt (-ēre)	est	sunt
Plup.	exēgeram	exēgerāmus	exactus eram	exactī erāmus
	exēgerās	exēgerātis	(-a, -um) erās	(-ae, -a) erātis
	exēgerat	exēgerant	erat	erant
Fut.	exēgerō	exēgerimus	exactus erō	exactī erimus
Perf.	exēgeris	exēgeritis	(-a, -um) eris	(-ae, -a) eritis
	exēgerit	exēgerint	erit	erunt

SUBJUNCTIVE

Pres.	exigam	exigāmus	exigar	exigāmur
	exigās	exigātis	exigāris (-re)	exigāminī
	exigat	exigant	exigātur	exigantur
Impf.	exigerem	exigerēmus	exigerer	exigerēmur
	exigerēs	exigerētis	exigerēris (-re)	exigerēminī
	exigeret	exigerent	exigerētur	exigerentur
Perf.	exēgerim	exēgerimus	exactus sim	exactī sīmus
	exēgeris	exēgeritis	(-a, -um) sīs	(-ae, -a) sītis
	exēgerit	exēgerint	sit	sint
Plup.	exēgissem	exēgissēmus	exactus essem	exactī essēmus
	exēgissēs	exēgissētis	(-a, -um) essēs	(-ae, -a) essētis
	exēgisset	exēgissent	esset	essent

IMPERATIVE

Pres.	exige	exigite

INFINITIVE

Pres.	exigere	exigī
Perf.	exēgisse	exactus (-a, -um) esse
Fut.	exactūrus (-a, -um) esse	exactum īrī

PARTICIPLE

Pres.	exigens, (-ntis)	
Perf.		exactus (-a, -um)
Fut.	exactūrus (-a, -um)	exigendus (-a, -um) (GERUNDIVE)

GERUND exigendī, -ō, -um, -ō   SUPINE exactum, -ū

Compounds and related words: **exactio, -onis, f.** expulsion; **exactor, -is, m.** one who drives out; **exiguus, -a, -um** tiny
See **ago** for other compounds of this verb.
Model sentence: ***Exegi** monumentum aere perennius.* —Horace

ACTIVE · PASSIVE

INDICATIVE

Pres.	existimō	existimāmus	existimor	existimāmur
	existimās	existimātis	existimāris (-re)	existimāminī
	existimat	existimant	existimātur	existimantur
Impf.	existimābam	existimābāmus	existimābar	existimābāmur
	existimābās	existimābātis	existimābāris (-re)	existimābāminī
	existimābat	existimābant	existimābātur	existimābantur
Fut.	existimābō	existimābimus	existimābor	existimābimur
	existimābis	existimābitis	existimāberis (-re)	existimābiminī
	existimābit	existimābunt	existimābitur	existimābuntur
Perf.	existimāvī	existimāvimus	existimātus sum	existimātī sumus
	existimāvistī	existimāvistis	(-a, -um) es	(-ae, -a) estis
	existimāvit	existimāvērunt (-ēre)	est	sunt
Plup.	existimāveram	existimāverāmus	existimātus eram	existimātī erāmus
	existimāverās	existimāverātis	(-a, -um) erās	(-ae, -a) erātis
	existimāverat	existimāverant	erat	erant
Fut.	existimāverō	existimāverimus	existimātus erō	existimātī erimus
Perf.	existimāveris	existimāveritis	(-a, -um) eris	(-ae, -a) eritis
	existimāverit	existimāverint	erit	erunt

SUBJUNCTIVE

Pres.	existimem	existimēmus	existimer	existimēmur
	existimēs	existimētis	existimēris (-re)	existimēminī
	existimet	existiment	existimētur	existimentur
Impf.	existimārem	existimārēmus	existimārer	existimārēmur
	existimārēs	existimārētis	existimārēris (-re)	existimārēminī
	existimāret	existimārent	existimārētur	existimārentur
Perf.	existimāverim	existimāverimus	existimātus sim	existimātī sīmus
	existimāveris	existimāveritis	(-a, -um) sīs	(-ae, -a) sītis
	existimāverit	existimāverint	sit	sint
Plup.	existimāvissem	existimāvissēmus	existimātus essem	existimātī essēmus
	existimāvissēs	existimāvissētis	(-a, -um) essēs	(-ae, -a) essētis
	existimāvisset	existimāvissent	esset	essent

IMPERATIVE

Pres.	existimā	existimāte		

INFINITIVE

Pres.	existimāre	existimārī
Perf.	existimāvisse	existimātus (-a, -um) esse
Fut.	existimātūrus (-a, -um) esse	existimātum īrī

PARTICIPLE

Pres.	existimans, (-ntis)	
Perf.		existimātus (-a, -um)
Fut.	existimātūrus (-a, -um)	existimandus (-a, -um) (GERUNDIVE)

GERUND existimandī, -ō, -um, -ō   SUPINE existimātum, -ū

Alternate forms: **existumo** = existimo
Compounds and related words: **existimatio, -onis, f.** opinion; **existimator, -is, m.** one who gives an opinion
Model sentence: *Non possum existimare, plus quemquam a se ipso quam me a te amari.* —Cicero

drive out

	ACTIVE		PASSIVE	
		INDICATIVE		
Pres.	expellō	expellimus	expellor	expellimur
	expellis	expellitis	expelleris (-re)	expelliminī
	expellit	expellunt	expellitur	expelluntur
Impf.	expellēbam	expellēbāmus	expellēbar	expellēbāmur
	expellēbās	expellēbātis	expellēbāris (-re)	expellēbāminī
	expellēbat	expellēbant	expellēbātur	expellēbantur
Fut.	expellam	expellēmus	expellar	expellēmur
	expellēs	expellētis	expellēris (-re)	expellēminī
	expellet	expellent	expellētur	expellentur
Perf.	expulī	expulimus	expulsus sum	expulsī sumus
	expulistī	expulistis	(-a, -um) es	(-ae, -a) estis
	expulit	expulērunt (-ēre)	est	sunt
Plup.	expuleram	expulerāmus	expulsus eram	expulsī erāmus
	expulerās	expulerātis	(-a, -um) erās	(-ae, -a) erātis
	expulerat	expulerant	erat	erant
Fut.	expulerō	expulerimus	expulsus erō	expulsī erimus
Perf.	expuleris	expuleritis	(-a, -um) eris	(-ae, -a) eritis
	expulerit	expulerint	erit	erunt
		SUBJUNCTIVE		
Pres.	expellam	expellāmus	expellar	expellāmur
	expellās	expellātis	expellāris (-re)	expellāminī
	expellat	expellant	expellātur	expellantur
Impf.	expellerem	expellerēmus	expellerer	expellerēmur
	expellerēs	expellerētis	expellerēris (-re)	expellerēminī
	expelleret	expellerent	expellerētur	expellerentur
Perf.	expulerim	expulerimus	expulsus sim	expulsī sīmus
	expuleris	expuleritis	(-a, -um) sīs	(-ae, -a) sītis
	expulerit	expulerint	sit	sint
Plup.	expulissem	expulissēmus	expulsus essem	expulsī essēmus
	expulissēs	expulissētis	(-a, -um) essēs	(-ae, -a) essētis
	expulisset	expulissent	esset	essent
		IMPERATIVE		
Pres.	expelle	expellite		
		INFINITIVE		
Pres.	expellere		expellī	
Perf.	expulisse		expulsus (-a, -um) esse	
Fut.	expulsūrus (-a, -um) esse		expulsum īrī	
		PARTICIPLE		
Pres.	expellens, (-ntis)			
Perf.			expulsus (-a, -um)	
Fut.	expulsūrus (-a, -um)		expellendus (-a, -um) (GERUNDIVE)	

GERUND expellendī, -ō, -um, -ō   SUPINE expulsum, -ū

Compounds and related words: **expulsio, -onis, f.** expulsion; **expulso (1)** to drive out; **expulsor, -is, m.** one who drives out

See **pello** for other compounds of this verb.

Model sentence: *Haec tanta virtus ex hac urbe **expelletur**, exterminabitur, proicietur?* —Cicero

try, test, prove

ACTIVE

INDICATIVE

Pres.	experior	experīmur
	experīris (-re)	experīminī
	experītur	experiuntur
Impf.	experiēbar	experiēbāmur
	experiēbāris (-re)	experiēbāminī
	experiēbātur	experiēbantur
Fut.	experiar	experiēmur
	experiēris (-re)	experiēminī
	experiētur	experientur
Perf.	expertus sum	expertī sumus
	(-a, -um) es	(-ae, -a) estis
	est	sunt
Plup.	expertus eram	expertī erāmus
	(-a, -um) erās	(-ae, -a) erātis
	erat	erant
Fut.	expertus erō	expertī erimus
Perf.	(-a, -um) eris	(-ae, -a) eritis
	erit	erunt

SUBJUNCTIVE

Pres.	experiar	experiāmur
	experiāris (-re)	experiāminī
	experiātur	experiantur
Impf.	experīrer	experīrēmur
	experīrēris (-re)	experīrēminī
	experīrētur	experīrentur
Perf.	expertus sim	expertī sīmus
	(-a, -um) sīs	(-ae, -a) sītis
	sit	sint
Plup.	expertus essem	expertī essēmus
	(-a, -um) essēs	(-ae, -a) essētis
	esset	essent

IMPERATIVE

Pres.	experīre	experīminī

INFINITIVE

Pres.	experīrī
Perf.	expertus (-a, -um) esse
Fut.	expertūrus (-a, -um) esse

PARTICIPLE

	Active	Passive
Pres.	experiens, (-ntis)	
Perf.	expertus (-a, -um)	
Fut.	expertūrus (-a, -um)	experiendus (-a, -um) (GERUNDIVE)

GERUND experiendī, -ō, -um, -ō   SUPINE expertum, -ū

Compounds and related words: **experientia, -ae, f.** trial; **experimentum, -i, n.** experiment
Model sentence: *Habuisse aiunt domi venenum, vimque eius **esse expertum** in servo quodam.* —Cicero

extinguish, quench

ACTIVE		PASSIVE	

INDICATIVE

Pres.	exstinguō	exstinguimus	exstinguor	exstinguimur
	exstinguis	exstinguitis	exstingueris (-re)	exstinguiminī
	exstinguit	exstinguunt	exstinguitur	exstinguuntur
Impf.	exstinguēbam	exstinguēbāmus	exstinguēbar	exstinguēbāmur
	exstinguēbās	exstinguēbātis	exstinguēbāris (-re)	exstinguēbāminī
	exstinguēbāt	exstinguēbant	exstinguēbātur	exstinguēbantur
Fut.	exstinguam	exstinguēmus	exstinguar	exstinguēmur
	exstinguēs	exstinguētis	exstinguēris (-re)	exstinguēminī
	exstinguet	exstinguent	exstinguētur	exstinguentur
Perf.	exstinxī	exstinximus	exstinctus sum	exstinctī sumus
	exstinxistī	exstinxistis	(-a, -um) es	(-ae, -a) estis
	exstinxit	exstinxērunt (-ēre)	est	sunt
Plup.	exstinxeram	exstinxerāmus	exstinctus eram	exstinctī erāmus
	exstinxerās	exstinxerātis	(-a, -um) erās	(-ae, -a) erātis
	exstinxerat	exstinxerant	erat	erant
Fut. *Perf.*	exstinxerō	exstinxerimus	exstinctus erō	exstinctī erimus
	exstinxeris	exstinxeritis	(-a, -um) eris	(-ae, -a) eritis
	exstinxerit	exstinxerint	erit	erunt

SUBJUNCTIVE

Pres.	exstinguam	exstinguāmus	exstinguar	exstinguāmur
	exstinguās	exstinguātis	exstinguāris (-re)	exstinguāminī
	exstinguat	exstinguant	exstinguātur	exstinguantur
Impf.	exstinguerem	exstinguerēmus	exstinguerer	exstinguerēmur
	exstinguerēs	exstinguerētis	exstinguerēris (-re)	exstinguerēminī
	exstingueret	exstinguerent	exstinguerētur	exstinguerentur
Perf.	exstinxerim	exstinxerimus	exstinctus sim	exstinctī sīmus
	exstinxeris	exstinxeritis	(-a, -um) sīs	(-ae, -a) sītis
	exstinxerit	exstinxerint	sit	sint
Plup.	exstinxissem	exstinxissēmus	exstinctus essem	exstinctī essēmus
	exstinxissēs	exstinxissētis	(-a, -um) essēs	(-ae, -a) essētis
	exstinxisset	exstinxissent	esset	essent

IMPERATIVE

| *Pres.* | exstingue | exstinguite | | |

INFINITIVE

Pres.	exstinguere		exstinguī	
Perf.	exstinxisse		exstinctus (-a, -um) esse	
Fut.	exstinctūrus (-a, -um) esse		exstinctum īrī	

PARTICIPLE

Pres.	exstinguens, (-ntis)			
Perf.			exstinctus (-a, -um)	
Fut.	exstinctūrus (-a, -um)		exstinguendus (-a, -um) (GERUNDIVE)	

GERUND exstinguendī, -ō, -um, -ō   SUPINE exstinctum, -ū

Alternate forms: **exstingo** = extinguo; **exstinxem** = exstinxissem; **exstinxit** = exstinxerit;
exstinxsti = exstinxisti

Compounds and related words: **distinguo (3)** distinguish; **exstinguo (3)** extinguish;
restinguo (3) extinguish

Model sentence: *Senes mori sic videntur ut sua sponte nulla adhibita vi consumptus ignis*
exstinguitur. —Cicero

be banished, live in exile

ACTIVE

INDICATIVE

Pres.	exsulō	exsulāmus
	exsulās	exsulātis
	exsulat	exsulant
Impf.	exsulābam	exsulābāmus
	exsulābās	exsulābātis
	exsulābat	exsulābant
Fut.	exsulābō	exsulāmus
	exsulābis	exsulābitis
	exsulābit	exsulābunt
Perf.	exsulāvī	exsulāvimus
	exsulāvistī	exsulāvistis
	exsulāvit	exsulāvērunt (-ēre)
Plup.	exsulāveram	exsulāverāmus
	exsulāverās	exsulāverātis
	exsulāverat	exsulāverant
Fut.	exsulāverō	exsulāverimus
Perf.	exsulāveris	exsulāveritis
	exsulāverit	exsulāverint

SUBJUNCTIVE

Pres.	exsulem	exsulēmus
	exsulēs	exsulētis
	exsulet	exsulent
Impf.	exsulārem	exsulārēmus
	exsulārēs	exsulārētis
	exsulāret	exsulārent
Perf.	exsulāverim	exsulāverimus
	exsulāveris	exsulāveritis
	exsulāverit	exsulāverint
Plup.	exsulāvissem	exsulāvissēmus
	exsulāvissēs	exsulāvissētis
	exsulāvisset	exsulāvissent

IMPERATIVE

Pres.	exsulā	exsulāte

INFINITIVE

Pres.	exsulāre
Perf.	exsulāvisse
Fut.	exsulātūrus (-a, -um) esse

PARTICIPLE

	Active	Passive
Pres.	exsulans, (-ntis)	
Perf.		exsulātus (-a, -um)
Fut.	exsulātūrus (-a, -um)	exsulandus (-a, -um) (GERUNDIVE)

GERUND exsulandī, -ō, -um, -ō   SUPINE exsulātum, -ū

Alternate forms: **exolo** = exsulo; **exsolo** = exsulo; **exulo** = exsulo
Compounds and related words: **exsul, -is, c.** an exile; **exsulatio, -onis, f.** banishment
Model sentence: *In Volscos **exsulatum** abiit.* —Livy

strip

	ACTIVE		**PASSIVE**	
		INDICATIVE		
Pres.	exuō	exuimus	exuor	exuimur
	exuis	exuitis	exueris (-re)	exuiminī
	exuit	exuunt	exuitur	exuuntur
Impf.	exuēbam	exuēbāmus	exuēbar	exuēbāmur
	exuēbās	exuēbātis	exuēbāris (-re)	exuēbāminī
	exuēbat	exuēbant	exuēbātur	exuēbantur
Fut.	exuam	exuēmus	exuar	exuēmur
	exuēs	exuētis	exuēris (-re)	exuēminī
	exuet	exuent	exuētur	exuentur
Perf.	exuī	exuimus	exūtus sum	exūtī sumus
	exuistī	exuistis	(-a, -um) es	(-ae, -a) estis
	exuit	exuērunt (-ēre)	est	sunt
Plup.	exueram	exuerāmus	exūtus eram	exūtī erāmus
	exuerās	exuerātis	(-a, -um) erās	(-ae, -a) erātis
	exuerat	exuerant	erat	erant
Fut.	exuerō	exuerimus	exūtus erō	exūtī erimus
Perf.	exueris	exueritis	(-a, -um) eris	(-ae, -a) eritis
	exuerit	exuerint	erit	erunt
		SUBJUNCTIVE		
Pres.	exuam	exuāmus	exuar	exuāmur
	exuās	exuātis	exuāris (-re)	exuāminī
	exuat	exuant	exuātur	exuantur
Impf.	exuerem	exuerēmus	exuerer	exuerēmur
	exuerēs	exuerētis	exuerēris (-re)	exuerēminī
	exueret	exuerent	exuerētur	exuerentur
Perf.	exuerim	exuerimus	exūtus sim	exūtī sīmus
	exueris	exueritis	(-a, -um) sīs	(-ae, -a) sītis
	exuerit	exuerint	sit	sint
Plup.	exuissem	exuissēmus	exūtus essem	exūtī essēmus
	exuissēs	exuissētis	(-a, -um) essēs	(-ae, -a) essētis
	exuisset	exuissent	esset	essent
		IMPERATIVE		
Pres.	exue	exuite		
		INFINITIVE		
Pres.	exuere		exuī	
Perf.	exuisse		exūtus (-a, -um) esse	
Fut.	exūtūrus (-a, -um) esse		exūtum īrī	
		PARTICIPLE		
Pres.	exuens, (-ntis)			
Perf.			exūtus (-a, -um)	
Fut.	exūtūrus (-a, -um)		exuendus (-a, -um) (GERUNDIVE)	

GERUND exuendī, -ō, -um, -ō   SUPINE exūtum, -ū

Compounds and related words: **exutio, -onis, f.** exclusion; **exuviae, -arum, f. pl.** spoils stripped
  from bodies
Model sentence: *Serpens **exuit** in spinis vestem.* —Lucretius

do, make

ACTIVE		PASSIVE	
INDICATIVE			

	ACTIVE		PASSIVE	
Pres.	faciō	facimus	fīō	fīmus
	facis	facitis	fīs	fītis
	facit	faciunt	fit	fīunt
Impf.	faciēbam	faciēbāmus	fīēbam	fīēbāmus
	faciēbās	faciēbātis	fīēbās	fīēbātis
	faciēbat	faciēbant	fīēbat	fīēbant
Fut.	faciam	faciēmus	fīam	fīēmus
	faciēs	faciētis	fīēs	fīētis
	faciet	facient	fīet	fīent
Perf.	fēcī	fēcimus	factus sum	factī sumus
	fēcistī	fēcistis	(-a, -um) es	(-ae, -a) estis
	fēcit	fēcērunt (-ēre)	est	sunt
Plup.	fēceram	fēcerāmus	factus eram	factī erāmus
	fēcerās	fēcerātis	(-a, -um) erās	(-ae, -a) erātis
	fēcerat	fēcerant	erat	erant
Fut.	fēcerō	fēcerimus	factus erō	factī erimus
Perf.	fēceris	fēceritis	(-a, -um) eris	(-ae, a-) eritis
	fēcerit	fēcerint	erit	erunt

SUBJUNCTIVE

	ACTIVE		PASSIVE	
Pres.	faciam	faciāmus	fīam	fīāmus
	faciās	faciātis	fīās	fīātis
	faciat	faciant	fīat	fīant
Impf.	facerem	facerēmus	fierem	fierēmus
	facerēs	facerētis	fierēs	fierētis
	faceret	facerent	fieret	fierent
Perf.	fēcerim	fēcerimus	factus sim	factī sīmus
	fēceris	fēceritis	(-a, -um) sīs	(-ae, -a) sītis
	fēcerit	fēcerint	sit	sint
Plup.	fēcissem	fēcissēmus	factus essem	factī essēmus
	fēcissēs	fēcissētis	(-a, -um) essēs	(-ae, -a) essētis
	fēcisset	fēcissent	esset	essent

IMPERATIVE

	ACTIVE		PASSIVE	
Pres.	fac	facite	fī	fīte

INFINITIVE

	ACTIVE	PASSIVE
Pres.	facere	fierī
Perf.	fēcisse	factus (-a, -um) esse
Fut.	factūrus (-a, -um) esse	factum īrī

PARTICIPLE

	ACTIVE	PASSIVE
Pres.	faciens, (-ntis)	
Perf.		factus (-a, -um)
Fut.	factūrus (-a, -um)	faciendus (-a, -um) (GERUNDIVE)

GERUND faciendī, -ō, -um, -ō   SUPINE factum, -ū

AN ESSENTIAL 55 VERB

facio

Related Words

**aedifico, aedificare, aedificavi, aedifica-
tum** to build
artifex, artificis, m. craftsman
difficilis, difficile difficult
difficultas, difficultatis, f. difficulty
facilis, facile easy
facinus, facinoris, n. (evil) deed
factum, facti, n. deed
pontifex, pontificis, m. high priest
sacrificium, sacrificii, n. sacrifice
**sacrifico, sacrificare, sacrificavi, sacrifi-
catum** to sacrifice
**significo, significare, significavi, signifi-
catum** to indicate

COMPOUNDS:
afficio, afficere, affeci, affectum to influence
conficio, conficere, confeci, confectum to
finish
deficio, deficere, defeci, defectum to fall short
efficio, efficere, effeci, effectum to cause
inficio, inficere, infeci, infectum to taint
interficio, interficere, interfeci, interfectum
to kill
patefacio, patefacere, patefeci, patefactum to
open up
perficio, perficere, perfeci, perfectum to
complete
praeficio, praeficere, praefeci, praefectum to
put in charge
proficio, proficere, profeci, profectum to
make progress
proficiscor, proficisci, profectus sum to set
out (on a journey)
reficio, reficere, refeci, refectum to repair
**stupefacio, stupefacere, stupefeci, stupefac-
tum** to stun
sufficio, sufficere, suffeci, suffectum to
supply

This verb is among the most important and
most common in the entire language. It means
to make or *do*, typically in a sense that there is
something tangible as a result. In contrast, the
verb **ago** also means *to do*, but more with the
sense of being busy. Consider the difference
between the English derivatives *factory* as
opposed to *action*.

There is something quite special about this
verb that is essential to notice and keep in
mind. For the passive voice of the present,
imperfect, and future tenses, and the present
infinitive, a different verb is used, namely **fio,
fieri, factus sum**. This verb is traditionally
taught as irregular, which it is, but irregular
even among the irregulars! Its main peculiarity
is that in its present system tenses (i.e. the present, imperfect, and future) it has *active* forms
with *passive* meanings. In the perfect system
tenses (i.e. the perfect, pluperfect, and future
perfect tenses) it has passive forms with passive
meanings. Another peculiar thing is that in
addition to the passive meanings *to be made* or
to be done there are several ideas behind it
which are expressed in English as active voice.
This odd verb can also be read or translated as
meaning *happen, become, come into being,* or
just plain *be*.

ALTERNATE FORMS:
face = fac
faciatur = fiat
facie = faciam
facitur = fit
faxim, etc. = fecerim, etc.
faxo = fecero
fiebantur = fiebant
fiere = fieri
fitum est = factum est
fitur = fit

MODEL SENTENCE:
Fiat lux. — Genesis

deceive, fail

ACTIVE		PASSIVE	
INDICATIVE			

	ACTIVE		PASSIVE	
Pres.	fallō	fallimus	fallor	fallimur
	fallis	fallitis	falleris (-re)	falliminī
	fallit	fallunt	fallitur	falluntur
Impf.	fallēbam	fallēbāmus	fallēbar	fallēbāmur
	fallēbās	fallēbātis	fallēbāris (-re)	fallēbāminī
	fallēbat	fallēbant	fallēbātur	fallēbantur
Fut.	fallam	fallēmus	fallar	fallēmur
	fallēs	fallētis	fallēris (-re)	fallēminī
	fallet	fallent	fallētur	fallentur
Perf.	fefellī	fefellimus	falsus sum	falsī sumus
	fefellistī	fefellistis	(-a, -um) es	(-ae, -a) estis
	fefellit	fefellērunt (-ēre)	est	sunt
Plup.	fefelleram	fefellerāmus	falsus eram	falsī erāmus
	fefellerās	fefellerātis	(-a, -um) erās	(-ae, -a) erātis
	fefellerat	fefellerant	erat	erant
Fut. *Perf.*	fefellerō	fefellerimus	falsus erō	falsī erimus
	fefelleris	fefelleritis	(-a, -um) eris	(-ae, -a) eritis
	fefellerit	fefellerint	erit	erunt

SUBJUNCTIVE			

	ACTIVE		PASSIVE	
Pres.	fallam	fallāmus	fallar	fallāmur
	fallās	fallātis	fallāris (-re)	fallāminī
	fallat	fallant	fallātur	fallantur
Impf.	fallerem	fallerēmus	fallerer	fallerēmur
	fallerēs	fallerētis	fallerēris (-re)	fallerēminī
	falleret	fallerent	fallerētur	fallerentur
Perf.	fefellerim	fefellerimus	falsus sim	falsī sīmus
	fefelleris	fefelleritis	(-a, -um) sīs	(-ae, -a) sītis
	fefellerit	fefellerint	sit	sint
Plup.	fefellissem	fefellissēmus	falsus essem	falsī essēmus
	fefellissēs	fefellissētis	(-a, -um) essēs	(-ae, -a) essētis
	fefellisset	fefellissent	esset	essent

IMPERATIVE		
Pres.	falle	fallite

INFINITIVE		
Pres.	fallere	fallī
Perf.	fefellisse	falsus (-a, -um) esse
Fut.	falsūrus (-a, -um) esse	falsum īrī

PARTICIPLE		
Pres.	fallens, (-ntis)	
Perf.		falsus (-a, -um)
Fut.	falsūrus (-a, -um)	fallendus (-a, -um) (GERUNDIVE)

GERUND fallendī, -ō, -um, -ō   SUPINE falsum, -ū

Alternate forms: **fallier** = fallī; **fefellitus sum** = falsus sum
Compounds and related words: **fallax, -acis** false; **falsus, -a, -um** false
Model sentence: *Num me **fefellit**, Catilina, non modo res tanta, verum dies?* —Cicero

admit, confess

ACTIVE

INDICATIVE

Pres.	fateor	fatēmur
	fatēris (-re)	fatēminī
	fatētur	fatentur
Impf.	fatēbar	fatēbāmur
	fatēbāris (-re)	fatēbāminī
	fatēbātur	fatēbantur
Fut.	fatēbor	fatēbimur
	fatēberis (-re)	fatēbiminī
	fatēbitur	fatēbuntur
Perf.	fassus sum	fassī sumus
	(-a, -um) es	(-ae, -a) estis
	est	sunt
Plup.	fassus eram	fassī erāmus
	(-a, -um) erās	(-ae, -a) erātis
	erat	erant
Fut.	fassus erō	fassī erimus
Perf.	(-a, -um) eris	(-ae, -a) eritis
	erit	erunt

SUBJUNCTIVE

Pres.	fatear	fateāmur
	fateāris (-re)	fateāminī
	fateātur	fateantur
Impf.	fatērer	fatērēmur
	fatērēris (-re)	fatērēminī
	fatērētur	fatērentur
Perf.	fassus sim	fassī sīmus
	(-a, -um) sīs	(-ae, -a) sītis
	sit	sint
Plup.	fassus essem	fassī essēmus
	(-a, -um) essēs	(-ae, -a) essētis
	esset	essent

IMPERATIVE

| *Pres.* | fatēre | fatēminī |

INFINITIVE

Pres.	fatērī
Perf.	fassus (-a, -um) esse
Fut.	fassūrus (-a, -um) esse

PARTICIPLE

	Active	**Passive**
Pres.	fatens, (-ntis)	
Perf.	fassus (-a, -um)	
Fut.	fassūrus (-a, -um)	fatendus (-a, -um) (GERUNDIVE)

GERUND fatendī, -ō, -um, -ō   SUPINE fassum, -ū

Alternate forms: **faterier** = fateri
Compounds and related words: **confiteor (2)** to confess; **profiteor (2)** to confess
Model sentence: *A servo scis te genitum blandeque **fateris**.* —Martial

ACTIVE

INDICATIVE

Pres.	faveō	favēmus
	favēs	favētis
	favet	favent
Impf.	favēbam	favēbāmus
	favēbās	favēbātis
	favēbat	favēbant
Fut.	favēbō	favēbimus
	favēbis	favēbitis
	favēbit	favēbunt
Perf.	fāvī	fāvimus
	fāvistī	fāvistis
	fāvit	fāvērunt (-ēre)
Plup.	fāveram	fāverāmus
	fāverās	fāverātis
	fāverat	fāverant
Fut.	fāverō	fāverimus
Perf.	fāveris	fāveritis
	fāverit	fāverint

SUBJUNCTIVE

Pres.	faveam	faveāmus
	faveās	faveātis
	faveat	faveant
Impf.	favērem	favērēmus
	favērēs	favērētis
	favēret	favērent
Perf.	fāverim	fāverimus
	fāveris	fāveritis
	fāverit	fāverint
Plup.	fāvissem	fāvissēmus
	fāvissēs	fāvissētis
	fāvisset	fāvissent

IMPERATIVE

Pres.	favē	favēte

INFINITIVE

Pres.	favēre
Perf.	fāvisse
Fut.	fautūrus (-a, -um) esse

PARTICIPLE

	Active	Passive
Pres.	faverns, (-ntis)	
Perf.		
Fut.	fautūrus (-a, -um)	favendus (-a, -um) (GERUNDIVE)

GERUND favendī, -ō, -um, -ō   SUPINE fautum, -ū

Usage notes: generally used with the **dative**

Compounds and related words: **faustus, -a, -um** lucky; **fautor, -is, m.** patron; **favor, -is, m.** support; **favorabilis, -e** popular

Model sentence: *Qui diligebant hunc, illi **favebant.*** —Cicero

feriō

hit

	ACTIVE			PASSIVE	
			INDICATIVE		
Pres.	feriō	ferīmus		ferior	ferīmur
	ferīs	ferītis		ferīris (-re)	ferīminī
	ferit	feriunt		ferītur	feruntur
Impf.	feriēbam	feriēbāmus		feriēbar	feriēbāmur
	feriēbās	feriēbātis		feriēbāris (-re)	feriēbāminī
	feriēbat	feriēbant		feriēbātur	feriēbantur
Fut.	feriam	feriēmus		feriar	feriēmur
	feriēs	feriētis		feriēris (-re)	feriēminī
	feriet	ferient		feriētur	ferientur
Perf.					
Plup.					
Fut. *Perf.*					
			SUBJUNCTIVE		
Pres.	feriam	feriāmus		feriar	feriāmur
	feriās	feriātis		feriāris (-re)	feriāminī
	feriat	feriant		feriātur	feriantur
Impf.	ferīrem	ferīrēmus		ferīrer	ferīrēmur
	ferīrēs	ferīrētis		ferīrēris (-re)	ferīrēminī
	ferīret	ferīrent		ferīrētur	ferīrentur
Perf.					
Plup.					
			IMPERATIVE		
Pres.	ferī	ferīte			
			INFINITIVE		
Pres.	ferīre			ferīrī	
Perf.					
Fut.					
			PARTICIPLE		
Pres.	feriens, (-ntis)				
Perf.					
Fut.	feritūrus (-a, -um)			feriendus (-a, -um) (GERUNDIVE)	

GERUND feriendī, -ō, -um, -ō   SUPINE

Usage notes: perfect forms supplied by **percutio**
Alternate forms: **ferinunt** = feriunt
Compounds and related words: **fericio (4)** to rage; **ferinus, -a, -um** pertaining to wild animals; **feritas, -tatis, f.** wildness; **ferocia, -ae, f.** fierceness; **ferocitas, -tatis, f.** fierceness; **ferox, -ocis** savage; **ferus, -a, -um** wild
Model sentence: *Stricto **ferit** retinacula ferro.* —Vergil

bear, bring, carry

ACTIVE		PASSIVE	
INDICATIVE			
Pres. ferō	ferimus	feror	ferimur
fers	fertis	ferris (-re)	feriminī
fert	ferunt	fertur	feruntur
Impf. ferēbam	ferēbāmus	ferēbar	ferēbāmur
ferēbās	ferēbātis	ferēbāris (-re)	ferēbāminī
ferēbat	ferēbant	ferēbātur	ferēbantur
Fut. feram	ferēmus	ferar	ferēmur
ferēs	ferētis	ferēris (-re)	ferēminī
feret	ferent	ferētur	ferentur
Perf. tulī	tulimus	lātus sum	lātī sumus
tulistī	tulistis	(-a, -um) es	(-ae, -a) estis
tulit	tulērunt (-ēre)	est	sunt
Plup. tuleram	tulerāmus	lātus eram	lātī erāmus
tulerās	tulerātis	(-a, -um) erās	(-ae, -a) erātis
tulerat	tulerant	erat	erant
Fut. tulerō	tulerimus	lātus erō	lātī erimus
Perf. tuleris	tuleritis	(-a, -um) eris	(-ae, -a) eritis
tulerit	tulerint	erit	erunt
SUBJUNCTIVE			
Pres. feram	ferāmus	ferar	ferāmur
ferās	ferātis	ferāris (-re)	ferāminī
ferat	ferant	ferātur	ferantur
Impf. ferrem	ferrēmus	ferrer	ferrēmur
ferrēs	ferrētis	ferrēris (-re)	ferrēminī
ferret	ferrent	ferrētur	ferrentur
Perf. tulerim	tulerimus	lātus sim	lātī sīmus
tuleris	tuleritis	(-a, -um) sīs	(-ae, -a) sītis
tulerit	tulerint	sit	sint
Plup. tulissem	tulissēmus	lātus essem	lātī essēmus
tulissēs	tulissētis	(-a, -um) essēs	(-ae, -a) essētis
tulisset	tulissent	esset	essent
IMPERATIVE			
Pres. fer	ferte		
INFINITIVE			
Pres. ferre		ferrī	
Perf. tulisse		lātus (-a, -um) esse	
Fut. lātūrus (-a, -um) esse		lātum īrī	
PARTICIPLE			
Pres. ferens, (-ntis)			
Perf.		lātus (-a, -um)	
Fut. lātūrus (-a, -um)		ferendus (-a, -um) (GERUNDIVE)	

GERUND ferendī, -ō, -um, -ō   SUPINE lātum, -ū

AN ESSENTIAL 55 VERB

ferō

dilato, dilatare, dilatavi, dilatatum to expand

ferculum, ferculi, n. tray

COMPOUNDS:

affero, afferre, attuli, allatum to carry to

aufero, auferre, abstuli, ablatum to carry away

circumfero, circumferre, circumtuli, circumlatum to carry around

confero, conferre, contuli, collatum to bring together

defero, deferre, detuli, delatum to bring down

differo, differre, distuli, dilatum to disperse

effero, efferre, extuli, elatum to carry out (especially to the grave)

infero, inferre, intuli, inlatum to carry in

offero, offerre, obtuli, oblatum to offer

perfero, perferre, pertuli, perlatum to endure

praefero, praeferre, praetuli, praelatum to carry in front

profero, proferre, protuli, prolatum to bring forward

refero, referre, retuli, relatum to bring back

suffero, sufferre, sustuli, sublatum to undergo

transfero, transferre, transtuli, translatum to bring across

With the meanings *bring, carry, bear,* and *endure*, this verb has been essential in every language since the beginning of time! Like all irregular verbs, its irregularity appears in the present indicative. Apart from that, it behaves like any regular third conjugation verb.

The greatest challenge students find with this verb is recognizing forms containing **tuli** or **latum** as forms of the verb **fero**. It's understandable that they don't look related to each other because they aren't! Sometimes languages drop parts of some verbs and replace them with parts of other verbs. For example, consider the English *I am, I was, I have been,* or *I go* and *I went.*

ALTERNATE FORMS:
tetuli, etc. = tuli, etc.

MODEL SENTENCE:
*Leve fit quod bene **fertur** onus.* —Ovid

ferveō or *fervō, fervēre* or *fervere, ferbuī* or *fervī*

ferveō

boil, seethe

ACTIVE		PASSIVE
INDICATIVE		

	ACTIVE		PASSIVE
Pres.	ferveō *or* fervō	fervēmus *or* fervimus	
	fervēs *or* fervis	fervētis *or* fervitis	
	fervet *or* fervit	fervent *or* fervunt	fervētur *or* fervitur (Impers.)
Impf.	fervēbam	fervēbāmus	
	fervēbās	fervēbātis	
	fervēbat	fervēbant	fervēbātur (Impers.)
Fut.	fervēbō *or* fervam	fervēbimus *or* fervēmus	
	fervēbis *or* fervēs	fervēbitis *or* fervētis	
	fervēbit *or* fervet	fervēbunt *or* fervent	fervēbitur *or* fervet (Impers.)
Perf.	ferbuī *or* fervī	ferbuimus *or* fervimus	
	ferbuistī *or* fervistī	ferbuistis *or* fervistis	
	ferbuit *or* fervit	ferbuērunt (-ēre) *or* fervērunt (-ēre)	
Plup.	ferbueram *or* ferveram	ferbuerāmus *or* ferverāmus	
	ferbuerās *or* ferverās	ferbuerātis *or* ferverātis	
	ferbuerat *or* ferverat	ferbuerant *or* ferverant	
Fut.	ferbuerō *or* ferverō	ferbuerimus *or* ferverimus	
Perf.	ferbueris *or* ferveris	ferbueritis *or* ferveritis	
	ferbuerit *or* ferverit	ferbuerint *or* ferverint	
SUBJUNCTIVE			
Pres.	ferveam *or* fervam	ferveāmus *or* fervāmus	
	ferveās *or* fervās	ferveātis *or* fervātis	
	ferveat *or* fervat	ferveant *or* fervant	ferveatur *or* fervatur (Impers.)
Impf.	fervērem *or* ferverem	fervērēmus *or* ferverēmus	
	fervērēs *or* ferverēs	fervērētis *or* ferverētis	
	fervēret *or* ferveret	fervērent *or* ferverent	fervērētur *or* ferverētur (Impers.)
Perf.	ferbuerim *or* ferverim	ferbuerimus *or* ferverimus	
	ferbueris *or* ferveris	ferbueritis *or* ferveritis	
	ferbuerit *or* ferverit	ferbuerint *or* ferverint	
Plup.	ferbuissem *or* fervissem	ferbuissēmus *or* fervissēmus	
	ferbuissēs *or* fervissēs	ferbuissētis *or* fervissētis	
	ferbuisset *or* fervisset	ferbuissent *or* fervissent	
IMPERATIVE			
Pres.	fervē *or* ferve	fervēte *or* fervite	
INFINITIVE			
Pres.	fervēre *or* fervere		fervērī *or* fervī
Perf.	ferbuisse *or* fervisse		
Fut.			
PARTICIPLE			
Pres.	fervens, (-ntis)		
Perf.			
Fut.			fervendus (-a, -um) (GERUNDIVE)

GERUND fervendī, -ō, -um, -ō   SUPINE

Usage notes: third person may be used impersonally.
Alternate forms: This verb is found in second and third conjugation, the latter forms appearing chiefly in the ante- and post-Classical periods.
Compounds and related words: **fervidus, -a, -um** hot; **fervor, -is, m.** heat
Model sentence: *Fervet avaritia miseroque cupidine pectus.* —Horace

203

trust

ACTIVE

INDICATIVE

Pres.	fīdō		fīdimus
	fīdis		fīditis
	fīdit		fīdunt
Impf.	fīdēbam		fīdēbāmus
	fīdēbās		fīdēbātis
	fīdēbat		fīdēbant
Fut.	fīdam		fīdēmus
	fīdēs		fīdētis
	fīdēt		fīdent
Perf.	fīsus	sum	fīsī	sumus
	(-a, -um)	es	(-ae, -a)	estis
		est		sunt
Plup.	fīsus	eram	fīsī	erāmus
	(-a, -um)	erās	(-ae, -a)	erātis
		erat		erant
Fut. *Perf.*	fīsus (-a, -um)	erō eris erit	fīsī (-ae, -a)	erimus eritis erunt

SUBJUNCTIVE

Pres.	fīdam		fīdāmus
	fīdās		fīdātis
	fīdat		fīdant
Impf.	fīderem		fīderēmus
	fīderēs		fīderētis
	fīderet		fīderent
Perf.	fīsus	sim	fīsī	sīmus
	(-a, -um)	sīs	(-ae, -a)	sītis
		sit		sint
Plup.	fīsus	essem	fīsī	essēmus
	(-a, -um)	essēs	(-ae, -a)	essētis
		esset		essent

IMPERATIVE

Pres.	fīde	fīdite

INFINITIVE

Pres.	fīdere
Perf.	fīsus (-a, -um) esse
Fut.	fīsūrus (-a, -um) esse

PARTICIPLE

	Active	Passive
Pres.	fīdens, (-ntis)	
Perf.		fīsus (-a, -um)
Fut.	fīsūrus (-a, -um)	fīdendus (-a, -um) (GERUNDIVE)

GERUND fīdendī, -ō, -um, -ō   SUPINE fīsum, -ū

Usage notes: generally used with the **dative**, occasionally with the **ablative**
Compounds and related words: **confido (3)** to trust; **diffido (3)** to distrust; **fidelis, -e** faithful; **fides, -ei, f.** trust; **fiducia, -ae, f.** confidence; **fidus, -a, -um** faithful; **infidus, -a, -um** unsafe; **perfidia, -ae, f.** treachery; **perfidus, -a, -um** treacherous
Model sentence: *Sequitur pulcherrimus Astyr, Astyr equo **fidens** et versicoloribus armis.* —Vergil

attach, pierce

ACTIVE		PASSIVE	
INDICATIVE			
Pres. figō	figimus	figor	figimur
figis	figitis	figeris (-re)	figiminī
figit	figunt	figitur	figuntur
Impf. figēbam	figēbāmus	figēbar	figēbāmur
figēbās	figēbātis	figēbāris (-re)	figēbāminī
figēbat	figēbant	figēbātur	figēbantur
Fut. figam	figēmus	figar	figēmur
figēs	figētis	figēris (-re)	figēminī
figet	figent	figētur	figentur
Perf. fixī	fiximus	fixus sum	fixī sumus
fixistī	fixistis	(-a, -um) es	(-ae, -a) estis
fixit	fixērunt (-ēre)	est	sunt
Plup. fixeram	fixerāmus	fixus eram	fixī erāmus
fixerās	fixerātis	(-a, -um) erās	(-ae, -a) erātis
fixerat	fixerant	erat	erant
Fut. fixerō	fixerimus	fixus erō	fixī erimus
Perf. fixeris	fixeritis	(-a, -um) eris	(-ae, -a) eritis
fixerit	fixerint	erit	erunt
SUBJUNCTIVE			
Pres. figam	figāmus	figar	figāmur
figās	figātis	figāris (-re)	figāminī
figat	figant	figātur	figantur
Impf. figerem	figerēmus	figerer	figerēmur
figerēs	figerētis	figerēris (-re)	figerēminī
figeret	figerent	figerētur	figerentur
Perf. fixerim	fixerimus	fixus sim	fixī sīmus
fixeris	fixeritis	(-a, -um) sīs	(-ae, -a) sītis
fixerit	fixerint	sit	sint
Plup. fixissem	fixissēmus	fixus essem	fixī essēmus
fixissēs	fixissētis	(-a, -um) essēs	(-ae, -a) essētis
fixisset	fixissent	esset	essent
IMPERATIVE			
Pres. fige	figite		
INFINITIVE			
Pres. figere		figī	
Perf. fixisse		fixus (-a, -um) esse	
Fut. fixūrus (-a, -um) esse		fixum īrī	
PARTICIPLE			
Pres. figens, (-ntis)			
Perf.		fixus (-a, -um)	
Fut. fixūrus (-a, -um)		figendus (-a, -um) (GERUNDIVE)	

GERUND figendī, -ō, -um, -ō   SUPINE fixum, -ū

Alternate forms: **fictus** = fixus
Compounds and related words: **affigo (3)** to attach; **defigo (3)** to attach firmly; **transfigo (3)** to pierce
Model sentence: *Fixisset gravidam cum levis hasta suem...* —Martial

fingō, fingere, finxī, fictum

shape, arrange, alter

ACTIVE		PASSIVE	
INDICATIVE			
Pres.	fingō fingimus	fingor	fingimur
	fingis fingitis	fingeris (-re)	fingiminī
	fingit fingunt	fingitur	finguntur
Impf.	fingēbam fingēbāmus	fingēbar	fingēbāmur
	fingēbās fingēbātis	fingēbāris (-re)	fingēbāminī
	fingēbat fingēbant	fingēbātur	fingēbantur
Fut.	fingam fingēmus	fingar	fingēmur
	fingēs fingētis	fingēris (-re)	fingēminī
	finget fingent	fingētur	fingentur
Perf.	finxī finximus	fictus sum	fictī sumus
	finxistī finxistis	(-a, -um) es	(-ae, -a) estis
	finxit finxērunt (-ēre)	est	sunt
Plup.	finxeram finxerāmus	fictus eram	fictī erāmus
	finxerās finxerātis	(-a, -um) erās	(-ae, -a) erātis
	finxerat finxerant	erat	erant
Fut.	finxerō finxerimus	fictus erō	fictī erimus
Perf.	finxeris finxeritis	(-a, -um) eris	(-ae, -a) eritis
	finxerit finxerint	erit	erunt
SUBJUNCTIVE			
Pres.	fingam fingāmus	fingar	fingāmur
	fingās fingātis	fingāris (-re)	fingāminī
	fingat fingant	fingātur	fingantur
Impf.	fingerem fingerēmus	fingerer	fingerēmur
	fingerēs fingerētis	fingerēris (-re)	fingerēminī
	fingeret fingerent	fingerētur	fingerentur
Perf.	finxerim finxerimus	fictus sim	fictī sīmus
	finxeris finxeritis	(-a, -um) sīs	(-ae, -a) sītis
	finxerit finxerint	sit	sint
Plup.	finxissem finxissēmus	fictus essem	fictī essēmus
	finxissēs finxissētis	(-a, -um) essēs	(-ae, -a) essētis
	finxisset finxissent	esset	essent
IMPERATIVE			
Pres.	finge fingite		
INFINITIVE			
Pres.	fingere	fingī	
Perf.	finxisse	fictus (-a, -um) esse	
Fut.	fictūrus (-a, -um) esse	fictum īrī	
PARTICIPLE			
Pres.	fingens, (-ntis)		
Perf.		fictus (-a, -um)	
Fut.	fictūrus (-a, -um)	fingendus (-a, -um) (GERUNDIVE)	

GERUND fingendī, -ō, -um, -ō   SUPINE fictum, -ū

Compounds and related words: **effigies, -ei, f.** likeness; **ficticius, -a, -um** artificial; **fictilis, -e** earthen; **fictio, -onis, f.** formation; **fictor, -is, m.** creator; **fingibilis, -e** imaginary
Model sentence: ***Finxit** te ipsa natura ad honestatem.* —Cicero

limit, restrain, end

ACTIVE		**PASSIVE**	
INDICATIVE			
Pres. fīniō	fīnīmus	fīnior	fīnīmur
fīnīs	fīnītis	fīnīris (-re)	fīnīminī
fīnit	fīniunt	fīnītur	fīniuntur
Impf. fīniēbam	fīniēbāmus	fīniēbar	fīniēbāmur
fīniēbās	fīniēbātis	fīniēbāris (-re)	fīniēbāminī
fīniēbat	fīniēbant	fīniēbātur	fīniēbantur
Fut. fīniam	fīniēmus	fīniar	fīniēmur
fīniēs	fīniētis	fīniēris (-re)	fīniēminī
fīniet	fīnient	fīniētur	fīnientur
Perf. fīnīvī	fīnīvimus	fīnītus sum	fīnītī sumus
fīnīvistī	fīnīvistis	(-a, -um) es	(-ae, -a) estis
fīnīvit	fīnīvērunt (-ēre)	est	sunt
Plup. fīnīveram	fīnīverāmus	fīnītus eram	fīnītī erāmus
fīnīverās	fīnīverātis	(-a, -um) erās	(-ae, -a) erātis
fīnīverat	fīnīverant	erat	erant
Fut. fīnīverō	fīnīverimus	fīnītus erō	fīnītī erimus
Perf. fīnīveris	fīnīveritis	(-a, -um) eris	(-ae, -a) eritis
fīnīverit	fīnīverint	erit	erunt
SUBJUNCTIVE			
Pres. fīniam	fīniāmus	fīniar	fīniāmur
fīniās	fīniātis	fīniāris (-re)	fīniāminī
fīniat	fīniant	fīniātur	fīniantur
Impf. fīnīrem	fīnīrēmus	fīnīrer	fīnīrēmur
fīnīrēs	fīnīrētis	fīnīrēris (-re)	fīnīrēminī
fīnīret	fīnīrent	fīnīrētur	fīnīrentur
Perf. fīnīverim	fīnīverimus	fīnītus sim	fīnītī sīmus
fīnīveris	fīnīveritis	(-a, -um) sīs	(-ae, -a) sītis
fīnīverit	fīnīverint	sit	sint
Plup. fīnīvissem	fīnīvissēmus	fīnītus essem	fīnītī essēmus
fīnīvissēs	fīnīvissētis	(-a, -um) essēs	(-ae, -a) essētis
fīnīvisset	fīnīvissent	esset	essent
IMPERATIVE			
Pres. fīnī	fīnīte		
INFINITIVE			
Pres. fīnīre		fīnīrī	
Perf. fīnīvisse		fīnītus (-a, -um) esse	
Fut. fīnītūrus (-a, -um) esse		fīnītum īrī	
PARTICIPLE			
Pres. fīniens, (-ntis)			
Perf.		fīnītus (-a, -um)	
Fut. fīnītūrus (-a, -um)		fīniendus (-a, -um) (GERUNDIVE)	

GERUND fīniendī, -ō, -um, -ō   SUPINE fīnītum, -ū

Usage notes: passive may be used impersonally.
Alternate forms: **finii** = finivi
Compounds and related words: **finis, -is, m.** end, limit; **finitimus, -a, -um** neighboring; **finitor, -is, m.** a land surveyor
Model sentence: *Non potuit Caesar melius litem **finire** iocoscam.* —Martial

flectō

bend

ACTIVE		PASSIVE	
INDICATIVE			
Pres.	flectō	flectimus	flector	flectimur
	flectis	flectitis	flecteris (-re)	flectiminī
	flectit	flectunt	flectitur	flectuntur
Impf.	flectēbam	flectēbāmus	flectēbar	flectēbāmur
	flectēbās	flectēbātis	flectēbāris (-re)	flectēbāminī
	flectēbat	flectēbant	flectēbātur	flectēbantur
Fut.	flectam	flectēmus	flectar	flectēmur
	flectēs	flectētis	flectēris (-re)	flectēminī
	flectet	flectent	flectētur	flectentur
Perf.	flexī	fleximus	flectus sum	flectī sumus
	flexistī	flexistis	(-a, -um) es	(-ae, -a) estis
	flexit	flexērunt (-ēre)	est	sunt
Plup.	flexeram	flexerāmus	flectus eram	flectī erāmus
	flexerās	flexerātis	(-a, -um) erās	(-ae, -a) erātis
	flexerat	flexerant	erat	erant
Fut.	flexerō	flexerimus	flectus erō	flectī erimus
Perf.	flexeris	flexeritis	(-a, -um) eris	(-ae, -a) eritis
	flexerit	flexerint	erit	erunt
SUBJUNCTIVE			
Pres.	flectam	flectāmus	flectar	flectāmur
	flectās	flectātis	flectāris (-re)	flectāminī
	flectat	flectant	flectātur	flectantur
Impf.	flecterem	flecterēmus	flecterer	flecterēmur
	flecterēs	flecterētis	flecterēris (-re)	flecterēminī
	flecteret	flecterent	flecterētur	flecterentur
Perf.	flexerim	flexerimus	flectus sim	flectī sīmus
	flexeris	flexeritis	(-a, -um) sīs	(-ae, -a) sītis
	flexerit	flexerint	sit	sint
Plup.	flexissem	flexissēmus	flectus essem	flectī essēmus
	flexissēs	flexissētis	(-a, -um) essēs	(-ae, -a) essētis
	flexisset	flexissent	esset	essent
IMPERATIVE			
Pres.	flecte	flectite		
INFINITIVE			
Pres.	flectere		flectī	
Perf.	flexisse		flectus (-a, -um) esse	
Fut.	flectūrus (-a, -um) esse		flectum īrī	
PARTICIPLE			
Pres.	flectens, (-ntis)			
Perf.			flectus (-a, -um)	
Fut.	flectūrus (-a, -um)		flectendus (-a, -um) (GERUNDIVE)	

GERUND flectendī, -ō, -um, -ō   SUPINE flectum, -ū

Compounds and related words: **flexibilis, -e** pliant; **flexilis, -e** pliable; **flexio, -onis, f.** a bend; **flexo (1)** to bend; **flexus, -us, m.** a bending; **reflecto (3)** to turn back
Model sentence: *Animal omne membra quocumque vult, **flectit,** contorquet, porrigit, contrahit.* —Cicero

weep, lament

ACTIVE		PASSIVE
INDICATIVE		

	ACTIVE		PASSIVE
Pres.	fleō	flēmus	
	flēs	flētis	
	flet	flent	flētur (Impers.)
Impf.	flēbam	flēbāmus	
	flēbās	flēbātis	
	flēbat	flēbant	flēbātur (Impers.)
Fut.	flēbō	flēbimus	
	flēbis	flēbitis	
	flēbit	flēbunt	flēbitur (Impers.)
Perf.	flēvī	flēvimus	
	flēvistī	flēvistis	
	flēvit	flēvērunt (-ēre)	flētum est (Impers.)
Plup.	flēveram	flēverāmus	
	flēverās	flēverātis	
	flēverat	flēverant	flētum erat (Impers.)
Fut.	flēverō	flēverimus	
Perf.	flēveris	flēveritis	
	flēverit	flēverint	flētum erit (Impers.)

SUBJUNCTIVE

	ACTIVE		PASSIVE
Pres.	fleam	fleāmus	
	fleās	fleātis	
	fleat	fleant	fleātur (Impers.)
Impf.	flērem	flērēmus	
	flērēs	flērētis	
	flēret	flērent	flērētur (Impers.)
Perf.	flēverim	flēverimus	
	flēveris	flēveritis	
	flēverit	flēverint	flētum sit (Impers.)
Plup.	flēvissem	flēvissēmus	
	flēvissēs	flēvissētis	
	flēvisset	flēvissent	flētum esset (Impers.)

IMPERATIVE

	ACTIVE	
Pres.	flē	flēte

INFINITIVE

	ACTIVE	PASSIVE
Pres.	flēre	flērī
Perf.	flēvisse	flētus (-a, -um) esse
Fut.	flētūrus (-a, -um) esse	flētum īrī

PARTICIPLE

	ACTIVE	PASSIVE
Pres.	flens, (-ntis)	
Perf.		flētus (-a, -um)
Fut.	flētūrus (-a, -um)	flendus (-a, -um) (GERUNDIVE)

GERUND flendī, -ō, -um, -ō   SUPINE flētum, -ū

Alternate forms: **flemus** = flevimus; **flerunt** = fleverunt; **flesse** = flevisse; **flesset** = flevisset; **flesti** = flevisti

Compounds and related words: **defleo (2)** to weep bitterly; **flebilis, -e** lamentable; **fletus, -us, m.** a weeping

Model sentence: *Si vis me **flere** dolendum est primum ipsi tibi.* —Horace

flōreō

bloom, prosper

ACTIVE

INDICATIVE

Pres.	flōreō	flōrēmus	
	flōrēs	flōrētis	
	flōret	flōrent	
Impf.	flōrēbam	flōrēbāmus	
	flōrēbās	flōrēbātis	
	flōrēbat	flōrēbant	
Fut.	flōrēbō	flōrēbimus	
	flōrēbis	flōrēbitis	
	flōrēbit	flōrēbunt	
Perf.	flōruī	flōruimus	
	flōruistī	flōruistis	
	flōruit	flōruērunt (-ēre)	
Plup.	flōrueram	flōruerāmus	
	flōruerās	flōruerātis	
	flōruerat	flōruerant	
Fut.	flōruerō	flōruerimus	
Perf.	flōrueris	flōrueritis	
	flōruerit	flōruerint	

SUBJUNCTIVE

Pres.	flōream	flōreāmus	
	flōreās	flōreātis	
	flōreat	flōreant	
Impf.	flōrērem	flōrērēmus	
	flōrērēs	flōrērētis	
	flōrēret	flōrērent	
Perf.	flōruerim	flōruerimus	
	flōrueris	flōrueritis	
	flōruerit	flōruerint	
Plup.	flōruissem	flōruissēmus	
	flōruissēs	flōruissētis	
	flōruisset	flōruissent	

IMPERATIVE

Pres.	flōrē	flōrēte

INFINITIVE

Pres.	flōrēre
Perf.	flōruisse
Fut.	

PARTICIPLE

Pres.	flōrens, (-ntis)
Perf.	
Fut.	flōrendus (-a, -um) (GERUNDIVE)

GERUND flōrendī, -ō, -um, -ō   SUPINE

Compounds and related words: **Flora, -ae, f.** goddess of flowers; **floresco (3)** to begin to bloom; **floreus, -a, -um** made of flowers; **floridus, -a, -um** flowery; **florifer, -a, -um** bearing flowers; **flos, floris, m.** flower

Model sentence: *Per terras frondent atque omnia florent.* —Lucretius

ACTIVE
INDICATIVE

Pres.	fluō	fluimus
	fluis	fluitis
	fluit	fluunt
Impf.	fluēbam	fluēbāmus
	fluēbās	fluēbātis
	fluēbat	fluēbant
Fut.	fluam	fluēmus
	fluēs	fluētis
	fluet	fluent
Perf.	fluxī	fluximus
	fluxistī	fluxistis
	fluxit	fluxērunt (-ēre)
Plup.	fluxeram	fluxerāmus
	fluxerās	fluxerātis
	fluxerat	fluxerant
Fut.	fluxerō	fluxerimus
Perf.	fluxeris	fluxeritis
	fluxerit	fluxerint

SUBJUNCTIVE

Pres.	fluam	fluāmus
	fluās	fluātis
	fluat	fluant
Impf.	fluerem	fluerēmus
	fluerēs	fluerētis
	flueret	fluerent
Perf.	fluxerim	fluxerimus
	fluxeris	fluxeritis
	fluxerit	fluxerint
Plup.	fluxissem	fluxissēmus
	fluxissēs	fluxissētis
	fluxisset	fluxissent

IMPERATIVE

| *Pres.* | flue | fluite |

INFINITIVE

Pres.	fluere
Perf.	fluxisse
Fut.	

PARTICIPLE

Pres.	fluens, (-ntis)
Perf.	fluxus (-a, -um)
Fut.	fluendus (-a, -um) (GERUNDIVE)

GERUND fluendī, -ō, -um, -ō   SUPINE fluxum, -ū

Alternate forms: **fluctum** = fluxum
Compounds and related words: **confluo (3)** flow together; **defluo (3)** flow down; **effluo (3)** flow out; **fluctuo (1)** undulate; **fluctus, -us, m.** wave; **fluito (1)** flow; **flumen, -inis, n.** river; **fluvius, -i, m.** stream; **profluo (3)** keep flowing
Model sentence: *Gaudia saepe **fluent** imo sic quoque lapsa sinu.* —Martial

dig, stab

ACTIVE		PASSIVE	
INDICATIVE			
Pres.	fodiō	fodimus	fodior	fodimur
	fodis	foditis	foderis (-re)	fodiminī
	fodit	fodiunt	foditur	fodiuntur
Impf.	fodiēbam	fodiēbāmus	fodiēbar	fodiēbāmur
	fodiēbās	fodiēbātis	fodiēbāris (-re)	fodiēbāminī
	fodiēbat	fodiēbant	fodiēbātur	fodiēbantur
Fut.	fodiam	fodiēmus	fodiar	fodiēmur
	fodiēs	fodiētis	fodiēris (-re)	fodiēminī
	fodiet	fodient	fodiētur	fodientur
Perf.	fōdī	fōdimus	fossus sum	fossī sumus
	fōdistī	fōdistis	(-a, -um) es	(-ae, -a) estis
	fōdit	fōdērunt (-ēre)	est	sunt
Plup.	fōderam	fōderāmus	fossus eram	fossī erāmus
	fōderās	fōderātis	(-a, -um) erās	(-ae, -a) erātis
	fōderat	fōderant	erat	erant
Fut.	fōderō	fōderimus	fossus erō	fossī erimus
Perf.	fōderis	fōderitis	(-a, -um) eris	(-ae, -a) eritis
	fōderit	fōderint	erit	erunt
SUBJUNCTIVE			
Pres.	fodiam	fodiāmus	fodiar	fodiāmur
	fodiās	fodiātis	fodiāris (-re)	fodiāminī
	fodiat	fodiant	fodiātur	fodiantur
Impf.	foderem	foderēmus	foderer	foderēmur
	foderēs	foderētis	foderēris (-re)	foderēminī
	foderet	foderent	foderētur	foderentur
Perf.	fōderim	fōderimus	fossus sim	fossī sīmus
	fōderis	fōderitis	(-a, -um) sīs	(-ae, -a) sītis
	fōderit	fōderint	sit	sint
Plup.	fōdissem	fōdissēmus	fossus essem	fossī essēmus
	fōdissēs	fōdissētis	(-a, -um) essēs	(-ae, -a) essētis
	fōdisset	fōdissent	esset	essent
IMPERATIVE			
Pres.	fode	fodite		
INFINITIVE			
Pres.	fodere		fodī	
Perf.	fōdisse		fossus (-a, -um) esse	
Fut.	fossūrus (-a, -um) esse		fossum īrī	
PARTICIPLE			
Pres.	fodiens, (-ntis)			
Perf.			fossus (-a, -um)	
Fut.	fossūrus (-a, -um)		fodiendus (-a, -um) (GERUNDIVE)	

GERUND fodiendī, -ō, -um, -ō   SUPINE fossum, -ū

Alternate forms: **fodiri** = fodi
Compounds and related words: **defodio (3)** to bury; **fossa, -ae, f.** ditch
Model sentence: *Numquam domum revertor quin te in fundo conspicer **fodere** aut arare.* —Terence

defile, dishonor

ACTIVE		PASSIVE	
INDICATIVE			
Pres. foedō	foedāmus	foedor	foedāmur
foedās	foedātis	foedāris (-re)	foedāminī
foedat	foedant	foedātur	foedantur
Impf. foedābam	foedābāmus	foedābar	foedābāmur
foedābās	foedābātis	foedābāris (-re)	foedābāminī
foedābat	foedābant	foedābātur	foedābantur
Fut. foedābō	foedābimus	foedābor	foedābimur
foedābis	foedābitis	foedāberis (-re)	foedābiminī
foedābit	foedābunt	foedābitur	foedābuntur
Perf. foedāvī	foedāvimus	foedātus sum	foedātī sumus
foedāvistī	foedāvistis	(-a, -um) es	(-ae, -a) estis
foedāvit	foedāvērunt (-ēre)	est	sunt
Plup. foedāveram	foedāverāmus	foedātus eram	foedātī erāmus
foedāverās	foedāverātis	(-a, -um) erās	(-ae, -a) erātis
foedāverat	foedāverant	erat	erant
Fut. foedāverō	foedāverimus	foedātus erō	foedātī erimus
Perf. foedāveris	foedāveritis	(-a, -um) eris	(-ae, -a) eritis
foedāverit	foedāverint	erit	erunt
SUBJUNCTIVE			
Pres. foedem	foedēmus	foeder	foedēmur
foedēs	foedētis	foedēris (-re)	foedēminī
foedet	foedent	foedētur	foedentur
Impf. foedārem	foedārēmus	foedārer	foedārēmur
foedārēs	foedārētis	foedārēris (-re)	foedārēminī
foedāret	foedārent	foedārētur	foedārentur
Perf. foedāverim	foedāverimus	foedātus sim	foedātī sīmus
foedāveris	foedāveritis	(-a, -um) sīs	(-ae, -a) sītis
foedāverit	foedāverint	sit	sint
Plup. foedāvissem	foedāvissēmus	foedātus essem	foedātī essēmus
foedāvissēs	foedāvissētis	(-a, -um) essēs	(-ae, -a) essētis
foedāvisset	foedāvissent	esset	essent
IMPERATIVE			
Pres. foedā	foedāte		
INFINITIVE			
Pres. foedāre		foedārī	
Perf. foedāvisse		foedātus (-a, -um) esse	
Fut. foedātūrus (-a, -um) esse		foedātum īrī	
PARTICIPLE			
Pres. foedans, (-ntis)			
Perf.		foedātus (-a, -um)	
Fut. foedātūrus (-a, -um)		foedandus (-a, -um) (GERUNDIVE)	

GERUND foedandī, -ō, -um, -ō   SUPINE foedātum, -ū

Compounds and related words: **foedus, -a, -um** foul
Model sentence: *Harpyiae contactu omnia **foedant** immundo.* —Vergil

speak

ACTIVE

INDICATIVE

Pres.

	fātur		fantur

Impf.

Fut. fābor

fābitur

Perf.	fātus	sum	fātī	sumus
	(-a, -um)	es	(-ae, -a)	estis
		est		sunt
Plup.	fātus	eram	fātī	erāmus
	(-a, -um)	erās	(-ae, -a)	erātis
		erat		erant
Fut.	fātus	erō	fātī	erimus
Perf.	(-a, -um)	eris	(-ae, -a)	eritis
		erit		erunt

IMPERATIVE

Pres. fāre

INFINITIVE

Pres. fārī
Perf. fātus (-a, -um) esse
Fut. fātūrus (-a, -um) esse

PARTICIPLE

	Active	**Passive**
Pres.	fans, (-ntis)	
Perf.	fātus (-a, -um)	
Fut.	fātūrus (-a, -um)	fandus (-a, -um) (GERUNDIVE)

GERUND fandī, -ō, -um, -ō   SUPINE fātum, -ū

Usage notes: defective

Compounds and related words: **affabilis, -e** affable; **affabilitas, -tatis, f.** affability; **affatus, -us, m.** speech; **affor (1)** to address; **fabula, -ae, f.** story; **facundia, -ae, f.** eloquence; **facundus, -a, -um** eloquent; **fama, -ae, f.** rumor; **fas** divinely right; **fatum, -i, n.** fate; **infamia, -ae, f.** disgrace; **infamo (1)** to disgrace; **infans, -ntis, c.** speechless; **nefandus, -a, -um** impious; **nefarius, -a, -um** heinous; **nefas** wickedness; **praefor (1)** to say in advance

Model sentence: ***Fatur*** *is qui primum homo significabilem ore mittit vocem.* —Varro

warm, cherish

	ACTIVE			**PASSIVE**	
			INDICATIVE		
Pres.	foveō	fovēmus		foveor	fovēmur
	fovēs	fovētis		fovēris (-re)	fovēminī
	fovet	fovent		fovētur	foventur
Impf.	fovēbam	fovēbāmus		fovēbar	fovēbāmur
	fovēbās	fovēbātis		fovēbāris (-re)	fovēbāminī
	fovēbat	fovēbant		fovēbātur	fovēbantur
Fut.	fovēbō	fovēbimus		fovēbor	fovēbimur
	fovēbis	fovēbitis		fovēberis (-re)	fovēbiminī
	fovēbit	fovēbunt		fovēbitur	fovēbuntur
Perf.	fōvī	fōvimus		fōtus sum	fōtī sumus
	fōvistī	fōvistis		(-a, -um) es	(-ae, -a) estis
	fōvit	fōvērunt (-ēre)		est	sunt
Plup.	fōveram	fōverāmus		fōtus eram	fōtī erāmus
	fōverās	fōverātis		(-a, -um) erās	(-ae, -a) erātis
	fōverat	fōverant		erat	erant
Fut.	fōverō	fōverimus		fōtus erō	fōtī erimus
Perf.	fōveris	fōveritis		(-a, -um) eris	(-ae, -a) eritis
	fōverit	fōverint		erit	erunt
			SUBJUNCTIVE		
Pres.	foveam	foveāmus		fovear	foveāmur
	foveās	foveātis		foveāris (-re)	foveāminī
	foveat	foveant		foveātur	foveantur
Impf.	fovērem	fovērēmus		fovērer	fovērēmur
	fovērēs	fovērētis		fovērēris (-re)	fovērēminī
	fovēret	fovērent		fovērētur	fovērentur
Perf.	fōverim	fōverimus		fōtus sim	fōtī sīmus
	fōveris	fōveritis		(-a, -um) sīs	(-ae, -a) sītis
	fōverit	fōverint		sit	sint
Plup.	fōvissem	fōvissēmus		fōtus essem	fōtī essēmus
	fōvissēs	fōvissētis		(-a, -um) essēs	(-ae, -a) essētis
	fōvisset	fōvissent		esset	essent
			IMPERATIVE		
Pres.	fovē	fovēte			
			INFINITIVE		
Pres.	fovēre			fovērī	
Perf.	fōvisse			fōtus (-a, -um) esse	
Fut.	fōtūrus (-a, -um) esse			fōtum īrī	
			PARTICIPLE		
Pres.	fovens, (-ntis)				
Perf.				fōtus (-a, -um)	
Fut.	fōtūrus (-a, -um)			fovendus (-a, -um) (GERUNDIVE)	

GERUND fovendī, -ō, -um, -ō   SUPINE fōtum, -ū

Compounds and related words: **fotus, -us, m.** a warming; **refoveo (2)** refresh
Model sentence: *Credula vitam spes **fovet** et melius cras fore semper dicit.* —Tibullus

break in pieces, shatter

	ACTIVE		PASSIVE	
		INDICATIVE		
Pres.	frangō	frangimus	frangor	frangimur
	frangis	frangitis	frangeris (-re)	frangiminī
	frangit	frangunt	frangitur	franguntur
Impf.	frangēbam	frangēbāmus	frangēbar	frangēbāmur
	frangēbās	frangēbātis	frangēbāris (-re)	frangēbāminī
	frangēbat	frangēbant	frangēbātur	frangēbantur
Fut.	frangam	frangēmus	frangar	frangēmur
	frangēs	frangētis	frangēris (-re)	frangēminī
	franget	frangent	frangētur	frangentur
Perf.	frēgī	frēgimus	fractus sum	fractī sumus
	frēgistī	frēgistis	(-a, -um) es	(-ae, -a) estis
	frēgit	frēgērunt (-ēre)	est	sunt
Plup.	frēgeram	frēgerāmus	fractus eram	fractī erāmus
	frēgerās	frēgerātis	(-a, -um) erās	(-ae, -a) erātis
	frēgerat	frēgerant	erat	erant
Fut.	frēgerō	frēgerimus	fractus erō	fractī erimus
Perf.	frēgeris	frēgeritis	(-a, -um) eris	(-ae, -a) eritis
	frēgerit	frēgerint	erit	erunt
		SUBJUNCTIVE		
Pres.	frangam	frangāmus	frangar	frangāmur
	frangās	frangātis	frangāris (-re)	frangāminī
	frangat	frangant	frangātur	frangantur
Impf.	frangerem	frangerēmus	frangerer	frangerēmur
	frangerēs	frangerētis	frangerēris (-re)	frangerēminī
	frangeret	frangerent	frangerētur	frangerentur
Perf.	frēgerim	frēgerimus	fractus sim	fractī sīmus
	frēgeris	frēgeritis	(-a, -um) sīs	(-ae, -a) sītis
	frēgerit	frēgerint	sit	sint
Plup.	frēgissem	frēgissēmus	fractus essem	fractī essēmus
	frēgissēs	frēgissētis	(-a, -um) essēs	(-ae, -a) essētis
	frēgisset	frēgissent	esset	essent
		IMPERATIVE		
Pres.	frange	frangite		
		INFINITIVE		
Pres.	frangere		frangī	
Perf.	frēgisse		fractus (-a, -um) esse	
Fut.	frāctūrus (-a, -um) esse		fractum īrī	
		PARTICIPLE		
Pres.	frangens, (-ntis)			
Perf.			fractus (-a, -um)	
Fut.	fractūrus (-a, -um)		frangendus (-a, -um) (GERUNDIVE)	

GERUND frangendī, -ō, -um, -ō   SUPINE fractum, -ū

Compounds and related words: **confringo (3)** to break; **fragesco (3)** to become broken; **fragilis, -e** breakable; **fragilitas, -tatis, f.** brittleness; **fragmen, -minis, n.** fracture; **fragor, -is, m.** crash
Model sentence: *Ianua frangatur, canis latret.* —Horace

roar, grumble

ACTIVE

INDICATIVE

Pres.	fremō	fremimus
	fremis	fremitis
	fremit	fremunt
Impf.	fremēbam	fremēbāmus
	fremēbās	fremēbātis
	fremēbat	fremēbant
Fut.	fremam	fremēmus
	fremēs	fremētis
	fremet	frement
Perf.	fremuī	fremuimus
	fremuistī	fremuistis
	fremuit	fremuērunt (-ēre)
Plup.	fremueram	fremuerāmus
	fremuerās	fremuerātis
	fremuerat	fremuerant
Fut.	fremuerō	fremuerimus
Perf.	fremueris	fremueritis
	fremuerit	fremuerint

SUBJUNCTIVE

Pres.	fremam	fremāmus
	fremās	fremātis
	fremat	fremant
Impf.	fremerem	fremerēmus
	fremerēs	fremerētis
	fremeret	fremerent
Perf.	fremuerim	fremuerimus
	fremueris	fremueritis
	fremuerit	fremuerint
Plup.	fremuissem	fremuissēmus
	fremuissēs	fremuissētis
	fremuisset	fremuissent

IMPERATIVE

Pres.	freme	fremite

INFINITIVE

Pres.	fremere
Perf.	fremuisse
Fut.	fremitūrus (-a, -um) esse

PARTICIPLE

	Active	Passive
Pres.	fremens, (-ntis)	
Perf.		
Fut.	fremitūrus (-a, -um)	fremendus (-a, -um) (GERUNDIVE)

GERUND fremendī, -ō, -um, -ō　　SUPINE fremitum, -ū

Compounds and related words: **fremitus, -us, m.** roaring; **fremor, -is, m.** a low roar
Model sentence: *Ventus ibi speluncas inter magnas **fremit** ante tumultu.* —Lucretius

enjoy

ACTIVE

INDICATIVE

Pres.	fruor	fruimur
	frueris (-re)	fruiminī
	fruitur	fruuntur
Impf.	fruēbar	fruēbāmur
	fruēbāris (-re)	fruēbāminī
	fruēbātur	fruēbantur
Fut.	fruar	fruēmur
	fruēris (-re)	fruēminī
	fruētur	fruentur
Perf.	fructus sum	fructī sumus
	(-a, -um) es	(-ae, -a) estis
	est	sunt
Plup.	fructus eram	fructī erāmus
	(-a, -um) erās	(-ae, -a) erātis
	erat	erant
Fut.	fructus erō	fructī erimus
Perf.	(-a, -um) eris	(-ae, -a) eritis
	erit	erunt

SUBJUNCTIVE

Pres.	fruar	fruāmur
	fruāris (-re)	fruāminī
	fruātur	fruantur
Impf.	fruerer	fruerēmur
	fruerēris (-re)	fruerēminī
	fruerētur	fruerentur
Perf.	fructus sim	fructī sīmus
	(-a, -um) sīs	(-ae, -a) sītis
	sit	sint
Plup.	fructus essem	fructī essēmus
	(-a, -um) essēs	(-ae, -a) essētis
	esset	essent

IMPERATIVE

Pres.	fruere	fruiminī

INFINITIVE

Pres.	fruī
Perf.	fructus (-a, -um) esse
Fut.	fructūrus (-a, -um) esse

PARTICIPLE

	Active	**Passive**
Pres.	fruens, (-ntis)	
Perf.	fructus (-a, -um)	
Fut.	fructūrus (-a, -um)	fruendus (-a, -um) (GERUNDIVE)

GERUND fruendī, -ō, -um, -ō   SUPINE fructum, -ū

Usage notes: generally used with the **ablative**
Alternate forms: **fruiturus** = fructurus; **fruitus** = fructus
Compounds and related words: **fructus, -us, m.** fruit; **frumentarius, -a, -um** pertaining to grain; **frumentum, -i, n.** grain; **frutex, -ticis, m.** bush; **frux, frugis, m.** fruit
Model sentence: *Tu voluptate **frueris**, ego utor: tu illam summum bonum putas, ego nec bonum.*
   —Seneca

flee

ACTIVE

INDICATIVE

Pres.	fugiō	fugimus
	fugis	fugitis
	fugit	fugiunt
Impf.	fugiēbam	fugiēbāmus
	fugiēbās	fugiēbātis
	fugiēbat	fugiēbant
Fut.	fugiam	fugiēmus
	fugiēs	fugiētis
	fugiet	fugient
Perf.	fūgī	fūgimus
	fūgistī	fūgistis
	fūgit	fūgērunt (-ēre)
Plup.	fūgeram	fūgerāmus
	fūgerās	fūgerātis
	fūgerat	fūgerant
Fut.	fūgerō	fūgerimus
Perf.	fūgeris	fūgeritis
	fūgerit	fūgerint

SUBJUNCTIVE

Pres.	fugiam	fugiāmus
	fugiās	fugiātis
	fugiat	fugiant
Impf.	fugerem	fugerēmus
	fugerēs	fugerētis
	fugeret	fugerent
Perf.	fūgerim	fūgerimus
	fūgeris	fūgeritis
	fūgerit	fūgerint
Plup.	fūgissem	fūgissēmus
	fūgissēs	fūgissētis
	fūgisset	fūgissent

IMPERATIVE

Pres.	fuge	fugite

INFINITIVE

Pres.	fugere
Perf.	fūgisse
Fut.	fugitūrus (-a, -um) esse

PARTICIPLE

	Active	Passive
Pres.	fugiens, (-ntis)	
Perf.		
Fut.	fugitūrus (-a, -um)	fugiendus (-a, -um) (GERUNDIVE)

GERUND fugiendī, -ō, -um, -ō   SUPINE fugitum

AN ESSENTIAL
55 VERB

AN ESSENTIAL 55 VERB

fugiō

This is an essential verb because it and its compounds are very common, especially in military histories.

COMPOUNDS:

aufugio, aufugere, aufugi, aufugitum to run away

confugio, confugere, confugi, confugitum to flee

defugio, defugere, defugi, defugitum to run away from

diffugio, diffugere, diffugi, diffugitum to flee in different directions

effugio, effugere, effugi, effugitum to escape

perfugio, perfugere, perfugi, perfugitum to flee for safety

profugio, profugere, profugi, profugitum to flee

refugio, refugere, refugi, refugitum to run away from

MODEL SENTENCE:
*Hunc leo cum **fugeret**, praeceps in tela cucurrit.* —Martial

ACTIVE   **PASSIVE**

INDICATIVE

Pres.	fugō	fugāmus	fugor	fugāmur
	fugās	fugātis	fugāris (-re)	fugāminī
	fugat	fugant	fugātur	fugantur
Impf.	fugābam	fugābāmus	fugābar	fugābāmur
	fugābās	fugābātis	fugābāris (-re)	fugābāminī
	fugābat	fugābant	fugābātur	fugābantur
Fut.	fugābō	fugābimus	fugābor	fugābimur
	fugābis	fugābitis	fugāberis (-re)	fugābiminī
	fugābit	fugābunt	fugābitur	fugābuntur
Perf.	fugāvī	fugāvimus	fugātus sum	fugātī sumus
	fugāvistī	fugāvistis	(-a, -um) es	(-ae, -a) estis
	fugāvit	fugāvērunt (-ēre)	est	sunt
Plup.	fugāveram	fugāverāmus	fugātus eram	fugātī erāmus
	fugāverās	fugāverātis	(-a, -um) erās	(-ae, -a) erātis
	fugāverat	fugāverant	erat	erant
Fut.	fugāverō	fugāverimus	fugātus erō	fugātī erimus
Perf.	fugāveris	fugāveritis	(-a, -um) eris	(-ae, -a) eritis
	fugāverit	fugāverint	erit	erunt

F

SUBJUNCTIVE

Pres.	fugem	fugēmus	fuger	fugēmur
	fugēs	fugētis	fugēris (-re)	fugēminī
	fuget	fugent	fugētur	fugentur
Impf.	fugārem	fugārēmus	fugārer	fugārēmur
	fugārēs	fugārētis	fugārēris (-re)	fugārēminī
	fugāret	fugārent	fugārētur	fugārentur
Perf.	fugāverim	fugāverimus	fugātus sim	fugātī sīmus
	fugāveris	fugāveritis	(-a, -um) sīs	(-ae, -a) sītis
	fugāverit	fugāverint	sit	sint
Plup.	fugāvissem	fugāvissēmus	fugātus essem	fugātī essēmus
	fugāvissēs	fugāvissētis	(-a, -um) essēs	(-ae, -a) essētis
	fugāvisset	fugāvissent	esset	essent

IMPERATIVE

Pres.	fugā	fugāte	

INFINITIVE

Pres.	fugāre	fugārī
Perf.	fugāvisse	fugātus (-a, -um) esse
Fut.	fugātūrus (-a, -um) esse	fugātum īrī

PARTICIPLE

Pres.	fugans, (-ntis)	
Perf.		fugātus (-a, -um)
Fut.	fugātūrus (-a, -um)	fugandus (-a, -um) (GERUNDIVE)

GERUND fugandī, -ō, -um, -ō   SUPINE fugātum, -ū

Compounds and related words: **fuga, -ae, f.** flight; **fugax, -acis** liable to flee; **fugio (3)** to flee
Model sentence: *Indoctum doctumque fugat recitator acerbus.* —Horace

flash, shine

ACTIVE

INDICATIVE

Pres.	fulgeō	fulgēmus
	fulgēs	fulgētis
	fulget	fulgent
Impf.	fulgēbam	fulgēbāmus
	fulgēbās	fulgēbātis
	fulgēbat	fulgēbant
Fut.	fulgēbō	fulgēbimus
	fulgēbis	fulgēbitis
	fulgēbit	fulgēbunt
Perf.	fulsī	fulsimus
	fulsistī	fulsistis
	fulsit	fulsērunt (-ēre)
Plup.	fulseram	fulserāmus
	fulserās	fulserātis
	fulserat	fulserant
Fut.	fulserō	fulserimus
Perf.	fulseris	fulseritis
	fulserit	fulserint

SUBJUNCTIVE

Pres.	fulgeam	fulgeāmus
	fulgeās	fulgeātis
	fulgeat	fulgeant
Impf.	fulgērem	fulgērēmus
	fulgērēs	fulgērētis
	fulgēret	fulgērent
Perf.	fulserim	fulserimus
	fulseris	fulseritis
	fulserit	fulserint
Plup.	fulsissem	fulsissēmus
	fulsissēs	fulsissētis
	fulsisset	fulsissent

IMPERATIVE

| *Pres.* | fulgē | fulgēte |

INFINITIVE

Pres.	fulgēre
Perf.	fulsisse
Fut.	

PARTICIPLE

Pres.	fulgens, (-ntis)
Perf.	
Fut.	fulgendus (-a, -um) (GERUNDIVE)

GERUND fulgendī, -ō, -um, -ō   SUPINE

Alternate forms: **fulgere** = fulgēre; **fulgit** = fulget

Compounds and related words: **adfulgeo (2)** to shine; **fulgor, -is, m.** lightning; **fulgur, -is, n.** lightning; **fulmen, -minis, n.** thunderbolt

Model sentence: *Sacro veneranda petes Palatia clivo, plurima qua summi **fulget** imago ducis.* —Martial

pour, spread, scatter

ACTIVE		PASSIVE	
INDICATIVE			
Pres. fundō	fundimus	fundor	fundimur
fundis	funditis	funderis (-re)	fundiminī
fundit	fundunt	funditur	funduntur
Impf. fundēbam	fundēbāmus	fundēbar	fundēbāmur
fundēbās	fundēbātis	fundēbāris (-re)	fundēbāminī
fundēbat	fundēbant	fundēbātur	fundēbantur
Fut. fundam	fundēmus	fundar	fundēmur
fundēs	fundētis	fundēris (-re)	fundēminī
fundet	fundent	fundētur	fundentur
Perf. fūdī	fūdimus	fūsus sum	fūsī sumus
fūdistī	fūdistis	(-a, -um) es	(-ae, -a) estis
fūdit	fūdērunt (-ēre)	est	sunt
Plup. fūderam	fūderāmus	fūsus eram	fūsī erāmus
fūderās	fūderātis	(-a, -um) erās	(-ae, -a) erātis
fūderat	fūderant	erat	erant
Fut. fūderō	fūderimus	fūsus erō	fūsī erimus
Perf. fūderis	fūderitis	(-a, -um) eris	(-ae, -a) eritis
fūderit	fūderint	erit	erunt
SUBJUNCTIVE			
Pres. fundam	fundāmus	fundar	fundāmur
fundās	fundātis	fundāris (-re)	fundāminī
fundat	fundant	fundātur	fundantur
Impf. funderem	funderēmus	funderer	funderēmur
funderēs	funderētis	funderēris (-re)	funderēminī
funderet	funderent	funderētur	funderentur
Perf. fūderim	fūderimus	fūsus sim	fūsī sīmus
fūderis	fūderitis	(-a, -um) sīs	(-ae, -a) sītis
fūderit	fūderint	sit	sint
Plup. fūdissem	fūdissēmus	fūsus essem	fūsī essēmus
fūdissēs	fūdissētis	(-a, -um) essēs	(-ae, -a) essētis
fūdisset	fūdissent	esset	essent
IMPERATIVE			
Pres. funde	fundite		
INFINITIVE			
Pres. fundere		fundī	
Perf. fūdisse		fūsus (-a, -um) esse	
Fut. fūsūrus (-a, -um) esse		fūsum īrī	
PARTICIPLE			
Pres. fundens, (-ntis)			
Perf.		fūsus (-a, -um)	
Fut. fūsūrus (-a, -um)		fundendus (-a, -um) (GERUNDIVE)	

GERUND fundendī, -ō, -um, -ō   SUPINE fūsum, -ū

Compounds and related words: **adfundo (3)** to pour upon; **circumfundo (3)** to pour around; **confundo (3)** to mix; **diffundo (3)** to diffuse; **effundo (3)** to pour out; **infundo (3)** to pour in; **perfundo (3)** to drench; **profundo (3)** to pour out; **profundus, -a, -um** deep
Model sentence: *Parumne **fusum est** Latini sanguinis?* —Horace

busy one's self, perform

ACTIVE

INDICATIVE

Pres.	fungor		fungimur	
	fungeris (-re)		fungiminī	
	fungitur		funguntur	
Impf.	fungēbar		fungēbāmur	
	fungēbāris (-re)		fungēbāminī	
	fungēbātur		fungēbantur	
Fut.	fungar		fungēmur	
	fungēris (-re)		fungēminī	
	fungētur		fungentur	
Perf.	functus	sum	functī	sumus
	(-a, -um)	es	(-ae, -a)	estis
		est		sunt
Plup.	functus	eram	functī	erāmus
	(-a, -um)	erās	(-ae, -a)	erātis
		erat		erant
Fut.	functus	erō	functī	erimus
Perf.	(-a, -um)	eris	(-ae, -a)	eritis
		erit		erunt

SUBJUNCTIVE

Pres.	fungar		fungāmur	
	fungāris (-re)		fungāminī	
	fungātur		fungantur	
Impf.	fungerer		fungerēmur	
	fungerēris (-re)		fungerēminī	
	fungerētur		fungerentur	
Perf.	functus	sim	functī	sīmus
	(-a, -um)	sīs	(-ae, -a)	sītis
		sit		sint
Plup.	functus	essem	functī	essēmus
	(-a, -um)	essēs	(-ae, -a)	essētis
		esset		essent

IMPERATIVE

Pres.	fungere	fungiminī

INFINITIVE

Pres.	fungī
Perf.	functus (-a, -um) esse
Fut.	functūrus (-a, -um) esse

PARTICIPLE

	Active	Passive
Pres.	fungens, (-ntis)	
Perf.	functus (-a, -um)	
Fut.	functūrus (-a, -um)	fungendus (-a, -um) (GERUNDIVE)

GERUND fungendī, -ō, -um, -ō   SUPINE functum, -ū

Usage notes: generally used with the **ablative**

Compounds and related words: **defungor (3)** to finish with; **functio, -onis, f.** performance

Model sentence: *Valetudo opportuna est, ut dolore careas et muneribus **fungare** corporis.* —Cicero

rejoice

ACTIVE

INDICATIVE

Pres.	gaudeō	gaudēmus
	gaudēs	gaudētis
	gaudet	gaudent
Impf.	gaudēbam	gaudēbāmus
	gaudēbās	gaudēbātis
	gaudēbat	gaudēbant
Fut.	gaudēbō	gaudēbimus
	gaudēbis	gaudēbitis
	gaudēbit	gaudēbunt
Perf.	gāvīsus sum	gāvīsī sumus
	(-a, -um) es	(-ae, -a) estis
	est	sunt
Plup.	gāvīsus eram	gāvīsī erāmus
	(-a, -um) erās	(-ae, -a) erātis
	erat	erant
Fut.	gāvīsus erō	gāvīsī erimus
Perf.	(-a, -um) eris	(-ae, -a) eritis
	erit	erunt

SUBJUNCTIVE

Pres.	gaudeam	gaudeāmus
	gaudeās	gaudeātis
	gaudeat	gaudeant
Impf.	gaudērem	gaudērēmus
	gaudērēs	gaudērētis
	gaudēret	gaudērent
Perf.	gāvīsī sim	gāvīsī sīmus
	(-a, -um) sīs	(-ae, -a) sītis
	sit	sint
Plup.	gāvīsus essem	gāvīsī essēmus
	(-a, -um) essēs	(-ae, -a) essētis
	esset	essent

IMPERATIVE

Pres.	gaudē	gaudēte

INFINITIVE

Pres.	gaudēre
Perf.	gāvīsus (-a, -um) esse
Fut.	gāvīsūrus (-a, -um) esse

PARTICIPLE

Pres.	gaudens, (-ntis)
Perf.	gāvīsus (-a, -um)
Fut.	gāvīsūrus (-a, -um)

GERUND gaudendī, -ō, -um, -ō   SUPINE

Usage notes: may take an **ablative** object
Alternate forms: **gavisi** = gavisus sum
Compounds and related words: **gaudium, -i, n.** joy
Model sentence: *Addebantur et laudes, quibus haud minus quam praemio **gaudent** militum animi.* —Livy

225

groan, lament

	ACTIVE		PASSIVE	
INDICATIVE				
Pres.	gemō	gemimus	gemor	gemimur
	gemis	gemitis	gemeris (-re)	gemiminī
	gemit	gemunt	gemitur	gemuntur
Impf.	gemēbam	gemēbāmus	gemēbar	gemēbāmur
	gemēbās	gemēbātis	gemēbāris (-re)	gemēbāminī
	gemēbat	gemēbant	gemēbātur	gemēbantur
Fut.	gemam	gemēmus	gemar	gemēmur
	gemēs	gemētis	gemēris (-re)	gemēminī
	gemet	gement	gemētur	gementur
Perf.	gemuī	gemuimus	gemitus sum	gemitī sumus
	gemuistī	gemuistis	(-a, -um) es	(-ae, -a) estis
	gemuit	gemuērunt (-ēre)	est	sunt
Plup.	gemueram	gemuerāmus	gemitus eram	gemitī erāmus
	gemuerās	gemuerātis	(-a, -um) erās	(-ae, -a) erātis
	gemuerat	gemuerant	erat	erant
Fut.	gemuerō	gemuerimus	gemitus erō	gemitī erimus
Perf.	gemueris	gemueritis	(-a, -um) eris	(-ae, -a) eritis
	gemuerit	gemuerint	erit	erunt
SUBJUNCTIVE				
Pres.	gemam	gemāmus	gemar	gemāmur
	gemās	gemātis	gemāris (-re)	gemāminī
	gemat	gemant	gemātur	gemantur
Impf.	gemerem	gemerēmus	gemerer	gemerēmur
	gemerēs	gemerētis	gemerēris (-re)	gemerēminī
	gemeret	gemerent	gemerētur	gemerentur
Perf.	gemuerim	gemuerimus	gemitus sim	gemitī sīmus
	gemueris	gemueritis	(-a, -um) sīs	(-ae, -a) sītis
	gemuerit	gemuerint	sit	sint
Plup.	gemuissem	gemuissēmus	gemitus essem	gemitī essēmus
	gemuissēs	gemuissētis	(-a, -um) essēs	(-ae, -a) essētis
	gemuisset	gemuissent	esset	essent
IMPERATIVE				
Pres.	geme	gemite		
INFINITIVE				
Pres.	gemere		gemī	
Perf.	gemuisse		gemitus (-a, -um) esse	
Fut.	gemitūrus (-a, -um) esse		gemitum īrī	
PARTICIPLE				
Pres.	gemens, (-ntis)			
Perf.			gemitus (-a, -um)	
Fut.	gemitūrus (-a, -um)		gemendus (-a, -um) (GERUNDIVE)	

GERUND gemendī, -ō, -um, -ō SUPINE gemitum, -ū

Compounds and related words: **gemitus, -us, m.** a groan; **ingemisco (3)** to groan
Model sentence: *Hos pro me lugere, hos **gemere** videbam.* —Cicero

wear, carry on (war), wage (war)

ACTIVE   PASSIVE

INDICATIVE

	ACTIVE			PASSIVE	
Pres.	gerō	gerimus	geror		gerimur
	geris ·	geritis	gereris (-re)		geriminī
	gerit	gerunt	geritur		geruntur
Impf.	gerēbam	gerēbāmus	gerēbar		gerēbāmur
	gerēbās	gerēbātis	gerēbāris (-re)		gerēbāminī
	gerēbat	gerēbant	gerēbātur		gerēbantur
Fut.	geram	gerēmus	gerar		gerēmur
	gerēs	gerētis	gerēris (-re)		gerēminī
	geret	gerent	gerētur		gerentur
Perf.	gessī	gessimus	gestus sum	gestī	sumus
	gessistī	gessistis	(-a, -um) es	(-ae, -a)	estis
	gessit	gessērunt (-ēre)	est		sunt
Plup.	gesseram	gesserāmus	gestus eram	gestī	erāmus
	gesserās	gesserātis	(-a, -um) erās	(-ae, -a)	erātis
	gesserat	gesserant	erat		erant
Fut.	gesserō	gesserimus	gestus erō	gestī	erimus
Perf.	gesseris	gesseritis	(-a, -um) eris	(-ae, -a)	eritis
	gesserit	gesserint	erit		erunt

G

SUBJUNCTIVE

	ACTIVE			PASSIVE	
Pres.	geram	gerāmus	gerar		gerāmur
	gerās	gerātis	gerāris (-re)		gerāminī
	gerat	gerant	gerātur		gerantur
Impf.	gererem	gererēmus	gererer		gererēmur
	gererēs	gererētis	gererēris (-re)		gererēminī
	gereret	gererent	gererētur		gererentur
Perf.	gesserim	gesserimus	gestus sim	gestī	sīmus
	gesseris	gesseritis	(-a, -um) sīs	(-ae, -a)	sītis
	gesserit	gesserint	sit		sint
Plup.	gessissem	gessissēmus	gestus essem	gestī	essēmus
	gessissēs	gessissētis	(-a, -um) essēs	(-ae, -a)	essētis
	gessisset	gessissent	esset		essent

IMPERATIVE

	ACTIVE		PASSIVE
Pres.	gere	gerite	

INFINITIVE

	ACTIVE	PASSIVE
Pres.	gerere	gerī
Perf.	gessisse	gestus (-a, -um) esse
Fut.	gestūrus (-a, -um) esse	gestum īrī

PARTICIPLE

	ACTIVE	PASSIVE
Pres.	gerens, (-ntis)	
Perf.		gestus (-a, -um)
Fut.	gestūrus (-a, -um)	gerendus (-a, -um) (GERUNDIVE)

GERUND gerendī, -ō, -um, -ō   SUPINE gestum, -ū

gerō

Related Words

gestio, gestire, gestivi, gestitum to be excited

gestio, gestionis, f. management

gesto, gestare, gestavi, gestatum to carry around

gestus, gestus, m. gesture

This verb is much like **ago** *to do* in that it has a wide range of uses. Its basic meaning involves ideas of *carrying* and *doing*. You have to let context be your guide since there is no single good way to translate it. Here are some simple examples of its various uses:

aliquid *gerere*	**to carry** *something around*
bellum *gerere*	**to wage** *war*
rem *gerere*	**to manage** *business*
res *gestae*	*things* **achieved** (i.e. *accomplishments*)
se *gerere*	**to conduct** *oneself*
vestimenta *gerere*	**to wear** *clothes*

This verb is also a good example of a linguistic phenomenon known as rhotacism. Rhotacism is when an **s** changes to an **r** when it appears between two vowels. You can find an example of this in English with the verb forms *was* and *were*. As for the Latin verb **gero**, its actual root is **ges-**. Look at the principal parts and you'll see that in the first two the **s** is always followed by a vowel, so the **s** rhotacizes. In the last two, however, the **s** is followed by either an **s** or a **t**, so it doesn't.

ALTERNATE FORMS:
ger = gere

COMPOUNDS:
congero, congerere, congessi, congestum to accumulate

digero, digerere, digessi, digestum to divide

ingero, ingerere, ingessi, ingestum to bring in

MODEL SENTENCE:
Si ipse negotium meum **gererem***, nihil* **gererem** *nisi consilio tuo.* —Cicero

beget, cause (pass. be born)

ACTIVE		PASSIVE	

INDICATIVE

	ACTIVE		PASSIVE	
Pres.	gignō	gignimus	gignor	gignimur
	gignis	gignitis	gigneris (-re)	gigniminī
	gignit	gignunt	gignitur	gignuntur
Impf.	gignēbam	gignēbāmus	gignēbar	gignēbāmur
	gignēbās	gignēbātis	gignēbāris (-re)	gignēbāminī
	gignēbat	gignēbant	gignēbātur	gignēbantur
Fut.	gignam	gignēmus	gignar	gignēmur
	gignēs	gignētis	gignēris (-re)	gignēminī
	gignet	gignent	gignētur	gignentur
Perf.	genuī	genuimus	genitus sum	genitī sumus
	genuistī	genuistis	(-a, -um) es	(-ae, -a) estis
	genuit	genuērunt (-ēre)	est	sunt
Plup.	genueram	genuerāmus	genitus eram	genitī erāmus
	genuerās	genuerātis	(-a, -um) erās	(-ae, -a) erātis
	genuerat	genuerant	erat	erant
Fut. Perf.	genuerō	genuerimus	genitus erō	genitī erimus
	genueris	genueritis	(-a, -um) eris	(-ae, -a) eritis
	genuerit	genuerint	erit	erunt

SUBJUNCTIVE

	ACTIVE		PASSIVE	
Pres.	gignam	gignāmus	gignar	gignāmur
	gignās	gignātis	gignāris (-re)	gignāminī
	gignat	gignant	gignātur	gignantur
Impf.	gignerem	gignerēmus	gignerer	gignerēmur
	gignerēs	gignerētis	gignerēris (-re)	gignerēminī
	gigneret	gignerent	gignerētur	gignerentur
Perf.	genuerim	genuerimus	genitus sim	genitī sīmus
	genueris	genueritis	(-a, -um) sīs	(-ae, -a) sītis
	genuerit	genuerint	sit	sint
Plup.	genuissem	genuissēmus	genitus essem	genitī essēmus
	genuissēs	genuissētis	(-a, -um) essēs	(-ae, -a) essētis
	genuisset	genuissent	esset	essent

IMPERATIVE

	ACTIVE	
Pres.	gigne	gignite

INFINITIVE

	ACTIVE	PASSIVE
Pres.	gignere	gignī
Perf.	genuisse	genitus (-a, -um) esse
Fut.	genitūrus (-a, -um) esse	genitum īrī

PARTICIPLE

	ACTIVE	PASSIVE
Pres.	gignens, (-ntis)	
Perf.		genitus (-a, -um)
Fut.	genitūrus (-a, -um)	gignendus (-a, -um) (GERUNDIVE)

GERUND gignendī, -ō, -um, -ō   SUPINE genitum, -ū

Usage notes: passive often used with **ablative**
Alternate forms: **genendi** = gignendi; **geni** = gigni; **geno** = gigno; **gignier** = gigni
Compounds and related words: **gener, -i, m.** son-in-law; **genetrix, -tricis, f.** she who produces;
   genitor, -is, m. he who produces; **genius, -i, m.** guardian spirit; **gens, gentis, f.** clan; **genus,
   -eris, n.** origin, race
Model sentence: *A servo scis te **genitum** blandeque fateris.* —Martial

step, go

ACTIVE

INDICATIVE

Pres.	gradior	gradimur
	graderis (-re)	gradiminī
	graditur	gradiuntur
Impf.	gradiēbar	gradiēbāmur
	gradiēbāris (-re)	gradiēbāminī
	gradiēbātur	gradiēbantur
Fut.	gradiar	gradiēmur
	gradiēris (-re)	gradiēminī
	gradiētur	gradientur
Perf.	gressus sum	gressī sumus
	(-a, -um) es	(-ae, -a) estis
	est	sunt
Plup.	gressus eram	gressī erāmus
	(-a, -um) erās	(-ae, -a) erātis
	erat	erant
Fut. Perf.	gressus erō	gressī erimus
	(-a, -um) eris	(-ae, -a) eritis
	erit	erunt

SUBJUNCTIVE

Pres.	gradiar	gradiāmur
	gradiāris (-re)	gradiāminī
	gradiātur	gradiantur
Impf.	graderer	graderēmur
	graderēris (-re)	graderēminī
	graderētur	graderentur
Perf.	gressus sim	gressī sīmus
	(-a, -um) sīs	(-ae, -a) sītis
	sit	sint
Plup.	gressus essem	gressī essēmus
	(-a, -um) essēs	(-ae, -a) essētis
	esset	essent

IMPERATIVE

Pres.	gradere	gradiminī

INFINITIVE

Pres.	gradī
Perf.	gressus (-a, -um) esse
Fut.	gressūrus (-a, -um) esse

PARTICIPLE

	Active	Passive
Pres.	gradiens, (-ntis)	
Perf.	gressus (-a, -um)	
Fut.	gressūrus (-a, -um)	gradiendus (-a, -um) (GERUNDIVE)

GERUND gradiendī, -ō, -um, -ō SUPINE gressum, -ū

AN ESSENTIAL 55 VERB

gradior

Related Words

gradus, gradus, m. step

grassor, grassari, grassus sum to walk around

gressus, gressus, m. step

Although this verb itself doesn't appear very often, its compounds are *extremely* common! Its basic idea is *to step*, but it is mostly used as another verb meaning *to go*.

G

COMPOUNDS:

aggredior, aggredi, aggressus sum to attack

congredior, congredi, congressus sum to assemble

digredior, digredi, digressus sum to separate

egredior, egredi, egressus sum to leave

ingredior, ingredi, ingressus sum to enter

progredior, progredi, progressus sum to go forward

regredior, regredi, regressus sum to return

transgredior, transgredi, transgressus sum to cross over

MODEL SENTENCE:
*Iam alia animalia **gradiendo**, alia serpendo ad pastum accedunt.* —Cicero

have

	ACTIVE		**PASSIVE**	
	INDICATIVE			
Pres.	habeō	habēmus	habeor	habēmur
	habēs	habētis	habēris (-re)	habēminī
	habet	habent	habētur	habentur
Impf.	habēbam	habēbāmus	habēbar	habēbāmur
	habēbās	habēbātis	habēbāris (-re)	habēbāminī
	habēbat	habēbant	habēbātur	habēbantur
Fut.	habēbō	habēbimus	habēbor	habēbimur
	habēbis	habēbitis	habēberis (-re)	habēbiminī
	habēbit	habēbunt	habēbitur	habēbuntur
Perf.	habuī	habuimus	habitus sum	habitī sumus
	habuistī	habuistis	(-a, -um) es	(-ae, -a) estis
	habuit	habuērunt (-ēre)	est	sunt
Plup.	habueram	habuerāmus	habitus eram	habitī erāmus
	habuerās	habuerātis	(-a, -um) erās	(-ae, -a) erātis
	habuerat	habuerant	erat	erant
Fut.	habuerō	habuerimus	habitus erō	habitī erimus
Perf.	habueris	habueritis	(-a, -um) eris	(-ae, -a) eritis
	habuerit	habuerint	erit	erunt
	SUBJUNCTIVE			
Pres.	habeam	habeāmus	habear	habeāmur
	habeās	habeātis	habeāris (-re)	habeāminī
	habeat	habeant	habeātur	habeantur
Impf.	habērem	habērēmus	habērer	habērēmur
	habērēs	habērētis	habērēris (-re)	habērēminī
	habēret	habērent	habērētur	habērentur
Perf.	habuerim	habuerimus	habitus sim	habitī sīmus
	habueris	habueritis	(-a, -um) sīs	(-ae, -a) sītis
	habuerit	habuerint	sit	sint
Plup.	habuissem	habuissēmus	habitus essem	habitī essēmus
	habuissēs	habuissētis	(-a, -um) essēs	(-ae, -a) essētis
	habuisset	habuissent	esset	essent
	IMPERATIVE			
Pres.	habē	habēte		
	INFINITIVE			
Pres.	habēre		habērī	
Perf.	habuisse		habitus (-a, -um) esse	
Fut.	habitūrus (-a, -um) esse		habitum īrī	
	PARTICIPLE			
Pres.	habens, (-ntis)			
Perf.			habitus (-a, -um)	
Fut.	habitūrus (-a, -um)		habendus (-a, -um) (GERUNDIVE)	

GERUND habendī, -ō, -um, -ō   SUPINE habitum, -ū

AN ESSENTIAL
55 VERB

Related Words

habilis, habile handy

habito, habitare, habitavi, habitatum to dwell

habitus, habitus, m. condition

praebeo, praebere, praebui, praebitum to offer, hold out

Expressions

in animo habere to intend

orationem habere to give a speech

graviter se habere to be ill

This is an essential verb because of its frequency of use. After all, *having* and *holding* are universal actions dating back to long before the Romans!

ALTERNATE FORMS:
haberier = haberi

habessit = habuerit

COMPOUNDS:
adhibeo, adhibere, adhibui, adhibitum to apply to

cohibeo, cohibere, cohibui, cohibitum to restrain

exhibeo, exhibere, exhibui, exhibitum to display

inhibeo, inhibere, inhibui, inhibitum to restrain

perhibeo, perhibere, perhibui, perhibitum to assert

prohibeo, prohibere, prohibui, prohibitum to hinder

MODEL SENTENCE:
*Non omnes qui **habent** citharam sunt citharoedi.* —Varro

H

dwell, inhabit

	ACTIVE		PASSIVE	
		INDICATIVE		
Pres.	habitō	habitāmus		
	habitās	habitātis		
	habitat	habitant	habitātur	habitantur
Impf.	habitābam	habitābāmus		
	habitābās	habitābātis		
	habitābat	habitābant	habitābātur	habitābantur
Fut.	habitābō	habitābimus		
	habitābis	habitābitis		
	habitābit	habitābunt	habitābitur	habitābuntur
Perf.	habitāvī	habitāvimus		
	habitāvistī	habitāvistis		
	habitāvit	habitāvērunt (-ēre)	habitātus (-a, -um) est	habitātī (-ae, -a) sunt
Plup.	habitāveram	habitāverāmus		
	habitāverās	habitāverātis		
	habitāverat	habitāverant	habitātus (-a, -um) erat	habitātī (-ae, -a) erant
Fut.	habitāverō	habitāverimus		
Perf.	habitāveris	habitāveritis		
	habitāverit	habitāverint	habitātus (-a, -um) erit	habitātī (-ae, -a) erunt
		SUBJUNCTIVE		
Pres.	habitem	habitēmus		
	habitēs	habitētis		
	habitet	habitent	habitētur	habitentur
Impf.	habitārem	habitārēmus		
	habitārēs	habitārētis		
	habitāret	habitārent	habitārētur	habitārentur
Perf.	habitāverim	habitāverimus		
	habitāveris	habitāveritis		
	habitāverit	habitāverint	habitātus (-a, -um) sit	habitātī (-ae, -a) sint
Plup.	habitāvissem	habitāvissēmus		
	habitāvissēs	habitāvissētis		
	habitāvisset	habitāvissent	habitātus (-a, -um) esset	habitātī (-ae, -a) essent
		IMPERATIVE		
Pres.	habitā	habitāte		
		INFINITIVE		
Pres.	habitāre		habitārī	
Perf.	habitāvisse		habitātus (-a, -um) esse	
Fut.	habitātūrus (-a, -um) esse		habitātum īrī	
		PARTICIPLE		
Pres.	habitans, (-ntis)			
Perf.			habitātus (-a, -um)	
Fut.	habitātūrus (-a, -um)		habitandus (-a, -um) (GERUNDIVE)	

GERUND habitandī, -ō, -um, -ō   SUPINE habitātum, -ū

Usage notes: third person also used impersonally.

Compounds and related words: **habitabilis, -e** inhabitable; **habitatio, -ionis, f.** a dwelling; **habitator, -is, m.** tenant; **inhabitabilis, -e** uninhabitable; **inhabito (1)** to inhabit

Model sentence: *Argiletanas mavis **habitare** tabernas.* —Martial

cling, stick

ACTIVE

INDICATIVE

Pres.	haereō	haerēmus
	haerēs	haerētis
	haeret	haerent
Impf.	haerēbam	haerēbāmus
	haerēbās	haerēbātis
	haerēbat	haerēbant
Fut.	haerēbō	haerēbimus
	haerēbis	haerēbitis
	haerēbit	haerēbunt
Perf.	haesī	haesimus
	haesistī	haesistis
	haesit	haesērunt (-ēre)
Plup.	haeseram	haeserāmus
	haeserās	haeserātis
	haeserat	haeserant
Fut.	haeserō	haeserimus
Perf.	haeseris	haeseritis
	haeserit	haeserint

H

SUBJUNCTIVE

Pres.	haeream	haereāmus
	haereās	haereātis
	haereat	haereant
Impf.	haerērem	haerērēmus
	haerērēs	haerērētis
	haerēret	haerērent
Perf.	haeserim	haeserimus
	haeseris	haeseritis
	haeserit	haeserint
Plup.	haesissem	haesissēmus
	haesissēs	haesissētis
	haesisset	haesissent

IMPERATIVE

Pres.	haere	haerēte

INFINITIVE

Pres.	haerēre
Perf.	haesisse
Fut.	haesūrus (-a, -um) esse

PARTICIPLE

	Active	Passive
Pres.	haerens, (-ntis)	
Perf.		
Fut.	haesūrus (-a, -um)	haerendus (-a, -um) (GERUNDIVE)

GERUND haerendī, -ō, -um, -ō   SUPINE haesum, -ū

Compounds and related words: **adhaereo (2)** to cling to; **adhaesio, -ionis, f.** adhesion; **haesito (1)** to stick fast; **inhaereo (2)** to cling to

Model sentence: *Obstipui, steteruntque comae, et vox faucibus **haesit**.* —Vergil

haurio

haurio, haurire, hausi, haustum

drain, consume

	ACTIVE		**PASSIVE**	
		INDICATIVE		
Pres.	haurio	haurimus	haurior	haurimur
	hauris	hauritis	hauriris (-re)	haurimini
	haurit	hauriunt	hauritur	hauriuntur
Impf.	hauriebam	hauriebamus	hauriebar	hauriebamur
	hauriebas	hauriebatis	hauriebaris (-re)	hauriebamini
	hauriebat	hauriebant	hauriebatur	hauriebantur
Fut.	hauriam	hauriemus	hauriar	hauriemur
	hauries	haurietis	haurieris (-re)	hauriemini
	hauriet	haurient	haurietur	haurientur
Perf.	hausi	hausimus	haustus sum	hausti sumus
	hausisti	hausistis	(-a, -um) es	(-ae, -a) estis
	hausit	hauserunt (-ere)	est	sunt
Plup.	hauseram	hauseramus	haustus eram	hausti eramus
	hauseras	hauseratis	(-a, -um) eras	(-ae, -a) eratis
	hauserat	hauserant	erat	erant
Fut.	hausero	hauserimus	haustus ero	hausti erimus
Perf.	hauseris	hauseritis	(-a, -um) eris	(-ae, -a) eritis
	hauserit	hauserint	erit	erunt
		SUBJUNCTIVE		
Pres.	hauriam	hauriamus	hauriar	hauriamur
	haurias	hauriatis	hauriaris (-re)	hauriamini
	hauriat	hauriant	hauriatur	hauriantur
Impf.	haurirem	hauriremus	haurirer	hauriremur
	haurires	hauriretis	haurireris (-re)	hauriremini
	hauriret	haurirent	hauriretur	haurirentur
Perf.	hauserim	hauserimus	haustus sim	hausti simus
	hauseris	hauseritis	(-a, -um) sis	(-ae, -a) sitis
	hauserit	hauserint	sit	sint
Plup.	hausissem	hausissemus	haustus essem	hausti essemus
	hausisses	hausissetis	(-a, -um) esses	(-ae, -a) essetis
	hausisset	hausissent	esset	essent
		IMPERATIVE		
Pres.	hauri	haurite		
		INFINITIVE		
Pres.	haurire		hauriri	
Perf.	hausisse		haustus (-a, -um) esse	
Fut.	hausturus (-a, -um) esse		haustum iri	
		PARTICIPLE		
Pres.	hauriens, (-ntis)			
Perf.			haustus (-a, -um)	
Fut.	hausurus (-a, -um)		hauriendus (-a, -um) (GERUNDIVE)	

GERUND hauriendi, -o, -um, -o   SUPINE haustum, -u

Alternate forms: hauribant = hauriebant; **haurierint** = hauserint; **hauritu** = haustu; **hauriturus** = hausturus; **hauritus** = haustus; **hausiturus** = hausturus; **hausurus** = hausturus

Compounds and related words: **exhaurio (4)** to drain completely; **haustus, -us, m.** a drink

Model sentence: *Ita vina ex libidine **hauriuntur**, atque etiam praemio invitatur ebrietas.* —Pliny

236

bristle

ACTIVE

INDICATIVE

Pres.	horreō	horrēmus
	horrēs	horrētis
	horret	horrent
Impf.	horrēbam	horrēbāmus
	horrēbās	horrēbātis
	horrēbat	horrēbant
Fut.	horrēbō	horrēbimus
	horrēbis	horrēbitis
	horrēbit	horrēbunt
Perf.	horruī	horruimus
	horruistī	horruistis
	horruit	horruērunt (-ēre)
Plup.	horrueram	horruerāmus
	horruerās	horruerātis
	horruerat	horruerant
Fut.	horruerō	horruerimus
Perf.	horrueris	horrueritis
	horruerit	horruerint

SUBJUNCTIVE

Pres.	horream	horreāmus
	horreās	horreātis
	horreat	horreant
Impf.	horrērem	horrērēmus
	horrērēs	horrērētis
	horrēret	horrērent
Perf.	horruerim	horruerimus
	horrueris	horrueritis
	horruerit	horruerint
Plup.	horruissem	horruissēmus
	horruissēs	horruissētis
	horruisset	horruissent

IMPERATIVE

Pres.	horrē	horrēte

INFINITIVE

Pres.	horrēre
Perf.	horruisse
Fut.	

PARTICIPLE

Pres.	horrens, (-ntis)
Perf.	
Fut.	horrendus (-a, -um) (GERUNDIVE)

GERUND horrendī, -ō, -um, -ō SUPINE

Compounds and related words: **abhorreo (2)** to shrink back; **horribilis, -e** terrifying; **horridus, -a, -um** bristling; **horror, -is, m.** dread

Model sentence: *In corpore pili, ut arista in spica hordei, horrent.* —Varro

urge

ACTIVE

INDICATIVE

Pres.	hortor	hortāmur
	hortāris (-re)	hortāminī
	hortātur	hortantur
Impf.	hortābar	hortābāmur
	hortābāris (-re)	hortābāminī
	hortābātur	hortābantur
Fut.	hortābor	hortābimur
	hortāberis (-re)	hortābiminī
	hortābitur	hortābuntur
Perf.	hortātus sum	hortātī sumus
	(-a, -um) es	(-ae, -a) estis
	est	sunt
Plup.	hortātus eram	hortātī erāmus
	(-a, -um) erās	(-ae, -a) erātis
	erit	erant
Fut.	hortātus erō	hortātī erimus
Perf.	(-a, -um) eris	(-ae, -a) eritis
	erat	erunt

SUBJUNCTIVE

Pres.	horter	hortēmur
	hortēris (-re)	hortēminī
	hortētur	hortentur
Impf.	hortārer	hortārēmur
	hortārēris (-re)	hortārēminī
	hortārētur	hortārentur
Perf.	hortātus sim	hortātī sīmus
	(-a, -um) sīs	(-ae, -a) sītis
	sit	sint
Plup.	hortātus essem	hortātī essēmus
	(-a, -um) essēs	(-ae, -a) essētis
	esset	essent

IMPERATIVE

Pres.	hortāre	hortāminī

INFINITIVE

Pres.	hortārī
Perf.	hortātus (-a, -um) esse
Fut.	hortātūrus (-a, -um) esse

PARTICIPLE

	Active	Passive
Pres.	hortans, (-ntis)	
Perf.	hortātus (-a, -um)	
Fut.	hortātūrus (-a, -um)	hortandus (-a, -um) (GERUNDIVE)

GERUND hortandī, -ō, -um, -ō   SUPINE hortātum, -ū

Alternate forms: **hortarier** = hortari
Compounds and related words: **adhortatio, -onis, f.** encouragement; **adhortator, -is, m.** one who enourages; **adhortor (1)** to encourage; **cohortor (1)** to urge; **dehortor (1)** to discourage
Model sentence: *Senex in culina clamat: hortatur cocos.* —Plautus

lie (recline)

ACTIVE

INDICATIVE

Pres.	iaceō	iacēmus
	iacēs	iacētis
	iacet	iacent
Impf.	iacēbam	iacēbāmus
	iacēbās	iacēbātis
	iacēbat	iacēbant
Fut.	iacēbō	iacēbimus
	iacēbis	iacēbitis
	iacēbit	iacēbunt
Perf.	iacuī	iacuimus
	iacuistī	iacuistis
	iacuit	iacuērunt (-ēre)
Plup.	iacueram	iacuerāmus
	iacuerās	iacuerātis
	iacuerat	iacuerant
Fut.	iacuerō	iacuerimus
Perf.	iacueris	iacueritis
	iacuerit	iacuerint

SUBJUNCTIVE

Pres.	iaceam	iaceāmus
	iaceās	iaceātis
	iaceat	iaceant
Impf.	iacērem	iacērēmus
	iacērēs	iacērētis
	iacēret	iacērent
Perf.	iacuerim	iacuerimus
	iacueris	iacueritis
	iacuerit	iacuerint
Plup.	iacuissem	iacuissēmus
	iacuissēs	iacuissētis
	iacuisset	iacuissent

IMPERATIVE

Pres.	iacē	iacēte

INFINITIVE

Pres.	iacēre
Perf.	iacuisse
Fut.	

PARTICIPLE

Pres.	iacens, (-ntis)
Perf.	
Fut.	

GERUND iacendī, -ō, -um, -ō   SUPINE

Alternate forms: **iaciturus** (fut. act. part.)
Compounds and related words: **subiaceo (2)** to lie under
Model sentence: *Nec **iacuit** partus, sed matre cadente cucurrit.* —Martial

throw

ACTIVE		PASSIVE	
INDICATIVE			
Pres. iaciō	iacimus	iacior	iacimur
iacis	iacitis	iaceris (-re)	iaciminī
iacit	iaciunt	iacitur	iaciuntur
Impf. iaciēbam	iaciēbāmus	iaciēbar	iaciēbāmur
iaciēbās	iaciēbātis	iaciēbāris (-re)	iaciēbāminī
iaciēbat	iaciēbant	iaciēbātur	iaciēbantur
Fut. iaciam	iaciēmus	iaciar	iaciēmur
iaciēs	iaciētis	iaciēris (-re)	iaciēminī
iaciet	iacient	iaciētur	iacientur
Perf. iēcī	iēcimus	iactus sum	iactī sumus
iēcistī	iēcistis	(-a, -um) es	(-ae, -a) estis
iēcit	iēcērunt (-ēre)	est	sunt
Plup. iēceram	iēcerāmus	iactus eram	iactī erāmus
iēcerās	iēcerātis	(-a, -um) erās	(-ae, -a) erātis
iecierat	iēcerant	erat	erant
Fut. iēcerō	iēcerimus	iactus erō	iactī erimus
Perf. iēceris	iēceritis	(-a, -um) eris	(-ae, -a) eritis
iēcerit	iēcerint	erit	erunt
SUBJUNCTIVE			
Pres. iaciam	iaciāmus	iaciar	iaciāmur
iaciās	iaciātis	iaciāris (-re)	iaciāminī
iaciat	iaciant	iaciātur	iaciantur
Impf. iacerem	iacerēmus	iacerer	iacerēmur
iacerēs	iacerētis	iacerēris (-re)	iacerēminī
iaceret	iacerent	iacerētur	iacerentur
Perf. iēcerim	iēcerimus	iactus sim	iactī sīmus
iēceris	iēceritis	(-a, -um) sīs	(-ae, -a) sītis
iēcerit	iēcerint	sit	sint
Plup. iēcissem	iēcissēmus	iactus essem	iactī essēmus
iēcissēs	iēcissētis	(-a, -um) essēs	(-ae, -a) essētis
iēcisset	iēcissent	esset	essent
IMPERATIVE			
Pres. iace	iacite		
INFINITIVE			
Pres. iacere		iacī	
Perf. iēcisse		iactus (-a, -um) esse	
Fut. iactūrus (-a, -um) esse		iactum īrī	
PARTICIPLE			
Pres. iaciens, (-ntis)			
Perf.		iactus (-a, -um)	
Fut. iactūrus (-a, -um)		iaciendus (-a, -um) (GERUNDIVE)	

GERUND iaciendī, -ō, -um, -ō   SUPINE iactum, -ū

AN ESSENTIAL 55 VERB

iaciō

Related Words

adiectio, adiectionis, f. addition

adiectus, adiectus, m. addition

iacto, iactare, iactavi, iactatum to buffet

iactura, iacturae, f. loss

iaculum, iaculi, n. javelin

COMPOUNDS:

abicio, abicere, abieci, abiectum to throw away

adicio, adicere, adieci, adiectum to throw at

conicio, conicere, conieci, coniectum to throw

deicio, deicere, deieci, deiectum to throw down

disicio, disicere, disieci, disiectum to scatter

eicio, eicere, eieci, eiectum to throw out

inicio, inicere, inieci, iniectum to throw in

obicio, obicere, obieci, obiectum to throw against

proicio, proicere, proieci, proiectum to throw forward

reicio, reicere, reieci, reiectum to throw back

subicio, subicere, subieci, subiectum to put under

traicio, traicere, traieci, traiectum to pierce

This verb is essential because it and its compounds are quite common. Another reason to consider it as essential in this book is that there is another verb, **iaceo** *to recline*, with which it can be confused. There are a few ways to keep these two verbs straight.

One way, of course, is context. *Throwing* and *reclining* are very different actions.

Another way is to remember that **iaceo** is intransitive and so cannot take a direct object. **Iacio**, however, is transitive and therefore *must* have a direct object, so if in doubt, look for an accusative.

A third way to distinguish them is by their forms. **Iaceo** is second conjugation while **iacio** is a third conjugation *-io* verb. Remember that third conjugation *-io* verbs always have an **i** involved in their verb stem in the present system tenses (i.e. the present, imperfect, and future), so **iacebat** *he was reclining* is easy to tell from **iaciebat** *he was throwing*. In the perfect system tenses (i.e. the perfect, pluperfect, and future perfect) the two verbs shouldn't pose a similar problem since the stems are completely different. **Iacuit** *he reclined* doesn't look much like **iecit** *he threw*.

USAGE NOTES:

In compounds of **iacio**, the initial **i** is generally pronounced as if there were two of them although only one **i** is written. For example, **abicio** is pronounced **abiicio**, with the first **i** acting as a consonant-i. This becomes important when scanning poetry. Since a vowel followed by two consonants is considered long, compounds with a prefix ending in a consonant will actually be followed by two consonants even though it appears that there is only a single vowel.

MODEL SENTENCE:

Alii faces atque aridam materiam de muro in aggerem eminus iaciebant. —Caesar

dip, stain, inspire

	ACTIVE		PASSIVE	
		INDICATIVE		
Pres.	imbuō	imbuimus	imbuor	imbuimur
	imbuis	imbuitis	imbueris (-re)	imbuiminī
	imbuit	imbuunt	imbuitur	imbuuntur
Impf.	imbuēbam	imbuēbāmus	imbuēbar	imbuēbāmur
	imbuēbās	imbuēbātis	imbuēbāris (-re)	imbuēbāminī
	imbuēbat	imbuēbant	imbuēbātur	imbuēbantur
Fut.	imbuam	imbuēmus	imbuar	imbuēmur
	imbuēs	imbuētis	imbuēris (-re)	imbuēminī
	imbuet	imbuent	imbuētur	imbuentur
Perf.	imbuī	imbuimus	imbūtus sum	imbūtī sumus
	imbuistī	imbuistis	(-a, -um) es	(-ae, -a) estis
	imbuit	imbuērunt (-ēre)	est	sunt
Plup.	imbueram	imbuerāmus	imbūtus eram	imbūtī erāmus
	imbuerās	imbuerātis	(-a, -um) erās	(-ae, -a) erātis
	imbuerat	imbuerant	erat	erant
Fut.	imbuerō	imbuerimus	imbūtus erō	imbūtī erimus
Perf.	imbueris	imbueritis	(-a, -um) eris	(-ae, -a) eritis
	imbuerit	imbuerint	erit	erunt
		SUBJUNCTIVE		
Pres.	imbuam	imbuāmus	imbuar	imbuāmur
	imbuās	imbuātis	imbuāris (-re)	imbuāminī
	imbuat	imbuant	imbuātur	imbuantur
Impf.	imbuerem	imbuerēmus	imbuerer	imbuerēmur
	imbuerēs	imbuerētis	imbuerēris (-re)	imbuerēminī
	imbueret	imbuerent	imbuerētur	imbuerentur
Perf.	imbuerim	imbuerimus	imbūtus sim	imbūtī sīmus
	imbueris	imbueritis	(-a, -um) sīs	(-ae, -a) sītis
	imbuerit	imbuerint	sit	sint
Plup.	imbuissem	imbuissēmus	imbūtus essem	imbūtī essēmus
	imbuissēs	imbuissētis	(-a, -um) essēs	(-ae, -a) essētis
	imbuisset	imbuissent	esset	essent
		IMPERATIVE		
Pres.	imbue	imbuite		
		INFINITIVE		
Pres.	imbuere		imbuī	
Perf.	imbuisse		imbūtus (-a, -um) esse	
Fut.	imbūtūrus (-a, -um) esse		imbūtum īrī	
		PARTICIPLE		
Pres.	imbuens, (-ntis)			
Perf.			imbūtus (-a, -um)	
Fut.	imbūtūrus (-a, -um)		imbuendus (-a, -um) (GERUNDIVE)	

GERUND imbuendī, -ō, -um, -ō SUPINE imbūtum, -ū

Alternate forms: **inbuo** = imbuo
Model sentence: *Nemo est tam immanis, cuius mentem non **imbuerit** deorum opinio.* —Cicero

imitate, represent

ACTIVE

INDICATIVE

Pres.	imitor	imitāmur
	imitāris (-re)	imitāminī
	imitātur	imitantur
Impf.	imitābar	imitābāmur
	imitābāris (-re)	imitābāminī
	imitābātur	imitābantur
Fut.	imitābor	imitābimur
	imitāberis (-re)	imitābiminī
	imitābitur	imitābuntur
Perf.	imitātus sum	imitātī sumus
	(-a, -um) es	(-ae, -a) estis
	est	sunt
Plup.	imitātus eram	imitātī erāmus
	(-a, -um) erās	(-ae, -a) erātis
	erat	erant
Fut.	imitātus erō	imitātī erimus
Perf.	(-a, -um) eris	(-ae, -a) eritis
	erit	erunt

SUBJUNCTIVE

Pres.	imiter	imitēmur
	imitēris (-re)	imitēminī
	imitētur	imitentur
Impf.	imitārer	imitārēmur
	imitārēris (-re)	imitārēminī
	imitārētur	imitārentur
Perf.	imitātus sim	imitātī sīmus
	(-a, -um) sīs	(-ae, -a) sītis
	sit	sint
Plup.	imitātus essem	imitātī essēmus
	(-a, -um) essēs	(-ae, -a) essētis
	esset	essent

IMPERATIVE

Pres.	imitāre	imitāminī

INFINITIVE

Pres.	imitārī
Perf.	imitātus (-a, -um) esse
Fut.	imitātūrus (-a, -um) esse

PARTICIPLE

	Active	Passive
Pres.	imitans, (-ntis)	
Perf.	imitātus (-a, -um)	
Fut.	imitātūrus (-a, -um)	imitandus (-a, -um) (GERUNDIVE)

GERUND imitandī, -ō, -um, -ō   SUPINE imitātum, -ū

Alternate forms: **imitarier** = imitari

Compounds and related words: **imitabilis, -e** imitable; **imitamen, -minis, n.** likeness; **imitatio, -onis, f.** imitation; **imitator, -is, m.** imitator; **imitatus, -us, m.** imitation

Model sentence: *Argilla quidvis imitabitur uda.* —Horace

hinder

	ACTIVE		PASSIVE	
		INDICATIVE		
Pres.	impediō	impedīmus	impedior	impedīmur
	impedīs	impedītis	impedīris (-re)	impedīminī
	impedit	impediunt	impedītur	impediuntur
Impf.	impediēbam	impediēbāmus	impediēbar	impediēbāmur
	impediēbās	impediēbātis	impediēbāris (-re)	impediēbāminī
	impediēbat	impediēbant	impediēbātur	impediēbantur
Fut.	impediam	impediēmus	impediar	impediēmur
	impediēs	impediētis	impediēris (-re)	impediēminī
	impediet	impedient	impediētur	impedientur
Perf.	impedīvī	impedīvimus	impedītus sum	impedītī sumus
	impedīvistī	impedīvistis	(-a, -um) es	(-ae, -a) estis
	impedīvit	impedīvērunt (-ēre)	est	sunt
Plup.	impedīveram	impedīverāmus	impedītus eram	impedītī erāmus
	impedīverās	impedīverātis	(-a, -um) erās	(-ae, -a) erātis
	impedīverat	impedīverant	erat	erant
Fut.	impedīverō	impedīverimus	impedītus erō	impedītī erimus
Perf.	impedīveris	impedīveritis	(-a, -um) eris	(-ae, -a) eritis
	impedīverit	impedīverint	erit	erunt
		SUBJUNCTIVE		
Pres.	impediam	impediāmus	impediar	impediāmur
	impediās	impediātis	impediāris (-re)	impediāminī
	impediat	impediant	impediātur	impediantur
Impf.	impedīrem	impedīrēmus	impedīrer	impedīrēmur
	impedīrēs	impedīrētis	impedīrēris (-re)	impedīrēminī
	impedīret	impedīrent	impedīrētur	impedīrentur
Perf.	impedīverim	impedīverimus	impedītus sim	impedītī sīmus
	impedīveris	impedīveritis	(-a, -um) sīs	(-ae, -a) sītis
	impedīverit	impedīverint	sit	sint
Plup.	impedīvissem	impedīvissēmus	impedītus essem	impedītī essēmus
	impedīvissēs	impedīvissētis	(-a, -um) essēs	(-ae, -a) essētis
	impedīvisset	impedīvissent	esset	essent
		IMPERATIVE		
Pres.	impedī	impedīte		
		INFINITIVE		
Pres.	impedīre		impedīrī	
Perf.	impedīvisse		impedītus (-a, -um) esse	
Fut.	impedītūrus (-a, -um) esse		impedītum īrī	
		PARTICIPLE		
Pres.	impediens, (-ntis)			
Perf.			impedītus (-a, -um)	
Fut.	impedītūrus (-a, -um)		impediendus (-a, -um) (GERUNDIVE)	

GERUND impediendī, -ō, -um, -ō   SUPINE impedītum, -ū

Alternate forms: **inpedio** = impedio
Compounds and related words: **expedio (4)** to unencumber; **expeditio, -onis, f.** expedition;
　　impedimentum, -i, n. hindrance; **pes, pedis, m.** foot; **praepes** swift
Model sentence: *Me quotidie aliud ex alio impedit.* —Cicero

hang over, threaten

ACTIVE

INDICATIVE

Pres.	impendeō	impendēmus
	impendēs	impendētis
	impendet	impendent
Impf.	impendēbam	impendēbāmus
	impendēbās	impendēbātis
	impendēbat	impendēbant
Fut.	impendēbō	impendēbimus
	impendēbis	impendēbitis
	impendēbit	impendēbunt
Perf.		
Plup.		
Fut. *Perf.*		

SUBJUNCTIVE

Pres.	impendeam	impendeāmus
	impendeās	impendeātis
	impendeat	impendeant
Impf.	impendērem	impendērēmus
	impendērēs	impendērētis
	impendēret	impendērent
Perf.		
Plup.		

IMPERATIVE

Pres.	impendē	impendēte

INFINITIVE

Pres.	impendēre
Perf.	
Fut.	

PARTICIPLE

Pres.	impendens, (-ntis)
Perf.	impensus (-a, -um)
Fut.	impendendus (-a, -um) (GERUNDIVE)

GERUND impendendī, -ō, -um, -ō   SUPINE

Usage notes: often used with a **dative** object
Alternate forms: **inpendeo** = impendeo
Compounds and related words: **impedo (3)** to weigh out; **impendium, -i, n.** cost, expense
See **pendeo** for other compounds of this verb.
Model sentence: *Quid sibi **impenderet**, coepit suspicari.* —Cicero

command, order

ACTIVE		PASSIVE	
INDICATIVE			

Pres.	imperō	imperāmus	imperor	imperāmur
	imperās	imperātis	imperāris (-re)	imperāminī
	imperat	imperant	imperātur	imperantur
Impf.	imperābam	imperābāmus	imperābar	imperābāmur
	imperābās	imperābātis	imperābāris (-re)	imperābāminī
	imperābat	imperābant	imperābātur	imperābantur
Fut.	imperābō	imperābimus	imperābor	imperābimur
	imperābis	imperābitis	imperāberis (-re)	imperābiminī
	imperābit	imperābunt	imperābitur	imperābuntur
Perf.	imperāvī	imperāvimus	imperātus sum	imperātī sumus
	imperāvistī	imperāvistis	(-a, -um) es	(-ae, -a) estis
	imperāvit	imperāvērunt (-ēre)	est	sunt
Plup.	imperāveram	imperāverāmus	imperātus eram	imperātī erāmus
	imperāverās	imperāverātis	(-a, -um) erās	(-ae, -a) erātis
	imperāverat	imperāverant	erat	erant
Fut.	imperāverō	imperāverimus	imperātus erō	imperātī erimus
Perf.	imperāveris	imperāveritis	(-a, -um) eris	(-ae, -a) eritis
	imperāverit	imperāverint	erit	erunt

SUBJUNCTIVE			

Pres.	imperem	imperēmus	imperer	imperēmur
	imperēs	imperētis	imperēris (-re)	imperēminī
	imperet	imperent	imperētur	imperentur
Impf.	imperārem	imperārēmus	imperārer	imperārēmur
	imperārēs	imperārētis	imperārēris (-re)	imperārēminī
	imperāret	imperārent	imperārētur	imperārentur
Perf.	imperāverim	imperāverimus	imperātus sim	imperātī sīmus
	imperāveris	imperāveritis	(-a, -um) sīs	(-ae, -a) sītis
	imperāverit	imperāverint	sit	sint
Plup.	imperāvissem	imperāvissēmus	imperātus essem	imperātī essēmus
	imperāvissēs	imperāvissētis	(-a, -um) essēs	(-ae, -a) essētis
	imperāvisset	imperāvissent	esset	essent

IMPERATIVE			
Pres.	imperā	imperāte		

INFINITIVE			
Pres.	imperāre		imperārī	
Perf.	imperāvisse		imperātus (-a, -um) esse	
Fut.	imperātūrus (-a, -um) esse		imperātum īrī	

PARTICIPLE			
Pres.	imperans, (-ntis)			
Perf.			imperātus (-a, -um)	
Fut.	imperātūrus (-a, -um)		imperandus (-a, -um) (GERUNDIVE)	

GERUND imperandī, -ō, -um, -ō   SUPINE imperātum, -ū

Usage notes: generally used with the **accusative** for the thing and the **dative** for the person
Alternate forms: **imperassit** = imperavisset; **induperantum** = imperantium; **inpero** = impero
Compounds and related words: **imperator, -is, m.** general; **imperito (1)** to command;
   imperium, -i, n. power
Model sentence: *Ius est belli ut qui vicissent iis quos vicissent quemadmodum vellent*
   imperarent. —Caesar

fill

	ACTIVE			PASSIVE	
			INDICATIVE		
Pres.	impleō	implēmus		impleor	implēmur
	implēs	implētis		implēris (-re)	implēminī
	implet	implent		implētur	implentur
Impf.	implēbam	implēbāmus		implēbar	implēbāmur
	implēbās	implēbātis		implēbāris (-re)	implēbāminī
	implēbat	implēbant		implēbātur	implēbantur
Fut.	implēbō	implēbimus		implēbor	implēbimur
	implēbis	implēbitis		implēberis (-re)	implēbiminī
	implēbit	implēbunt		implēbitur	implēbuntur
Perf.	implēvī	implēvimus		implētus sum	implētī sumus
	implēvistī	implēvistis		(-a, -um) es	(-ae, -a) estis
	implēvit	implēvērunt (-ēre)		est	sunt
Plup.	implēveram	implēverāmus		implētus eram	implētī erāmus
	implēverās	implēverātis		(-a, -um) erās	(-ae, -a) erātis
	implēverat	implēverant		erat	erant
Fut.	implēverō	implēverimus		implētus erō	implētī erimus
Perf.	implēveris	implēveritis		(-a, -um) eris	(-ae, -a) eritis
	implēverit	implēverint		erit	erunt
			SUBJUNCTIVE		
Pres.	impleam	impleāmus		implear	impleāmur
	impleās	impleātis		impleāris (-re)	impleāminī
	impleat	impleant		impleātur	impleantur
Impf.	implērem	implērēmus		implērer	implērēmur
	implērēs	implērētis		implērēris (-re)	implērēminī
	implēret	implērent		implērētur	implērentur
Perf.	implēverim	implēverimus		implētus sim	implētī sīmus
	implēveris	implēveritis		(-a, -um) sīs	(-ae, -a) sītis
	implēverit	implēverint		sit	sint
Plup.	implēvissem	implēvissēmus		implētus essem	implētī essēmus
	implēvissēs	implēvissētis		(-a, -um) essēs	(-ae, -a) essētis
	implēvisset	implēvissent		esset	essent
			IMPERATIVE		
Pres.	implē	implēte			
			INFINITIVE		
Pres.	implēre			implērī	
Perf.	implēvisse			implētus (-a, -um) esse	
Fut.	implētūrus (-a, -um) esse			implētum īrī	
			PARTICIPLE		
Pres.	implens, (-ntis)				
Perf.				implētus (-a, -um)	
Fut.	implētūrus (-a, -um)			implendus (-a, -um) (GERUNDIVE)	

GERUND implendī, -ō, -um, -ō   SUPINE implētum, -ū

Alternate forms: **implerat** = impleverat; **implerint** = impleverint; **impleris** = impleveris; **implerit** = implevit; **implerunt** = impleverunt; **implessem** = implevissem; **implesset** = impevisset; **inpleo** = impleo; **inplesse** = implevisse

Compounds and related words: **compleo (2)** to fill up; **expleo (2)** to fill up; **impleo (2)** to fill; **plenus, -a, -um** full; **repleo (2)** to refill

Model sentence: ***Implevit mero patellam.*** —Vergil

implicō

implicō, implicāre, implicāvī or implicuī, implicātum or implicitum

enclose

ACTIVE		PASSIVE	
INDICATIVE			

	ACTIVE		PASSIVE	
Pres.	implicō	implicāmus	implicor	implicāmur
	implicās	implicātis	implicāris (-re)	implicāminī
	implicat	implicant	implicātur	implicantur
Impf.	implicābam	implicābāmus	implicābar	implicābāmur
	implicābās	implicābātis	implicābāris (-re)	implicābāminī
	implicābat	implicābant	implicābātur	implicābantur
Fut.	implicābō	implicābimus	implicābor	implicābimur
	implicābis	implicābitis	implicāberis (-re)	implicābiminī
	implicābit	implicābunt	implicābitur	implicābuntur
Perf.	implicāvī	implicāvimus	implicātus sum	implicātī sumus
	implicāvistī	implicāvistis	(-a, -um) es	(-ae, -a) estis
	implicāvit	implicāvērunt (-ēre)	est	sunt
Plup.	implicāveram	implicāverāmus	implicātus eram	implicātī erāmus
	implicāverās	implicāverātis	(-a, -um) erās	(-ae, -a) erātis
	implicāverat	implicāverant	erat	erant
Fut.	implicāverō	implicāverimus	implicātus erō	implicātī erimus
Perf.	implicāveris	implicāveritis	(-a, -um) eris	(-ae, -a) eritis
	implicāverit	implicāverint	erit	erunt

SUBJUNCTIVE			

	ACTIVE		PASSIVE	
Pres.	implicem	implicēmus	implicer	implicēmur
	implicēs	implicētis	implicēris (-re)	implicēminī
	implicet	implicent	implicētur	implicentur
Impf.	implicārem	implicārēmus	implicārer	implicārēmur
	implicārēs	implicārētis	implicārēris (-re)	implicārēminī
	implicāret	implicārent	implicārētur	implicārentur
Perf.	implicāverim	implicāverimus	implicātus sim	implicātī sīmus
	implicāveris	implicāveritis	(-a, -um) sīs	(-ae, -a) sītis
	implicāverit	implicāverint	sit	sint
Plup.	implicāvissem	implicāvissēmus	implicātus essem	implicātī essēmus
	implicāvissēs	implicāvissētis	(-a, -um) essēs	(-ae, -a) essētis
	implicāvisset	implicāvissent	esset	essent

IMPERATIVE	
Pres.	implicā	implicāte	

INFINITIVE			
Pres.	implicāre		implicārī
Perf.	implicāvisse		implicātus (-a, -um) esse
Fut.	implicātūrus (-a, -um) esse		implicātum īrī

PARTICIPLE			
Pres.	implicans, (-ntis)		
Perf.			implicātus (-a, -um)
Fut.	implicātūrus (-a, -um)		implicandus (-a, -um) (GERUNDIVE)

GERUND implicandī, -ō, -um, -ō   SUPINE implicātum, -ū

Alternate forms: **implicitum** = implicatum; **implicui** = implicavi; **inplico** = implico
Compounds and related words: **amplector (1)** to embrace; **applico (1)** to attach; **complector (1)** to embrace; **explico (1)** to unfold; **implico (1)** to enfold; **multiplico (1)** to multiply; **simplicitas, -tatis, f.** simplicity; **supplicium, -i, n.** punishment; **supplico (1)** to beg
Model sentence: *Tenax hedera huc et illuc arborem **implicat** errans.* —Catullus

set fire to, burn

ACTIVE		PASSIVE	
INDICATIVE			

	ACTIVE		PASSIVE	
Pres.	incendō	incendimus	incendor	incendimur
	incendis	incenditis	incenderis (-re)	incendiminī
	incendit	incendunt	incenditur	incenduntur
Impf.	incendēbam	incendēbāmus	incendēbar	incendēbāmur
	incendēbās	incendēbātis	incendēbāris (-re)	incendēbāminī
	incendēbat	incendēbant	incendēbātur	incendēbantur
Fut.	incendam	incendēmus	incendar	incendēmur
	incendēs	incendētis	incendēris (-re)	incendēminī
	incendet	incendent	incendētur	incendentur
Perf.	incendī	incendimus	incensus sum	incensī sumus
	incendistī	incendistis	(-a, -um) es	(-ae, -a) estis
	incendit	incendērunt (-ēre)	est	sunt
Plup.	incenderam	incenderāmus	incensus eram	incensī erāmus
	incenderās	incenderātis	(-a, -um) erās	(-ae, -a) erātis
	incenderat	incenderant	erat	erant
Fut.	incenderō	incenderimus	incensus erō	incensī erimus
Perf.	incenderis	incenderitis	(-a, -um) eris	(-ae, -a) eritis
	incenderit	incenderint	erit	erunt

SUBJUNCTIVE

	ACTIVE		PASSIVE	
Pres.	incendam	incendāmus	incendar	incendāmur
	incendās	incendātis	incendāris (-re)	incendāminī
	incendat	incendant	incendātur	incendantur
Impf.	incenderem	incenderēmus	incenderer	incenderēmur
	incenderēs	incenderētis	incenderēris (-re)	incenderēminī
	incendere	incenderent	incenderētur	incenderentur
Perf.	incenderim	incenderimus	incensus sim	incensī sīmus
	incenderis	incenderitis	(-a, -um) sīs	(-ae, -a) sītis
	incenderit	incenderint	sit	sint
Plup.	incendissem	incendissēmus	incensus essem	incensī essēmus
	incendissēs	incendissētis	(-a, -um) essēs	(-ae, -a) essētis
	incendisset	incendissent	esset	essent

IMPERATIVE

	ACTIVE		
Pres.	incende	incendite	

INFINITIVE

	ACTIVE	PASSIVE
Pres.	incendere	incendī
Perf.	incendisse	incensus (-a, -um) esse
Fut.	incensūrus (-a, -um) esse	incensum īrī

PARTICIPLE

	ACTIVE	PASSIVE
Pres.	incendens, (-ntis)	
Perf.		incensus (-a, -um)
Fut.	incensūrus (-a, -um)	incendendus (-a, -um) (GERUNDIVE)

GERUND incendendī, -ō, -um, -ō SUPINE incensum, -ū

Alternate forms: **incensit** = incenderit
Compounds and related words: **accendo (3)** to set on fire; **incendium, -i, n.** fire; **incensio, -onis, f.** a burning; **succendo (3)** to set on fire
Model sentence: *Classem inflammari **incendi**que iussit.* —Cicero

arouse

ACTIVE		PASSIVE	
INDICATIVE			
Pres. incitō	incitāmus	incitor	incitāmur
incitās	incitātis	incitāris (-re)	incitāminī
incitat	incitant	incitātur	incitantur
Impf. incitābam	incitābāmus	incitābar	incitābāmur
incitābās	incitābātis	incitābāris (-re)	incitābāminī
incitābat	incitābant	incitābātur	incitābantur
Fut. incitābō	incitābimus	incitābor	incitābimur
incitābis	incitābitis	incitāberis (-re)	incitābiminī
incitābit	incitābunt	incitābitur	incitābuntur
Perf. incitāvī	incitāvimus	incitātus sum	incitātī sumus
incitāvistī	incitāvistis	(-a, -um) es	(-ae, -a) estis
incitāvit	incitāvērunt (-ēre)	est	sunt
Plup. incitāveram	incitāverāmus	incitātus eram	incitātī erāmus
incitāverās	incitāverātis	(-a, -um) erās	(-ae, -a) erātis
incitāverat	incitāverant	erat	erant
Fut. incitāverō	incitāverimus	incitātus erō	incitātī erimus
Perf. incitāveris	incitāveritis	(-a, -um) eris	(-ae, -a) eritis
incitāverit	incitāverint	erit	erunt
SUBJUNCTIVE			
Pres. incitem	incitēmus	inciter	incitēmur
incitēs	incitētis	incitēris (-re)	incitēminī
incitet	incitent	incitētur	incitentur
Impf. incitārem	incitārēmus	incitārer	incitārēmur
incitārēs	incitārētis	incitārēris (-re)	incitārēminī
incitāret	incitārent	incitārētur	incitārentur
Perf. incitāverim	incitāverimus	incitātus sim	incitātī sīmus
incitāveris	incitāveritis	(-a, -um) sīs	(-ae, -a) sītis
incitāverit	incitāverint	sit	sint
Plup. incitāvissem	incitāvissēmus	incitātus essem	incitātī essēmus
incitāvissēs	incitāvissētis	(-a, -um) essēs	(-ae, -a) essētis
incitāvisset	incitāvissent	esset	essent
IMPERATIVE			
Pres. incitā	incitāte		
INFINITIVE			
Pres. incitāre		incitārī	
Perf. incitāvisse		incitātus (-a, -um) esse	
Fut. incitātūrus (-a, -um) esse		incitātum īrī	
PARTICIPLE			
Pres. incitans, (-ntis)			
Perf.		incitātus (-a, -um)	
Fut. incitātūrus (-a, -um)		incitandus (-a, -um) (GERUNDIVE)	
GERUND incitandī -ō, -um, -ō SUPINE incitātum, -ū			

Compounds and related words: **concito (1)** to excite; **excito (1)** to excite; **incitatio, -onis, f.** excitement
Model sentence: *Stellarum motus tum **incitantur**, tum retardantur.* —Cicero

enclose, hinder

ACTIVE			PASSIVE	
INDICATIVE				
Pres.	inclūdō	inclūdimus	inclūdor	inclūdimur
	inclūdis	inclūditis	inclūderis (-re)	inclūdiminī
	inclūdit	inclūdunt	inclūditur	inclūduntur
Impf.	inclūdēbam	inclūdēbāmus	inclūdēbar	inclūdēbāmur
	inclūdēbās	inclūdēbātis	inclūdēbāris (-re)	inclūdēbāminī
	inclūdēbat	inclūdēbant	inclūdēbātur	inclūdēbantur
Fut.	inclūdam	inclūdēmus	inclūdar	inclūdēmur
	inclūdēs	inclūdētis	inclūdēris (-re)	inclūdēminī
	inclūdet	inclūdent	inclūdētur	inclūdentur
Perf.	inclūsī	inclūsimus	inclūsus sum	inclūsī sumus
	inclūsistī	inclūsistis	(-a, -um) es	(-ae, -a) estis
	inclūsit	inclūsērunt (-ēre)	est	sunt
Plup.	inclūseram	inclūserāmus	inclūsus eram	inclūsī erāmus
	inclūserās	inclūserātis	(-a, -um) erās	(-ae, -a) erātis
	inclūserat	inclūserant	erat	erant
Fut.	inclūserō	inclūserimus	inclūsus erō	inclūsī erimus
Perf.	inclūseris	inclūseritis	(-a, -um) eris	(-ae, -a) eritis
	inclūserit	inclūserint	erit	erunt
SUBJUNCTIVE				
Pres.	inclūdam	inclūdāmus	inclūdar	inclūdāmur
	inclūdās	inclūdātis	inclūdāris (-re)	inclūdāminī
	inclūdat	inclūdant	inclūdātur	inclūdantur
Impf.	inclūderem	inclūderēmus	inclūderer	inclūderēmur
	inclūderēs	inclūderētis	inclūderēris (-re)	inclūderēminī
	inclūderet	inclūderent	inclūderētur	inclūderentur
Perf.	inclūserim	inclūserimus	inclūsus sim	inclūsī sīmus
	inclūseris	inclūseritis	(-a, -um) sīs	(-ae, -a) sītis
	inclūserit	inclūserint	sit	sint
Plup.	inclūsissem	inclūsissēmus	inclūsus essem	inclūsī essēmus
	inclūsissēs	inclūsissētis	(-a, -um) essēs	(-ae, -a) essētis
	inclūsisset	inclūsissent	esset	essent
IMPERATIVE				
Pres.	inclūde	inclūdite		
INFINITIVE				
Pres.	inclūdere		inclūdī	
Perf.	inclūsisse		inclūsus (-a, -um) esse	
Fut.	inclūsūrus (-a, -um) esse		inclūsum īrī	
PARTICIPLE				
Pres.	inclūdens, (-ntis)			
Perf.			inclūsus (-a, -um)	
Fut.	inclūsūrus (-a, -um)		inclūdendus (-a, -um) (GERUNDIVE)	

GERUND inclūdendī, -ō, -um, -ō   SUPINE inclūsum, -ū

Compounds and related words: **inclusio, -onis, f.** confinement
See **claudo** for other compounds of this verb.
Model sentence: *Habemus senatusconsultum **inclusum** in tabulis, tamquam in vagina
reconditum.* —Cicero

lean or recline, burden, choose

ACTIVE

INDICATIVE

Pres.	incumbō	incumbimus
	incumbis	incumbitis
	incumbit	incumbunt
Impf.	incumbēbam	incumbēbāmus
	incumbēbās	incumbēbātis
	incumbēbat	incumbēbant
Fut.	incumbam	incumbēmus
	incumbēs	incumbētis
	incumbēt	incumbēnt
Perf.	incubuī	incubuimus
	incubuistī	incubuistis
	incubuit	incubuērunt (-ēre)
Plup.	incubueram	incubuerāmus
	incubuerās	incubuerātis
	incubuerat	incubuerant
Fut.	incubuerō	incubuerimus
Perf.	incubueris	incubueritis
	incubuerit	incubuerint

SUBJUNCTIVE

Pres.	incumbam	incumbāmus
	incumbās	incumbātis
	incumbat	incumbant
Impf.	incumberem	incumberēmus
	incumberēs	incumberētis
	incumberet	incumberent
Perf.	incubuerim	incubuerimus
	incubueris	incubueritis
	incubuerit	incubuerint
Plup.	incubuissem	incubuissēmus
	incubuissēs	incubuissētis
	incubuisset	incubuissent

IMPERATIVE

Pres.	incumbe	incumbite

INFINITIVE

Pres.	incumbere
Perf.	incubuisse
Fut.	incubitūrus (-a, -um) esse

PARTICIPLE

	Active	Passive
Pres.	incumbens, (-ntis)	
Perf.		incubitus (-a, -um)
Fut.		incumbendus (-a, -um) (GERUNDIVE)

GERUND incumbendī, -ō, -um, -ō   SUPINE incubitum, -ū

Alternate forms: compounds with **de-, ob-, pro-, re-,** and **sub-** lack the perfect participle.

Compounds and related words: **accumbo (3)** to recline; **discumbo (3)** to recline at a table; **procumbo (3)** to fall forward; **recumbo (3)** to lie down; **succumbo (3)** to submit

Model sentence: *Densis ordinibus nunc alii in alios, nunc in scuta **incumbentes** sustinebant impetus Romanorum.* —Livy

show

	ACTIVE			PASSIVE	
INDICATIVE					
Pres.	indicō	indicāmus		indicor	indicāmur
	indicās	indicātis		indicāris (-re)	indicāminī
	indicat	indicant		indicātur	indicantur
Impf.	indicābam	indicābāmus		indicābar	indicābāmur
	indicābās	indicābātis		indicābāris (-re)	indicābāminī
	indicābat	indicābant		indicābātur	indicābantur
Fut.	indicābō	indicābimus		indicābor	indicābimur
	indicābis	indicābitis		indicāberis (-re)	indicābiminī
	indicābit	indicābunt		indicābitur	indicābuntur
Perf.	indicāvī	indicāvimus		indicātus sum	indicātī sumus
	indicāvistī	indicāvistis		(-a, -um) es	(-ae, -a) estis
	indicāvit	indicāvērunt (-ēre)		est	sunt
Plup.	indicāveram	indicāverāmus		indicātus eram	indicātī erāmus
	indicāverās	indicāverātis		(-a, -um) erās	(-ae, -a) erātis
	indicāverat	indicāverant		erat	erant
Fut.	indicāverō	indicāverimus		indicātus erō	indicātī erimus
Perf.	indicāveris	indicāveritis		(-a, -um) eris	(-ae, -a) eritis
	indicāverit	indicāverint		erit	erunt
SUBJUNCTIVE					
Pres.	indicem	indicēmus		indicer	indicēmur
	indicēs	indicētis		indicēris (-re)	indicēminī
	indicet	indicent		indicētur	indicentur
Impf.	indicārem	indicārēmus		indicārer	indicārēmur
	indicārēs	indicārētis		indicārēris (-re)	indicārēminī
	indicāret	indicārent		indicārētur	indicārentur
Perf.	indicāverim	indicāverimus		indicātus sim	indicātī sīmus
	indicāveris	indicāveritis		(-a, -um) sīs	(-ae, -a) sītis
	indicāverit	indicāverint		sit	sint
Plup.	indicāvissem	indicāvissēmus		indicātus essem	indicātī essēmus
	indicāvissēs	indicāvissētis		(-a, -um) essēs	(-ae, -a) essētis
	indicāvisset	indicāvissent		esset	essent
IMPERATIVE					
Pres.	indicā	indicāte			
INFINITIVE					
Pres.	indicāre			indicārī	
Perf.	indicāvisse			indicātus (-a, -um) esse	
Fut.	indicātūrus (-a, -um) esse			indicātum īrī	
PARTICIPLE					
Pres.	indicans, (-ntis)				
Perf.				indicātus (-a, -um)	
Fut.	indicātūrus (-a, -um)			indicandus (-a, -um) (GERUNDIVE)	

GERUND indicandī, -ō, -um, -ō   SUPINE indicātum, -ū

Compounds and related words: **abdico (1)** to renounce; **dedico (1)** to dedicate; **dico (1)** to dedicate
Model sentence: ***Indicabo** meum consilium tibi.* —Cicero

induō

induō, induere, induī, indūtum

put on (clothing or ornaments)

	ACTIVE		**PASSIVE**	
			INDICATIVE	
Pres.	induō	induimus	induor	induimur
	induis	induitis	indueris (-re)	induiminī
	induit	induunt	induitur	induuntur
Impf.	induēbam	induēbāmus	induēbar	induēbāmur
	induēbās	induēbātis	induēbāris (-re)	induēbāminī
	induēbat	induēbant	induēbātur	induēbantur
Fut.	induam	induēmus	induar	induēmur
	induēs	induētis	induēris (-re)	induēminī
	induet	induent	induētur	induentur
Perf.	induī	induimus	indūtus sum	indūtī sumus
	induistī	induistis	(-a, -um) es	(-ae, -a) estis
	induit	induērunt (-ēre)	est	sunt
Plup.	indueram	induerāmus	indūtus eram	indūtī erāmus
	induerās	induerātis	(-a, -um) erās	(-ae, -a) erātis
	induerat	induerant	erat	erant
Fut.	induerō	induerimus	indūtus erō	indūtī erimus
Perf.	indueris	indueritis	(-a, -um) eris	(-ae, -a) eritis
	induerit	induerint	erit	erunt
			SUBJUNCTIVE	
Pres.	induam	induāmus	induar	induāmur
	induās	induātis	induāris (-re)	induāminī
	induat	induant	induātur	induantur
Impf.	induerem	induerēmus	induerer	induerēmur
	induerēs	induerētis	induerēris (-re)	induerēminī
	indueret	induerent	induerētur	induerentur
Perf.	induerim	induerimus	indūtus sim	indūtī sīmus
	indueris	indueritis	(-a, -um) sīs	(-ae, -a) sītis
	induerit	induerint	sit	sint
Plup.	induissem	induissēmus	indūtus essem	indūtī essēmus
	induissēs	induissētis	(-a, -um) essēs	(-ae, -a) essētis
	induisset	induissent	esset	essent
			IMPERATIVE	
Pres.	indue	induite		
			INFINITIVE	
Pres.	induere		induī	
Perf.	induisse		indūtus (-a, -um) esse	
Fut.	indūtūrus (-a, -um) esse		indūtum īrī	
			PARTICIPLE	
Pres.	induens, (-ntis)			
Perf.			indūtus (-a, -um)	
Fut.	indūtūrus (-a, -um)		induendus (-a, -um) (GERUNDIVE)	

GERUND induendī, -ō, -um, -ō   SUPINE indūtum, -ū

Compounds and related words: **exuo (3)** to strip
Model sentence: *Pomis se arbos induit.* —Vergil

ACTIVE			**PASSIVE**		
INDICATIVE					
Pres.	ineō	inīmus	ineor	inīmur	
	inīs	inītis	inīris (-re)	inīminī	
	init	ineunt	inītur	ineuntur	
Impf.	inībam	inībāmus	inībar	inībāmur	
	inībās	inībātis	inībāris (-re)	inībāminī	
	inībat	inībant	inībātur	inībantur	
Fut.	inībō	inībimus	inībor	inībimur	
	inībis	inībitis	inīberis (-re)	inībiminī	
	inībit	inībunt	inībitur	inībuntur	
Perf.	iniī	iniimus	initus sum	initī sumus	
	iniistī	iniistis	(-a, -um) es	(-ae, -a) estis	
	iniit	iniērunt (-ēre)	est	sunt	
Plup.	inieram	inierāmus	initus eram	initī erāmus	
	inierās	inierātis	(-a, -um) erās	(-ae, -a) erātis	
	inierat	inierant	erat	erant	
Fut.	inierō	inierimus	initus erō	initī erimus	
Perf.	inieris	inieritis	(-a, -um) eris	(-ae, -a) eritis	
	inierit	inierint	erit	erunt	
SUBJUNCTIVE					
Pres.	ineam	ineāmus	inear	ineāmur	
	ineās	ineātis	ineāris (-re)	ineāminī	
	ineat	ineant	ineātur	ineantur	
Impf.	inīrem	inīrēmus	inīrer	inīrēmur	
	inīrēs	inīrētis	inīrēris (-re)	inīrēminī	
	inīret	inīrent	inīrētur	inīrentur	
Perf.	inierim	inierimus	initus sim	initī sīmus	
	inieris	inieritis	(-a, -um) sīs	(-ae, -a) sītis	
	inierit	inierint	sit	sint	
Plup.	inīssem	inīssēmus	initus essem	initī essēmus	
	inīssēs	inīssētis	(-a, -um) essēs	(-ae, -a) essētis	
	inīsset	inīssent	esset	essent	
IMPERATIVE					
Pres.	inī	inīte			
INFINITIVE					
Pres.	inīre		inīrī		
Perf.	inīsse		initus (-a, -um) esse		
Fut.	initūrus (-a, -um) esse		initum īrī		
PARTICIPLE					
Pres.	iniens, (-euntis)				
Perf.			initus (-a, -um)		
Fut.	initūrus (-a, -um)		ineundus (-a, -um) (GERUNDIVE)		

GERUND ineundī, -ō, -um, -ō   SUPINE initum, -ū

Alternate forms: **iniet** = inibit; **inivi** = inii
Compounds and related words: **initus, -us, m.** entrance
See **eo** for other compounds of this verb.
Model sentence: *Nemus nullis illud **initur** equis.* —Ovid

bring in, cause

ACTIVE		PASSIVE	
INDICATIVE			

	ACTIVE		PASSIVE	
Pres.	inferō	inferimus	inferor	inferimur
	infers	infertis	inferris (-re)	inferiminī
	infert	inferunt	infertur	inferuntur
Impf.	inferēbam	inferēbāmus	inferēbar	inferēbāmur
	inferēbās	inferēbātis	inferēbāris (-re)	inferēbāminī
	inferēbat	inferēbant	inferēbātur	inferēbantur
Fut.	inferam	inferēmus	inferar	inferēmur
	inferēs	inferētis	inferēris (-re)	inferēminī
	inferet	inferent	inferētur	inferentur
Perf.	intulī	intulimus	illātus sum	illātī sumus
	intulistī	intulistis	(-a, -um) es	(-ae, -a) estis
	intulit	intulērunt (-ēre)	est	sunt
Plup.	intuleram	intulerāmus	illātus eram	illātī erāmus
	intulerās	intulerātis	(-a, -um) erās	(-ae, -a) erātis
	intulerat	intulerant	erat	erant
Fut.	intulerō	intulerimus	illātus erō	illātī erimus
Perf.	intuleris	intuleritis	(-a, -um) eris	(-ae, -a) eritis
	intulerit	intulerint	erit	erunt
SUBJUNCTIVE				
Pres.	inferam	inferāmus	inferar	inferāmur
	inferās	inferātis	inferāris (-re)	inferāminī
	inferat	inferant	inferātur	inferantur
Impf.	inferrem	inferrēmus	inferrer	inferrēmur
	inferrēs	inferrētis	inferrēris (-re)	inferrēminī
	inferret	inferrent	inferrētur	inferrentur
Perf.	intulerim	intulerimus	illātus sim	illātī sīmus
	intuleris	intuleritis	(-a, -um) sīs	(-ae, -a) sītis
	intulerit	intulerint	sit	sint
Plup.	intulissem	intulissēmus	illātus essem	illātī essēmus
	intulissēs	intulissētis	(-a, -um) essēs	(-ae, -a) essētis
	intulisset	intulissent	esset	essent
IMPERATIVE				
Pres.	infer	inferte		
INFINITIVE				
Pres.	inferre		inferrī	
Perf.	intulisse		illātus (-a, -um) esse	
Fut.	illātūrus (-a, -um) esse		illātum īrī	
PARTICIPLE				
Pres.	inferens, (-ntis)			
Perf.			illātus (-a, -um)	
Fut.	illātūrus (-a, -um)		inferendus (-a, -um) (GERUNDIVE)	

GERUND inferendī, -ō, -um, -ō   SUPINE illātum, -ū

Compounds and related words: **illatio, -onis, f.** a carrying in; **infertor, -is, m.** a waiter
See **fero** for other compounds of this verb.
Model sentence: *Reliquias eius maiorum tumulis **inferri** iussit.* —Justinus

carry in, give, repeat

ACTIVE		**PASSIVE**	
INDICATIVE			

Pres.	ingerō	ingerimus	ingeror	ingerimur
	ingeris	ingeritis	ingereris (-re)	ingeriminī
	ingerit	ingerunt	ingeritur	ingeruntur
Impf.	ingerēbam	ingerēbāmus	ingerēbar	ingerēbāmur
	ingerēbās	ingerēbātis	ingerēbāris (-re)	ingerēbāminī
	ingerēbat	ingerēbant	ingerēbātur	ingerēbantur
Fut.	ingeram	ingerēmus	ingerar	ingerēmur
	ingerēs	ingerētis	ingerēris (-re)	ingerēminī
	ingeret	ingerent	ingerētur	ingerentur
Perf.	ingessī	ingessimus	ingestus sum	ingestī sumus
	ingessistī	ingessistis	(-a, -um) es	(-ae, -a) estis
	ingessit	ingessērunt (-ēre)	est	sunt
Plup.	ingesseram	ingesserāmus	ingestus eram	ingestī erāmus
	ingesserās	ingesserātis	(-a, -um) erās	(-ae, -a) erātis
	ingesserat	ingesserant	erat	erant
Fut.	ingesserō	ingesserimus	ingestus erō	ingestī erimus
Perf.	ingesseris	ingesseritis	(-a, -um) eris	(-ae, -a) eritis
	ingesserit	ingesserint	erit	erunt
SUBJUNCTIVE			
Pres.	ingeram	ingerāmus	ingerar	ingerāmur
	ingerās	ingerātis	ingerāris (-re)	ingerāminī
	ingerat	ingerant	ingerātur	ingerantur
Impf.	ingererem	ingererēmus	ingererer	ingererēmur
	ingererēs	ingererētis	ingererēris (-re)	ingererēminī
	ingereret	ingererent	ingererētur	ingererentur
Perf.	ingesserim	ingesserimus	ingestus sim	ingestī sīmus
	ingesseris	ingesseritis	(-a, -um) sīs	(-ae, -a) sītis
	ingesserit	ingesserint	sit	sint
Plup.	ingessissem	ingessissēmus	ingestus essem	ingestī essēmus
	ingessissēs	ingessissētis	(-a, -um) essēs	(-ae, -a) essētis
	ingessisset	ingessissent	esset	essent
IMPERATIVE			
Pres.	ingere	ingerite		
INFINITIVE			
Pres.	ingerere		ingerī	
Perf.	ingessisse		ingestus (-a, -um) esse	
Fut.	ingestūrus (-a, -um) esse		ingestum īrī	
PARTICIPLE			
Pres.	ingerens, (-ntis)			
Perf.			ingestus (-a, -um)	
Fut.	ingestūrus (-a, -um)		ingerendus (-a, -um) (GERUNDIVE)	

GERUND ingerendī, -ō, -um, -ō　　SUPINE ingestum, -ū

Alternate forms: **inger** = ingere
Compounds and related words: **ingestabilis, -e** unbearable; **ingestio, -onis, f.** introduction; **ingesto (1)**
　　to bear
Model sentence: *Hinc raptas fugientibus **ingerit** hastas in tergum.* —Vergil

enter, engage in, begin

ACTIVE

INDICATIVE

Pres.	ingredior	ingredimur
	ingrederis (-re)	ingrediminī
	ingreditur	ingrediuntur
Impf.	ingrediēbar	ingrediēbāmur
	ingrediēbāris (-re)	ingrediēbāminī
	ingrediēbātur	ingrediēbantur
Fut.	ingrediar	ingrediēmur
	ingrediēris (-re)	ingrediēminī
	ingrediētur	ingredientur
Perf.	ingressus sum	ingressī sumus
	(-a, -um) es	(-ae, -a) estis
	est	sunt
Plup.	ingressus eram	ingressī erāmus
	(-a, -um) erās	(-ae, -a) erātis
	erat	erant
Fut.	ingressus erō	ingressī erimus
Perf.	(-a, -um) eris	(-ae, -a) eritis
	erit	erunt

SUBJUNCTIVE

Pres.	ingrediar	ingrediāmur
	ingrediāris (-re)	ingrediāminī
	ingrediātur	ingrediantur
Impf.	ingrederer	ingrederēmur
	ingrederēris (-re)	ingrederēminī
	ingrederētur	ingrederentur
Perf.	ingressus sim	ingressī sīmus
	(-a, -um) sīs	(-ae, -a) sītis
	sit	sint
Plup.	ingressus essem	ingressī essēmus
	(-a, -um) essēs	(-ae, -a) essētis
	esset	essent

IMPERATIVE

Pres.	ingredere	ingrediminī

INFINITIVE

Pres.	ingredī
Perf.	ingressus (-a, -um) esse
Fut.	ingressūrus (-a, -um) esse

PARTICIPLE

	Active	Passive
Pres.	ingrediens, (-ntis)	
Perf.	ingressus (-a, -um)	
Fut.	ingressūrus (-a, -um)	ingrediendus (-a, -um) (GERUNDIVE)

GERUND ingrediendī, -ō, -um, -ō SUPINE ingressum, -ū

Compounds and related words: **ingressio, -onis, f.** entrance; **ingressus, -us, m.** entrance
Model sentence: *Tu **ingredi** illam domum ausus es? Tu illud sanctissimum limen intrare?* —Cicero

throw in or on, cause

ACTIVE		PASSIVE	

INDICATIVE

Pres.	iniciō	inicimus	inicior	inicimur	
	inicis	inicitis	iniceris (-re)	iniciminī	
	inicit	iniciunt	inicitur	iniciuntur	
Impf.	iniciēbam	iniciēbāmus	iniciēbar	iniciēbāmur	
	iniciēbās	iniciēbātis	iniciēbāris (-re)	iniciēbāminī	
	iniciēbat	iniciēbant	iniciēbātur	iniciēbantur	
Fut.	iniciam	iniciēmus	iniciar	iniciēmur	
	iniciēs	iniciētis	iniciēris (-re)	iniciēminī	
	iniciet	inicient	iniciētur	inicientur	
Perf.	iniēcī	iniēcimus	iniectus sum	iniectī sumus	
	iniēcistī	iniēcistis	(-a, -um) es	(-ae, -a) estis	
	iniēcit	iniēcērunt (-ēre)	est	sunt	
Plup.	iniēceram	iniēcerāmus	iniectus eram	iniectī erāmus	
	iniēcerās	iniēcerātis	(-a, -um) erās	(-ae, -a) erātis	
	iniēcerat	iniēcerant	erat	erant	
Fut.	iniēcerō	iniēcerimus	iniectus erō	iniectī erimus	
Perf.	iniēceris	iniēceritis	(-a, -um) eris	(-ae, -a) eritis	
	iniēcerit	iniēcerint	erit	erunt	

SUBJUNCTIVE

Pres.	iniciam	iniciāmus	iniciar	iniciāmur	
	iniciās	iniciātis	iniciāris (-re)	iniciāminī	
	iniciat	iniciant	iniciātur	iniciantur	
Impf.	inicerem	inicerēmus	inicerer	inicerēmur	
	inicerēs	inicerētis	inicerēris (-re)	inicerēminī	
	iniceret	inicerent	inicerētur	inicerentur	
Perf.	iniēcerim	iniēcerimus	iniectus sim	iniectī sīmus	
	iniēceris	iniēceritis	(-a, -um) sīs	(-ae, -a) sītis	
	iniēcerit	iniēcerint	sit	sint	
Plup.	iniēcissem	iniēcissēmus	iniectus essem	iniectī essēmus	
	iniēcissēs	iniēcissētis	(-a, -um) essēs	(-ae, -a) essētis	
	iniēcisset	iniēcissent	esset	essent	

IMPERATIVE

Pres.	inice	inicite	

INFINITIVE

Pres.	inicere	inicī
Perf.	iniēcisse	iniectus (-a, -um) esse
Fut.	iniectūrus (-a, -um) esse	iniectum īrī

PARTICIPLE

Pres.	iniciens, (-ntis)	
Perf.		iniectus (-a, -um)
Fut.	iniectūrus (-a, -um)	iniciendus (-a, -um) (GERUNDIVE)

GERUND iniciendī, -ō, -um, -ō SUPINE iniectum, -ū

Alternate forms: **iniexit** = iniecerit
See **iacio** for other compounds of this verb.
Model sentence: *Continuo adveniens pilum **iniecisti** mihi.* —Plautus

say

ACTIVE

INDICATIVE

Pres.	inquam	inquimus
	inquis	inquitis
	inquit	inquiunt
Impf.		
	inquiēbat	
Fut.		
	inquiēs	
	inquiet	
Perf.	inquiī	
	inquīstī	
Plup.		
Fut.		
Perf.		

SUBJUNCTIVE

Pres.

Impf.

Perf.

Plup.

IMPERATIVE

Pres.   inque *or* inquitō

INFINITIVE

Pres.
Perf.
Fut.

PARTICIPLE

Pres.
Perf.
Fut.

GERUND   SUPINE

Usage notes: defective
Alternate forms: **inquio** = inquam
Model sentence: *Hunc unum diem, hunc unum **inquam**, hodiernum diem defende si potes.* —Cicero

ACTIVE

INDICATIVE

Pres.	insum	insumus
	ines	inestis
	inest	insunt
Impf.	ineram	inerāmus
	inerās	inerātis
	inerat	inerant
Fut.	inerō	inerimus
	ineris	ineritis
	inerit	inerunt
Perf.	infuī	infuimus
	infuistī	infuistis
	infuit	infuērunt (-ēre)
Plup.	infueram	infuerāmus
	infuerās	infuerātis
	infuerat	infuerant
Fut.	infuerō	infuerimus
Perf.	infueris	infueritis
	infuerit	infuerint

SUBJUNCTIVE

Pres.	insim	insīmus
	insīs	insītis
	insit	insint
Impf.	inessem	inessēmus
	inessēs	inessētis
	inesset	inessent
Perf.	infuerim	infuerimus
	infueris	infueritis
	infuerit	infuerint
Plup.	infuissem	infuissēmus
	infuissēs	infuissētis
	infuisset	infuissent

IMPERATIVE

Pres.	ines	ineste

INFINITIVE

Pres.	inesse
Perf.	infuisse
Fut.	

PARTICIPLE

Pres.	
Perf.	
Fut.	

GERUND   SUPINE

See **sum** for other compounds of this verb.
Model sentence: *Nummi octingenti aurei in marsupio **infuerunt**.* —Plautus

intellegō

realize, understand

	ACTIVE		PASSIVE	
		INDICATIVE		
Pres.	intellegō	intellegimus	intellegor	intellegimur
	intellegis	intellegitis	intellegeris (-re)	intellegiminī
	intellegit	intellegunt	intellegitur	intelleguntur
Impf.	intellegēbam	intellegēbāmus	intellegēbar	intellegēbāmur
	intellegēbās	intellegēbātis	intellegēbāris (-re)	intellegēbāminī
	intellegēbat	intellegēbant	intellegēbātur	intellegēbāntur
Fut.	intellegam	intellegēmus	intellegar	intellegēmur
	intellegēs	intellegētis	intellegēris (-re)	intellegēminī
	intelleget	intellegent	intellegētur	intellegentur
Perf.	intellexī	intelleximus	intellectus sum	intellectī sumus
	intellexistī	intellexistis	(-a, -um) es	(-ae, -a) estis
	intellexit	intellexērunt (-ēre)	est	sunt
Plup.	intellexeram	intellexerāmus	intellectus eram	intellectī erāmus
	intellexerās	intellexerātis	(-a, -um) erās	(-ae, -a) erātis
	intellexerat	intellexerant	erat	erant
Fut.	intellexerō	intellexerimus	intellectus erō	intellectī erimus
Perf.	intellexeris	intellexeritis	(-a, -um) eris	(-ae, -a) eritis
	intellexerit	intellexerint	erit	erunt
		SUBJUNCTIVE		
Pres.	intellegam	intellegāmus	intellegar	intellegāmur
	intellegās	intellegātis	intellegāris (-re)	intellegāminī
	intellegat	intellegant	intellegātur	intellegantur
Impf.	intellegerem	intellegerēmus	intellegerer	intellegerēmur
	intellegerēs	intellegerētis	intellegerēris (-re)	intellegerēminī
	intellegeret	intellegerent	intellegerētur	intellegerentur
Perf.	intellexerim	intellexerimus	intellectus sīm	intellectī sīmus
	intellexeris	intellexeritis	(-a, -um) sīs	(-ae, -a) sītis
	intellexerit	intellexerint	sit	sint
Plup.	intellexissem	intellexissēmus	intellectus essem	intellectī essēmus
	intellexissēs	intellexissētis	(-a, -um) essēs	(-ae, -a) essētis
	intellexisset	intellexissent	esset	essent
		IMPERATIVE		
Pres.	intellege	intellegite		
		INFINITIVE		
Pres.	intellegere		intellegī	
Perf.	intellexisse		intellectus (-a, -um) esse	
Fut.	intellectūrus (-a, -um) esse		intellectum īrī	
		PARTICIPLE		
Pres.	intellegens, (-ntis)			
Perf.			intellectus (-a, -um)	
Fut.	intellectūrus (-a, -um)		intellegendus (-a, -um) (GERUNDIVE)	

GERUND intellegendī, -ō, -um, -ō   SUPINE intellectum, -ū

Alternate forms: **intellegerint** = intellexerint; **intellexes** = intellexisses; **intellexti** = intellexisti;
   intelligo = intellego
Compounds and related words: **intellectus, -us, m.** perception; **intellegentia, -ae, f.** understanding
See **lego** for other compounds of this verb.
Model sentence: *Puderet me dicere non **intellegere**, si vos ipsi **intellegeretis**.* —Cicero

go between, perish

ACTIVE

INDICATIVE

Pres.	intereō	interīmus
	interīs	interītis
	interit	intereunt
Impf.	interībam	interībāmus
	interībās	interībātis
	interībat	interībant
Fut.	interībō	interībimus
	interībis	interībitis
	interībit	interībunt
Perf.	interiī	interiimus
	interiistī	interiistis
	interiit	interiērunt (-ēre)
Plup.	interieram	interierāmus
	interierās	interierātis
	interierat	interierant
Fut.	interierō	interierimus
Perf.	interieris	interieritis
	interierit	interierint

SUBJUNCTIVE

Pres.	inteream	intereāmus
	intereās	intereātis
	intereat	intereant
Impf.	interīrem	interīrēmus
	interīrēs	interīrētis
	interīret	interīrent
Perf.	interierim	interierimus
	interieris	interieritis
	interierit	interierint
Plup.	interīssem	interīssēmus
	interīssēs	interīssētis
	interīsset	interīssent

IMPERATIVE

Pres.	interī	interīte

INFINITIVE

Pres.	interīre
Perf.	interīsse
Fut.	interitūrus (-a, -um) esse

PARTICIPLE

	Active	Passive
Pres.	interiens, (-euntis)	
Perf.		interitus (-a, -um)
Fut.	interitūrus (-a, -um)	intereundus (-a, -um) (GERUNDIVE)

GERUND intereundī, -ō, -um, -ō   SUPINE interitum, -ū

Alternate forms: **interissent** = interiissent; **interivi** = interii
Compounds and related words: **interitus, -us, m.** destruction
See **eo** for other compounds of this verb.
Model sentence: *Non intellego, quomodo, calore exstincto, corpora intereant.* —Cicero

kill

ACTIVE		PASSIVE	
INDICATIVE			
Pres.	interficiō	interficimus	interficior	interficimur
	interficis	interficitis	interficeris (-re)	interficiminī
	interficit	interficiunt	interficitur	interficiuntur
Impf.	interficiēbam	interficiēbāmus	interficiēbar	interficiēbāmur
	interficiēbās	interficiēbātis	interficiēbāris (-re)	interficiēbāminī
	interficiēbat	interficiēbant	interficiēbātur	interficiēbantur
Fut.	interficiam	interficiēmus	interficiar	interficiēmur
	interficiēs	interficiētis	interficiēris (-re)	interficiēminī
	interficiet	interficient	interficiētur	interficientur
Perf.	interfēcī	interfēcimus	interfectus sum	interfectī sumus
	interfēcistī	interfēcistis	(-a, -um) es	(-ae, -a) estis
	interfēcit	interfēcērunt (-ēre)	est	sunt
Plup.	interfēceram	interfēcerāmus	interfectus eram	interfectī erāmus
	interfēcerās	interfēcerātis	(-a, -um) erās	(-ae, -a) erātis
	interfēcerat	interfēcerant	erat	erant
Fut.	interfēcerō	interfēcerimus	interfectus erō	interfectī erimus
Perf.	interfēceris	interfēceritis	(-a, -um) eris	(-ae, -a) eritis
	interfēcerit	interfēcerint	erit	erunt
SUBJUNCTIVE			
Pres.	interficiam	interficiāmus	interficiar	interficiāmur
	interficiās	interficiātis	interficiāris (-re)	interficiāminī
	interficiat	interficiant	interficiātur	interficiantur
Impf.	interficerem	interficerēmus	interficerer	interficerēmur
	interficerēs	interficerētis	interficerēris (-re)	interficerēminī
	interficeret	interficerent	interficerētur	interficerentur
Perf.	interfēcerim	interfēcerimus	interfectus sim	interfectī sīmus
	interfēceris	interfēceritis	(-a, -um) sīs	(-ae, -a) sītis
	interfēcerit	interfēcerint	sit	sint
Plup.	interfēcissem	interfēcissēmus	interfectus essem	interfectī essēmus
	interfēcissēs	interfēcissētis	(-a, -um) essēs	(-ae, -a) essētis
	interfēcisset	interfēcissent	esset	essent
IMPERATIVE			
Pres.	interfice	interficite		
INFINITIVE			
Pres.	interficere		interficī	
Perf.	interfēcisse		interfectus (-a, -um) esse	
Fut.	interfectūrus (-a, -um) esse		interfectum īrī	
PARTICIPLE			
Pres.	interficiens, (-ntis)			
Perf.			interfectus (-a, -um)	
Fut.	interfectūrus (-a, -um)		interficiendus (-a, -um) (GERUNDIVE)	

GERUND interficiendī, -ō, -um, -ō   SUPINE interfectum, -ū

Alternate forms: **interfiat** = interfaciatur; **interfieri** = interfici
Compounds and related words: **interfectibilis, -e** deadly; **interfectio, -onis, f.** a killing;
    interfector, -is, m. murderer
Model sentence: *Illi, ut erat imperatum, circumsistunt hominem atque **interficiunt**.* —Caesar

be between, differ, attend

ACTIVE

INDICATIVE

Pres.	intersum	intersumus
	interes	interestis
	interest	intersunt
Impf.	intereram	intererāmus
	intererās	intererātis
	intererat	intererant
Fut.	intererō	intererimus
	intereris	interēritis
	intererit	intererunt
Perf.	interfuī	interfuimus
	interfuistī	interfuistis
	interfuit	interfuērunt (-ēre)
Plup.	interfueram	interfuerāmus
	interfuerās	interfuerātis
	interfuerat	interfuerant
Fut.	interfuerō	interfuerimus
Perf.	interfueris	interfueritis
	interfuerit	interfuerint

SUBJUNCTIVE

Pres.	intersim	intersīmus
	intersīs	intersītis
	intersit	intersint
Impf.	interessem	interessēmus
	interessēs	interessētis
	interesset	interessent
Perf.	interfuerim	interfuerimus
	interfueris	interfueritis
	interfuerit	interfuerint
Plup.	interfuissem	interfuissēmus
	interfuissēs	interfuissētis
	interfuisset	interfuissent

IMPERATIVE

Pres.	interes	intereste

INFINITIVE

Pres.	interesse
Perf.	interfuisse
Fut.	interfutūrus (-a, -um) esse

PARTICIPLE

Pres.	
Perf.	
Fut.	interfutūrus (-a, -um)

GERUND   SUPINE

Usage notes: third person often used impersonally meaning *be of interest or importance*
Model sentence: *Inter Laviniam conditum et Albam Longam coloniam deductam triginta ferme **interfuere** anni.* —Livy

enter, pierce

ACTIVE		PASSIVE	
INDICATIVE			

Pres.	intrō	intrāmus	intror	intrāmur
	intrās	intrātis	intrāris (-re)	intrāminī
	intrat	intrant	intrātur	intrantur
Impf.	intrābam	intrābāmus	intrābar	intrābāmur
	intrābās	intrābātis	intrābāris (-re)	intrābāminī
	intrābat	intrābant	intrābātur	intrābantur
Fut.	intrābō	intrābimus	intrābor	intrābimur
	intrābis	intrābitis	intrāberis (-re)	intrābiminī
	intrābit	intrābunt	intrābitur	intrābuntur
Perf.	intrāvī	intrāvimus	intrātus sum	intrātī sumus
	intrāvistī	intrāvistis	(-a, -um) es	(-ae, -a) estis
	intrāvit	intrāvērunt (-ēre)	est	sunt
Plup.	intrāveram	intrāverāmus	intrātus eram	intrātī erāmus
	intrāverās	intrāverātis	(-a, -um) erās	(-ae, -a) erātis
	intrāverat	intrāverant	erat	erant
Fut. Perf.	intrāverō	intrāverimus	intrātus erō	intrātī erimus
	intrāveris	intrāveritis	(-a, -um) eris	(-ae, -a) eritis
	intrāverit	intrāverint	erit	erunt

SUBJUNCTIVE			

Pres.	intrem	intrēmus	intrer	intrēmur
	intrēs	intrētis	intrēris (-re)	intrēminī
	intret	intrent	intrētur	intrentur
Impf.	intrārem	intrārēmus	intrārer	intrārēmur
	intrārēs	intrārētis	intrārēris (-re)	intrārēminī
	intrāret	intrārent	intrārētur	intrārentur
Perf.	intrāverim	intrāverimus	intrātus sim	intrātī sīmus
	intrāveris	intrāveritis	(-a, -um) sīs	(-ae, -a) sītis
	intrāverit	intrāverint	sit	sint
Plup.	intrāvissem	intrāvissēmus	intrātus essem	intrātī essēmus
	intrāvissēs	intrāvissētis	(-a, -um) essēs	(-ae, -a) essētis
	intrāvisset	intrāvissent	esset	essent

IMPERATIVE			
Pres.	intrā	intrāte		

INFINITIVE			
Pres.	intrāre		intrārī	
Perf.	intrāvisse		intrātus (-a, -um) esse	
Fut.	intrātūrus (-a, -um) esse		intrātum īrī	

PARTICIPLE			
Pres.	intrans, (-ntis)			
Perf.			intrātus (-a, -um)	
Fut.	intrātūrus (-a, -um)		intrandus (-a, -um) (GERUNDIVE)	

GERUND intrandī, -ō, -um, -ō   SUPINE intrātum, -ū

Usage notes: passive forms also used impersonally
Alternate forms: **intrassis** = intraveris
Compounds and related words: **intra** within; **intrabilis, -e** that which can be entered; **intro** inwardly
Model sentence: *Non **intret** Cato theatrum meum.* —Martial

enter

	ACTIVE		**PASSIVE**
		INDICATIVE	
Pres.	introeō	introīmus	
	introīs	introītis	
	introit	introeunt	introītur (Impers.)
Impf.	introībam	introībāmus	
	introībās	introībātis	
	introībat	introībant	introībātur (Impers.)
Fut.	introībō	introībimus	
	introībis	introībitis	
	introībit	introībunt	introībitur (Impers.)
Perf.	introiī	introiimus	
	introiistī	introiistis	
	introiit	introiērunt (-ēre)	introitum est (Impers.)
Plup.	introieram	introierāmus	
	introierās	introierātis	
	introierat	introierant	introitum erat (Impers.)
Fut.	introierō	introierimus	
Perf.	introieris	introieritis	
	introierit	introierint	introitum erit (Impers.)
		SUBJUNCTIVE	
Pres.	introeam	introeāmus	
	introeās	introeātis	
	introeat	introeant	introeātur (Impers.)
Impf.	introīrem	introīrēmus	
	introīrēs	introīrētis	
	introīret	introīrent	introīrētur (Impers.)
Perf.	introierim	introierimus	
	introieris	introieritis	
	introierit	introierint	introitum sit (Impers.)
Plup.	introīssem	introīssēmus	
	introīssēs	introīssētis	
	introīsset	introīssent	introitum esset (Impers.)
		IMPERATIVE	
Pres.	introī	introīte	
		INFINITIVE	
Pres.	introīre		introīrī
Perf.	introīsse		introitus (-a, -um) esse
Fut.	introitūrus (-a, -um) esse		introitum īrī
		PARTICIPLE	
Pres.	introiens, (-euntis)		
Perf.			introitus (-a, -um)
Fut.	introitūrus (-a, -um)		introeundus (-a, -um) (GERUNDIVE)

GERUND introeundī, -ō, -um, -ō   SUPINE introitum, -ū

Alternate forms: **introdeo** = introeo; **introiet** = introibit; **introivi** = introii
Compounds and related words: **introitus, -us, m.** entrance
Model sentence: *C. Cornelius et L. Vargunteius constituere ea nocte paulo post cum armatis hominibus sicuti salutatum **introire** ad Ciceronem.* —Sallust

267

find, acquire

ACTIVE   PASSIVE

INDICATIVE

	ACTIVE		PASSIVE	
Pres.	inveniō	invenīmus	invenior	invenīmur
	invenīs	invenītis	invenīris (-re)	invenīminī
	invenit	inveniunt	invenītur	inveniuntur
Impf.	inveniēbam	inveniēbāmus	inveniēbar	inveniēbāmur
	inveniēbās	inveniēbātis	inveniēbāris (-re)	inveniēbāminī
	inveniēbat	inveniēbant	inveniēbātur	inveniēbantur
Fut.	inveniam	inveniēmus	inveniar	inveniēmur
	inveniēs	inveniētis	inveniēris (-re)	inveniēminī
	inveniet	invenient	inveniētur	invenientur
Perf.	invēnī	invēnimus	inventus sum	inventī sumus
	invēnistī	invēnistis	(-a, -um) es	(-ae, -a) estis
	invēnit	invēnērunt (-ēre)	est	sunt
Plup.	invēneram	invēnerāmus	inventus eram	inventī erāmus
	invēnerās	invēnerātis	(-a, -um) erās	(-ae, -a) erātis
	invēnerat	invēnerant	erat	erant
Fut.	invēnerō	invēnerimus	inventus erō	inventī erimus
Perf.	invēneris	invēneritis	(-a, -um) eris	(-ae, -a) eritis
	invēnerit	invēnerint	erit	erunt

SUBJUNCTIVE

	ACTIVE		PASSIVE	
Pres.	inveniam	inveniāmus	inveniar	inveniāmur
	inveniās	inveniātis	inveniāris (-re)	inveniāminī
	inveniat	inveniant	inveniātur	inveniantur
Impf.	invenīrem	invenīrēmus	invenīrer	invenīrēmur
	invenīrēs	invenīrētis	invenīrēris (-re)	invenīrēminī
	invenīret	invenīrent	invenīrētur	invenīrentur
Perf.	invēnerim	invēnerimus	inventus sim	inventī sīmus
	invēneris	invēneritis	(-a, -um) sīs	(-ae, -a) sītis
	invēnerit	invēnerint	sit	sint
Plup.	invēnissem	invēnissēmus	inventus essem	inventī essēmus
	invēnissēs	invēnissētis	(-a, -um) essēs	(-ae, -a) essētis
	invēnisset	invēnissent	esset	essent

IMPERATIVE

Pres.	invenī	invenīte	

INFINITIVE

Pres.	invenīre	invenīrī
Perf.	invēnisse	inventus (-a, -um) esse
Fut.	inventūrus (-a, -um) esse	inventum īrī

PARTICIPLE

Pres.	inveniens, (-ntis)	
Perf.		inventus (-a, -um)
Fut.	inventūrus (-a, -um)	inveniendus (-a, -um) (GERUNDIVE)

GERUND inveniendī, -ō, -um, -ō   SUPINE inventum, -ū

Alternate forms: **invenibit** = inveniet
Compounds and related words: **inventio, -onis, f.** invention; **inventium, -i, n.** an invention;
    inventor, -is, m. discoverer
Model sentence: *Fata viam **invenient.*** —Vergil

be angry

ACTIVE

INDICATIVE

Pres.	īrascor	īrascimur
	īrasceris (-re)	īrasciminī
	īrascitur	īrascuntur
Impf.	īrascēbar	īrascēbāmur
	īrascēbāris (-re)	īrascēbāminī
	īrascēbātur	īrascēbantur
Fut.	īrascar	īrascēmur
	īrascēris (-re)	īrascēminī
	īrascētur	īrascentur
Perf.	īrātus sum	īrātī sumus
	(-a, -um) es	(-ae, -a) estis
	est	sunt
Plup.	īrātus eram	īrātī erāmus
	(-a, -um) erās	(-ae, -a) erātis
	erat	erant
Fut.	īrātus erō	īrātī erimus
Perf.	(-a, -um) eris	(-ae, -a) eritis
	erit	erunt

SUBJUNCTIVE

Pres.	īrascar	īrascāmur
	īrascāris (-re)	īrascāminī
	īrascātur	īrascantur
Impf.	īrascerer	īrascerēmur
	īrascerēris (-re)	īrascerēminī
	īrascerētur	īrascerentur
Perf.	īrātus sim	īrātī sīmus
	(-a, -um) sīs	(-ae, -a) sītis
	sit	sint
Plup.	īrātus essem	īrātī essēmus
	(-a, -um) essēs	(-ae, -a) essētis
	esset	essent

IMPERATIVE

Pres.	īrascere	īrasciminī

INFINITIVE

Pres.	īrascī
Perf.	īrātus (-a, -um) esse
Fut.	īrātūrus (-a, -um) esse

PARTICIPLE

Pres.	īrascens, (-ntis)
Perf.	īrātus (-a, -um)
Fut.	īrātūrus (-a, -um)

GERUND īrascendī, -ō, -um, -ō   SUPINE īrātum, -ū

Usage notes: often used with the **dative**
Alternate forms: **irascier** = irasci; **irasco** = irascor
Compounds and related words: **ira, -ae, f.** anger; **iracundia, -ae, f.** quick temper; **iratus, -a, -um** angry
Model sentence: *Tarde sed graviter vir sapiens* **irascitur.** —Publilius Syrus

order

	ACTIVE		PASSIVE	
		INDICATIVE		
Pres.	iubeō	iubēmus	iubeor	iubēmur
	iubēs	iubētis	iubēris (-re)	iubēminī
	iubet	iubent	iubētur	iubentur
Impf.	iubēbam	iubēbāmus	iubēbar	iubēbāmur
	iubēbās	iubēbātis	iubēbāris (-re)	iubēbāminī
	iubēbat	iubēbant	iubēbātur	iubēbantur
Fut.	iubēbō	iubēbimus	iubēbor	iubēbimur
	iubēbis	iubēbitis	iubēberis (-re)	iubēbiminī
	iubēbit	iubēbunt	iubēbitur	iubēbuntur
Perf.	iussī	iussimus	iussus sum	iussī sumus
	iussistī	iussistis	(-a, -um) es	(-ae, -a) estis
	iussit	iussērunt (-ēre)	est	sunt
Plup.	iusseram	iusserāmus	iussus eram	iussī erāmus
	iusserās	iusserātis	(-a, -um) erās	(-ae, -a) erātis
	iusserat	iusserant	erat	erant
Fut.	iusserō	iusserimus	iussus erō	iussī erimus
Perf.	iusseris	iusseritis	(-a, -um) eris	(-ae, -a) eritis
	iusserit	iusserint	erit	erunt
		SUBJUNCTIVE		
Pres.	iubeam	iubeāmus	iubear	iubeāmur
	iubeās	iubeātis	iubeāris (-re)	iubeāminī
	iubeat	iubeant	iubeātur	iubeantur
Impf.	iubērem	iubērēmus	iubērer	iubērēmur
	iubērēs	iubērētis	iubērēris (-re)	iubērēminī
	iubēret	iubērent	iubērētur	iubērentur
Perf.	iusserim	iusserimus	iussus sim	iussī sīmus
	iusseris	iusseritis	(-a, -um) sīs	(-ae, -a) sītis
	iusserit	iusserint	sit	sint
Plup.	iussissem	iussissēmus	iussus essem	iussī essēmus
	iussissēs	iussissētis	(-a, -um) essēs	(-ae, -a) essētis
	iussisset	iussissent	esset	essent
		IMPERATIVE		
Pres.	iubē	iubēte		
		INFINITIVE		
Pres.	iubēre		iubērī	
Perf.	iussisse		iussus (-a, -um) esse	
Fut.	iussūrus (-a, -um) esse		iussum īrī	
		PARTICIPLE		
Pres.	iubens, (-ntis)			
Perf.			iussus (-a, -um)	
Fut.	iussūrus (-a, -um)		iubendus (-a, -um) (GERUNDIVE)	

GERUND iubendī, -ō, -um, -ō   SUPINE iussum, -ū

AN ESSENTIAL
55 VERB

iubeō

Related Words

iniussus, iniussa, iniussum unbidden

iussus, iussus, m. an order

This verb is essential because of how often it appears in Latin literature. It very often uses an infinitive phrase as an object as it does in English. For example:

***Eum librum deponere* iussi.**
*I ordered **him to put the book down**.*

ALTERNATE FORMS:
iusse = iussisse
iussitur = iubetur
iusso = iussero
iusti = iussisti

MODEL SENTENCE:
*Me vitare turbam **iubes***. —Seneca

iūdicō

decide, judge

ACTIVE		PASSIVE	
INDICATIVE			
Pres. iūdicō	iūdicāmus	iūdicor	iūdicāmur
iūdicās	iūdicātis	iūdicāris (-re)	iūdicāminī
iūdicat	iūdicant	iūdicātur	iūdicantur
Impf. iūdicābam	iūdicābāmus	iūdicābar	iūdicābāmur
iūdicābās	iūdicābātis	iūdicābāris (-re)	iūdicābāminī
iūdicābat	iūdicābant	iūdicābātur	iūdicābantur
Fut. iūdicābō	iūdicābimus	iūdicābor	iūdicābimur
iūdicābis	iūdicābitis	iūdicāberis (-re)	iūdicābiminī
iūdicābit	iūdicābunt	iūdicābitur	iūdicābuntur
Perf. iūdicāvī	iūdicāvimus	iūdicātus sum	iūdicātī sumus
iūdicāvistī	iūdicāvistis	(-a, -um) es	(-ae, -a) estis
iūdicāvit	iūdicāvērunt (-ēre)	est	sunt
Plup. iūdicāveram	iūdicāverāmus	iūdicātus eram	iūdicātī erāmus
iūdicāverās	iūdicāverātis	(-a, -um) erās	(-ae, -a) erātis
iūdicāverat	iūdicāverant	erat	erant
Fut. iūdicāverō	iūdicāverimus	iūdicātus erō	iūdicātī erimus
Perf. iūdicāveris	iūdicāveritis	(-a, -um) eris	(-ae, -a) eritis
iūdicāverit	iūdicāverint	erit	erunt
SUBJUNCTIVE			
Pres. iūdicem	iūdicēmus	iūdicer	iūdicēmur
iūdicēs	iūdicētis	iūdicēris (-re)	iūdicēminī
iūdicet	iūdicent	iūdicētur	iūdicentur
Impf. iūdicārem	iūdicārēmus	iūdicārer	iūdicārēmur
iūdicārēs	iūdicārētis	iūdicārēris (-re)	iūdicārēminī
iūdicāret	iūdicārent	iūdicārētur	iūdicārentur
Perf. iūdicāverim	iūdicāverimus	iūdicātus sim	iūdicātī sīmus
iūdicāveris	iūdicāveritis	(-a, -um) sīs	(-ae, -a) sītis
iūdicāverit	iūdicāverint	sit	sint
Plup. iūdicāvissem	iūdicāvissēmus	iūdicātus essem	iūdicātī essēmus
iūdicāvissēs	iūdicāvissētis	(-a, -um) essēs	(-ae, -ae) essētis
iūdicāvisset	iūdicāvissent	esset	essent
IMPERATIVE			
Pres. iūdicā	iūdicāte		
INFINITIVE			
Pres. iūdicāre		iūdicārī	
Perf. iūdicāvisse		iūdicātus (-a, -um) esse	
Fut. iūdicātūrus (-a, -um) esse		iūdicātum īrī	
PARTICIPLE			
Pres. iūdicans, (-ntis)			
Perf.		iūdicātus (-a, -um)	
Fut. iūdicātūrus (-a, -um)		iūdicandus (-a, -um) (GERUNDIVE)	

GERUND iūdicandī, -ō, -um, -ō   SUPINE iūdicātum, -ū

Alternate forms: **iudicassit** = iudicaverit
Compounds and related words: **abiudico (1)** to take away by a judgement; **adiudico (1)** to award as
   judge; **iniustus, -a, -um** unjust; **iudex, iudicis, m.** judge; **iudicium, -i, n.** judgement; **ius, iuris, n.**
   right; **iustitia, -ae, f.** justice; **iustus, -a, -um** fair
Model sentence: *Ne supra crepidam sutor **iudicaret**.* —Pliny

join

	ACTIVE		**PASSIVE**	
			INDICATIVE	
Pres.	iungō	iungimus	iungor	iungimur
	iungis	iungitis	iungeris (-re)	iungiminī
	iungit	iungunt	iungitur	iunguntur
Impf.	iungēbam	iungēbāmus	iungēbar	iungēbāmur
	iungēbās	iungēbātis	iungēbāris (-re)	iungēbāminī
	iungēbat	iungēbant	iungēbātur	iungēbantur
Fut.	iungam	iungēmus	iungar	iungēmur
	iungēs	iungētis	iungēris (-re)	iungēminī
	iunget	iungent	iungētur	iungentur
Perf.	iunxī	iunximus	iunctus sum	iunctī sumus
	iunxistī	iunxistis	(-a, -um) es	(-ae, -a) estis
	iunxit	iunxērunt (-ēre)	est	sunt
Plup.	iunxeram	iunxerāmus	iunctus eram	iunctī erāmus
	iunxerās	iunxerātis	(-a, -um) erās	(-ae, -a) erātis
	iunxerat	iunxerant	erat	erant
Fut.	iunxerō	iunxerimus	iunctus erō	iunctī erimus
Perf.	iunxeris	iunxeritis	(-a, -um) eris	(-ae, -a) eritis
	iunxerit	iunxerint	erit	erunt
			SUBJUNCTIVE	
Pres.	iungam	iungāmus	iungar	iungāmur
	iungās	iungātis	iungāris (-re)	iungāminī
	iungat	iungant	iungātur	iungantur
Impf.	iungerem	iungerēmus	iungerer	iungerēmur
	iungerēs	iungerētis	iungerēris (-re)	iungerēminī
	iungeret	iungerent	iungerētur	iungerentur
Perf.	iunxerim	iunxerimus	iunctus sim	iunctī sīmus
	iunxeris	iunxeritis	(-a, -um) sīs	(-ae, -a) sītis
	iunxerit	iunxerint	sit	sint
Plup.	iunxissem	iunxissēmus	iunctus essem	iunctī essēmus
	iunxissēs	iunxissētis	(-a, -um) essēs	(-ae, -a) essētis
	iunxisset	iunxissent	esset	essent
			IMPERATIVE	
Pres.	iunge	iungite		
			INFINITIVE	
Pres.	iungere		iungī	
Perf.	iunxisse		iunctus (-a, -um) esse	
Fut.	iunctūrus (-a, -um) esse		iunctum īrī	
			PARTICIPLE	
Pres.	iungens, (-ntis)			
Perf.			iunctus (-a, -um)	
Fut.	iunctūrus (-a, -um)		iungendus (-a, -um) (GERUNDIVE)	

GERUND iungendī, -ō, -um, -ō   SUPINE iunctum, -ū

Compounds and related words: **abiungo (3)** to unharness; **adiungo (3)** to connect; **coniugium, -i, n.** union; **coniungo (3)** to join together; **coniunx, -iugis, c.** spouse; **iniungo (3)** to attach; **iugalis, -e** yoked together; **iugerum, -i, n.** acre; **iugum, -i, n.** yoke; **iuxta** close together; **iuxtim** close by
Model sentence: *Primus Erichthonius currus et quattuor ausus [est] **iungere** equos.* —Vergil

swear

	ACTIVE		PASSIVE	
		INDICATIVE		
Pres.	iūrō	iūrāmus	iūror	iūrāmur
	iūrās	iūrātis	iūrāris (-re)	iūrāminī
	iūrat	iūrant	iūrātur	iūrantur
Impf.	iūrābam	iūrābāmus	iūrābar	iūrābāmur
	iūrābās	iūrābātis	iūrābāris (-re)	iūrābāminī
	iūrābat	iūrābant	iūrābātur	iūrābantur
Fut.	iūrābō	iūrābimus	iūrābor	iūrābimur
	iūrābis	iūrābitis	iūrāberis (-re)	iūrābiminī
	iūrābit	iūrābunt	iūrābitur	iūrābuntur
Perf.	iūrāvī	iūrāvimus	iūrātus sum	iūrātī sumus
	iūrāvistī	iūrāvistis	(-a, -um) es	(-ae, -a) estis
	iūrāvit	iūrāvērunt (-ēre)	est	sunt
Plup.	iūrāveram	iūrāverāmus	iūrātus eram	iūrātī erāmus
	iūrāverās	iūrāverātis	(-a, -um) erās	(-ae, -a) erātis
	iūrāverat	iūrāverant	erat	erant
Fut.	iūrāverō	iūrāverimus	iūrātus erō	iūrātī erimus
Perf.	iūrāveris	iūrāveritis	(-a, -um) eris	(-ae, -a) eritis
	iūrāverit	iūrāverint	erit	erunt
		SUBJUNCTIVE		
Pres.	iūrem	iūrēmus	iūrer	iūrēmur
	iūrēs	iūrētis	iūrēris (-re)	iūrēminī
	iūret	iūrent	iūrētur	iūrentur
Impf.	iūrārem	iūrārēmus	iūrārer	iūrārēmur
	iūrārēs	iūrārētis	iūrārēris (-re)	iūrārēminī
	iūrāret	iūrārent	iūrārētur	iūrārentur
Perf.	iūrāverim	iūrāverimus	iūrātus sim	iūrātī sīmus
	iūrāveris	iūrāveritis	(-a, -um) sīs	(-ae, -a) sītis
	iūrāverit	iūrāverint	sit	sint
Plup.	iūrāvissem	iūrāvissēmus	iūrātus essem	iūrātī essēmus
	iūrāvissēs	iūrāvissētis	(-a, -um) essēs	(-ae, -a) essētis
	iūrāvisset	iūrāvissent	esset	essent
		IMPERATIVE		
Pres.	iūrā	iūrāte		
		INFINITIVE		
Pres.	iūrāre		iūrārī	
Perf.	iūrāvisse		iūrātus (-a, -um) esse	
Fut.	iūrātūrus (-a, -um) esse		iūrātum īrī	
		PARTICIPLE		
Pres.	iūrans, (-ntis)			
Perf.			iūrātus (-a, -um)	
Fut.	iūrātūrus (-a, -um)		iūrandus (-a, -um) (GERUNDIVE)	

GERUND iūrandī, -ō, -um, -ō   SUPINE iūrātum, -ū

Usage notes: passive forms sometimes used as deponent
Compounds and related words: **abiuro (1)** to deny on oath; **adiuro (1)** to swear; **coniuro (1)** to swear;
ius, iuris, n. right
Model sentence: *Posteaquam **iuratum est** denegatur actio.* —Cicero

please, aid

ACTIVE		PASSIVE	

INDICATIVE

Pres.	iuvō	iuvāmus	iuvor	iuvāmur
	iuvās	iuvātis	iuvāris (-re)	iuvāminī
	iuvat	iuvant	iuvātur	iuvantur
Impf.	iuvābam	iuvābāmus	iuvābar	iuvābāmur
	iuvābās	iuvābātis	iuvābāris (-re)	iuvābāminī
	iuvābat	iuvābant	iuvābātur	iuvābantur
Fut.	iuvābō	iuvābimus	iuvābor	iuvābimur
	iuvābis	iuvābitis	iuvāberis (-re)	iuvābiminī
	iuvābit	iuvābunt	iuvābitur	iuvābuntur

Perf.	iūvī	iūvimus	iūtus	sum	iūtī	sumus
	iūvistī	iūvistis	(-a, -um)	es	(-ae, -a)	estis
	iūvit	iūvērunt (-ēre)		est		sunt
Plup.	iūveram	iūverāmus	iūtus	eram	iūtī	erāmus
	iūverās	iūverātis	(-a, -um)	erās	(-ae, -a)	erātis
	iūverat	iūverant		erat		erant
Fut.	iūverō	iūverimus	iūtus	erō	iūtī	erimus
Perf.	iūveris	iūveritis	(-a, -um)	eris	(-ae, -a)	eritis
	iūverit	iūverint		erit		erunt

SUBJUNCTIVE

Pres.	iuvem	iuvēmus	iuver	iuvēmur		
	iuvēs	iuvētis	iuvēris (-re)	iuvēminī		
	iuvet	iuvent	iuvētur	iuventur		
Impf.	iuvārem	iuvārēmus	iuvārer	iuvārēmur		
	iuvārēs	iuvārētis	iuvārēris (-re)	iuvārēminī		
	iuvāret	iuvārent	iuvārētur	iuvārentur		
Perf.	iūverim	iūverimus	iūtus	sim	iūtī	sīmus
	iūveris	iūveritis	(-a, -um)	sīs	(-ae, -a)	sītis
	iūverit	iūverint		sit		sint
Plup.	iūvissem	iūvissēmus	iūtus	essem	iūtī	essēmus
	iūvissēs	iūvissētis	(-a, -um)	essēs	(-ae, -a)	essētis
	iūvisset	iūvissent		esset		essent

IMPERATIVE

Pres.	iuvā	iuvāte	

INFINITIVE

Pres.	iuvāre	iuvārī
Perf.	iūvisse	iūtus (-a, -um) esse
Fut.	iūtūrus (-a, -um) esse	iūtum īrī

PARTICIPLE

Pres.	iuvans, (-ntis)	
Perf.		iūtus (-a, -um)
Fut.	iūtūrus (-a, -um)	iuvandus (-a, -um) (GERUNDIVE)

GERUND iuvandī, -ō, -um, -ō   SUPINE iūtum, -ū

Alternate forms: **iuerint** = iuverint; **iuvaturus** = iuturus
Compounds and related words: **adiuto (1)** to help; **adiutor, -is, m.** helper; **adiuvo (1)** to help
Model sentence: *Forsan et haec olim meminisse **iuvabit**.* —Vergil

lābor

slip, glide

ACTIVE

INDICATIVE

Pres.	lābor	lābimur
	lāberis (-re)	lābiminī
	lābitur	lābuntur

Impf.	lābēbar	lābēbāmur
	lābēbāris (-re)	lābēbāminī
	lābēbātur	lābēbantur

Fut.	lābar	lābēmur
	lābēris (-re)	lābēminī
	lābētur	lābentur

Perf.	lapsus sum	lapsī sumus
	(-a, -um) es	(-ae, -a) estis
	est	sunt

Plup.	lapsus eram	lapsī erāmus
	(-a, -um) erās	(-ae, -a) erātis
	erat	erant

Fut.	lapsus erō	lapsī erimus
Perf.	(-a, -um) eris	(-ae, -a) eritis
	erit	erunt

SUBJUNCTIVE

Pres.	lābar	lābāmur
	lābāris (-re)	lābāminī
	lābātur	lābantur

Impf.	lāberer	lāberēmur
	lāberēris (-re)	lāberēminī
	lāberētur	lāberentur

Perf.	lapsus sim	lapsī sīmus
	(-a, -um) sīs	(-ae, -a) sītis
	sit	sint

Plup.	lapsus essem	lapsī essēmus
	(-a, -um) essēs	(-ae, -a) essētis
	esset	essent

IMPERATIVE

| *Pres.* | lābere | lābiminī |

INFINITIVE

Pres.	lābī
Perf.	lapsus (-a, -um) esse
Fut.	lapsūrus (-a, -um) esse

PARTICIPLE

	Active	Passive
Pres.	lābens, (-ntis)	
Perf.	lapsus (-a, -um)	
Fut.	lapsūrus (-a, -um)	lābendus (-a, -um) (GERUNDIVE)

GERUND lābendī, -ō, -um, -ō   SUPINE lapsum, -ū

Alternate forms: **labier** = labi; **labundus** = labendus
Compounds and related words: **delabor (3)** to slip down; **elabor (3)** to escape, to slip out; **lapsus, -us, m.** slip; **prolabor (3)** to slip forward
Model sentence: *Eheu! Fugaces labuntur anni.* —Horace

work

	ACTIVE		**PASSIVE**	
		INDICATIVE		
Pres.	labōrō	labōrāmus		
	labōrās	labōrātis		
	labōrat	labōrant	labōrātur	labōrantur
Impf.	labōrābam	labōrābāmus		
	labōrābās	labōrābātis		
	labōrābat	labōrābant	labōrābātur	labōrābantur
Fut.	labōrābō	labōrābimus		
	labōrābis	labōrābitis		
	labōrābit	labōrābunt	labōrābitur	labōrābuntur
Perf.	labōrāvī	labōrāvimus		
	labōrāvistī	labōrāvistis		
	labōrāvit	labōrāvērunt (-ēre)	labōrātus (-a, -um) est	labōrātī (-ae, -a) sunt
Plup.	labōrāveram	labōrāverāmus		
	labōrāverās	labōrāverātis		
	labōrāverat	labōrāverant	labōrātus (-a, -um) erat	labōrātī (-ae, -a) erant
Fut.	labōrāverō	labōrāverimus		
Perf.	labōrāveris	labōrāveritis		
	labōrāverit	labōrāverint	labōrātus (-a, -um) erit	labōrātī (-ae, -a) erunt
		SUBJUNCTIVE		
Pres.	labōrem	labōrēmus		
	labōrēs	labōrētis		
	labōret	labōrent	labōrētur	labōrentur
Impf.	labōrārem	labōrārēmus		
	labōrārēs	labōrārētis		
	labōrāret	labōrārent	labōrārētur	labōrārentur
Perf.	labōrāverim	labōrāverimus		
	labōrāveris	labōrāveritis		
	labōrāverit	labōrāverint	labōrātus (-a, -um) sit	labōrātī (-ae, -a) sint
Plup.	labōrāvissem	labōrāvissēmus		
	labōrāvissēs	labōrāvissētis		
	labōrāvisset	labōrāvissent	labōrātus (-a, -um) esset	labōrātī (-ae, -a) essent
		IMPERATIVE		
Pres.	labōrā	labōrāte		
		INFINITIVE		
Pres.	labōrāre		labōrārī	
Perf.	labōrāvisse		labōrātus (-a, -um) esse	
Fut.	labōrātūrus (-a, -um) esse		labōrātum īrī	
		PARTICIPLE		
Pres.	labōrans, (-ntis)			
Perf.			labōrātus (-a, -um)	
Fut.	labōrātūrus (-a, -um)		labōrandus (-a, -um) (GERUNDIVE)	

GERUND labōrandī, -ō, -um, -ō   SUPINE labōrātum, -ū

Compounds and related words: **elaboro (1)** to exert oneself; **labor, -is, m.** work; **laboriosus, -a, -um** laborious

Model sentence: *Si magna res esset, non magis laborarem.* —Cicero

mutilate, torture, ruin

<table>
<thead>
<tr><th colspan="3">ACTIVE</th><th colspan="2">PASSIVE</th></tr>
</thead>
<tbody>
<tr><td colspan="5" align="center">INDICATIVE</td></tr>
<tr><td>Pres.</td><td>lacerō
lacerās
lacerat</td><td>lacerāmus
lacerātis
lacerant</td><td>laceror
lacerāris (-re)
lacerātur</td><td>lacerāmur
lacerāminī
lacerantur</td></tr>
<tr><td>Impf.</td><td>lacerābam
lacerābās
lacerābat</td><td>lacerābāmus
lacerābātis
lacerābant</td><td>lacerābar
lacerābāris (-re)
lacerābātur</td><td>lacerābāmur
lacerābāminī
lacerābantur</td></tr>
<tr><td>Fut.</td><td>lacerābō
lacerābis
lacerābit</td><td>lacerābimus
lacerābitis
lacerābunt</td><td>lacerābor
lacerāberis (-re)
lacerābitur</td><td>lacerābimur
lacerābiminī
lacerābuntur</td></tr>
<tr><td>Perf.</td><td>lacerāvī
lacerāvistī
lacerāvit</td><td>lacerāvimus
lacerāvistis
lacerāvērunt (-ēre)</td><td>lacerātus sum
(-a, -um) es
est</td><td>lacerātī sumus
(-ae, -a) estis
sunt</td></tr>
<tr><td>Plup.</td><td>lacerāveram
lacerāverās
lacerāverat</td><td>lacerāverāmus
lacerāverātis
lacerāverant</td><td>lacerātus eram
(-a, -um) erās
erat</td><td>lacerātī erāmus
(-ae, -a) erātis
erant</td></tr>
<tr><td>Fut.
Perf.</td><td>lacerāverō
lacerāveris
lacerāverit</td><td>lacerāverimus
lacerāveritis
lacerāverint</td><td>lacerātus erō
(-a, -um) eris
erit</td><td>lacerātī erimus
(-ae, -a) eritis
erunt</td></tr>
<tr><td colspan="5" align="center">SUBJUNCTIVE</td></tr>
<tr><td>Pres.</td><td>lacerem
lacerēs
laceret</td><td>lacerēmus
lacerētis
lacerent</td><td>lacerer
lacerēris (-re)
lacerētur</td><td>lacerēmur
lacerēminī
lacerentur</td></tr>
<tr><td>Impf.</td><td>lacerārem
lacerārēs
lacerāret</td><td>lacerārēmus
lacerārētis
lacerārent</td><td>lacerārer
lacerārēris (-re)
lacerārētur</td><td>lacerārēmur
lacerārēminī
lacerārentur</td></tr>
<tr><td>Perf.</td><td>lacerāverim
lacerāveris
lacerāverit</td><td>lacerāverimus
lacerāveritis
lacerāverint</td><td>lacerātus sim
(-a, -um) sīs
sit</td><td>lacerātī sīmus
(-ae, -a) sītis
sint</td></tr>
<tr><td>Plup.</td><td>lacerāvissem
lacerāvissēs
lacerāvisset</td><td>lacerāvissēmus
lacerāvissētis
lacerāvissent</td><td>lacerātus essem
(-a, -um) essēs
esset</td><td>lacerātī essēmus
(-ae, -a) essētis
essent</td></tr>
<tr><td colspan="5" align="center">IMPERATIVE</td></tr>
<tr><td>Pres.</td><td>lacerā</td><td>lacerāte</td><td></td><td></td></tr>
<tr><td colspan="5" align="center">INFINITIVE</td></tr>
<tr><td>Pres.</td><td colspan="2">lacerāre</td><td colspan="2">lacerārī</td></tr>
<tr><td>Perf.</td><td colspan="2">lacerāvisse</td><td colspan="2">lacerātus (-a, -um) esse</td></tr>
<tr><td>Fut.</td><td colspan="2">lacerātūrus (-a, -um) esse</td><td colspan="2">lacerātum īrī</td></tr>
<tr><td colspan="5" align="center">PARTICIPLE</td></tr>
<tr><td>Pres.</td><td colspan="2">lacerans, (-ntis)</td><td colspan="2"></td></tr>
<tr><td>Perf.</td><td colspan="2"></td><td colspan="2">lacerātus (-a, -um)</td></tr>
<tr><td>Fut.</td><td colspan="2">lacerātūrus (-a, -um)</td><td colspan="2">lacerandus (-a, -um) (GERUNDIVE)</td></tr>
</tbody>
</table>

GERUND lacerandī, -ō, -um, -ō   SUPINE lacerātum, -ū

Model sentence: *Daedale, Lucano cum sic **lacereris** ab urso,*
               Quam cuperes pinnas nunc habuisse tuas! —Martial

injure

ACTIVE   PASSIVE

INDICATIVE

Pres.	laedō	laedimus	laedor	laedimur
	laedis	laeditis	laederis (-re)	laediminī
	laedit	laedunt	laeditur	laeduntur
Impf.	laedēbam	laedēbāmus	laedēbar	laedēbāmur
	laedēbās	laedēbātis	laedēbāris (-re)	laedēbāminī
	laedēbat	laedēbant	laedēbātur	laedēbantur
Fut.	laedam	laedēmus	laedar	laedēmur
	laedēs	laedētis	laedēris (-re)	laedēminī
	laedet	laedent	laedētur	laedentur
Perf.	laesī	laesimus	laesus sum	laesī sumus
	laesistī	laesistis	(-a, -um) es	(-ae, -a) estis
	laesit	laesērunt (-ēre)	est	sunt
Plup.	laeseram	laeserāmus	laesus eram	laesī erāmus
	laeserās	laeserātis	(-a, -um) erās	(-ae, -a) erātis
	laeserat	laeserant	erat	erant
Fut.	laeserō	laeserimus	laesus erō	laesī erimus
Perf.	laeseris	laeseritis	(-a, -um) eris	(-ae, -a) eritis
	laeserit	laeserint	erit	erunt

SUBJUNCTIVE

Pres.	laedam	laedāmus	laedar	laedāmur
	laedās	laedātis	laedāris (-re)	laedāminī
	laedat	laedant	laedātur	laedantur
Impf.	laederem	laederēmus	laederer	laederēmur
	laederēs	laederētis	laederēris (-re)	laederēminī
	laederet	laederent	laederētur	laederentur
Perf.	laeserim	laeserimus	laesus sim	laesī sīmus
	laeseris	laeseritis	(-a, -um) sīs	(-ae, -a) sītis
	laeserit	laeserint	sit	sint
Plup.	laesissem	laesissēmus	laesus essem	laesī essēmus
	laesissēs	laesissētis	(-a, -um) essēs	(-ae, -a) essētis
	laesisset	laesissent	esset	essent

IMPERATIVE

Pres.	laede	laedite

INFINITIVE

Pres.	laedere	laedī
Perf.	laesisse	laesus (-a, -um) esse
Fut.	laesūrus (-a, -um) esse	laesum īrī

PARTICIPLE

Pres.	laedens, (-ntis)	
Perf.		laesus (-a, -um)
Fut.	laesūrus (-a, -um)	laedendus (-a, -um) (GERUNDIVE)

GERUND laedendī, -ō, -um, -ō   SUPINE laesum, -ū

Compounds and related words: **laesio, -onis, f.** an injuring; **laesura, -ae, f.** an injuring
Model sentence: *Proprium humani ingenii est odisse quem **laeseris**.* —Tacitus

L

make joyful (passive: rejoice)

<table>
<tr><th colspan="3" align="center">ACTIVE</th><th colspan="2" align="center">PASSIVE</th></tr>
<tr><th colspan="5" align="center">INDICATIVE</th></tr>
<tr><td>*Pres.*</td><td>laetō</td><td>laetāmus</td><td>laetor</td><td>laetāmur</td></tr>
<tr><td></td><td>laetās</td><td>laetātis</td><td>laetāris (-re)</td><td>laetāminī</td></tr>
<tr><td></td><td>laetat</td><td>laetant</td><td>laetātur</td><td>laetantur</td></tr>
<tr><td>*Impf.*</td><td>laetābam</td><td>laetābāmus</td><td>laetābar</td><td>laetābāmur</td></tr>
<tr><td></td><td>laetābās</td><td>laetābātis</td><td>laetābāris (-re)</td><td>laetābāminī</td></tr>
<tr><td></td><td>laetābat</td><td>laetābant</td><td>laetābātur</td><td>laetābantur</td></tr>
<tr><td>*Fut.*</td><td>laetābō</td><td>laetābimus</td><td>laetābor</td><td>laetābimur</td></tr>
<tr><td></td><td>laetābis</td><td>laetābitis</td><td>laetāberis (-re)</td><td>laetābiminī</td></tr>
<tr><td></td><td>laetābit</td><td>laetābunt</td><td>laetābitur</td><td>laetābuntur</td></tr>
<tr><td>*Perf.*</td><td>laetāvī</td><td>laetāvimus</td><td>laetātus sum</td><td>laetātī sumus</td></tr>
<tr><td></td><td>laetāvistī</td><td>laetāvistis</td><td>(-a, -um) es</td><td>(-ae, -a) estis</td></tr>
<tr><td></td><td>laetāvit</td><td>laetāvērunt (-ēre)</td><td>est</td><td>sunt</td></tr>
<tr><td>*Plup.*</td><td>laetāveram</td><td>laetāverāmus</td><td>laetātus eram</td><td>laetātī erāmus</td></tr>
<tr><td></td><td>laetāverās</td><td>laetāverātis</td><td>(-a, -um) erās</td><td>(-ae, -a) erātis</td></tr>
<tr><td></td><td>laetāverat</td><td>laetāverant</td><td>erat</td><td>erant</td></tr>
<tr><td>*Fut.*</td><td>laetāverō</td><td>laetāverimus</td><td>laetātus erō</td><td>laetātī erimus</td></tr>
<tr><td>*Perf.*</td><td>laetāveris</td><td>laetāveritis</td><td>(-a, -um) eris</td><td>(-ae, -a) eritis</td></tr>
<tr><td></td><td>laetāverit</td><td>laetāverint</td><td>erit</td><td>erunt</td></tr>
<tr><th colspan="5" align="center">SUBJUNCTIVE</th></tr>
<tr><td>*Pres.*</td><td>laetem</td><td>laetēmus</td><td>laeter</td><td>laetēmur</td></tr>
<tr><td></td><td>laetēs</td><td>laetētis</td><td>laetēris (-re)</td><td>laetēminī</td></tr>
<tr><td></td><td>laetet</td><td>laetent</td><td>laetētur</td><td>laetentur</td></tr>
<tr><td>*Impf.*</td><td>laetārem</td><td>laetārēmus</td><td>laetārer</td><td>laetārēmur</td></tr>
<tr><td></td><td>laetārēs</td><td>laetārētis</td><td>laetārēris (-re)</td><td>laetārēminī</td></tr>
<tr><td></td><td>laetāret</td><td>laetārent</td><td>laetārētur</td><td>laetārentur</td></tr>
<tr><td>*Perf.*</td><td>laetāverim</td><td>laetāverimus</td><td>laetātus sim</td><td>laetātī sīmus</td></tr>
<tr><td></td><td>laetāveris</td><td>laetāveritis</td><td>(-a, -um) sīs</td><td>(-ae, -a) sītis</td></tr>
<tr><td></td><td>laetāverit</td><td>laetāverint</td><td>sit</td><td>sint</td></tr>
<tr><td>*Plup.*</td><td>laetāvissem</td><td>laetāvissēmus</td><td>laetātus essem</td><td>laetātī essēmus</td></tr>
<tr><td></td><td>laetāvissēs</td><td>laetāvissētis</td><td>(-a, -um) essēs</td><td>(-ae, -a) essētis</td></tr>
<tr><td></td><td>laetāvisset</td><td>laetāvissent</td><td>esset</td><td>essent</td></tr>
<tr><th colspan="5" align="center">IMPERATIVE</th></tr>
<tr><td>*Pres.*</td><td>laetā</td><td>laetāte</td><td></td><td></td></tr>
<tr><th colspan="5" align="center">INFINITIVE</th></tr>
<tr><td>*Pres.*</td><td colspan="2">laetāre</td><td colspan="2">laetārī</td></tr>
<tr><td>*Perf.*</td><td colspan="2">laetāvisse</td><td colspan="2">laetātus (-a, -um) esse</td></tr>
<tr><td>*Fut.*</td><td colspan="2">laetātūrus (-a, -um) esse</td><td colspan="2">laetātum īrī</td></tr>
<tr><th colspan="5" align="center">PARTICIPLE</th></tr>
<tr><td>*Pres.*</td><td colspan="2">laetans, (-ntis)</td><td colspan="2"></td></tr>
<tr><td>*Perf.*</td><td colspan="2"></td><td colspan="2">laetātus (-a, -um)</td></tr>
<tr><td>*Fut.*</td><td colspan="2">laetātūrus (-a, -um)</td><td colspan="2">laetandus (-a, -um) (GERUNDIVE)</td></tr>
</table>

GERUND laetandī, -ō, -um, -ō   SUPINE laetātum, -ū

Usage notes: passive forms also deponent
Compounds and related words: **laetifico (1)** to gladden; **laetitia, -ae, f.** happiness; **laetus, -a, -um** happy
Model sentence: ***Laetaris** tu in omnium gemitu.* —Cicero

lie hidden

ACTIVE

INDICATIVE

Pres.	lateō	latēmus
	latēs	latētis
	latet	latent
Impf.	latēbam	latēbāmus
	latēbās	latēbātis
	latēbat	latēbant
Fut.	latēbō	latēbimus
	latēbis	latēbitis
	latēbit	latēbunt
Perf.	latuī	latuimus
	latuistī	latuistis
	latuit	latuērunt (-ēre)
Plup.	latueram	latuerāmus
	latuerās	latuerātis
	latuerat	latuerant
Fut.	latuerō	latuerimus
Perf.	latueris	latueritis
	latuerit	latuerint

SUBJUNCTIVE

Pres.	lateam	lateāmus
	lateās	lateātis
	lateat	lateant
Impf.	latērem	latērēmus
	latērēs	latērētis
	latēret	latērent
Perf.	latuerim	latuerimus
	latueris	latueritis
	latuerit	latuerint
Plup.	latuissem	latuissēmus
	latuissēs	latuissētis
	latuisset	latuissent

IMPERATIVE

Pres.	latē	latēte

INFINITIVE

Pres.	latēre
Perf.	latuisse
Fut.	

PARTICIPLE

Pres.	latens, (-ntis)
Perf.	
Fut.	latendus (-a, -um) (GERUNDIVE)

GERUND latendī, -ō, -um, -ō   SUPINE

Compounds and related words: **latebra, -ae, f.** a hiding place; **latebrosus, -a, -um** full of hiding places
Model sentence: *Nec sunt grata tibi gaudia si qua **latent**.* —Martial

praise

ACTIVE		PASSIVE	
INDICATIVE			
Pres. laudō	laudāmus	laudor	laudāmur
laudās	laudātis	laudāris (-re)	laudāminī
laudat	laudant	laudātur	laudantur
Impf. laudābam	laudābāmus	laudābar	laudābāmur
laudābās	laudābātis	laudābāris (-re)	laudābāminī
laudābat	laudābant	laudābātur	laudābantur
Fut. laudābō	laudābimus	laudābor	laudābimur
laudābis	laudābitis	laudāberis (-re)	laudābiminī
laudābit	laudābunt	laudābitur	laudābuntur
Perf. laudāvī	laudāvimus	laudātus sum	laudātī sumus
laudāvistī	laudāvistis	(-a, -um) es	(-ae, -a) estis
laudāvit	laudāvērunt (-ēre)	est	sunt
Plup. laudāveram	laudāverāmus	laudātus eram	laudātī erāmus
laudāverās	laudāverātis	(-a, -um) erās	(-ae, -a) erātis
laudāverat	laudāverant	erat	erant
Fut. laudāverō	laudāverimus	laudātus erō	laudātī erimus
Perf. laudāveris	laudāveritis	(-a, -um) eris	(-ae, -a) eritis
laudāverit	laudāverint	erit	erunt
SUBJUNCTIVE			
Pres. laudem	laudēmus	lauder	laudēmur
laudēs	laudētis	laudēris (-re)	laudēminī
laudet	laudent	laudētur	laudentur
Impf. laudārem	laudārēmus	laudārer	laudārēmur
laudārēs	laudārētis	laudārēris (-re)	laudārēminī
laudāret	laudārent	laudārētur	laudārentur
Perf. laudāverim	laudāverimus	laudātus sim	laudātī sīmus
laudāveris	laudāveritis	(-a, -um) sīs	(-ae, -a) sītis
laudāverit	laudāverint	sit	sint
Plup. laudāvissem	laudāvissēmus	laudātus essem	laudātī essēmus
laudāvissēs	laudāvissētis	(-a, -um) essēs	(-ae, -a) essētis
laudāvisset	laudāvissent	esset	essent
IMPERATIVE			
Pres. laudā	laudāte		
INFINITIVE			
Pres. laudāre		laudārī	
Perf. laudāvisse		laudātus (-a, -um) esse	
Fut. laudātūrus (-a, -um) esse		laudātum īrī	
PARTICIPLE			
Pres. laudans, (-ntis)			
Perf.		laudātus (-a, -um)	
Fut. laudātūrus (-a, -um)		laudandus (-a, -um) (GERUNDIVE)	

GERUND laudandī, -ō, -um, -ō   SUPINE laudātum, -ū

Compounds and related words: **laudabilis, -e** praiseworthy; **laus, laudis, f.** praise
Model sentence: *Probitas **laudatur** et alget.* —Juvenal

ACTIVE / PASSIVE

INDICATIVE

	ACTIVE		PASSIVE	
Pres.	lavō	lavāmus	lavor	lavāmur
	lavās	lavātis	lavāris (-re)	lavāminī
	lavat	lavant	lavātur	lavantur
Impf.	lavābam	lavābāmus	lavābar	lavābāmur
	lavābās	lavābātis	lavābāris (-re)	lavābāminī
	lavābat	lavābant	lavābātur	lavābantur
Fut.	lavābō	lavābimus	lavābor	lavābimur
	lavābis	lavābitis	lavāberis (-re)	lavābiminī
	lavābit	lavābunt	lavābitur	lavābuntur
Perf.	lāvī	lāvimus	lautus sum	lautī sumus
	lāvistī	lāvistis	(-a, -um) es	(-ae, -a) estis
	lāvit	lāvērunt (-ēre)	est	sunt
Plup.	lāveram	lāverāmus	lautus eram	lautī erāmus
	lāverās	lāverātis	(-a, -um) erās	(-ae, -a) erātis
	lāverat	lāverant	erat	erant
Fut. Perf.	lāverō	lāverimus	lautus erō	lautī erimus
	lāveris	lāveritis	(-a, -um) eris	(-ae, -a) eritis
	lāverit	lāverint	erit	erunt

SUBJUNCTIVE

Pres.	lavem	lavēmus	laver	lavēmur
	lavēs	lavētis	lavēris (-re)	lavēminī
	lavet	lavent	lavētur	laventur
Impf.	lavārem	lavārēmus	lavārer	lavārēmur
	lavārēs	lavārētis	lavārēris (-re)	lavārēminī
	lavāret	lavārent	lavārētur	lavārentur
Perf.	lāverim	lāverimus	lautus sim	lautī sīmus
	lāveris	lāveritis	(-a, -um) sīs	(-ae, -a) sītis
	lāverit	lāverint	sit	sint
Plup.	lāvissem	lāvissēmus	lautus essem	lautī essēmus
	lāvissēs	lāvissētis	(-a, -um) essēs	(-ae, -a) essētis
	lāvisset	lāvissent	esset	essent

IMPERATIVE

Pres.	lavā	lavāte

INFINITIVE

	ACTIVE	PASSIVE
Pres.	lavāre	lavārī
Perf.	lāvisse	lautus (-a, -um) esse
Fut.	lautūrus (-a, -um) esse	lavātum īrī

PARTICIPLE

	ACTIVE	PASSIVE
Pres.	lavans, (-ntis)	
Perf.		lautus (-a, -um)
Fut.	lautūrus (-a, -um)	lavandus (-a, -um) (GERUNDIVE)

GERUND lavandī, -ō, -um, -ō   SUPINE lavātum, -ū

Usage notes: supine always **lavatum**, middle voice sense: "to bathe"
Alternate forms: **lavatum** = lautum; **lavere (3)** = lavare; **lavis** = lavas; **lotum** = lautum
Compounds and related words: **lautus, -a, -um** washed, elegant; **lavabrum, -i, n.** a washing tub;
   lavacrum, -i, n. a bath; **lavatio, -onis, f.** a bath; **lavito (1)** to bathe
Model Sentence: *Is **lavatum** in balineas.* —Plautus

choose, read

	ACTIVE		PASSIVE	
INDICATIVE				
Pres.	legō	legimus	legor	legimur
	legis	legitis	legeris (-re)	legiminī
	legit	legunt	legitur	leguntur
Impf.	legēbam	legēbāmus	legēbar	legēbāmur
	legēbās	legēbātis	legēbāris (-re)	legēbāminī
	legēbat	legēbant	legēbātur	legēbantur
Fut.	legam	legēmus	legar	legēmur
	legēs	legētis	legēris (-re)	legēminī
	leget	legent	legētur	legentur
Perf.	lēgī	lēgimus	lectus sum	lectī sumus
	lēgistī	lēgistis	(-a, -um) es	(-ae, -a) estis
	lēgit	lēgērunt (-ēre)	est	sunt
Plup.	lēgeram	lēgerāmus	lectus eram	lectī erāmus
	lēgerās	lēgerātis	(-a, -um) erās	(-ae, -a) erātis
	lēgerat	lēgerant	erat	erant
Fut.	lēgerō	lēgerimus	lectus erō	lectī erimus
Perf.	lēgeris	lēgeritis	(-a, -um) eris	(-ae, -a) eritis
	lēgerit	lēgerint	erit	erunt
SUBJUNCTIVE				
Pres.	legam	legāmus	legar	legāmur
	legās	legātis	legāris (-re)	legāminī
	legat	legant	legātur	legantur
Impf.	legerem	legerēmus	legerer	legerēmur
	legerēs	legerētis	legerēris (-re)	legerēminī
	legeret	legerent	legerētur	legerentur
Perf.	lēgerim	lēgerimus	lectus sim	lectī sīmus
	lēgeris	lēgeritis	(-a, -um) sīs	(-ae, -a) sītis
	lēgerit	lēgerint	sit	sint
Plup.	lēgissem	lēgissēmus	lectus essem	lectī essēmus
	lēgissēs	lēgissētis	(-a, -um) essēs	(-ae, -a) essētis
	lēgisset	lēgissent	esset	essent
IMPERATIVE				
Pres.	lege	legite		
INFINITIVE				
Pres.	legere		legī	
Perf.	lēgisse		lectus (-a, -um) esse	
Fut.	lectūrus (-a, -um) esse		lectum īrī	
PARTICIPLE				
Pres.	legens, (-ntis)			
Perf.			lectus (-a, -um)	
Fut.	lectūrus (-a, -um)		legendus (-a, -um) (GERUNDIVE)	

GERUND legendī, -ō, -um, -ō   SUPINE lectum, -ū

AN ESSENTIAL 55 VERB

AN ESSENTIAL 55 VERB

legō

Related Words

lectio, lectionis, f. a selecting, reading

lector, lectoris, m. reader

legatus, legati, m. delegate

legio, legionis, f. legion

lego, legare, legavi, legatum to commission

This verb, along with its compounds, is essential because of its commonness. The variety of ways to translate it such as *choose*, *pick*, *gather*, or *read* may seem random, but in fact they are not. The basic idea behind the verb is the act of selecting things and pulling them together, be they flowers in a field or words off a page.

L

COMPOUNDS:
colligo, colligere, collegi, collectum to gather

deligo, deligere, delegi, delectum to select

diligo, diligere, dilexi, dilectum to love

eligo, eligere, elegi, electum to pick out

intellego, intellegere, intellexi, intellectum to understand

neglego, neglegere, neglexi, neglectum to neglect

perlego, perlegere, perlegi, perlectum to read through

MODEL SENTENCE:
*Hic est quem **legis**, ille quem requiris, toto notus in orbe Martialis.* —Martial

it is pleasing

ACTIVE	PASSIVE
INDICATIVE	

Pres.

    libet

Impf.

    libēbat

Fut.

    libēbit

Perf.

    libuit   libitum est

Plup.

    libuerat   libitum erat

Fut.
Perf.

    libuerit   libitum erit

SUBJUNCTIVE

Pres.

    libeat

Impf.

    libēret

Perf.

    libuerit   libitum sit

Plup.

    libuisset   libitum esset

IMPERATIVE

Pres.

INFINITIVE

Pres.	libēre	
Perf.	libuisse	libitum esse
Fut.	libitūrum esse	libitum īrī

PARTICIPLE

Pres.	libens, (-ntis)	
Perf.		libitus (-a, -um)
Fut.	libitūrus (-a, -um)	libendus (-a, -um) (GERUNDIVE)

GERUND libendī, -ō, -um, -ō   SUPINE libitum, -ū

Usage notes: impersonal generally used with a **dative**
Alternate forms: **lubet, lubere (2)** = libet, libere (2)
Compounds and related words: **libens, -ntis** willing; **libido, -inis,** desire; **quilibet** any
Model sentence: *Quod tibi **lubet**, idem mihi **lubet**.* —Plautus

taste, make a libation, dedicate, diminish

ACTIVE		PASSIVE	
INDICATIVE			

Pres.	lībō	lībāmus	lībor	lībāmur
	lībās	lībātis	lībāris (-re)	lībāminī
	lībat	lībant	lībātur	lībantur
Impf.	lībābam	lībābāmus	lībābar	lībābāmur
	lībābās	lībābātis	lībābāris (-re)	lībābāminī
	lībābat	lībābant	lībābātur	lībābantur
Fut.	lībābō	lībābimus	lībābor	lībābimur
	lībābis	lībābitis	lībāberis (-re)	lībābiminī
	lībābit	lībābunt	lībābitur	lībābuntur
Perf.	lībāvī	lībāvimus	lībātus sum	lībātī sumus
	lībāvistī	lībāvistis	(-a, -um) es	(-ae, -a) estis
	lībāvit	lībāvērunt (-ēre)	est	sunt
Plup.	lībāveram	lībāverāmus	lībātus eram	lībātī erāmus
	lībāverās	lībāverātis	(-a, -um) erās	(-ae, -a) erātis
	lībāverat	lībāverant	erat	erant
Fut.	lībāverō	lībāverimus	lībātus erō	lībātī erimus
Perf.	lībāveris	lībāveritis	(-a, -um) eris	(-ae, -a) eritis
	lībāverit	lībāverint	erit	erunt
SUBJUNCTIVE			
Pres.	lībem	lībēmus	līber	lībēmur
	lībēs	lībētis	lībēris (-re)	lībēminī
	lībet	lībent	lībētur	lībentur
Impf.	lībārem	lībārēmus	lībārer	lībārēmur
	lībārēs	lībārētis	lībārēris (-re)	lībārēminī
	lībāret	lībārent	lībārētur	lībārentur
Perf.	lībāverim	lībāverimus	lībātus sim	lībātī sīmus
	lībāveris	lībāveritis	(-a, -um) sīs	(-ae, -a) sītis
	lībāverit	lībāverint	sit	sint
Plup.	lībāvissem	lībāvissēmus	lībātus essem	lībātī essēmus
	lībāvissēs	lībāvissētis	(-a, -um) essēs	(-ae, -a) essētis
	lībāvisset	lībāvissent	esset	essent
IMPERATIVE			
Pres.	lībā	lībāte		
INFINITIVE			
Pres.	lībāre		lībārī	
Perf.	lībāvisse		lībātus (-a, -um) esse	
Fut.	lībātūrus (-a, -um) esse		lībātum īrī	
PARTICIPLE			
Pres.	lībans, (-ntis)			
Perf.			lībātus (-a, -um)	
Fut.	lībātūrus (-a, -um)		lībandus (-a, -um) (GERUNDIVE)	

GERUND lībandī, -ō, -um, -ō   SUPINE lībātum, -ū

Model sentence: *Sepulchrum mei Tlepolemi tuo luminum cruore* **libabo.** —Appuleius

is allowed, is permitted, may (Impers.)

ACTIVE

INDICATIVE

Pres.

    licet

Impf.

    licēbat

Fut.

    licēbit

Perf.

    licuit or licitum est

Plup.

    licuerat

Fut.
Perf.

    licuerit

SUBJUNCTIVE

Pres.

    liceat

Impf.

    licēret

Perf.

    licuerit

Plup.

    licuisset

IMPERATIVE

Pres.

INFINITIVE

Pres.   licēre
Perf.   licuisse
Fut.   licitūrum esse

PARTICIPLE

Pres.
Perf.
Fut.

GERUND   SUPINE

licet

Related Words

licentia, licentiae, f. license

scilicet of course

videlicet clearly

USAGE NOTES:
impersonal, with **dative** of person being given persmission

ALTERNATE FORMS:
licessit = licuerit

MODEL SENTENCE:
*Non **licet** omnibus adire Corinthum.* —Horace

This is one of the most common verbs of a group known in grammatical terms as "impersonal." An impersonal verb is one which, as the name implies, has no real subject and for the most part only occur in the third person. Some tend to use infinitive phrases as subjects, others have a noun in the genitive to show the source for the verb's meaning. Here is a list of some of the most common impersonal verbs along with simple examples to demonstrate how they are used.

decet *it is fitting, suitable; should*
Sic ineptire non te decet.
It doesn't suit you to act like a fool like that.

licet *it is allowed*
Hic manere tibi non licet.
You are not allowed to stay here.

necesse est *it is necessary*
Romam redire mihi necesse est.
It is necessary for me to return to Rome.

oportet *it is proper; ought*
Hodie domi manere nobis oportet.
We ought to stay home today.

placet *it is pleasing*
Veni mecum si tibi placet.
Come with me if it pleases you.

paenitet *it causes regret*
Me paenitet filiae tuae.
I'm sorry about your daughter.

piget *it annoys, disgusts*
Me piget carminum illius poetae.
That poet's poems irritate me.

pudet *it causes shame*
Me pudet amici mei.
I am ashamed of my friend.

taedet *it bores*
Me taedet huius libri.
This book bores me. or *I'm tired of this book.*

tie, bind

ACTIVE   PASSIVE

INDICATIVE

Pres.	ligō	ligāmus	ligor	ligāmur	
	ligās	ligātis	ligāris (-re)	ligāminī	
	ligat	ligant	ligātur	ligantur	
Impf.	ligābam	ligābāmus	ligābar	ligābāmur	
	ligābās	ligābātis	ligābāris (-re)	ligābāminī	
	ligābat	ligābant	ligābātur	ligābantur	
Fut.	ligābō	ligābimus	ligābor	ligābimur	
	ligābis	ligābitis	ligāberis (-re)	ligābiminī	
	ligābit	ligābunt	ligābitur	ligābuntur	
Perf.	ligāvī	ligāvimus	ligātus sum	ligātī sumus	
	ligāvistī	ligāvistis	(-a, -um) es	(-ae, -a) estis	
	ligāvit	ligāvērunt (-ēre)	est	sunt	
Plup.	ligāveram	ligāverāmus	ligātus eram	ligātī erāmus	
	ligāverās	ligāverātis	(-a, -um) erās	(-ae, -a) erātis	
	ligāverat	ligāverant	erat	erant	
Fut.	ligāverō	ligāverimus	ligātus erō	ligātī erimus	
Perf.	ligāveris	ligāveritis	(-a, -um) eris	(-ae, -a) eritis	
	ligāverit	ligāverint	erit	erunt	

SUBJUNCTIVE

Pres.	ligem	ligēmus	liger	ligēmur	
	ligēs	ligētis	ligēris (-re)	ligēminī	
	liget	ligent	ligētur	ligentur	
Impf.	ligārem	ligārēmus	ligārer	ligārēmur	
	ligārēs	ligārētis	ligārēris (-re)	ligārēminī	
	ligāret	ligārent	ligārētur	ligārentur	
Perf.	ligāverim	ligāverimus	ligātus sim	ligātī sīmus	
	ligāveris	ligāveritis	(-a, -um) sīs	(-ae, -a) sītis	
	ligāverit	ligāverint	sit	sint	
Plup.	ligāvissem	ligāvissēmus	ligātus essem	ligātī essēmus	
	ligāvissēs	ligāvissētis	(-a, -um) essēs	(-ae, -a) essētis	
	ligāvisset	ligāvissent	esset	essent	

IMPERATIVE

Pres.	ligā	ligāte

INFINITIVE

Pres.	ligāre	ligārī
Perf.	ligāvisse	ligātus (-a, -um) esse
Fut.	ligātūrus (-a, -um) esse	ligātum īrī

PARTICIPLE

Pres.	ligans, (-ntis)	
Perf.		ligātus (-a, -um)
Fut.	ligātūrus (-a, -um)	ligandus (-a, -um) (GERUNDIVE)

GERUND ligandī, -ō, -um, -ō   SUPINE ligātum, -ū

Compounds and related words: **alligo (1)** to tie to; **colligo (1)** to tie up; **lex, legis, f.** law; **religio, -onis, f.** religious scruple; **religiosus, -a, -um** scrupulous; **religo (1)** to tie up
Model sentence: *Balteus loricam ligat.* —Valerius Flaccus

leave

<table>
<tr><th colspan="2">ACTIVE</th><th colspan="2">PASSIVE</th></tr>
</table>

INDICATIVE

Pres.	linquō	linquimus	linquor	linquimur
	linquis	linquitis	linqueris (-re)	linquiminī
	linquit	linquunt	linquitur	linquuntur
Impf.	linquēbam	linquēbāmus	linquēbar	linquēbāmur
	linquēbās	linquēbātis	linquēbāris (-re)	linquēbāminī
	linquēbat	linquēbant	linquēbātur	linquēbantur
Fut.	linquam	linquēmus	linquar	linquēmur
	linquēs	linquētis	linquēris (-re)	linquēminī
	linquet	linquent	linquētur	linquentur
Perf.	līquī	līquimus	lictus sum	lictī sumus
	līquistī	līquistis	(-a, -um) es	(-ae, -a) estis
	līquit	līquērunt (-ēre)	est	sunt
Plup.	līqueram	līquerāmus	lictus eram	lictī erāmus
	līquerās	līquerātis	(-a, -um) erās	(-ae, -a) erātis
	līquerat	līquerant	erat	erant
Fut.	līquerō	līquerimus	lictus erō	lictī erimus
Perf.	līqueris	līqueritis	(-a, -um) eris	(-ae, -a) eritis
	līquerit	līquerint	erit	erunt

SUBJUNCTIVE

Pres.	linquam	linquāmus	linquar	linquāmur
	linquās	linquātis	linquāris (-re)	linquāminī
	linquat	linquant	linquātur	linquantur
Impf.	linquerem	linquerēmus	linquerer	linquerēmur
	linquerēs	linquerētis	linquerēris (-re)	linquerēminī
	linqueret	linquerent	linquerētur	linquerentur
Perf.	līquerim	līquerimus	lictus sim	lictī sīmus
	līqueris	līqueritis	(-a, -um) sīs	(-ae, -a) sītis
	līquerit	līquerint	sit	sint
Plup.	līquissem	līquissēmus	lictus essem	lictī essēmus
	līquissēs	līquissētis	(-a, -um) essēs	(-ae, -a) essētis
	līquisset	līquissent	esset	essent

IMPERATIVE

Pres.	linque	linquite

INFINITIVE

Pres.	linquere	linquī
Perf.	līquisse	lictus (-a, -um) esse
Fut.	lictūrus (-a, -um) esse	lictum īrī

PARTICIPLE

Pres.	linquens, (-ntis)	
Perf.		lictus (-a, -um)
Fut.	lictūrus (-a, -um)	linquendus (-a, -um) (GERUNDIVE)

GERUND linquendī, -ō, -um, -ō   SUPINE lictum, -ū

Usage notes: third person singular also used impersonally
Compounds and related words: **delinquo (3)** to leave behind; **derelinquo (3)** to abandon; **relinquo (3)**
   to leave behind; **reliquiae, -arum, f. pl.** remains; **reliquus, -a, -um** remaining
Model sentence: *Urbem exsul linquat.* —Plautus

place, lend

ACTIVE			PASSIVE		
INDICATIVE					
Pres.	locō	locāmus	locor	locāmur	
	locās	locātis	locāris (-re)	locāminī	
	locat	locant	locātur	locantur	
Impf.	locābam	locābāmus	locābar	locābāmur	
	locābās	locābātis	locābāris (-re)	locābāminī	
	locābat	locābant	locābātur	locābantur	
Fut.	locābō	locābimus	locābor	locābimur	
	locābis	locābitis	locāberis (-re)	locābiminī	
	locābit	locābunt	locābitur	locābuntur	
Perf.	locāvī	locāvimus	locātus sum	locātī sumus	
	locāvistī	locāvistis	(-a, -um) es	(-ae, -a) estis	
	locāvit	locāvērunt (-ēre)	est	sunt	
Plup.	locāveram	locāverāmus	locātus eram	locātī erāmus	
	locāverās	locāverātis	(-a, -um) erās	(-ae, -a) erātis	
	locāverat	locāverant	erat	erant	
Fut.	locāverō	locāverimus	locātus erō	locātī erimus	
Perf.	locāveris	locāveritis	(-a, -um) eris	(-ae, -a) eritis	
	locāverit	locāverint	erit	erunt	
SUBJUNCTIVE					
Pres.	locem	locēmus	locer	locēmur	
	locēs	locētis	locēris (-re)	locēminī	
	locet	locent	locētur	locentur	
Impf.	locārem	locārēmus	locārer	locārēmur	
	locārēs	locārētis	locārēris (-re)	locārēminī	
	locāret	locārent	locārētur	locārentur	
Perf.	locāverim	locāverimus	locātus sim	locātī sīmus	
	locāveris	locāveritis	(-a, -um) sīs	(-ae, -a) sītis	
	locāverit	locāverint	sit	sint	
Plup.	locāvissem	locāvissēmus	locātus essem	locātī essēmus	
	locāvissēs	locāvissētis	(-a, -um) essēs	(-ae, -a) essētis	
	locāvisset	locāvissent	esset	essent	
IMPERATIVE					
Pres.	locā	locāte			
INFINITIVE					
Pres.	locāre		locārī		
Perf.	locāvisse		locātus (-a, -um) esse		
Fut.	locātūrus (-a, -um) esse		locātum īrī		
PARTICIPLE					
Pres.	locans, (-ntis)				
Perf.			locātus (-a, -um)		
Fut.	locātūrus (-a, -um)		locandus (-a, -um) (GERUNDIVE)		

GERUND locandī, -ō, -um, -ō   SUPINE locātum, -ū

Alternate forms: **locassim** = locaverim; **locassint** = locaverint
Compounds and related words: **colloco (1)** to place; **conloco (1)** to arrange; **locuples, -pletis** wealthy; **locupleto (1)** to enrich; **locus, -i, m.** place
Model sentence: *Primos et extremos cum expeditis manipulis tribunos **locaverat**.* —Sallust

say, speak

ACTIVE

INDICATIVE

Pres.	loquor	loquimur
	loqueris (-re)	loquiminī
	loquitur	loquuntur
Impf.	loquēbar	loquēbāmur
	loquēbāris (-re)	loquēbāminī
	loquēbātur	loquēbantur
Fut.	loquar	loquēmur
	loquēris (-re)	loquēminī
	loquētur	loquentur
Perf.	locūtus sum	locūtī sumus
	(-a, -um) es	(-ae, -a) estis
	est	sunt
Plup.	locūtus eram	locūtī erāmus
	(-a, -um) erās	(-ae, -a) erātis
	erat	erant
Fut.	locūtus erō	locūtī erimus
Perf.	(-a, -um) eris	(-ae, -a) eritis
	erit	erunt

SUBJUNCTIVE

Pres.	loquar	loquāmur
	loquāris (-re)	loquāminī
	loquātur	loquantur
Impf.	loquerer	loquerēmur
	loquerēris (-re)	loquerēminī
	loquerētur	loquerentur
Perf.	locūtus sim	locūtī sīmus
	(-a, -um) sīs	(-ae, -a) sītis
	sit	sint
Plup.	locūtus essem	locūtī essēmus
	(-a, -um) essēs	(-ae, -a) essētis
	esset	essent

IMPERATIVE

Pres.	loquere	loquiminī

INFINITIVE

Pres.	loquī
Perf.	locūtus (-a, -um) esse
Fut.	locūtūrus (-a, -um) esse

PARTICIPLE

	Active	Passive
Pres.	loquens, (-ntis)	
Perf.	locūtus (-a, -um)	
Fut.	locūtūrus (-a, -um)	loquendus (-a, -um) (GERUNDIVE)

GERUND loquendī, -ō, -um, -ō   SUPINE locūtum, -ū

Alternate forms: **loquier** = loqui **loquutus** = locutus
Compounds and related words: **alloquor (3)** to address; **colloquor (3)** to converse; **eloquentia, -ae, f.** eloquence; **eloquium, -i, n.** eloquence; **eloquor (3)** to speak; **loquax, -acis** talkative
Model sentence: *Curae leves **loquuntur** ingentes student.* —Seneca

lūdō

play

ACTIVE		PASSIVE	
INDICATIVE			

Pres.	lūdō	lūdimus	lūdor	lūdimur	
	lūdis	lūditis	lūderis (-re)	lūdiminī	
	lūdit	lūdunt	lūditur	lūduntur	
Impf.	lūdēbam	lūdēbāmus	lūdēbar	lūdēbāmur	
	lūdēbās	lūdēbātis	lūdēbāris (-re)	lūdēbāminī	
	lūdēbat	lūdēbant	lūdēbātur	lūdēbantur	
Fut.	lūdam	lūdēmus	lūdar	lūdēmur	
	lūdēs	lūdētis	lūdēris (-re)	lūdēminī	
	lūdet	lūdent	lūdētur	lūdentur	
Perf.	lūsī	lūsimus	lūsus sum	lūsī sumus	
	lūsistī	lūsistis	(-a, -um) es	(-ae, -a) estis	
	lūsit	lūsērunt (-ēre)	est	sunt	
Plup.	lūseram	lūserāmus	lūsus eram	lūsī erāmus	
	lūserās	lūserātis	(-a, -um) erās	(-ae, -a) erātis	
	lūserat	lūserant	erat	erant	
Fut.	lūserō	lūserimus	lūsus erō	lūsī erimus	
Perf.	lūseris	lūseritis	(-a, -um) eris	(-ae, -a) eritis	
	lūserit	lūserint	erit	erunt	

SUBJUNCTIVE				
Pres.	lūdam	lūdāmus	lūdar	lūdāmur
	lūdās	lūdātis	lūdāris (-re)	lūdāminī
	lūdat	lūdant	lūdātur	lūdantur
Impf.	lūderem	lūderēmus	lūderer	lūderēmur
	lūderēs	lūderētis	lūderēris (-re)	lūderēminī
	lūderet	lūderent	lūderētur	lūderentur
Perf.	lūserim	lūserimus	lūsus sim	lūsī sīmus
	lūseris	lūseritis	(-a, -um) sīs	(-ae, -a) sītis
	lūserit	lūserint	sit	sint
Plup.	lūsissem	lūsissēmus	lūsus essem	lūsī essēmus
	lūsissēs	lūsissētis	(-a, -um) essēs	(-ae, -a) essētis
	lūsisset	lūsissent	esset	essent

IMPERATIVE		
Pres.	lūde	lūdite

INFINITIVE		
Pres.	lūdere	lūdi
Perf.	lūsisse	lūsus (-a, -um) esse
Fut.	lūsūrus (-a, -um) esse	lūsum īrī

PARTICIPLE		
Pres.	lūdens, (-ntis)	
Perf.		lūsus (-a, -um)
Fut.	lūsūrus (-a, -um)	lūdendus (-a, -um) (GERUNDIVE)

GERUND lūdendī, -ō, -um, -ō   SUPINE lūsum, -ū

Usage notes: may be used with the **ablative** or the **accusative**
Alternate forms: **ludier** = ludi
Compounds and related words: **eludo (3)** to outmaneuver; **illudo (3)** to play; **ludibrium, -i, n.** mockery;
  ludus, -i, m. game
Model sentence: *Tutus et ingenti **ludit** in ore lepus.* —Martial

mourn, lament

	ACTIVE			PASSIVE	
			INDICATIVE		
Pres.	lūgeō	lūgēmus		lūgeor	lūgēmur
	lūgēs	lūgētis		lūgēris (-re)	lūgēminī
	lūget	lūgent		lūgētur	lūgentur
Impf.	lūgēbam	lūgēbāmus		lūgēbar	lūgēbāmur
	lūgēbās	lūgēbātis		lūgēbāris (-re)	lūgēbāminī
	lūgēbat	lūgēbant		lūgēbātur	lūgēbantur
Fut.	lūgēbō	lūgēbimus		lūgēbor	lūgēbimur
	lūgēbis	lūgēbitis		lūgēberis (-re)	lūgēbiminī
	lūgēbit	lūgēbunt		lūgēbitur	lūgēbuntur
Perf.	luxī	luximus			
	luxistī	luxistis			
	luxit	luxērunt (-ēre)			
Plup.	luxeram	luxerāmus			
	luxerās	luxerātis			
	luxerat	luxerant			
Fut.	luxerō	luxerimus			
Perf.	luxeris	luxeritis			
	luxerit	luxerint			
			SUBJUNCTIVE		
Pres.	lūgeam	lūgeāmus		lūgear	lūgeāmur
	lūgeās	lūgeātis		lūgeāris (-re)	lūgeāminī
	lūgeat	lūgeant		lūgeātur	lūgeantur
Impf.	lūgērem	lūgērēmus		lūgērer	lūgērēmur
	lūgērēs	lūgērētis		lūgērēris (-re)	lūgērēminī
	lūgēret	lūgērent		lūgērētur	lūgērentur
Perf.	luxerim	luxerimus			
	luxeris	luxeritis			
	luxerit	luxerint			
Plup.	luxissem	luxissēmus			
	luxissēs	luxissētis			
	luxisset	luxissent			
			IMPERATIVE		
Pres.	lūgē	lūgēte			
			INFINITIVE		
Pres.	lūgēre			lūgērī	
Perf.	luxisse				
Fut.					
			PARTICIPLE		
Pres.	lūgens, (-ntis)				
Perf.					
Fut.				lūgendus (-a, -um) (GERUNDIVE)	

GERUND lūgendī, -ō, -um, -ō   SUPINE luctum, -ū

Alternate forms: **lugeri** (deponent); **luxti** = luxisti
Compounds and related words: **lugubris, -e** tearful
Model sentence: *Non **luget** quisquis laudari quaerit.* —Martial

release, pay, undergo

	ACTIVE			PASSIVE	
INDICATIVE					
Pres.	luō	luimus		luor	luimur
	luis	luitis		lueris (-re)	luiminī
	luit	luunt		luitur	luuntur
Impf.	luēbam	luēbāmus		luēbar	luēbāmur
	luēbās	luēbātis		luēbāris (-re)	luēbāminī
	luēbat	luēbant		luēbātur	luēbantur
Fut.	luam	luēmus		luar	luēmur
	luēs	luētis		luēris (-re)	luēminī
	luet	luent		luētur	luentur
Perf.	luī	luimus			
	luistī	luistis			
	luit	luērunt (-ēre)			
Plup.	lueram	luerāmus			
	luerās	luerātis			
	luerat	luerant			
Fut.	luerō	luerimus			
Perf.	lueris	lueritis			
	luerit	luerint			
SUBJUNCTIVE					
Pres.	luam	luāmus		luar	luāmur
	luās	luātis		luāris (-re)	luāminī
	luat	luant		luātur	luantur
Impf.	luerem	luerēmus		luerer	luerēmur
	luerēs	luerētis		luerēris (-re)	luerēminī
	lueret	luerent		luerētur	luerentur
Perf.	luerim	luerimus			
	lueris	lueritis			
	luerit	luerint			
Plup.	luissem	luissēmus			
	luissēs	luissētis			
	luisset	luissent			
IMPERATIVE					
Pres.	lue	luite			
INFINITIVE					
Pres.	luere			luī	
Perf.	luisse				
Fut.	luitūrus (-a, -um) esse				
PARTICIPLE					
Pres.	luens, (-ntis)				
Perf.					
Fut.	luitūrus (-a, -um)			luendus (-a, -um) (GERUNDIVE)	

GERUND luendī, -ō, -um, -ō   SUPINE

Compounds and related words: **abluo (3)** to wash; **alluo (3)** to wash; **alluvies, -ei, f.** overflow pool; **alluvio, -onis, f.** alluvial land

Model sentence: *Itaque mei peccati **luo** poenas.* —Cicero

lament (passive: be sad)

	ACTIVE			**PASSIVE**	
			INDICATIVE		
Pres.	maereō	maerēmus		maereor	maerēmur
	maerēs	maerētis		maerēris (-re)	maerēminī
	maeret	maerent		maerētur	maerentur
Impf.	maerēbam	maerēbāmus		maerēbar	maerēbāmur
	maerēbās	maerēbātis		maerēbāris (-re)	maerēbāminī
	maerēbat	maerēbant		maerēbātur	maerēbantur
Fut.	maerēbō	maerēbimus		maerēbor	maerēbimur
	maerēbis	maerēbitis		maerēberis (-re)	maerēbiminī
	maerēbit	maerēbunt		maerēbitur	maerēbuntur
Perf.	maeruī	maeruimus			
	maeruistī	maeruistis			
	maeruit	maeruērunt (-ēre)			
Plup.	maerueram	maeruerāmus			
	maeruerās	maeruerātis			
	maeruerat	maeruerant			
Fut.	maeruerō	maeruerimus			
Perf.	maerueris	maerueritis			
	maeruerit	maeruerint			
			SUBJUNCTIVE		
Pres.	maeream	maereāmus		maerear	maereāmur
	maereās	maereātis		maereāris (-re)	maereāminī
	maereat	maereant		maereātur	maereantur
Impf.	maerērem	maerērēmus		maerērer	maerērēmur
	maerērēs	maerērētis		maerērēris (-re)	maerērēminī
	maerēret	maerērent		maerērētur	maerērentur
Perf.	maeruerim	maeruerimus			
	maerueris	maerueritis			
	maeruerit	maeruerint			
Plup.	maeruissem	maeruissēmus			
	maeruissēs	maeruissētis			
	maeruisset	maeruissent			
			IMPERATIVE		
Pres.	maerē	maerēte			
			INFINITIVE		
Pres.	maerēre			maerērī	
Perf.	maeruisse				
Fut.					
			PARTICIPLE		
Pres.	maerens, (-ntis)				
Perf.					
Fut.				maerendus (-a, -um) (GERUNDIVE)	

GERUND maerendī, -ō, -um, -ō SUPINE

Usage notes: generally used with the **dative**; third person may be used impersonally
Alternate forms: **moereo** = maereo
Compounds and related words: **maestus, -a, -um** sad
Model sentence: *Maereat haec genero, maereat illa viro.* —Tibullus

choose, prefer

ACTIVE

INDICATIVE

Pres.	mālō	mālumus
	māvīs	māvultis
	māvult	mālunt
Impf.	mālēbam	mālēbāmus
	mālēbās	mālēbātis
	mālēbat	mālēbant
Fut.	mālam	mālēmus
	mālēs	mālētis
	mālet	mālent
Perf.	māluī	māluimus
	māluistī	māluistis
	māluit	māluērunt (-ēre)
Plup.	mālueram	māluerāmus
	māluerās	māluerātis
	māluerat	māluerant
Fut.	māluerō	māluerimus
Perf.	mālueris	mālueritis
	māluerit	māluerint

SUBJUNCTIVE

Pres.	mālim	mālimus
	mālis	mālitis
	mālit	mālint
Impf.	mallem	mallēmus
	mallēs	mallētis
	mallet	mallent
Perf.	māluerim	māluerimus
	mālueris	mālueritis
	māluerit	māluerint
Plup.	māluissem	māluissēmus
	māluissēs	māluissētis
	māluisset	māluissent

IMPERATIVE

Pres.

INFINITIVE

Pres.	malle
Perf.	māluisse
Fut.	

PARTICIPLE

Pres.
Perf.
Fut.

GERUND   SUPINE

Alternate forms: **mavelim** = malim; **mavelis** = malis; **mavelit** = malit; **mavellem** = mallem; **mavolet** = malet; **mavolo** = malo; **mavoluit** = maluit; **mavolunt** = malunt
Compounds and related words: **nolo, nolle** to be unwilling; **volo, velle** to be willing
Model sentence: *Argiletanas **mavis** habitare tabernas.* —Martial

entrust, order

ACTIVE			PASSIVE	
INDICATIVE				
Pres.	mandō	mandāmus	mandor	mandāmur
	mandās	mandātis	mandāris (-re)	mandāminī
	mandat	mandant	mandātur	mandantur
Impf.	mandābam	mandābāmus	mandābar	mandābāmur
	mandābās	mandābātis	mandābāris (-re)	mandābāminī
	mandābat	mandābant	mandābātur	mandābantur
Fut.	mandābō	mandābimus	mandābor	mandābimur
	mandābis	mandābitis	mandāberis (-re)	mandābiminī
	mandābit	mandābunt	mandābitur	mandābuntur
Perf.	mandāvī	mandāvimus	mandātus sum	mandātī sumus
	mandāvistī	mandāvistis	(-a, -um) es	(-ae, a) estis
	mandāvit	mandāvērunt (-ēre)	est	sunt
Plup.	mandāveram	mandāverāmus	mandātus eram	mandātī erāmus
	mandāverās	mandāverātis	(-a, -um) erās	(-ae, -a) erātis
	mandāverat	mandāverant	erat	erant
Fut.	mandāverō	mandāverimus	mandātus erō	mandātī erimus
Perf.	mandāveris	mandāveritis	(-a, -um) eris	(-ae, -a) eritis
	mandāverit	mandāverint	erit	erunt
SUBJUNCTIVE				
Pres.	mandem	mandēmus	mander	mandēmur
	mandēs	mandētis	mandēris (-re)	mandēminī
	mandet	mandent	mandētur	mandentur
Impf.	mandārem	mandārēmus	mandārer	mandārēmur
	mandārēs	mandārētis	mandārēris (-re)	mandārēminī
	mandāret	mandārent	mandārētur	mandārentur
Perf.	mandāverim	mandāverimus	mandātus sim	mandātī sīmus
	mandāveris	mandāveritis	(-a, -um) sīs	(-ae, -a) sītis
	mandāverit	mandāverint	sit	sint
Plup.	mandāvissem	mandāvissēmus	mandātus essem	mandātī essēmus
	mandāvissēs	mandāvissētis	(-a, -um) essēs	(-ae, -a) essētis
	mandāvisset	mandāvissent	esset	essent
IMPERATIVE				
Pres.	mandā	mandāte		
INFINITIVE				
Pres.	mandāre		mandārī	
Perf.	mandāvisse		mandātus (-a, -um) esse	
Fut.	mandātūrus (-a, -um) esse		mandātum īrī	
PARTICIPLE				
Pres.	mandans, (-ntis)			
Perf.			mandātus (-a, -um)	
Fut.	mandātūrus (-a, -um)		mandandus (-a, -um) (GERUNDIVE)	

GERUND mandandī, -ō, -um, -ō   SUPINE mandātum, -ū

Compounds and related words: **commendo (1)** to entrust; **emendo (1)** to correct; **mandatu** by order; **mandatum, -i, n.** order

Model sentence: *Non aliter cineres **mando** iacere meos.* —Martial

remain, stay

ACTIVE		PASSIVE
INDICATIVE		

Pres.	maneō	manēmus	
	manēs	manētis	
	manet	manent	manētur (Impers.)
Impf.	manēbam	manēbāmus	
	manēbās	manēbātis	
	manēbat	manēbant	manēbātur (Impers.)
Fut.	manēbō	manēbimus	
	manēbis	manēbitis	
	manēbit	manēbunt	manēbitur (Impers.)
Perf.	mansī	mansimus	
	mansistī	mansistis	
	mansit	mansērunt (-ēre)	mansum est (Impers.)
Plup.	manseram	manserāmus	
	manserās	manserātis	
	manserat	manserant	mansum erat (Impers.)
Fut.	manserō	manserimus	
Perf.	manseris	manseritis	
	manserit	manserint	mansum erit (Impers.)

SUBJUNCTIVE		

Pres.	maneam	maneāmus	
	maneās	maneātis	
	maneat	maneant	maneātur (Impers.)
Impf.	manērem	manērēmus	
	manērēs	manērētis	
	manēret	manērent	manērētur (Impers.)
Perf.	manserim	manserimus	
	manseris	manseritis	
	manserit	manserint	mansum sit (Impers.)
Plup.	mansissem	mansissēmus	
	mansissēs	mansissētis	
	mansisset	mansissent	mansum esset (Impers.)

IMPERATIVE		
Pres.	manē	manēte	

INFINITIVE		
Pres.	manēre		manērī
Perf.	mansisse		mansum esse
Fut.	mansūrus (-a, -um) esse		mansum īrī

PARTICIPLE		
Pres.	manens, (-ntis)		
Perf.			mansus (-a, -um)
Fut.	mansūrus (-a, -um)		

GERUND manendī, -ō, -um, -ō   SUPINE mansum, -ū

Alternate forms: **mansti** = mansisti
Compounds and related words: **mansio, -onis, f.** a stay; **mansito (1)** to stay; **permaneo (2)** to last; **remaneo (2)** to stay
Model sentence: *Verba volant, scripta **manent**.* —proverb

think, intend, practice

ACTIVE

INDICATIVE

Pres.	meditor	meditāmur
	meditāris (-re)	meditāminī
	meditātur	meditantur
Impf.	meditābar	meditābāmur
	meditābāris (-re)	meditābāminī
	meditābātur	meditābantur
Fut.	meditābor	meditābimur
	meditāberis (-re)	meditābiminī
	meditābitur	meditābuntur
Perf.	meditātus sum	meditātī sumus
	(-a, -um) es	(-ae, -a) estis
	est	sunt
Plup.	meditātus eram	meditātī erāmus
	(-a, -um) erās	(-ae, -a) erātis
	erat	erant
Fut.	meditātus erō	meditātī erimus
Perf.	(-a, -um) eris	(-ae, -a) eritis
	erit	erunt

SUBJUNCTIVE

Pres.	mediter	meditēmur
	meditēris (-re)	meditēminī
	meditētur	meditentur
Impf.	meditārer	meditārēmur
	meditārēris (-re)	meditārēminī
	meditārētur	meditārentur
Perf.	meditātus sim	meditātī sīmus
	(-a, -um) sīs	(-ae, -a) sītis
	sit	sint
Plup.	meditātus essem	meditātī essēmus
	(-a, -um) essēs	(-ae, -a) essētis
	esset	essent

IMPERATIVE

Pres.	meditāre	meditāminī

INFINITIVE

Pres.	meditārī
Perf.	meditātus (-a, -um) esse
Fut.	meditātūrus (-a, -um) esse

PARTICIPLE

	Active	**Passive**
Pres.	meditans, (-ntis)	
Perf.	meditātus (-a, -um)	
Fut.	meditātūrus (-a, -um)	meditandus (-a, -um) (GERUNDIVE)

GERUND meditandī, -ō, -um, -ō   SUPINE meditātum, -ū

Compounds and related words: **meditamen, -minis, n.** preparation; **meditamentum, -i, n.** preparation; **meditatio, -onis, f.** cogitation; **meditatus, -a, -um** practiced
Model sentence: *Ea nunc **meditabor** quo modo illi dicam.* —Plautus

remember

ACTIVE

INDICATIVE

Pres.

Impf.

Fut.

Perf.	meminī	meminimus
	meministī	meministis
	meminit	meminērunt (-ēre)
Plup.	memineram	meminerāmus
	minerās	meminerātis
	meminerat	meminerant
Fut.	meminerō	meminerimus
Perf.	memineris	memineritis
	meminerit	meminerint

SUBJUNCTIVE

Pres.

Impf.

Perf.	meminerim	meminerimus
	memineris	memineritis
	meminerit	meminerint
Plup.	meminissem	meminissēmus
	meminissēs	meminissētis
	meminisset	meminissent

IMPERATIVE

| *Fut.* | mementō | mementōte |

INFINITIVE

Pres.
Perf. meminisse
Fut.

PARTICIPLE

Pres.
Perf.
Fut.

GERUND   SUPINE

meminī

Related Words

immemor, immemoris unmindful

memor, memoris mindful

memorabilis, memorabile remarkable

memoria, memoriae, f. memory

**memoro, memorare, memoravi,
   memoratum** to mention

This verb belongs to a small group of verbs called by the grammatical term *defective*. Defective verbs are ones that are missing forms. The English verb *can* is defective in this way. It has a simple present (*can*) and a simple past (*could*), but no infinitive, future, or any other tense forms. To express those ideas you have to use a different verb. For example, you have to say *I will be able*, not *I will can*. **Memini** only has perfect system tense forms, i.e. perfect, pluperfect, and future perfect, which translate as if they were present system tense forms, i.e. present, imperfect, and future respectively. The defective verb **odi, odisse** *to hate* also works this way. There is a third defective verb that appears in only the perfect system, **coepi, coepisse** *to begin*, but it keeps its perfect system tense meanings.

USAGE NOTES:
generally used with a **genitive** object
perfect system in form but present system in meaning

MODEL SENTENCE:
*Forsan et haec olim **meminisse** iuvabit.*
—Vergil

M

mention, remind

	ACTIVE			**PASSIVE**	
			INDICATIVE		
Pres.	memorō	memorāmus		memoror	memorāmur
	memorās	memorātis		memorāris (-re)	memorāminī
	memorat	memorant		memorātur	memorantur
Impf.	memorābam	memorābāmus		memorābar	memorābāmur
	memorābās	memorābātis		memorābāris (-re)	memorābāminī
	memorābat	memorābant		memorābātur	memorābantur
Fut.	memorābō	memorābimus		memorābor	memorābimur
	memorābis	memorābitis		memorāberis (-re)	memorābiminī
	memorābit	memorābunt		memorābitur	memorābuntur
Perf.	memorāvī	memorāvimus		memorātus sum	memorātī sumus
	memorāvistī	memorāvistis		(-a, -um) es	(-ae, -a) estis
	memorāvit	memorāvērunt (-ēre)		est	sunt
Plup.	memorāveram	memorāverāmus		memorātus eram	memorātī erāmus
	memorāverās	memorāverātis		(-a, -um) erās	(-ae, -a) erātis
	memorāverat	memorāverant		erat	erant
Fut.	memorāverō	memorāverimus		memorātus erō	memorātī erimus
Perf.	memorāveris	memorāveritis		(-a, -um) eris	(-ae, -a) eritis
	memorāverit	memorāverint		erit	erunt
			SUBJUNCTIVE		
Pres.	memorem	memorēmus		memorer	memorēmur
	memorēs	memorētis		memorēris (-re)	memorēminī
	memoret	memorent		memorētur	memorentur
Impf.	memorārem	memorārēmus		memorārer	memorārēmur
	memorārēs	memorārētis		memorārēris (-re)	memorārēminī
	memorāret	memorārent		memorārētur	memorārentur
Perf.	memorāverim	memorāverimus		memorātus sim	memorātī sīmus
	memorāveris	memorāveritis		(-a, -um) sīs	(-ae, -a) sītis
	memorāverit	memorāverint		sit	sint
Plup.	memorāvissem	memorāvissēmus		memorātus essem	memorātī essēmus
	memorāvissēs	memorāvissētis		(-a, -um) essēs	(-ae, -a) essētis
	memorāvisset	memorāvissent		esset	essent
			IMPERATIVE		
Pres.	memorā	memorāte			
			INFINITIVE		
Pres.	memorāre			memorārī	
Perf.	memorāvisse			memorātus (-a, -um) esse	
Fut.	memorātūrus (-a, -um) esse			memorātum īrī	
			PARTICIPLE		
Pres.	memorans, (-ntis)				
Perf.				memorātus (-a, -um)	
Fut.	memorātūrus (-a, -um)			memorandus (-a, -um) (GERUNDIVE)	

GERUND memorandī, -ō, -um, -ō   SUPINE memorātum, -ū

Alternate forms: **memorarier** = memorari
Compounds and related words: **commemoro (1)** to remind; **immemor, -is** forgetful; **memor, -is** mindful; **memorabilis, -e** memorable; **memoria, -ae, f.** memory; **memoro (1)** to recall
Model sentence: *Antequam arma inciperent, misere legatos amicitiam obsequiumque memoraturos.* —Tacitus

ACTIVE

INDICATIVE

Pres.	mentior	mentīmur
	mentīris (-re)	mentīminī
	mentītur	mentiuntur
Impf.	mentiēbar	mentiēbāmur
	mentiēbāris (-re)	mentiēbāminī
	mentiēbātur	mentiēbantur
Fut.	mentiar	mentiēmur
	mentiēris (-re)	mentiēminī
	mentiētur	mentientur
Perf.	mentītus sum	mentītī sumus
	(-a, -um) es	(-ae, -a) estis
	est	sunt
Plup.	mentītus eram	mentītī erāmus
	(-a, -um) erās	(-ae, -a) erātis
	erat	erant
Fut.	mentītus erō	mentītī erimus
Perf.	(-a, -um) eris	(-ae, -a) eritis
	erit	erunt

SUBJUNCTIVE

Pres.	mentiar	mentiāmur
	mentiāris (-re)	mentiāminī
	mentiātur	mentiantur
Impf.	mentīrer	mentīrēmur
	mentīrēris (-re)	mentīrēminī
	mentīrētur	mentīrentur
Perf.	mentītus sim	mentītī sīmus
	(-a, -um) sīs	(-ae, -a) sītis
	sit	sint
Plup.	mentītus essem	mentītī essēmus
	(-a, -um) essēs	(-ae, -a) essētis
	esset	essent

IMPERATIVE

Pres.	mentīre	mentīminī

INFINITIVE

Pres.	mentīrī
Perf.	mentītus (-a, -um) esse
Fut.	mentītūrus (-a, -um) esse

PARTICIPLE

	Active	**Passive**
Pres.	mentiens, (-ntis)	
Perf.	mentītus (-a, -um)	
Fut.	mentītūrus (-a, -um)	mentiendus (-a, -um) (GERUNDIVE)

GERUND mentiendī, -ō, -um, -ō   SUPINE mentītum, -ū

Alternate forms: **mentibitur** = mentietur
Compounds and related words: **mendacium, -i, n.** a lie; **mendax, -acis** deceptive
Model sentence: *Quid mihi sit boni, si **mentiar**?* —Plautus

M

deserve

	ACTIVE		**PASSIVE**	
		INDICATIVE		
Pres.	mereō	merēmus	mereor	merēmur
	merēs	merētis	merēris (-re)	merēminī
	meret	merent	merētur	merentur
Impf.	merēbam	merēbāmus	merēbar	merēbāmur
	merēbās	merēbātis	merēbāris (-re)	merēbāminī
	merēbat	merēbant	merēbātur	merēbantur
Fut.	merēbō	merēbimus	merēbor	merēbimur
	merēbis	merēbitis	merēberis (-re)	merēbiminī
	merēbit	merēbunt	merēbitur	merēbuntur
Perf.	meruī	meruimus	meritus sum	meritī sumus
	meruistī	meruistis	(-a, -um) es	(-ae, -a) estis
	meruit	meruērunt (-ēre)	est	sunt
Plup.	merueram	meruerāmus	meritus eram	meritī erāmus
	meruerās	meruerātis	(-a, -um) erās	(-ae, -a) erātis
	meruerat	meruerant	erat	erant
Fut.	meruerō	meruerimus	meritus erō	meritī erimus
Perf.	merueris	merueritis	(-a, -um) eris	(-ae, -a) eritis
	meruerit	meruerint	erit	erunt
		SUBJUNCTIVE		
Pres.	meream	mereāmus	merear	mereāmur
	mereās	mereātis	mereāris (-re)	mereāminī
	mereat	mereant	mereātur	mereantur
Impf.	merērem	merērēmus	merērer	merērēmur
	merērēs	merērētis	merērēris (-re)	merērēminī
	merēret	merērent	merērētur	merērentur
Perf.	meruerim	meruerimus	meritus sim	meritī sīmus
	merueris	merueritis	(-a, -um) sīs	(-ae, -a) sītis
	meruerit	meruerint	sit	sint
Plup.	meruissem	meruissēmus	meritus essem	meritī essēmus
	meruissēs	meruissētis	(-a, -um) essēs	(-ae, -a) essētis
	meruisset	meruissent	esset	essent
		IMPERATIVE		
Pres.	merē	merēte		
		INFINITIVE		
Pres.	merēre		merērī	
Perf.	meruisse		meritus (-a, -um) esse	
Fut.	meritūrus (-a, -um) esse		meritum īrī	
		PARTICIPLE		
Pres.	merens, (-ntis)			
Perf.			meritus (-a, -um)	
Fut.	meritūrus (-a, -um)		merendus (-a, -um) (GERUNDIVE)	

GERUND merendī, -ō, -um, -ō   SUPINE meritum, -ū

Usage notes: passive forms also used as deponent
Compounds and related words: **emereo (2)** to deserve; **immeritus, -a, -um** undeserving; **merito (1)** to
    earn regularly; **meritorius, -a, -um** rented; **meritus, -a, -um** deserving
Model sentence: *Convivae* **meruere** *tui fortasse perire.* —Martial

dip, sink

ACTIVE		PASSIVE	
INDICATIVE			

	ACTIVE		PASSIVE	
Pres.	mergō	mergimus	mergor	mergimur
	mergis	mergitis	mergeris (-re)	mergiminī
	mergit	mergunt	mergitur	merguntur
Impf.	mergēbam	mergēbāmus	mergēbar	mergēbāmur
	mergēbās	mergēbātis	mergēbāris (-re)	mergēbāminī
	mergēbat	mergēbant	mergēbātur	mergēbantur
Fut.	mergam	mergēmus	mergar	mergēmur
	mergēs	mergētis	mergēris (-re)	mergēminī
	merget	mergent	mergētur	mergentur
Perf.	mersī	mersimus	mersus sum	mersī sumus
	mersistī	mersistis	(-a, -um) es	(-ae, -a) estis
	mersit	mersērunt (-ēre)	est	sunt
Plup.	merseram	merserāmus	mersus eram	mersī erāmus
	merserās	merserātis	(-a, -um) erās	(-ae, -a) erātis
	merserat	merserant	erat	erant
Fut.	merserō	merserimus	mersus erō	mersī erimus
Perf.	merseris	merseritis	(-a, -um) eris	(-ae, -a) eritis
	merserit	merserint	erit	erunt

SUBJUNCTIVE			

Pres.	mergam	mergāmus	mergar	mergāmur
	mergās	mergātis	mergāris (-re)	mergāminī
	mergat	mergant	mergātur	mergantur
Impf.	mergerem	mergerēmus	mergerer	mergerēmur
	mergerēs	mergerētis	mergerēris (-re)	mergerēminī
	mergeret	mergerent	mergerētur	mergerentur
Perf.	merserim	merserimus	mersus sim	mersī sīmus
	merseris	merseritis	(-a, -um) sīs	(-ae, -a) sītis
	merserit	merserint	sit	sint
Plup.	mersissem	mersissēmus	mersus essem	mersī essēmus
	mersissēs	mersissētis	(-a, -um) essēs	(-ae, -a) essētis
	mersisset	mersissent	esset	essent

IMPERATIVE		
Pres.	merge	mergite

INFINITIVE		
Pres.	mergere	mergī
Perf.	mersisse	mersus (-a, -um) esse
Fut.	mersūrus (-a, -um) esse	mersum īrī

PARTICIPLE		
Pres.	mergens, (-ntis)	
Perf.		mersus (-a, -um)
Fut.	mersūrus (-a, -um)	mergendus (-a, -um) (GERUNDIVE)

GERUND mergendī, -ō, -um, -ō   SUPINE mersum, -ū

Compounds and related words: **demergo (3)** to submerge; **emergo (3)** to emerge; **immergo (3)** to plunge; **mergo (3)** to sink; **submergo (3)** to plunge under

Model sentence: *Sic miser adfatus dicitur undas: "Parcite dum propero, **mergite** cum redeo."* —Martial

measure

ACTIVE

INDICATIVE

Pres.	mētior	mētīmur
	mētīris (-re)	mētīminī
	mētītur	mētiuntur
Impf.	mētiēbar	mētiēbāmur
	mētiēbāris (-re)	mētiēbāminī
	mētiēbātur	mētiēbantur
Fut.	mētiar	mētiēmur
	mētiēris (-re)	mētiēminī
	mētiētur	mētientur
Perf.	mensus sum	mensī sumus
	(-a, -um) es	(-ae, -a) estis
	est	sunt
Plup.	mensus eram	mensī erāmus
	(-a, -um) erās	(-ae, -a) erātis
	erat	erant
Fut.	mensus erō	mensī erimus
Perf.	(-a, -um) eris	(-ae, -a) eritis
	erit	erunt

SUBJUNCTIVE

Pres.	mētiar	mētiāmur
	mētiāris (-re)	mētiāminī
	mētiātur	mētiantur
Impf.	mētīrer	mētīrēmur
	mētīrēris (-re)	mētīrēminī
	mētīrētur	mētīrentur
Perf.	mensus sim	mensī sīmus
	(-a, -um) sīs	(-ae, -a) sītis
	sit	sint
Plup.	mensus essem	mensī essēmus
	(-a, -um) essēs	(-ae, -a) essētis
	esset	essent

IMPERATIVE

Pres.	mētīre	mētīminī

INFINITIVE

Pres.	mētīrī
Perf.	mensus (-a, -um) esse
Fut.	mensūrus (-a, -um) esse

PARTICIPLE

	Active	Passive
Pres.	mētiens, (-ntis)	
Perf.	mensus (-a, -um)	
Fut.	mensūrus (-a, -um)	mētiendus (-a, -um) (GERUNDIVE)

GERUND mētiendī, -ō, -um, -ō   SUPINE mensum, -ū

Alternate forms: **metitus** = mensus
Compounds and related words: **emetior (4)** to measure out; **immensus, -a, -um** immeasurable; **mensura, -ae, f.** measure
Model sentence: *Vides igitur, si amicitiam sua caritate **metiare**, nihil est praestantius.* —Cicero

meto, metere, messui, messum **meto**

reap, gather, mow down

	ACTIVE		PASSIVE	

INDICATIVE

Pres.	metō	metimus	metor	metimur
	metis	metitis	meteris (-re)	metiminī
	metit	metunt	metitur	metuntur
Impf.	metēbam	metēbāmus	metēbar	metēbāmur
	metēbās	metēbātis	metēbāris (-re)	metēbāminī
	metēbat	metēbant	metēbātur	metēbantur
Fut.	metam	metēmus	metar	metēmur
	metēs	metētis	metēris (-re)	metēminī
	metet	metent	metētur	metentur
Perf.	messuī	messuimus	messus sum	messī sumus
	messuistī	messuistis	(-a, -um) es	(-ae, -a) estis
	messuit	messuērunt (-ēre)	est	sunt
Plup.	messueram	messuerāmus	messus eram	messī erāmus
	messuerās	messuerātis	(-a, -um) erās	(-ae, -a) erātis
	messuerat	messuerant	erat	erant
Fut.	messuerō	messuerimus	messus erō	messī erimus
Perf.	messueris	messueritis	(-a, -um) eris	(-ae, -a) eritis
	messuerit	messuerint	erit	erunt

SUBJUNCTIVE

Pres.	metam	metāmus	metar	metāmur
	metās	metātis	metāris (-re)	metāminī
	metat	metant	metātur	metantur
Impf.	meterem	meterēmus	meterer	meterēmur
	meterēs	meterētis	meterēris (-re)	meterēminī
	meteret	meterent	meterētur	meterentur
Perf.	messuerim	messuerimus	messus sim	messī sīmus
	messueris	messueritis	(-a, -um) sīs	(-ae, -a) sītis
	messuerit	messuerint	sit	sint
Plup.	messuissem	messuissēmus	messus essem	messī essēmus
	messuissēs	messuissētis	(-a, -um) essēs	(-ae, -a) essētis
	messuisset	messuissent	esset	essent

IMPERATIVE

Pres.	mete	metite	

INFINITIVE

Pres.	metere	metī
Perf.	messuisse	messus (-a, -um) esse
Fut.	messūrus (-a, -um) esse	messum īrī

PARTICIPLE

Pres.	metens, (-ntis)	
Perf.		messus (-a, -um)
Fut.	messūrus (-a, -um)	metendus (-a, -um) (GERUNDIVE)

GERUND metendī, -ō, -um, -ō   SUPINE messum, -ū

Compounds and related words: **messis, -is, f.** harvest; **messor, -is, m.** reaper
Model sentence: _Ut sementem feceris, ita **metes**._ —Cicero

309

fear, be afraid

ACTIVE

INDICATIVE

Pres.	metuō	metuimus
	metuis	metuitis
	metuit	metuunt
Impf.	metuēbam	metuēbāmus
	metuēbās	metuēbātis
	metuēbat	metuēbant
Fut.	metuam	metuēmus
	metuēs	metuētis
	metuet	metuent
Perf.	metuī	metuimus
	metuistī	metuistis
	metuit	metuērunt (-ēre)
Plup.	metueram	metuerāmus
	metuerās	metuerātis
	metuerat	metuerant
Fut.	metuerō	metuerimus
Perf.	metueris	metueritis
	metuerit	metuerint

SUBJUNCTIVE

Pres.	metuam	metuāmus
	metuās	metuātis
	metuat	metuant
Impf.	metuerem	metuerēmus
	metuerēs	metuerētis
	metueret	metuerent
Perf.	metuerim	metuerimus
	metueris	metueritis
	metuerit	metuerint
Plup.	metuissem	metuissēmus
	metuissēs	metuissētis
	metuisset	metuissent

IMPERATIVE

Pres.	metue	metuite

INFINITIVE

Pres.	metuere
Perf.	metuisse
Fut.	

PARTICIPLE

	Active	Passive
Pres.	metuens, (-ntis)	
Perf.		
Fut.		metuendus (-a, -um) (GERUNDIVE)

GERUND metuendī, -ō, -um, -ō   SUPINE

Compounds and related words: **metus, -us, m**. fear
Model sentence: *Summum nec **metuas** diem nec optes.* —Martial

ACTIVE

INDICATIVE

Pres.	minor	mināmur
	mināris (-re)	mināminī
	minātur	minantur
Impf.	minābar	minābāmur
	minābāris (-re)	minābāminī
	minābātur	minābantur
Fut.	minābor	minābimur
	mināberis (-re)	minābiminī
	minābitur	minābuntur
Perf.	minātus sum	minātī sumus
	(-a, -um) es	(-ae, -a) estis
	est	sunt
Plup.	minātus eram	minātī erāmus
	(-a, -um) erās	(-ae, -a) erātis
	erat	erant
Fut.	minātus erō	minātī erimus
Perf.	(-a, -um) eris	(-ae, -a) eritis
	erit	erunt

SUBJUNCTIVE

Pres.	miner	minēmur
	minēris (-re)	minēminī
	minētur	minentur
Impf.	minārer	minārēmur
	minārēris (-re)	minārēminī
	minārētur	minārentur
Perf.	minātus sim	minātī sīmus
	(-a, -um) sīs	(-ae, -a) sītis
	sit	sint
Plup.	minātus essem	minātī essēmus
	(-a, -um) essēs	(-ae, -a) essētis
	esset	essent

IMPERATIVE

Pres.	mināre	mināminī

INFINITIVE

Pres.	minārī
Perf.	minātus (-a, -um) esse
Fut.	minātūrus (-a, -um) esse

PARTICIPLE

	Active	Passive
Pres.	minans, (-ntis)	
Perf.	minātus (-a, -um)	
Fut.	minātūrus (-a, -um)	minandus (-a, -um) (GERUNDIVE)

GERUND minandī, -ō, -um, -ō   SUPINE minātum, -ū

Compounds and related words: **emineo (2)** to project; **immineo (2)** to overhang; **minae, -arum, f.** threats; **minax, -acis** threatening; **minitor (1)** to threaten
Model sentence: *Gemini **minantur** in caelum scopuli.* —Vergil

minuō

lessen, make smaller

ACTIVE		**PASSIVE**	
INDICATIVE			

Pres.
minuō	minuimus	minuor	minuimur
minuis	minuitis	minueris (-re)	minuiminī
minuit	minuunt	minuitur	minuuntur

Impf.
minuēbam	minuēbāmus	minuēbar	minuēbāmur
minuēbās	minuēbātis	minuēbāris (-re)	minuēbāminī
minuēbat	minuēbant	minuēbātur	minuēbantur

Fut.
minuam	minuēmus	minuar	minuēmur
minuēs	minuētis	minuēris (-re)	minuēminī
minuet	minuent	minuētur	minuentur

Perf.
minuī	minuimus	minūtus sum	minūtī sumus
minuistī	minuistis	(-a, -um) es	(-ae, -a) estis
minuit	minuērunt (-ēre)	est	sunt

Plup.
minueram	minuerāmus	minūtus eram	minūtī erāmus
minuerās	minuerātis	(-a, -um) erās	(-ae, -a) erātis
minuerat	minuerant	erat	erant

Fut. Perf.
minuerō	minuerimus	minūtus erō	minūtī erimus
minueris	minueritis	(-a, -um) eris	(-ae, -a) eritis
minuerit	minuerint	erit	erunt

SUBJUNCTIVE			

Pres.
minuam	minuāmus	minuar	minuāmur
minuās	minuātis	minuāris (-re)	minuāminī
minuat	minuant	minuātur	minuantur

Impf.
minuerem	minuerēmus	minuerer	minuerēmur
minuerēs	minuerētis	minuerēris (-re)	minuerēminī
minueret	minuerent	minuerētur	minuerentur

Perf.
minuerim	minuerimus	minūtus sim	minūtī sīmus
minueris	minueritis	(-a, -um) sīs	(-ae, -a) sītis
minuerit	minuerint	sit	sint

Plup.
minuissem	minuissēmus	minūtus essem	minūtī essēmus
minuissēs	minuissētis	(-a, -um) essēs	(-ae, -a) essētis
minuisset	minuissent	esset	essent

IMPERATIVE			

Pres. minue   minuite

INFINITIVE			

Pres. minuere — minuī
Perf. minuisse — minūtus (-a, -um) esse
Fut. minūtūrus (-a, -um) esse — minūtum īrī

PARTICIPLE			

Pres. minuens, (-ntis)
Perf. — minūtus (-a, -um)
Fut. minūtūrus (-a, -um) — minuendus (-a, -um) (GERUNDIVE)

GERUND minuendī, -ō, -um, -ō   SUPINE minūtum, -ū

Compounds and related words: **comminuo (3)** to make small; **deminuo (3)** to lessen; **minor, minus** smaller; **minus** less; **minusculus, -a, -um** rather small; **minutatim** gradually; **minutia, -ae, f.** smallness; **minutus, -a, -um** paultry
Model sentence: *Consul proelio uno et vulnere suo **minutus erat.*** —Livy

wonder, be amazed

ACTIVE

INDICATIVE

Pres.	mīror	mīrāmur
	mīrāris (-re)	mīrāminī
	mīrātur	mīrantur

Impf.	mīrābar	mīrābāmur
	mīrābāris (-re)	mīrābāminī
	mīrābātur	mīrābantur

Fut.	mīrābor	mīrābimur
	mīrāberis (-re)	mīrābiminī
	mīrābitur	mīrabuntur

Perf.	mīrātus	sum	mīrātī	sumus
	(-a, -um)	es	(-ae, -a)	estis
		est		sunt

Plup.	mīrātus	eram	mīrātī	erāmus
	(-a, -um)	erās	(-ae, -a)	erātis
		erat		erant

Fut.	mīrātus	erō	mīrātī	erimus
Perf.	(-a, -um)	eris	(-ae, -a)	eritis
		erit		erunt

SUBJUNCTIVE

Pres.	mīrer	mīrēmur
	mīrēris (-re)	mīrēminī
	mīrētur	mīrentur

Impf.	mīrārer	mīrārēmur
	mīrārēris (-re)	mīrārēminī
	mīrārētur	mīrārentur

Perf.	mīrātus	sim	mīrātī	sīmus
	(-a, -um)	sīs	(-ae, -a)	sītis
		sit		sint

Plup.	mīrātus	essem	mīrātī	essēmus
	(-a, -um)	essēs	(-ae, -a)	essētis
		esset		essent

IMPERATIVE

Pres.	mīrāre	mīrāminī

INFINITIVE

Pres.	mīrārī
Perf.	mīrātus (-a, -um) esse
Fut.	mīrātūrus (-a, -um) esse

PARTICIPLE

	Active	Passive
Pres.	mīrans, (-ntis)	
Perf.	mīrātus (-a, -um)	
Fut.	mīrātūrus (-a, -um)	mīrandus (-a, -um) (GERUNDIVE)

GERUND mīrandī, -ō, -um, -ō   SUPINE mīrātum, -ū

Alternate forms: **miro** = mīror
Compounds and related words: **admirabilis, -e** admirable; **admiratio, -onis, f.** admiration; **admiror (1)** to admire; **mirabilis, -e** wonderful; **miraculum, -i, n.** miracle; **mirus, -a, -um** wonderful
Model sentence: *Nubere vis Prisco: non miror, Paula: sapisti. Ducere te non vult Priscus— et ille sapit.* —Martial

confuse, mingle, mix

	ACTIVE			PASSIVE	
			INDICATIVE		
Pres.	misceō	miscēmus		misceor	miscēmur
	miscēs	miscētis		miscēris (-re)	miscēminī
	miscet	miscent		miscētur	miscentur
Impf.	miscēbam	miscēbāmus		miscēbar	miscēbāmur
	miscēbās	miscēbātis		miscēbāris (-re)	miscēbāminī
	miscēbat	miscēbant		miscēbātur	miscēbantur
Fut.	miscēbō	miscēbimus		miscēbor	miscēbimur
	miscēbis	miscēbitis		miscēberis (-re)	miscēbiminī
	miscēbit	miscēbunt		miscēbitur	miscēbuntur
Perf.	miscuī	miscuimus		mixtus sum	mixtī sumus
	miscuistī	miscuistis		(-a, -um) es	(-ae, -a) estis
	miscuit	miscuērunt (-ēre)		est	sunt
Plup.	miscueram	miscuerāmus		mixtus eram	mixtī erāmus
	miscuerās	miscuerātis		(-a, -um) erās	(-ae, -a) erātis
	miscuerat	miscuerant		erat	erant
Fut.	miscuerō	miscuerimus		mixtus erō	mixtī erimus
Perf.	miscueris	miscueritis		(-a, -um) eris	(-ae, -a) eritis
	miscuerit	miscuerint		erit	erunt
			SUBJUNCTIVE		
Pres.	misceam	misceāmus		miscear	misceāmur
	misceās	misceātis		misceāris (-re)	misceāminī
	misceat	misceant		misceātur	misceantur
Impf.	miscērem	miscērēmus		miscērer	miscērēmur
	miscērēs	miscērētis		miscērēris (-re)	miscērēminī
	miscēret	miscērent		miscērētur	miscērentur
Perf.	miscuerim	miscuerimus		mixtus sim	mixtī sīmus
	miscueris	miscueritis		(-a, -um) sīs	(-ae, -a) sītis
	miscuerit	miscuerint		sit	sint
Plup.	miscuissem	miscuissēmus		mixtus essem	mixtī essēmus
	miscuissēs	miscuissētis		(-a, -um) essēs	(-ae, -a) essētis
	miscuisset	miscuissent		esset	essent
			IMPERATIVE		
Pres.	miscē	miscēte			
			INFINITIVE		
Pres.	miscēre			miscērī	
Perf.	miscuisse			mixtus (-a, -um) esse	
Fut.	mixtūrus (-a, -um) esse			mixtum īrī	
			PARTICIPLE		
Pres.	miscens, (-ntis)				
Perf.				mixtus (-a, -um)	
Fut.	mixtūrus (-a, -um)			miscendus (-a, -um) (GERUNDIVE)	

GERUND miscendī, -ō, -um, -ō   SUPINE mixtum, -ū

Alternate forms: **mistum** = mixtum
Compounds and related words: **admisceo (2)** to mix in; **admixtio, -onis, f.** admixture; **miscellanea,
-orum, n. pl.** mixture of disparate things; **mixtura, -ae, f.** mixture; **permisceo (2)** to mingle
Model sentence: *Amor misceri cum timore non potest.* —Publilius Syrus

feel pity

ACTIVE		PASSIVE	
INDICATIVE			

	ACTIVE		PASSIVE	
Pres.	misereō	miserēmus	misereor	miserēmur
	miserēs	miserētis	miserēris (-re)	miserēminī
	miseret	miserent	miserētur	miserentur
Impf.	miserēbam	miserēbāmus	miserēbar	miserēbāmur
	miserēbās	miserēbātis	miserēbāris (-re)	miserēbāminī
	miserēbat	miserēbant	miserēbātur	miserēbantur
Fut.	miserēbō	miserēbimus	miserēbor	miserēbimur
	miserēbis	miserēbitis	miserēberis (-re)	miserēbiminī
	miserēbit	miserēbunt	miserēbitur	miserēbuntur
Perf.	miseruī	miseruimus	miseritus sum	miseritī sumus
	miseruistī	miseruistis	(-a, -um) es	(-ae, -a) estis
	miseruit	miseruērunt (-ēre)	est	sunt
Plup.	miserueram	miseruerāmus	miseritus eram	miseritī erāmus
	miseruerās	miseruerātis	(-a, -um) erās	(-ae, -a) erātis
	miseruerat	miseruerant	erat	erant
Fut.	miseruerō	miseruerimus	miseritus erō	miseritī erimus
Perf.	miserueris	miserueritis	(-a, -um) eris	(-ae, -a) eritis
	miseruerit	miseruerint	erit	erunt
SUBJUNCTIVE				
Pres.	miseream	misereāmus	miserear	misereāmur
	misereās	misereātis	misereāris (-re)	misereāminī
	misereat	misereant	misereātur	misereantur
Impf.	miserērem	miserērēmus	miserērer	miserērēmur
	miserērēs	miserērētis	miserērēris (-re)	miserērēminī
	miserēret	miserērent	miserērētur	miserērentur
Perf.	miseruerim	miseruerimus	miseritus sim	miseritī sīmus
	miserueris	miserueritis	(-a, -um) sīs	(-ae, -a) sītis
	miseruerit	miseruerint	sit	sint
Plup.	miseruissem	miseruissēmus	miseritus essem	miseritī essēmus
	miseruissēs	miseruissētis	(-a, -um) essēs	(-ae, -a) essētis
	miseruisset	miseruissent	esset	essent
IMPERATIVE				
Pres.	miserē	miserēte		
INFINITIVE				
Pres.	miserēre		miserērī	
Perf.	miseruisse		miseritus (-a, -um) esse	
Fut.	miseritūrus (-a, -um) esse		miseritum īrī	
PARTICIPLE				
Pres.	miserens, (-ntis)			
Perf.			miseritus (-a, -um)	
Fut.	miseritūrus (-a, -um)		miserendus (-a, -um) (GERUNDIVE)	

GERUND miserendī, -ō, -um, -ō SUPINE miseritum, -ū

Usage notes: passive forms are deponent; third person singular active and passive used impersonally
Alternate forms: **misererier** = misereri; **misertus** = miseritus
Compounds and related words: **misellus, -a, -um** poor little; **miser, -a, -um** wretched; **miserabilis, -e** pitiful; **miseratio, -onis, f.** pity; **miseria, -ae, f.** misery; **misericordia, -ae, f.** sympathy; **misericors, -cordis** sympathetic; **miseror (1)** to pity
Model sentence: *Cogebant hostes ut **misereret**.* —Ennius

send

	ACTIVE		PASSIVE	
		INDICATIVE		
Pres.	mittō	mittimus	mittor	mittimur
	mittis	mittitis	mitteris (-re)	mittiminī
	mittit	mittunt	mittitur	mittuntur
Impf.	mittēbam	mittēbāmus	mittēbar	mittēbāmur
	mittēbās	mittēbātis	mittēbāris (-re)	mittēbāminī
	mittēbat	mittēbant	mittēbātur	mittēbantur
Fut.	mittam	mittēmus	mittar	mittēmur
	mittēs	mittētis	mittēris (-re)	mittēminī
	mittet	mittent	mittētur	mittentur
Perf.	mīsī	mīsimus	missus sum	missī sumus
	mīsistī	mīsistis	(-a, -um) es	(-ae, -a) estis
	mīsit	mīsērunt (-ēre)	est	sunt
Plup.	mīseram	mīserāmus	missus eram	missī erāmus
	mīserās	mīserātis	(-a, -um) erās	(-ae, -a) erātis
	mīserat	mīserant	erat	erant
Fut.	mīserō	mīserimus	missus erō	missī erimus
Perf.	mīseris	mīseritis	(-a, -um) eris	(-ae, -a) eritis
	mīserit	mīserint	erit	erunt
		SUBJUNCTIVE		
Pres.	mittam	mittāmus	mittar	mittāmur
	mittās	mittātis	mittāris (-re)	mittāminī
	mittat	mittant	mittātur	mittantur
Impf.	mitterem	mitterēmus	mitterer	mitterēmur
	mitterēs	mitterētis	mitterēris (-re)	mitterēminī
	mitteret	mitterent	mitterētur	mitterentur
Perf.	mīserim	mīserimus	missus sim	missī sīmus
	mīseris	mīseritis	(-a, -um) sīs	(-ae, -a) sītis
	mīserit	mīserint	sit	sint
Plup.	mīsissem	mīsissēmus	missus essem	missī essēmus
	mīsissēs	mīsissētis	(-a, -um) essēs	(-ae, -a) essētis
	mīsisset	mīsissent	esset	essent
		IMPERATIVE		
Pres.	mitte	mittite		
		INFINITIVE		
Pres.	mittere		mittī	
Perf.	mīsisse		missus (-a, -um) esse	
Fut.	missūrus (-a, -um) esse		missum īrī	
		PARTICIPLE		
Pres.	mittens, (-ntis)			
Perf.			missus (-a, -um)	
Fut.	missūrus (-a, -um)		mittendus (-a, -um) (GERUNDIVE)	

GERUND mittendī, -ō, -um, -ō   SUPINE missum, -ū

AN ESSENTIAL 55 VERB

mittō

COMPOUNDS:

admitto, admittere, admisi, admissum to give access to

amitto, amittere, amisi, amissum to lose

committo, committere, commisi, commissum to join

demitto, demittere, demisi, demissum to let down

dimitto, dimittere, dimisi, dimissum to dismiss

emitto, emittere, emisi, emissum to send out

immitto, immittere, immisi, immissum to send in

intermitto, intermittere, intermisi, intermissum to interrupt

intromitto, intromittere, intromisi, intromissum to admit

omitto, omittere, omisi, omissum to overlook

permitto, permittere, permisi, permissum to allow

praemitto, praemittere, praemisi, praemissum to send in advance

praetermitto, praetermittere, praetermisi, praetermissum to let pass

promitto, promittere, promisi, promissum to promise

remitto, remittere, remisi, remissum to send back

submitto, submittere, submisi, submissum to send up

transmitto, transmittere, transmisi, transmissum to transfer

This verb and its compounds are among the most essential in the entire language. Its central idea involves getting someone or something to go from point A to point B on its own as opposed to **duco** *to lead*, which refers to guiding whatever to point B in person.

ALTERNATE FORMS:
misti = misisti
mittier = mitti

MODEL SENTENCE:
Litteras ad exercitus tamquam adepto principatu misit. —Tacitus

M

set in motion, work, build, strive

ACTIVE

INDICATIVE

Pres.	mōlior	mōlīmur
	mōlīris (-re)	mōlīminī
	mōlītur	mōliuntur
Impf.	mōliēbar	mōliēbāmur
	mōliēbāris (-re)	mōliēbāminī
	mōliēbātur	mōliēbantur
Fut.	mōliar	mōliēmur
	mōliēris (-re)	mōliēminī
	mōliētur	mōlientur
Perf.	mōlītus sum	mōlītī sumus
	(-a, -um) es	(-ae, -a) estis
	est	sunt
Plup.	mōlītus eram	mōlītī erāmus
	(-a, -um) erās	(-ae, -a) erātis
	erat	erant
Fut.	mōlītus erō	mōlītī erimus
Perf.	(-a, -um) eris	(-ae, -a) eritis
	erit	erunt

SUBJUNCTIVE

Pres.	mōliar	mōliāmur
	mōliāris (-re)	mōliāminī
	mōliātur	mōliantur
Impf.	mōlīrer	mōlīrēmur
	mōlīrēris (-re)	mōlīrēminī
	mōlīrētur	mōlīrentur
Perf.	mōlītus sim	mōlītī sīmus
	(-a, -um) sīs	(-ae, -a) sītis
	sit	sint
Plup.	mōlītus essem	mōlītī essēmus
	(-a, -um) essēs	(-ae, -a) essētis
	esset	essent

IMPERATIVE

Pres.	mōlīre	mōlīminī

INFINITIVE

Pres.	mōlīrī
Perf.	mōlītus (-a, -um) esse
Fut.	mōlītūrus (-a, -um) esse

PARTICIPLE

	Active	Passive
Pres.	mōliens, (-ntis)	
Perf.	mōlītus (-a, -um)	
Fut.	mōlītūrus (-a, -um)	mōliendus (-a, -um) (GERUNDIVE)

GERUND mōliendī, -ō, -um, -ō   SUPINE mōlitum, -ū

Alternate forms: **molirier** = moliri

Compounds and related words: **moles, molis, f.** a shapeless mass; **molestia, -ae, f.** an annoyance; **molestus, -a, -um** bothersome; **molimen, -minis, n.** a great effort; **molimentum, -i, n.** a great effort; **molitio, -onis, f.** a great effort; **molitor, -is, m.** a builder;

Model sentence: *Viden ut misere **moliuntur**?* —Plautus

advise, warn

ACTIVE		PASSIVE	
INDICATIVE			

Pres.	moneō	monēmus	moneor	monēmur
	monēs	monētis	monēris (-re)	monēminī
	monet	monent	monētur	monentur
Impf.	monēbam	monēbāmus	monēbar	monēbāmur
	monēbās	monēbātis	monēbāris (-re)	monēbāminī
	monēbat	monēbant	monēbātur	monēbantur
Fut.	monēbō	monēbimus	monēbor	monēbimur
	monēbis	monēbitis	monēberis (-re)	monēbiminī
	monēbit	monēbunt	monēbitur	monēbuntur
Perf.	monuī	monuimus	monitus sum	monitī sumus
	monuistī	monuistis	(-a, um) es	(-ae, -a) estis
	monuit	monuērunt (-ēre)	est	sunt
Plup.	monueram	monuerāmus	monitus eram	monitī erāmus
	monuerās	monuerātis	(-a, -um) erās	(-ae, -a) erātis
	monuerat	monuerant	erat	erant
Fut.	monuerō	monuerimus	monitus erō	monitī erimus
Perf.	mounueris	mounueritis	(-a, -um) eris	(-ae, -a) eritis
	monuerit	monuerint	erit	erunt

SUBJUNCTIVE			

Pres.	moneam	moneāmus	monear	moneāmur
	moneās	moneātis	moneāris (-re)	moneāminī
	moneat	moneant	moneātur	moneantur
Impf.	monērem	monērēmus	monērer	monērēmur
	monērēs	monērētis	monērēris (-re)	monērēminī
	monēret	monērent	monērētur	monērentur
Perf.	monuerim	monuerimus	monitus sim	monitī sīmus
	monueris	monueritis	(-a, -um) sīs	(-ae, -a) sītis
	monuerit	monuerint	sit	sint
Plup.	monuissem	monuissēmus	monitus essem	monitī essēmus
	monuissēs	monuissētis	(-a, -um) essēs	(-ae, -a) essētis
	monuisset	monuissent	esset	essent

IMPERATIVE			
Pres.	monē	monēte		

INFINITIVE			
Pres.	monēre		monērī	
Perf.	monuisse		monitus (-a, -um) esse	
Fut.	monitūrus (-a, -um) esse		monitum īrī	

PARTICIPLE			
Pres.	monens, (-ntis)			
Perf.			monitus (-a, -um)	
Fut.	monitūrus (-a, -um)		monendus (-a, -um) (GERUNDIVE)	

GERUND monendī, -ō, -um, -ō   SUPINE monitum, -ū

AN ESSENTIAL 55 VERB

moneō

This verb is essential because it is rather common. Another reason to consider it as essential in this book is that there is another verb, **maneo** *to stay*, with which it can be confused. There are a few ways to keep these two verbs straight.

One way, of course, is context. *Warning* and *staying* are very different actions.

Another way is to remember that **maneo** is intransitive and so cannot take a direct object. **Moneo**, however, is transitive and therefore *must* have a direct object, so if in doubt, look for an accusative.

It is a bit more challenging to distinguish them by their forms since they are both second conjugation, leaving only the vowel in the root to watch for, **a** or **o**. In the perfect system tenses (i.e. the perfect, pluperfect, and future perfect) the two verbs have only one additional apparent difference, **monu-** *warned* as opposed to **mans-** *stayed*.

ALTERNATE FORMS:
monerier = moneri
moneris = monueris

COMPOUNDS:
admoneo, admonere, admonui, admonitum
 to suggest

MODEL SENTENCE:
*Eos hoc **moneo**, desinant furere.* —Cicero

show

ACTIVE | PASSIVE

INDICATIVE

	ACTIVE		PASSIVE	
Pres.	monstrō	monstrāmus	monstror	monstrāmur
	monstrās	monstrātis	monstrāris (-re)	monstrāminī
	monstrat	monstrant	monstrātur	monstrantur
Impf.	monstrābam	monstrābāmus	monstrābar	monstrābāmur
	monstrābās	monstrābātis	monstrābāris (-re)	monstrābāminī
	monstrābat	monstrābant	monstrābātur	monstrābantur
Fut.	monstrābō	monstrābimus	monstrābor	monstrābimur
	monstrābis	monstrābitis	monstrāberis (-re)	monstrābiminī
	monstrābit	monstrābunt	monstrābitur	monstrābuntur
Perf.	monstrāvī	monstrāvimus	monstrātus sum	monstrātī sumus
	monstrāvistī	monstrāvistis	(-a, -um) es	(-ae, -a) estis
	monstrāvit	monstrāvērunt (-ēre)	est	sunt
Plup.	monstrāveram	monstrāverāmus	monstrātus eram	monstrātī erāmus
	monstrāverās	monstrāverātis	(-a, -um) erās	(-ae, -a) erātis
	monstrāverat	monstrāverant	erat	erant
Fut.	monstrāverō	monstrāverimus	monstrātus erō	monstrātī erimus
Perf.	monstrāveris	monstrāveritis	(-a, -um) eris	(-ae, -a) eritis
	monstrāverit	monstrāverint	erit	erunt

SUBJUNCTIVE

	ACTIVE		PASSIVE	
Pres.	monstrem	monstrēmus	monstrer	monstrēmur
	monstrēs	monstrētis	monstrēris (-re)	monstrēminī
	monstret	monstrent	monstrētur	monstrentur
Impf.	monstrārem	monstrārēmus	monstrārer	monstrārēmur
	monstrārēs	monstrārētis	monstrārēris (-re)	monstrārēminī
	monstrāret	monstrārent	monstrārētur	monstrārentur
Perf.	monstrāverim	monstrāverimus	monstrātus sim	monstrātī sīmus
	monstrāveris	monstrāveritis	(-a, -um) sīs	(-ae, -a) sītis
	monstrāverit	monstrāverint	sit	sint
Plup.	monstrāvissem	monstrāvissēmus	monstrātus essem	monstrātī essēmus
	monstrāvissēs	monstrāvissētis	(-a, -um) essēs	(-ae, -a) essētis
	monstrāvisset	monstrāvissent	esset	essent

IMPERATIVE

	ACTIVE		PASSIVE
Pres.	monstrā	monstrāte	

INFINITIVE

	ACTIVE	PASSIVE
Pres.	monstrāre	monstrārī
Perf.	monstrāvisse	monstrātus (-a, -um) esse
Fut.	monstrātūrus (-a, -um) esse	monstrātum īrī

PARTICIPLE

	ACTIVE	PASSIVE
Pres.	monstrans, (-ntis)	
Perf.		monstrātus (-a, -um)
Fut.	monstrātūrus (-a, -um)	monstrandus (-a, -um) (GERUNDIVE)

GERUND monstrandī, -ō, -um, -ō   SUPINE monstrātum, -ū

Alternate forms: **mostro** = monstro
Compounds and related words: **demonstro (1)** to show; **monstratio, -onis, f.** demonstration;
 monstrator, -is, m. one who shows; **monstrum, -i, n.** portent
Model sentence: *Inulas ego primus amaras **monstravi** incoquere.* —Horace

bite

ACTIVE		PASSIVE	
INDICATIVE			
Pres. mordeō	mordēmus	mordeor	mordēmur
mordēs	mordētis	mordēris (-re)	mordēminī
mordet	mordent	mordētur	mordentur
Impf. mordēbam	mordēbāmus	mordēbar	mordēbāmur
mordēbās	mordēbātis	mordēbāris (-re)	mordēbāminī
mordēbat	mordēbant	mordēbātur	mordēbantur
Fut. mordēbō	mordēbimus	mordēbor	mordēbimur
mordēbis	mordēbitis	mordēberis (-re)	mordēbiminī
mordēbit	mordēbunt	mordēbitur	mordēbuntur
Perf. momordī	momordimus	morsus sum	morsī sumus
momordistī	momordistis	(-a, -um) es	(-ae, -a) estis
momordit	momordērunt (-ēre)	est	sunt
Plup. momorderam	momorderāmus	morsus eram	morsī erāmus
momorderās	momorderātis	(-a, -um) erās	(-ae, -a) erātis
momorderat	momorderant	erat	erant
Fut. momorderō	momorderimus	morsus erō	morsī erimus
Perf. momorderis	momorderitis	(-a, -um) eris	(-ae, -a) eritis
momorderit	momorderint	erit	erunt
SUBJUNCTIVE			
Pres. mordeam	mordeāmus	mordear	mordeāmur
mordeās	mordeātis	mordeāris (-re)	mordeāminī
mordeat	mordeant	mordeātur	mordeantur
Impf. mordērem	mordērēmus	mordērer	mordērēmur
mordērēs	mordērētis	mordērēris (-re)	mordērēminī
mordēret	mordērent	mordērētur	mordērentur
Perf. momorderim	momorderimus	morsus sim	morsī sīmus
momorderis	momorderitis	(-a, -um) sīs	(-ae, -a) sītis
momorderit	momorderint	sit	sint
Plup. momordissem	momordissēmus	morsus essem	morsī essēmus
momordissēs	momordissētis	(-a, -um) essēs	(-ae, -a) essētis
momordisset	momordissent	esset	essent
IMPERATIVE			
Pres. mordē	mordēte		
INFINITIVE			
Pres. mordēre		mordērī	
Perf. momordisse		morsus (-a, -um) esse	
Fut. morsūrus (-a, -um) esse		morsum īrī	
PARTICIPLE			
Pres. mordens, (-ntis)			
Perf.		morsus (-a, -um)	
Fut. morsūrus (-a, -um)		mordendus (-a, -um) (GERUNDIVE)	

GERUND mordendī, -ō, -um, -ō   SUPINE morsum, -ū

Alternate forms: **memordi** = momordi
Compounds and related words: **mordax, -acis** biting; **mordicus** by biting; **morsus, -us, m.** bite;
remordeo (2) to worry
Model sentence: *Canis timidus vehementius latrat quam **mordet**.* —Curtius Rufus

ACTIVE

INDICATIVE

Pres.	morior	morimur
	moreris (-re)	moriminī
	moritur	moriuntur
Impf.	moriēbar	moriēbāmur
	moriēbāris (-re)	moriēbāminī
	moriēbātur	moriēbantur
Fut.	moriar	moriēmur
	moriēris	moriēminī
	moriētur	morientur
Perf.	mortuus sum	mortuī sumus
	(-a, -um) es	(-ae, -a) estis
	est	sunt
Plup.	mortuus eram	mortuī erāmus
	(-a, -um) erās	(-ae, -a) erātis
	erat	erant
Fut.	mortuus erō	mortuī erimus
Perf.	(-a, -um) eris	(-ae, -a) eritis
	erit	erunt

SUBJUNCTIVE

Pres.	moriar	moriāmur
	moriāris (-re)	moriāminī
	moriātur	moriantur
Impf.	morerer	morerēmur
	morerēris (-re)	morerēminī
	morerētur	morerentur
Perf.	mortuus sim	mortuī sīmus
	(-a, -um) sīs	(-ae, -a) sītis
	sit	sint
Plup.	mortuus essem	mortuī essēmus
	(-a, -um) essēs	(-ae, -a) essētis
	esset	essent

IMPERATIVE

Pres.	morere	moriminī

INFINITIVE

Pres.	morī
Perf.	mortuus (-a, -um) esse
Fut.	moritūrus (-a, -um) esse

PARTICIPLE

	Active	**Passive**
Pres.	moriens, (-ntis)	
Perf.	mortuus (-a, -um)	moriendus (-a, -um) (GERUNDIVE)

GERUND moriendī, -ō, -um, -ō   SUPINE mortuum, -ū

**AN ESSENTIAL
55 VERB**

AN ESSENTIAL 55 VERB

morior

Related Words

immortalis, immortale immortal

mors, mortis, f. death

mortalis, mortale mortal

mortifer, mortifera, mortiferum deadly

mortuus, mortua, mortua dead

This verb is essential, especially when reading military history.

Sometimes students confuse this verb with, **moror** *to wait*. There are a few ways to keep these two verbs apart.

One way, of course, is context. *Dying* and *waiting* are rather different acts.

They are both deponents and both intransitive, so neither can have a direct object and both always bears the same personal endings. A key way to distinguish them is by their forms. **Moror** is first conjugation, so watch for the signature vowel **a**. **Morior** is a third conjugation *-io* verb. Remember that third conjugation *-io* verbs always have an **i** involved in their verb stem in the present system tenses (i.e. the present, imperfect, and future), and an **a** only appears in the present subjunctive.

ALTERNATE FORMS:
moriri = mori

MODEL SENTENCE:
*Dulce et decorum est pro patria **mori**.*
—Horace

delay, linger

ACTIVE

INDICATIVE

Pres.	moror	morāmur
	morāris (-re)	morāminī
	morātur	morantur
Impf.	morābar	morābāmur
	morābāris (-re)	morābāminī
	morābātur	morābantur
Fut.	morābor	morābimur
	morāberis (-re)	morābiminī
	morābitur	morābuntur
Perf.	morātus sum	morātī sumus
	(-a, -um) es	(-ae, -a) estis
	est	sunt
Plup.	morātus eram	morātī erāmus
	(-a, -um) erās	(-ae, -a) erātis
	erat	erant
Fut. *Perf.*	morātus erō (-a, -um) eris	morātī erimus (-ae, -a) eritis
	erit	erunt

M

SUBJUNCTIVE

Pres.	morer	morēmur
	morēris (-re)	morēminī
	morētur	morentur
Impf.	morārer	morārēmur
	morārēris (-re)	morārēminī
	morārētur	morārentur
Perf.	morātus sim	morātī sīmus
	(-a, -um) sīs	(-ae, -a) sītis
	sit	sint
Plup.	morātus essem	morātī essēmus
	(-a, -um) essēs	(-ae, -a) essētis
	esset	essent

IMPERATIVE

Pres.	morāre	morāminī

INFINITIVE

Pres.	morārī
Perf.	morātus (-a, -um) esse
Fut.	morātūrus (-a, -um) esse

PARTICIPLE

	Active	**Passive**
Pres.	morans, (-ntis)	
Perf.	morātus (-a, -um)	
Fut.	morātūrus (-a, -um)	morandus (-a, -um) (GERUNDIVE)

GERUND morandī, -ō, -um, -ō   SUPINE morātum, -ū

Compounds and related words: **commoror (1)** to wait; **demoror (1)** to wait; **mora, -ae, f.** delay
Model sentence: *Quid multis moror?* —Terence

move

	ACTIVE			PASSIVE	
INDICATIVE					
Pres.	moveō	movēmus		moveor	movēmur
	movēs	movētis		movēris (-re)	movēminī
	movet	movent		movētur	moventur
Impf.	movēbam	movēbāmus		movēbar	movēbāmur
	movēbās	movēbātis		movēbāris (-re)	movēbāminī
	movēbat	movēbant		movēbātur	movēbantur
Fut.	movēbō	movēbimus		movēbor	movēbimur
	movēbis	movēbitis		movēberis (-re)	movēbiminī
	movēbit	movēbunt		movēbitur	movēbuntur
Perf.	mōvī	mōvimus		mōtus sum	mōtī sumus
	mōvistī	mōvistis		(-a, um) es	(-ae, -a) estis
	mōvit	mōvērunt (-ēre)		est	sunt
Plup.	mōveram	mōverāmus		mōtus eram	mōtī erāmus
	mōverās	mōverātis		(-a, -um) erās	(-ae, -a) erātis
	mōverat	mōverant		erat	erant
Fut.	mōverō	mōverimus		mōtus erō	mōtī erimus
Perf.	mōveris	mōveritis		(-a, -um) eris	(-ae, -a) eritis
	mōverit	mōverint		erit	erunt
SUBJUNCTIVE					
Pres.	moveam	moveāmus		movear	moveāmur
	moveās	moveātis		moveāris (-re)	moveāminī
	moveat	moveant		moveātur	moveantur
Impf.	movērem	movērēmus		movērer	movērēmur
	movērēs	movērētis		movērēris (-re)	movērēminī
	movēret	movērent		movērētur	movērentur
Perf.	mōverim	mōverimus		mōtus sim	mōtī sīmus
	mōveris	mōveritis		(-a, -um) sīs	(-ae, -a) sītis
	mōverit	mōverint		sit	sint
Plup.	mōvissem	mōvissēmus		mōtus essem	mōtī essēmus
	mōvissēs	mōvissētis		(-a, -um) essēs	(-ae, -a) essētis
	mōvisset	mōvissent		esset	essent
IMPERATIVE					
Pres.	movē	movēte			
INFINITIVE					
Pres.	movēre			movērī	
Perf.	mōvisse			mōtus (-a, -um) esse	
Fut.	mōtūrus (-a, -um) esse			mōtum īrī	
PARTICIPLE					
Pres.	movens, (-ntis)				
Perf.				mōtus (-a, -um)	
Fut.	mōtūrus (-a, -um)			movendus (-a, -um) (GERUNDIVE)	

GERUND movendī, -ō, -um, -ō   SUPINE mōtum, -ū

Alternate forms: **morunt** = moverunt; **mostis** = movistis
Compounds and related words: **admoveo (2)** to move; **commoveo (2)** to upset; **motio, -onis, f.**
    movement; **moto (1)** to move around; **motus, -us, m.** movement; **permoveo (2)** to move deeply;
    promoveo (2) to advance; **removeo (2)** to move back; **submoveo (2)** to remove
Model sentence: *Praecepit eis ne se ex eo loco **moverent.*** —Livy

stroke, soothe

ACTIVE		PASSIVE	

INDICATIVE

Pres.	mulceō	mulcēmus	mulceor		mulcēmur
	mulcēs	mulcētis	mulcēris (-re)		mulcēminī
	mulcet	mulcent	mulcētur		mulcentur
Impf.	mulcēbam	mulcēbāmus	mulcēbar		mulcēbāmur
	mulcēbās	mulcēbātis	mulcēbāris (-re)		mulcēbāminī
	mulcēbat	mulcēbant	mulcēbātur		mulcēbantur
Fut.	mulcēbō	mulcēbimus	mulcēbor		mulcēbimur
	mulcēbis	mulcēbitis	mulcēberis (-re)		mulcēbiminī
	mulcēbit	mulcēbunt	mulcēbitur		mulcēbuntur
Perf.	mulsī	mulsimus	mulsus sum	mulsī sumus	
	mulsistī	mulsistis	(-a, -um) es	(-ae, -a) estis	
	mulsit	mulsērunt (-ēre)	est	sunt	
Plup.	mulseram	mulserāmus	mulsus eram	mulsī erāmus	
	mulserās	mulserātis	(-a, -um) erās	(-ae, -a) erātis	
	mulserat	mulserant	erat	erant	
Fut.	mulserō	mulserimus	mulsus erō	mulsī erimus	
Perf.	mulseris	mulseritis	(-a, -um) eris	(-ae, -a) eritis	
	mulserit	mulserint	erit	erunt	

SUBJUNCTIVE

Pres.	mulceam	mulceāmus	mulcear		mulceāmur
	mulceās	mulceātis	mulceāris (-re)		mulceāminī
	mulceat	mulceant	mulceātur		mulceantur
Impf.	mulcērem	mulcērēmus	mulcērer		mulcērēmur
	mulcērēs	mulcērētis	mulcērēris (-re)		mulcērēminī
	mulcēret	mulcērent	mulcērētur		mulcērentur
Perf.	mulserim	mulserimus	mulsus sim	mulsī sīmus	
	mulseris	mulseritis	(-a, -um) sīs	(-ae, -a) sītis	
	mulserit	mulserint	sit	sint	
Plup.	mulsissem	mulsissēmus	mulsus essem	mulsī essēmus	
	mulsissēs	mulsissētis	(-a, -um) essēs	(-ae, -a) essētis	
	mulsisset	mulsissent	esset	essent	

IMPERATIVE

Pres.	mulcē	mulcēte	

INFINITIVE

Pres.	mulcēre	mulcērī	
Perf.	mulsisse	mulsus (-a, -um) esse	
Fut.	mulsūrus (-a, -um) esse	mulsum īrī	

PARTICIPLE

Pres.	mulcens, (-ntis)		
Perf.		mulsus (-a, -um)	
Fut.	mulsūrus (-a, -um)	mulcendus (-a, -um) (GERUNDIVE)	

GERUND mulcendī, -ō, -um, -ō   SUPINE mulsum, -ū

Alternate forms: **mulctum** = mulsum
Model sentence: ***Mulcebant*** *Zephyri flores.* —Ovid

M

fortify, protect

ACTIVE		PASSIVE	

INDICATIVE

Pres.	mūniō	mūnīmus	mūnior	mūnīmur	
	mūnīs	mūnītis	mūnīris (-re)	mūnīminī	
	mūnit	mūniunt	mūnītur	mūniuntur	
Impf.	mūniēbam	mūniēbāmus	mūniēbar	mūniēbāmur	
	mūniēbās	mūniēbātis	mūniēbāris (-re)	mūniēbāminī	
	mūniēbat	mūniēbant	mūniēbātur	mūniēbantur	
Fut.	mūniam	mūniēmus	mūniar	mūniēmur	
	mūniēs	mūniētis	mūniēris (-re)	mūniēminī	
	mūniet	mūnient	mūniētur	mūnientur	
Perf.	mūnīvī	mūnīvimus	mūnītus sum	mūnītī sumus	
	mūnīvistī	mūnīvistis	(-a, -um) es	(-ae, -a) estis	
	mūnīvit	mūnīvērunt (-ēre)	est	sunt	
Plup.	mūnīveram	mūnīverāmus	mūnītus eram	mūnītī erāmus	
	mūnīverās	mūnīverātis	(-a, -um) erās	(-ae, -a) erātis	
	mūnīverat	mūnīverant	erat	erant	
Fut.	mūnīverō	mūnīverimus	mūnītus erō	mūnītī erimus	
Perf.	mūnīveris	mūnīveritis	(-a, -um) eris	(-ae, -a) eritis	
	mūnīverit	mūnīverint	erit	erunt	

SUBJUNCTIVE

Pres.	mūniam	mūniāmus	mūniar	mūniāmur	
	mūniās	mūniātis	mūniāris (-re)	mūniāminī	
	mūniat	mūniant	mūniātur	mūniantur	
Impf.	mūnīrem	mūnīrēmus	mūnīrer	mūnīrēmur	
	mūnīrēs	mūnīrētis	mūnīrēris (-re)	mūnīrēminī	
	mūnīret	mūnīrent	mūnīrētur	mūnīrentur	
Perf.	mūnīverim	mūnīverimus	mūnītus sim	mūnītī sīmus	
	mūnīveris	mūnīveritis	(-a, -um) sīs	(-ae, -a) sītis	
	mūnīverit	mūnīverint	sit	sint	
Plup.	mūnīvissem	mūnīvissēmus	mūnītus essem	mūnītī essēmus	
	mūnīvissēs	mūnīvissētis	(-a, -um) essēs	(-ae, -a) essētis	
	mūnīvisset	mūnīvissent	esset	essent	

IMPERATIVE

Pres.	mūnī	mūnīte	

INFINITIVE

Pres.	mūnīre		mūnīrī
Perf.	mūnīvisse		mūnītus (-a, -um) esse
Fut.	mūnītūrus (-a, -um) esse		mūnītum īrī

PARTICIPLE

Pres.	mūniens, (-ntis)		
Perf.			mūnītus (-a, -um)
Fut.	mūnītūrus (-a, -um)		mūniendus (-a, -um) (GERUNDIVE)

GERUND mūniendī, -ō, -um, -ō SUPINE mūnītum, -ū

Usage notes: passive can be used in a middle sense
Alternate forms: **moenio** = munio; **munibis** = munies; **munii** = munivi
Compounds and related words: **munitio, -ionis, f.** fortification; **munus, -eris, n.** service
Model sentence: *Hieme quaternis tunicis et tibialibus **muniebatur**.* —Suetonius

change

ACTIVE / PASSIVE

INDICATIVE

	ACTIVE		PASSIVE	
Pres.	mūtō	mūtāmus	mūtor	mūtāmur
	mūtās	mūtātis	mūtāris (-re)	mūtāminī
	mūtat	mūtant	mūtātur	mūtantur
Impf.	mūtābam	mūtābāmus	mūtābar	mūtābāmur
	mūtābās	mūtābātis	mūtābāris (-re)	mūtābāminī
	mūtābat	mūtābant	mūtābātur	mūtābantur
Fut.	mūtābō	mūtābimus	mūtābor	mūtābimur
	mūtābis	mūtābitis	mūtāberis (-re)	mūtābiminī
	mūtābit	mūtābunt	mūtābitur	mūtābuntur
Perf.	mūtāvī	mūtāvimus	mūtātus sum	mūtātī sumus
	mūtāvistī	mūtāvistis	(-a, -um) es	(-ae, -a) estis
	mūtāvit	mūtāvērunt (-ēre)	est	sunt
Plup.	mūtāveram	mūtāverāmus	mūtātus eram	mūtātī erāmus
	mūtāverās	mūtāverātis	(-a, -um) erās	(-ae, -a) erātis
	mūtāverat	mūtāverant	erat	erant
Fut.	mūtāverō	mūtāverimus	mūtātus erō	mūtātī erimus
Perf.	mūtāveris	mūtāveritis	(-a, -um) eris	(-ae, -a) eritis
	mūtāverit	mūtāverint	erit	erint

SUBJUNCTIVE

	ACTIVE		PASSIVE	
Pres.	mūtem	mūtēmus	mūter	mūtēmur
	mūtēs	mūtētis	mūtēris (-re)	mūtēminī
	mūtet	mūtent	mūtētur	mūtentur
Impf.	mūtārem	mūtārēmus	mūtārer	mūtārēmur
	mūtārēs	mūtārētis	mūtārēris (-re)	mūtārēminī
	mūtāret	mūtārent	mūtārētur	mūtārentur
Perf.	mūtāverim	mūtāverimus	mūtātus sim	mūtātī sīmus
	mūtāveris	mūtāveritis	(-a, -um) sīs	(-ae, -a) sītis
	mūtāverit	mūtāverint	sit	sint
Plup.	mūtāvissem	mūtāvissēmus	mūtātus essem	mūtātī essēmus
	mūtāvissēs	mūtāvissētis	(-a, -um) essēs	(-ae, -a) essētis
	mūtāvisset	mūtāvissent	esset	essent

IMPERATIVE

	ACTIVE	
Pres.	mūtā	mūtāte

INFINITIVE

	ACTIVE	PASSIVE
Pres.	mūtāre	mūtārī
Perf.	mūtāvisse	mūtātus (-a, -um) esse
Fut.	mūtātūrus (-a, -um) esse	mūtātum īrī

PARTICIPLE

	ACTIVE	PASSIVE
Pres.	mūtans, (-ntis)	
Perf.		mūtātus (-a, -um)
Fut.	mūtātūrus (-a, -um)	mūtandus (-a, -um) (GERUNDIVE)

GERUND mūtandī, -ō, -um, -ō   SUPINE mūtātum, -ū

Alternate forms: **mutarier** = mutari
Compounds and related words: **commuto (1)** change; **mutabilis, -e** variable; **mutabilitas, -tatis, f.** changeableness; **mutatio, -onis, f.** change
Model sentence: *Malum est consilium quod **mutari** non potest.* —Publilius Syrus

find

ACTIVE

INDICATIVE

Pres.	nanciscor		nanciscimur	
	nancisceris (-re)		nanciscimini	
	nanciscitur		nanciscuntur	
Impf.	nanciscebar		nanciscebamur	
	nanciscebaris (-re)		nanciscebamini	
	nanciscebatur		nanciscebantur	
Fut.	nanciscar		nanciscemur	
	nancisceris (-re)		nanciscemini	
	nanciscetur		nanciscentur	
Perf.	nanctus (nactus)	sum	nanctī (nactī)	sumus
	(-a, -um)	es	(-ae, -a)	estis
		est		sunt
Plup.	nanctus (nactus)	eram	nanctī (nactī)	erāmus
	(-a, -um)	erās	(-ae, -a)	erātis
		erat		erant
Fut.	nanctus (nactus)	erō	nanctī (nactī)	erimus
Perf.	(-a, -um)	eris	(-ae, -a)	eritis
		erit		erunt

SUBJUNCTIVE

Pres.	nanciscar		nanciscāmur	
	nanciscāris (-re)		nanciscāminī	
	nanciscātur		nanciscantur	
Impf.	nanciscerer		nanciscerēmur	
	nanciscerēris (-re)		nanciscerēminī	
	nanisccerētur		nanciscerentur	
Perf.	nanctus (nactus)	sim	nanctī (nactī)	sīmus
	(-a, -um)	sīs	(-ae, -a)	sītis
		sit		sint
Plup.	nanctus (nactus)	essem	nanctī (nactī)	essēmus
	(-a, -um)	essēs	(-ae, -a)	essētis
		esset		essent

IMPERATIVE

Pres.	nanciscere	nanciscimini

INFINITIVE

Pres.	nanciscī
Perf.	nanctus (nactus) (-a, -um) esse
Fut.	nanctūrus (-a, -um) esse

PARTICIPLE

	Active	Passive
Pres.	nanciscens, (-ntis)	
Perf.	nanctus (nactus) (-a, -um)	
Fut.	nanctūrus (-a, -um)	nanciscendus (-a, -um) (GERUNDIVE)

GERUND nanciscendī, -ō, -um, -ō   SUPINE nanctum (nactum), -ū

Alternate forms: **nactus** = nanctus; **nanciscier** = nancisci
Model sentence: *Immanes beluas **nanciscimur** venando.* —Cicero

relate, tell

ACTIVE   PASSIVE

INDICATIVE

Pres.	narrō	narrāmus	(narror)	(narrāmur)
	narrās	narrātis	(narrāris (-re))	(narrāminī)
	narrat	narrant	narrātur	narrantur
Impf.	narrābam	narrābāmus	(narrābar)	(narrābāmur)
	narrābās	narrābātis	(narrābāris (-re))	(narrābāminī)
	narrābat	narrābant	narrābātur	narrābantur
Fut.	narrābō	narrābimus	(narrābor)	(narrābimur)
	narrābis	narrābitis	(narrāberis (-re))	(narrābiminī)
	narrābit	narrābunt	narrābitur	narrābuntur
Perf.	narrāvī	narrāvimus	narrātus (sum)	narrātī (sumus)
	narrāvistī	narrāvistis	(-a, -um) (es)	(-ae, -a) (estis)
	narrāvit	narrāvērunt (-ēre)	est	sunt
Plup.	narrāveram	narrāverāmus	narrātus (eram)	narrātī (erāmus)
	narrāverās	narrāverātis	(-a, -um) (erās)	(-ae, -a) (erātis)
	narrāverat	narrāverant	erat	erant
Fut.	narrāverō	narrāverimus	narrātus (erō)	narrātī (erimus)
Perf.	narrāveris	narrāveritis	(-a, -um) (eris)	(-ae, -a) (eritis)
	narrāverit	narrāverint	erit	erunt

SUBJUNCTIVE

Pres.	narrem	narrēmus	(narrer)	(narrēmur)
	narrēs	narrētis	(narrēris (-re))	(narrēminī)
	narret	narrent	narrētur	narrentur
Impf.	narrārem	narrārēmus	(narrārer)	(narrārēmur)
	narrārēs	narrārētis	(narrārēris (-re))	(narrārēminī)
	narrāret	narrārent	narrārētur	narrārentur
Perf.	narrāverim	narrāverimus	narrātus (sim)	narrātī (sīmus)
	narrāveris	narrāveritis	(-a, -um) (sīs)	(-ae, -a) (sītis)
	narrāverit	narrāverint	sit	sint
Plup.	narrāvissem	narrāvissēmus	narrātus (essem)	narrātī (essēmus)
	narrāvissēs	narrāvissētis	(-a, -um) (essēs)	(-ae, -a) (essētis)
	narrāvisset	narrāvissent	esset	essent

IMPERATIVE

Pres.	narrā	narrāte

INFINITIVE

Pres.	narrāre	narrārī
Perf.	narrāvisse	narrātus (-a, -um) esse
Fut.	narrātūrus (-a, -um) esse	narrātum īrī

PARTICIPLE

Pres.	narrans, (-ntis)	
Perf.		narrātus (-a, -um)
Fut.	narrātūrus (-a, -um)	narrandus (-a, -um) (GERUNDIVE)

GERUND narrandī, -ō, -um, -ō   SUPINE narrātum, -ū

Compounds and related words: **narrabilis, -e** that can be told; **narratio, -onis, f.** narrative; **narrator, -is, m.** narrator; **narratus, -us, m.** narrative

Model sentence: *Quid rides?...De te fabula **narratur.*** —Horace

be born

ACTIVE

INDICATIVE

Pres.	nascor	nascimur
	nasceris (-re)	nasciminī
	nascitur	nascuntur
Impf.	nascēbar	nascēbāmur
	nascēbāris (-re)	nascēbāminī
	nascēbātur	nascēbantur
Fut.	nascar	nascēmur
	nascēris (-re)	nascēminī
	nascētur	nascentur
Perf.	nātus sum	nātī sumus
	(-a, -um) es	(-ae, -a) estis
	est	sunt
Plup.	nātus eram	nātī erāmus
	(-a, -um) erās	(-ae, -a) erātis
	erat	erant
Fut.	nātus erō	nātī erimus
Perf.	(-a, -um) eris	(-ae, -a) eritis
	erit	erunt

SUBJUNCTIVE

Pres.	nascar	nascāmur
	nascāris (-re)	nascāminī
	nascātur	nascantur
Impf.	nascerer	nascerēmur
	nascerēris (-re)	nascerēminī
	nascerētur	nascerentur
Perf.	nātus sim	nātī sīmus
	(-a, -um) sīs	(-ae, a) sītis
	sit	sint
Plup.	nātus essem	nātī essēmus
	(-a, -um) essēs	(-ae, -a) essētis
	esset	essent

IMPERATIVE

Pres.	nascere	nasciminī

INFINITIVE

Pres.	nascī
Perf.	nātus (-a, -um) esse
Fut.	nātūrus (-a, -um) esse

PARTICIPLE

	Active	Passive
Pres.	nascens, (-ntis)	
Perf.	nātus (-a, -um)	
Fut.	nātūrus (-a, -um)	nascendus (-a, -um) (GERUNDIVE)

GERUND nascendī, -ō, -um, -ō   SUPINE nātum, -ū

Alternate forms: **gnatus** = natus; **nasciturus** = naturus

Compounds and related words: **innascor (3)** to be born in; **natalis, -e** pertaining to birth; **natio, -onis, f.** race; **natura, -ae, f.** nature; **naturalis, -e** natural; **natus/-a, -i/-ae, m./f.** offspring; **renascor (3)** to be born again

Model sentence: *Orator fit, poeta nascitur.* —proverb

sail

ACTIVE		**PASSIVE**	
		INDICATIVE	

	ACTIVE		PASSIVE	
Pres.	nāvigō	nāvigāmus		
	nāvigās	nāvigātis		
	nāvigat	nāvigant	nāvigātur	nāvigantur
Impf.	nāvigābam	nāvigābāmus		
	nāvigābās	nāvigābātis		
	nāvigābat	nāvigābant	nāvigābātur	nāvigābantur
Fut.	nāvigābō	nāvigābimus		
	nāvigābis	nāvigābitis		
	nāvigābit	nāvigābunt	nāvigābitur	nāvigābuntur
Perf.	nāvigāvī	nāvigāvimus		
	nāvigāvistī	nāvigāvistis		
	nāvigāvit	nāvigāvērunt (-ēre)	nāvigātus (-a, -um) est	nāvigātī (-ae, -a) sunt
Plup.	nāvigāveram	nāvigāverāmus		
	nāvigāverās	nāvigāverātis		
	nāvigāverat	nāvigāverant	nāvigātus (-a, -um) erat	nāvigātī (-ae, -a) erant
Fut. *Perf.*	nāvigāverō	nāvigāverimus		
	nāvigāveris	nāvigāveritis		
	nāvigāverit	nāvigāverint	nāvigātus (-a, -um) erit	nāvigātī (-ae, -a) erunt

		SUBJUNCTIVE	

	ACTIVE		PASSIVE	
Pres.	nāvigem	nāvigēmus		
	nāvigēs	nāvigētis		
	nāviget	nāvigent	nāvigētur	nāvigentur
Impf.	nāvigārem	nāvigārēmus		
	nāvigārēs	nāvigārētis		
	nāvigāret	nāvigārent	nāvigārētur	nāvigārentur
Perf.	nāvigāverim	nāvigāverimus		
	nāvigāveris	nāvigāveritis		
	nāvigāverit	nāvigāverint	nāvigātus (-a, -um) sit	nāvigātī (-ae, -a) sint
Plup.	nāvigāvissem	nāvigāvissēmus		
	nāvigāvissēs	nāvigāvissētis		
	nāvigāvisset	nāvigāvissent	nāvigātus (-a, -um) esset	nāvigātī (-ae, -a) essent

		IMPERATIVE	
Pres.	nāvigā	nāvigāte	

		INFINITIVE	
Pres.	nāvigāre	nāvigārī	
Perf.	nāvigāvisse	nāvigātus (-a, -um) esse	
Fut.	nāvigātūrus (-a, -um) esse	nāvigātum īrī	

		PARTICIPLE	
Pres.	nāvigans, (-ntis)		
Perf.		nāvigātus (-a, -um)	
Fut.	nāvigātūrus (-a, -um)	nāvigandus (-a, -um) (GERUNDIVE)	

GERUND nāvigandī, -ō, -um, -ō   SUPINE nāvigātum, -ū

Usage notes: third person passive also used impersonally

Compounds and related words: **naufragium, -i, n.** shipwreck; **naufragus, -a, -um** shipwrecked; **nauta, -ae, m.** sailor; **navalis, -e** pertaining to a ship; **navicula, -ae, f.** boat; **navigium, -i, n.** vessel; **navis, -is, f.** ship; **navita, -ae, m.** sailor

Model sentence: *Cum per anni temporis **navigare** poteris, ad nos veni.* —Cicero

necō

kill

ACTIVE | PASSIVE

INDICATIVE

Pres.	necō	necāmus	necor	necāmur
	necās	necātis	necāris (-re)	necāminī
	necat	necant	necātur	necantur
Impf.	necābam	necābāmus	necābar	necābāmur
	necābās	necābātis	necābāris (-re)	necābāminī
	necābat	necābant	necābātur	necābantur
Fut.	necābō	necābimus	necābor	necābimur
	necābis	necābitis	necāberis (-re)	necābiminī
	necābit	necābunt	necābitur	necābuntur
Perf.	necāvī	necāvimus	necātus sum	necātī sumus
	necāvistī	necāvistis	(-a, -um) es	(-ae, -a) estis
	necāvit	necāvērunt (-ēre)	est	sunt
Plup.	necāveram	necāverāmus	necātus eram	necātī erāmus
	necāverās	necāverātis	(-a, -um) erās	(-ae, -a) erātis
	necāverat	necāverant	erat	erant
Fut.	necāverō	necāverimus	necātus erō	necātī erimus
Perf.	necāveris	necāveritis	(-a, -um) eris	(-ae, -a) eritis
	necāverit	necāverint	erit	erunt

SUBJUNCTIVE

Pres.	necem	necēmus	necer	necēmur
	necēs	necētis	necēris (-re)	necēminī
	necet	necent	necētur	necentur
Impf.	necārem	necārēmus	necārer	necārēmur
	necārēs	necārētis	necārēris (-re)	necārēminī
	necāret	necārent	necārētur	necārentur
Perf.	necāverim	necāverimus	necātus sim	necātī sīmus
	necāveris	necāveritis	(-a, -um) sīs	(-ae, -a) sītis
	necāverit	necāverint	sit	sint
Plup.	necāvissem	necāvissēmus	necātus essem	necātī essēmus
	necāvissēs	necāvissētis	(-a, -um) essēs	(-ae, -a) essētis
	necāvisset	necāvissent	esset	essent

IMPERATIVE

Pres.	necā	necāte		

INFINITIVE

Pres.	necāre		necārī
Perf.	necāvisse		necātus (-a, -um) esse
Fut.	necātūrus (-a, -um) esse		necātum īrī

PARTICIPLE

Pres.	necans, (-ntis)		
Perf.			necātus (-a, -um)
Fut.	necātūrus (-a, -um)		necandus (-a, -um) (GERUNDIVE)

GERUND necandī, -ō, -um, -ō   SUPINE necātum, -ū

Alternate forms: **nectus** = necatus; **necui** = necavi

Compounds and related words: **nex, necis, f.** murder; **pernicies, -ei, f.** destruction

Model sentence: *Is se praesente de se ter sortibus consultum dicebat utrum igni statim **necaretur,** an in aliud tempus reservaretur.* —Caesar

weave, bind, attach

ACTIVE		**PASSIVE**	
INDICATIVE			

Pres.	nectō	nectimus	nector	nectimur
	nectis	nectitis	necteris (-re)	nectiminī
	nectit	nectunt	nectitur	nectuntur
Impf.	nectēbam	nectēbāmus	nectēbar	nectēbāmur
	nectēbās	nectēbātis	nectēbāris (-re)	nectēbāminī
	nectēbat	nectēbant	nectēbātur	nectēbantur
Fut.	nectam	nectēmus	nectar	nectēmur
	nectēs	nectētis	nectēris (-re)	nectēminī
	nectet	nectent	nectētur	nectentur

Perf.	nexuī	nexuimus	nexus	sum	nexī	sumus
	nexuistī	nexuistis	(-a, -um)	es	(-ae, -a)	estis
	nexuit	nexuērunt (-ēre)		est		sunt
Plup.	nexueram	nexuerāmus	nexus	eram	nexī	erāmus
	nexuerās	nexuerātis	(-a, -um)	erās	(-ae, -a)	erātis
	nexuerat	nexuerant		erat		erant
Fut.	nexuerō	nexuerimus	nexus	erō	nexī	erimus
Perf.	nexueris	nexueritis	(-a, -um)	eris	(-ae, -a)	eritis
	nexuerit	nexuerint		erit		erunt

SUBJUNCTIVE			

Pres.	nectam	nectāmus	nectar	nectāmur
	nectās	nectātis	nectāris (-re)	nectāminī
	nectat	nectant	nectātur	nectantur
Impf.	necterem	necterēmus	necterer	necterēmur
	necterēs	necterētis	necterēris (-re)	necterēminī
	necteret	necterent	necterētur	necterentur

Perf.	nexuerim	nexuerimus	nexus	sim	nexī	sīmus
	nexueris	nexueritis	(-a, -um)	sīs	(-ae, -a)	sītis
	nexuerit	nexuerint		sit		sint
Plup.	nexuissem	nexuissēmus	nexus	essem	nexī	essēmus
	nexuissēs	nexuissētis	(-a, -um)	essēs	(-ae, -a)	essētis
	nexuisset	nexuissent		esset		essent

IMPERATIVE			

Pres.	necte	nectite		

INFINITIVE			

Pres.	nectere		nectī
Perf.	nexuisse		nexus (-a, -um) esse
Fut.	nexūrus (-a, -um) esse		nexum īrī

PARTICIPLE			

Pres.	nectens, (-ntis)		
Perf.			nexus (-a, -um)
Fut.	nexūrus (-a, -um)		nectendus (-a, -um) (GERUNDIVE)

GERUND nectendī, -ō, -um, -ō   SUPINE nexum, -ū

Alternate forms: **nectier** = necti; **nexi** = nexui
Compounds and related words: **conecto (3)** to join; **nexilis, -e** tied together; **nexus, -us, m.** an entwining
Model sentence: *Cum varia lentas **necterent** arte moras....* —Martial

neglect

	ACTIVE			PASSIVE	
INDICATIVE					
Pres.	neglegō	neglegimus		neglegor	neglegimur
	neglegis	neglegitis		neglegeris (-re)	neglegiminī
	neglegit	neglegunt		neglegitur	negleguntur
Impf.	neglegēbam	neglegēbāmus		neglegēbar	neglegēbāmur
	neglegēbās	neglegēbātis		neglegēbāris (-re)	neglegēbāminī
	neglegēbat	neglegēbant		neglegēbātur	neglegēbantur
Fut.	neglegam	neglegēmus		neglegar	neglegēmur
	neglegēs	neglegētis		neglegēris (-re)	neglegēminī
	negleget	neglegent		neglegētur	neglegentur
Perf.	neglexī	neglexximus		neglectus sum	neglectī sumus
	neglexistī	neglexistis		(-a, -um) es	(-ae, -a) estis
	neglexit	neglexērunt (-ēre)		est	sunt
Plup.	neglexeram	neglexerāmus		neglectus eram	neglectī erāmus
	neglexerās	neglexerātis		(-a, -um) erās	(-ae, -a) erātis
	neglexerat	neglexerant		erat	erant
Fut.	neglexerō	neglexerimus		neglectus erō	neglectī erimus
Perf.	neglexeris	neglexeritis		(-a, -um) eris	(-ae, -a) eritis
	neglexerit	neglexerint		erit	erunt
SUBJUNCTIVE					
Pres.	neglegam	neglegāmus		neglegar	neglegāmur
	neglegās	neglegātis		neglegāris (-re)	neglegāminī
	neglegat	neglegant		neglegātur	neglegantur
Impf.	neglegerem	neglegerēmus		neglegerer	neglegerēmur
	neglegerēs	neglegerētis		neglegerēris (-re)	neglegerēminī
	neglegeret	neglegerent		neglegerētur	neglegerentur
Perf.	neglexerim	neglexerimus		neglectus sim	neglectī sīmus
	neglexeris	neglexeritis		(-a, -um) sīs	(-ae, -a) sītis
	neglexerit	neglexerint		sit	sint
Plup.	neglexissem	neglexissēmus		neglectus essem	neglectī essēmus
	neglexissēs	neglexissētis		(-a, -um) essēs	(-ae, -a) essētis
	neglexisset	neglexissent		esset	essent
IMPERATIVE					
Pres.	neglege	neglegite			
INFINITIVE					
Pres.	neglegere			neglegī	
Perf.	neglexisse			neglectus (-a, -um) esse	
Fut.	neglectūrus (-a, -um) esse			neglectum īrī	
PARTICIPLE					
Pres.	neglegens, (-ntis)				
Perf.				neglectus (-a, -um)	
Fut.	neglectūrus (-a, -um)			neglegendus (-a, -um) (GERUNDIVE)	

GERUND neglegendī, -ō, -um, -ō   SUPINE neglectum, -ū

Alternate forms: **neclego** = neglego; **neglegerit** = neglexerit; **neglegisset** = neglexisset; **negligo** = neglego
Compounds and related words: **abnego (1)** to deny; **negito (1)** to deny repeatedly; **neglectio, -onis, f.** neglect; **neglectus, -us, m.** disregard; **negligentia, -ae, f.** carelessness
Model sentence: *Magna di curant, parva **neglegunt.*** —Cicero

deny

	ACTIVE		PASSIVE	
		INDICATIVE		
Pres.	negō	negāmus	negor	negāmur
	negās	negātis	negāris (-re)	negāminī
	negat	negant	negātur	negantur
Impf.	negābam	negābāmus	negābar	negābāmur
	negābās	negābātis	negābāris (-re)	negābāminī
	negābat	negābant	negābātur	negābantur
Fut.	negābō	negābimus	negābor	negābimur
	negābis	negābitis	negāberis (-re)	negābiminī
	negābit	negābunt	negābitur	negābuntur
Perf.	negāvī	negāvimus	negātus sum	negātī sumus
	negāvistī	negāvistis	(-a, -um) es	(-ae, -a) estis
	negāvit	negāvērunt (-ēre)	est	sunt
Plup.	negāveram	negāverāmus	negātus eram	negātī erāmus
	negāverās	negāverātis	(-a, -um) erās	(-ae, -a) erātis
	negāverat	negāverant	erat	erant
Fut.	negāverō	negāverimus	negātus erō	negātī erimus
Perf.	negāveris	negāveritis	(-a, -um) eris	(-ae, -a) eritis
	negāverit	negāverint	erit	erunt
		SUBJUNCTIVE		
Pres.	negem	negēmus	neger	negēmur
	negēs	negētis	negēris (-re)	negēminī
	neget	negent	negētur	negentur
Impf.	negārem	negārēmus	negārer	negārēmur
	negārēs	negārētis	negārēris (-re)	negārēminī
	negāret	negārent	negārētur	negārentur
Perf.	negāverim	negāverimus	negātus sim	negātī sīmus
	negāveris	negāveritis	(-a, -um) sīs	(-ae, -a) sītis
	negāverit	negāverint	sit	sint
Plup.	negāvissem	negāvissēmus	negātus essem	negātī essēmus
	negāvissēs	negāvissētis	(-a, -um) essēs	(-ae, -a) essētis
	negāvisset	negāvissent	esset	essent
		IMPERATIVE		
Pres.	negā	negāte		
		INFINITIVE		
Pres.	negāre		negārī	
Perf.	negāvisse		negātus (-a, -um) esse	
Fut.	negātūrus (-a, -um) esse		negātum īrī	
		PARTICIPLE		
Pres.	negans, (-ntis)			
Perf.			negātus (-a, -um)	
Fut.	negātūrus (-a, -um)		negandus (-a, -um) (GERUNDIVE)	

GERUND negandī, -ō, -um, -ō   SUPINE negātum, -ū

Alternate forms: **negassim** = negaverim; **negumo** = nego
Compounds and related words: **abnego (1)** deny; **neglego (3)** to neglect; **negligentia, -ae, f.** negligence
See **lego** for other compounds of this verb.
Model sentence: *Omnia iam fient fieri quae posse negabam.* —Ovid

be unable

ACTIVE

INDICATIVE

Pres.	nequeō (nōn queō)	nequīmus
	nequīs	nequītis
	nequit	nequeunt
Impf.		
	nequībat	nequībant
Fut.		
	nequībit	nequībunt
Perf.	nequīvī (nequiit)	
	nequīstī	
	nequīvit (nequiit)	nequīvērunt (nequiēre)
Plup.		
	nequīverat (nequierat)	nequīverant (nequierant)
Fut. Perf.		

SUBJUNCTIVE

Pres.	nequeam	nequeāmus
	nequeās	
	nequeat	nequeant
Impf.	nequīrem	
	nequīret	nequīrent
Perf.	nequīverim	
	nequīverit	nequīverint
Plup.		
	nequīvisset (nequīsset)	nequīssent

IMPERATIVE

Pres.

INFINITIVE

Pres.	nequīre
Perf.	nequīvisse (nequīsse)
Fut.	

PARTICIPLE

Pres.	nequiens, (nequeuntis)
Perf.	
Fut.	

GERUND   SUPINE

Usage notes: defective
Alternate forms: **nequii** = nequivi
Compounds and related words: **nequior, -us** worthless; **nequissimus, -a, -um** utterly worthless
Model sentence: ***Nequeo** contineri quin loquar.* —Plautus

not to know

ACTIVE		PASSIVE	

INDICATIVE

Pres.	nesciō	nescīmus	
	nescīs	nescītis	
	nescit	nesciunt	nescītur
Impf.	nesciēbam	nesciēbāmus	
	nesciēbās	nesciēbātis	
	nesciēbat	nesciēbant	nesciēbātur
Fut.	nesciam	nesciēmus	
	nesciēs	nesciētis	
	nesciet	nescient	nesciētur
Perf.	nescīvī	nescīvimus	
	nescīvistī	nescīvistis	
	nescīvit	nescīvērunt (-ēre)	nescītum est
Plup.	nescīveram	nescīverāmus	
	nescīverās	nescīverātis	
	nescīverat	nescīverant	nescītum erat
Fut.	nescīverō	nescīverimus	
Perf.	nescīveris	nescīveritis	
	nescīverit	nescīverint	nescītum erit

SUBJUNCTIVE

Pres.	nesciam	nesciāmus	
	nesciās	nesciātis	
	nesciat	nesciant	nesciātur
Impf.	nescīrem	nescīrēmus	
	nescīrēs	nescīrētis	
	nescīret	nescīrent	nescīrētur
Perf.	nescīverim	nescīverimus	
	nescīveris	nescīveritis	
	nescīverit	nescīverint	nescītum sit
Plup.	nescīvissem	nescīvissēmus	
	nescīvissēs	nescīvissētis	
	nescīvisset	nescīvissent	nescītum esset

IMPERATIVE

Pres.	nescī	nescīte	

INFINITIVE

Pres.	nescīre		nescīrī
Perf.	nescīvisse		nescītum esse
Fut.	nescītūrus (-a, -um) esse		nescītum īrī

PARTICIPLE

Pres.	nesciens, (-ntis)		
Perf.			nescītus (-a, -um)
Fut.	nescītūrus (-a, -um)		nesciendus (-a, -um) (GERUNDIVE)

GERUND nesciendī, -ō, -um, -ō   SUPINE nescītum, -ū

Alternate forms: **nescii** = nescivi
Compounds and related words: **nescius, -a, -um** unaware
Model sentence: *Timendi causa est **nescire**.* —Seneca

shine, be beautiful

ACTIVE

INDICATIVE

Pres.	niteō	nitēmus
	nitēs	nitētis
	nitet	nitent
Impf.	nitēbam	nitēbāmus
	nitēbās	nitēbātis
	nitēbat	nitēbant
Fut.	nitēbō	nitēbimus
	nitēbis	nitēbitis
	nitēbit	nitēbunt
Perf.		
Plup.		
Fut. *Perf.*		

SUBJUNCTIVE

Pres.	niteam	niteāmus
	niteās	niteātis
	niteat	niteant
Impf.	nitērem	nitērēmus
	nitērēs	nitērētis
	nitēret	nitērent
Perf.		
Plup.		

IMPERATIVE

Pres.	nitē	nitēte

INFINITIVE

Pres.	nitēre
Perf.	
Fut.	

PARTICIPLE

Pres.	nitens, (-ntis)
Perf.	
Fut.	nitendus (-a, -um) (GERUNDIVE)

GERUND nitendī, -ō, -um, -ō   SUPINE

Compounds and related words: **nitesco (3)** to begin to shine; **nitidus, -a, -um** bright; **nitor, -is, m.** brightness

Model sentence: *Luna potest solis radiis percussa **nitere**.* —Lucretius

strive, strain, rest upon

ACTIVE

INDICATIVE

Pres.	nītor	nītimur	
	nīteris (-re)	nītiminī	
	nītitur	nītuntur	
Impf.	nītēbar	nītēbāmur	
	nītēbāris (-re)	nītēbāminī	
	nītēbātur	nītēbantur	
Fut.	nītar	nītēmur	
	nītēris (-re)	nītēminī	
	nītētur	nītentur	
Perf.	nīsus	sum	nīsī	sumus
	(-a, -um)	es	(-ae, -a)	estis
		est		sunt
Plup.	nīsus	eram	nīsī	erāmus
	(-a, -um)	erās	(-ae, -a)	erātis
		erat		erant
Fut.	nīsus	erō	nīsī	erimus
Perf.	(-a, -um)	eris	(-ae, -a)	eritis
		erit		erunt

SUBJUNCTIVE

Pres.	nītar	nītāmur	
	nītāris (-re)	nītāminī	
	nītātur	nītantur	
Impf.	nīterer	nīterēmur	
	nīterēris (-re)	nīterēminī	
	nīterētur	nīterentur	
Perf.	nīsus	sim	nīsī	sīmus
	(-a, -um)	sīs	(-ae, -a)	sītis
		sit		sint
Plup.	nīsus	essem	nīsī	essēmus
	(-a, -um)	essēs	(-ae, -a)	essētis
		esset		essent

IMPERATIVE

Pres.	nītere	nītiminī

INFINITIVE

Pres.	nītī
Perf.	nīsus (-a, -um) esse
Fut.	nīsūrus (-a, -um) esse

PARTICIPLE

	Active	Passive
Pres.	nītens, (-ntis)	
Perf.	nīsus (-a, -um)	
Fut.	nīsūrus (-a, -um)	nītendus (-a, -um) (GERUNDIVE)

GERUND nītendī, -ō, -um, -ō   SUPINE nīsum, -ū

Alternate forms: **gnitus** = nisus; **gnixus** = nisus; **nitier** = niti; **nixus** = nisus
Compounds and related words: **conitor (3)** to strive; **enitor (3)** to strive; **innitor (3)** to lean on;
subnixus, -a, -um supported
Model sentence: *Ille iuvenis qui **nititur** hasta proxima sorte tenet lucis loca.* —Vergil

swim, float

ACTIVE

INDICATIVE

Pres.	nō	nāmus
	nās	nātis
	nat	nant
Impf.	nābam	nābāmus
	nābās	nābātis
	nābat	nābant
Fut.	nābō	nāmus
	nābis	nābitis
	nābit	nābunt
Perf.	nāvī	nāvimus
	nāvistī	nāvistis
	nāvit	nāvērunt (-ēre)
Plup.	nāveram	nāverāmus
	nāverās	nāverātis
	nāverat	nāverant
Fut.	nāverō	nāverimus
Perf.	nāveris	nāveritis
	nāverit	nāverint

SUBJUNCTIVE

Pres.	nem	nēmus
	nēs	nētis
	net	nent
Impf.	nārem	nārēmus
	nārēs	nārētis
	nāret	nārent
Perf.	nāverim	nāverimus
	nāveris	nāveritis
	nāverit	nāverint
Plup.	nāvissem	nāvissēmus
	nāvissēs	nāvissētis
	nāvisset	nāvissent

IMPERATIVE

Pres.	nā	nāte

INFINITIVE

Pres.	nāre
Perf.	nāvisse
Fut.	

PARTICIPLE

	Active	Passive
Pres.	nans, (-ntis)	
Perf.		
Fut.		nandus (-a, -um) (GERUNDIVE)

GERUND nandī, -ō, -um, -ō   SUPINE

Alternate forms: **nasse** = navisse
Compounds and related words: **nato (1)** to swim; **trano (1)** to swim across
Model sentence: *Pinus dicuntur liquidas Neptuni **nasse** per undas.* —Catullus

harm

ACTIVE

INDICATIVE

Pres.	noceō	nocēmus
	nocēs	nocētis
	nocet	nocent
Impf.	nocēbam	nocēbāmus
	nocēbās	nocēbātis
	nocēbat	nocēbant
Fut.	nocēbō	nocēbimus
	nocēbis	nocēbitis
	nocēbit	nocēbunt
Perf.	nocuī	nocuimus
	nocuistī	nocuistis
	nocuit	nocuērunt (-ēre)
Plup.	nocueram	nocuerāmus
	nocuerās	nocuerātis
	nocuerat	nocuerant
Fut.	nocuerō	nocuerimus
Perf.	nocueris	nocueritis
	nocuerit	nocuerint

SUBJUNCTIVE

Pres.	noceam	noceāmus
	noceās	noceātis
	noceat	noceant
Impf.	nocērem	nocērēmus
	nocērēs	nocērētis
	nocēret	nocērent
Perf.	nocuerim	nocuerimus
	nocueris	nocueritis
	nocuerit	nocuerint
Plup.	nocuissem	nocuissēmus
	nocuissēs	nocuissētis
	nocuisset	nocuissent

IMPERATIVE

Pres.	nocē	nocēte

INFINITIVE

Pres.	nocēre
Perf.	nocuisse
Fut.	nocitūrus (-a, -um) esse

PARTICIPLE

	Active	**Passive**
Pres.	nocens, (-ntis)	
Perf.		
Fut.	nocitūrus (-a, -um)	nocendus (-a, -um) (GERUNDIVE)

GERUND nocendī, -ō, -um, -ō   SUPINE

Usage notes: generally used with the **dative**
Alternate forms: **nocerier** = noceri; **noxit** = nocuerit
Compounds and related words: **innocens, -ntis** harmless; **innocentia, -ae, f.** harmlessness; **nocivus, -a, -um** harmful; **noxa, -ae, f.** harm; **noxia, -ae, f.** crime; **noxiosus, -a, -um** guilty; **noxius, -a, -um** harmful; **obnoxius, -a, -um** punishable
Model sentence: *Bonis **nocet** quisquis pepercit malis.* —Publilius Syrus

be unwilling, not want

ACTIVE

INDICATIVE

Pres.	nōlō	nōlumus
	nōn vīs	nōn vultis
	nōn vult	nōlunt
Impf.	nōlēbam	nōlēbāmus
	nōlēbās	nōlēbātis
	nōlēbat	nōlēbant
Fut.	nōlam	nōlēmus
	nōlēs	nōlētis
	nōlet	nōlent
Perf.	nōluī	nōluimus
	nōluistī	nōluistis
	nōluit	nōluērunt (-ēre)
Plup.	nōlueram	nōluerāmus
	nōluerās	nōluerātis
	nōluerat	nōluerant
Fut.	nōluerō	nōluerimus
Perf.	nōlueris	nōlueritis
	nōluerit	nōluerint

SUBJUNCTIVE

Pres.	nōlim	nōlimus
	nōlis	nōlitis
	nōlit	nōlint
Impf.	nollem	nollēmus
	nollēs	nollētis
	nollet	nollent
Perf.	nōluerim	nōluerimus
	nōlueris	nōlueritis
	nōluerit	nōluerint
Plup.	nōluissem	nōluissēmus
	nōluissēs	nōluissētis
	nōluisset	nōluissent

IMPERATIVE

Pres.	nōlī	nōlīte

INFINITIVE

Pres.	nolle
Perf.	nōluisse
Fut.	

PARTICIPLE

Pres.	nōlens, (-ntis)

GERUND   SUPINE

Alternate forms: **nevis** = non vis; **nevult** = non vult; **noltis** = non vultis
Compounds and related words: **malo, malle** to prefer; **volo, velle** to be willing
Model sentence: *Novi ingenium mulierum: **nolunt**, ubi velis; ubi **nolis** cupiunt ultro.* —Terence

become acquainted, know

ACTIVE		PASSIVE	

INDICATIVE

Pres.	noscō	noscimus	noscor	noscimur
	noscis	noscitis	nosceris (-re)	nosciminī
	noscit	noscunt	noscitur	noscuntur
Impf.	noscēbam	noscēbāmus	noscēbar	noscēbāmur
	noscēbās	noscēbātis	noscēbāris (-re)	noscēbāminī
	noscēbat	noscēbant	noscēbātur	noscēbantur
Fut.	noscam	noscēmus	noscar	noscēmur
	noscēs	noscētis	noscēris (-re)	noscēminī
	noscet	noscent	noscētur	noscentur
Perf.	nōvī	nōvimus	nōtus sum	nōtī sumus
	nōvistī	nōvistis	(-a, -um) es	(-ae, -a) estis
	nōvit	nōvērunt (-ēre)	est	sunt
Plup.	nōveram	nōverāmus	nōtus eram	nōtī erāmus
	nōverās	nōverātis	(-a, -um) erās	(-ae, -a) erātis
	nōverat	nōverant	erat	erant
Fut.	nōverō	nōverimus	nōtus erō	nōtī erimus
Perf.	nōveris	nōveritis	(-a, -um) eris	(-ae, -a) eritis
	nōverit	nōverint	erit	erunt

SUBJUNCTIVE

Pres.	noscam	noscāmus	noscar	noscāmur
	noscās	noscātis	noscāris (-re)	noscāminī
	noscat	noscant	noscātur	noscantur
Impf.	noscerem	noscerēmus	noscerer	noscerēmur
	noscerēs	noscerētis	noscerēris (-re)	noscerēminī
	nosceret	noscerent	noscerētur	noscerentur
Perf.	nōverim	nōverimus	nōtus sim	nōtī sīmus
	nōveris	nōveritis	(-a, -um) sīs	(-ae, -a) sītis
	nōverit	nōverint	sit	sint
Plup.	nōvissem	nōvissēmus	nōtus essem	nōtī essēmus
	nōvissēs	nōvissētis	(-a, -um) essēs	(-ae, -a) essētis
	nōvisset	nōvissent	esset	essent

IMPERATIVE

Pres.	nosce	noscite		

INFINITIVE

Pres.	noscere	noscī
Perf.	nōvisse	nōtus (-a, -um) esse
Fut.	nōturus (-a, -um) esse	nōtum īrī

PARTICIPLE

Pres.	noscens, (-ntis)	
Perf.		nōtus (-a, -um)
Fut.	nōturus (-a, -um)	noscendus (-a, -um) (GERUNDIVE)

GERUND noscendī, -ō, -um, -ō   SUPINE nōtum, -ū

AN ESSENTIAL 55 VERB

noscō

This verb is noteworthy both because of its frequency and the way it is used. In the present system tenses (i.e. the present, imperfect, and future) it is an *inceptive* verb. An inceptive verb is a third conjugation verb made by adding **-sco** to the present stem of another verb and shows an action in its beginning stages. The base of this verb means *to know*, so its inceptive forms mean *to begin to know*, in other words, *to learn*. The perfect system tenses (i.e. the perfect, pluperfect, and future perfect) refer to an action as being completed. In those tenses it means *to know* since the learning is seen as finished.

ALTERNATE FORMS:
gnosco, etc. = nosco, etc.
gnosse = novisse
nomus = novimus
noram = noveram
norim = noverim
norint = noverint
noris = noveris
nosse = novisse
nosti = novisti

COMPOUNDS:
agnosco, agnoscere, agnovi, agnotum to recognize

cognosco, cognoscere, cognovi, cognotum to learn/know

ignosco, ignoscere, ignovi, ignotum to pardon

MODEL SENTENCE:
*Hanc **norint** unam saeculum naumachiam.*
—Martial

marry

ACTIVE   PASSIVE

INDICATIVE

	ACTIVE		PASSIVE	
Pres.	nūbō	nūbimus	nūbor	nūbimur
	nūbis	nūbitis	nūberis (-re)	nūbiminī
	nūbit	nūbunt	nūbitur	nūbuntur
Impf.	nūbēbam	nūbēbāmus	nūbēbar	nūbēbāmur
	nūbēbās	nūbēbātis	nūbēbāris (-re)	nūbēbāminī
	nūbēbat	nūbēbant	nūbēbātur	nūbēbantur
Fut.	nūbam	nūbēmus	nūbar	nūbēmur
	nūbēs	nūbētis	nūbēris (-re)	nūbēminī
	nūbet	nūbent	nūbētur	nūbentur
Perf.	nūpsī	nūpsimus	nuptus sum	nuptī sumus
	nūpsistī	nūpsistis	(-a, -um) es	(-ae, -a) estis
	nūpsit	nūpsērunt (-ēre)	est	sunt
Plup.	nūpseram	nūpserāmus	nuptus eram	nuptī erāmus
	nūpserās	nūpserātis	(-a, -um) erās	(-ae, -a) erātis
	nūpserat	nūpserant	erat	erant
Fut.	nūpserō	nūpserimus	nuptus erō	nuptī erimus
Perf.	nūpseris	nūpseritis	(-a, -um) eris	(-ae, -a) eritis
	nūpserit	nūpserint	erit	erunt

SUBJUNCTIVE

	ACTIVE		PASSIVE	
Pres.	nūbam	nūbāmus	nūbar	nūbāmur
	nūbās	nūbātis	nūbāris (-re)	nūbāminī
	nūbat	nūbant	nūbātur	nūbantur
Impf.	nūberem	nūberēmus	nūberer	nūberēmur
	nūberēs	nūberētis	nūberēris (-re)	nūberēminī
	nūberet	nūberent	nūberētur	nūberentur
Perf.	nūpserim	nūpserimus	nuptus sim	nuptī sīmus
	nūpseris	nūpseritis	(-a, -um) sīs	(-ae, -a) sītis
	nūpserit	nūpserint	sit	sint
Plup.	nūpsissem	nūpsissēmus	nuptus essem	nuptī essēmus
	nūpsissēs	nūpsissētis	(-a, -um) essēs	(-ae, -a) essētis
	nūpsisset	nūpsissent	esset	essent

IMPERATIVE

Pres.	nūbe	nūbite

INFINITIVE

	ACTIVE	PASSIVE
Pres.	nūbere	nūbī
Perf.	nūpsisse	nuptus (-a, -um) esse
Fut.	nuptūrus (-a, -um) esse	nuptum īrī

PARTICIPLE

	ACTIVE	PASSIVE
Pres.	nūbens, (-ntis)	
Perf.		nuptus (-a, -um)
Fut.	nuptūrus (-a, -um)	nūbendus (-a, -um) (GERUNDIVE)

GERUND nūbendī, -ō, -um, -ō   SUPINE nuptum, -ū

Usage notes: passive may also be used impersonally.

Compounds and related words: **conubium, -i, n.** marriage; **nubilis, -e** marriageable; **nuptiae, -arum, f. pl.** marriage

Model sentence: ***Nubere** vis Prisco: non miror, Paula; sapisti. Ducere te non vult Priscus— et ille sapit.* —Martial

announce

ACTIVE		PASSIVE	
INDICATIVE			

Pres.
nuntiō	nuntiāmus	nuntior	nuntiāmur
nuntiās	nuntiātis	nuntiāris (-re)	nuntiāminī
nuntiat	nuntiant	nuntiātur	nuntiantur

Impf.
nuntiābam	nuntiābāmus	nuntiābar	nuntiābāmur
nuntiābās	nuntiābātis	nuntiābāris (-re)	nuntiābāminī
nuntiābat	nuntiābant	nuntiābātur	nuntiābantur

Fut.
nuntiābō	nuntiābimus	nuntiābor	nuntiābimur
nuntiābis	nuntiābitis	nuntiāberis (-re)	nuntiābiminī
nuntiābit	nuntiābunt	nuntiābitur	nuntiābuntur

Perf.
nuntiāvī	nuntiāvimus	nuntiātus sum	nuntiātī sumus
nuntiāvistī	nuntiāvistis	(-a, -um) es	(-ae, -a) estis
nuntiāvit	nuntiāvērunt (-ēre)	est	sunt

Plup.
nuntiāveram	nuntiāverāmus	nuntiātus eram	nuntiātī erāmus
nuntiāverās	nuntiāverātis	(-a, -um) erās	(-ae, -a) erātis
nuntiāverat	nuntiāverant	erat	erant

Fut.
Perf.
nuntiāverō	nuntiāverimus	nuntiātus erō	nuntiātī erimus
nuntiāveris	nuntiāveritis	(-a, -um) eris	(-ae, -a) eritis
nuntiāverit	nuntiāverint	erit	erunt

| **SUBJUNCTIVE** | | | |

Pres.
nuntiem	nuntiēmus	nuntier	nuntiēmur
nuntiēs	nuntiētis	nuntiēris (-re)	nuntiēminī
nuntiet	nuntient	nuntiētur	nuntientur

Impf.
nuntiārem	nuntiārēmus	nuntiārer	nuntiārēmur
nuntiārēs	nuntiārētis	nuntiārēris (-re)	nuntiārēminī
nuntiāret	nuntiārent	nuntiārētur	nuntiārentur

Perf.
nuntiāverim	nuntiāverimus	nuntiātus sim	nuntiātī sīmus
nuntiāveris	nuntiāveritis	(-a, -um) sīs	(-ae, a) sītis
nuntiāverit	nuntiāverint	sit	sint

Plup.
nuntiāvissem	nuntiāvissēmus	nuntiātus essem	nuntiātī essēmus
nuntiāvissēs	nuntiāvissētis	(-a, -um) essēs	(-ae, -a) essētis
nuntiāvisset	nuntiāvissent	esset	essent

| **IMPERATIVE** | | | |

Pres.
| nuntiā | nuntiāte | | |

| **INFINITIVE** | | | |

Pres.
| nuntiāre | | nuntiārī | |

Perf.
| nuntiāvisse | | nuntiātus (-a, -um) esse | |

Fut.
| nuntiātūrus (-a, -um) esse | | nuntiātum īrī | |

| **PARTICIPLE** | | | |

Pres.
| nuntians, (-ntis) | | | |

Perf.
| | | nuntiātus (-a, -um) | |

Fut.
| nuntiātūrus (-a, -um) | | nuntiandus (-a, -um) (GERUNDIVE) | |

GERUND nuntiandī, -ō, -um, -ō   SUPINE nuntiātum, -ū

Alternate forms: **nunctio** = nuntio

Compounds and related words: **denuntio (1)** to declare; **enuntio (1)** to report; **internuntius, -i, m.** messenger; **nuntius, -i, m.** messenger; **pronuntio (1)** to announce; **renuntio (1)** to report

Model sentence: *Utinam meus nunc mortuos pater ad me **nuntietur**. —Plautus*

nourish

ACTIVE PASSIVE

INDICATIVE

Pres.	nutriō	nutrīmus	nutrior	nutrīmur
	nutrīs	nutrītis	nutrīris (-re)	nutrīminī
	nutrit	nutriunt	nutrītur	nutriuntur
Impf.	nutriēbam	nutriēbāmus	nutriēbar	nutriēbāmur
	nutriēbās	nutriēbātis	nutriēbāris (-re)	nutriēbāminī
	nutriēbat	nutriēbant	nutriēbātur	nutriēbantur
Fut.	nutriam	nutriēmus	nutriar	nutriēmur
	nutriēs	nutriētis	nutriēris (-re)	nutriēminī
	nutriet	nutrient	nutriētur	nutrientur
Perf.	nutrīvī	nutrīvimus	nutrītus sum	nutrītī sumus
	nutrīvistī	nutrīvistis	(-a, -um) es	(-ae, -a) estis
	nutrīvit	nutrīvērunt (-ēre)	est	sunt
Plup.	nutrīveram	nutrīverāmus	nutrītus eram	nutrītī erāmus
	nutrīverās	nutrīverātis	(-a, -um) erās	(-ae, -a) erātis
	nutrīverat	nutrīverant	erat	erant
Fut.	nutrīverō	nutrīverimus	nutrītus erō	nutrītī erimus
Perf.	nutrīveris	nutrīveritis	(-a, -um) eris	(-ae, -a) eritis
	nutrīverit	nutrīverint	erit	erunt

SUBJUNCTIVE

Pres.	nutriam	nutriāmus	nutriar	nutriāmur
	nutriās	nutriātis	nutriāris (-re)	nutriāminī
	nutriat	nutriant	nutriātur	nutriantur
Impf.	nutrīrem	nutrīrēmus	nutrīrer	nutrīrēmur
	nutrīrēs	nutrīrētis	nutrīrēris (-re)	nutrīrēminī
	nutrīret	nutrīrent	nutrīrētur	nutrīrentur
Perf.	nutrīverim	nutrīverimus	nutrītus sim	nutrītī sīmus
	nutrīveris	nutrīveritis	(-a, -um) sīs	(-ae, -a) sītis
	nutrīverit	nutrīverint	sit	sint
Plup.	nutrīvissem	nutrīvissēmus	nutrītus essem	nutrītī essēmus
	nutrīvissēs	nutrīvissētis	(-a, -um) essēs	(-ae, -a) essētis
	nutrīvisset	nutrīvissent	esset	essent

IMPERATIVE

Pres.	nutrī	nutrīte	

INFINITIVE

Pres.	nutrīre	nutrīrī
Perf.	nutrīvisse	nutrītus (-a, -um) esse
Fut.	nutrītūrus (-a, -um) esse	nutrītum īrī

PARTICIPLE

Pres.	nutriens, (-ntis)	
Perf.		nutrītus (-a, -um)
Fut.	nutrītūrus (-a, -um)	nutriendus (-a, -um) (GERUNDIVE)

GERUND nutriendī, -ō, -um, -ō   SUPINE nutrītum, -ū

Alternate forms: **nutribant** = nutriebant; **nutribat** = nutriebat; **nutribo** = nutriam; **nutrii** = nutrivi; **nutrimus** = nutrivimus

Compounds and related words: **nutrimen, -minis, n.** nourishment; **nutrimentum, -i, n.** nourishment; **nutrito (1)** to nurse; **nutritor, -is, m.** breeder; **nutrix, -ticis, f.** nurse

Model sentence: *Balaenae mammis **nutriunt** fetus.* —Pliny

N

meet, perish

ACTIVE

INDICATIVE

Pres.	obeō	obīmus
	obīs	obītis
	obit	obeunt
Impf.	obībam	obībāmus
	obībās	obībātis
	obībat	obībant
Fut.	obībō	obībimus
	obībis	obībitis
	obībit	obībunt
Perf.	obiī	obiimus
	obiistī	obiistis
	obiit	obiērunt (-ēre)
Plup.	obieram	obierāmus
	obierās	obierātis
	obierat	obierant
Fut.	obierō	obierimus
Perf.	obieris	obieritis
	obierit	obierint

SUBJUNCTIVE

Pres.	obeam	obeāmus
	obeās	obeātis
	obeat	obeant
Impf.	obīrem	obīrēmus
	obīrēs	obīrētis
	obīret	obīrent
Perf.	obierim	obierimus
	obieris	obieritis
	obierit	obierint
Plup.	obīssem	obīssēmus
	obīssēs	obīssētis
	obīsset	obīssent

IMPERATIVE

Pres.	obī	obīte

INFINITIVE

Pres.	obīre
Perf.	obīsse
Fut.	obitūrus (-a, -um) esse

PARTICIPLE

	Active	Passive
Pres.	obiens, (-euntis)	
Perf.		obitus (-a, -um)
Fut.	obitūrus (-a, -um)	obeundus (-a, -um) (GERUNDIVE)

GERUND obeundī, -ō, -um, -ō   SUPINE obitum, -ū

Alternate forms: **obinunt** = obeunt; **obit** = obiit; **obivi** = obii
Compounds and related words: **obiter** in passing; **obitus, -us, m.** death
See **eo** for other compounds of this verb.
Model sentence: *Honeste vixit, honeste **obiit.*** —Petronius

throw in the way, expose, oppose

<table>
<tr><th colspan="2">ACTIVE</th><th colspan="2">PASSIVE</th></tr>
</table>

INDICATIVE

	ACTIVE		PASSIVE	
Pres.	obiciō	obicimus	obicior	obicimur
	obicis	obicitis	obiceris (-re)	obiciminī
	obicit	obiciunt	obicitur	obiciuntur
Impf.	obiciēbam	obiciēbāmus	obiciēbar	obiciēbāmur
	obiciēbās	obiciēbātis	obiciēbāris (-re)	obiciēbāminī
	obiciēbat	obiciēbant	obiciēbātur	obiciēbantur
Fut.	obiciam	obiciēmus	obiciar	obiciēmur
	obiciēs	obiciētis	obiciēris (-re)	obiciēminī
	obiciet	obicient	obiciētur	obicientur
Perf.	obiēcī	obiēcimus	obiectus sum	obiectī sumus
	obiēcistī	obiēcistis	(-a, -um) es	(-ae, -a) estis
	obiēcit	obiēcērunt (-ēre)	est	sunt
Plup.	obiēceram	obiēcerāmus	obiectus eram	obiectī erāmus
	obiēcerās	obiēcerātis	(-a, -um) erās	(-ae, -a) erātis
	obiēcerat	obiēcerant	erat	erant
Fut.	obiēcerō	obiēcerimus	obiectus erō	obiectī erimus
Perf.	obiēceris	obiēceritis	(-a, -um) eris	(-ae, -a) eritis
	obiēcerit	obiēcerint	erit	erunt

SUBJUNCTIVE

	ACTIVE		PASSIVE	
Pres.	obiciam	obiciāmus	obiciar	obiciāmur
	obiciās	obiciātis	obiciāris (-re)	obiciāminī
	obiciat	obiciant	obiciātur	obiciantur
Impf.	obicerem	obicerēmus	obicerer	obicerēmur
	obicerēs	obicerētis	obicerēris (-re)	obicerēminī
	obiceret	obicerent	obicerētur	obicerentur
Perf.	obiēcerim	obiēcerimus	obiectus sim	obiectī sīmus
	obiēceris	obiēceritis	(-a, -um) sīs	(-ae, -a) sītis
	obiēcerit	obiēcerint	sit	sint
Plup.	obiēcissem	obiēcissēmus	obiectus essem	obiectī essēmus
	obiēcissēs	obiēcissētis	(-a, -um) essēs	(-ae, -a) essētis
	obiēcisset	obiēcissent	esset	essent

IMPERATIVE

Pres.	obice	obicite

INFINITIVE

	ACTIVE	PASSIVE
Pres.	obicere	obicī
Perf.	obiēcisse	obiectus (-a, -um) esse
Fut.	obiectūrus (-a, -um) esse	obiectum īrī

PARTICIPLE

	ACTIVE	PASSIVE
Pres.	obiciens, (-ntis)	
Perf.		obiectus (-a, -um)
Fut.	obiectūrus (-a, -um)	obiciendus (-a, -um) (GERUNDIVE)

GERUND obiciendī, -ō, -um, -ō   SUPINE obiectum, -ū

Alternate forms: **obiexim** = obiecerim; **obiexis** = obieceris
Compounds and related words: **obiecto (1)** to throw in the way; **obiectus, -us, m.** opposition
Model sentence: *Alpium vallum contra ascensum transgressionemque Gallorum* **obicio** *et*
  oppono. —Cicero

forget

ACTIVE

INDICATIVE

Pres.	oblīviscor	oblīviscimur
	oblīvisceris (-re)	oblīvisciminī
	oblīviscitur	oblīviscuntur
Impf.	oblīviscēbar	oblīviscēbāmur
	oblīviscēbāris (-re)	oblīviscēbāminī
	oblīviscēbātur	oblīviscēbantur
Fut.	oblīviscar	oblīviscēmur
	oblīviscēris (-re)	oblīviscēminī
	oblīviscētur	oblīviscentur

Perf.	oblītus	sum	oblītī	sumus
	(-a, -um)	es	(-ae, -a)	estis
		est		sunt
Plup.	oblītus	eram	oblītī	erāmus
	(-a, -um)	erās	(-ae, -a)	erātis
		erat		erant
Fut.	oblītus	erō	oblītī	erimus
Perf.	(-a, -um)	eris	(-ae, -a)	eritis
		erit		erunt

SUBJUNCTIVE

Pres.	oblīviscar	oblīviscāmur
	oblīviscāris (-re)	oblīviscāminī
	oblīviscātur	oblīviscantur
Impf.	oblīviscerer	oblīviscerēmur
	oblīviscerēris (-re)	oblīviscerēminī
	oblīviscerētur	oblīviscerentur

Perf.	oblītus	sim	oblītī	sīmus
	(-a, -um)	sīs	(-ae, -a)	sītis
		sit		sint
Plup.	oblītus	essem	oblītī	essēmus
	(-a, -um)	essēs	(-ae, -a)	essētis
		esset		essent

IMPERATIVE

| *Pres.* | oblīviscere | oblīvisciminī |

INFINITIVE

Pres.	oblīviscī
Perf.	oblītus (-a, -um) esse
Fut.	oblītūrus (-a, -um) esse

PARTICIPLE

	Active	Passive
Pres.	oblīviscens, (-ntis)	
Perf.	oblītus (-a, -um)	
Fut.	oblītūrus (-a, -um)	oblīviscendus (-a, -um) (GERUNDIVE)

GERUND oblīviscendī, -ō, -um, -ō   SUPINE oblītum, -ū

Usage notes: generally used with the **genitive**
Alternate forms: **obliscier** = oblivisci
Compounds and related words: **oblivio, -onis, f.** forgetfulness
Model sentence: *Vivorum memini, nec tamen Epicuri licet **oblivisci**.* —Cicero

be against, hinder, injure

ACTIVE

INDICATIVE

Pres.	obsum	obsumus
	obes	obestis
	obest	obsunt
Impf.	oberam	oberāmus
	oberās	oberātis
	oberat	oberant
Fut.	oberō	oberimus
	oberis	oberitis
	oberit	oberunt
Perf.	offuī	offuimus
	offuistī	offuistis
	offuit	offuērunt (-ēre)
Plup.	offueram	offuerāmus
	offuerās	offuerātis
	offuerat	offuerant
Fut.	offuerō	offuerimus
Perf.	offueris	offueritis
	offuerit	offuerint

SUBJUNCTIVE

Pres.	obsim	obsīmus
	obsīs	obsītis
	obsit	obsint
Impf.	obessem	obessēmus
	obessēs	obessētis
	obesset	obessent
Perf.	offuerim	offuerimus
	offueris	offueritis
	offuerit	offuerint
Plup.	offuissem	offuissēmus
	offuissēs	offuissētis
	offuisset	offuissent

IMPERATIVE

Pres.	obes	obeste

INFINITIVE

Pres.	obesse
Perf.	offuisse
Fut.	offutūrus (-a, -um) esse

PARTICIPLE

Pres.	
Perf.	
Fut.	offutūrus (-a, -um)

GERUND   SUPINE

Usage notes: generally used with the **dative**
Alternate forms: **obescet** = oberit; **obfui** = offui
See **sum** for other compounds of this verb.
Model sentence: ***Obsunt** auctoribus artes.* —Ovid

kill

	ACTIVE		PASSIVE	
		INDICATIVE		
Pres.	occīdō	occīdimus	occīdor	occīdimur
	occīdis	occīditis	occīderis (-re)	occīdiminī
	occīdit	occīdunt	occīditur	occīduntur
Impf.	occīdēbam	occīdēbāmus	occīdēbar	occīdēbāmur
	occīdēbās	occīdēbātis	occīdēbāris (-re)	occīdēbāminī
	occīdēbat	occīdēbant	occīdēbātur	occīdēbantur
Fut.	occīdam	occīdēmus	occīdar	occīdēmur
	occīdēs	occīdētis	occīdēris (-re)	occīdēminī
	occīdet	occīdent	occīdētur	occīdentur
Perf.	occīdī	occīdimus	occīsus sum	occīsī sumus
	occīdistī	occīdistis	(-a, -um) es	(-ae, -a) estis
	occīdit	occīdērunt (-ēre)	est	sunt
Plup.	occīderam	occīderāmus	occīsus eram	occīsī erāmus
	occīderās	occīderātis	(-a, -um) erās	(-ae, -a) erātis
	occīderat	occīderant	erat	erant
Fut.	occīderō	occīderimus	occīsus erō	occīsī erimus
Perf.	occīderis	occīderitis	(-a, -um) eris	(-ae, -a) eritis
	occīderit	occīderint	erit	erunt
		SUBJUNCTIVE		
Pres.	occīdam	occīdāmus	occīdar	occīdāmur
	occīdās	occīdātis	occīdāris (-re)	occīdāminī
	occīdat	occīdant	occīdātur	occīdantur
Impf.	occīderem	occīderēmus	occīderer	occīderēmur
	occīderēs	occīderētis	occīderēris (-re)	occīderēminī
	occīderet	occīderent	occīderētur	occīderentur
Perf.	occīderim	occīderimus	occīsus sim	occīsī sīmus
	occīderis	occīderitis	(-a, -um) sīs	(-ae, -a) sītis
	occīderit	occīderint	sit	sint
Plup.	occīdissem	occīdissēmus	occīsus essem	occīsī essēmus
	occīdissēs	occīdissētis	(-a, -um) essēs	(-ae, -a) essētis
	occīdisset	occīdissent	esset	essent
		IMPERATIVE		
Pres.	occīde	occīdite		
		INFINITIVE		
Pres.	occīdere		occīdī	
Perf.	occīdisse		occīsus (-a, -um) esse	
Fut.	occīsūrus (-a, -um) esse		occīsum īrī	
		PARTICIPLE		
Pres.	occīdens, (-ntis)			
Perf.			occīsus (-a, -um)	
Fut.	occīsūrus (-a, -um)		occīdendus (-a, -um) (GERUNDIVE)	

GERUND occīdendī, -ō, -um, -ō   SUPINE occīsum, -ū

Alternate forms: **obcido** = occido; **occisit** = occiderit
Compounds and related words: **occidio, -onis, f.** slaughter; **occisio, -onis, f.** slaughter;
    occisor, -is, m. murderer
See **caedo** for other compounds of this verb.
Model sentence: *Ipse pro castris fortissime pugnans occiditur.* —Caesar

conceal

<table>
<tr><th colspan="2" align="center">ACTIVE</th><th colspan="2" align="center">PASSIVE</th></tr>
</table>

INDICATIVE

	ACTIVE		PASSIVE	
Pres.	occulō	occulimus	occulor	occulimur
	occulis	occulitis	occuleris (-re)	occuliminī
	occulit	occulunt	occulitur	occuluntur
Impf.	occulēbam	occulēbāmus	occulēbar	occulēbāmur
	occulēbās	occulēbātis	occulēbāris (-re)	occulēbāminī
	occulēbat	occulēbant	occulēbātur	occulēbantur
Fut.	occulam	occulēmus	occular	occulēmur
	occulēs	occulētis	occulēris (-re)	occulēminī
	occulet	occulent	occulētur	occulentur
Perf.	occuluī	occuluimus	occultus sum	occultī sumus
	occuluistī	occuluistis	(-a, -um) es	(-ae, -a) estis
	occuluit	occuluērunt (-ēre)	est	sunt
Plup.	occulueram	occuluerāmus	occultus eram	occultī erāmus
	occuluerās	occuluerātis	(-a, -um) erās	(-ae, -a) erātis
	occuluerat	occuluerant	erat	erant
Fut.	occuluerō	occuluerimus	occultus erō	occultī erimus
Perf.	occulueris	occulueritis	(-a, -um) eris	(-ae, -a) eritis
	occuluerit	occuluerint	erit	erunt

SUBJUNCTIVE

	ACTIVE		PASSIVE	
Pres.	occulam	occulāmus	occular	occulāmur
	occulās	occulātis	occulāris (-re)	occulāminī
	occulat	occulant	occulātur	occulantur
Impf.	occulerem	occulerēmus	occulerer	occulerēmur
	occulerēs	occulerētis	occulerēris (-re)	occulerēminī
	occuleret	occulerent	occulerētur	occulerentur
Perf.	occuluerim	occuluerimus	occultus sim	occultī sīmus
	occulueris	occulueritis	(-a, -um) sīs	(-ae, -a) sītis
	occuluerit	occuluerint	sit	sint
Plup.	occuluissem	occuluissēmus	occultus essem	occultī essēmus
	occuluissēs	occuluissētis	(-a, -um) essēs	(-ae, -a) essētis
	occuluisset	occuluissent	esset	essent

IMPERATIVE

	ACTIVE			
Pres.	occule	occulite		

INFINITIVE

	ACTIVE	PASSIVE
Pres.	occulere	occulī
Perf.	occuluisse	occultus (-a, -um) esse
Fut.	occultūrus (-a, -um) esse	occultum īrī

PARTICIPLE

	ACTIVE	PASSIVE
Pres.	occulens, (-ntis)	
Perf.		occultus (-a, -um)
Fut.	occultūrus (-a, -um)	occulendus (-a, -um) (GERUNDIVE)

GERUND occulendī, -ō, -um, -ō   SUPINE occultum, -ū

Alternate forms: **obculo** = occulo; **occulerat** = occuluerat
Compounds and related words: **occulto (1)** to hide; **occultus, -a, -um** hidden
Model sentence: *Feminae parietum umbris occuluntur.* —Cicero

seize

	ACTIVE		PASSIVE	
		INDICATIVE		
Pres.	occupō	occupāmus	occupor	occupāmur
	occupās	occupātis	occupāris (-re)	occupāminī
	occupat	occupant	occupātur	occupant
Impf.	occupābam	occupābāmus	occupābar	occupābāmur
	occupābās	occupābātis	occupābāris (-re)	occupābāminī
	occupābat	occupābant	occupābātur	occupābantur
Fut.	occupābō	occupābimus	occupābor	occupābimur
	occupābis	occupābitis	occupāberis (-re)	occupābiminī
	occupābit	occupābunt	occupābitur	occupābuntur
Perf.	occupāvī	occupāvimus	occupātus sum	occupātī sumus
	occupāvistī	occupāvistis	(-a, -um) es	(-ae, -a) estis
	occupāvit	occupāvērunt (-ēre)	est	sunt
Plup.	occupāveram	occupāverāmus	occupātus eram	occupātī erāmus
	occupāverās	occupāverātis	(-a, -um) erās	(-ae, -a) erātis
	occupāverat	occupāverant	erat	erant
Fut.	occupāverō	occupāverimus	occupātus erō	occupātī erimus
Perf.	occupāveris	occupāveritis	(-a, -um) eris	(-ae, -a) eritis
	occupāverit	occupāverint	erit	erunt
		SUBJUNCTIVE		
Pres.	occupem	occupēmus	occuper	occupēmur
	occupēs	occupētis	occupēris (-re)	occupēminī
	occupet	occupent	occupētur	occupentur
Impf.	occupārem	occupārēmus	occupārer	occupārēmur
	occupārēs	occupārētis	occupārēris (-re)	occupārēminī
	occupāret	occupārent	occupārētur	occupārentur
Perf.	occupāverim	occupāverimus	occupātus sim	occupātī sīmus
	occupāveris	occupāveritis	(-a, -um) sīs	(-ae, -a) sītis
	occupāverit	occupāverint	sit	sint
Plup.	occupāvissem	occupāvissēmus	occupātus essem	occupātī essēmus
	occupāvissēs	occupāvissētis	(-a, -um) essēs	(-ae, -a) essētis
	occupāvisset	occupāvissent	esset	essent
		IMPERATIVE		
Pres.	occupā	occupāte		
		INFINITIVE		
Pres.	occupāre		occupārī	
Perf.	occupāvisse		occupātus (-a, -um) esse	
Fut.	occupātūrus (-a, -um) esse		occupātum īrī	
		PARTICIPLE		
Pres.	occupans, (-ntis)			
Perf.			occupātus (-a, -um)	
Fut.	occupātūrus (-a, -um)		occupandus (-a, -um) (GERUNDIVE)	

GERUND occupāndī, -ō, -um, -ō   SUPINE occupātum, -ū

Alternate forms: **occupassis** = occupaveris; **occupassit** = occupaverit
Compounds and related words: **occupatio, -onis, f.** occupation; **occupatus, -a, -um** busy
Model sentence: *Totam Italiam suis praesidiis obsidere atque **occupare** cogitat.* —Cicero

meet, counter, occur

ACTIVE			PASSIVE
INDICATIVE			

Pres.	occurrō	occurrimus	
	occurris	occurritis	
	occurrit	occurrunt	occurritur (Impers.)
Impf.	occurrēbam	occurrēbāmus	
	occurrēbās	occurrēbātis	
	occurrēbat	occurrēbant	occurrēbātur (Impers.)
Fut.	occurram	occurrēmus	
	occurrēs	occurrētis	
	occurret	occurrent	occurrētur (Impers.)
Perf.	occurrī	occurrimus	
	occurristī	occurristis	
	occurrit	occurrērunt (-ēre)	occursum est (Impers.)
Plup.	occurreram	occurrerāmus	
	occurrerās	occurrerātis	
	occurrerat	occurrerant	occursum erat (Impers.)
Fut.	occurrerō	occurrerimus	
Perf.	occurreris	occurreritis	
	occurrerit	occurrerint	occursum erit (Impers.)
SUBJUNCTIVE			
Pres.	occurram	occurrāmus	
	occurrās	occurrātis	
	occurrat	occurrant	occurrātur (Impers.)
Impf.	occurrerem	occurrerēmus	
	occurrerēs	occurrerētis	
	occurreret	occurrerent	occurrerētur (Impers.)
Perf.	occurrerim	occurrerimus	
	occurreris	occurreritis	
	occurrerit	occurrerint	occursum sit (Impers.)
Plup.	occurrissem	occurrissēmus	
	occurrissēs	occurrissētis	
	occurrisset	occurrissent	occursum esset (Impers.)
IMPERATIVE			
Pres.	occurre	occurrite	
INFINITIVE			
Pres.	occurrere		occurrī
Perf.	occurrisse		occursus (-a, -um) esse
Fut.	occursūrus (-a, -um) esse		occursum īrī
PARTICIPLE			
Pres.	occurrens, (-ntis)		
Perf.			occursus (-a, -um)
Fut.	occursūrus (-a, -um)		occurrendus (-a, -um) (GERUNDIVE)

GERUND occurrendī, -ō, -um, -ō   SUPINE occursum, -ū

Usage notes: generally used with the **dative**
Alternate forms: **obcucurri** = occurri; **obcurro** = occurro; **occecurri** = occurri
Compounds and related words: **occursatio, -onis, f.** attention; **occurso (1)** to go to meet; **occursus, -us, m.** meeting
See **curro** for other compounds of this verb.
Model sentence: *Duabus Fabianis legionibus occurrit.* —Caesar

hate (Perfect in form, Present in meaning)

ACTIVE

INDICATIVE

Pres.

Impf.

Fut.

Perf.	ōdī	ōdimus
	ōdistī	ōdistis
	ōdit	ōdērunt (-ēre)
Plup.	ōderam	ōderāmus
	ōderās	ōderātis
	ōderat	ōderant
Fut.	ōderō	ōderimus
Perf.	ōderis	ōderitis
	ōderit	ōderint

SUBJUNCTIVE

Pres.

Impf.

Perf.	ōderim	ōderimus
	ōderis	ōderitis
	ōderit	ōderint
Plup.	ōdissem	ōdissēmus
	ōdissēs	ōdissētis
	ōdisset	ōdissent

IMPERATIVE

Pres.

INFINITIVE

Pres.
Perf. ōdisse
Fut.

PARTICIPLE

Pres.
Perf.
Fut.

GERUND   SUPINE

Alternate forms: **oderem** = odissem; **odiant** = oderint; **odiebant** = odissent; **odiendi** (ger.); **odientes** (pres. part); **odies** = oderis; **odiet** = oderit; **odio** = odi; **odiremur** (impf.); **oditur** (pres. ind. pass.); **odivi** = odi; **odivit** = odit; **osus sum** = odi

Compounds and related words: **odiosus, -a, -um** hateful; **odium, -i, n.** hatred

Model sentence: *Proprium humani ingenii est **odisse** quem laeseris.* —Tacitus

bring before, offer, cause

<table>
<tr><td colspan="2" align="center">**ACTIVE**</td><td colspan="2" align="center">**PASSIVE**</td></tr>
<tr><td colspan="4" align="center">**INDICATIVE**</td></tr>
<tr><td>*Pres.*</td><td>offerō
offers
offert</td><td>offerimus
offertis
offerunt</td><td>offeror
offerris (-re)
offertur</td><td>offerimur
offeriminī
offeruntur</td></tr>
<tr><td>*Impf.*</td><td>offerēbam
offerēbās
offerēbat</td><td>offerēbāmus
offerēbātis
offerēbant</td><td>offerēbar
offerēbāris (-re)
offerēbātur</td><td>offerēbāmur
offerēbāminī
offerēbantur</td></tr>
<tr><td>*Fut.*</td><td>offeram
offerēs
offeret</td><td>offerēmus
offerētis
offerent</td><td>offerar
offerēris (-re)
offerētur</td><td>offerēmur
offerēminī
offerentur</td></tr>
<tr><td>*Perf.*</td><td>obtulī
obtulistī
obtulit</td><td>obtulimus
obtulistis
obtulērunt (-ēre)</td><td>oblātus sum
(-a, -um) es
est</td><td>oblātī sumus
(-ae, -a) estis
sunt</td></tr>
<tr><td>*Plup.*</td><td>obtuleram
obtulerās
obtulerat</td><td>obtulerāmus
obtulerātis
obtulerant</td><td>oblātus eram
(-a, -um) erās
erat</td><td>oblātī erāmus
(-ae, -a) erātis
erant</td></tr>
<tr><td>*Fut.*
Perf.</td><td>obtulerō
obtuleris
obtulerit</td><td>obtulerimus
obtuleritis
obtulerint</td><td>oblātus erō
(-a, -um) eris
erit</td><td>oblātī erimus
(-ae, -a) eritis
erunt</td></tr>
<tr><td colspan="4" align="center">**SUBJUNCTIVE**</td></tr>
<tr><td>*Pres.*</td><td>offeram
offerās
offerat</td><td>offerāmus
offerātis
offerant</td><td>offerar
offerāris (-re)
offerātur</td><td>offerāmur
offerāminī
offerantur</td></tr>
<tr><td>*Impf.*</td><td>offerrem
offerrēs
offerret</td><td>offerrēmus
offerrētis
offerrent</td><td>offerrer
offerrēris (-re)
offerrētur</td><td>offerrēmur
offerrēminī
offerrentur</td></tr>
<tr><td>*Perf.*</td><td>obtulerim
obtuleris
obtulerit</td><td>obtulerimus
obtuleritis
obtulerint</td><td>oblātus sim
(-a, -um) sīs
sit</td><td>oblātī sīmus
(-ae, -a) sītis
sint</td></tr>
<tr><td>*Plup.*</td><td>obtulissem
obtulissēs
obtulisset</td><td>obtulissēmus
obtulissētis
obtulissent</td><td>oblātus essem
(-a, -um) essēs
esset</td><td>oblātī essēmus
(-ae, -a) essētis
essent</td></tr>
<tr><td colspan="4" align="center">**IMPERATIVE**</td></tr>
<tr><td>*Pres.*</td><td>offer</td><td>offerte</td><td></td><td></td></tr>
<tr><td colspan="4" align="center">**INFINITIVE**</td></tr>
<tr><td>*Pres.*
Perf.
Fut.</td><td colspan="2">offerre
obtulisse
oblātūrus (-a, -um) esse</td><td colspan="2">offerrī
oblātus (-a, -um) esse
oblātum īrī</td></tr>
<tr><td colspan="4" align="center">**PARTICIPLE**</td></tr>
<tr><td>*Pres.*
Perf.
Fut.</td><td colspan="2">offerens, (-ntis)

oblātūrus (-a, -um)</td><td colspan="2">
oblātus (-a, -um)
offerendus (-a, -um) (GERUNDIVE)</td></tr>
</table>

GERUND offerendī, -ō, -um, -ō   SUPINE oblātum, -ū

Alternate forms: **obfero** = offero
Compounds and related words: **offerumenta, -ae, f.** a present
See **fero** for other compounds of this verb.
Model sentence: *Strictam aciem venientibus offert.* —Vergil

O

busy oneself

ACTIVE

INDICATIVE

Pres.	operor	operāmur
	operāris (-re)	operāminī
	operātur	operantur
Impf.	operābar	operābāmur
	operābāris (-re)	operābāminī
	operābātur	operābantur
Fut.	operābor	operābimur
	operāberis (-re)	operābiminī
	operābitur	operābuntur
Perf.	operātus sum	operātī sumus
	(-a, -um) es	(-ae, -a) estis
	est	sunt
Plup.	operātus eram	operātī erāmus
	(-a, -um) erās	(-ae, -a) erātis
	erat	erant
Fut.	operātus erō	operātī erimus
Perf.	(-a, -um) eris	(-ae, -a) eritis
	erit	erunt

SUBJUNCTIVE

Pres.	operer	operēmur
	operēris (-re)	operēminī
	operētur	operentur
Impf.	operārer	operārēmur
	operārēris (-re)	operārēminī
	operārētur	operārentur
Perf.	operātus sim	operātī sīmus
	(-a, -um) sīs	(-ae, -a) sītis
	sit	sint
Plup.	operātus essem	operātī essēmus
	(-a, -um) essēs	(-ae, -a) essētis
	esset	essent

IMPERATIVE

Pres.	operāre	operāminī

INFINITIVE

Pres.	operārī
Perf.	operātus (-a, -um) esse
Fut.	operātūrus (-a, -um) esse

PARTICIPLE

	Active	Passive
Pres.	operans, (-ntis)	
Perf.	operātus (-a, -um)	
Fut.	operātūrus (-a, -um)	operandus (-a, -um) (GERUNDIVE)

GERUND operandī, -ō, -um, -ō   SUPINE operātum, -ū

Alternate forms: **opero** = operor
Compounds and related words: **opera, -ae, f.** work; **operosus, -a, -um** laborious; **opus, operis, n.** work
Model sentence: *Seniores apes intus **operantur**.* —Pliny

is fitting, ought (Impers.)

ACTIVE

INDICATIVE

Pres.

      oportet

Impf.

      oportēbat

Fut.

      oportēbit

Perf.

      oportuit

Plup.

      oportuerat

Fut.
Perf.

      oportuerit

SUBJUNCTIVE

Pres.

      oporteat

Impf.

      oportēret

Perf.

      oportuerit

Plup.

      oportuisset

IMPERATIVE

Pres.

INFINITIVE

Pres.   oportēre
Perf.   oportuisse
Fut.

PARTICIPLE

Pres.
Perf.
Fut.

GERUND   SUPINE

Usage notes: impersonal
Model sentence: *Mendacem memorem esse* **oportet.** —Quintilian

361

crush, surprise

ACTIVE		PASSIVE	
INDICATIVE			

	ACTIVE		PASSIVE	
Pres.	opprimō	opprimimus	opprimor	opprimimur
	opprimis	opprimitis	opprimeris (-re)	opprimiminī
	opprimit	opprimunt	opprimitur	opprimuntur
Impf.	opprimēbam	opprimēbāmus	opprimēbar	opprimēbāmur
	opprimēbās	opprimēbātis	opprimēbāris (-re)	opprimēbāminī
	opprimēbat	opprimēbant	opprimēbātur	opprimēbantur
Fut.	opprimam	opprimēmus	opprimar	opprimēmur
	opprimēs	opprimētis	opprimēris (-re)	opprimēminī
	opprimet	oppriment	opprimētur	opprimentur
Perf.	oppressī	oppressimus	oppressus sum	oppressī sumus
	oppressistī	oppressistis	(-a, -um) es	(-ae, -a) estis
	oppressit	oppressērunt (-ēre)	est	sunt
Plup.	oppresseram	oppresserāmus	oppressus eram	oppressī erāmus
	oppresserās	oppresserātis	(-a, -um) erās	(-ae, -a) erātis
	oppresserat	oppresserant	erat	erant
Fut.	oppresserō	oppresserimus	oppressus erō	oppressī erimus
Perf.	oppresseris	oppresseritis	(-a, -um) eris	(-ae, -a) eritis
	oppresserit	oppresserint	erit	erunt

SUBJUNCTIVE			

	ACTIVE		PASSIVE	
Pres.	opprimam	opprimāmus	opprimar	opprimāmur
	opprimās	opprimātis	opprimāris (-re)	opprimāminī
	opprimat	opprimant	opprimātur	opprimantur
Impf.	opprimerem	opprimerēmus	opprimerer	opprimerēmur
	opprimerēs	opprimerētis	opprimerēris (-re)	opprimerēminī
	opprimeret	opprimerent	opprimerētur	opprimerentur
Perf.	oppresserim	oppresserimus	oppressus sim	oppressī sīmus
	oppresseris	oppresseritis	(-a, -um) sīs	(-ae, -a) sītis
	oppresserit	oppresserint	sit	sint
Plup.	oppressissem	oppressissēmus	oppressus essem	oppressī essēmus
	oppressissēs	oppressissētis	(-a, -um) essēs	(-ae, -a) essētis
	oppressisset	oppressissent	esset	essent

IMPERATIVE			
Pres.	opprime	opprimite		

INFINITIVE			
Pres.	opprimere		opprimī	
Perf.	oppressisse		oppressus (-a, -um) esse	
Fut.	oppressūrus (-a, -um) esse		oppressum īrī	

PARTICIPLE			
Pres.	opprimens, (-ntis)			
Perf.			oppressus (-a, -um)	
Fut.	oppressūrus (-a, -um)		opprimendus (-a, -um) (GERUNDIVE)	

GERUND opprimendī, -ō, -um, -ō   SUPINE oppressum, -ū

Alternate forms: **obpressi** = obpressi; **obpressus** = oppressus; **obprimo** = opprimo
Compounds and related words: **oppressio, -onis, f.** oppression
See **premo** for other compounds of this verb.
Model sentence: *Suos quisque opprimi et circumveniri non patitur.* —Caesar

choose, wish for

ACTIVE　　　　　　　　　　　　　PASSIVE

INDICATIVE

Pres.	optō	optāmus		optor	optāmur
	optās	optātis		optāris (-re)	optāminī
	optat	optant		optātur	optantur
Impf.	optābam	optābāmus		optābar	optābāmur
	optābās	optābātis		optābāris (-re)	optābāminī
	optābat	optābant		optābātur	optābantur
Fut.	optābō	optābimus		optābor	optābimur
	optābis	optābitis		optāberis (-re)	optābiminī
	optābit	optābunt		optābitur	optābuntur
Perf.	optāvī	optāvimus		optātus　sum	optātī　sumus
	optāvistī	optāvistis		(-a, -um) es	(-ae, -a) estis
	optāvit	optāvērunt (-ēre)		est	sunt
Plup.	optāveram	optāverāmus		optātus　eram	optātī　erāmus
	optāverās	optāverātis		(-a, -um) erās	(-ae, -a) erātis
	optāverat	optāverant		erat	erant
Fut.	optāverō	optāverimus		optātus　erō	optātī　erimus
Perf.	optāveris	optāveritis		(-a, -um) eris	(-ae, -a) eritis
	optāverit	optāverint		erit	erunt

SUBJUNCTIVE

Pres.	optem	optēmus		opter	optēmur
	optēs	optētis		optēris (-re)	optēminī
	optet	optent		optētur	optentur
Impf.	optārem	optārēmus		optārer	optārēmur
	optārēs	optārētis		optārēris (-re)	optārēminī
	optāret	optārent		optārētur	optārentur
Perf.	optāverim	optāverimus		optātus　sim	optātī　sīmus
	optāveris	optāveritis		(-a, -um) sīs	(-ae, -a) sītis
	optāverit	optāverint		sit	sint
Plup.	optāvissem	optāvissēmus		optātus　essem	optātī　essēmus
	optāvissēs	optāvissētis		(-a, -um) essēs	(-ae, -a) essētis
	optāvisset	optāvissent		esset	essent

IMPERATIVE

Pres.	optā	optāte

INFINITIVE

Pres.	optāre	optārī
Perf.	optāvisse	optātus (-a, -um) esse
Fut.	optātūrus (-a, -um) esse	optātum īrī

PARTICIPLE

Pres.	optans, (-ntis)	
Perf.		optātus (-a, -um)
Fut.	optātūrus (-a, -um)	optandus (-a, -um) (GERUNDIVE)

GERUND optandī, -ō, -um, -ō　SUPINE optātum, -ū

Alternate forms: **optassis** = optaveris
Compounds and related words: **optabilis, -e** desirable; **optatio, -onis, f.** wish; **optio, -onis, f.** choice;
　optivus, -a, -um chosen
Model sentence: *Summum nec metuas diem nec **optes.*** —Martial

rise

ACTIVE

INDICATIVE

Pres.	orior	orīmur
	orīris (-re)	orīminī
	orītur	oriuntur
Impf.	oriēbar	oriēbāmur
	oriēbāris (-re)	oriēbāminī
	oriēbātur	oriēbantur
Fut.	oriar	oriēmur
	oriēris (-re)	oriēminī
	oriētur	orientur
Perf.	ortus sum	ortī sumus
	(-a, -um) es	(-ae, -a) estis
	est	sunt
Plup.	ortus eram	ortī erāmus
	(-a, -um) erās	(-ae, -a) erātis
	erat	erant
Fut.	ortus erō	ortī erimus
Perf.	(-a, -um) eris	(-ae, -a) eritis
	erit	erunt

SUBJUNCTIVE

Pres.	oriar	oriāmur
	oriāris (-re)	oriāminī
	oriātur	oriantur
Impf.	orīrer	orīrēmur
	orīrēris (-re)	orīrēminī
	orīrētur	orīrentur
Perf.	ortus sim	ortī sīmus
	(-a, -um) sīs	(-ae, -a) sītis
	sit	sint
Plup.	ortus essem	ortī essēmus
	(-a, -um) essēs	(-ae, -a) essētis
	esset	essent

IMPERATIVE

| *Pres.* | orīre | orīminī |

INFINITIVE

Pres.	orīrī
Perf.	ortus (-a, -um) esse
Fut.	ortūrus (-a, -um) esse

PARTICIPLE

Pres.	oriens, (-ntis)
Perf.	ortus (-a, -um)
Fut.	ortūrus (-a, -um)

GERUND oriendī, -ō, -um, -ō   SUPINE ortum, -ū

Alternate forms: **orere** = orire; **oreretur** = oriretur; **oreris** = orieris; **oriturus** = orturus
Compounds and related words: **aborior (4)** to set; **adorior (4)** to attack; **coorior (4)** to appear;
   exordium, -i, n. beginning; **exorior (4)** to start; **oriundus, -a, -um** arising from; **ortus, -us, m.** origin
Model sentence: *Quis vetat et stellas, quaeque **oritur**que caditque, dicere?* —Ovid

beg, plead

ACTIVE   PASSIVE

INDICATIVE

Pres.	ōrō	ōrāmus		ōror	ōrāmur
	ōrās	ōrātis		ōrāris (-re)	ōrāminī
	ōrat	ōrant		ōrātur	ōrantur
Impf.	ōrābam	ōrābāmus		ōrābar	ōrābāmur
	ōrābās	ōrābātis		ōrābāris (-re)	ōrābāminī
	ōrābat	ōrābant		ōrābātur	ōrābantur
Fut.	ōrābō	ōrābimus		ōrābor	ōrābimur
	ōrābis	ōrābitis		ōrāberis (-re)	ōrābiminī
	ōrābit	ōrābunt		ōrābitur	ōrābuntur

Perf.	ōrāvī	ōrāvimus		ōrātus	sum	ōrātī	sumus
	ōrāvistī	ōrāvistis		(-a, -um)	es	(-ae, -a)	estis
	ōrāvit	ōrāvērunt (-ēre)			est		sunt
Plup.	ōrāveram	ōrāverāmus		ōrātus	eram	ōrātī	erāmus
	ōrāverās	ōrāverātis		(-a, -um)	erās	(-ae, -a)	erātis
	ōrāverat	ōrāverant			erat		erant
Fut.	ōrāverō	ōrāverimus		ōrātus	erō	ōrātī	erimus
Perf.	ōrāveris	ōrāveritis		(-a, -um)	eris	(-ae, -a)	eritis
	ōrāverit	ōrāverint			erit		erunt

SUBJUNCTIVE

Pres.	ōrem	ōrēmus		ōrer	ōrēmur
	ōrēs	ōrētis		ōrēris (-re)	ōrēminī
	ōret	ōrent		ōrētur	ōrentur
Impf.	ōrārem	ōrārēmus		ōrārer	ōrārēmur
	ōrārēs	ōrārētis		ōrārēris (-re)	ōrārēminī
	ōrāret	ōrārent		ōrārētur	ōrārentur

Perf.	ōrāverim	ōrāverimus		ōrātus	sim	ōrātī	sīmus
	ōrāveris	ōrāveritis		(-a, -um)	sīs	(-ae, -a)	sītis
	ōrāverit	ōrāverint			sit		sint
Plup.	ōrāvissem	ōrāvissēmus		ōrātus	essem	ōrātī	essēmus
	ōrāvissēs	ōrāvissētis		(-a, -um)	essēs	(-ae, -a)	essētis
	ōrāvisset	ōrāvissent			esset		essent

IMPERATIVE

Pres.	ōrā	ōrāte		

INFINITIVE

Pres.	ōrāre		ōrārī
Perf.	ōrāvisse		ōrātus (-a, -um) esse
Fut.	ōrātūrus (-a, -um) esse		ōrātum īrī

PARTICIPLE

Pres.	ōrans, (-ntis)		
Perf.			ōrātus (-a, -um)
Fut.	ōrātūrus (-a, -um)		ōrandus (-a, -um) (GERUNDIVE)

GERUND ōrandī, -ō, -um, -ō   SUPINE ōrātum, -ū

Alternate forms: **orassis** = oraveris
Compounds and related words: **adoro (1)** to revere; **exoro (1)** to persuade; **oraculum, -i, n.** oracle;
    oratio, -onis, f. speech; **orator, -is, m.** orator; **oratorius, -a, -um** oratorical; **os, oris, n.** mouth
Model sentence: *Adnuit oranti Neptunus et abstulit illis.* —Ovid

show, hold out

ACTIVE		PASSIVE	
INDICATIVE			

Pres.	ostendō	ostendimus	ostendor	ostendimur
	ostendis	ostenditis	ostenderis (-re)	ostendiminī
	ostendit	ostendunt	ostenditur	ostenduntur
Impf.	ostendēbam	ostendēbāmus	ostendēbar	ostendēbāmur
	ostendēbās	ostendēbātis	ostendēbāris (-re)	ostendēbāminī
	ostendēbat	ostendēbant	ostendēbātur	ostendēbantur
Fut.	ostendam	ostendēmus	ostendar	ostendēmur
	ostendēs	ostendētis	ostendēris (-re)	ostendēminī
	ostendet	ostendent	ostendētur	ostendentur
Perf.	ostendī	ostendimus	ostentus sum	ostentī sumus
	ostendistī	ostendistis	(-a, -um) es	(-ae, -a) estis
	ostendit	ostendērunt (-ēre)	est	sunt
Plup.	ostenderam	ostenderāmus	ostentus eram	ostentī erāmus
	ostenderās	ostenderātis	(-a, -um) erās	(-ae, -a) erātis
	ostenderat	ostenderant	erat	erant
Fut.	ostenderō	ostenderimus	ostentus erō	ostentī erimus
Perf.	ostenderis	ostenderitis	(-a, -um) eris	(-ae, -a) eritis
	ostenderit	ostenderint	erit	erunt

SUBJUNCTIVE			

Pres.	ostendam	ostendāmus	ostendar	ostendāmur
	ostendās	ostendātis	ostendāris (-re)	ostendāminī
	ostendat	ostendant	ostendātur	ostendantur
Impf.	ostenderem	ostenderēmus	ostenderer	ostenderēmur
	ostenderēs	ostenderētis	ostenderēris (-re)	ostenderēminī
	ostenderet	ostenderent	ostenderētur	ostenderentur
Perf.	ostenderim	ostenderimus	ostentus sim	ostentī sīmus
	ostenderis	ostenderitis	(-a, -um) sīs	(-ae, -a) sītis
	ostenderit	ostenderint	sit	sint
Plup.	ostendissem	ostendissēmus	ostentus essem	ostentī essēmus
	ostendissēs	ostendissētis	(-a, -um) essēs	(-ae, -a) essētis
	ostendisset	ostendissent	esset	essent

IMPERATIVE			
Pres.	ostende	ostendite	

INFINITIVE			
Pres.	ostendere		ostendī
Perf.	ostendisse		ostentus (-a, -um) esse
Fut.	ostentūrus (-a, -um) esse		ostentum īrī

PARTICIPLE			
Pres.	ostendens, (-ntis)		
Perf.			ostentus (-a, -um)
Fut.	ostentūrus (-a, -um)		ostendendus (-a, -um) (GERUNDIVE)

GERUND ostendendī, -ō, -um, -ō   SUPINE ostentum, -ū

Alternate forms: **ostensurus** = ostenturus; **ostensus** = ostentus
Compounds and related words: **ostentatio, -onis, f.** display; **ostentator, -is, m.** boaster;
   ostento (1) to offer
Model sentence: *Os suum populo Romano **ostendere** audet.* —Cicero

celebrate a triumph, rejoice

ACTIVE

INDICATIVE

Pres.
　　　ovās
　　　ovat

Impf.

Fut.

Perf.

Plup.

Fut.
Perf.

SUBJUNCTIVE

Pres.

　　　ovet

Impf.

　　　ovāret

Perf.

Plup.

IMPERATIVE

Pres.

INFINITIVE

Pres.　ovāre
Perf.
Fut.

PARTICIPLE

Pres.　ovans, (-ntis)
Perf.　ovātus (-a, -um)
Fut.　ovātūrus (-a, -um)

GERUND ovandī, -ō, -um, -ō　SUPINE ovātum, -ū

Usage notes: defective
Compounds and related words: **ovatio, -onis, f.** ovation
Model sentence: *Sola fuga nautas comitabor **ovantis**?* —Vergil

repent (Impers.)

ACTIVE

INDICATIVE

Pres.

        paenitet

Impf.

        paenitēbat

Fut.

        paenitēbit

Perf.

        paenituit

Plup.

        paenituerat

Fut.
Perf.

        paenituerit

SUBJUNCTIVE

Pres.

        paeniteat

Impf.

        paenitēret

Perf.

        paenituerit

Plup.

        paenituisset

IMPERATIVE

Pres.

INFINITIVE

Pres.   paenitēre
Perf.   paenituisse
Fut.

PARTICIPLE

Pres.   paenitens, (-ntis)
Perf.
Fut.

GERUND paenitendī, -ō, -um, -ō   SUPINE

Usage notes: impersonal verb used with the **genitive**
Alternate forms: **poenitet** = paenitet
Compounds and related words: **paenitentia, -ae, f.** repentance
Model sentence: *An **paenitet** vos, quod salvum atque incolumem exercitum traduxerim?* —Caesar

be or grow pale

ACTIVE

INDICATIVE

Pres.	palleō	pallēmus
	pallēs	pallētis
	pallet	pallent
Impf.	pallēbam	pallēbāmus
	pallēbās	pallēbātis
	pallēbat	pallēbant
Fut.	pallēbō	pallēbimus
	pallēbis	pallēbitis
	pallēbit	pallēbunt
Perf.	palluī	palluimus
	palluistī	palluistis
	palluit	palluērunt (-ēre)
Plup.	pallueram	palluerāmus
	palluerās	palluerātis
	palluerat	palluerant
Fut.	palluerō	palluerimus
Perf.	pallueris	pallueritis
	palluerit	palluerint

SUBJUNCTIVE

Pres.	palleam	palleāmus
	palleās	palleātis
	palleat	palleant
Impf.	pallērem	pallērēmus
	pallērēs	pallērētis
	pallēret	pallērent
Perf.	palluerim	palluerimus
	pallueris	pallueritis
	palluerit	palluerint
Plup.	palluissem	palluissēmus
	palluissēs	palluissētis
	palluisset	palluissent

IMPERATIVE

Pres.	pallē	pallēte

INFINITIVE

Pres.	pallēre
Perf.	palluisse
Fut.	

PARTICIPLE

Pres.	pallens, (-ntis)
Perf.	
Fut.	pallendus (-a, -um) (GERUNDIVE)

GERUND pallendī, -ō, -um, -ō   SUPINE

Compounds and related words: **pallesco (3)** to turn pale; **pallidus, -a, -um** pale
Model sentence: *Pulchre valet Charinus, et tamen **pallet.*** —Martial

369

spread out, open, explain

ACTIVE			PASSIVE	
INDICATIVE				
Pres.	pandō	pandimus	pandor	pandimur
	pandis	panditis	panderis (-re)	pandiminī
	pandit	pandunt	panditur	panduntur
Impf.	pandēbam	pandēbāmus	pandēbar	pandēbāmur
	pandēbās	pandēbātis	pandēbāris (-re)	pandēbāminī
	pandēbat	pandēbant	pandēbātur	pandēbantur
Fut.	pandam	pandēmus	pandar	pandēmur
	pandēs	pandētis	pandēris (-re)	pandēminī
	pandet	pandent	pandētur	pandentur
Perf.	pandī	pandimus	passus sum	passī sumus
	pandistī	pandistis	(-a, -um) es	(-ae, -a) estis
	pandit	pandērunt (-ēre)	est	sunt
Plup.	panderam	panderāmus	passus eram	passī erāmus
	panderās	panderātis	(-a, -um) erās	(-ae, -a) erātis
	panderat	panderant	erat	erant
Fut.	panderō	panderimus	passus erō	passī erimus
Perf.	panderis	panderitis	(-a, -um) eris	(-ae, -a) eritis
	panderit	panderint	erit	erunt
SUBJUNCTIVE				
Pres.	pandam	pandāmus	pandar	pandāmur
	pandās	pandātis	pandāris (-re)	pandāminī
	pandat	pandant	pandātur	pandantur
Impf.	panderem	panderēmus	panderer	panderēmur
	panderēs	panderētis	panderēris (-re)	panderēminī
	panderet	panderent	panderētur	panderentur
Perf.	panderim	panderimus	passus sim	passī sīmus
	panderis	panderitis	(-a, -um) sīs	(-ae, -a) sītis
	panderit	panderint	sit	sint
Plup.	pandissem	pandissēmus	passus essem	passī essēmus
	pandissēs	pandissētis	(-a, -um) essēs	(-ae, -a) essētis
	pandisset	pandissent	esset	essent
IMPERATIVE				
Pres.	pande	pandite		
INFINITIVE				
Pres.	pandere		pandī	
Perf.	pandisse		passus (-a, -um) esse	
Fut.	passūrus (-a, -um) esse		passum īrī	
PARTICIPLE				
Pres.	pandens, (-ntis)			
Perf.			passus (-a, -um)	
Fut.	passūrus (-a, -um)		pandendus (-a, -um) (GERUNDIVE)	

GERUND pandendī, -ō, -um, -ō   SUPINE passum, -ū

Alternate forms: **pansus** = passus
Compounds and related words: **passus, -a, -um** dishevelled
Model sentence: *Utere velis, totos **pande** sinus.* —Juvenal

fasten, drive in, fix, agree upon

ACTIVE		**PASSIVE**	
INDICATIVE			

Pres.	pangō	pangimus		pangor	pangimur	
	pangis	pangitis		pangeris (-re)	pangiminī	
	pangit	pangunt		pangitur	panguntur	
Impf.	pangēbam	pangēbāmus		pangēbar	pangēbāmur	
	pangēbās	pangēbātis		pangēbāris (-re)	pangēbāminī	
	pangēbat	pangēbant		pangēbātur	pangēbantur	
Fut.	pangam	pangēmus		pangar	pangēmur	
	pangēs	pangētis		pangēris (-re)	pangēminī	
	panget	pangent		pangētur	pangentur	
Perf.	panxī	panximus		panctus sum	panctī sumus	
	panxistī	panxistis		(-a, -um) es	(-ae, -a) estis	
	panxit	panxērunt (-ēre)		est	sunt	
Plup.	panxeram	panxerāmus		panctus eram	panctī erāmus	
	panxerās	panxerātis		(-a, -um) erās	(-ae, -a) erātis	
	panxerat	panxerant		erat	erant	
Fut.	panxerō	panxerimus		panctus erō	panctī erimus	
Perf.	panxeris	panxeritis		(-a, -um) eris	(-ae, -a) eritis	
	panxerit	panxerint		erit	erunt	

SUBJUNCTIVE			

Pres.	pangam	pangāmus		pangar	pangāmur	
	pangās	pangātis		pangāris (-re)	pangāminī	
	pangat	pangant		pangātur	pangantur	
Impf.	pangerem	pangerēmus		pangerer	pangerēmur	
	pangerēs	pangerētis		pangerēris (-re)	pangerēminī	
	pangeret	pangerent		pangerētur	pangerentur	
Perf.	panxerim	panxerimus		panctus sim	panctī sīmus	
	panxeris	panxeritis		(-a, -um) sīs	(-ae, -a) sītis	
	panxerit	panxerint		sit	sint	
Plup.	panxissem	panxissēmus		panctus essem	panctī essēmus	
	panxissēs	panxissētis		(-a, -um) essēs	(-ae, -a) essētis	
	panxisset	panxissent		esset	essent	

IMPERATIVE			

Pres.	pange	pangite	

INFINITIVE			

Pres.	pangere		pangī
Perf.	panxisse		panctus (-a, -um) esse
Fut.	panctūrus (-a, -um) esse		panctum īrī

PARTICIPLE			

Pres.	pangens, (-ntis)		
Perf.			panctus (-a, -um)
Fut.	panctūrus (-a, -um)		pangendus (-a, -um) (GERUNDIVE)

GERUND pangendī, -ō, -um, -ō   SUPINE panctum, -ū

Usage notes: perfect forms in *pepigī* or *pēgī* and *pactum* only in the sense *to agree upon*
Alternate forms: **paco** = pango; **pactum** = panctum; **pago** = pango; **pegi** = panxi; **pepigi** = panxi
Compounds and related words: **compingo (3)** to put together; **paco (1)** to pacify; **pax, pacis, f.** peace
Model sentence: *Pacem nobiscum **pepigistis**.* —Livy

spare

ACTIVE		PASSIVE
INDICATIVE		

Pres.	parcō	parcimus	
	parcis	parcitis	
	parcit	parcunt	parcitur (Impers.)
Impf.	parcēbam	parcēbāmus	
	parcēbās	parcēbātis	
	parcēbat	parcēbant	parcēbātur (Impers.)
Fut.	parcam	parcēmus	
	parcēs	parcētis	
	parcet	parcent	parcētur (Impers.)
Perf.	pepercī	pepercimus	
	pepercistī	pepercistis	
	pepercit	pepercērunt (-ēre)	parsum est (Impers.)
Plup.	peperceram	pepercerāmus	
	pepercerās	pepercerātis	
	pepercerat	pepercerant	parsum erat (Impers.)
Fut.	pepercerō	pepercerimus	
Perf.	peperceris	peperceritis	
	pepercerit	pepercerint	parsum erit (Impers.)
SUBJUNCTIVE		
Pres.	parcam	parcāmus	
	parcās	parcātis	
	parcat	parcant	parcātur (Impers.)
Impf.	parcerem	parcerēmus	
	parcerēs	parcerētis	
	parceret	parcerent	parcerētur (Impers.)
Perf.	pepercerim	pepercerimus	
	peperceris	peperceritis	
	pepercerit	pepercerint	parsum sit (Impers.)
Plup.	pepercissem	pepercissēmus	
	pepercissēs	pepercissētis	
	pepercisset	pepercissent	parsum esset (Impers.)
IMPERATIVE		
Pres.	parce	parcite	
INFINITIVE		
Pres.	parcere		parcī
Perf.	pepercisse		parsum esse
Fut.	parsūrus (-a, -um) esse		parsum īrī
PARTICIPLE		
Pres.	parcens		
Perf.			
Fut.	parsūrus (-a, -um)		parcendus (-a, -um) (GERUNDIVE)

GERUND parcendī, -ō, -um, -ō   SUPINE parsum, -ū

AN ESSENTIAL
55 VERB

AN ESSENTIAL 55 VERB

parcō

Related Words

parcepromus, parcepromi, m. a stingy person

parcitas, parcitatis, f. sparingness

parcus, parca, parcum thrifty

parsimonia, parsimoniae, f. thriftiness

This verb is fairly common. Unfortunately there are also three other fairly common verbs with which students sometimes confuse it. When confronted with words that look similar, it is often helpful to examine them side by side and note what distinguishes them from one another.

paro, parare, paravi, paratum *to prepare*
pareo, parere, parui, partum *to appear*
parco, parcere, peperci, parsum *to spare*
pario, parere, peperi, partum *to give birth*

Be sure to memorize the principal parts of these verbs thoroughly.

P

USAGE NOTES:
usually used with a **dative** object

ALTERNATE FORMS:
parcitum = parsum
parciturus = parsurus
parcui = peperci
parsi = peperci

MODEL SENTENCE:
*Bonis nocet quisquis **percit** malis.*
—Publilius Syrus

obey

ACTIVE

INDICATIVE

Pres.	pāreō	pārēmus
	pārēs	pārētis
	pāret	pārent
Impf.	pārēbam	pārēbāmus
	pārēbās	pārēbātis
	pārēbat	pārēbant
Fut.	pārēbō	pārēbimus
	pārēbis	pārēbitis
	pārēbit	pārēbunt
Perf.	pāruī	pāruimus
	pāruistī	pāruistis
	pāruit	pāruērunt (-ēre)
Plup.	pārueram	pāruerāmus
	pāruerās	pāruerātis
	pāruerat	pāruerant
Fut.	pāruerō	pāruerimus
Perf.	pārueris	pārueritis
	pāruerit	pāruerint

SUBJUNCTIVE

Pres.	pāream	pāreāmus
	pāreās	pāreātis
	pāreat	pāreant
Impf.	pārērem	pārērēmus
	pārērēs	pārērētis
	pārēret	pārērent
Perf.	pāruerim	pāruerimus
	pārueris	pārueritis
	pāruerit	pāruerint
Plup.	pāruissem	pāruissēmus
	pāruissēs	pāruissētis
	pāruisset	pāruissent

IMPERATIVE

Pres.	pārē	pārēte

INFINITIVE

Pres.	pārēre
Perf.	pāruisse
Fut.	

PARTICIPLE

Pres.	pārens, (-ntis)
Perf.	
Fut.	

GERUND pārendī, -ō, -um, -ō

Alternate forms: **parreo** = pareo

Compounds and related words: **appareo (2)** to appear; **parens, -ntis** obedient

Model sentence: *Festinant trepidi substringere carbasa nautae, ad portum quotiens **paruit** Hermogenes.* —Martial

give birth

ACTIVE PASSIVE

INDICATIVE

Pres.	pariō	parimus	parior	parimur
	paris	paritis	pareris (-re)	pariminī
	parit	pariunt	paritur	pariuntur
Impf.	pariēbam	pariēbāmus	pariēbar	pariēbāmur
	pariēbās	pariēbātis	pariēbāris (-re)	pariēbāminī
	pariēbat	pariēbant	pariēbātur	pariēbantur
Fut.	pariam	pariēmus	pariar	pariēmur
	pariēs	pariētis	pariēris (-re)	pariēminī
	pariet	parient	pariētur	parientur
Perf.	peperī	peperimus	partus sum	partī sumus
	peperistī	peperistis	(-a, -um) es	(-ae, -a) estis
	peperit	peperērunt (-ēre)	est	sunt
Plup.	pepereram	peputerārāmus	partus eram	partī erāmus
	pepererās	pepererātis	(-a, -um) erās	(-ae, -a) erātis
	pepererat	pepererant	erat	erant
Fut.	pepererō	pepererimus	partus erō	partī erimus
Perf.	pepereris	pepereritis	(-a, -um) eris	(-ae, -a) eritis
	pepererit	pepererint	erit	erunt

SUBJUNCTIVE

Pres.	pariam	pariāmus	pariar	pariāmur
	pariās	pariātis	pariāris (-re)	pariāminī
	pariat	pariant	pariātur	pariantur
Impf.	parerem	parerēmus	parerer	parerēmur
	pererēs	parerētis	parerēris (-re)	parerēminī
	pareret	parerent	parerētur	parerentur
Perf.	pepererim	pepererimus	partus sim	partī sīmus
	pepereris	pepereritis	(-a, -um) sīs	(-ae, -a) sītis
	pepererit	pepererint	sit	sint
Plup.	peperissem	peperissēmus	partus essem	partī essēmus
	peperissēs	peperissētis	(-a, -um) essēs	(-ae, -a) essētis
	peperisset	peperissent	esset	essent

IMPERATIVE

Pres.	pare	parite		

INFINITIVE

Pres.	parere	parī
Perf.	peperisse	partus (-a, -um) esse
Fut.	paritūrus (-a, -um) esse	partum īrī

PARTICIPLE

Pres.	pariens, (-ntis)	
Perf.		partus (-a, -um)
Fut.	paritūrus (-a, -um)	pariendus (-a, -um) (GERUNDIVE)

GERUND pariendī, -ō, -um, -ō SUPINE partum, -ū

Alternate forms: **paribis** = paries; **parire** = parere; **paritum** = partum; **parturus** = pariturus
Compounds and related words: **aperio (4)** to open; **comperio (4)** to learn; **operio (4)** to close;
    reperio (4) to find (out)
Model sentence: *Veritas odium parit.* —Terence

prepare

	ACTIVE		**PASSIVE**	
INDICATIVE				
Pres.	parō	parāmus	paror	parāmur
	parās	parātis	parāris (-re)	parāminī
	parat	parant	parātur	parantur
Impf.	parābam	parābāmus	parābar	parābāmur
	parābās	parābātis	parābāris (-re)	parābāminī
	parābat	parābant	parābātur	parābantur
Fut.	parābō	parābimus	parābor	parābimur
	parābis	parābitis	parāberis (-re)	parābiminī
	parābit	parābunt	parābitur	parābuntur
Perf.	parāvī	parāvimus	parātus sum	parātī sumus
	parāvistī	parāvistis	(-a, -um) es	(-ae, -a) estis
	parāvit	parāvērunt (-ēre)	est	sunt
Plup.	parāveram	parāverāmus	parātus eram	parātī erāmus
	parāverās	parāverātis	(-a, -um) erās	(-ae, -a) erātis
	parāverant	parāverant	erat	erant
Fut.	parāverō	parāverimus	parātus erō	parātī erimus
Perf.	parāveris	parāveritis	(-a, -um) eris	(-ae, -a) eritis
	parāverit	parāverint	erit	erunt
SUBJUNCTIVE				
Pres.	parem	parēmus	parer	parēmur
	parēs	parētis	parēris (-re)	parēminī
	paret	parent	parētur	parentur
Impf.	parārem	parārēmus	parārer	parārēmur
	parārēs	parārētis	parārēris (-re)	parārēminī
	parāret	parārent	parārētur	parārentur
Perf.	parāverim	parāverimus	parātus sim	parātī sīmus
	parāveris	parāveritis	(-a, -um) sīs	(-ae, -a) sītis
	parāverit	parāverint	sit	sint
Plup.	parāvissem	parāvissēmus	parātus essem	parātī essēmus
	parāvissēs	parāvissētis	(-a, -um) essēs	(-ae, -a) essētis
	parāvisset	parāvissent	esset	essent
IMPERATIVE				
Pres.	parā	parāte		
INFINITIVE				
Pres.	parāre		parārī	
Perf.	parāvisse		parātus (-a, -um) esse	
Fut.	parātūrus (-a, -um) esse		parātum īrī	
PARTICIPLE				
Pres.	parans, (-ntis)			
Perf.			parātus (-a, -um)	
Fut.	parātūrus (-a, -um)		parandus (-a, -um) (GERUNDIVE)	

GERUND parandī, -ō, -um, -ō   SUPINE parātum, -ū

Compounds and related words: **apparatus, -us, m.** equipment; **comparo (1)** to bring together;
   praeparatio, -onis, f. preparation; **praeparo (1)** to prepare; **reparatio, -onis, f.** reparation;
   reparo (1) to retrieve; **separatio, -onis, f.** separation; **separo (1)** to separate
Model sentence: *Si vis pacem, **para** bellum.* —Vegetius

feed, cherish

ACTIVE		PASSIVE	
INDICATIVE			

	ACTIVE		PASSIVE	
Pres.	pascō	pascimus	pascor	pascimur
	pascis	pascitis	pasceris (-re)	pasciminī
	pascit	pascunt	pascitur	pascuntur
Impf.	pascēbam	pascēbāmus	pascēbar	pascēbāmur
	pascēbās	pascēbātis	pascēbāris (-re)	pascēbāminī
	pascēbat	pascēbant	pascēbātur	pascēbantur
Fut.	pascam	pascēmus	pascar	pascēmur
	pascēs	pascētis	pascēris (-re)	pascēminī
	pascet	pascent	pascētur	pascentur
Perf.	pāvī	pāvimus	pastus sum	pastī sumus
	pāvistī	pāvistis	(-a, -um) es	(-ae, -a) estis
	pāvit	pāvērunt (-ēre)	est	sunt
Plup.	pāveram	pāverāmus	pastus eram	pastī erāmus
	pāverās	pāverātis	(-a, -um) erās	(-ae, -a) erātis
	pāverat	pāverant	erat	erant
Fut.	pāverō	pāverimus	pastus erō	pastī erimus
Perf.	pāveris	pāveritis	(-a, -um) eris	(-ae, -a) eritis
	pāverit	pāverint	erit	erunt

SUBJUNCTIVE

	ACTIVE		PASSIVE	
Pres.	pascam	pascāmus	pascar	pascāmur
	pascās	pascātis	pascāris (-re)	pascāminī
	pascat	pascant	pascātur	pascantur
Impf.	pascerem	pascerēmus	pascerer	pascerēmur
	pascerēs	pascerētis	pascerēris (-re)	pascerēminī
	pasceret	pascerent	pascerētur	pascerentur
Perf.	pāverim	pāverimus	pastus sim	pastī sīmus
	pāveris	pāveritis	(-a, -um) sīs	(-ae, -a) sītis
	pāverit	pāverint	sit	sint
Plup.	pāvissem	pāvissēmus	pastus essem	pastī essēmus
	pāvissēs	pāvissētis	(-a, -um) essēs	(-ae, -a) essētis
	pāvisset	pāvissent	esset	essent

IMPERATIVE

	ACTIVE	
Pres.	pasce	pascite

INFINITIVE

	ACTIVE	PASSIVE
Pres.	pascere	pascī
Perf.	pāvisse	pastus (-a, -um) esse
Fut.	pastūrus (-a, -um) esse	pastum īrī

PARTICIPLE

	ACTIVE	PASSIVE
Pres.	pascens, (-ntis)	
Perf.		pastus (-a, -um)
Fut.	pastūrus (-a, -um)	pascendus (-a, -um) (GERUNDIVE)

GERUND pascendī, -ō, -um, -ō   SUPINE pastum, -ū

P

Usage notes: passive often reflexive with deponent force
Compounds and related words: **depasco (3)** to feed off; **pascuum, -i, n.** pasture; **pastor, -is, m.**
    shepherd; **pastoralis, -e** pastoral
Model sentence: *Greges armentaque **pavit.*** —Ovid

lie open, extend

ACTIVE

INDICATIVE

Pres.	pateō	patēmus
	patēs	patētis
	patet	patent
Impf.	patēbam	patēbāmus
	patēbās	patēbātis
	patēbat	patēbant
Fut.	patēbō	patēbimus
	patēbis	patēbitis
	patēbit	patēbunt
Perf.	patuī	patuimus
	patuistī	patuistis
	patuit	patuērunt (-ēre)
Plup.	patueram	patuerāmus
	patuerās	patuerātis
	patuerat	patuerant
Fut.	patuerō	patuerimus
Perf.	patueris	patueritis
	patuerit	patuerint

SUBJUNCTIVE

Pres.	pateam	pateāmus
	pateās	pateātis
	pateat	pateant
Impf.	patērem	patērēmus
	patērēs	patērētis
	patēret	patērent
Perf.	patuerim	patuerimus
	patueris	patueritis
	patuerit	patuerint
Plup.	patuissem	patuissēmus
	patuissēs	patuissētis
	patuisset	patuissent

IMPERATIVE

Pres.	patē	patēte

INFINITIVE

Pres.	patēre
Perf.	patuisse
Fut.	

PARTICIPLE

Pres.	patens, (-ntis)
Perf.	
Fut.	

GERUND patendī, -ō, -um, -ō   SUPINE

Compounds and related words: **patefacio (3)** to disclose; **patens, -ntis** open; **patesco (3)** to become evident; **patulus, -a, -um** open

Model sentence: *Nares semper propter necessarias utilitates **patent**.* —Cicero

allow, suffer

ACTIVE

INDICATIVE

Pres.	patior	patimur
	pateris (-re)	patiminī
	patitur	patiuntur
Impf.	patiēbar	patiēbāmur
	patiēbāris (-re)	patiēbāminī
	patiēbātur	patiēbantur
Fut.	patiar	patiēmur
	patiēris (-re)	patiēminī
	patiētur	patientur
Perf.	passus sum	passī sumus
	(-a, -um) es	(-ae, -a) estis
	est	sunt
Plup.	passus eram	passī erāmus
	(-a, -um) erās	(-ae, -a) erātis
	erat	erant
Fut.	passus erō	passī erimus
Perf.	(-a, -um) eris	(-ae, -a) eritis
	erit	erunt

SUBJUNCTIVE

Pres.	patiar	patiāmur
	patiāris (-re)	patiāminī
	patiātur	patiantur
Impf.	paterer	paterēmur
	paterēris (-re)	paterēminī
	paterētur	paterentur
Perf.	passus sim	passī sīmus
	(-a, -um) sīs	(-ae, -a) sītis
	sit	sint
Plup.	passus essem	passī essēmus
	(-a, -um) essēs	(-ae, -a) essētis
	esset	essent

IMPERATIVE

Pres.	patere	patiminī

INFINITIVE

Pres.	patī
Perf.	passus (-a, -um) esse
Fut.	passūrus (-a, -um) esse

PARTICIPLE

	Active	Passive
Pres.	patiens, (-ntis)	
Perf.	passus (-a, -um)	
Fut.	passūrus (-a, -um)	patiendus (-a, -um) (GERUNDIVE)

GERUND patiendī, -ō, -um, -ō   SUPINE passum, -ū

Alternate forms: **patias** = patiaris
Compounds and related words: **patibilis, -e** endurable; **patientia, -ae, f.** endurance;
perpetior (3) to endure
Model sentence: *Vincit qui patitur.* —proverb

be afraid, tremble

ACTIVE

INDICATIVE

Pres.	paveō	pavēmus
	pavēs	pavētis
	pavet	pavent
Impf.	pavēbam	pavēbāmus
	pavēbās	pavēbātis
	pavēbat	pavēbant
Fut.	pavēbō	pavēbimus
	pavēbis	pavēbitis
	pavēbit	pavēbunt
Perf.	pāvī	pāvimus
	pāvistī	pāvistis
	pāvit	pāvērunt (-ēre)
Plup.	pāveram	pāverāmus
	pāverās	pāverātis
	pāverat	pāverant
Fut.	pāverō	pāverimus
Perf.	pāveris	pāveritis
	pāverit	pāverint

SUBJUNCTIVE

Pres.	paveam	paveāmus
	paveās	paveātis
	paveat	paveant
Impf.	pavērem	pavērēmus
	pavērēs	pavērētis
	pavēret	pavērent
Perf.	pāverim	pāverimus
	pāveris	pāveritis
	pāverit	pāverint
Plup.	pāvissem	pāvissēmus
	pāvissēs	pāvissētis
	pāvisset	pāvissent

IMPERATIVE

Pres.	pavē	pavēte

INFINITIVE

Pres.	pavēre
Perf.	pāvisse
Fut.	

PARTICIPLE

Pres.	pavēns, (-ntis)
Perf.	
Fut.	pavendus (-a, -um) (GERUNDIVE)

GERUND pavendī, -ō, -um, -ō   SUPINE

Compounds and related words: **expavesco (3)** to dread; **pavidus, -a, -um** terrified; **pavor, is, m.** terror
Model sentence: *Et intus paveo et foris formido.* —Plautus

drive, rout

ACTIVE		PASSIVE	

INDICATIVE

Pres.	pellō	pellimus	pellor	pellimur
	pellis	pellitis	pelleris (-re)	pelliminī
	pellit	pellunt	pellitur	pelluntur
Impf.	pellēbam	pellēbāmus	pellēbar	pellēbāmur
	pellēbās	pellēbātis	pellēbāris (-re)	pellēbāminī
	pellēbat	pellēbant	pellēbātur	pellēbantur
Fut.	pellam	pellēmus	pellar	pellēmur
	pellēs	pellētis	pellēris (-re)	pellēminī
	pellet	pellent	pellētur	pellentur
Perf.	pepulī	pepulimus	pulsus sum	pulsī sumus
	pepulistī	pepulistis	(-a, -um) es	(-ae, -a) estis
	pepulit	pepulērunt (-ēre)	est	sunt
Plup.	pepuleram	pepulerāmus	pulsus eram	pulsī erāmus
	pepulerās	pepulerātis	(-a, -um) erās	(-ae, -a) eratis
	pepulerat	pepulerant	erat	erant
Fut.	pepulerō	pepulerimus	pulsus erō	pulsī erimus
Perf.	pepuleris	pepuleritis	(-a, -um) eris	(-ae, -a) eritis
	pepulerit	pepulerint	erit	erunt

SUBJUNCTIVE

Pres.	pellam	pellāmus	pellar	pellāmur
	pellās	pellātis	pellāris (-re)	pellāminī
	pellat	pellant	pellātur	pellantur
Impf.	pellerem	pellerēmus	pellerer	pellerēmur
	pellerēs	pellerētis	pellerēris (-re)	pellerēminī
	pelleret	pellerent	pellerētur	pellerentur
Perf.	pepulerim	pepulerimus	pulsus sim	pulsī sīmus
	pepuleris	pepuleritis	(-a, -um) sīs	(-ae, -a) sītis
	pepulerit	pepulerint	sit	sint
Plup.	pepulissem	pepulissēmus	pulsus essem	pulsī essēmus
	pepulissēs	pepulissētis	(-a, -um) essēs	(-ae, -a) essētis
	pepulisset	pepulissent	esset	essent

IMPERATIVE

Pres.	pelle	pellite		

INFINITIVE

Pres.	pellere	pellī
Perf.	pepulisse	pulsus (-a, -um) esse
Fut.	pulsūrus (-a, -um) esse	pulsum īrī

PARTICIPLE

Pres.	pellens, (-ntis)	
Perf.		pulsus (-a, -um)
Fut.	pulsūrus (-a, -um)	pellendus (-a, -um) (GERUNDIVE)

GERUND pellendī, -ō, -um, -ō   SUPINE pulsum, -ū

P

AN ESSENTIAL
55 VERB

pellō

This verb is essential because of how often it and its compounds are found. Sometimes it can be tricky to recognize its compounds as being related to it because the perfect stem undergoes quite a spelling change and **pello** forms its perfect stem by a method called reduplication. In reduplication the first letter or first syllable of the present stem is repeated, so **pell-** becomes **pepul-**. Remember that when reduplicating verbs have a prefix, the prefix takes the place of the reduplication, so while **pell-** becomes **pepul-** in the perfect, **repell-** becomes **repul-**.

ALTERNATE FORMS:
pulserat = pepulerat

COMPOUNDS:
appello, appellere, appuli, appulsum to drive to

compello, compellere, compuli, compulsum to force

depello, depellere, depuli, depulsum to expel

expello, expellere, expuli, expulsum to drive out

impello, impellere, impuli, impulsum to drive

interpello, interpellere, interpuli, interpulsum to interrupt

repello, repellere, repuli, repulsum to drive back

MODEL SENTENCE:
Athenienses Diagoram philosophum pepulerunt. —Valerius Maximus

hang, float, be uncertain

ACTIVE

INDICATIVE

Pres.	pendeō	pendēmus
	pendēs	pendētis
	pendet	pendent
Impf.	pendēbam	pendēbāmus
	pendēbās	pendēbātis
	pendēbat	pendēbant
Fut.	pendēbō	pendēbimus
	pendēbis	pendēbitis
	pendēbit	pendēbunt
Perf.	pependī	pependimus
	pependistī	pependistis
	pependit	pependērunt (-ēre)
Plup.	pependeram	pependerāmus
	pependerās	pependerātis
	pependerat	pependerant
Fut.	pependerō	pependerimus
Perf.	pependeris	pependeritis
	pependerit	pependerint

SUBJUNCTIVE

Pres.	pendeam	pendeāmus
	pendeās	pendeātis
	pendeat	pendeant
Impf.	pendērem	pendērēmus
	pendērēs	pendērētis
	pendēret	pendērent
Perf.	pependerim	pependerimus
	pependeris	pependeritis
	pependerit	pependerint
Plup.	pependissem	pependissēmus
	pependissēs	pependissētis
	pependisset	pependissent

IMPERATIVE

Pres.	pendē	pendēte

INFINITIVE

Pres.	pendēre
Perf.	pependisse
Fut.	

PARTICIPLE

Pres.	pendens, (-ntis)
Perf.	
Fut.	pendendus (-a, -um) (GERUNDIVE)

GERUND pendendī, -ō, -um, -ō   SUPINE

Compounds and related words: **impendeo (2)** to overhang; **pendo (3)** to weigh
Model sentence: *Tonstrix Suburae faucibus sedet primis,*
*cruenta **pendent** qua flagella tortorum.* —Martial

weigh, pay, value

	ACTIVE		PASSIVE	

INDICATIVE

Pres.	pendō	pendimus	pendor	pendimur
	pendis	penditis	penderis (-re)	pendiminī
	pendit	pendunt	penditur	penduntur
Impf.	pendēbam	pendēbāmus	pendēbar	pendēbāmur
	pendēbās	pendēbātis	pendēbāris (-re)	pendēbāminī
	pendēbat	pendēbant	pendēbātur	pendēbantur
Fut.	pendam	pendēmus	pendar	pendēmur
	pendēs	pendētis	penderis (-re)	pendēminī
	pendet	pendent	pendētur	pendentur
Perf.	pependī	pependimus	pensus sum	pensī sumus
	pependistī	pependistis	(-a, -um) es	(-ae, -a) estis
	pependit	pependērunt (-ēre)	est	sunt
Plup.	pependeram	pependerāmus	pensus eram	pensī erāmus
	pependerās	pependerātis	(-a, -um) erās	(-ae, -a) erātis
	pependerat	pependerant	erat	erant
Fut.	pependerō	pependerimus	pensus erō	pensī erimus
Perf.	pependeris	pependeritis	(-a, -um) eris	(-ae, -a) eritis
	pependerit	pependerint	erit	erunt

SUBJUNCTIVE

Pres.	pendam	pendāmus	pendar	pendāmur
	pendās	pendātis	pendāris (-re)	pendāminī
	pendat	pendant	pendātur	pendantur
Impf.	penderem	penderēmus	penderer	penderēmur
	penderēs	penderētis	penderēris (-re)	penderēminī
	penderet	penderent	penderētur	penderentur
Perf.	pependerim	pependerimus	pensus sim	pensī sīmus
	pependeris	pependeritis	(-a, -um) sīs	(-ae, -a) sītis
	pependerit	pependerint	sit	sint
Plup.	pependissem	pependissēmus	pensus essem	pensī essēmus
	pependissēs	pependissētis	(-a, -um) essēs	(-ae, -a) essētis
	pependisset	pependissent	esset	essent

IMPERATIVE

Pres.	pende	pendite	

INFINITIVE

Pres.	pendere	pendī
Perf.	pependisse	pensus (-a, -um) esse
Fut.	pensūrus (-a, -um) esse	pensum īrī

PARTICIPLE

Pres.	pendens, (-ntis)	
Perf.		pensus (-a, -um)
Fut.	pensūrus (-a, -um)	pendendus (-a, -um) (GERUNDIVE)

GERUND pendendī, -ō, -um, -ō   SUPINE pensum, -ū

Alternate forms: **penderit** = pependerit; **pendissent** = pependissent
Compounds and related words: **dispenso (1)** to distribute; **expendo (3)** to weigh out; **impendeo (2)** to overhang; **pendeo (2)** to hang; **penso (1)** to weigh out; **perpendo (3)** to weigh carefully; **rependo (3)** to repay; **suspendo (3)** to hang
Model sentence: *Minoris **pendo** tergum illorum quam meum.* —Plautus

upset, ruin

ACTIVE		PASSIVE	

INDICATIVE

Pres.	percellō	percellimus		percellor	percellimur
	percellis	percellitis		percelleris (-re)	percelliminī
	percellit	percellunt		percellitur	percelluntur
Impf.	percellēbam	percellēbāmus		percellēbar	percellēbāmur
	percellēbās	percellēbātis		percellēbāris (-re)	percellēbāminī
	percellēbat	percellēbant		percellēbātur	percellēbantur
Fut.	percellam	percellēmus		percellar	percellēmur
	percellēs	percellētis		percellēris (-re)	percellēminī
	percellet	percellent		percellētur	percellentur
Perf.	perculī	perculimus		perculsus sum	perculsī sumus
	perculistī	perculistis		(-a, -um) es	(-ae, -a) estis
	perculit	perculērunt (-ēre)		est	sunt
Plup.	perculeram	perculerāmus		perculsus eram	perculsī erāmus
	perculerās	perculerātis		(-a, -um) erās	(-ae, -a) erātis
	perculerat	perculerant		erat	erant
Fut.	perculerō	perculerimus		perculsus erō	perculsī erimus
Perf.	perculeris	perculeritis		(-a, -um) eris	(-ae, -a) eritis
	perculerit	perculerint		erit	erunt

SUBJUNCTIVE

Pres.	percellam	percellāmus		percellar	percellāmur
	percellās	percellātis		percellāris (-re)	percellāminī
	percellat	percellant		percellātur	percellantur
Impf.	percellerem	percellerēmus		percellerer	percellerēmur
	percellerēs	percellerētis		percellerēris (-re)	percellerēminī
	percelleret	percellerent		percellerētur	percellerentur
Perf.	perculerim	perculerimus		perculsus sim	perculsī sīmus
	perculeris	perculeritis		(-a, -um) sīs	(-ae, -a) sītis
	perculerit	perculerint		sit	sint
Plup.	perculissem	perculissēmus		perculsus essem	perculsī essēmus
	perculissēs	perculissētis		(-a, -um) essēs	(-ae, -a) essētis
	perculisset	perculissent		esset	essent

IMPERATIVE

Pres.	percelle	percellite	

INFINITIVE

Pres.	percellere		percellī
Perf.	perculisse		perculsus (-a, -um) esse
Fut.	perculsūrus (-a, -um) esse		perculsum īrī

PARTICIPLE

Pres.	percellens, (-ntis)		
Perf.			perculsus (-a, -um)
Fut.	perculsūrus (-a, -um)		percellendus (-a, -um) (GERUNDIVE)

GERUND percellendī, -ō, -um, -ō　　SUPINE perculsum, -ū

Alternate forms: **perculsi** = perculi
Compounds and related words: **celsus, -a, -um** high; **excellens, -ntis** excellent; **excello (3)** to excel;
　　excelsus, -a, -um high; **percello (3)** to knock down
Model sentence: *Mars communis saepe spoliantem iam et exsultantem evertit et **perculit** ab
　　abiecto.* —Cicero

percutiō

strike, pierce, kill

ACTIVE		PASSIVE	
INDICATIVE			
Pres. percutiō	percutimus	percutior	percutimur
percutis	percutitis	percuteris (-re)	percutiminī
percutit	percutiunt	percutitur	percutiuntur
Impf. percutiēbam	percutiēbāmus	percutiēbar	percutiēbāmur
percutiēbās	percutiēbātis	percutiēbāris (-re)	percutiēbāminī
percutiēbat	percutiēbant	percutiēbātur	percutiēbantur
Fut. percutiam	percutiēmus	percutiar	percutiēmur
percutiēs	percutiētis	percutiēris (-re)	percutiēminī
percutiet	percutient	percutiētur	percutientur
Perf. percussī	percussimus	percussus sum	percussī sumus
percussistī	percussistis	(-a, -um) es	(-ae, -a) estis
percussit	percussērunt (-ēre)	est	sunt
Plup. percusseram	percusserāmus	percussus eram	percussī erāmus
percusserās	percusserātis	(-a, -um) erās	(-ae, -a) erātis
percusserat	percusserant	erat	erant
Fut. percusserō	percusserimus	percussus erō	percussī erimus
Perf. percusseris	percusseritis	(-a, -um) eris	(-ae, -a) eritis
percusserit	percusserint	erit	erunt
SUBJUNCTIVE			
Pres. percutiam	percutiāmus	percutiar	percutiāmur
percutiās	percutiātis	percutiāris (-re)	percutiāminī
percutiat	percutiant	percutiātur	percutiantur
Impf. percuterem	percuterēmus	percuterer	percuterēmur
percuterēs	percuterētis	percuterēris (-re)	percuterēminī
percuteret	percuterent	percuterētur	percuterentur
Perf. percusserim	percusserimus	percussus sim	percussī sīmus
percusseris	percusseritis	(-a, -um) sīs	(-ae, -a) sītis
percusserit	percusserint	sit	sint
Plup. percussissem	percussissēmus	percussus essem	percussī essēmus
percussissēs	percussissētis	(-a, -um) essēs	(-ae, -a) essētis
percussisset	percussissent	esset	essent
IMPERATIVE			
Pres. percute	percutite		
INFINITIVE			
Pres. percutere		percutī	
Perf. percussisse		percussus (-a, -um) esse	
Fut. percussūrus (-a, -um) esse		percussum īrī	
PARTICIPLE			
Pres. percutiens, (-ntis)			
Perf.		percussus (-a, -um)	
Fut. percussūrus (-a, -um)		percutiendus (-a, -um) (GERUNDIVE)	

GERUND percutiendī, -ō, -um, -ō   SUPINE percussum, -ū

Alternate forms: **percusti** = percusisti
Compounds and related words: **percussio, -onis, f.** a beating; **percussor, -is, m.** striker;
percussus, -us, m. a beating
See **quatio** for other compounds of this verb.
Model sentence: *Hunc nec Iuppiter fulmine **percussit**.* —Cicero

be lost, be wasted, perish

ACTIVE

INDICATIVE

Pres.	pereō	perīmus
	perīs	perītis
	perit	pereunt
Impf.	perībam	perībāmus
	perībās	perībātis
	perībat	perībant
Fut.	perībō	perībimus
	perībis	perībitis
	perībit	perībunt
Perf.	periī	periimus
	periistī	periistis
	periit	periērunt (-ēre)
Plup.	perieram	perierāmus
	perierās	perierātis
	perierat	perierant
Fut.	perierō	perierimus
Perf.	perieris	perieritis
	perierit	perierint

SUBJUNCTIVE

Pres.	peream	pereāmus
	pereās	pereātis
	pereat	pereant
Impf.	perīrem	perīrēmus
	perīrēs	perīrētis
	perīret	perīrent
Perf.	perierim	perierimus
	perieris	perieritis
	perierit	perierint
Plup.	perīssem	perīssēmus
	perīssēs	perīssētis
	perīsset	perīssent

IMPERATIVE

Pres.	perī	perīte

INFINITIVE

Pres.	perīre
Perf.	perīsse
Fut.	peritūrus (-a, -um) esse

PARTICIPLE

	Active	Passive
Pres.	periens, (-euntis)	
Perf.		peritus (-a, -um)
Fut.	peritūrus (-a, -um)	pereundus (-a, -um) (GERUNDIVE)

GERUND pereundī, -ō, -um, -ō   SUPINE

Alternate forms: **periet** = peribit; **perivi** = perii
See **eo** for other compounds of this verb.
Model sentence: *Qualis artifex **pereo**.* —Nero

carry through, endure

	ACTIVE		PASSIVE	
		INDICATIVE		
Pres.	perferō	perferimus	perferor	perferimur
	perfers	perfertis	perferris (-re)	perferiminī
	perfert	perferunt	perfertur	perferuntur
Impf.	perferēbam	perferēbāmus	perferēbar	perferēbāmur
	perferēbās	perferēbātis	perferēbāris (-re)	perferēbāminī
	perferēbat	perferēbant	perferēbātur	perferēbantur
Fut.	perferam	perferēmus	perferar	perferēmur
	perferēs	perferētis	perferēris (-re)	perferēminī
	perferet	perferent	perferētur	perferentur
Perf.	pertulī	pertulimus	perlātus sum	perlātī sumus
	pertulistī	pertulistis	(-a, -um) es	(-ae, -a) estis
	pertulit	pertulērunt (-ēre)	est	sunt
Plup.	pertuleram	pertulerāmus	perlātus eram	perlātī erāmus
	pertulerās	pertulerātis	(-a, -um) erās	(-ae, -a) erātis
	pertulerat	pertulerant	erat	erant
Fut.	pertulerō	pertulerimus	perlātus erō	perlātī erimus
Perf.	pertuleris	pertuleritis	(-a, -um) eris	(-ae, -a) eritis
	pertulerit	pertulerint	erit	erunt
		SUBJUNCTIVE		
Pres.	perferam	perferāmus	perferar	perferāmur
	perferās	perferātis	perferāris (-re)	perferāminī
	perferat	perferant	perferātur	perferantur
Impf.	perferrem	perferrēmus	perferrer	perferrēmur
	perferrēs	perferrētis	perferrēris (-re)	perferrēminī
	perferret	perferrent	perferrētur	perferrentur
Perf.	pertulerim	pertulerimus	perlātus sim	perlātī sīmus
	pertuleris	pertuleritis	(-a, -um) sīs	(-ae, -a) sītis
	pertulerit	pertulerint	sit	sint
Plup.	pertulissem	pertulissēmus	perlātus essem	perlātī essēmus
	pertulissēs	pertulissētis	(-a, -um) essēs	(-ae, -a) essētis
	pertulisset	pertulissent	esset	essent
		IMPERATIVE		
Pres.	perfer	perferte		
		INFINITIVE		
Pres.	perferre		perferrī	
Perf.	pertulisse		perlātus (-a, -um) esse	
Fut.	perlātūrus (-a, -um) esse		perlātum īrī	
		PARTICIPLE		
Pres.	perferens, (-ntis)			
Perf.			perlātus (-a, -um)	
Fut.	perlātūrus (-a, -um)		perferendus (-a, -um) (GERUNDIVE)	

GERUND perferendī, -ō, -um, -ō   SUPINE perlātum, -ū

Compounds and related words: **perlate** extensively
See **fero** for other compounds of this verb.
Model sentence: ***Perfer*** *et obdura;   dolor hic tibi proderit olim.* —Ovid

continue, wake up, proceed

ACTIVE			PASSIVE	
INDICATIVE				
Pres.	pergō	pergimus	pergor	pergimur
	pergis	pergitis	pergeris (-re)	pergiminī
	pergit	pergunt	pergitur	perguntur
Impf.	pergēbam	pergēbāmus	pergēbar	pergēbāmur
	pergēbās	pergēbātis	pergēbāris (-re)	pergēbāminī
	pergēbat	pergēbant	pergēbātur	pergēbantur
Fut.	pergam	pergēmus	pergar	pergēmur
	pergēs	pergētis	pergēris (-re)	pergēminī
	perget	pergent	pergētur	pergentur
Perf.	perrexī	perreximus	perrectus sum	perrectī sumus
	perrexistī	perrexistis	(-a, -um) es	(-ae, -a) estis
	perrexit	perrexērunt (-ēre)	est	sunt
Plup.	perrexeram	perrexerāmus	perrectus eram	perrectī erāmus
	perrexerās	perrexerātis	(-a, -um) erās	(-ae, -a) erātis
	perrexerat	perrexerant	erat	erant
Fut.	perrexerō	perrexerimus	perrectus erō	perrectī erimus
Perf.	perrexeris	perrexeritis	(-a, -um) eris	(-ae, -a) eritis
	perrexerit	perrexerint	erit	erunt
SUBJUNCTIVE				
Pres.	pergam	pergāmus	pergar	pergāmur
	pergās	pergātis	pergāris (-re)	pergāminī
	pergat	pergant	pergātur	pergantur
Impf.	pergerem	pergerēmus	pergerer	pergerēmur
	pergerēs	pergerētis	pergerēris (-re)	pergerēminī
	pergeret	pergerent	pergerētur	pergerentur
Perf.	perrexerim	perrexerimus	perrectus sim	perrectī sīmus
	perrexeris	perrexeritis	(-a, -um) sīs	(-ae, -a) sītis
	perrexerit	perrexerint	sit	sint
Plup.	perrexissem	perrexissēmus	perrectus essem	perrectī essēmus
	perrexissēs	perrexissētis	(-a, -um) essēs	(-ae, -a) essētis
	perrexisset	perrexissent	esset	essent
IMPERATIVE				
Pres.	perge	pergite		
INFINITIVE				
Pres.	pergere		pergī	
Perf.	perrexisse		perrectus (-a, -um) esse	
Fut.	perrectūrus (-a, -um) esse		perrectum īrī	
PARTICIPLE				
Pres.	pergens, (-ntis)			
Perf.			perrectus (-a, -um)	
Fut.	perrectūrus (-a, -um)		pergendus (-a, -um) (GERUNDIVE)	

GERUND pergendī, -ō, -um, -ō   SUPINE perrectum, -ū

P

Usage notes: passive sometimes used impersonally
See **rego** for other compounds of this verb.
Model sentence: *Arma ferunt alii et **pergunt** defendere muros.* —Vergil

ask for, seek

ACTIVE		PASSIVE	
INDICATIVE			

Pres.
petō	petimus	petor	petimur
petis	petitis	peteris (-re)	petiminī
petit	petunt	petitur	petuntur

Impf.
petēbam	petēbāmus	petēbar	petēbāmur
petēbās	petēbātis	petēbāris (-re)	petēbāminī
petēbat	petēbant	petēbātur	petēbantur

Fut.
petam	petēmus	petar	petēmur
petēs	petētis	petēris (-re)	petēminī
petet	petent	petētur	petentur

Perf.
petīvī	petīvimus	petītus sum	petītī sumus
petīvistī	petīvistis	(-a, -um) es	(-ae, -a) estis
petīvit	petīvērunt (-ēre)	est	sunt

Plup.
petīveram	petīverāmus	petītus eram	petītī erāmus
petīverās	petīverātis	(-a, -um) erās	(-ae, -a) erātis
petīverat	petīverant	erat	erant

Fut.
Perf.
petīverō	petīverimus	petītus erō	petītī erimus
petīveris	petīveritis	(-a, -um) eris	(-ae, -a) eritis
petīverit	petīverint	erit	erunt

SUBJUNCTIVE			

Pres.
petam	petāmus	petar	petāmur
petās	petātis	petāris (-re)	petāminī
petat	petant	petātur	petantur

Impf.
peterem	peterēmus	peterer	peterēmur
peterēs	peterētis	peterēris (-re)	peterēminī
peteret	peterent	peterētur	peterentur

Perf.
petīverim	petīverimus	petītus sim	petītī sīmus
petīveris	petīveritis	(-a, -um) sīs	(-ae, -a) sītis
petīverit	petīverint	sit	sint

Plup.
petīvissem	petīvissēmus	petītus essem	petītī essēmus
petīvissēs	petīvissētis	(-a, -um) essēs	(-ae, -a) essētis
petīvisset	petīvissent	esset	essent

IMPERATIVE			

Pres.
pete	petite		

INFINITIVE			

Pres.	petere	petī	
Perf.	petīvisse	petītus (-a, -um) esse	
Fut.	petītūrus (-a, -um) esse	petītum īrī	

PARTICIPLE			

Pres.	petens, (-ntis)		
Perf.		petītus (-a, -um)	
Fut.	petītūrus (-a, -um)	petendus (-a, -um) (GERUNDIVE)	

GERUND petendī, -ō, -um, -ō   SUPINE petītum, -ū

AN ESSENTIAL
55 VERB

petō

This verb is essential because of the commonness of it and its compounds. The central idea behind it is *to go after something for a reason.* Depending on the context it can refer to *asking* a question, *looking* for something, *heading for* a place, or even *attacking*.

ALTERNATE FORMS:
petii = petivi
petisse = petivisse
petissem = petivissem
petisti = petivisti
petistis = petivistis
petit = petivit

P

COMPOUNDS:
appeto, appetere, appetivi, appetitum to attack

competo, competere, competivi, competitum to coincide

expeto, expetere, expetivi, expetitum to aim at

repeto, repetere, repetivi, repetitum to revisit

MODEL SENTENCE:
*Dente lupus, cornu taurus **petit**.* —Horace

paint, embroider

<table>
<tr><th colspan="2" align="center">ACTIVE</th><th colspan="2" align="center">PASSIVE</th></tr>
<tr><th colspan="4" align="center">INDICATIVE</th></tr>
<tr><td>*Pres.*</td><td>pingō
pingis
pingit</td><td>pingimus
pingitis
pingunt</td><td>pingor
pingeris (-re)
pingitur</td><td>pingimur
pingiminī
pinguntur</td></tr>
<tr><td>*Impf.*</td><td>pingēbam
pingēbās
pingēbat</td><td>pingēbāmus
pingēbātis
pingēbant</td><td>pingēbar
pingēbāris (-re)
pingēbātur</td><td>pingēbāmur
pingēbāminī
pingēbantur</td></tr>
<tr><td>*Fut.*</td><td>pingam
pingēs
pinget</td><td>pingēmus
pingētis
pingent</td><td>pingar
pingēris (-re)
pingētur</td><td>pingēmur
pingēminī
pingentur</td></tr>
<tr><td>*Perf.*</td><td>pinxī
pinxistī
pinxit</td><td>pinximus
pinxistis
pinxērunt (-ēre)</td><td>pictus   sum
(-a, -um) es
        est</td><td>pictī   sumus
(-ae, -a) estis
        sunt</td></tr>
<tr><td>*Plup.*</td><td>pinxeram
pinxerās
pinxerat</td><td>pinxerāmus
pinxerātis
pinxerant</td><td>pictus   eram
(-a, -um) erās
        erat</td><td>pictī   erāmus
(-ae, -a) erātis
        erant</td></tr>
<tr><td>*Fut.*
Perf.</td><td>pinxerō
pinxeris
pinxerit</td><td>pinxerimus
pinxeritis
pinxerint</td><td>pictus   erō
(-a, -um) eris
        erit</td><td>pictī   erimus
(-ae, -a) eritis
        erunt</td></tr>
<tr><th colspan="4" align="center">SUBJUNCTIVE</th></tr>
<tr><td>*Pres.*</td><td>pingam
pingās
pingat</td><td>pingāmus
pingātis
pingant</td><td>pingar
pingāris (-re)
pingātur</td><td>pingāmur
pingāminī
pingantur</td></tr>
<tr><td>*Impf.*</td><td>pingerem
pingerēs
pingeret</td><td>pingerēmus
pingerētis
pingerent</td><td>pingerer
pingerēris (-re)
pingerētur</td><td>pingerēmur
pingerēminī
pingerentur</td></tr>
<tr><td>*Perf.*</td><td>pinxerim
pinxeris
pinxerit</td><td>pinxerimus
pinxeritis
pinxerint</td><td>pictus   sim
(-a, -um) sīs
        sit</td><td>pictī   sīmus
(-ae, -a) sītis
        sint</td></tr>
<tr><td>*Plup.*</td><td>pinxissem
pinxissēs
pinxisset</td><td>pinxissēmus
pinxissētis
pinxissent</td><td>pictus   essem
(-a, -um) essēs
        esset</td><td>pictī   essēmus
(-ae, -a) essētis
        essent</td></tr>
<tr><th colspan="4" align="center">IMPERATIVE</th></tr>
<tr><td>*Pres.*</td><td>pinge</td><td>pingite</td><td></td><td></td></tr>
<tr><th colspan="4" align="center">INFINITIVE</th></tr>
<tr><td>*Pres.*
Perf.
Fut.</td><td colspan="2">pingere
pinxisse
pictūrus (-a, -um) esse</td><td colspan="2">pingī
pictus (-a, -um) esse
pictum īrī</td></tr>
<tr><th colspan="4" align="center">PARTICIPLE</th></tr>
<tr><td>*Pres.*
Perf.
Fut.</td><td colspan="2">pingens, (-ntis)

pictūrus (-a, -um)</td><td colspan="2">
pictus (-a, -um)
pingendus (-a, -um) (GERUNDIVE)</td></tr>
</table>

GERUND pingendī, -ō, -um, -ō   SUPINE pictum, -ū

Compounds and related words: **depingo (3)** to depict; **pictor, -is, m.** painter; **pictura, -ae, f.** painting
Model sentence: *Qui **pinxit** Venerem tuam, Lycori blanditus, puto, pictor est Minervae.* —Martial

please

ACTIVE		PASSIVE	
INDICATIVE			

	ACTIVE		PASSIVE	
Pres.	placeō	placēmus	placeor	placēmur
	placēs	placētis	placēris (-re)	placēminī
	placet	placent	placētur	placentur
Impf.	placēbam	placēbāmus	placēbar	placēbāmur
	placēbās	placēbātis	placēbāris (-re)	placēbāminī
	placēbat	placēbant	placēbātur	placēbantur
Fut.	placēbō	placēbimus	placēbor	placēbimur
	placēbis	placēbitis	placēberis (-re)	placēbiminī
	placēbit	placēbunt	placēbitur	placēbuntur
Perf.	placuī	placuimus	placitus sum	placitī sumus
	placustī	placuistis	(-a, -um) es	(-ae, -a) estis
	placuit	placuērunt (-ēre)	est	sunt
Plup.	placueram	placuerāmus	placitus eram	placitī erāmus
	placuerās	placuerātis	(-a, -um) erās	(-ae, -a) erātis
	placuerat	placuerant	erat	erant
Fut.	placuerō	placuerimus	placitus erō	placitī erimus
Perf.	placueris	placueritis	(-a, -um) eris	(-ae, -a) eritis
	placuerit	placuerint	erit	erunt

SUBJUNCTIVE

	ACTIVE		PASSIVE	
Pres.	placeam	placeāmus	placear	placeāmur
	placeās	placeātis	placeāris (-re)	placeāminī
	placeat	placeant	placeātur	placeantur
Impf.	placērem	placērēmus	placērer	placērēmur
	placērēs	placērētis	placērēris (-re)	placērēminī
	placēret	placērent	placērētur	placērentur
Perf.	placuerim	placuerimus	placitus sim	placitī sīmus
	placueris	placueritis	(-a, -um) sīs	(-ae, -a) sītis
	placuerit	placuerint	sit	sint
Plup.	placuissem	placuissēmus	placitus essem	placitī essēmus
	placuissēs	placuissētis	(-a, -um) essēs	(-ae, -a) essētis
	placuisset	placuissent	esset	essent

IMPERATIVE

	ACTIVE		
Pres.	placē	placēte	

INFINITIVE

	ACTIVE	PASSIVE
Pres.	placēre	placērī
Perf.	placuisse	placitus (-a, -um) esse
Fut.	placitūrus (-a, -um) esse	placitum īrī

PARTICIPLE

	ACTIVE	PASSIVE
Pres.	placens, (-ntis)	
Perf.		placitus (-a, -um)
Fut.	placitūrus (-a, -um)	placendus (-a, -um) (GERUNDIVE)

GERUND placendī, -ō, -um, -ō   SUPINE placitum, -ū

Usage notes: generally used with the **dative**
Compounds and related words: **displiceo (2)** to displease; **placidus, -a, -um** peaceful; **placo (1)** to calm
Model sentence: *Aliena nobis, nostra plus aliis **placent**.* —Publilius Syrus

plangō

plangō, plangere, planxī, planctum

beat, lament

	ACTIVE		**PASSIVE**	

INDICATIVE

	ACTIVE		PASSIVE	
Pres.	plangō	plangimus	plangor	plangimur
	plangis	plangitis	plangeris (-re)	plangiminī
	plangit	plangunt	plangitur	planguntur
Impf.	plangēbam	plangēbāmus	plangēbar	plangēbāmur
	plangēbās	plangēbātis	plangēbāris (-re)	plangēbāminī
	plangēbat	plangēbant	plangēbātur	plangēbantur
Fut.	plangam	plangēmus	plangar	plangēmur
	plangēs	plangētis	plangēris (-re)	plangēminī
	planget	plangent	plangētur	plangentur
Perf.	planxī	planximus	planctus sum	planctī sumus
	planxistī	planxistis	(-a, -um) es	(-ae, -a) estis
	planxit	planxērunt (-ēre)	est	sunt
Plup.	planxeram	planxerāmus	planctus eram	planctī erāmus
	planxerās	planxerātis	(-a, -um) erās	(-ae, -a) erātis
	planxerat	planxerant	erat	erant
Fut.	planxerō	planxerimus	planctus erō	planctī erimus
Perf.	planxeris	planxeritis	(-a, -um) eris	(-ae, -a) eritis
	planxerit	planxerint	erit	erunt

SUBJUNCTIVE

	ACTIVE		PASSIVE	
Pres.	plangam	plangāmus	plangar	plangāmur
	plangās	plangātis	plangāris (-re)	plangāminī
	plangat	plangant	plangātur	plangantur
Impf.	plangerem	plangerēmus	plangerer	plangerēmur
	plangerēs	plangerētis	plangerēris (-re)	plangerēminī
	plangeret	plangerent	plangerētur	plangerentur
Perf.	planxerim	planxerimus	planctus sim	planctī sīmus
	planxeris	planxeritis	(-a, -um) sīs	(-ae, -a) sītis
	planxerit	planxerint	sit	sint
Plup.	planxissem	planxissēmus	planctus essem	planctī essēmus
	planxissēs	planxissētis	(-a, -um) essēs	(-ae, -a) essētis
	planxisset	planxissent	esset	essent

IMPERATIVE

Pres.	plange	plangite		

INFINITIVE

	ACTIVE	PASSIVE
Pres.	plangere	plangī
Perf.	planxisse	planctus (-a, -um) esse
Fut.	planctūrus (-a, -um) esse	planctum īrī

PARTICIPLE

	ACTIVE	PASSIVE
Pres.	plangens, (-ntis)	
Perf.		planctus (-a, -um)
Fut.	planctūrus (-a, -um)	plangendus (-a, -um) (GERUNDIVE)

GERUND plangendī, -ō, -um, -ō   SUPINE planctum, -ū

Compounds and related words: **plaga, -ae, f.** blow
Model sentence: *Nunc Boreas ipsas alis **planget** stridentibus Alpes.* —Silius Italicus

applaud, strike

ACTIVE		PASSIVE	
INDICATIVE			

	ACTIVE		PASSIVE	
Pres.	plaudō	plaudimus	plaudor	plaudimur
	plaudis	plauditis	plauderis (-re)	plaudiminī
	plaudit	plaudunt	plauditur	plauduntur
Impf.	plaudēbam	plaudēbāmus	plaudēbar	plaudēbāmur
	plaudēbās	plaudēbātis	plaudēbāris (-re)	plaudēbāminī
	plaudēbat	plaudēbant	plaudēbātur	plaudēbantur
Fut.	plaudam	plaudēmus	plaudar	plaudēmur
	plaudēs	plaudētis	plaudēris (-re)	plaudēminī
	plaudet	plaudent	plaudētur	plaudentur
Perf.	plausī	plausimus	plausus sum	plausī sumus
	plausistī	plausistis	(-a, -um) es	(-ae, -a) estis
	plausit	plausērunt (-ēre)	est	sunt
Plup.	plauseram	plauserāmus	plausus eram	plausī erāmus
	plauserās	plauserātis	(-a, -um) erās	(-ae, -a) erātis
	plauserat	plauserant	erat	erant
Fut.	plauserō	plauserimus	plausus erō	plausī erimus
Perf.	plauseris	plauseritis	(-a, -um) eris	(-ae, -a) eritis
	plauserit	plauserint	erit	erunt

| **SUBJUNCTIVE** | | | |

	ACTIVE		PASSIVE	
Pres.	plaudam	plaudāmus	plaudar	plaudāmur
	plaudās	plaudātis	plaudāris (-re)	plaudāminī
	plaudat	plaudant	plaudātur	plaudantur
Impf.	plauderem	plauderēmus	plauderer	plauderēmur
	plauderēs	plauderētis	plauderēris (-re)	plauderēminī
	plauderet	plauderent	plauderētur	plauderentur
Perf.	plauserim	plauserimus	plausus sim	plausī sīmus
	plauseris	plauseritis	(-a, -um) sīs	(-ae, -a) sītis
	plauserit	plauserint	sit	sint
Plup.	plausissem	plausissēmus	plausus essem	plausī essēmus
	plausissēs	plausissētis	(-a, -um) essēs	(-ae, -a) essētis
	plausisset	plausissent	esset	essent

| **IMPERATIVE** | | | |

	ACTIVE		
Pres.	plaude	plaudite	

| **INFINITIVE** | | | |

	ACTIVE	PASSIVE
Pres.	plaudere	plaudī
Perf.	plausisse	plausus (-a, -um) esse
Fut.	plausūrus (-a, -um) esse	plausum īrī

| **PARTICIPLE** | | | |

	ACTIVE	PASSIVE
Pres.	plaudens, (-ntis)	
Perf.		plausus (-a, -um)
Fut.	plausūrus (-a, -um)	plaudendus (-a, -um) (GERUNDIVE)

GERUND plaudendī, -ō, -um, -ō   SUPINE plausum, -ū

Alternate forms: **plodo** = plaudo
Compounds and related words: **applaudo (3)** to applaud; **plausibilis, -e** worthy of applause;
   plausus, -us, m. applause
Model sentence: *Nunc, spectatores, Iovis summi causa clare **plaudite**.* —Plautus

plōrō

cry out, lament

ACTIVE		PASSIVE	
INDICATIVE			

	ACTIVE		PASSIVE	
Pres.	plōrō	plōrāmus	plōror	plōrāmur
	plōrās	plōrātis	plōrāris (-re)	plōrāminī
	plōrat	plōrant	plōrātur	plōrantur
Impf.	plōrābam	plōrābāmus	plōrābar	plōrābāmur
	plōrābās	plōrābātis	plōrābāris (-re)	plōrābāminī
	plōrābat	plōrābant	plōrābātur	plōrābantur
Fut.	plōrābō	plōrābimus	plōrābor	plōrābimur
	plōrābis	plōrābitis	plōrāberis (-re)	plōrābiminī
	plōrābit	plōrābunt	plōrābitur	plōrābuntur
Perf.	plōrāvī	plōrāvimus	plōrātus sum	plōrātī sumus
	plōrāvistī	plōrāvistis	(-a, -um) es	(-ae, -a) estis
	plōrāvit	plōrāvērunt (-ēre)	est	sunt
Plup.	plōrāveram	plōrāverāmus	plōrātus eram	plōrātī erāmus
	plōrāverās	plōrāverātis	(-a, -um) erās	(-ae, -a) erātis
	plōrāverat	plōrāverant	erat	erant
Fut.	plōrāverō	plōrāverimus	plōrātus erō	plōrātī erimus
Perf.	plōrāveris	plōrāveritis	(-a, -um) eris	(-ae, -a) eritis
	plōrāverit	plōrāverint	erit	erunt
SUBJUNCTIVE				
Pres.	plōrem	plōrēmus	plōrer	plōrēmur
	plōrēs	plōrētis	plōrēris (-re)	plōrēminī
	plōret	plōrent	plōrētur	plōrentur
Impf.	plōrārem	plōrārēmus	plōrārer	plōrārēmur
	plōrārēs	plōrārētis	plōrārēris (-re)	plōrārēminī
	plōrāret	plōrārent	plōrārētur	plōrārentur
Perf.	plōrāverim	plōrāverimus	plōrātus sim	plōrātī sīmus
	plōrāveris	plōrāveritis	(-a, -um) sīs	(-ae, -a) sītis
	plōrāverit	plōrāverint	sit	sint
Plup.	plōrāvissem	plōrāvissēmus	plōrātus essem	plōrātī essēmus
	plōrāvissēs	plōrāvissētis	(-a, -um) essēs	(-ae, -a) essētis
	plōrāvisset	plōrāvissent	esset	essent
IMPERATIVE				
Pres.	plōrā	plōrāte		
INFINITIVE				
Pres.	plōrāre		plōrārī	
Perf.	plōrāvisse		plōrātus (-a, -um) esse	
Fut.	plōrātūrus (-a, -um) esse		plōrātum īrī	
PARTICIPLE				
Pres.	plōrans, (-ntis)			
Perf.			plōrātus (-a, -um)	
Fut.	plōrātūrus (-a, -um)		plōrandus (-a, -um) (GERUNDIVE)	

GERUND plōrandī, -ō, -um, -ō SUPINE plōrātum, -ū

Compounds and related words: **imploro (1)** to beg; **plorabilis, -e** lamentable; **ploratus, -us, m.** a lamenting

Model sentence: *Ille suae puellae **plorabit** sobrius.* —Tibullus

promise

ACTIVE

INDICATIVE

Pres.	polliceor	pollicēmur
	pollicēris (-re)	pollicēminī
	pollicētur	pollicentur
Impf.	pollicēbar	pollicēbāmur
	pollicēbāris (-re)	pollicēbāminī
	pollicēbātur	pollicēbantur
Fut.	pollicēbor	pollicēbimur
	pollicēberis (-re)	pollicēbiminī
	pollicēbitur	pollicēbuntur
Perf.	pollicitus sum	pollicitī sumus
	(-a, -um) es	(-ae, -a) estis
	est	sunt
Plup.	pollicitus eram	pollicitī erāmus
	(-a, -um) erās	(-ae, -a) erātis
	erat	erant
Fut.	pollicitus erō	pollicitī erimus
Perf.	(-a, -um) eris	(-ae, -a) eritis
	erit	erunt

SUBJUNCTIVE

Pres.	pollicear	polliceāmur
	polliceāris (-re)	polliceāminī
	polliceātur	polliceantur
Impf.	pollicērer	pollicērēmur
	pollicērēris (-re)	pollicērēminī
	pollicērētur	pollicērentur
Perf.	pollicitus sim	pollicitī sīmus
	(-a, -um) sīs	(-ae, -a) sītis
	sit	sint
Plup.	pollicitus essem	pollicitī essēmus
	(-a, -um) essēs	(-ae, -a) essētis
	esset	essent

IMPERATIVE

Pres.	pollicēre	pollicēminī

INFINITIVE

Pres.	pollicērī
Perf.	pollicitus (-a, -um) esse
Fut.	pollicitūrus (-a, -um) esse

PARTICIPLE

	Active	Passive
Pres.	pollicens, (-ntis)	
Perf.	pollicitus (-a, -um)	
Fut.	pollicitūrus (-a, -um)	pollicendus (-a, -um) (GERUNDIVE)

GERUND pollicendī, -ō, -um, -ō SUPINE pollicitum, -ū

Alternate forms: **polliceres** = pollicereris
Compounds and related words: **pollicitatio, -onis, f.** an offer; **pollicitor (1)** to keep promising; **pollicitum, -i, n.** a promise
Model sentence: *Pro certo **polliceor** hoc vobis atque confirmo me esse perfecturum.* —Cicero

put, place

	ACTIVE			**PASSIVE**	
INDICATIVE					
Pres.	pōnō	pōnimus		pōnor	pōnimur
	pōnis	pōnitis		pōneris (-re)	pōniminī
	pōnit	pōnunt		pōnitur	pōnuntur
Impf.	pōnēbam	pōnēbāmus		pōnēbar	pōnēbāmur
	pōnēbās	pōnēbātis		pōnēbāris (-re)	pōnēbāminī
	pōnēbat	pōnēbant		pōnēbātur	pōnēbantur
Fut.	pōnam	pōnēmus		pōnar	pōnēmur
	pōnēs	pōnētis		pōnēris (-re)	pōnēminī
	pōnet	pōnent		pōnētur	pōnentur
Perf.	posuī	posuimus		positus sum	positī sumus
	posuistī	posuistis		(-a, -um) es	(-ae, -a) estis
	posuit	posuērunt (-ēre)		est	sunt
Plup.	posueram	posuerāmus		positus eram	positī erāmus
	posuerās	posuerātis		(-a, -um) erās	(-ae, -a) erātis
	posuerat	posuerant		erat	erant
Fut.	posuerō	posuerimus		positus erō	positī erimus
Perf.	posueris	posueritis		(-a, -um) eris	(-ae, -a) eritis
	posuerit	posuerint		erit	erunt
SUBJUNCTIVE					
Pres.	pōnam	pōnāmus		pōnar	pōnāmur
	pōnās	pōnātis		pōnāris (-re)	pōnāminī
	pōnat	pōnant		pōnātur	pōnantur
Impf.	pōnerem	pōnerēmus		pōnerer	pōnerēmur
	pōnerēs	pōnerētis		pōnerēris (-re)	pōnerēminī
	pōneret	pōnerent		pōnerētur	pōnerentur
Perf.	posuerim	posuerimus		positus sim	positī sīmus
	posueris	posueritis		(-a, -um) sīs	(-ae, -a) sītis
	posuerit	posuerint		sit	sint
Plup.	posuissem	posuissēmus		positus essem	positī essēmus
	posuissēs	posuissētis		(-a, -um) essēs	(-ae, -a) essētis
	posuisset	posuissent		esset	essent
IMPERATIVE					
Pres.	pōne	pōnite			
INFINITIVE					
Pres.	pōnere			pōnī	
Perf.	posuisse			positus (-a, -um) esse	
Fut.	positūrus (-a, -um) esse			positum īrī	
PARTICIPLE					
Pres.	pōnens, (-ntis)				
Perf.				positus (-a, -um)	
Fut.	positūrus (-a, -um)			pōnendus (-a, -um) (GERUNDIVE)	

GERUND pōnendī, -ō, -um, -ō   SUPINE positum, -ū

pōnō

Related Words

positio, positionis, f. placement

positor, positoris, m. builder

positura, positurae, f. situation

positus, positus, m. position

COMPOUNDS:

appono, apponere, apposui, appositum to put beside

compono, componere, composui, compositum to put together

depono, deponere, deposui, depositum to put aside

dispono, disponere, disposui, dispositum to arrange

expono, exponere, exposui, expositum to explain

impono, imponere, imposui, impositum to impose

interpono, interponere, interposui, interpositum to interrupt

oppono, opponere, opposui, oppositum to put against

praepono, praeponere, praeposui, praepositum to put in charge

propono, proponere, proposui, propositum to display

repono, reponere, reposui, repositum to replace

sepono, seponere, seposui, sepositum to set aside

suppono, supponere, supposui, suppositum to substitute

This verb along with its compounds is one of the most essential in the entire language. Sometimes students confuse its perfect stem **posu-** with the perfect stem of **possum** *to be able*, which is **potu-**. There are a couple of good clues to watch for to keep them straight. First is to remember that there are only ten forms of **possum** that begin with **pos-**, namely **possum**, **possumus**, and **possunt**, all of which are present tense, the present infinitive **posse** and all six forms of the present subjunctive, **possim**, **possis**, etc. All other forms of **possum** start with **pot-**. Another way is to remember that **pono** is a transitive verb and so requires a direct object. **Possum** on the other hand is intransitive and is almost always accompanied by a complementary infinitive.

P

ALTERNATE FORMS:
poseivei = posui
posierunt = posuerunt
posit = posuit
posivi = posui
postus = positus

MODEL SENTENCE:
Ubi pedem poneret non habebat. —Cicero

Expressions

castra ponere to pitch camp

porrigō

reach or stretch out

ACTIVE		PASSIVE	
INDICATIVE			

	ACTIVE		PASSIVE	
Pres.	porrigō	porrigimus	porrigor	porrigimur
	porrigis	porrigitis	porrigeris (-re)	porrigiminī
	porrigit	porrigunt	porrigitur	porriguntur
Impf.	porrigēbam	porrigēbāmus	porrigēbar	porrigēbāmur
	porrigēbās	porrigēbātis	porrigēbāris (-re)	porrigēbāminī
	porrigēbat	porrigēbant	porrigēbātur	porrigēbantur
Fut.	porrigam	porrigēmus	porrigar	porrigēmur
	porrigēs	porrigētis	porrigēris (-re)	porrigēminī
	porriget	porrigent	porrigētur	porrigentur
Perf.	porrexī	porreximus	porrectus sum	porrectī sumus
	porrexistī	porrexistis	(-a, -um) es	(-ae, -a) estis
	porrexit	porrexērunt (-ēre)	est	sunt
Plup.	porrexeram	porrexerāmus	porrectus eram	porrectī erāmus
	porrexerās	porrexerātis	(-a, -um) erās	(-ae, -a) erātis
	porrexerat	porrexerant	erat	erant
Fut.	porrexerō	porrexerimus	porrectus erō	porrectī erimus
Perf.	porrexeris	porrexeritis	(-a, -um) eris	(-ae, -a) eritis
	porrexerit	porrexerint	erit	erunt

SUBJUNCTIVE			

	ACTIVE		PASSIVE	
Pres.	porrigam	porrigāmus	porrigar	porrigāmur
	porrigās	porrigātis	porrigāris (-re)	porrigāminī
	porrigat	porrigant	porrigātur	porrigantur
Impf.	porrigerem	porrigerēmus	porrigerer	porrigerēmur
	porrigerēs	porrigerētis	porrigerēris (-re)	porrigerēminī
	porrigeret	porrigerent	porrigerētur	porrigerentur
Perf.	porrexerim	porrexerimus	porrectus sim	porrectī sīmus
	porrexeris	porrexeritis	(-a, -um) sīs	(-ae, -a) sītis
	porrexerit	porrexerint	sit	sint
Plup.	porrexissem	porrexissēmus	porrectus essem	porrectī essēmus
	porrexissēs	porrexissētis	(-a, -um) essēs	(-ae, -a) essētis
	porrexisset	porrexissent	esset	essent

IMPERATIVE			
Pres.	porrige	porrigite		

INFINITIVE			
Pres.	porrigere		porrigī	
Perf.	porrexisse		porrectus (-a, -um) esse	
Fut.	porrectūrus (-a, -um) esse		porrectum īrī	

PARTICIPLE			
Pres.	porrigens, (-ntis)			
Perf.			porrectus (-a, -um)	
Fut.	porrectūrus (-a, -um)		porrigendus (-a, -um) (GERUNDIVE)	

GERUND porrigendī, -ō, -um, -ō   SUPINE porrectum, -ū

Alternate forms: **porge** = porrige; **porgebat** = porrigebat; **porgens** = porrigens; **porgi** = porrigi;
   porgite = porrigite; **porgo** = porrigo; **porxit** = porrexit
Compounds and related words: **porrectio, -onis, f.** extension
See **rego** for other compounds of this verb.
Model sentence: *Animal omne membra quocumque vult, flectit, contorquet, **porrigit**, contrahit.* —Cicero

carry

ACTIVE   PASSIVE

INDICATIVE

Pres.	portō	portāmus	portor	portāmur
	portās	portātis	portāris (-re)	portāminī
	portat	portant	portātur	portantur
Impf.	portābam	portābāmus	portābar	portābāmur
	portābās	portābātis	portābāris (-re)	portābāminī
	portābat	portābant	portābātur	portābantur
Fut.	portābō	portābimus	portābor	portābimur
	portābis	portābitis	portāberis (-re)	portābiminī
	portābit	portābunt	portābitur	portābuntur
Perf.	portāvī	portāvimus	portātus sum	portātī sumus
	portāvistī	portāvistis	(-a, -um) es	(-ae, -a) estis
	portāvit	portāvērunt (-ēre)	est	sunt
Plup.	portāveram	portāverāmus	portātus eram	portātī erāmus
	portāverās	portāverātis	(-a, -um) erās	(-ae, -a) erātis
	portāverat	portāverant	erat	erant
Fut.	portāverō	portāverimus	portātus erō	portātī erimus
Perf.	portāveris	portāveritis	(-a, -um) eris	(-ae, -a) eritis
	portāverit	portāverint	erit	erunt

SUBJUNCTIVE

P

Pres.	portem	portēmus	porter	portēmur
	portēs	portētis	portēris (-re)	portēminī
	portet	portent	portētur	portentur
Impf.	portārem	portārēmus	portārer	portārēmur
	portārēs	portārētis	portārēris (-re)	portārēminī
	portāret	portārent	portārētur	portārentur
Perf.	portāverim	portāverimus	portātus sim	portātī sīmus
	portāveris	portāveritis	(-a, -um) sīs	(-ae, -a) sītis
	portāverit	portāverint	sit	sint
Plup.	portāvissem	portāvissēmus	portātus essem	portātī essēmus
	portāvissēs	portāvissētis	(-a, -um) essēs	(-ae, -a) essētis
	portāvisset	portāvissent	esset	essent

IMPERATIVE

Pres.	portā	portāte

INFINITIVE

Pres.	portāre	portārī
Perf.	portāvisse	portātus (-a, -um) esse
Fut.	portātūrus (-a, -um) esse	portātum īrī

PARTICIPLE

Pres.	portans, (-ntis)	
Perf.		portātus (-a, -um)
Fut.	portātūrus (-a, -um)	portandus (-a, -um) (GERUNDIVE)

GERUND portandī, -ō, -um, -ō   SUPINE portātum, -ū

Compounds and related words: **asporto (1)** to carry off; **comporto (1)** to collect; **deporto (1)** to carry down; **porta, -ae, f.** gate; **portus, -us, m.** harbor; **reporto (1)** to bring back; **transporto (1)** to transport

Model sentence: *Nescio quid peccati **portet** haec purgatorio.* —Terence

demand, request

ACTIVE		PASSIVE	
INDICATIVE			

Pres.	poscō	poscimus	poscor	poscimur
	poscis	poscitis	posceris (-re)	posciminī
	poscit	poscunt	poscitur	poscuntur
Impf.	poscēbam	poscēbāmus	poscēbar	poscēbāmur
	poscēbās	poscēbātis	poscēbāris (-re)	poscēbāminī
	poscēbat	poscēbant	poscēbātur	poscēbantur
Fut.	poscam	poscēmus	poscar	poscēmur
	poscēs	poscētis	poscēris (-re)	poscēminī
	poscet	poscent	poscētur	poscentur
Perf.	poposcī	poposcimus		
	poposcistī	poposcistis		
	poposcit	poposcērunt (-ēre)		
Plup.	poposceram	poposcerāmus		
	poposcerās	poposcerātis		
	poposcerat	poposcerant		
Fut.	poposcerō	poposcerimus		
Perf.	poposceris	poposceritis		
	poposcerit	poposcerint		
SUBJUNCTIVE				
Pres.	poscam	poscāmus	poscar	poscāmur
	poscās	poscātis	poscāris (-re)	poscāminī
	poscat	poscant	poscātur	poscantur
Impf.	poscerem	poscerēmus	poscerer	poscerēmur
	poscerēs	poscerētis	poscerēris (-re)	poscerēminī
	posceret	poscerent	poscerētur	poscerentur
Perf.	poposcerim	poposcerimus		
	poposceris	poposceritis		
	poposcerit	poposcerint		
Plup.	poposcissem	poposcissēmus		
	poposcissēs	poposcissētis		
	poposcisset	poposcissent		

IMPERATIVE

Pres.	posce	poscite		

INFINITIVE

Pres.	poscere		poscī	
Perf.	poposcisse			
Fut.				

PARTICIPLE

Pres.	poscens, (-ntis)			
Perf.				
Fut.			poscendus (-a, -um) (GERUNDIVE)	

GERUND poscendī, -ō, -um, -ō   SUPINE

Alternate forms: **peposci** = poposci
Compounds and related words: **deposco (3)** to demand
Model sentence: *Milia pro puero centum me mango **poposcit.*** —Martial

own, occupy

ACTIVE		PASSIVE	

INDICATIVE

Pres.	possideō	possidēmus	possideor	possidēmur
	possidēs	possidētis	possidēris (-re)	possidēminī
	possidet	possident	possidētur	possidentur
Impf.	possidēbam	possidēbāmus	possidēbar	possidēbāmur
	possidēbās	possidēbātis	possidēbāris (-re)	possidēbāminī
	possidēbat	possidēbant	possidēbātur	possidēbantur
Fut.	possidēbō	possidēbimus	possidēbor	possidēbimur
	possidēbis	possidēbitis	possidēberis (-re)	possidēbiminī
	possidēbit	possidēbunt	possidēbitur	possidēbuntur
Perf.	possēdī	possēdimus	possessus sum	possessī sumus
	possēdistī	possēdistis	(-a, -um) es	(-ae, -a) estis
	possēdit	possēdērunt (-ēre)	est	sunt
Plup.	possēderam	possēderāmus	possessus eram	possessī erāmus
	possēderās	possēderātis	(-a, -um) erās	(-ae, -a) erātis
	possēderat	possēderant	erat	erant
Fut.	possēderō	possēderimus	possessus erō	possessī erimus
Perf.	possēderis	possēderitis	(-a, -um) eris	(-ae, -a) eritis
	possēderit	possēderint	erit	erunt

SUBJUNCTIVE

Pres.	possideam	possideāmus	possidear	possideāmur
	possideās	possideātis	possideāris (-re)	possideāminī
	possideat	possideant	possideātur	possideantur
Impf.	possidērem	possidērēmus	possidērer	possidērēmur
	possidērēs	possidērētis	possidērēris (-re)	possidērēminī
	possidēret	possidērent	possidērētur	possidērentur
Perf.	possēderim	possēderimus	possessus sim	possessī sīmus
	possēderis	possēderitis	(-a, -um) sīs	(-ae, -a) sītis
	possēderit	possēderint	sit	sint
Plup.	possēdissem	possēdissēmus	possessus essem	possessī essēmus
	possēdissēs	possēdissētis	(-a, -um) essēs	(-ae, -a) essētis
	possēdisset	possēdissent	esset	essent

IMPERATIVE

Pres.	possidē	possidēte

INFINITIVE

Pres.	possidēre	possidērī
Perf.	possēdisse	possessus (-a, -um) esse
Fut.	possessūrus (-a, -um) esse	possessum īrī

PARTICIPLE

Pres.	possidens, (-ntis)	
Perf.		possessus (-a, -um)
Fut.	possessūrus (-a, -um)	possidendus (-a, -um) (GERUNDIVE)

GERUND possidendī, -ō, -um, -ō SUPINE possessum, -ū

Alternate forms: **posidebunt** = possidebunt; **posideit** = possedit; **posident** = possident;
   posidere = possidere; **posidet** = possidet; **posideto** = posside
Compounds and related words: **possessio, -onis, f.** possession; **possessor, -is, m.** possessor;
   possessus, -us, m. possession; **possido (3)** to take possession
Model sentence: *Plus fidei quam artis, plus veritatis quam disciplinae **possidet** in se.* —Cicero

403

be able, can

ACTIVE

INDICATIVE

Pres.	possum	possumus
	potes	potestis
	potest	possunt
Impf.	poteram	poterāmus
	poterās	poterātis
	poterat	poterant
Fut.	poterō	poterimus
	poteris	poteritis
	poterit	poterunt
Perf.	potuī	potuimus
	potuistī	potuistis
	potuit	potuērunt (-ēre)
Plup.	potueram	potuerāmus
	potuerās	potuerātis
	potuerat	potuerant
Fut.	potuerō	potuerimus
Perf.	potueris	potueritis
	potuerit	potuerint

SUBJUNCTIVE

Pres.	possim	possīmus
	possīs	possītis
	possit	possint
Impf.	possem	possēmus
	possēs	possētis
	posset	possent
Perf.	potuerim	potuerimus
	potueris	potueritis
	potuerit	potuerint
Plup.	potuissem	potuissēmus
	potuissēs	potuissētis
	potuisset	potuissent

IMPERATIVE

Pres.

INFINITIVE

Pres.	posse
Perf.	potuisse
Fut.	

PARTICIPLE

Pres.	potens, (-ntis)
Perf.	
Fut.	

GERUND   SUPINE

possum

Related Words

impotens, impotentis powerless

possibilis, possibile possible

potens, potentis powerful

potestas, potestatis, f. power

potentia, potentiae, f. power

potis able

This is a very important irregular verb to know. It is a contraction of the word **potis** *able* and the verb **sum** *I am* and becomes easier to recognize if you remember how it is formed.

Basically, all you need to do is attach **pot-** to any form of **sum**. If the form begins with an **s**, the **t** changes to an **s**. If the form begins with an **f**, drop the **f**. The present infinitive **posse** doesn't follow these rules. Also, there is no future active participle.

There are only a few other Latin verbs that begin **pot-**. This is by far the most common.

USAGE NOTES:
nearly always with a complementary infinitive

P

ALTERNATE FORMS:
possetur (imperfect subjunctive passive)
possiem = possim
possies = possis
possitur (present subjunctive passive)
poteratur (imperfect indicative passive)
potesse = posse
potestur (present indicative passive)
potin = potisne
potisit = posset
potisse = posse
potisset = posset

MODEL SENTENCE:
*Stultum est timere quod vitare non **potes**.*
—Publilius Syrus

demand

ACTIVE		PASSIVE	
INDICATIVE			

	ACTIVE		PASSIVE	
Pres.	postulō	postulāmus	postulor	postulāmur
	postulās	postulātis	postulāris (-re)	postulāminī
	postulat	postulant	postulātur	postulantur
Impf.	postulābam	postulābāmus	postulābar	postulābāmur
	postulābās	postulābātis	postulābāris (-re)	postulābāminī
	postulābat	postulābant	postulābātur	postulābantur
Fut.	postulābō	postulābimus	postulābor	postulābimur
	postulābis	postulābitis	postulāberis (-re)	postulābiminī
	postulābit	postulābunt	postulābitur	postulābuntur
Perf.	postulāvī	postulāvimus	postulātus sum	postulātī sumus
	postulāvistī	postulāvistis	(-a, -um) es	(-ae, -a) estis
	postulāvit	postulāvērunt (-ēre)	est	sunt
Plup.	postulāveram	postulāverāmus	postulātus eram	postulātī erāmus
	postulāverās	postulāverātis	(-a, -um) erās	(-ae, -a) erātis
	postulāverat	postulāverant	erat	erant
Fut.	postulāverō	postulāverimus	postulātus erō	postulātī erimus
Perf.	postulāveris	postulāveritis	(-a, -um) eris	(-ae, -a) eritis
	postulāverit	postulāverint	erit	erunt

SUBJUNCTIVE

	ACTIVE		PASSIVE	
Pres.	postulem	postulēmus	postuler	postulēmur
	postulēs	postulētis	postulēris (-re)	postulēminī
	postulet	postulent	postulētur	postulentur
Impf.	postulārem	postulārēmus	postulārer	postulārēmur
	postulārēs	postulārētis	postulārēris (-re)	postulārēminī
	postulāret	postulārent	postulārētur	postulārentur
Perf.	postulāverim	postulāverimus	postulātus sim	postulātī sīmus
	postulāveris	postulāveritis	(-a, -um) sīs	(-ae, -a) sītis
	postulāverit	postulāverint	sit	sint
Plup.	postulāvissem	postulāvissēmus	postulātus essem	postulātī essēmus
	postulāvissēs	postulāvissētis	(-a, -um) essēs	(-ae, -a) essētis
	postulāvisset	postulāvissent	esset	essent

IMPERATIVE

	ACTIVE	
Pres.	postulā	postulāte

INFINITIVE

	ACTIVE	PASSIVE
Pres.	postulāre	postulārī
Perf.	postulāvisse	postulātus (-a, -um) esse
Fut.	postulātūrus (-a, -um) esse	postulātum īrī

PARTICIPLE

	ACTIVE	PASSIVE
Pres.	postulans, (-ntis)	
Perf.		postulātus (-a, -um)
Fut.	postulātūrus (-a, -um)	postulandus (-a, -um) (GERUNDIVE)

GERUND postulandī, -ō, -um, -ō SUPINE postulātum, -ū

Compounds and related words: **posco (3)** to demand; **postulatio, -onis, f.** a demand; **postulator, -is, m.** a plaintiff; **postulatus, -us, m.** a legal suit

Model sentence: *Legatos ad Bocchum mittit **postulatum***
ne sine causa hostis populo Romano fieret. —Sallust

acquire, take possession of

ACTIVE
INDICATIVE

Pres.	potior	potīmur
	potīris (-re)	potīminī
	potītur	potiuntur
Impf.	potiēbar	potiēbāmur
	potiēbāris (-re)	potiēbāminī
	potiēbātur	potiēbantur
Fut.	potiar	potiēmur
	potiēris (-re)	potiēminī
	potiētur	potientur
Perf.	potītus sum	potītī sumus
	(-a, -um) es	(-ae, -a) estis
	est	sunt
Plup.	potītus eram	potītī erāmus
	(-a, -um) erās	(-ae, -a) erātis
	erat	erant
Fut.	potītus erō	potītī erimus
Perf.	(-a, -um) eris	(-ae, -a) eritis
	erit	erunt

SUBJUNCTIVE

Pres.	potiar	potiāmur
	potiāris (-re)	potiāminī
	potiātur	potiantur
Impf.	potīrer	potīrēmur
	potīrēris (-re)	potīrēminī
	potīrētur	potīrentur
Perf.	potītus sim	potītī sīmus
	(-a, -um) sīs	(-ae, -a) sītis
	sit	sint
Plup.	potītus essem	potītī essēmus
	(-a, -um) essēs	(-ae, -a) essētis
	esset	essent

IMPERATIVE

Pres.	potīre	potīminī

INFINITIVE

Pres.	potīrī
Perf.	potītus (-a, -um) esse
Fut.	potītūrus (-a, -um) esse

PARTICIPLE

	Active	Passive
Pres.	potiens, (-ntis)	
Perf.	potītus (-a, -um)	
Fut.	potītūrus (-a, -um)	potiendus (-a, -um) (GERUNDIVE)

GERUND potiendī, -ō, -um, -ō   SUPINE potītum, -ū

Usage notes: may be used with the **genitive, accusative,** or **ablative**
Alternate forms: **poti** = potiri; **potio** = potior; **potirier** = potiri
Compounds and related words: **possum** (irr.) to be able; **potis** able
Model sentence: *Lusitani praeda **potiuntur**.* —Caesar

supply, show, approve, allow

ACTIVE		PASSIVE	

INDICATIVE

Pres.	praebeō	praebēmus	praebeor	praebēmur
	praebēs	praebētis	praebēris (-re)	praebēminī
	praebet	praebent	praebētur	praebentur
Impf.	praebēbam	praebēbāmus	praebēbar	praebēbāmur
	praebēbās	praebēbātis	praebēbāris (-re)	praebēbāminī
	praebēbat	praebēbant	praebēbātur	praebēbantur
Fut.	praebēbō	praebēbimus	praebēbor	praebēbimur
	praebēbis	praebēbitis	praebēberis (-re)	praebēbiminī
	praebēbit	praebēbunt	praebēbitur	praebēbuntur
Perf.	praebuī	praebuimus	praebitus sum	praebitī sumus
	praebuistī	praebuistis	(-a, -um) es	(-ae, -a) estis
	praebuit	praebuērunt (-ēre)	est	sunt
Plup.	praebueram	praebuerāmus	praebitus eram	praebitī erāmus
	praebuerās	praebuerātis	(-a, -um) erās	(-ae, -a) erātis
	praebuerat	praebuerant	erat	erant
Fut.	praebuerō	praebuerimus	praebitus erō	praebitī erimus
Perf.	praebueris	praebueritis	(-a, -um) eris	(-ae, -a) eritis
	praebuerit	praebuerint	erit	erunt

SUBJUNCTIVE

Pres.	praebeam	praebeāmus	praebear	praebeāmur
	praebeās	praebeātis	praebeāris (-re)	praebeāminī
	praebeat	praebeant	praebeātur	praebeantur
Impf.	praebērem	praebērēmus	praebērer	praebērēmur
	praebērēs	praebērētis	praebērēris (-re)	praebērēminī
	praebēret	praebērent	praebērētur	praebērentur
Perf.	praebuerim	praebuerimus	praebitus sim	praebitī sīmus
	praebueris	praebueritis	(-a, -um) sīs	(-ae, -a) sītis
	praebuerit	praebuerint	sit	sint
Plup.	praebuissem	praebuissēmus	praebitus essem	praebitī essēmus
	praebuissēs	praebuissētis	(-a, -um) essēs	(-ae, -a) essētis
	praebuisset	praebuissent	esset	essent

IMPERATIVE

Pres.	praebē	praebēte	

INFINITIVE

Pres.	praebēre	praebērī
Perf.	praebuisse	praebitus (-a, -um) esse
Fut.	praebitūrus (-a, -um) esse	praebitum īrī

PARTICIPLE

Pres.	praebens, (-ntis)	
Perf.		praebitus (-a, -um)
Fut.	praebitūrus (-a, -um)	praebendus (-a, -um) (GERUNDIVE)

GERUND praebendī, -ō, -um, -ō   SUPINE praebitum, -ū

Alternate forms: **praeberier** = praeberi
Compounds and related words: **praebitor, -is, m.** supplier
Model sentence: *Nuda Caledonio viscera **praebuit** urso Laureolus.* —Martial

foretell, appoint, warn

ACTIVE		PASSIVE	
INDICATIVE			

	ACTIVE		PASSIVE	
Pres.	praedīcō	praedīcimus	praedīcor	praedīcimur
	praedīcis	praedīcitis	praedīceris (-re)	praedīciminī
	praedīcit	praedīcunt	praedīcitur	praedīcuntur
Impf.	praedīcēbam	praedīcēbāmus	praedīcēbar	praedīcēbāmur
	praedīcēbās	praedīcēbātis	praedīcēbāris (-re)	praedīcēbāminī
	praedīcēbat	praedīcēbant	praedīcēbātur	praedīcēbantur
Fut.	praedīcam	praedīcēmus	praedīcar	praedīcēmur
	praedīcēs	praedīcētis	praedīcēris (-re)	praedīcēminī
	praedīcet	praedīcent	praedīcētur	praedīcentur
Perf.	praedixī	praediximus	praedictus sum	praedictī sumus
	praedixistī	praedixistis	(-a, -um) es	(-ae, -a) estis
	praedixit	praedixērunt (-ēre)	est	sunt
Plup.	praedixeram	praedixerāmus	praedictus eram	praedictī erāmus
	praedixerās	praedixerātis	(-a, -um) erās	(-ae, -a) erātis
	praedixerat	praedixerant	erat	erant
Fut.	praedixerō	praedixerimus	praedictus erō	praedictī erimus
Perf.	praedixeris	praedixeritis	(-a, -um) eris	(-ae, -a) eritis
	praedixerit	praedixerint	erit	erunt

SUBJUNCTIVE			

	ACTIVE		PASSIVE	
Pres.	praedīcam	praedīcāmus	praedīcar	praedīcāmur
	praedīcās	praedīcātis	praedīcāris (-re)	praedīcāminī
	praedīcat	praedīcant	praedīcātur	praedīcantur
Impf.	praedīcerem	praedīcerēmus	praedīcerer	praedīcerēmur
	praedīcerēs	praedīcerētis	praedīcerēris (-re)	praedīcerēminī
	praedīceret	praedīcerent	praedīcerētur	praedīcerentur
Perf.	praedixerim	praedixerimus	praedictus sim	praedictī sīmus
	praedixeris	praedixeritis	(-a, -um) sīs	(-ae, -a) sītis
	praedixerit	praedixerint	sit	sint
Plup.	praedixissem	praedixissēmus	praedictus essem	praedictī essēmus
	praedixissēs	praedixissētis	(-a, -um) essēs	(-ae, -a) essētis
	praedixisset	praedixissent	esset	essent

IMPERATIVE		

Pres.	praedīce	praedīcite

INFINITIVE		

Pres.	praedīcere	praedīcī
Perf.	praedixisse	praedictus (-a, -um) esse
Fut.	praedictūrus (-a, -um) esse	praedictum īrī

PARTICIPLE		

Pres.	praedīcens, (-ntis)	
Perf.		praedictus (-a, -um)
Fut.	praedictūrus (-a, -um)	praedīcendus (-a, -um) (GERUNDIVE)

GERUND praedīcendī, -ō, -um, -ō   SUPINE praedictum, -ū

Compounds and related words: **praedico (1)** to publish; **praedictio, -onis, f.** a prophesying
See **dico** for other compounds of this verb.
Model sentence: *Nihil adversi accidit non **praedicente** me.* —Cicero

meet, perish

ACTIVE

INDICATIVE

Pres.	praeeō	praeīmus
	praeīs	praeītis
	praeit	praeeunt
Impf.	praeībam	praeībāmus
	praeībās	praeībātis
	praeībat	praeībant
Fut.	praeībō	praeībimus
	praeībis	praeībitis
	praeībit	praeībunt
Perf.	praeiī	praeiimus
	praeiistī	praeiistis
	praeiit	praeiērunt (-ēre)
Plup.	praeieram	praeierāmus
	praeierās	praeierātis
	praeierat	praeierant
Fut.	praeierō	praeierimus
Perf.	praeieris	praeieritis
	praeierit	praeierint

SUBJUNCTIVE

Pres.	praeeam	praeeāmus
	praeeās	praeeātis
	praeeat	praeeant
Impf.	praeīrem	praeīrēmus
	praeīrēs	praeīrētis
	praeīret	praeīrent
Perf.	praeierim	praeierimus
	praeieris	praeieritis
	praeierit	praeierint
Plup.	praeīssem	praeīssēmus
	praeīssēs	praeīssētis
	praeīsset	praeīssent

IMPERATIVE

Pres.	praeī	praeīte

INFINITIVE

Pres.	praeīre
Perf.	praeīsse
Fut.	praeitūrus (-a, -um) esse

PARTICIPLE

	Active	Passive
Pres.	praeiens, (-euntis)	
Perf.		praeitus (-a, -um)
Fut.	praeitūrus (-a, -um)	praeeundus (-a, -um) (GERUNDIVE)

GERUND praeeundī, -ō, -um, -ō   SUPINE praeitum, -ū

Usage notes: sometimes used with the **dative**
Alternate forms: **praeivi** = praeii
See **eo** for other compounds of this verb.
Model sentence: *Laevinus Romam **praeivit**.* —Livy

bring before, show, prefer

ACTIVE		PASSIVE	
INDICATIVE			

Pres.	praeferō	praeferimus	praeferor	praeferimur
	praefers	praefertis	praeferris (-re)	praeferiminī
	praefert	praeferunt	praefertur	praeferuntur
Impf.	praeferēbam	praeferēbāmus	praeferēbar	praeferēbāmur
	praeferēbās	praeferēbātis	praeferēbāris (-re)	praeferēbāminī
	praeferēbat	praeferēbant	praeferēbātur	praeferēbantur
Fut.	praeferam	praeferēmus	praeferar	praeferēmur
	praeferēs	praeferētis	praeferēris (-re)	praeferēminī
	praeferet	praeferent	praeferētur	praeferentur
Perf.	praetulī	praetulimus	praelātus sum	praelātī sumus
	praetulistī	praetulistis	(-a, -um) es	(-ae, -a) estis
	praetulit	praetulērunt (-ēre)	est	sunt
Plup.	praetuleram	praetulerāmus	praelātus eram	praelātī erāmus
	praetulerās	praetulerātis	(-a, -um) erās	(-ae, -a) erātis
	praetulerat	praetulerant	erat	erant
Fut.	praetulerō	praetulerimus	praelātus erō	praelātī erimus
Perf.	praetuleris	praetuleritis	(-a, -um) eris	(-ae, -a) eritis
	praetulerit	praetulerint	erit	erunt

SUBJUNCTIVE			
Pres.	praeferam	praeferāmus	praeferar	praeferāmur
	praeferās	praeferātis	praeferāris (-re)	praeferāminī
	praeferat	praeferant	praeferātur	praeferantur
Impf.	praeferrem	praeferrēmus	praeferrer	praeferrēmur
	praeferrēs	praeferrētis	praeferrēris (-re)	praeferrēminī
	praeferret	praeferrent	praeferrētur	praeferrentur
Perf.	praetulerim	praetulerimus	praelātus sim	praelātī sīmus
	praetuleris	praetuleritis	(-a, -um) sīs	(-ae, -a) sītis
	praetulerit	praetulerint	sit	sint
Plup.	praetulissem	praetulissēmus	praelātus essem	praelātī essēmus
	praetulissēs	praetulissētis	(-a, -um) essēs	(-ae, -a) essētis
	praetulisset	praetulissent	esset	essent

IMPERATIVE			
Pres.	praefer	praeferte		

INFINITIVE			
Pres.	praeferre		praeferrī	
Perf.	praetulisse		praelātus (-a, -um) esse	
Fut.	praelātūrus (-a, -um) esse		praelātum īrī	

PARTICIPLE			
Pres.	praeferens, (-ntis)			
Perf.			praelātus (-a, -um)	
Fut.	praelātūrus (-a, -um)		praeferendus (-a, -um) (GERUNDIVE)	

GERUND praeferendī, -ō, -um, -ō   SUPINE praelātum, -ū

See **fero** for other compounds of this verb.
Model sentence: *Hanc mortem fatis magni **praeferre** Catonis Fama potest.* —Martial

excel

	ACTIVE		PASSIVE
		INDICATIVE	
Pres.	praestō	praestāmus	
	praestās	praestātis	
	praestat	praestant	praestātur (Impers.)
Impf.	praestābam	praestābāmus	
	praestābās	praestābātis	
	praestābat	praestābant	praestābātur (Impers.)
Fut.	praestābō	praestābimus	
	praestābis	praestābitis	
	praestābit	praestābunt	praestābitur (Impers.)
Perf.	praestitī	praestitimus	
	praestitistī	praestitistis	
	praestitit	praestitērunt (-ēre)	praestitum est (Impers.)
Plup.	praestiteram	praestiterāmus	
	praestiterās	praestiterātis	
	praestiterat	praestiterant	praestitum erat (Impers.)
Fut.	praestiterō	praestiterimus	
Perf.	praestiteris	praestiteritis	
	praestiterit	praestiterint	praestitum erit (Impers.)
		SUBJUNCTIVE	
Pres.	praestem	praestēmus	
	praestēs	praestētis	
	praestet	praestent	praestētur (Impers.)
Impf.	praestārem	praestārēmus	
	praestārēs	praestārētis	
	praestāret	praestārent	praestārētur (Impers.)
Perf.	praestiterim	praestiterimus	
	praestiteris	praestiteritis	
	praestiterit	praestiterint	praestitum sit (Impers.)
Plup.	praestitissem	praestitissēmus	
	praestitissēs	praestitissētis	
	praestitisset	praestitissent	praestitum esset (Impers.)
		IMPERATIVE	
Pres.	praestā	praestāte	
		INFINITIVE	
Pres.	praestāre		praestārī
Perf.	praestitisse		praestitum esse
Fut.	praestātūrus (-a, -um) esse		praestitum īrī
		PARTICIPLE	
Pres.	praestans, (-ntis)		
Perf.			praestitus (-a, -um)
Fut.	praestātūrus (-a, -um)		praestandus (-a, -um) (GERUNDIVE)

GERUND praestandī, -ō, -um, -ō   SUPINE praestitum, -ū

Alternate forms: **praestatum** = praestitum; **praestavi** = praestiti
Compounds and related words: **praestans, -ntis** excellent; **praesto** present, on hand;
    praestolor (1) to wait for
See **sto** for other compounds of this verb.
Model sentence: *Saepta petuntur si quid Phillyrides **praestat**.* —Martial

412

be in front, be in charge

ACTIVE

INDICATIVE

Pres.	praesum	praesumus
	praees	praeestis
	praeest	praesunt
Impf.	praeeram	praeerāmus
	praeerās	praeerātis
	praeerat	praeerant
Fut.	praeerō	praeerimus
	praeeris	praeeritis
	praeerit	praeerunt
Perf.	praefuī	praefuimus
	praefuistī	praefuistis
	praefuit	praefuērunt (-ēre)
Plup.	praefueram	praefuerāmus
	praefuerās	praefuerātis
	praefuerat	praefuerant
Fut.	praefuerō	praefuerimus
Perf.	praefueris	praefueritis
	praefuerit	praefuerint

SUBJUNCTIVE

Pres.	praesim	praesīmus
	praesīs	praesītis
	praesit	praesint
Impf.	praeessem	praeessēmus
	praeessēs	praeessētis
	praeesset	praeessent
Perf.	praefuerim	praefuerimus
	praefueris	praefueritis
	praefuerit	praefuerint
Plup.	praefuissem	praefuissēmus
	praefuissēs	praefuissētis
	praefuisset	praefuissent

IMPERATIVE

Pres.	praees	praeeste

INFINITIVE

Pres.	praeesse
Perf.	praefuisse
Fut.	

PARTICIPLE

Pres.	praesens
Perf.	
Fut.	

GERUND   SUPINE

Usage notes: generally used with the **dative**
Alternate forms: **praerat** = praeerat
See **sum** for other compounds of this verb.
Model sentence: *Omnibus Druidibus **praeest** unus.* —Caesar

pass by, omit, neglect, perish

	ACTIVE		PASSIVE	
		INDICATIVE		
Pres.	praetereō	praeterīmus	praetereor	praeterīmur
	praeterīs	praeterītis	praeterīris (-re)	praeterīminī
	praeterit	praetereunt	praeterītur	praetereuntur
Impf.	praeterībam	praeterībāmus	praeterībar	praeterībāmur
	praeterībās	praeterībātis	praeterībāris (-re)	praeterībāminī
	praeterībat	praeterībant	praeterībātur	praeterībantur
Fut.	praeterībō	praeterībimus	praeterībor	praeterībimur
	praeterībis	praeterībitis	praeterīberis (-re)	praeterībiminī
	praeterībit	praeterībunt	praeterībitur	praeterībuntur
Perf.	praeteriī	praeteriimus	praeteritus sum	praeteritī sumus
	praeteriistī	praeteriistis	(-a, -um)　es	(-ae, -a)　estis
	praeteriit	praeteriērunt (-ēre)	est	sunt
Plup.	praeterieram	praeterierāmus	praeteritus eram	praeteritī erāmus
	praeterierās	praeterierātis	(-a, -um)　erās	(-ae, -a)　erātis
	praeterierat	praeterierant	erat	erant
Fut.	praeterierō	praeterierimus	praeteritus erō	praeteritī erimus
Perf.	praeterieris	praeterieritis	(-a, -um)　eris	(-ae, -a)　eritis
	praeterierit	praeterierint	erit	erunt
		SUBJUNCTIVE		
Pres.	praeteream	praetereāmus	praeterear	praetereāmur
	praetereās	praetereātis	praetereāris (-re)	praetereāminī
	praetereat	praetereant	praetereātur	praetereantur
Impf.	praeterīrem	praeterīrēmus	praeterīrer	praeterīrēmur
	praeterīrēs	praeterīrētis	praeterīrēris (-re)	praeterīrēminī
	praeterīret	praeterīrent	praeterīrētur	praeterīrentur
Perf.	praeterierim	praeterierimus	praeteritus sim	praeteritī sīmus
	praeterieris	praeterieritis	(-a, -um)　sīs	(-ae, -a)　sītis
	praeterierit	praeterierint	sit	sint
Plup.	praeterīssem	praeterīssēmus	praeteritus essem	praeteritī essēmus
	praeterīssēs	praeterīssētis	(-a, -um)　essēs	(-ae, -a)　essētis
	praeterīsset	praeterīssent	esset	essent
		IMPERATIVE		
Pres.	praeterī	praeterīte		
		INFINITIVE		
Pres.	praeterīre		praeterīrī	
Perf.	praeterīsse		praeteritus (-a, -um) esse	
Fut.	praeteritūrus (-a, -um) esse		praeteritum īrī	
		PARTICIPLE		
Pres.	praeteriens, (-euntis)			
Perf.			praeteritus (-a, -um)	
Fut.	praeteritūrus (-a, -um)		praetereundus (-a, -um) (GERUNDIVE)	

GERUND praetereundī, -ō, -um, -ō　SUPINE praeteritum, -ū

Alternate forms: **praeteriet** = praeteribit;　**praeterivi** = praeterii
Compounds and related words: **praeteritio, -onis, f.** omission
See **eo** for other compounds of this verb.
Model sentence: *Nec quae **praeteriit** iterum revocabitur unda nec quae **praeteriit** hora redire potest.* —Ovid

beg, pay, request

ACTIVE

INDICATIVE

Pres.	precor	precāmur
	precāris (-re)	precāminī
	precātur	precantur
Impf.	precābar	precābāmur
	precābāris (-re)	precābāminī
	precābātur	precābantur
Fut.	precābor	precābimur
	precāberis (-re)	precābiminī
	precābitur	precābuntur
Perf.	precātus sum	precātī sumus
	(-a, -um) es	(-ae, -a) estis
	est	sunt
Plup.	precātus eram	precātī erāmus
	(-a, -um) erās	(-ae, -a) erātis
	erat	erant
Fut.	precātus erō	precātī erimus
Perf.	(-a, -um) eris	(-ae, -a) eritis
	erit	erunt

SUBJUNCTIVE

Pres.	precer	precēmur
	precēris (-re)	precēminī
	precētur	precentur
Impf.	precārer	precārēmur
	precārēris (-re)	precārēminī
	precārētur	precārentur
Perf.	precātus sim	precātī sīmus
	(-a, -um) sīs	(-ae, -a) sītis
	sit	sint
Plup.	precātus essem	precātī essēmus
	(-a, -um) essēs	(-ae, -a) essētis
	esset	essent

IMPERATIVE

Pres.	precāre	precāminī

INFINITIVE

Pres.	precārī
Perf.	precātus (-a, -um) esse
Fut.	precātūrus (-a, -um) esse

PARTICIPLE

	Active	Passive
Pres.	precans, (-ntis)	
Perf.	precātus (-a, -um)	
Fut.	precātūrus (-a, -um)	precandus (-a, -um) (GERUNDIVE)

GERUND precandī, -ō, -um, -ō   SUPINE precātum, -ū

Compounds and related words: **deprecor (1)** to avert (by prayer); **prex, precis, f.** prayer
Model sentence: ***Precor** carmina nostra legas.* —Martial

P

grasp

ACTIVE		PASSIVE	
INDICATIVE			
Pres. prehendō	prehendimus	prehendor	prehendimur
prehendis	prehenditis	prehenderis (-re)	prehendiminī
prehendit	prehendunt	prehenditur	prehenduntur
Impf. prehendēbam	prehendēbāmus	prehendēbar	prehendēbāmur
prehendēbās	prehendēbātis	prehendēbāris (-re)	prehendēbāminī
prehendēbat	prehendēbant	prehendēbātur	prehendēbantur
Fut. prehendam	prehendēmus	prehendar	prehendēmur
prehendēs	prehendētis	prehendēris (-re)	prehendēminī
prehendet	prehendent	prehendētur	prehendentur
Perf. prehendī	prehendimus	prehensus sum	prehensī sumus
prehendistī	prehendistis	(-a, -um) es	(-ae, -a) estis
prehendit	prehendērunt (-ēre)	est	sunt
Plup. prehenderam	prehenderāmus	prehensus eram	prehensī erāmus
prehenderās	prehenderātis	(-a, -um) erās	(-ae, -a) erātis
prehenderat	prehenderant	erat	erant
Fut. prehenderō	prehenderimus	prehensus erō	prehensī erimus
Perf. prehenderis	prehenderitis	(-a, -um) eris	(-ae, -a) eritis
prehenderit	prehenderint	erit	erunt
SUBJUNCTIVE			
Pres. prehendam	prehendāmus	prehendar	prehendāmur
prehendās	prehendātis	prehendāris (-re)	prehendāminī
prehendat	prehendant	prehendātur	prehendantur
Impf. prehenderem	prehenderēmus	prehenderer	prehenderēmur
prehenderēs	prehenderētis	prehenderēris (-re)	prehenderēminī
prehenderet	prehenderent	prehenderētur	prehenderentur
Perf. prehenderim	prehenderimus	prehensus sim	prehensī sīmus
prehenderis	prehenderitis	(-a, -um) sīs	(-ae, -a) sītis
prehenderit	prehenderint	sit	sint
Plup. prehendissem	prehendissēmus	prehensus essem	prehensī essēmus
prehendissēs	prehendissētis	(-a, -um) essēs	(-ae, -a) essētis
prehendisset	prehendissent	esset	essent
IMPERATIVE			
Pres. prehende	prehendite		
INFINITIVE			
Pres. prehendere		prehendī	
Perf. prehendisse		prehensus (-a, -um) esse	
Fut. prehensūrus (-a, -um) esse		prehensum īrī	
PARTICIPLE			
Pres. prehendens, (-ntis)			
Perf.		prehensus (-a, -um)	
Fut. prehensūrus (-a, -um)		prehendendus (-a, -um) (GERUNDIVE)	

GERUND prehendendī, -ō, -um, -ō SUPINE prehensum, -ū

Alternate forms: **praehendi** = prehendi; **praehendo** = prehendo; **praehensus** = prehensus;
  praendi = prehendi; **praendo** = prehendo; **praensus** = prehensus; **prendi** = prehendi;
  prendo = prehendo; **prensus** = prehensus
Compounds and related words: **apprehendo (3)** to seize; **comprehendo (3)** to grasp; **deprehendo (3)** to
  catch; **reprehendo (3)** to restrain
Model sentence: *Quis me properantem **prehendit** pallio?* —Plautus

press, oppress

ACTIVE		PASSIVE	

INDICATIVE

Pres.	premō	premimus	premor	premimur
	premis	premitis	premeris (-re)	premiminī
	premit	premunt	premitur	premuntur
Impf.	premēbam	premēbāmus	premēbar	premēbāmur
	premēbās	premēbātis	premēbāris (-re)	premēbāminī
	premēbat	premēbant	premēbātur	premēbantur
Fut.	premam	premēmus	premar	premēmur
	premēs	premētis	premēris (-re)	premēminī
	premet	prement	premētur	prementur
Perf.	pressī	pressimus	pressus sum	pressī sumus
	pressistī	pressistis	(-a, -um) es	(-ae, -a) estis
	pressit	pressērunt (-ēre)	est	sunt
Plup.	presseram	presserāmus	pressus eram	pressī erāmus
	presserās	presserātis	(-a, -um) erās	(-ae, -a) erātis
	presserat	presserant	erat	erant
Fut.	presserō	presserimus	pressus erō	pressī erimus
Perf.	presseris	presseritis	(-a, -um) eris	(-ae, -a) eritis
	presserit	presserint	erit	erunt

SUBJUNCTIVE

Pres.	premam	premāmus	premar	premāmur
	premās	premātis	premāris (-re)	premāminī
	premat	premant	premātur	premantur
Impf.	premerem	premerēmus	premerer	premerēmur
	premerēs	premerētis	premerēris (-re)	premerēminī
	premeret	premerent	premerētur	premerentur
Perf.	presserim	presserimus	pressus sim	pressī sīmus
	presseris	presseritis	(-a, -um) sīs	(-ae, -a) sītis
	presserit	presserint	sit	sint
Plup.	pressissem	pressissēmus	pressus essem	pressī essēmus
	pressissēs	pressissētis	(-a, -um) essēs	(-ae, -a) essētis
	pressisset	pressissent	esset	essent

IMPERATIVE

Pres.	preme	premite	

INFINITIVE

Pres.	premere	premī
Perf.	pressisse	pressus (-a, -um) esse
Fut.	pressūrus (-a, -um) esse	pressum īrī

PARTICIPLE

Pres.	premens, (-ntis)	
Perf.		pressus (-a, -um)
Fut.	pressūrus (-a, -um)	premendus (-a, -um) (GERUNDIVE)

GERUND premendī, -ō, -um, -ō   SUPINE pressum, -ū

P

AN ESSENTIAL 55 VERB

premō

Related Words

prelum, preli, n. wine-press

pressio, pressionis, f. leverage

presso, pressare, pressavi, pressatum to press

pressus, pressus, m. pressure

This verb is essential because of the frequency with which it and its compounds appear.

COMPOUNDS:

comprimo, comprimere, compressi, compressum to squeeze

deprimo, deprimere, depressi, depressum to press down

exprimo, exprimere, expressi, expressum to squeeze out

imprimo, imprimere, impressi, impressum to press upon

opprimo, opprimere, oppressi, oppressum to oppress

reprimo, reprimere, repressi, repressum to keep back

supprimo, supprimere, suppressi, suppressum to restrain

MODEL SENTENCE:
*Culpam poena **premit** comes.* —Horace

test, try, prove, approve

ACTIVE			PASSIVE	
INDICATIVE				
Pres.	probō	probāmus	probor	probāmur
	probās	probātis	probāris (-re)	probāminī
	probat	probant	probātur	probantur
Impf.	probābam	probābāmus	probābar	probābāmur
	probābās	probābātis	probābāris (-re)	probābāminī
	probābat	probābant	probābātur	probābantur
Fut.	probābō	probābimus	probābor	probābimur
	probābis	probābitis	probāberis (-re)	probābiminī
	probābit	probābunt	probābitur	probābuntur
Perf.	probāvī	probāvimus	probātus sum	probātī sumus
	probāvistī	probāvistis	(-a, -um) es	(-ae, -a) estis
	probāvit	probāvērunt (-ēre)	est	sunt
Plup.	probāveram	probāverāmus	probātus eram	probātī erāmus
	probāverās	probāverātis	(-a, -um) erās	(-ae, -a) erātis
	probāverat	probāverant	erat	erant
Fut.	probāverō	probāverimus	probātus erō	probātī erimus
Perf.	probāveris	probāveritis	(-a, -um) eris	(-ae, -a) eritis
	probāverit	probāverint	erit	erunt
SUBJUNCTIVE				
Pres.	probem	probēmus	prober	probēmur
	probēs	probētis	probēris (-re)	probēminī
	probet	probent	probētur	probentur
Impf.	probārem	probārēmus	probārer	probārēmur
	probārēs	probārētis	probārēris (-re)	probārēminī
	probāret	probārent	probārētur	probārentur
Perf.	probāverim	probāverimus	probātus sim	probātī sīmus
	probāveris	probāveritis	(-a, -um) sīs	(-ae, -a) sītis
	probāverit	probāverint	sit	sint
Plup.	probāvissem	probāvissēmus	probātus essem	probātī essēmus
	probāvissēs	probāvissētis	(-a, -um) essēs	(-ae, -a) essētis
	probāvisset	probāvissent	esset	essent
IMPERATIVE				
Pres.	probā	probāte		
INFINITIVE				
Pres.	probāre		probārī	
Perf.	probāvisse		probātus (-a, -um) esse	
Fut.	probātūrus (-a, -um) esse		probātum īrī	
PARTICIPLE				
Pres.	probans, (-ntis)			
Perf.			probātus (-a, -um)	
Fut.	probātūrus (-a, -um)		probandus (-a, -um) (GERUNDIVE)	

GERUND probandī, -ō, -um, -ō   SUPINE probātum, -ū

Compounds and related words: **approbo (1)** approve; **comprobo (1)** prove; **improbus, -a, -um** improper; **opprobrium, -i, n.** reproach; **probitas, -tatis, f.** honest; **probus, -a, -um** good
Model sentence: *Militem neque a moribus neque a fortuna **probabat**, sed tantum a viribus.* —Suetonius

go forth

	ACTIVE		PASSIVE

INDICATIVE

Pres.	prōdeō	prōdīmus	
	prōdīs	prōdītis	
	prōdit	prōdeunt	prōdītur (Impers.)
Impf.	prōdībam	prōdībāmus	
	prōdībās	prōdībātis	
	prōdībat	prōdībant	prōdībātur (Impers.)
Fut.	prōdībō	prōdībimus	
	prōdībis	prōdībitis	
	prōdībit	prōdībunt	prōdībitur (Impers.)
Perf.	prōdiī	prōdiimus	
	prōdiistī	prōdiistis	
	prōdiit	prōdiērunt (-ēre)	prōditum est (Impers.)
Plup.	prōdieram	prōdierāmus	
	prōdierās	prōdierātis	
	prōdierat	prōdierant	prōditum erat (Impers.)
Fut.	prōdierō	prōdierimus	
Perf.	prōdieris	prōdieritis	
	prōdierit	prōdierint	prōditum erit (Impers.)

SUBJUNCTIVE

Pres.	prōdeam	prōdeāmus	
	prōdeās	prōdeātis	
	prōdeat	prōdeant	prōdeātur (Impers.)
Impf.	prōdīrem	prōdīrēmus	
	prōdīrēs	prōdīrētis	
	prōdīret	prōdīrent	prōdīrētur (Impers.)
Perf.	prōdierim	prōdierimus	
	prōdieris	prōdieritis	
	prōdierit	prōdierint	prōditum sit (Impers.)
Plup.	prōdīssem	prōdīssēmus	
	prōdīssēs	prōdīssētis	
	prōdīsset	prōdīssent	prōditum esset (Impers.)

IMPERATIVE

| *Pres.* | prōdī | prōdīte | |

INFINITIVE

Pres.	prōdīre		prōdīrī
Perf.	prōdīsse		prōditus (-a, -um) esse
Fut.	prōditūrus (-a, -um) esse		prōditum īrī

PARTICIPLE

Pres.	prōdiens, (-euntis)		
Perf.			prōditus (-a, -um)
Fut.	prōditūrus (-a, -um)		prōdeundus (-a, -um) (GERUNDIVE)

GERUND prōdeundī, -ō, -um, -ō   SUPINE prōditum, -ū

Alternate forms: **prodient** = prodibunt; **prodinunt** = prodeunt
See **eo** for other compounds of this verb.
Model sentence: *Iamque nocens ferrum ferroque nocentius aurum **prodierat**.* —Ovid

bring forth, reveal, extend

ACTIVE		PASSIVE	

INDICATIVE

Pres.	prōferō	prōferimus	prōferor	prōferimur
	prōfers	prōfertis	prōferris (-re)	prōferiminī
	prōfert	prōferunt	prōfertur	prōferuntur
Impf.	prōferēbam	prōferēbāmus	prōferēbar	prōferēbāmur
	prōferēbās	prōferēbātis	prōferēbāris (-re)	prōferēbāminī
	prōferēbat	prōferēbant	prōferēbātur	prōferēbantur
Fut.	prōferam	prōferēmus	prōferar	prōferēmur
	prōferēs	prōferētis	prōferēris (-re)	prōferēminī
	prōferet	prōferent	prōferētur	prōferentur
Perf.	prōtulī	prōtulimus	prōlātus sum	prōlātī sumus
	prōtulistī	prōtulistis	(-a, -um) es	(-ae, -a) estis
	prōtulit	prōtulērunt (-ēre)	est	sunt
Plup.	prōtuleram	prōtulerāmus	prōlātus eram	prōlātī erāmus
	prōtulerās	prōtulerātis	(-a, -um) erās	(-ae, -a) erātis
	prōtulerat	prōtulerant	erat	erant
Fut.	prōtulerō	prōtulerimus	prōlātus erō	prōlātī erimus
Perf.	prōtuleris	prōtuleritis	(-a, -um) eris	(-ae, -a) eritis
	prōtulerit	prōtulerint	erit	erunt

SUBJUNCTIVE

Pres.	prōferam	prōferāmus	prōferar	prōferāmur
	prōferās	prōferātis	prōferāris (-re)	prōferāminī
	prōferat	prōferant	prōferātur	prōferantur
Impf.	prōferrem	prōferrēmus	prōferrer	prōferrēmur
	prōferrēs	prōferrētis	prōferrēris (-re)	prōferrēminī
	prōferret	prōferrent	prōferrētur	prōferrentur
Perf.	prōtulerim	prōtulerimus	prōlātus sim	prōlātī sīmus
	prōtuleris	prōtuleritis	(-a, -um) sīs	(-ae, -a) sītis
	prōtulerit	prōtulerint	sit	sint
Plup.	prōtulissem	prōtulissēmus	prōlātus essem	prōlātī essēmus
	prōtulissēs	prōtulissētis	(-a, -um) essēs	(-ae, -a) essētis
	prōtulisset	prōtulissent	esset	essent

IMPERATIVE

Pres.	prōfer	prōferte

INFINITIVE

Pres.	prōferre	prōferrī
Perf.	prōtulisse	prōlātus (-a, -um) esse
Fut.	prōlātūrus (-a, -um) esse	prōlātum īrī

PARTICIPLE

Pres.	prōferens, (-ntis)	
Perf.		prōlātus (-a, -um)
Fut.	prōlātūrus (-a, -um)	prōferendus (-a, -um) (GERUNDIVE)

GERUND prōferendī, -ō, -um, -ō SUPINE prōlātum, -ū

Alternate forms: **proferis** = profers; **proferrier** = proferri
Compounds and related words: **prolatio, -onis, f.** a bringing forward; **prolato (1)** to enlarge
See **fero** for other compounds of this verb.
Model sentence: *Cultum docto pectore **profer** opus.* —Martial

set out

ACTIVE

INDICATIVE

Pres.	proficīscor	proficīscimur
	proficīsceris (-re)	proficīsciminī
	proficīscitur	proficīscuntur
Impf.	proficīscēbar	proficīscēbāmur
	proficīscēbāris (-re)	proficīscēbāminī
	proficīscēbātur	proficīscēbantur
Fut.	proficīscar	proficīscēmur
	proficīscēris (-re)	proficīscēminī
	proficīscētur	proficīscentur
Perf.	profectus sum	profectī sumus
	(-a, -um) es	(-ae, -a) estis
	est	sunt
Plup.	profectus eram	profectī erāmus
	(-a, -um) erās	(-ae, -a) erātis
	erat	erant
Fut.	profectus erō	profectī erimus
Perf.	(-a, -um) eris	(-ae, -a) eritis
	erit	erunt

SUBJUNCTIVE

Pres.	proficīscar	proficīscāmur
	proficīscāris (-re)	proficīscāminī
	proficīscātur	proficīscantur
Impf.	proficīscerer	proficīscerēmur
	proficīscerēris (-re)	proficīscerēminī
	proficīscerētur	proficīscerentur
Perf.	profectus sim	profectī sīmus
	(-a, -um) sīs	(-ae, -a) sītis
	sit	sint
Plup.	profectus essem	profectī essēmus
	(-a, -um) essēs	(-ae, -a) essētis
	esset	essent

IMPERATIVE

Pres.	proficīscere	proficīsciminī

INFINITIVE

Pres.	proficīscī
Perf.	profectus (-a, -um) esse
Fut.	profectūrus (-a, -um) esse

PARTICIPLE

	Active	Passive
Pres.	proficīscens, (-ntis)	
Perf.	profectus (-a, -um)	
Fut.	profectūrus (-a, -um)	proficīscendus (-a, -um) (GERUNDIVE)

GERUND proficīscendī, -ō, -um, -ō   SUPINE profectum, -ū

Compounds and related words: **profectio, -onis, f.** departure; **proficio (3)** to make progress
Model sentence: *Quibus rebus cognitis **proficiscitur** ad auxilium Duratio ferendum.* —Caesar

prōiciō

throw forward, abandon

	ACTIVE			PASSIVE	
			INDICATIVE		
Pres.	prōiciō	prōicimus		prōicior	prōicimur
	prōicis	prōicitis		prōiceris (-re)	prōiciminī
	prōicit	prōiciunt		prōicitur	prōiciuntur
Impf.	prōiciēbam	prōiciēbāmus		prōiciēbar	prōiciēbāmur
	prōiciēbās	prōiciēbātis		prōiciēbāris (-re)	prōiciēbāminī
	prōiciēbat	prōiciēbant		prōiciēbātur	prōiciēbantur
Fut.	prōiciam	prōiciēmus		prōiciar	prōiciēmur
	prōiciēs	prōiciētis		prōiciēris (-re)	prōiciēminī
	prōiciet	prōicient		prōiciētur	prōicientur
Perf.	prōiēcī	prōiēcimus		prōiectus sum	prōiectī sumus
	prōiēcistī	prōiēcistis		(-a, -um) es	(-ae, -a) estis
	prōiēcit	prōiēcērunt (-ēre)		est	sunt
Plup.	prōiēceram	prōiēcerāmus		prōiectus eram	prōiectī erāmus
	prōiēcerās	prōiēcerātis		(-a, -um) erās	(-ae, -a) erātis
	prōiēcerat	prōiēcerant		erat	erant
Fut.	prōiēcerō	prōiēcerimus		prōiectus erō	prōiectī erimus
Perf.	prōiēceris	prōiēceritis		(-a, -um) eris	(-ae, -a) eritis
	prōiēcerit	prōiēcerint		erit	erunt
			SUBJUNCTIVE		
Pres.	prōiciam	prōiciāmus		prōiciar	prōiciāmur
	prōiciās	prōiciātis		prōiciāris (-re)	prōiciāminī
	prōiciat	prōiciant		prōiciātur	prōiciantur
Impf.	prōicerem	prōicerēmus		prōicerer	prōicerēmur
	prōicerēs	prōicerētis		prōicerēris (-re)	prōicerēminī
	prōiceret	prōicerent		prōicerētur	prōicerentur
Perf.	prōiēcerim	prōiēcerimus		prōiectus sim	prōiectī sīmus
	prōiēceris	prōiēceritis		(-a, -um) sīs	(-ae, -a) sītis
	prōiēcerit	prōiēcerint		sit	sint
Plup.	prōiēcissem	prōiēcissēmus		prōiectus essem	prōiectī essēmus
	prōiēcissēs	prōiēcissētis		(-a, -um) essēs	(-ae, -a) essētis
	prōiēcisset	prōiēcissent		esset	essent
			IMPERATIVE		
Pres.	prōice	prōicite			
			INFINITIVE		
Pres.	prōicere			prōicī	
Perf.	prōiēcisse			prōiectus (-a, -um) esse	
Fut.	prōiectūrus (-a, -um) esse			prōiectum īrī	
			PARTICIPLE		
Pres.	prōiciens, (-ntis)				
Perf.				prōiectus (-a, -um)	
Fut.	prōiectūrus (-a, -um)			prōiciendus (-a, -um) (GERUNDIVE)	

GERUND prōiciendī, -ō, -um, -ō   SUPINE prōiectum, -ū

Compounds and related words: **proiecto (1)** to reproach; **proiectio, -onis, f.** a throwing forward
See **iacio** for other compounds of this verb.
Model sentence: *Haec tanta virtus ex hac urbe expelletur, exterminabitur, **proicietur**?* —Cicero

hurry

ACTIVE		PASSIVE
INDICATIVE		
Pres.	properō properāmus	
	properās properātis	
	properat properant	properātur (Impers.)
Impf.	properābam properābāmus	
	properābās properābātis	
	properābat properābant	properabātur (Impers.)
Fut.	properābō properābimus	
	properābis properābitis	
	properābit properābunt	properābitur (Impers.)
Perf.	properāvī properāvimus	
	properāvistī properāvistis	
	properāvit properāvērunt (-ēre)	properātum est (Impers.)
Plup.	properāveram properāverāmus	
	properāverās properāverātis	
	properāverat properāverant	properātum erat (Impers.)
Fut.	properāverō properāverimus	
Perf.	properāveris properāveritis	
	properāverit properāverint	properātum erit (Impers.)
SUBJUNCTIVE		
Pres.	properem properēmus	
	properēs properētis	
	properet properent	properētur (Impers.)
Impf.	properārem properārēmus	
	properārēs properārētis	
	properāret properārent	properārētur (Impers.)
Perf.	properāverim properāverimus	
	properāveris properāveritis	
	properāverit properāverint	properātum sit (Impers.)
Plup.	properāvissem properāvissēmus	
	properāvissēs properāvissētis	
	properāvisset properāvissent	properātum esset (Impers.)
IMPERATIVE		
Pres.	properā properāte	
INFINITIVE		
Pres.	properāre	properārī
Perf.	properāvisse	properātum esse
Fut.	properātūrus (-a, -um) esse	properātum īrī
PARTICIPLE		
Pres.	properans, (-ntis)	
Perf.		properātus (-a, -um)
Fut.	properātūrus (-a, -um)	properandus (-a, -um) (GERUNDIVE)

GERUND properandī, -ō, -um, -ō   SUPINE properātum, -ū

Compounds and related words: **properus, -a, -um** quick
Model sentence: *Si post fata venit gloria, non **propero**.* —Martial

be useful, benefit, profit

ACTIVE

INDICATIVE

Pres.	prōsum	prōsumus
	prōdes	prōdestis
	prōdest	prōsunt
Impf.	prōderam	prōderāmus
	prōderās	prōderātis
	prōderat	prōderant
Fut.	prōderō	prōderimus
	prōderis	prōderitis
	prōderit	prōderunt
Perf.	prōfuī	prōfuimus
	prōfuistī	prōfuistis
	prōfuit	prōfuērunt (-ēre)
Plup.	prōfueram	prōfuerāmus
	prōfuerās	prōfuerātis
	prōfuerat	prōfuerant
Fut.	prōfuerō	prōfuerimus
Perf.	prōfueris	prōfueritis
	prōfuerit	prōfuerint

SUBJUNCTIVE

Pres.	prōsim	prōsīmus
	prōsīs	prōsītis
	prōsit	prōsint
Impf.	prōdessem	prōdessēmus
	prōdessēs	prōdessētis
	prōdesset	prōdessent
Perf.	prōfuerim	prōfuerimus
	prōfueris	prōfueritis
	prōfuerit	prōfuerint
Plup.	prōfuissem	prōfuissēmus
	prōfuissēs	prōfuissētis
	prōfuisset	prōfuissent

IMPERATIVE

Pres.	prōdes	prōdeste

INFINITIVE

Pres.	prōdesse
Perf.	prōfuisse
Fut.	prōfutūrus (-a, -um) esse

PARTICIPLE

Pres.	
Perf.	
Fut.	prōfutūrus (-a, -um)

GERUND   SUPINE

Usage notes: generally used with the **dative**
See **sum** for other compounds of this verb.
Model sentence: *Nullus est liber tam malus ut non aliqua parte **prosit**.* —Pliny

P

be ashamed (it shames) (Impers.)

ACTIVE

INDICATIVE

Pres.

      pudet

Impf.

      pudēbat

Fut.

      pudēbit

Perf.

      puduit

Plup.

      puduerat

Fut.
Perf.

      puduerit

SUBJUNCTIVE

Pres.

      pudeat

Impf.

      pudēret

Perf.

      puduerit

Plup.

      puduisset

IMPERATIVE

Pres.

INFINITIVE

Pres.   pudēre
Perf.   puduisse
Fut.

PARTICIPLE

	Active	**Passive**
Pres.	pudens, (-ntis)	
Perf.		
Fut.		pudendus (-a, -um) (GERUNDIVE)

GERUND pudendī, -ō, -um, -ō   SUPINE

Usage notes: impersonal verb with **genitive** of the thing causing shame and **accusative** of the person
Alternate forms: **pudeatur** = pudeat; **puditum est** = puduit
Compounds and related words: **dispudet** it causes great shame; **impudens, -ntis** shameless; **pudicitia,
-ae, f.** modesty; **pudicus, -a, -um** modest; **pudor, -is, m.** shame
Model sentence: ***Puderet** me dicere non intellegere, si vos ipsi intellegeretis.* —Cicero

fight

ACTIVE		PASSIVE

INDICATIVE

Pres.	pugnō	pugnāmus	
	pugnās	pugnātis	
	pugnat	pugnant	pugnātur (Impers.)
Impf.	pugnābam	pugnābāmus	
	pugnābās	pugnābātis	
	pugnābat	pugnābant	pugnābātur (Impers.)
Fut.	pugnābō	pugnābimus	
	pugnābis	pugnābitis	
	pugnābit	pugnābunt	pugnābitur (Impers.)
Perf.	pugnāvī	pugnāvimus	
	pugnāvistī	pugnāvistis	
	pugnāvit	pugnāvērunt (-ēre)	pugnātum est (Impers.)
Plup.	pugnāveram	pugnāverāmus	
	pugnāverās	pugnāverātis	
	pugnāverat	pugnāverant	pugnātum erat (Impers.)
Fut. *Perf.*	pugnāverō	pugnāverimus	
	pugnāveris	pugnāveritis	
	pugnāverit	pugnāverint	pugnātum erit (Impers.)

SUBJUNCTIVE

Pres.	pugnem	pugnēmus	
	pugnēs	pugnētis	
	pugnet	pugnent	pugnētur (Impers.)
Impf.	pugnārem	pugnārēmus	
	pugnārēs	pugnārētis	
	pugnāret	pugnārent	pugnārētur (Impers.)
Perf.	pugnāverim	pugnāverimus	
	pugnāveris	pugnāveritis	
	pugnāverit	pugnāverint	pugnātum sit (Impers.)
Plup.	pugnāvissem	pugnāvissēmus	
	pugnāvissēs	pugnāvissētis	
	pugnāvisset	pugnāvissent	pugnātum esset (Impers.)

IMPERATIVE

Pres.	pugnā	pugnāte

INFINITIVE

Pres.	pugnāre	pugnārī
Perf.	pugnāvisse	pugnātum esse
Fut.	pugnātūrus (-a, -um) esse	pugnātum īrī

PARTICIPLE

Pres.	pugnans, (-ntis)	
Perf.		pugnātus (-a, -um)
Fut.	pugnātūrus (-a, -um)	pugnandus (-a, -um) (GERUNDIVE)

GERUND pugnandī, -ō, -um, -ō   SUPINE pugnātum, -ū

Alternate forms: (op)pugnarant = (op)pugnaverant
Compounds and related words: **expugno (1)** to storm; **oppugno (1)** to attack; **pugil, -is, m.** boxer; **pugna, -ae, f.** fight; **pugnator, -is, m.** fighter; **repugno (1)** to resist
Model sentence: *Ipse pro castris fortissime **pugnans** occiditur.* —Caesar

punish, avenge

<table>
<tr><td colspan="2" align="center">**ACTIVE**</td><td colspan="2" align="center">**PASSIVE**</td></tr>
<tr><td colspan="4" align="center">**INDICATIVE**</td></tr>
</table>

	ACTIVE		PASSIVE	
Pres.	pūniō	pūnīmus	pūnior	pūnīmur
	pūnīs	pūnītis	pūnīris (-re)	pūnīminī
	pūnit	pūniunt	pūnītur	pūniuntur
Impf.	pūniēbam	pūniēbāmus	pūniēbar	pūniēbāmur
	pūniēbās	pūniēbātis	pūniēbāris (-re)	pūniēbāminī
	pūniēbat	pūniēbant	pūniēbātur	pūniēbantur
Fut.	pūniam	pūniēmus	pūniar	pūniēmur
	pūniēs	pūniētis	pūniēris (-re)	pūniēminī
	pūniet	pūnient	pūniētur	pūnientur
Perf.	pūnīvī	pūnīvimus	pūnītus sum	pūnītī sumus
	pūnīvistī	pūnīvistis	(-a, -um) es	(-ae, -a) estis
	pūnīvit	pūnīvērunt (-ēre)	est	sunt
Plup.	pūnīveram	pūnīverāmus	pūnītus eram	pūnītī erāmus
	pūnīverās	pūnīverātis	(-a, -um) erās	(-ae, -a) erātis
	pūnīverat	pūnīverant	erat	erant
Fut. Perf.	pūnīverō	pūnīverimus	pūnītus erō	pūnītī erimus
	pūnīveris	pūnīveritis	(-a, -um) eris	(-ae, -a) eritis
	pūnīverit	pūnīverint	erit	erunt

<table><tr><td colspan="4" align="center">**SUBJUNCTIVE**</td></tr></table>

	ACTIVE		PASSIVE	
Pres.	pūniam	pūniāmus	pūniar	pūniāmur
	pūniās	pūniātis	pūniāris (-re)	pūniāminī
	pūniat	pūniant	pūniātur	pūniantur
Impf.	pūnīrem	pūnīrēmus	pūnīrer	pūnīrēmur
	pūnīrēs	pūnīrētis	pūnīrēris (-re)	pūnīrēminī
	pūnīret	pūnīrent	pūnīrētur	pūnīrentur
Perf.	pūnīverim	pūnīverimus	pūnītus sim	pūnītī sīmus
	pūnīveris	pūnīveritis	(-a, -um) sīs	(-ae, -a) sītis
	pūnīverit	pūnīverint	sit	sint
Plup.	pūnīvissem	pūnīvissēmus	pūnītus essem	pūnītī essēmus
	pūnīvissēs	pūnīvissētis	(-a, -um) essēs	(-ae, -a) essētis
	pūnīvisset	pūnīvissent	esset	essent

<table><tr><td colspan="4" align="center">**IMPERATIVE**</td></tr></table>

Pres.	pūnī	pūnīte		

<table><tr><td colspan="4" align="center">**INFINITIVE**</td></tr></table>

Pres.	pūnīre		pūnīrī	
Perf.	pūnīvisse		pūnītus (-a, -um) esse	
Fut.	pūnītūrus (-a, -um) esse		pūnītum īrī	

<table><tr><td colspan="4" align="center">**PARTICIPLE**</td></tr></table>

Pres.	pūniens, (-ntis)			
Perf.			pūnītus (-a, -um)	
Fut.	pūnītūrus (-a, -um)		pūniendus (-a, -um) (GERUNDIVE)	

GERUND pūniendī, -ō, -um, -ō   SUPINE pūnītum, -ū

Usage notes: passive forms used as deponent
Alternate forms: **poenibat** = puniebat; **poenio** = punio; **punii** = punivi
Compounds and related words: **poena, -ae, f.** punishment; **punitor, -is, m.** punisher
Model sentence: *Philemonem morte puniit.* —Suetonius

think

ACTIVE · PASSIVE

INDICATIVE

	ACTIVE			PASSIVE	
Pres.	putō	putāmus		putor	putāmur
	putās	putātis		putāris (-re)	putāminī
	putat	putant		putātur	putantur
Impf.	putābam	putābāmus		putābar	putābāmur
	putābās	putābātis		putābāris (-re)	putābāminī
	putābat	putābant		putābātur	putābantur
Fut.	putābō	putābimus		putābor	putābimur
	putābis	putābitis		putāberis (-re)	putābiminī
	putābit	putābunt		putābitur	putābuntur
Perf.	putāvī	putāvimus		putātus sum	putātī sumus
	putāvistī	putāvistis		(-a, -um) es	(-ae, -a) estis
	putāvit	putāvērunt (-ēre)		est	sunt
Plup.	putāveram	putāverāmus		putātus eram	putātī erāmus
	putāverās	putāverātis		(-a, -um) erās	(-ae, -a) erātis
	putāverat	putāverant		erat	erant
Fut.	putāverō	putāverimus		putātus erō	putātī erimus
Perf.	putāveris	putāveritis		(-a, -um) eris	(-ae, -a) eritis
	putāverit	putāverint		erit	erunt

SUBJUNCTIVE

	ACTIVE			PASSIVE	
Pres.	putem	putēmus		puter	putēmur
	putēs	putētis		putēris (-re)	putēminī
	putet	putent		putētur	putentur
Impf.	putārem	putārēmus		putārer	putārēmur
	putārēs	putārētis		putārēris (-re)	putārēminī
	putāret	putārent		putārētur	putārentur
Perf.	putāverim	putāverimus		putātus sim	putātī sīmus
	putāveris	putāveritis		(-a, -um) sīs	(-ae, a) sītis
	putāverit	putāverint		sit	sint
Plup.	putāvissem	putāvissēmus		putātus essem	putātī essēmus
	putāvissēs	putāvissētis		(-a, -um) essēs	(-ae, -a) essētis
	putāvisset	putāvissent		esset	essent

IMPERATIVE

	ACTIVE			PASSIVE
Pres.	putā	putāte		

INFINITIVE

	ACTIVE	PASSIVE
Pres.	putāre	putārī
Perf.	putāvisse	putātus (-a, -um) esse
Fut.	putātūrus (-a, -um) esse	putātum īrī

PARTICIPLE

	ACTIVE	PASSIVE
Pres.	putans, (-ntis)	
Perf.		putātus (-a, -um)
Fut.	putātūrus (-a, -um)	putandus (-a, -um) (GERUNDIVE)

GERUND putandī, -ō, -um, ō   SUPINE putātum, -ū

Compounds and related words: **computo (1)** to reckon; **deputo (1)** to consider; **disputo (1)** to debate;
   imputo (1) to credit; **reputo (1)** to think over
Model sentence: *Quae maiora **putas** miracula?* —Martial

quaerō

ask, seek

ACTIVE		PASSIVE	
INDICATIVE			
Pres. quaerō	quaerimus	quaeror	quaerimur
quaeris	quaeritis	quaereris (-re)	quaeriminī
quaerit	quaerunt	quaeritur	quaeruntur
Impf. quaerēbam	quaerēbāmus	quaerēbar	quaerēbāmur
quaerēbās	quaerēbātis	quaerēbāris (-re)	quaerēbāminī
quaerēbat	quaerēbant	quaerēbātur	quaerēbantur
Fut. quaeram	quaerēmus	quaerar	quaerēmur
quaerēs	quaerētis	quaerēris (-re)	quaerēminī
quaeret	quaerent	quaerētur	quaerentur
Perf. quaesīvī	quaesīvimus	quaesītus sum	quaesītī sumus
quaesīvistī	quaesīvistis	(-a, -um) es	(-ae, -a) estis
quaesīvit	quaesīvērunt (-ēre)	est	sunt
Plup. quaesīveram	quaesīverāmus	quaesītus eram	quaesītī erāmus
quaesīverās	quaesīverātis	(-a, -um) erās	(-ae, -a) erātis
quaesīverat	quaesīverant	erat	erant
Fut. quaesīverō	quaesīverimus	quaesītus erō	quaesītī erimus
Perf. quaesīveris	quaesīveritis	(-a, -um) eris	(-ae, -a) eritis
quaesīverit	quaesīverint	erit	erunt
SUBJUNCTIVE			
Pres. quaeram	quaerāmus	quaerar	quaerāmur
quaerās	quaerātis	quaerāris (-re)	quaerāminī
quaerat	quaerant	quaerātur	quaerantur
Impf. quaererem	quaererēmus	quaererer	quaererēmur
quaererēs	quaerer`tis	quaererēris (-re)	quaererēminī
quaereret	quaererent	quaererētur	quaererentur
Perf. quaesīverim	quaesīverimus	quaesītus sim	quaesītī sīmus
quaesīveris	quaesīveritis	(-a, -um) sīs	(-ae, -a) sītis
quaesīverit	quaesīverint	sit	sint
Plup. quaesīvissem	quaesīvissēmus	quaesītus essem	quaesītī essēmus
quaesīvissēs	quaesīvissētis	(-a, -um) essēs	(-ae, -a) essētis
quaesīvisset	quaesīvissent	esset	essent
IMPERATIVE			
Pres. quaere	quaerite		
INFINITIVE			
Pres. quaerere		quaerī	
Perf. quaesīvisse		quaesītus (-a, -um) esse	
Fut. quaesītūrus (-a, -um) esse		quaesītum īrī	
PARTICIPLE			
Pres. quaerens, (-ntis)			
Perf.		quaesītus (-a, -um)	
Fut. quaesītūrus (-a, -um)		quaerendus (-a, -um) (GERUNDIVE)	

GERUND quaerendī, -ō, -um, -ō   SUPINE quaesītum, -ū

Alternate forms: **quaesii** = quaesivi; **quairo** = quaero
Compounds and related words: **acquiro (3)** to get; **conquiro (3)** to search for; **inquiro (3)** to ask;
    quaeso (1) to ask; **quaestio, -onis, f.** investigation; **quaestor, -is, m.** quaestor; **quaestus, -us, m.**
    advantage; **requiro (3)** to search for
Model sentence: ***Quaerenda pecunia primum est, virtus post nummos.*** —Horace

shake, beat

ACTIVE		**PASSIVE**	
		INDICATIVE	
Pres. quatiō	quatimus	quatior	quatimur
quatis	quatitis	quateris (-re)	quatiminī
quatit	quatiunt	quatitur	quatiuntur
Impf. quatiēbam	quatiēbāmus	quatiēbar	quatiēbāmur
quatiēbās	quatiēbātis	quatiēbāris (-re)	quatiēbāminī
quatiēbat	quatiēbant	quatiēbātur	quatiēbantur
Fut. quatiam	quatiēmus	quatiar	quatiēmur
quatiēs	quatiētis	quatiēris (-re)	quatiēminī
quatiet	quatient	quatiētur	quatientur
Perf.		quassus sum	quassī sumus
		(-a, -um) es	(-ae, -a) estis
		est	sunt
Plup.		quassus eram	quassī erāmus
		(-a, -um) erās	(-ae, -a) erātis
		erat	erant
Fut.		quassus erō	quassī erimus
Perf.		(-a, -um) eris	(-ae, -a) eritis
		erit	erunt

		SUBJUNCTIVE	
Pres. quatiam	quatiāmus	quatiar	quatiāmur
quatiās	quatiātis	quatiāris (-re)	quatiāminī
quatiat	quatiant	quatiātur	quatiantur
Impf. quaterem	quaterēmus	quaterer	quaterēmur
quaterēs	quaterētis	quaterēris (-re)	quaterēminī
quateret	quaterent	quaterētur	quaterentur
Perf.		quassus sim	quassī sīmus
		(-a, -um) sīs	(-ae, -a) sītis
		sit	sint
Plup.		quassus essem	quassī essēmus
		(-a, -um) essēs	(-ae, -a) essētis
		esset	essent

		IMPERATIVE	
Pres. quate	quatite		

		INFINITIVE	
Pres. quatere		quatī	
Perf.		quassus (-a, -um) esse	
Fut. quassūrus (-a, -um) esse		quassum īrī	

		PARTICIPLE	
Pres. quatiens, (-ntis)			
Perf.		quassus (-a, -um)	
Fut. quassūrus (-a, -um)		quatiendus (-a, -um) (GERUNDIVE)	

GERUND quatiendī, -ō, -um, -ō   SUPINE quassum, -ū

Alternate forms: perfect active forms in *-cussī* only appear in compounds (where *quat-/quass-* become *-cut-/-cuss-*)

Compounds and related words: **concutio (3)** to shake; **discutio (3)** to smash to pieces; **excutio (3)** to shake out; **percutio (3)** to strike; **quasso (1)** to shake

Model sentence: *Interea infirmo **quatientes** corpora motu veridicos Parcae coeperunt edere cantus.* —Catullus

be able

ACTIVE
INDICATIVE

Pres.	queō		quīmus
	quīs		quītis
	quit		queunt
Impf.	quībam		
	quībat		
Fut.	quībō		
			quībunt
Perf.	quīvī		
	quīvit		quīvērunt (quiēre)
Plup.			
Fut. *Perf.*			

SUBJUNCTIVE

Pres.	queam		queāmus
	queās		
	queat		queant
Impf.			
	quīret		quīrent
Perf.			
	quīverit (quierit)		quīverint
Plup.			
			quīvissent

IMPERATIVE
Pres.

INFINITIVE
Pres. quīre
Perf. quīsset
Fut.

PARTICIPLE
Pres. quiens
Perf.
Fut.

GERUND   SUPINE

Usage notes: defective
Alternate forms: **quiī** = quivi
Compounds and related words: **nequeo** to be unable
Model sentence: *Nec credere **quivi** hunc tantum tibi me discessu ferre dolorem.* —Vergil

ACTIVE

INDICATIVE

Pres.	queror	querimur
	quereris (-re)	queriminī
	queritur	queruntur
Impf.	querēbar	querēbāmur
	querēbāris (-re)	querēbāminī
	querēbātur	querēbantur
Fut.	querar	querēmur
	querēris (-re)	querēminī
	querētur	querentur
Perf.	questus sum	questī sumus
	(-a, -um) es	(-ae, -a) estis
	est	sunt
Plup.	questus eram	questī erāmus
	(-a, -um) erās	(-ae, -a) erātis
	erat	erant
Fut.	questus erō	questī erimus
Perf.	(-a, -um) eris	(-ae, -a) eritis
	erit	erunt

SUBJUNCTIVE

Pres.	querar	querāmur
	querāris (-re)	querāminī
	querātur	querantur
Impf.	quererer	quererēmur
	quererēris (-re)	quererēminī
	quererētur	quererentur
Perf.	questus sim	questī sīmus
	(-a, -um) sīs	(-ae, -a) sītis
	sit	sint
Plup.	questus essem	questī essēmus
	(-a, -um) essēs	(-ae, -a) essētis
	esset	essent

IMPERATIVE

Pres.	querere	queriminī

INFINITIVE

Pres.	querī
Perf.	questus (-a, -um) esse
Fut.	questūrus (-a, -um) esse

PARTICIPLE

	Active	Passive
Pres.	querens, (-ntis)	
Perf.	questus (-a, -um)	
Fut.	questūrus (-a, -um)	querendus (-a, -um) (GERUNDIVE)

GERUND querendī, -ō, -um, -ō   SUPINE questum, -ū

Compounds and related words: **conqueror (3)** to complain; **queror (3)** to complain; **querula, -ae, f.** complaint; **querulus, -a, -um** complaining

Model sentence: *Saepe mihi **queritur** non siccis Cestos ocellis.* —Martial

rest, stop, be or make quiet

ACTIVE		PASSIVE	
INDICATIVE			

Pres.	quiescō	quiescimus	quiescor	quiescimur
	quiescis	quiescitis	quiesceris (-re)	quiesciminī
	quiescit	quiescunt	quiescitur	quiescuntur
Impf.	quiescēbam	quiescēbāmus	quiescēbar	quiescēbāmur
	quiescēbās	quiescēbātis	quiescēbāris (-re)	quiescēbāminī
	quiescēbat	quiescēbant	quiescēbātur	quiescēbantur
Fut.	quiescam	quiescēmus	quiescar	quiescēmur
	quiescēs	quiescētis	quiescēris (-re)	quiescēminī
	quiescet	quiescent	quiescētur	quiescentur
Perf.	quiēvī	quiēvimus	quiētus sum	quiētī sumus
	quiēvistī	quiēvistis	(-a, -um) es	(-ae, -a) estis
	quiēvit	quiēvērunt (-ēre)	est	sunt
Plup.	quiēveram	quiēverāmus	quiētus eram	quiētī erāmus
	quiēverās	quiēverātis	(-a, -um) erās	(-ae, -a) erātis
	quiēverat	quiēverant	erat	erant
Fut. *Perf.*	quiēverō	quiēverimus	quiētus erō	quiētī erimus
	quiēveris	quiēveritis	(-a, -um) eris	(-ae, -a) eritis
	quiēverit	quiēverint	erit	erunt
SUBJUNCTIVE			
Pres.	quiescam	quiescāmus	quiescar	quiescāmur
	quiescās	quiescātis	quiescāris (-re)	quiescāminī
	quiescat	quiescant	quiescātur	quiescantur
Impf.	quiescerem	quiescerēmus	quiescerer	quiescerēmur
	quiescerēs	quiescerētis	quiescerēris (-re)	quiescerēminī
	quiesceret	quiescerent	quiescerētur	quiescerentur
Perf.	quiēverim	quiēverimus	quiētus sim	quiētī sīmus
	quiēveris	quiēveritis	(-a, -um) sīs	(-ae, -a) sītis
	quiēverit	quiēverint	sit	sint
Plup.	quiēvissem	quiēvissēmus	quiētus essem	quiētī essēmus
	quiēvissēs	quiēvissētis	(-a, -um) essēs	(-ae, -a) essētis
	quiēvisset	quiēvissent	esset	essent
IMPERATIVE			
Pres.	quiesce	quiescite		
INFINITIVE			
Pres.	quiēscere		quiescī	
Perf.	quiēvisse		quiētus (-a, -um) esse	
Fut.	quiētūrus (-a, -um) esse		quiētum īrī	
PARTICIPLE			
Pres.	quiescens, (-ntis)			
Perf.			quiētus (-a, -um)	
Fut.	quiētūrus (-a, -um)		quiescendus (-a, -um) (GERUNDIVE)	

GERUND quiescendī, -ō, -um, -ō   SUPINE quiētum, -ū

Usage notes: third person singular also used impersonally
Compounds and related words: **acquiesco (3)** to rest; **quies, -ei, f.** quiet; **requies, -ei, f.** rest;
   requiesco (3) to rest
Model sentence: *Nec cogitandi nec **quiescendi** in urbe locus est pauperi.* —Martial

carry off, snatch

ACTIVE		**PASSIVE**	
INDICATIVE			

Pres.	rapiō	rapimus	rapior	rapimur
	rapis	rapitis	raperis (-re)	rapiminī
	rapit	rapiunt	rapitur	rapiuntur
Impf.	rapiēbam	rapiēbāmus	rapiēbar	rapiēbāmur
	rapiēbās	rapiēbātis	rapiēbāris (-re)	rapiēbāminī
	rapiēbat	rapiēbant	rapiēbātur	rapiēbantur
Fut.	rapiam	rapiēmus	rapiar	rapiēmur
	rapiēs	rapiētis	rapiēris (-re)	rapiēminī
	rapiet	rapient	rapiētur	rapientur
Perf.	rapuī	rapuimus	raptus sum	raptī sumus
	rapuistī	rapuistis	(-a, -um) es	(-ae, -a) estis
	rapuit	rapuērunt (-ēre)	est	sunt
Plup.	rapueram	rapuerāmus	raptus eram	raptī erāmus
	rapuerās	rapuerātis	(-a, -um) erās	(-ae, -a) erātis
	rapuerat	rapuerant	erat	erant
Fut.	rapuerō	rapuerimus	raptus erō	raptī erimus
Perf.	rapueris	rapueritis	(-a, -um) eris	(-ae, -a) eritis
	rapuerit	rapuerint	erit	erint

SUBJUNCTIVE			
Pres.	rapiam	rapiāmus	rapiar	rapiāmur
	rapiās	rapiātis	rapiāris (-re)	rapiāminī
	rapiat	rapiant	rapiātur	rapiantur
Impf.	raperem	raperēmus	raperer	raperēmur
	raperēs	raperētis	raperēris (-re)	raperēminī
	raperet	raperent	raperētur	raperentur
Perf.	rapuerim	rapuerimus	raptus sim	raptī sīmus
	rapueris	rapueritis	(-a, -um) sīs	(-ae, -a) sītis
	rapuerit	rapuerint	sit	sint
Plup.	rapuissem	rapuissēmus	raptus essem	raptī essēmus
	rapuissēs	rapuissētis	(-a, -um) essēs	(-ae, -a) essētis
	rapuisset	rapuissent	esset	essent

IMPERATIVE			
Pres.	rape	rapite		

INFINITIVE			
Pres.	rapere		rapī	
Perf.	rapuisse		raptus (-a, -um) esse	
Fut.	raptūrus (-a, -um) esse		raptum īrī	

PARTICIPLE			
Pres.	rapiens, (-ntis)			
Perf.			raptus (-a, -um)	
Fut.	raptūrus (-a, -um)		rapiendus (-a, -um) (GERUNDIVE)	

GERUND rapiendī, -ō, -um, -ō   SUPINE raptum, -ū

rapiō

This verb is essential because of the frequency with which it and its compounds appear. In meaning it is essentially a more violent version of **capio** *to take*.

ALTERNATE FORMS:
rapsit = rapuit

COMPOUNDS:
abripio, abripere, abripui, abreptum to snatch away

arripio, arripere, arripui, arreptum to seize

corripio, corripere, corripui, correptum to seize

diripio, diripere, diripui, direptum to tear apart

eripio, eripere, eripui, ereptum to snatch away

MODEL SENTENCE:
Rapiamus, amici, occasionem de die.
—Horace

give back, surrender, repeat

ACTIVE		PASSIVE	
INDICATIVE			

Pres.

reddō	reddimus	reddor	reddimur
reddis	redditis	redderis (-re)	reddiminī
reddit	reddunt	redditur	redduntur

Impf.

reddēbam	reddēbāmus	reddēbar	reddēbāmur
reddēbās	reddēbātis	reddēbāris (-re)	reddēbāminī
reddēbat	reddēbant	reddēbātur	reddēbantur

Fut.

reddam	reddēmus	reddar	reddēmur
reddēs	reddētis	reddēris (-re)	reddēminī
reddet	reddent	reddētur	reddentur

Perf.

reddidī	reddidimus	redditus sum	redditī sumus
reddidistī	reddidistis	(-a, -um) es	(-ae, -a) estis
reddidit	reddidērunt (-ēre)	est	sunt

Plup.

reddideram	reddiderāmus	redditus eram	redditī erāmus
reddiderās	reddiderātis	(-a, -um) erās	(-ae, -a) erātis
reddiderat	reddiderant	erat	erant

Fut.
Perf.

reddiderō	reddiderimus	redditus erō	redditī erimus
reddideris	reddideritis	(-a, -um) eris	(-ae, -a) eritis
reddiderit	reddiderint	erit	erunt

SUBJUNCTIVE			

Pres.

reddam	reddāmus	reddar	reddāmur
reddās	reddātis	reddāris (-re)	reddāminī
reddat	reddant	reddātur	reddantur

Impf.

redderem	redderēmus	redderer	redderēmur
redderēs	redderētis	redderēris (-re)	redderēminī
redderet	redderent	redderētur	redderentur

Perf.

reddiderim	reddiderimus	redditus sim	redditī sīmus
reddideris	reddideritis	(-a, -um) sīs	(-ae, -a) sītis
reddiderit	reddiderint	sit	sint

Plup.

reddidissem	reddidissēmus	redditus essem	redditī essēmus
reddidissēs	reddidissētis	(-a, -um) essēs	(-ae, -a) essētis
reddidisset	reddidissent	esset	essent

IMPERATIVE			

Pres.   redde   reddite

INFINITIVE			

Pres.	reddere	reddī	
Perf.	reddidisse	redditus (-a, -um) esse	
Fut.	redditūrus (-a, -um) esse	redditum īrī	

PARTICIPLE			

Pres.	reddens, (-ntis)		
Perf.		redditus (-a, -um)	
Fut.	redditūrus (-a, -um)	reddendus (-a, -um) (GERUNDIVE)	

GERUND reddendī, -ō, -um, -ō   SUPINE redditum, -ū

Alternate forms: **reddibitur** = reddetur; **reddibo** = reddam
See **addo** for other compounds of this verb.
Model sentence: *Potes nunc mutuam drachmam dare mihi unam, quam cras **reddam** tibi.* —Plautus

return

ACTIVE   PASSIVE

INDICATIVE

	ACTIVE		PASSIVE
Pres.	redeō	redīmus	
	redīs	redītis	
	redit	redeunt	redītur (Impers.)
Impf.	redībam	redībāmus	
	redībās	redībātis	
	redībat	redībant	redībātur (Impers.)
Fut.	redībō	redībimus	
	redībis	redībitis	
	redībit	redībunt	redībitur (Impers.)
Perf.	rediī	rediimus	
	rediistī	rediistis	
	rediit	rediērunt (-ēre)	reditum est (Impers.)
Plup.	redieram	redierāmus	
	redierās	redierātis	
	redierat	redierant	reditum erat (Impers.)
Fut.	redierō	redierimus	
Perf.	redieris	redieritis	
	redierit	redierint	reditum erit (Impers.)

SUBJUNCTIVE

	ACTIVE		PASSIVE
Pres.	redeam	redeāmus	
	redeās	redeātis	
	redeat	redeant	redeātur (Impers.)
Impf.	redīrem	redīrēmus	
	redīrēs	redīrētis	
	redīret	redīrent	redīrētur (Impers.)
Perf.	redierim	redierimus	
	redieris	redieritis	
	redierit	redierint	reditum sit (Impers.)
Plup.	redīssem	redīssēmus	
	redīssēs	redīssētis	
	redīsset	redīssent	reditum esset (Impers.)

IMPERATIVE

	ACTIVE	
Pres.	redī	redīte

INFINITIVE

	ACTIVE	PASSIVE
Pres.	redīre	redīrī
Perf.	redīsse	reditus (-a, -um) esse
Fut.	reditūrus (-a, -um) esse	reditum īrī

PARTICIPLE

	ACTIVE	PASSIVE
Pres.	rediens, (-euntis)	
Perf.		reditus (-a, -um)
Fut.	reditūrus (-a, -um)	redeundus (-a, -um) (GERUNDIVE)

GERUND redeundī, -ō, -um, -ō   SUPINE reditum, -ū

Alternate forms: **redies** = redibis; **redinunt** = redeunt
Compounds and related words: **reditio, -onis, f.** return; **reditus, -us, m.** return
See **eo** for other compounds of this verb.
Model sentence: *Sic miser adfatus dicitur undas: "Parcite dum propero, mergite cum* **redeo.***"* —Martial

bring back, reply

ACTIVE		PASSIVE	
INDICATIVE			
Pres. referō	referimus	referor	referimur
refers	refertis	referris (-re)	referiminī
refert	referunt	refertur	referuntur
Impf. referēbam	referēbāmus	referēbar	referēbāmur
referēbās	referēbātis	referēbāris (-re)	referēbāminī
referēbat	referēbant	referēbātur	referēbantur
Fut. referam	referēmus	referar	referēmur
referēs	referētis	referēris (-re)	referēminī
referet	referent	referētur	referentur
Perf. rettulī	rettulimus	relātus sum	relātī sumus
rettulistī	rettulistis	(-a, -um) es	(-ae, -a) estis
rettulit	rettulērunt (-ēre)	est	sunt
Plup. rettuleram	rettulerāmus	relātus eram	relātī erāmus
rettulerās	rettulerātis	(-a, -um) erās	(-ae, -a) erātis
rettulerat	rettulerant	erat	erant
Fut. rettulerō	rettulerimus	relātus erō	relātī erimus
Perf. rettuleris	rettuleritis	(-a, -um) eris	(-ae, -a) eritis
rettulerit	rettulerint	erit	erunt
SUBJUNCTIVE			
Pres. referam	referāmus	referar	referāmur
referās	referātis	referāris (-re)	referāminī
referat	referant	referātur	referantur
Impf. referrem	referrēmus	referrer	referrēmur
referrēs	referrētis	referrēris (-re)	referrēminī
referret	referrent	referrētur	referrentur
Perf. rettulerim	rettulerimus	relātus sim	relātī sīmus
rettuleris	rettuleritis	(-a, -um) sīs	(-ae, -a) sītis
rettulerit	rettulerint	sit	sint
Plup. rettulissem	rettulissēmus	relātus essem	relātī essēmus
rettulissēs	rettulissētis	(-a, -um) essēs	(-ae, -a) essētis
rettulisset	rettulissent	esset	essent
IMPERATIVE			
Pres. refer	referte		
INFINITIVE			
Pres. referre		referrī	
Perf. rettulisse		relātus (-a, -um) esse	
Fut. relātūrus (-a, -um) esse		relātum īrī	
PARTICIPLE			
Pres. referens, (-ntis)			
Perf.		relātus (-a, -um)	
Fut. relātūrus (-a, -um)		referendus (-a, -um) (GERUNDIVE)	

GERUND referendī, -ō, -um, -ō   SUPINE relātum, -ū

Usage notes: third person singular often used impersonally meaning *it concerns*
Alternate forms: **rellatus** = relatus; **retuli** = rettuli
See **fero** for other compounds of this verb.
Model sentence: *Fama refert nostros te, Fidentine, libellos recitare quam tuos.* —Martial

rule, guide

ACTIVE		PASSIVE	

INDICATIVE

Pres.	regō	regimus	regor	regimur
	regis	regitis	regeris (-re)	regiminī
	regit	regunt	regitur	reguntur
Impf.	regēbam	regēbāmus	regēbar	regēbāmur
	regēbās	regēbātis	regēbāris (-re)	regēbāminī
	regēbat	regēbant	regēbātur	regēbantur
Fut.	regam	regēmus	regar	regēmur
	regēs	regētis	regēris (-re)	regēminī
	reget	regent	regētur	regentur
Perf.	rexī	reximus	rectus sum	rectī sumus
	rexistī	rexistis	(-a, -um) es	(-ae, -a) estis
	rexit	rexērunt (-ēre)	est	sunt
Plup.	rexeram	rexerāmus	rectus eram	rectī erāmus
	rexerās	rexerātis	(-a, -um) erās	(-ae, -a) erātis
	rexerat	rexerant	erat	erant
Fut.	rexerō	rexerimus	rectus erō	rectī erimus
Perf.	rexeris	rexeritis	(-a, -um) eris	(-ae, -a) eritis
	rexerit	rexerint	erit	erunt

SUBJUNCTIVE

Pres.	regam	regāmus	regar	regāmur
	regās	regātis	regāris (-re)	regāminī
	regat	regant	regātur	regantur
Impf.	regerem	regerēmus	regerer	regerēmur
	regerēs	regerētis	regerēris (-re)	regerēminī
	regeret	regerent	regerētur	regerentur
Perf.	rexerim	rexerimus	rectus sim	rectī sīmus
	rexeris	rexeritis	(-a, -um) sīs	(-ae, -a) sītis
	rexerit	rexerint	sit	sint
Plup.	rexissem	rexissēmus	rectus essem	rectī essēmus
	rexissēs	rexissētis	(-a, -um) essēs	(-ae, -a) essētis
	rexisset	rexissent	esset	essent

IMPERATIVE

Pres.	rege	regite		

INFINITIVE

Pres.	regere	regī
Perf.	rexisse	rectus (-a, -um) esse
Fut.	rectūrus (-a, -um) esse	rectum īrī

PARTICIPLE

Pres.	regens, (-ntis)	
Perf.		rectus (-a, -um)
Fut.	rectūrus (-a, -um)	regendus (-a, -um) (GERUNDIVE)

GERUND regendī, -ō, -um, -ō   SUPINE rectum, -ū

AN ESSENTIAL
55 VERB

regō

Related Words

rector, rectoris, m. guide

rectus, recta, rectum straight

regalis, regale royal

regimen, regiminis, n. guiding

regina, reginae, f. queen

regio, regionis, f. district

regius, regia, regium royal

regno, regnare, regnavi, regnatum to rule

regnum, regni, n. kingdom

regula, regulae, f. rule

rex, regis, m. king

This verb is essential because of the frequency with which it and its compounds appear.

COMPOUNDS:

arrigo, arrigere, arrexi, arrectum to raise

corrigo, corrigere, correxi, correctum to correct

dirigo, dirigere, direxi, directum to direct

erigo, erigere, erexi, erectum to make upright

pergo, pergere, perrexi, perrectum to continue

porrigo, porrigere, porrexi, porrectum to hold out

surgo, surgere, surrexi, surrectum to stand up

R

MODEL SENTENCE:
Ira furor brevis est; animum rege. —Horace

throw back, refuse

	ACTIVE		PASSIVE	
INDICATIVE				
Pres.	reiciō	reicimus	reicior	reicimur
	reicis	reicitis	reiceris (-re)	reiciminī
	reicit	reiciunt	reicitur	reiciuntur
Impf.	reiciēbam	reiciēbāmus	reiciēbar	reiciēbāmur
	reiciēbās	reiciēbātis	reiciēbāris (-re)	reiciēbāminī
	reiciēbat	reiciēbant	reiciēbātur	reiciēbantur
Fut.	reiciam	reiciēmus	reiciar	reiciēmur
	reiciēs	reiciētis	reiciēris (-re)	reiciēminī
	reiciet	reicient	reiciētur	reicientur
Perf.	reiēcī	reiēcimus	reiectus sum	reiectī sumus
	reiēcistī	reiēcistis	(-a, -um) es	(-ae, -a) estis
	reiēcit	reiēcērunt (-ēre)	est	sunt
Plup.	reiēceram	reiēcerāmus	reiectus eram	reiectī erāmus
	reiēcerās	reiēcerātis	(-a, -um) erās	(-ae, -a) erātis
	reiēcerat	reiēcerant	erat	erant
Fut.	reiēcerō	reiēcerimus	reiectus erō	reiectī erimus
Perf.	reiēceris	reiēceritis	(-a, -um) eris	(-ae, -a) eritis
	reiēcerit	reiēcerint	erit	erunt
SUBJUNCTIVE				
Pres.	reiciam	reiciāmus	reiciar	reiciāmur
	reiciās	reiciātis	reiciāris (-re)	reiciāminī
	reiciat	reiciant	reiciātur	reiciantur
Impf.	reicerem	reicerēmus	reicerer	reicerēmur
	reicerēs	reicerētis	reicerēris (-re)	reicerēminī
	reiceret	reicerent	reicerētur	reicerentur
Perf.	reiēcerim	reiēcerimus	reiectus sim	reiectī sīmus
	reiēceris	reiēceritis	(-a, -um) sīs	(-ae, -a) sītis
	reiēcerit	reiēcerint	sit	sint
Plup.	reiēcissem	reiēcissēmus	reiectus essem	reiectī essēmus
	reiēcissēs	reiēcissētis	(-a, -um) essēs	(-ae, -a) essētis
	reiēcisset	reiēcissent	esset	essent
IMPERATIVE				
Pres.	reice	reicite		
INFINITIVE				
Pres.	reicere		reicī	
Perf.	reiēcisse		reiectus (-a, -um) esse	
Fut.	reiectūrus (-a, -um) esse		reiectum īrī	
PARTICIPLE				
Pres.	reiciens, (-ntis)			
Perf.			reiectus (-a, -um)	
Fut.	reiectūrus (-a, -um)		reiciendus (-a, -um) (GERUNDIVE)	

GERUND reiciendī, -ō, -um, -ō   SUPINE reiectum, -ū

Compounds and related words: **reiectio, -onis, f.** rejection; **reiecto (1)** to throw back
See **iacio** for other compounds of this verb.
Model sentence: *Caesar suis imperavit ne quod omnino telum in hostes **reicerent**.* —Caesar

abandon, leave

	ACTIVE		**PASSIVE**	
		INDICATIVE		
Pres.	relinquō	relinquimus	relinquor	relinquimur
	relinquis	relinquitis	relinqueris (-re)	relinquiminī
	relinquit	relinquunt	relinquitur	relinquuntur
Impf.	relinquēbam	relinquēbāmus	relinquēbar	relinquēbāmur
	relinquēbās	relinquēbātis	relinquēbāris (-re)	relinquēbāminī
	relinquēbat	relinqēbant	relinquēbātur	relinquēbantur
Fut.	relinquam	relinquēmus	relinquar	relinquēmur
	relinquēs	relinquētis	relinquēris (-re)	relinquēminī
	relinquet	relinquent	relinquētur	relinquentur
Perf.	relīquī	relīquimus	relictus sum	relictī sumus
	relīquistī	relīquistis	(-a, -um) es	(-ae, -a) estis
	relīquit	relīquērunt (-ēre)	est	sunt
Plup.	relīqueram	relīquerāmus	relictus eram	relictī erāmus
	relīquerās	relīquerātis	(-a, -um) erās	(-ae, -a) erātis
	relīquerat	relīquerant	erat	erant
Fut.	relīquerim	relīquerimus	relictus erō	relictī erimus
Perf.	relīqueris	relīqueritis	(-a, -um) eris	(-ae, -a) eritis
	relīquerit	relīquerint	erit	erunt
		SUBJUNCTIVE		
Pres.	relinquam	relinquāmus	relinquar	relinquāmur
	relinquās	relinquātis	relinquāris (-re)	relinquāminī
	relinquat	relinquant	relinquātur	relinquantur
Impf.	relinquerem	relinquerēmus	relinquerer	relinquerēmur
	relinquerēs	relinquerētis	relinquerēris (-re)	relinquerēminī
	relinqueret	relinquerent	relinquerētur	relinquerentur
Perf.	relīquerim	relīquerimus	relictus sim	relictī sīmus
	relīqueris	relīqueritis	(-a, -um) sīs	(-ae, -a) sītis
	relīquerit	relīquerint	sit	sint
Plup.	relīquissem	relīquissēmus	relictus essem	relictī essēmus
	relīquissēs	relīquissētis	(-a, -um) essēs	(-ae, -a) essētis
	relīquisset	relīquissent	esset	essent
		IMPERATIVE		
Pres.	relinque	relinquite		
		INFINITIVE		
Pres.	relinquere		relinquī	
Perf.	relīquisse		relictus (-a, -um) esse	
Fut.	relictūrus (-a, -um) esse		relictum īrī	
		PARTICIPLE		
Pres.	relinquens, (-ntis)			
Perf.			relictus (-a, -um)	
Fut.	relictūrus (-a, -um)		relinquendus (-a, -um) (GERUNDIVE)	

GERUND relinquendī, -ō, -um, -ō   SUPINE relictum, -ū

Compounds and related words: **linquo (3)** to leave behind; **reliquiae, -arum, f. pl.** remains;
  reliquus, -a, -um left behind
Model sentence: *Ea mortua est:* **reliquit** *filiam adulescentulam.* —Terence

believe, judge

ACTIVE

INDICATIVE

Pres.	reor	rēmur	
	rēris (-re)	rēminī	
	rētur	rentur	
Impf.	rēbar	rēbāmur	
	rēbāris (-re)	rēbāminī	
	rēbātur	rēbantur	
Fut.	rēbor	rēbimur	
	rēberis (-re)	rēbiminī	
	rēbitur	rēbuntur	
Perf.	ratus	sum	ratī	sumus
	(-a, -um)	es	(-ae, -a)	estis
		est		sunt
Plup.	ratus	eram	ratī	erāmus
	(-a, -um)	erās	(-ae, -a)	erātis
		erat		erant
Fut.	ratus	erō	ratī	erimus
Perf.	(-a, -um)	eris	(-ae, -a)	eritis
		erit		erunt

SUBJUNCTIVE

Pres.	rear	reāmur	
	reāris (-re)	reāminī	
	reātur	reantur	
Impf.	rērer	rērēmur	
	rērēris (-re)	rērēminī	
	rērētur	rērentur	
Perf.	ratus	sim	ratī	sīmus
	(-a, -um)	sīs	(-ae, -a)	sītis
		sit		sint
Plup.	ratus	essem	ratī	essēmus
	(-a, -um)	essēs	(-ae, -a)	essētis
		esset		essent

IMPERATIVE

Pres.	rēre	rēminī

INFINITIVE

Pres.	rērī
Perf.	ratus (-a, -um) esse
Fut.	ratūrus (-a, -um) esse

PARTICIPLE

	Active	**Passive**
Pres.	rens, (-ntis)	
Perf.	ratus (-a, -um)	
Fut.	ratūrus (-a, -um)	rendus (-a, -um) (GERUNDIVE)

GERUND rendī, -ō, -um, -ō   SUPINE ratum, -ū

Compounds and related words: **ratio, -onis, f.** reason, calculation; **ratiocinor (1)** to calculate; **rationalis, -e** reasonable

Model sentence: *Ut **rebare**, Venus (nec te sententia fallit) Troianas sustentat opes.* —Vergil

reperiō

find, learn

ACTIVE   PASSIVE

INDICATIVE

Pres.	reperiō	reperīmus	reperior	reperīmur
	reperīs	reperītis	reperīris (-re)	reperīminī
	reperit	reperiunt	reperītur	reperiuntur
Impf.	reperiēbam	reperiēbāmus	reperiēbar	reperiēbāmur
	reperiēbās	reperiēbātis	reperiēbāris (-re)	reperiēbāminī
	reperiēbat	reperiēbant	reperiēbātur	reperiēbantur
Fut.	reperiam	reperiēmus	reperiar	reperiēmur
	reperiēs	reperiētis	reperiēris (-re)	reperiēminī
	reperiet	reperient	reperiētur	reperientur
Perf.	repperī	repperimus	repertus sum	repertī sumus
	repperistī	repperistis	(-a, -um) es	(-ae, -a) estis
	repperit	repperērunt (-ēre)	est	sunt
Plup.	reppereram	repererāmus	repertus eram	repertī erāmus
	reppererās	repererātis	(-a, -um) erās	(-ae, -a) erātis
	reppererat	repererant	erat	erant
Fut.	reppererō	reppererimus	repertus erō	repertī erimus
Perf.	reppereris	reppereritis	(-a, -um) eris	(-ae, -a) eritis
	reppererit	reppererint	erit	erunt

SUBJUNCTIVE

Pres.	reperiam	reperiāmus	reperiar	reperiāmur
	reperiās	reperiātis	reperiāris (-re)	reperiāminī
	reperiat	reperiant	reperiātur	reperiantur
Impf.	reperīrem	reperīrēmus	reperīrer	reperīrēmur
	reperīrēs	reperīrētis	reperīrēris (-re)	reperīrēminī
	reperīret	reperīrent	reperīrētur	reperīrentur
Perf.	reppererim	reppererimus	repertus sim	repertī sīmus
	reppereris	reppereritis	(-a, -um) sīs	(-ae, -a) sītis
	reppererit	reppererint	sit	sint
Plup.	repperissem	repperissēmus	repertus essem	repertī essēmus
	repperissēs	repperissētis	(-a, -um) essēs	(-ae, -a) essētis
	repperisset	repperissent	esset	essent

IMPERATIVE

Pres.	reperī	reperīte

INFINITIVE

Pres.	reperīre	reperīrī
Perf.	repperisse	repertus (-a, -um) esse
Fut.	repertūrus (-a, -um) esse	repertum īrī

PARTICIPLE

Pres.	reperiēns, (-ntis)	
Perf.		repertus (-a, -um)
Fut.	repertūrus (-a, -um)	reperiendus (-a, -um) (GERUNDIVE)

GERUND reperiendī, -ō, -um, -ō   SUPINE repertum, -ū

Alternate forms: **reperi** = repperi; **reperibit** = reperiet; **reperibitur** = reperietur; **reperirier** = repperi
Compounds and related words: **repertor, -is, m.** discoverer
Model sentence: *Caesar **repperit** ab Suevis auxilia missa esse.* —Caesar

seek, ask, demand; passive: be required

	ACTIVE		PASSIVE	
		INDICATIVE		
Pres.	requīrō	requīrimus	requīror	requīrimur
	requīris	requīritis	requīreris (-re)	requīriminī
	requīrit	requīrunt	requīritur	requīruntur
Impf.	requīrēbam	requīrēbāmus	requīrēbar	requīrēbāmur
	requīrēbās	requīrēbātis	requīrēbāris (-re)	requīrēbāminī
	requīrēbat	requīrēbant	requīrēbātur	requīrēbantur
Fut.	requīram	requīrēmus	requīrar	requīrēmur
	requīrēs	requīrētis	requīrēris (-re)	requīrēminī
	requīret	requīrent	requīrētur	requīrentur
Perf.	requīsīvī	requīsīvimus	requīsītus sum	requīsītī sumus
	requīsīvistī	requīsīvistis	(-a, -um) es	(-ae, -a) estis
	requīsīvit	requīsīvērunt (-ēre)	est	sunt
Plup.	requīsīveram	requīsīverāmus	requīsītus eram	requīsītī erāmus
	requīsīverās	requīsīverātis	(-a, -um) erās	(-ae, -a) erātis
	requīsīverat	requīsīverant	erat	erant
Fut.	requīsīverō	requīsīverimus	requīsītus erō	requīsītī erimus
Perf.	requīsīveris	requīsīveritis	(-a, -um) eris	(-ae, -a) eritis
	requīsīverit	requīsīverint	erit	erunt
		SUBJUNCTIVE		
Pres.	requīram	requīrāmus	requīrar	requīrāmur
	requīrās	requīrātis	requīrāris (-re)	requīrāminī
	requīrat	requīrant	requīrātur	requīrantur
Impf.	requīrerem	requīrerēmus	requīrerer	requīrerēmur
	requīrerēs	requīrerētis	requīrerēris (-re)	requīrerēminī
	requīreret	requīrerent	requīrerētur	requīrerentur
Perf.	requīsīverim	requīsīverimus	requīsītus sim	requīsītī sīmus
	requīsīveris	requīsīveritis	(-a, -um) sīs	(-ae, -a) sītis
	requīsīverit	requīsīverint	sit	sint
Plup.	requīsīvissem	requīsīvissēmus	requīsītus essem	requīsītī essēmus
	requīsīvissēs	requīsīvissētis	(-a, -um) essēs	(-ae, -a) essētis
	requīsīvisset	requīsīvissent	esset	essent
		IMPERATIVE		
Pres.	requīre	requīrite		
		INFINITIVE		
Pres.	requīrere		requīrī	
Perf.	requīsīvisse		requīsītus (-a, -um) esse	
Fut.	requīsītūrus (-a, -um) esse		requīsītum īrī	
		PARTICIPLE		
Pres.	requīrens, (-ntis)			
Perf.			requīsītus (-a, -um)	
Fut.	requīsītūrus (-a, -um)		requīrendus (-a, -um) (GERUNDIVE)	

GERUND requīrendī, -ō, -um, -ō   SUPINE requīsītum, -ū

Usage notes: passive may be used impersonally
Alternate forms: **requisii** = requisivi
Compounds and related words: **requirito (1)** to keep asking
Model sentence: *Hic est quem legis ille, quem **requiris**, toto notus in orbe Martialis.* —Martial

sit down, settle

ACTIVE

INDICATIVE

Pres.	resīdō	resīdimus
	resīdis	resīditis
	resīdit	resīdunt
Impf.	resīdēbam	resīdēbāmus
	resīdēbās	resīdēbātis
	resīdēbat	resīdēbant
Fut.	resīdam	resīdēmus
	resīdēs	resīdētis
	resīdet	resīdent
Perf.	resēdī	resēdimus
	resēdistī	resēdistis
	resēdit	resēdērunt (-ēre)
Plup.	resēderam	resēderāmus
	resēderās	resēderātis
	resēderat	resēderant
Fut.	resēderō	resēderimus
Perf.	resēderis	resēderitis
	resēderit	resēderint

SUBJUNCTIVE

Pres.	resīdam	resīdāmus
	resīdās	resīdātis
	resīdat	resīdant
Impf.	resīderem	resīderēmus
	resīderēs	resīderētis
	resīderet	resīderent
Perf.	resēderim	resēderimus
	resēderis	resēderitis
	resēderit	resēderint
Plup.	resēdissem	resēdissēmus
	resēdissēs	resēdissētis
	resēdisset	resēdissent

IMPERATIVE

Pres.	resīde	resīdite

INFINITIVE

Pres.	resīdere
Perf.	resēdisse
Fut.	

PARTICIPLE

Pres.	resīdens, (-ntis)
Perf.	
Fut.	resīdendus (-a, -um) (GERUNDIVE)

GERUND resīdendī, -ō, -um, -ō   SUPINE

R

Alternate forms: **residi** = resedi
Compounds and related words: **resideo (2)** to remain sitting
Model sentence: *Aves plurimum volant, cetera genera **residunt** et insistunt.* —Pliny

look back, regard

ACTIVE   PASSIVE

INDICATIVE

	ACTIVE		PASSIVE	
Pres.	respiciō	respicimus	respicior	respicimur
	respicis	respicitis	respiceris (-re)	respiciminī
	respicit	respiciunt	respicitur	respiciuntur
Impf.	respiciēbam	respiciēbāmus	respiciēbar	respiciēbāmur
	respiciēbās	respiciēbātis	respiciēbāris (-re)	respiciēbāminī
	respiciēbat	respiciēbant	respiciēbātur	respiciēbantur
Fut.	respiciam	respiciēmus	respiciar	respiciēmur
	respiciēs	respiciētis	respiciēris (-re)	respiciēminī
	respiciet	respicient	respiciētur	respicientur
Perf.	respexī	respeximus	respectus sum	respectī sumus
	respexistī	respexistis	(-a, -um) es	(-ae, -a) estis
	respexit	respexērunt (-ēre)	est	sunt
Plup.	respexeram	respexerāmus	respectus eram	respectī erāmus
	respexerās	respexerātis	(-a, -um) erās	(-ae, -a) erātis
	respexerat	respexerant	erat	erant
Fut.	respexerō	respexerimus	respectus erō	respectī erimus
Perf.	respexeris	respexeritis	(-a, -um) eris	(-ae, -a) eritis
	respexerit	respexerint	erit	erunt

SUBJUNCTIVE

	ACTIVE		PASSIVE	
Pres.	respiciam	respiciāmus	respiciar	respiciāmur
	respiciās	respiciātis	respiciāris (-re)	respiciāminī
	respiciat	respiciant	respiciātur	respiciantur
Impf.	respicerem	respicerēmus	respicerer	respicerēmur
	respicerēs	respicerētis	respicerēris (-re)	respicerēminī
	respiceret	respicerent	respicerētur	respicerentur
Perf.	respexerim	respexerimus	respectus sim	respectī sīmus
	respexeris	respexeritis	(-a, -um) sīs	(-ae, -a) sītis
	respexerit	respexerint	sit	sint
Plup.	respexissem	respexissēmus	respectus essem	respectī essēmus
	respexissēs	respexissētis	(-a, -um) essēs	(-ae, -a) essētis
	respexisset	respexissent	esset	essent

IMPERATIVE

	ACTIVE	
Pres.	respice	respicite

INFINITIVE

	ACTIVE	PASSIVE
Pres.	respicere	respicī
Perf.	respexisse	respectus (-a, -um) esse
Fut.	respectūrus (-a, -um) esse	respectum īrī

PARTICIPLE

	ACTIVE	PASSIVE
Pres.	respiciens, (-ntis)	
Perf.		respectus (-a, -um)
Fut.	respectūrus (-a, -um)	respiciendus (-a, -um) (GERUNDIVE)

GERUND respiciendī, -ō, -um, -ō   SUPINE respectum, -ū

Alternate forms: **respexis** = respexeris
See **specto** for other compounds and vocabulary related to this verb.
Model sentence: *Longe retro **respicere** non possunt.* —Cicero

answer, reply

	ACTIVE		**PASSIVE**	
		INDICATIVE		
Pres.	respondeō	respondēmus	respondeor	respondēmur
	respondēs	respondētis	respondēris (-re)	respondēminī
	respondet	respondent	respondētur	respondentur
Impf.	respondēbam	respondēbāmus	respondēbar	respondēbāmur
	respondēbās	respondēbātis	respondēbāris (-re)	respondēbāminī
	respondēbat	respondēbant	respondēbātur	respondēbantur
Fut.	respondēbō	respondēbimus	respondēbor	respondēbimur
	respondēbis	respondēbitis	respondēberis (-re)	respondēbiminī
	respondēbit	respondēbunt	respondēbitur	respondēbuntur
Perf.	respondī	respondimus	responsus sum	responsī sumus
	respondistī	respondistis	(-a, -um) es	(-ae, -a) estis
	respondit	respondērunt (-ēre)	est	sunt
Plup.	responderam	responderāmus	responsus eram	responsī erāmus
	responderās	respōnderātis	(-a, -um) erās	(-ae, -a) erātis
	responderat	responderant	erat	erant
Fut.	responderō	responderimus	responsus erō	responsī erimus
Perf.	responderis	responderitis	(-a, -um) eris	(-ae, -a) eritis
	responderit	responderint	erit	erunt
		SUBJUNCTIVE		
Pres.	respondeam	respondeāmus	respondear	respondeāmur
	respondeās	respondeātis	respondeāris (-re)	respondeāminī
	respondeat	respondeant	respondeātur	respondeantur
Impf.	respondērem	respondērēmus	respondērer	respondērēmur
	respondērēs	respondērētis	respondērēris (-re)	respondērēminī
	respondēret	respondērent	respondērētur	respondērentur
Perf.	responderim	responderimus	responus sim	responsī sīmus
	responderis	responderitis	(-a, -um) sīs	(-ae, -a) sītis
	responderit	responderint	sit	sint
Plup.	respondissem	respondissēmus	responsus essem	responsī essēmus
	respondissēs	respondissētis	(-a, -um) essēs	(-ae, -a) essētis
	respondisset	respondissent	esset	essent
		IMPERATIVE		
Pres.	respondē	respondēte		
		INFINITIVE		
Pres.	respondēre		respondērī	
Perf.	respondisse		responsus (-a, -um) esse	
Fut.	responsūrus (-a, -um) esse		responsum īrī	
		PARTICIPLE		
Pres.	respondens, (-ntis)			
Perf.			responsus (-a, -um)	
Fut.	responsūrus (-a, -um)		respondendus (-a, -um) (GERUNDIVE)	

GERUND respondendī, -ō, -um, -ō   SUPINE responsum, -ū

Usage notes: generally used with the **dative**

Compounds and related words: **responsio, -onis, f.** a reply; **responsito (1)** to keep answering; **responso (1)** to keep answering; **responsor, -is, m.** one who answers; **responsum, -i, n.** an answer; **spondeo (2)** to pledge

See **spondeo** for other compounds of this verb.

Model sentence: *Arbitrabar me satis **respondisse** ad id quod quaesierat Laelius.* —Cicero

rīdeō

laugh (at), smile

ACTIVE   **PASSIVE**

INDICATIVE

	ACTIVE		PASSIVE	
Pres.	rīdeō	rīdēmus	rīdeor	rīdēmur
	rīdēs	rīdētis	rīdēris (-re)	rīdēminī
	rīdet	rīdent	rīdētur	rīdentur
Impf.	rīdēbam	rīdēbāmus	rīdēbar	rīdēbāmur
	rīdēbās	rīdēbātis	rīdēbāris (-re)	rīdēbāminī
	rīdēbat	rīdēbant	rīdēbātur	rīdēbantur
Fut.	rīdēbō	rīdēbimus	rīdēbor	rīdēbimur
	rīdēbis	rīdēbitis	rīdēberis (-re)	rīdēbiminī
	rīdēbit	rīdēbunt	rīdēbitur	rīdēbuntur

	ACTIVE		PASSIVE			
Perf.	rīsī	rīsimus	rīsus	sum	rīsī	sumus
	rīsistī	rīsistis	(-a, -um)	es	(-ae, -a)	estis
	rīsit	rīsērunt (-ēre)		est		sunt
Plup.	rīseram	rīserāmus	rīsus	eram	rīsī	erāmus
	rīserās	rīserātis	(-a, -um)	erās	(-ae, -a)	erātis
	rīserat	rīserant		erat		erant
Fut.	rīserō	rīserimus	rīsus	erō	rīsī	erimus
Perf.	rīseris	rīseritis	(-a, -um)	eris	(-ae, -a)	eritis
	rīserit	rīserint		erit		erunt

SUBJUNCTIVE

	ACTIVE		PASSIVE	
Pres.	rīdeam	rīdeāmus	rīdear	rīdeāmur
	rīdeās	rīdeātis	rīdeāris (-re)	rīdeāminī
	rīdeat	rīdeant	rīdeātur	rīdeantur
Impf.	rīdērem	rīdērēmus	rīdērer	rīdērēmur
	rīdērēs	rīdērētis	rīdērēris (-re)	rīdērēminī
	rīdēret	rīdērent	rīdērētur	rīdērentur

	ACTIVE		PASSIVE			
Perf.	rīserim	rīserimus	rīsus	sim	rīsī	sīmus
	rīseris	rīseritis	(-a, -um)	sīs	(-ae, -a)	sītis
	rīserit	rīserint		sit		sint
Plup.	rīsissem	rīsissēmus	rīsus	essem	rīsī	essēmus
	rīsissēs	rīsissētis	(-a, -um)	essēs	(-ae, -a)	essētis
	rīsisset	rīsissent		esset		essent

IMPERATIVE

	ACTIVE			
Pres.	rīdē	rīdēte		

INFINITIVE

	ACTIVE	PASSIVE
Pres.	rīdēre	rīdērī
Perf.	rīsisse	rīsus (-a, -um) esse
Fut.	rīsūrus (-a, -um) esse	rīsum īrī

PARTICIPLE

	ACTIVE	PASSIVE
Pres.	rīdens, (-ntis)	
Perf.		rīsus (-a, -um)
Fut.	rīsūrus (-a, -um)	rīdendus (-a, -um) (GERUNDIVE)

GERUND rīdendī, -ō, -um, -ō   SUPINE rīsum, -ū

AN ESSENTIAL 55 VERB

rīdeō

Related Words

ridiculosus, ridiculosa, ridiculosum silly

ridiculus, ridicula, ridiculum funny

risus, risus, m. laughter, a smile

This verb is essential because of the frequency with which it and its compounds appear.

COMPOUNDS:

arrideo, arridere, arrisi, arrisum to laugh at

derideo, deridere, derisi, derisum to mock

subrideo, subridere, subrisi, subrisum to smirk

MODEL SENTENCE:
Rident stolidi verba Latina. —Ovid

R

ask, beg

ACTIVE			PASSIVE	
INDICATIVE				
Pres.	rogō	rogāmus	rogor	rogāmur
	rogās	rogātis	rogāris (-re)	rogāminī
	rogat	rogant	rogātur	rogantur
Impf.	rogābam	rogābāmus	rogābar	rogābāmur
	rogābās	rogābātis	rogābāris (-re)	rogābāminī
	rogābat	rogābant	rogābātur	rogābantur
Fut.	rogābō	rogābimus	rogābor	rogābimur
	rogābis	rogābitis	rogāberis (-re)	rogābiminī
	rogābit	rogābunt	rogābitur	rogābuntur
Perf.	rogāvī	rogāvimus	rogātus sum	rogātī sumus
	rogāvistī	rogāvistis	(-a, -um) es	(-ae, -a) estis
	rogāvit	rogāvērunt (-ēre)	est	sunt
Plup.	rogāveram	rogāverāmus	rogātus eram	rogātī erāmus
	rogāverās	rogāverātis	(-a, -um) erās	(-ae, -a) erātis
	rogāverat	rogāverant	erat	erant
Fut.	rogāverō	rogāverimus	rogātus erō	rogātī erimus
Perf.	rogāveris	rogāveritis	(-a, -um) eris	(-ae, -a) eritis
	rogāverit	rogāverint	erit	erunt
SUBJUNCTIVE				
Pres.	rogem	rogēmus	roger	rogēmur
	rogēs	rogētis	rogēris (-re)	rogēminī
	roget	rogent	rogētur	rogentur
Impf.	rogārem	rogārēmus	rogārer	rogārēmur
	rogārēs	rogārētis	rogārēris (-re)	rogārēminī
	rogāret	rogārent	rogārētur	rogārentur
Perf.	rogāverim	rogāverimus	rogātus sim	rogātī sīmus
	rogāveris	rogāveritis	(-a, -um) sīs	(-ae, -a) sītis
	rogāverit	rogāverint	sit	sint
Plup.	rogāvissem	rogāvissēmus	rogātus essem	rogātī essēmus
	rogāvissēs	rogāvissētis	(-a, -um) essēs	(-ae, -a) essētis
	rogāvisset	rogāvissent	esset	essent
IMPERATIVE				
Pres.	rogā	rogāte		
INFINITIVE				
Pres.	rogāre		rogārī	
Perf.	rogāvisse		rogātus (-a, -um) esse	
Fut.	rogātūrus (-a, -um) esse		rogātum īrī	
PARTICIPLE				
Pres.	rogans, (-ntis)			
Perf.			rogātus (-a, -um)	
Fut.	rogātūrus (-a, -um)		rogandus (-a, -um) (GERUNDIVE)	

GERUND rogandī, -ō, -um, -ō   SUPINE rogātum, -ū

Alternate forms: **rogarier** = rogari; **rogassint** = rogaverint
Compounds and related words: **abrogatio, -onis, f.** a repealing; **abrogo (1)** to repeal; **interrogo (1)** to ask; **rogatio, -onis, f.** a repealing; **rogator, -is, m.** one who asks; **rogatu** at the request; **rogitatio, -onis, f.** a proposed law; **rogito (1)** to ask for eagerly
Model sentence: *Parcas lusibus et iocis **rogamus**.* —Martial

be red, blush

ACTIVE

INDICATIVE

Pres.	rubeō	rubēmus
	rubēs	rubētis
	rubet	rubent
Impf.	rubēbam	rubēbāmus
	rubēbās	rubēbātis
	rubēbat	rubēbant
Fut.	rubēbō	rubēbimus
	rubēbis	rubēbitis
	rubēbit	rubēbunt
Perf.		
Plup.		
Fut.		
Perf.		

SUBJUNCTIVE

Pres.	rubeam	rubeāmus
	rubeās	rubeātis
	rubeat	rubeant
Impf.	rubērem	rubērēmus
	rubērēs	rubērētis
	rubēret	rubērent
Perf.		
Plup.		

IMPERATIVE

Pres.	rubē	rubēte

INFINITIVE

Pres.	rubēre
Perf.	
Fut.	

PARTICIPLE

Pres.	rubens, (-ntis)
Perf.	
Fut.	rubendus (-a, -um) (GERUNDIVE)

GERUND rubendī, -ō, -um, -ō　SUPINE

Compounds and related words: **erubesco (3)** to blush; **ruber, -bra, -brum** red; **rubesco (3)** to blush
Model sentence: *Sanguine litus undaque prima **rubet**.* —Ovid

break, burst

ACTIVE		PASSIVE	
INDICATIVE			
Pres.	rumpō	rumpimus	rumpor	rumpimur
	rumpis	rumpitis	rumperis (-re)	rumpiminī
	rumpit	rumpunt	rumpitur	rumpuntur
Impf.	rumpēbam	rumpēbāmus	rumpēbar	rumpēbāmur
	rumpēbās	rumpēbātis	rumpēbāris (-re)	rumpēbāminī
	rumpēbat	rumpēbant	rumpēbātur	rumpēbantur
Fut.	rumpam	rumpēmus	rumpar	rumpēmur
	rumpēs	rumpētis	rumpēris (-re)	rumpēminī
	rumpet	rumpent	rumpētur	rumpentur
Perf.	rūpī	rūpimus	ruptus sum	ruptī sumus
	rūpistī	rūpistis	(-a, -um) es	(-ae, -a) estis
	rūpit	rūpērunt (-ēre)	est	sunt
Plup.	rūperam	rūperāmus	ruptus eram	ruptī erāmus
	rūperās	rūperātis	(-a, -um) erās	(-ae, -a) erātis
	rūperat	rūperant	erat	erant
Fut.	rūperō	rūperimus	ruptus erō	ruptī erimus
Perf.	rūperis	rūperitis	(-a, -um) eris	(-ae, -a) eritis
	rūperit	rūperint	erit	erunt
SUBJUNCTIVE			
Pres.	rumpam	rumpāmus	rumpar	rumpāmur
	rumpās	rumpātis	rumpāris (-re)	rumpāminī
	rumpat	rumpant	rumpātur	rumpantur
Impf.	rumperem	rumperēmus	rumperer	rumperēmur
	rumperēs	rumperētis	rumperēris (-re)	rumperēminī
	rumperet	rumperent	rumperētur	rumperentur
Perf.	rūperim	rūperimus	ruptus sim	ruptī sīmus
	rūperis	rūperitis	(-a, -um) sīs	(-ae, -a) sītis
	rūperit	rūperint	sit	sint
Plup.	rūpissem	rūpissēmus	ruptus essem	ruptī essēmus
	rūpissēs	rūpissētis	(-a, -um) essēs	(-ae, -a) essētis
	rūpisset	rūpissent	esset	essent
IMPERATIVE			
Pres.	rumpe	rumpite		
INFINITIVE			
Pres.	rumpere		rumpī	
Perf.	rūpisse		ruptus (-a, -um) esse	
Fut.	ruptūrus (-a, -um) esse		ruptum īrī	
PARTICIPLE			
Pres.	rumpens, (-ntis)			
Perf.			ruptus (-a, -um)	
Fut.	ruptūrus (-a, -um)		rumpendus (-a, -um) (GERUNDIVE)	

GERUND rumpendī, -ō, -um, -ō   SUPINE ruptum, -ū

Alternate forms: **rumpier** = rumpi
Compounds and related words: **abrumpo (3)** to break off; **corrumpo (3)** to break up; **erumpo (3)** to break out; **irrumpo (3)** to break in; **praerumpo (3)** to break off; **prorumpo (3)** to rush forward; **rupes, -is, f.** cliff; **ruptor, -is, m.** one who breaks
Model sentence: *Me **rupi** causa currendo tua.* —Plautus

fall or cast down violently, rush

ACTIVE		PASSIVE	
INDICATIVE			

	ACTIVE		PASSIVE	
Pres.	ruō	ruimus	ruor	ruimur
	ruis	ruitis	rueris (-re)	ruiminī
	ruit	ruunt	ruitur	ruuntur
Impf.	ruēbam	ruēbāmus	ruēbar	ruēbāmur
	ruēbās	ruēbātis	ruēbāris (-re)	ruēbāminī
	ruēbat	ruēbant	ruēbātur	ruēbantur
Fut.	ruam	ruēmus	ruar	ruēmur
	ruēs	ruētis	ruēris (-re)	ruēminī
	ruet	ruent	ruētur	ruentur
Perf.	ruī	ruimus	rutus　sum	rutī　sumus
	ruistī	ruistis	(-a, -um) es	(-ae, -a) estis
	ruit	ruērunt (-ēre)	est	sunt
Plup.	rueram	ruerāmus	rutus　eram	rutī　erāmus
	ruerās	ruerātis	(-a, -um) erās	(-ae, -a) erātis
	ruerat	ruerant	erat	erant
Fut.	ruerō	ruerimus	rutus　erō	rutī　erimus
Perf.	rueris	rueritis	(-a, -um) eris	(-ae, -a) eritis
	ruerit	ruerint	erit	erunt

SUBJUNCTIVE			

	ACTIVE		PASSIVE	
Pres.	ruam	ruāmus	ruar	ruāmur
	ruās	ruātis	ruāris (-re)	ruāminī
	ruat	ruant	ruātur	ruantur
Impf.	ruerem	ruerēmus	ruerer	ruerēmur
	ruerēs	ruerētis	ruerēris (-re)	ruerēminī
	rueret	ruerent	ruerētur	ruerentur
Perf.	ruerim	ruerimus	rutus　sim	rutī　sīmus
	rueris	rueritis	(-a, -um) sīs	(-ae, -a) sītis
	ruerit	ruerint	sit	sint
Plup.	ruissem	ruissēmus	rutus　essem	rutī　essēmus
	ruissēs	ruissētis	(-a, -um) essēs	(-ae, -a) essētis
	ruisset	ruissent	esset	essent

IMPERATIVE			

	ACTIVE			
Pres.	rue	ruite		

INFINITIVE			

	ACTIVE	PASSIVE
Pres.	ruere	ruī
Perf.	ruisse	rutus (-a, -um) esse
Fut.	ruitūrus (-a, -um) esse	rutum īrī

PARTICIPLE			

	ACTIVE	PASSIVE
Pres.	ruens, (-ntis)	
Perf.		rutus (-a, -um)
Fut.	ruitūrus (-a, -um)	ruendus (-a, -um) (GERUNDIVE)

GERUND ruendī, -ō, -um, -ō　　SUPINE rutum, -ū

Usage notes: passive may be used impersonally

Compounds and related words: **corruo (3)** to collapse; **diruo (3)** to demolish; **eruo (3)** to uproot; **irruo (3)** to rush in; **obruo (3)** to overwhelm

Model sentence: *Vis consili expers mole **ruit** sua.* —Horace

consecrate, condemn

<table>
<tr><th colspan="2" style="text-align:center">ACTIVE</th><th colspan="2" style="text-align:center">PASSIVE</th></tr>
</table>

INDICATIVE

	ACTIVE		PASSIVE	
Pres.	sacrō	sacrāmus	sacror	sacrāmur
	sacrās	sacrātis	sacrāris (-re)	sacrāminī
	sacrat	sacrant	sacrātur	sacrantur
Impf.	sacrābam	sacrābāmus	sacrābar	sacrābāmur
	sacrābās	sacrābātis	sacrābāris (-re)	sacrābāminī
	sacrābat	sacrābant	sacrābātur	sacrābantur
Fut.	sacrābō	sacrābimus	sacrābor	sacrābimur
	sacrābis	sacrābitis	sacrāberis (-re)	sacrābiminī
	sacrābit	sacrābunt	sacrābitur	sacrābuntur
Perf.	sacrāvī	sacrāvimus	sacrātus sum	sacrātī sumus
	sacrāvistī	sacrāvistis	(-a, -um) es	(-ae, -a) estis
	sacrāvit	sacrāvērunt (-ēre)	est	sunt
Plup.	sacrāveram	sacrāverāmus	sacrātus eram	sacrātī erāmus
	sacrāverās	sacrāverātis	(-a, -um) erās	(-ae, -a) erātis
	sacrāverat	sacrāverant	erat	erant
Fut.	sacrāverō	sacrāverimus	sacrātus erō	sacrātī erimus
Perf.	sacrāveris	sacrāveritis	(-a, -um) eris	(-ae, -a) eritis
	sacrāverit	sacrāverint	erit	erunt

SUBJUNCTIVE

	ACTIVE		PASSIVE	
Pres.	sacrem	sacrēmus	sacrer	sacrēmur
	sacrēs	sacrētis	sacrēris (-re)	sacrēminī
	sacret	sacrent	sacrētur	sacrentur
Impf.	sacrārem	sacrārēmus	sacrārer	sacrārēmur
	sacrārēs	sacrārētis	sacrārēris (-re)	sacrārēminī
	sacrāret	sacrārent	sacrārētur	sacrārentur
Perf.	sacrāverim	sacrāverimus	sacrātus sim	sacrātī sīmus
	sacrāveris	sacrāveritis	(-a, -um) sīs	(-ae, -a) sītis
	sacrāverit	sacrāverint	sit	sint
Plup.	sacrāvissem	sacrāvissēmus	sacrātus essem	sacrātī essēmus
	sacrāvissēs	sacrāvissētis	(-a, -um) essēs	(-ae, -a) essētis
	sacrāvisset	sacrāvissent	esset	essent

IMPERATIVE

	ACTIVE			
Pres.	sacrā	sacrāte		

INFINITIVE

	ACTIVE	PASSIVE
Pres.	sacrāre	sacrārī
Perf.	sacrāvisse	sacrātus (-a, -um) esse
Fut.	sacrātūrus (-a, -um) esse	sacrātum īrī

PARTICIPLE

	ACTIVE	PASSIVE
Pres.	sacrans, (-ntis)	
Perf.		sacrātus (-a, -um)
Fut.	sacrātūrus (-a, -um)	sacrandus (-a, -um) (GERUNDIVE)

GERUND sacrandī, -ō, -um, -ō   SUPINE sacrātum, -ū

Compounds and related words: **consecro (1)** to consecrate; **obsecro (1)** to beg; **sacer, -cra, -crum** holy; **sacerdos, -dotis, m.** priest; **sacrificium, -i, n.** sacrifice; **sacrifico (1)** to sacrifice; **sacrilegus, -a, -um** wicked
Model sentence: *Hoc nemus aeterno cinerum **sacravit** honori Faenius.* —Martial

rage

	ACTIVE		**PASSIVE**
INDICATIVE			
Pres.	saeviō	saevīmus	
	saevīs	saevītis	
	saevit	saeviunt	saevītur (Impers.)
Impf.	saeviēbam	saeviēbāmus	
	saeviēbās	saeviēbātis	
	saeviēbat	saeviēbant	saeviēbātur (Impers.)
Fut.	saeviam	saeviēmus	
	saeviēs	saeviētis	
	saeviet	saevient	saeviētur (Impers.)
Perf.	saeviī	saeviimus	
	saeviistī	saeviistis	
	saeviit	saeviērunt (-ēre)	saevītum est (Impers.)
Plup.	saevieram	saevierāmus	
	saevierās	saevierātis	
	saevierat	saevierant	saevītum erat (Impers.)
Fut.	saevierō	saevierimus	
Perf.	saevieris	saevieritis	
	saevierit	saevierint	saevītum erit (Impers.)
SUBJUNCTIVE			
Pres.	saeviam	saeviāmus	
	saeviās	saeviātis	
	saeviat	saeviant	saeviātur (Impers.)
Impf.	saevīrem	saevīrēmus	
	saevīrēs	saevīrētis	
	saevīret	saevīrent	saevīrētur (Impers.)
Perf.	saevierim	saevierimus	
	saevieris	saevieritis	
	saevierit	saevierint	saevītum sit (Impers.)
Plup.	saeviissem	saeviissēmus	
	saeviissēs	saeviissētis	
	saeviisset	saeviissent	saevītum esset (Impers.)
IMPERATIVE			
Pres.	saevī	saevīte	
INFINITIVE			
Pres.	saevīre		saevīrī
Perf.	saeviisse		saevītum esse
Fut.	saevītūrus (-a, -um) esse		saevītum īrī
PARTICIPLE			
Pres.	saeviens, (-ntis)		
Perf.			saevītus (-a, -um)
Fut.	saevītūrus (-a, -um)		saeviendus (-a, -um) (GERUNDIVE)

GERUND saeviendī, -ō, -um, -ō   SUPINE saevītum, -ū

Alternate forms: **saevibat** = saeviebat; **saevibo** = saeviam
Compounds and related words: **saevitia, -ae, f.** ferocity; **saevus, -a, -um** cruel
Model sentence: *Saevire Fortuna ac miscere omnia coepit.* —Sallust

jump, leap

ACTIVE

INDICATIVE

Pres.	saliō	salīmus
	salīs	salītis
	salit	saliunt
Impf.	saliēbam	saliēbāmus
	saliēbās	saliēbātis
	saliēbat	saliēbant
Fut.	saliam	saliēmus
	saliēs	saliētis
	saliēt	saliēnt
Perf.	saluī	saluimus
	saluistī	saluistis
	saluit	saluērunt (-ēre)
Plup.	salueram	saluerāmus
	saluerās	saluerātis
	saluerat	saluerant
Fut.	saluerō	saluerimus
Perf.	salueris	salueritis
	saluerit	saluerint

SUBJUNCTIVE

Pres.	saliam	saliāmus
	saliās	saliātis
	saliat	saliant
Impf.	salīrem	salīrēmus
	salīrēs	salīrētis
	salīret	salīrent
Perf.	saluerim	saluerimus
	salueris	salueritis
	saluerit	saluerint
Plup.	saluissem	saluissēmus
	saluissēs	saluissētis
	saluisset	saluissent

IMPERATIVE

Pres.	salī	salīte

INFINITIVE

Pres.	salīre
Perf.	saluisse
Fut.	saltūrus (-a, -um) esse

PARTICIPLE

	Active	Passive
Pres.	saliens, (-ntis)	
Perf.		saltus (-a, -um)
Fut.	saltūrus (-a, -um)	saliendus (-a, -um) (GERUNDIVE)

GERUND saliendī, -ō, -um, -ō   SUPINE saltum, -ū

Alternate forms: **salii** = salui; **salivi** = salui
Compounds and related words: **absilio (4)** to jump away; **consilium, -i, n.** consultation; **consul, -is, m.** consul; **consularis, -e** pertaining to a consul; **consulatus, -us, m.** consulship; **desilio (4)** to jump down; **exsilium, -i, n.** exile; **exsul, -is, c.** exile; **exsulo (1)** to be in exile; **exsulto (1)** to jump up; **praesul, -is, c.** public dancer; **proconsul, -is, m.** proconsul; **resulto (1)** to rebound
Model sentence: ***Saliendo** sese exercebant.* —Plautus

make sacred, appoint, decree

ACTIVE   PASSIVE
INDICATIVE

Pres.	sanciō	sancīmus	sancior	sancīmur
	sancīs	sancītis	sancīris (-re)	sancīminī
	sancit	sanciunt	sancītur	sanciuntur
Impf.	sanciēbam	sanciēbāmus	sanciēbar	sanciēbāmur
	sanciēbās	sanciēbātis	sanciēbāris (-re)	sanciēbāminī
	sanciēbat	sanciēbant	sanciēbātur	sanciēbantur
Fut.	sanciam	sanciēmus	sanciar	sanciēmur
	sanciēs	sanciētis	sanciēris (-re)	sanciēminī
	sanciet	sancient	sanciētur	sancientur
Perf.	sanxī	sanximus	sanctus sum	sanctī sumus
	sanxistī	sanxistis	(-a, -um) es	(-ae, -a) estis
	sanxit	sanxērunt (-ēre)	est	sunt
Plup.	sanxeram	sanxerāmus	sanctus eram	sanctī erāmus
	sanxerās	sanxerātis	(-a, -um) erās	(-ae, -a) erātis
	sanxerat	sanxerant	erat	erant
Fut.	sanxerō	sanxerimus	sanctus erō	sanctī erimus
Perf.	sanxeris	sanxeritis	(-a, -um) eris	(-ae, -a) eritis
	sanxerit	sanxerint	erit	erunt

SUBJUNCTIVE

Pres.	sanciam	sanciāmus	sanciar	sanciāmur
	sanciās	sanciātis	sanciāris (-re)	sanciāminī
	sanciat	sanciant	sanciātur	sanciantur
Impf.	sancīrem	sancīrēmus	sancīrer	sancīrēmur
	sancīrēs	sancīrētis	sancīrēris (-re)	sancīrēminī
	sancīret	sancīrent	sancīrētur	sancīrentur
Perf.	sanxerim	sanxerimus	sanctus sim	sanctī sīmus
	sanxeris	sanxeritis	(-a, -um) sīs	(-ae, -a) sītis
	sanxerit	sanxerint	sit	sint
Plup.	sanxissem	sanxissēmus	sanctus essem	sanctī essēmus
	sanxissēs	sanxissētis	(-a, -um) essēs	(-ae, -a) essētis
	sanxisset	sanxissent	esset	essent

IMPERATIVE

Pres.	sancī	sancīte	

INFINITIVE

Pres.	sancīre	sancīrī
Perf.	sanxisse	sanctus (-a, -um) esse
Fut.	sanctūrus (-a, -um) esse	sanctum īrī

PARTICIPLE

Pres.	sanciens, (-ntis)	
Perf.		sanctus (-a, -um)
Fut.	sanctūrus (-a, -um)	sanciendus (-a, -um) (GERUNDIVE)

GERUND sanciendī, -ō, -um, -ō   SUPINE sanctum, -ū

Alternate forms: **sancierat** = sanxerat; **sancitum** = sanctum; **sancivi** = sanxi
Compounds and related words: **sanctitas, -tatis, f.** sacredness; **sanctus, -a, -um** sacred
Model sentence: *Alia moribus confirmarunt, **sanxerunt** autem alia legibus.* —Cicero

taste, suggest, be wise

ACTIVE

INDICATIVE

Pres.	sapiō	sapimus
	sapis	sapitis
	sapit	sapiunt
Impf.	sapiēbam	sapiēbāmus
	sapiēbās	sapiēbātis
	sapiēbat	sapiēbant
Fut.	sapiam	sapiēmus
	sapiēs	sapiētis
	sapiet	sapient
Perf.	sapīvī	sapīvimus
	sapīvistī	sapīvistis
	sapīvit	sapīvērunt (-ēre)
Plup.	sapīveram	sapīverāmus
	sapīverās	sapīverātis
	sapīverat	sapīverant
Fut.	sapīverō	sapīverimus
Perf.	sapīveris	sapīveritis
	sapīverit	sapīverint

SUBJUNCTIVE

Pres.	sapiam	sapiāmus
	sapiās	sapiātis
	sapiat	sapiant
Impf.	saperem	saperēmus
	saperēs	saperētis
	saperet	saperent
Perf.	sapīverim	sapīverimus
	sapīveris	sapīveritis
	sapīverit	sapīverint
Plup.	sapīvissem	sapīvissēmus
	sapīvissēs	sapīvissētis
	sapīvisset	sapīvissent

IMPERATIVE

Pres.	sape	sapite

INFINITIVE

Pres.	sapere
Perf.	sapīvisse
Fut.	

PARTICIPLE

Pres.	sapiens, (-ntis)
Perf.	
Fut.	sapiendus (-a, -um) (GERUNDIVE)

GERUND sapiendī, -ō, -um, -ō   SUPINE

Alternate forms: **sapii** = sapivi; **sapisset** = sapuisset; **sapisti** = sapuisti; **sapui** = sapivi
Compounds and related words: **desipio (3)** to be stupid; **sapor, -is, m.** flavor
Model sentence: *Nubere vis Prisco: non miror, Paula;* **sapisti**.
     Ducere te non vult Priscus — et ille **sapit**. —Martial

climb

ACTIVE

INDICATIVE

Pres.	scandō	scandimus
	scandis	scanditis
	scandit	scandunt
Impf.	scandēbam	scandēbāmus
	scandēbās	scandēbātis
	scandēbat	scandēbant
Fut.	scandam	scandēmus
	scandēs	scandētis
	scandet	scandent
Perf.		
Plup.		
Fut. *Perf.*		

SUBJUNCTIVE

Pres.	scandam	scandāmus
	scandās	scandātis
	scandat	scandant
Impf.	scanderem	scanderēmus
	scanderēs	scanderētis
	scanderet	scanderent
Perf.		
Plup.		

IMPERATIVE

Pres.	scande	scandite

INFINITIVE

Pres.	scandere
Perf.	
Fut.	

PARTICIPLE

Pres.	scandens, (-ntis)
Perf.	
Fut.	scandendus (-a, -um) (GERUNDIVE)

GERUND scandendī, -ō, -um, -ō SUPINE

S

Compounds and related words: **ascendo (3)** to climb up; **conscendo (3)** to climb; **descendo (3)** to descend; **transcendo (3)** to surmount

Model sentence: *An in alta palatia missum **scandere** te iubeam Caesareamque domum?* —Ovid

scindō

scindō, scindere, scidī, scissum

cut, split, urge

<table>
<tr><td colspan="3" align="center">**ACTIVE**</td><td colspan="2" align="center">**PASSIVE**</td></tr>
<tr><td colspan="5" align="center">**INDICATIVE**</td></tr>
<tr><td>*Pres.*</td><td>scindō
scindis
scindit</td><td>scindimus
scinditis
scindunt</td><td>scindor
scinderis (-re)
scinditur</td><td>scindimur
scindiminī
scinduntur</td></tr>
<tr><td>*Impf.*</td><td>scindēbam
scindēbās
scindēbat</td><td>scindēbāmus
scindēbātis
scindēbant</td><td>scindēbar
scindēbāris (-re)
scindēbātur</td><td>scindēbāmur
scindēbāminī
scindēbantur</td></tr>
<tr><td>*Fut.*</td><td>scindam
scindēs
scindet</td><td>scindēmus
scindētis
scindent</td><td>scindar
scindēris (-re)
scindētur</td><td>scindēmur
scindēminī
scindentur</td></tr>
<tr><td>*Perf.*</td><td>scidī
scidistī
scidit</td><td>scidimus
scidistis
scidērunt (-ēre)</td><td>scissus sum
(-a, -um) es
est</td><td>scissī sumus
(-ae, -a) estis
sunt</td></tr>
<tr><td>*Plup.*</td><td>scideram
sciderās
sciderat</td><td>sciderāmus
sciderātis
sciderant</td><td>scissus eram
(-a, -um) erās
erat</td><td>scissī erāmus
(-ae, -a) erātis
erant</td></tr>
<tr><td>*Fut.*
Perf.</td><td>sciderō
scideris
sciderit</td><td>sciderimus
scideritis
sciderint</td><td>scissus erō
(-a, -um) eris
erit</td><td>scissī erimus
(-ae, -a) eritis
erunt</td></tr>
<tr><td colspan="5" align="center">**SUBJUNCTIVE**</td></tr>
<tr><td>*Pres.*</td><td>scindam
scindās
scindat</td><td>scindāmus
scindātis
scindant</td><td>scindar
scindāris (-re)
scindātur</td><td>scindāmur
scindāminī
scindantur</td></tr>
<tr><td>*Impf.*</td><td>scinderem
scinderēs
scinderet</td><td>scinderēmus
scinderētis
scinderent</td><td>scinderer
scinderēris (-re)
scinderētur</td><td>scinderēmur
scinderēminī
scinderentur</td></tr>
<tr><td>*Perf.*</td><td>sciderim
scideris
sciderit</td><td>sciderimus
scideritis
sciderint</td><td>scissus sim
(-a, -um) sīs
sit</td><td>scissī sīmus
(-ae, -a) sītis
sint</td></tr>
<tr><td>*Plup.*</td><td>scidissem
scidissēs
scidisset</td><td>scidissēmus
scidissētis
scidissent</td><td>scissus essem
(-a, -um) essēs
esset</td><td>scissī essēmus
(-ae, -a) essētis
essent</td></tr>
<tr><td colspan="5" align="center">**IMPERATIVE**</td></tr>
<tr><td>*Pres.*</td><td>scinde</td><td>scindite</td><td></td><td></td></tr>
<tr><td colspan="5" align="center">**INFINITIVE**</td></tr>
<tr><td>*Pres.*
Perf.
Fut.</td><td colspan="2">scindere
scidisse
scissūrus (-a, -um) esse</td><td colspan="2">scindī
scissus (-a, -um) esse
scissum īrī</td></tr>
<tr><td colspan="5" align="center">**PARTICIPLE**</td></tr>
<tr><td>*Pres.*
Perf.
Fut.</td><td colspan="2">scindens, (-ntis)

scissūrus (-a, -um)</td><td colspan="2">
scissus (-a, -um)
scindendus (-a, -um) (GERUNDIVE)</td></tr>
<tr><td colspan="5" align="center">GERUND scindendī, -ō, -um, -ō SUPINE scissum, -ū</td></tr>
</table>

Alternate forms: **scicidi** = scidi
Compounds and related words: **abscindo (3)** to cut off; **conscindo (3)** to tear to pieces; **descisco (3)** to break away; **rescindo (3)** to cut down; **scissura, -ae, f.** a splitting
Model sentence: *Nolo commemorare quibus rebus sim spoliatus ne **scindam** ipse dolorem meum.* —Cicero

ACTIVE　　　　　　　　PASSIVE

INDICATIVE

Pres.	sciō	scīmus	scior	scīmur
	scīs	scītis	scīris (-re)	scīminī
	scit	sciunt	scītur	sciuntur
Impf.	sciēbam	sciēbāmus	sciēbar	sciēbāmur
	sciēbās	sciēbātis	sciēbāris (-re)	sciēbāminī
	sciēbat	sciēbant	sciēbātur	sciēbantur
Fut.	sciam	sciēmus	sciar	sciēmur
	sciēs	sciētis	sciēris	sciēminī
	sciet	scient	sciētur	scientur
Perf.	scīvī	scīvimus	scītus　sum	scītī　sumus
	scīvistī	scīvistis	(-a, -um)　es	(-ae, -a)　estis
	scīvit	scīvērunt (-ēre)	est	sunt
Plup.	scīveram	scīverāmus	scītus　eram	scītī　erāmus
	scīverās	scīverātis	(-a, -um)　erās	(-ae, -a)　erātis
	scīverat	scīverant	erat	erant
Fut.	scīverō	scīverimus	scītus　erō	scītī　erimus
Perf.	scīveris	scīveritis	(-a, -um)　eris	(-ae, -a)　eritis
	scīverit	scīverint	erit	erunt

SUBJUNCTIVE

Pres.	sciam	sciāmus	sciar	sciāmur
	sciās	sciātis	sciāris (-re)	sciāminī
	sciat	sciant	sciātur	sciantur
Impf.	scīrem	scīrēmus	scīrer	scīrēmur
	scīrēs	scīrētis	scīrēris (-re)	scīrēminī
	scīret	scīrent	scīrētur	scīrentur
Perf.	scīverim	scīverimus	scītus　sim	scītī　sīmus
	scīveris	scīveritis	(-a, -um)　sīs	(-ae, -a)　sītis
	scīverit	scīverint	sit	sint
Plup.	scīvissem	scīvissēmus	scītus　essem	scītī　essēmus
	scīvissēs	scīvissētis	(-a, -um)　essēs	(-ae, -a)　essētis
	scīvisset	scīvissent	esset	essent

IMPERATIVE

Fut.	scītō	scītōte	

INFINITIVE

Pres.	scīre	scīrī
Perf.	scīvisse	scītus (-a, -um) esse
Fut.	scītūrus (-a, -um) esse	scītum īrī

PARTICIPLE

Pres.	sciens, (-ntis)	
Perf.		scītus (-a, -um)
Fut.	scītūrus (-a, -um)	sciendus (-a, -um) (GERUNDIVE)

GERUND sciendī, -ō, -um, -ō　SUPINE scītum, -ū

AN ESSENTIAL
55 VERB

sciō

Related Words

conscientia, conscientiae, f. joint knowledge

conscius, conscia, conscium aware

inscius, inscia, inscium unaware

scientia, scientiae, f. knowledge

scilicet of course

sciscitor, sciscitari, sciscitatus sum to inquire

This verb means *to know* in the sense of knowing facts. Another Latin verb, **cognosco**, also means *to know*, but in the sense of having a thorough acquaintance with something. The modern Romance languages maintain this distinction between these two kinds of knowing, although they have largely replaced **scio** with the Latin verb **sapio** *to be wise*. French: *savoir / connaître*; Italian: *sapere / conoscere*; Spanish: *saber / conocer*. German and English are not Romance languages, but they also make a distinction. German uses the verbs *wissen* and *kennen*. Modern English has consolidated the ideas into the single verb *to know*. The old alternate verb is *to wit*, but it is now considered archaic. Scotts English, however, kept another verb, namely *to ken*.

ALTERNATE FORMS:
scibam, etc. = sciebam, etc.
scibitur = scietur
scibo, etc. = sciam, etc.
sciit = scivit
scirint = sciverint
scisse = scivisse
scisti = scivisti

COMPOUNDS:
nescio, nescire, nescivi, nescitum not to know

MODEL SENTENCE:
Saepe ne utile quidem est scire quid futurum sit. —Cicero

write

ACTIVE | PASSIVE

INDICATIVE

Pres.	scrībō	scrībimus	scrībor	scrībimur	
	scrībis	scrībitis	scrīberis (-re)	scrībiminī	
	scrībit	scrībunt	scrībitur	scrībuntur	
Impf.	scrībēbam	scrībēbāmus	scrībēbar	scrībēbāmur	
	scrībēbās	scrībēbātis	scrībēbāris (-re)	scrībēbāminī	
	scrībēbat	scrībēbant	scrībēbātur	scrībēbantur	
Fut.	scrībam	scrībēmus	scrībar	scrībēmur	
	scrībēs	scrībētis	scrībēris (-re)	scrībēminī	
	scrībet	scrībent	scrībētur	scrībentur	
Perf.	scripsī	scripsimus	scriptus sum	scriptī sumus	
	scripsistī	scripsistis	(-a, -um) es	(-ae, -a) estis	
	scripsit	scripsērunt (-ēre)	est	sunt	
Plup.	scripseram	scripserāmus	scriptus eram	scriptī erāmus	
	scripserās	scripserātis	(-a, -um) erās	(-ae, -a) erātis	
	scripserat	scripserant	erat	erant	
Fut.	scripserō	scripserimus	scriptus erō	scriptī erimus	
Perf.	scripseris	scripseritis	(-a, -um) eris	(-ae, -a) eritis	
	scripserit	scripserint	erit	erunt	

SUBJUNCTIVE

Pres.	scrībam	scrībāmus	scrībar	scrībāmur	
	scrībās	scrībātis	scrībāris (-re)	scrībāminī	
	scrībat	scrībant	scrībātur	scrībantur	
Impf.	scrīberem	scrīberēmus	scrīberer	scrīberēmur	
	scrīberēs	scrīberētis	scrīberēris (-re)	scrīberēminī	
	scrīberet	scrīberent	scrīberētur	scrīberentur	
Perf.	scripserim	scripserimus	scriptus sim	scriptī sīmus	
	scripseris	scripseritis	(-a, -um) sīs	(-ae, -a) sītis	
	scripserit	scripserint	sit	sint	
Plup.	scripsissem	scripsissēmus	scriptus essem	scriptī essēmus	
	scripsissēs	scripsissētis	(-a, -um) essēs	(-ae, -a) essētis	
	scripsisset	scripsissent	esset	essent	

IMPERATIVE

Pres.	scrībe	scrībite	

INFINITIVE

Pres.	scrībere	scrībī
Perf.	scripsisse	scriptus (-a, -um) esse
Fut.	scriptūrus (-a, -um) esse	scriptum īrī

PARTICIPLE

Pres.	scrībens, (-ntis)	
Perf.		scriptus (-a, -um)
Fut.	scriptūrus (-a, -um)	scrībendus (-a, -um) (GERUNDIVE)

GERUND scrībendī, -ō, -um, -ō   SUPINE scriptum, -ū

S

AN ESSENTIAL
55 VERB

scrībō

Related Words

inscriptio, inscriptionis, f. inscription

scriba, scribae, m. clerk

scrinium, scrinii, n. a book box

scriptor, scriptoris, m. writer

scriptura, scripturae, f. writing

COMPOUNDS:

conscribo, conscribere, conscripsi, conscriptum to enlist

inscribo, inscribere, inscripsi, inscriptum to assign

praescribo, praescribere, praescripsi, praescriptum to direct

rescribo, rescribere, rescripsi, rescriptum to write back

This verb is essential because of how often it and its compounds appear. It is also noteworthy because there is a potential point of confusion in tenses, especially for beginning students. The problem lies in the fact that **scribo** is a third conjugation verb, the base of which happens to end in the letter **b**. This makes its present tense forms look similar to the future tense forms of first and second conjugation verbs. Compare these three charts and you will see:

scribo, scribere (present)	amo, amare (future)	moneo, monēre (future)
scri**bo**	ama**bo**	mone**bo**
scri**bis**	ama**bis**	mone**bis**
scri**bit**	ama**bit**	mone**bit**
scri**bimus**	ama**bimus**	mone**bimus**
scri**bitis**	ama**bitis**	mone**bitis**
scri**bunt**	ama**bunt**	mone**bunt**

There are a few things you can can keep in mind that will help. One thing is that since **scribo** is third conjugation, its future tense forms are **scribam, scribes, scribet**, etc. Another helpful thing is to remember that the **b** in **scribo** is part of the base. Think of derivatives such as *scribe* when you encounter this verb.

ALTERNATE FORMS:
scripse = scripsisse
scripsti = scripsisti
scripstis = scripsistis

MODEL SENTENCE:
*Epigrammata illis **scribuntur**, qui solent spectare Florales.* —Martial

cut

ACTIVE		PASSIVE	
INDICATIVE			
Pres.	secō secāmus	secor secāmur
	secās secātis	secāris (-re) secāminī
	secat secant	secātur secantur
Impf.	secābam secābāmus	secābar secābāmur
	secābās secābātis	secābāris (-re) secābāminī
	secābat secābant	secābātur secābantur
Fut.	secābō secābimus	secābor secābimur
	secābis secābitis	secāberis (-re) secābiminī
	secābit secābunt	secābitur secābuntur

Perf.	secuī secuimus	sectus sum	sectī sumus
	secuistī secuistis	(-a, -um) es	(-ae, -a) estis
	secuit secuērunt (-ēre)	est	sunt
Plup.	secueram secuerāmus	sectus eram	sectī erāmus
	secuerās secuerātis	(-a, -um) erās	(-ae, -a) erātis
	secuerat secuerant	erat	erant
Fut.	secuerō secuerimus	sectus erō	sectī erimus
Perf.	secueris secueritis	(-a, -um) eris	(-ae, -a) eritis
	secuerit secuerint	erit	erunt

SUBJUNCTIVE			
Pres.	secem secēmus	secer secēmur
	secēs secētis	secēris (-re) secēminī
	secet secent	secētur secentur
Impf.	secārem secārēmus	secārer secārēmur
	secārēs secārētis	secārēris (-re) secārēminī
	secāret secārent	secārētur secārentur

Perf.	secuerim secuerimus	sectus sim	sectī sīmus
	secueris secueritis	(-a, -um) sīs	(-ae, -a) sītis
	secuerit secuerint	sit	sint
Plup.	secuissem secuissēmus	sectus essem	sectī essēmus
	secuissēs secuissētis	(-a, -um) essēs	(-ae, -a) essētis
	secuisset secuissent	esset	essent

IMPERATIVE		
Pres.	secā secāte	

INFINITIVE		
Pres.	secāre	secārī
Perf.	secuisse	sectus (-a, -um) esse
Fut.	secatūrus (-a, -um) esse	sectum īrī

PARTICIPLE		
Pres.	secans, (-ntis)	
Perf.		sectus (-a, -um)
Fut.	secatūrus (-a, -um)	secandus (-a, -um) (GERUNDIVE)

GERUND secandī, -ō, -um, -ō   SUPINE sectum, -ū

Compounds and related words: **circumseco (1)** to cut around; **conseco (1)** to cut in small pieces; **deseco (1)** to cut off; **disseco (1)** to cut up; **perseco (1)** to cut through; **sectarius, -a, -um** gelded; **sectilis, -e** cut; **sectio, -onis, f.** a cutting; **sector, -is, m.** a cutter; **sectura, -ae, f.** a cutting
Model sentence: *Cape cultrum, **seca** digitum vel aurem.* —Plautus

sit

ACTIVE

INDICATIVE

Pres.	sedeō	sedēmus
	sedēs	sedētis
	sedet	sedent
Impf.	sedēbam	sedēbāmus
	sedēbās	sedēbātis
	sedēbat	sedēbant
Fut.	sedēbō	sedēbimus
	sedēbis	sedēbitis
	sedēbit	sedēbunt
Perf.	sēdī	sēdimus
	sēdistī	sēdistis
	sēdit	sēdērunt (-ēre)
Plup.	sēderam	sēderāmus
	sēderās	sēderātis
	sēderat	sēderant
Fut.	sēderō	sēderimus
Perf.	sēderis	sēderitis
	sēderit	sēderint

SUBJUNCTIVE

Pres.	sedeam	sedeāmus
	sedeās	sedeātis
	sedeat	sedeant
Impf.	sedērem	sedērēmus
	sedērēs	sedērētis
	sedēret	sedērent
Perf.	sēderim	sēderimus
	sēderis	sēderitis
	sēderit	sēderint
Plup.	sēdissem	sēdissēmus
	sēdissēs	sēdissētis
	sēdisset	sēdissent

IMPERATIVE

Pres.	sedē	sedēte

INFINITIVE

Pres.	sedēre
Perf.	sēdisse
Fut.	sessūrus (-a, -um) esse

PARTICIPLE

	Active	Passive
Pres.	sedens, (-ntis)	
Perf.		sessus (-a, -um)
Fut.	sessūrus (-a, -um)	sedendus (-a, -um) (GERUNDIVE)

GERUND sedendī, -ō, -um, -ō SUPINE sessum, -ū

Compounds and related words: **assideo (2)** to sit beside; **assiduus, -a, -um** incessant; **consido (3)** to settle down; **insidiae, -arum, f. pl.** ambush; **obses, obsidis, c.** hostage; **obsideo (2)** to beseige; **possideo (2)** to possess; **praeses, praesidis, c.** guardian; **praesideo (2)** to guard; **praesidium, -i, n.** defense; **resido (3)** to sit down; **sedamen, -minis, n.** sedative; **sedatio, -onis, f.** a soothing; **sedentarius, -a, -um** sitting; **sedes, -is, f.** seat; **sedile, -is, n.** seat; **sedo (1)** to calm; **subsidium, -i, n.** help
Model sentence: *Sedet qui timuit ne non succederet.* —Horace

feel, perceive

ACTIVE		PASSIVE	
INDICATIVE			

Pres.

sentiō	sentīmus	sentior	sentīmur
sentīs	sentītis	sentīris (-re)	sentīminī
sentit	sentiunt	sentītur	sentiuntur

Impf.

sentiēbam	sentiēbāmus	sentiēbar	sentiēbāmur
sentiēbās	sentiēbātis	sentiēbāris (-re)	sentiēbāminī
sentiēbat	sentiēbant	sentiēbātur	sentiēbantur

Fut.

sentiam	sentiēmus	sentiar	sentiēmur
sentiēs	sentiētis	sentiēris (-re)	sentiēminī
sentiet	sentient	sentiētur	sentientur

Perf.

sensī	sensimus	sensus	sum	sensī	sumus
sensistī	sensistis	(-a, -um)	es	(-ae, -a)	estis
sensit	sensērunt (-ēre)		est		sunt

Plup.

senseram	senserāmus	sensus	eram	sensī	erāmus
senserās	senserātis	(-a, -um)	erās	(-ae, -a)	erātis
senserat	senserant		erat		erant

Fut.
Perf.

senserō	senserimus	sensus	erō	sensī	erimus
senseris	senseritis	(-a, -um)	eris	(-ae, -a)	eritis
senserit	senserint		erit		erunt

SUBJUNCTIVE			

Pres.

sentiam	sentiāmus	sentiar	sentiāmur
sentiās	sentiātis	sentiāris (-re)	sentiāminī
sentiat	sentiant	sentiātur	sentiantur

Impf.

sentīrem	sentīrēmus	sentīrer	sentīrēmur
sentīrēs	sentīrētis	sentīrēris (-re)	sentīrēminī
sentīret	sentīrent	sentīrētur	sentīrentur

Perf.

senserim	senserimus	sensus	sim	sensī	sīmus
senseris	senseritis	(-a, -um)	sīs	(-ae, -a)	sītis
senserit	senserint		sit		sint

Plup.

sensissem	sensissēmus	sensus	essem	sensī	essēmus
sensissēs	sensissētis	(-a, -um)	essēs	(-ae, -a)	essētis
sensisset	sensissent		esset		essent

IMPERATIVE			

Pres.

sentī	sentīte		

INFINITIVE			

Pres.	sentīre	sentīrī
Perf.	sensisse	sensus (-a, -um) esse
Fut.	sensūrus (-a, -um) esse	sensum īrī

PARTICIPLE			

Pres.	sentiens, (-ntis)	
Perf.		sensus (-a, -um)
Fut.	sensūrus (-a, -um)	sentiendus (-a, -um) (GERUNDIVE)

GERUND sentiendī, -ō, -um, -ō   SUPINE sensum, -ū

Alternate forms: **sensti** = sensisti
Compounds and related words: **assentio (4)** to agree; **consensus, -us, m.** agreement; **consentio (4)**
    to agree; **dissentio (4)** to disagree; **sensus, -us, m.** sense; **sententia, -ae, f.** opinion
Model sentence: *Omnes idem sentiunt.* —Cicero

bury, overwhelm

	ACTIVE			PASSIVE	
			INDICATIVE		
Pres.	sepeliō	sepelīmus		sepelior	sepelīmur
	sepelīs	sepelītis		sepelīris (-re)	sepelīminī
	sepelit	sepeliunt		sepelītur	sepeliuntur
Impf.	sepeliēbam	sepeliēbāmus		sepeliēbar	sepeliēbāmur
	sepeliēbās	sepeliēbātis		sepeliēbāris (-re)	sepeliēbāminī
	sepeliēbat	sepeliēbant		sepeliēbātur	sepeliēbantur
Fut.	sepeliam	sepeliēmus		sepeliar	sepeliēmur
	sepeliēs	sepeliētis		sepeliēris (-re)	sepeliēminī
	sepeliet	sepelient		sepeliētur	sepelientur
Perf.	sepelīvī	sepelīvimus		sepultus sum	sepultī sumus
	sepelīvistī	sepelīvistis		(-a, -um) es	(-ae, -a) estis
	sepelīvit	sepelīvērunt (-ēre)		est	sunt
Plup.	sepelīveram	sepelīverāmus		sepultus eram	sepultī erāmus
	sepelīverās	sepelīverātis		(-a, -um) erās	(-ae, -a) erātis
	sepelīverat	sepelīverant		erat	erant
Fut.	sepelīverō	sepelīverimus		sepultus erō	sepultī erimus
Perf.	sepelīveris	sepelīveritis		(-a, -um) eris	(-ae, -a) eritis
	sepelīverit	sepelīverint		erit	erunt
			SUBJUNCTIVE		
Pres.	sepeliam	sepeliāmus		sepeliar	sepeliāmur
	sepeliās	sepeliātis		sepeliāris (-re)	sepeliāminī
	sepeliat	sepeliant		sepeliātur	sepeliantur
Impf.	sepelīrem	sepelīrēmus		sepelīrer	sepelīrēmur
	sepelīrēs	sepelīrētis		sepelīrēris (-re)	sepelīrēminī
	sepelīret	sepelīrent		sepelīrētur	sepelīrentur
Perf.	sepelīverim	sepelīverimus		sepultus sim	sepultī sīmus
	sepelīveris	sepelīveritis		(-a, -um) sīs	(-ae, -a) sītis
	sepelīverit	sepelīverint		sit	sint
Plup.	sepelīvissem	sepelīvissēmus		sepultus essem	sepultī essēmus
	sepelīvissēs	sepelīvissētis		(-a, -um) essēs	(-ae, -a) essētis
	sepelīvisset	sepelīvissent		esset	essent
			IMPERATIVE		
Pres.	sepelī	sepelīte			
			INFINITIVE		
Pres.	sepelīre			sepelīrī	
Perf.	sepelīvisse			sepultus (-a, -um) esse	
Fut.	sepultūrus (-a, -um) esse			sepultum īrī	
			PARTICIPLE		
Pres.	sepeliens, (-ntis)				
Perf.				sepultus (-a, -um)	
Fut.	sepultūrus (-a, -um)			sepeliendus (-a, -um) (GERUNDIVE)	

GERUND sepeliendī, -ō, -um, -ō SUPINE sepultum, -ū

Alternate forms: **sepeli** = sepelivi; **sepelibis** = sepelies; **sepelii** = sepelivi; **sepelisset** = sepelivisset;
   sepelitus = sepultus
Compounds and related words: **sepulcrum, -i, n.** tomb
Model sentence: *Mortuus est,* **sepelitus est.** —Cato

ACTIVE

INDICATIVE

Pres.	sequor	sequimur
	sequeris (-re)	sequiminī
	sequitur	sequuntur
Impf.	sequēbar	sequēbāmur
	sequēbāris (-re)	sequēbāminī
	sequēbātur	sequēbantur
Fut.	sequar	sequēmur
	sequēris (-re)	sequēminī
	sequētur	sequentur
Perf.	secūtus sum	secūtī sumus
	(-a, -um) es	(-ae, -a) estis
	est	sunt
Plup.	secūtus eram	secūtī erāmus
	(-a, -um) erās	(-ae, -a) erātis
	erat	erant
Fut.	secūtus erō	secūtī erimus
Perf.	(-a, -um) eris	(-ae, -a) eritis
	erit	erunt

SUBJUNCTIVE

Pres.	sequar	sequāmur
	sequāris (-re)	sequāminī
	sequātur	sequantur
Impf.	sequerer	sequerēmur
	sequerēris (-re)	sequerēminī
	sequerētur	sequerentur
Perf.	secūtus sim	secūtī sīmus
	(-a, -um) sīs	(-ae, -a) sītis
	sit	sint
Plup.	secūtus essem	secūtī essēmus
	(-a, -um) essēs	(-ae, -a) essētis
	esset	essent

IMPERATIVE

Pres.	sequere	sequiminī

INFINITIVE

Pres.	sequī
Perf.	secūtus (-a, -um) esse
Fut.	secūtūrus (-a, -um) esse

PARTICIPLE

	Active	Passive
Pres.	sequens, (-ntis)	
Perf.	secūtus (-a, -um)	
Fut.	secūtūrus (-a, -um)	sequendus (-a, -um) (GERUNDIVE)

GERUND sequendī, -ō, -um, -ō,   SUPINE secūtum, -ū

Alternate forms: **sequo** (rare active form); **sequutus** = secutus
Compounds and related words: **assequor (3)** to overtake; **consector (1)** to follow after; **consequor (3)** to pursue; **exsequiae, -arum, f. pl.** funeral rites; **exsequor (3)** to follow; **insequor (3)** to follow closely; **obsequor (3)** to comply with; **persequor (3)** to pursue; **prosequor (3)** to accompany; **sector (1)** to attend; **secundus, -a, -um** second; **subsequor (3)** to follow closely
Model sentence: *Video meliora probaque, deteriora **sequor**.* —Ovid

sow, beget

ACTIVE		PASSIVE	
INDICATIVE			

Pres.
serō	serimus	seror	serimur
seris	seritis	sereris (-re)	seriminī
serit	serunt	seritur	seruntur

Impf.
serēbam	serēbāmus	serēbar	serēbāmur
serēbās	serēbātis	serēbāris (-re)	serēbāminī
serēbat	serēbant	serēbātur	serēbantur

Fut.
seram	serēmus	serar	serēmur
serēs	serētis	serēris (-re)	serēminī
seret	serent	serētur	serentur

Perf.
sēvī	sēvimus	satus	sum	satī	sumus
sēvistī	sēvistis	(-a, -um)	es	(-ae, -a)	estis
sēvit	sēvērunt (-ēre)		est		sunt

Plup.
sēveram	sēverāmus	satus	eram	satī	erāmus
sēverās	sēverātis	(-a, -um)	erās	(-ae, -a)	erātis
sēverat	sēverant		erat		erant

Fut.
Perf.
sēverō	sēverimus	satus	erō	satī	erimus
sēveris	sēveritis	(-a, -um)	eris	(-ae, -a)	eritis
sēverit	sēverint		erit		erunt

SUBJUNCTIVE			

Pres.
seram	serāmus	serar	serāmur
serās	serātis	serāris (-re)	serāminī
serat	serant	serātur	serantur

Impf.
sererem	sererēmus	sererer	sererēmur
sererēs	sererētis	sererēris (-re)	sererēminī
sereret	sererent	sererētur	sererentur

Perf.
sēverim	sēverimus	satus	sim	satī	sīmus
sēveris	sēveritis	(-a, -um)	sīs	(-ae, -a)	sītis
sēverit	sēverint		sit		sint

Plup.
sēvissem	sēvissēmus	satus	essem	satī	essēmus
sēvissēs	sēvissētis	(-a, -um)	essēs	(-ae, -a)	essētis
sēvisset	sēvissent		esset		essent

IMPERATIVE			

Pres.
sere	serite		

INFINITIVE			

Pres.	serere	serī	
Perf.	sēvisse	satus (-a, -um) esse	
Fut.	satūrus (-a, -um) esse	satum īrī	

PARTICIPLE			

Pres.	serens, (-ntis)		
Perf.		satus (-a, -um)	
Fut.	satūrus (-a, -um)	serendus (-a, -um) (GERUNDIVE)	

GERUND serendī, -ō, -um, -ō   SUPINE satum, -ū

Compounds and related words: **consero (3)** to sow; **insero (3)** to implant; **intersero (3)** to sow between; **obsero (3)** to sow thickly; **series, -ei, f.** row
Model sentence: *Quae diligentius seri voles, in calicibus seri oportet.* —Cato

connect, braid

ACTIVE · PASSIVE

INDICATIVE

Pres.	serō	serimus		seror	serimur
	seris	seritis		sereris (-re)	seriminī
	serit	serunt		seritur	seruntur
Impf.	serēbam	serēbāmus		serēbar	serēbāmur
	serēbās	serēbātis		serēbāris (-re)	serēbāminī
	serēbat	serēbant		serēbātur	serēbantur
Fut.	seram	serēmus		serar	serēmur
	serēs	serētis		serēris (-re)	serēminī
	seret	serent		serētur	serentur
Perf.	seruī	seruimus		sertus sum	sertī sumus
	seruistī	seruistis		(-a, -um) es	(-ae, -a) estis
	seruit	seruērunt (-ēre)		est	sunt
Plup.	serueram	seruerāmus		sertus eram	sertī erāmus
	seruerās	seruerātis		(-a, -um) erās	(-ae, -a) erātis
	seruerat	seruerant		erat	erant
Fut.	seruerō	seruerimus		sertus erō	sertī erimus
Perf.	serueris	serueritis		(-a, -um) eris	(-ae, -a) eritis
	seruerit	seruerint		erit	erunt

SUBJUNCTIVE

Pres.	seram	serāmus		serar	serāmur
	serās	serātis		serāris (-re)	serāminī
	serat	serant		serātur	serantur
Impf.	sererem	sererēmus		sererer	sererēmur
	sererēs	sererētis		sererēris (-re)	sererēminī
	sereret	sererent		sererētur	sererentur
Perf.	seruerim	seruerimus		sertus sim	sertī sīmus
	serueris	serueritis		(-a, -um) sīs	(-ae, -a) sītis
	seruerit	seruerint		sit	sint
Plup.	seruissem	seruissēmus		sertus essem	sertī essēmus
	seruissēs	seruissētis		(-a, -um) essēs	(-ae, -a) essētis
	seruisset	seruissent		esset	essent

IMPERATIVE

Pres.	sere	serite		

INFINITIVE

Pres.	serere		serī
Perf.	seruisse		sertus (-a, -um) esse
Fut.	sertūrus (-a, -um) esse		sertum īrī

PARTICIPLE

Pres.	serens, (-ntis)		
Perf.			sertus (-a, -um)
Fut.	sertūrus (-a, -um)		serendus (-a, -um) (GERUNDIVE)

GERUND serendī, -ō, -um, -ō SUPINE sertum, -ū

Compounds and related words: **consero (3)** to connect; **desero (3)** to break connections with; **exsero (3)** to stretch out; **insero (3)** to insert; **intersero (3)** to put between
Model sentence: *Accipiunt **sertas** nardo florente coronas.* —Lucretius

S

serve

<table>
<tr><th colspan="2" style="text-align:center">ACTIVE</th><th colspan="2" style="text-align:center">PASSIVE</th></tr>
</table>

INDICATIVE

Pres.	serviō	servīmus	servior	servīmur
	servīs	servītis	servīris (-re)	servīminī
	servit	serviunt	servītur	serviuntur
Impf.	serviēbam	serviēbāmus	serviēbar	serviēbāmur
	serviēbās	serviēbātis	serviēbāris (-re)	serviēbāminī
	serviēbat	serviēbant	serviēbātur	serviēbantur
Fut.	serviam	serviēmus	serviar	serviēmur
	serviēs	serviētis	serviēris (-re)	serviēminī
	serviet	servient	serviētur	servientur
Perf.	servīvī	servīvimus	servītus sum	servītī sumus
	servīvistī	servīvistis	(-a, -um) es	(-ae, -a) estis
	servīvit	servīvērunt (-ēre)	est	sunt
Plup.	servīveram	servīverāmus	servītus eram	servītī erāmus
	servīverās	servīverātis	(-a, -um) erās	(-ae, -a) erātis
	servīverat	servīverant	erat	erant
Fut.	servīverō	servīverimus	servītus erō	servīti erimus
Perf.	servīveris	servīveritis	(-a, -um) eris	(-ae, -a) eritis
	servīverit	servīverint	erit	erunt

SUBJUNCTIVE

Pres.	serviam	serviāmus	serviar	serviāmur
	serviās	serviātis	serviāris (-re)	serviāminī
	serviat	serviant	serviātur	serviantur
Impf.	servīrem	servīrēmus	servīrer	servīrēmur
	servīrēs	servīrētis	servīrēris (-re)	servīrēminī
	servīret	servīrent	servīrētur	servīrentur
Perf.	servīverim	servīverimus	servītus sim	servītī sīmus
	servīveris	servīveritis	(-a, -um) sīs	(-ae, -a) sītis
	servīverit	servīverint	sit	sint
Plup.	servīvissem	servīvissēmus	servītus essem	servītī essēmus
	servīvissēs	servīvissētis	(-a, -um) essēs	(-ae, -a) essētis
	servīvisset	servīvissent	esset	essent

IMPERATIVE

Pres.	servī	servīte	

INFINITIVE

Pres.	servīre	servīrī
Perf.	servīvisse	servītus (-a, -um) esse
Fut.	servītūrus (-a, -um) esse	servītum īrī

PARTICIPLE

Pres.	serviens, (-ntis)	
Perf.		servītus (-a, -um)
Fut.	servītūrus (-a, -um)	serviendus (-a, -um) (GERUNDIVE)

GERUND serviendī, -ō, -um, -ō   SUPINE servītum, -ū

Usage notes: generally used with the **dative**
Alternate forms: **servibas** = serviebas; **servibit** = serviet; **servibo** = serviam
Compounds and related words: **conservus/-a, -i/-ae, m./f.** fellow slave; **inservio (4)** to be a slave;
   servilis, -e servile; **servitium, -i, n.** slavery; **sevitudo, -tudinis, f.** slavery; **servitus, -tutis, f.** slavery;
   servus/-a, -i/-ae, m./f. slave
Model sentence: *Belliger invictis Mars tibi **servit** in armis.* —Martial

servō

save, keep

ACTIVE		PASSIVE	
INDICATIVE			

	ACTIVE		PASSIVE	
Pres.	servō	servāmus	servor	servāmur
	servās	servātis	servāris (-re)	servāminī
	servat	servant	servātur	servāntur
Impf.	servābam	servābāmus	servābar	servābāmur
	servābās	servābātis	servābāris (-re)	servābāminī
	servābat	servābant	servābātur	servābantur
Fut.	servābō	servābimus	servābor	servābimur
	servābis	servābitis	servāberis (-re)	servābiminī
	servābit	servābunt	servābitur	servābuntur
Perf.	servāvī	servāvimus	servātus sum	servātī sumus
	servāvistī	servāvistis	(-a, -um) es	(-ae, -a) estis
	servāvit	servāvērunt (-ēre)	est	sunt
Plup.	servāveram	servāverāmus	servātus eram	servātī erāmus
	servāverās	servāverātis	(-a, -um) erās	(-ae, -a) erātis
	servāverat	servāverant	erat	erant
Fut.	servāverō	servāverimus	servātus erō	servātī erimus
Perf.	servāveris	servāveritis	(-a, -um) eris	(-ae, -a) eritis
	servāverit	servāverint	erit	erunt

SUBJUNCTIVE			

	ACTIVE		PASSIVE	
Pres.	servem	servēmus	server	servēmur
	servēs	servētis	servēris (-re)	servēminī
	servet	servent	servētur	serventur
Impf.	servārem	servārēmus	servārer	servārēmur
	servārēs	servārētis	servārēris (-re)	servārēminī
	servāret	servārent	servārētur	servārentur
Perf.	servāverim	servāverimus	servātus sim	servātī sīmus
	servāveris	savāveritis	(-a, -um) sīs	(-ae, -a) sītis
	servāverit	servāverint	sit	sint
Plup.	servāvissem	servāvissēmus	servātus essem	servātī essēmus
	servāvissēs	servāvissētis	(-a, -um) essēs	(-ae, -a) essētis
	servāvisset	servāvissent	esset	essent

IMPERATIVE	
Pres.	servā servāte

INFINITIVE			
Pres.	servāre		servārī
Perf.	servāvisse		servātus (-a, -um) esse
Fut.	servātūrus (-a, -um) esse		servātum īrī

PARTICIPLE		
Pres.	servans, (-ntis)	
Perf.		servātus (-a, -um)
Fut.	servātūrus (-a, -um)	servandus (-a, -um) (GERUNDIVE)

GERUND servandī, -ō, -um, -ō   SUPINE servātum, -ū

Alternate forms: **servasso, etc.** = servavero, etc.
Compounds and related words: **conservo (1)** to save; **observo (1)** to watch; **reservo (1)** to keep back; **servabilis, -e** that can be saved; **servator, -is, m.** preserver
Model sentence: *Colossus magnitudinem suam **servabit** etiam si steterit in puteo.* —Seneca

S

mark out

	ACTIVE			PASSIVE	
			INDICATIVE		
Pres.	signō	signāmus		signor	signāmur
	signās	signātis		signāris (-re)	signāminī
	signat	signant		signātur	signantur
Impf.	signābam	signābāmus		signābar	signābāmur
	signābās	signābātis		signābāris (-re)	signābāminī
	signābat	signābant		signābātur	signābantur
Fut.	signābō	signābimus		signābor	signābimur
	signābis	signābitis		signāberis (-re)	signābiminī
	signābit	signābunt		signābitur	signābuntur
Perf.	signāvī	signāvimus		signātus sum	signātī sumus
	signāvistī	signāvistis		(-a, -um) es	(-ae, -a) estis
	signāvit	signāvērunt (-ēre)		est	sunt
Plup.	signāveram	signāverāmus		signātus eram	signātī erāmus
	signāverās	signāverātis		(-a, -um) erās	(-ae, -a) erātis
	signāverat	signāverant		erat	erant
Fut.	signāverō	signāverimus		signātus erō	signātī erimus
Perf.	signāveris	signāveritis		(-a, -um) eris	(-ae, -a) eritis
	signāverit	signāverint		erit	erunt
			SUBJUNCTIVE		
Pres.	signem	signēmus		signer	signēmur
	signēs	signētis		signēris (-re)	signēminī
	signet	signent		signētur	signentur
Impf.	signārem	signārēmus		signārer	signārēmur
	signārēs	signārētis		signārēris (-re)	signārēminī
	signāret	signārent		signārētur	signārentur
Perf.	signāverim	signāverimus		signātus sim	signātī sīmus
	signāveris	signāveritis		(-a, -um) sīs	(-ae, -a) sītis
	signāverit	signāverint		sit	sint
Plup.	signāvissem	signāvissēmus		signātus essem	signātī essēmus
	signāvissēs	signāvissētis		(-a, -um) essēs	(-ae, -a) essētis
	signāvisset	signāvissent		esset	essent
			IMPERATIVE		
Pres.	signā	signāte			
			INFINITIVE		
Pres.	signāre			signārī	
Perf.	signāvisse			signātus (-a, -um) esse	
Fut.	signātūrus (-a, -um) esse			signātum īrī	
			PARTICIPLE		
Pres.	signans, (-ntis)				
Perf.				signātus (-a, -um)	
Fut.	signātūrus (-a, -um)			signandus (-a, -um) (GERUNDIVE)	

GERUND signandī, -ō, -um, -ō   SUPINE signātum, -ū

Compounds and related words: **assigno (1)** to allot; **designo (1)** to indicate; **insignis, -e** distinguished; **sigilla, -ae, f.** seal; **significo (1)** to indicate; **signum, -i, n.** sign
Model sentence: *Cruor **signaverat** herbam.* —Ovid

keep still, be quiet

ACTIVE		PASSIVE
INDICATIVE		

Pres.	sileō	silēmus	
	silēs	silētis	
	silet	silent	silētur (Impers.)
Impf.	silēbam	silēbāmus	
	silēbās	silēbātis	
	silēbat	silēbant	silēbātur (Impers.)
Fut.	silēbō	silēbimus	
	silēbis	silēbitis	
	silēbit	silēbunt	silēbitur (Impers.)
Perf.	siluī	siluimus	
	siluistī	siluistis	
	siluit	siluērunt (-ēre)	
Plup.	silueram	siluerāmus	
	siluerās	siluerātis	
	siluerat	siluerant	
Fut.	siluerō	siluerimus	
Perf.	silueris	silueritis	
	siluerit	siluerint	

SUBJUNCTIVE		
Pres.	sileam	sileāmus	
	sileās	sileātis	
	sileat	sileant	sileātur (Impers.)
Impf.	silērem	silērēmus	
	silērēs	silērētis	
	silēret	silērent	silērētur (Impers.)
Perf.	siluerim	siluerimus	
	silueris	silueritis	
	siluerit	siluerint	
Plup.	siluissem	siluissēmus	
	siluissēs	siluissētis	
	siluisset	siluissent	

IMPERATIVE		
Pres.	silē	silēte	

INFINITIVE		
Pres.	silēre		silērī
Perf.	siluisse		
Fut.			

PARTICIPLE		
Pres.	silens, (-ntis)		
Perf.			
Fut.			silendus (-a, -um) (GERUNDIVE)

GERUND silendī, -ō, -um, -ō   SUPINE

Compounds and related words: **silentium, -i, n.** silence
Model sentence: ***Silent** arrectisque auribus astant.* —Vergil

imitate, pretend

	ACTIVE		**PASSIVE**	
		INDICATIVE		
Pres.	simulō	simulāmus	simulor	simulāmur
	simulās	simulātis	simulāris (-re)	simulāminī
	simulat	simulant	simulātur	simulantur
Impf.	simulābam	simulābāmus	simulābar	simulābāmur
	simulābās	simulābātis	simulābāris (-re)	simulābāminī
	simulābat	simulābant	simulābātur	simulābantur
Fut.	simulābō	simulābimus	simulābor	simulābimur
	simulābis	simulābitis	simulāberis (-re)	simulābiminī
	simulābit	simulābunt	simulābitur	simulābuntur
Perf.	simulāvī	simulāvimus	simulātus sum	simulātī sumus
	simulāvistī	simulāvistis	(-a, -um) es	(-ae, -a) estis
	simulāvit	simulāvērunt (-ēre)	est	sunt
Plup.	simulāveram	simulāverāmus	simulātus eram	simulātī erāmus
	simulāverās	simulāverātis	(-a, -um) erās	(-ae, -a) erātis
	simulāverat	simulāverant	erat	erant
Fut.	simulāverō	simulāverimus	simulātus erō	simulātī erimus
Perf.	simulāveris	simulāveritis	(-a, -um) eris	(-ae, -a) eritis
	simulāverit	simulāverint	erit	erunt
		SUBJUNCTIVE		
Pres.	simulem	simulēmus	simuler	simulēmur
	simulēs	simulētis	simulēris (-re)	simulēminī
	simulet	simulent	simulētur	simulentur
Impf.	simulārem	simulārēmus	simulārer	simulārēmur
	simulārēs	simulārētis	simulārēris (-re)	simulārēminī
	simulāret	simulārent	simulārētur	simulārentur
Perf.	simulāverim	simulāverimus	simulātus sim	simulātī sīmus
	simulāveris	simulāveritis	(-a, -um) sīs	(-ae, -a) sītis
	simulāverit	simulāverint	sit	sint
Plup.	simulāvissem	simulāvissēmus	simulātus essem	simulātī essēmus
	simulāvissēs	simulāvissētis	(-a, -um) essēs	(-ae, -a) essētis
	simulāvisset	simulāvissent	esset	essent
		IMPERATIVE		
Pres.	simulā	simulāte		
		INFINITIVE		
Pres.	simulāre		simulārī	
Perf.	simulāvisse		simulātus (-a, -um) esse	
Fut.	simulātūrus (-a, -um) esse		simulātum īrī	
		PARTICIPLE		
Pres.	simulans, (-ntis)			
Perf.			simulātus (-a, -um)	
Fut.	simulātūrus (-a, -um)		simulandus (-a, -um) (GERUNDIVE)	

GERUND simulandī, -ō, -um, -ō   SUPINE simulātum, -ū

Alternate forms: **similo** = simulo
Compounds and related words: **consimilis, -e** just like; **dissimilis, -e** unlike; **dissimulo (1)** to pretend; **similis, -e** similar; **similitudo, -inis, f.** likeness; **simul** at the same time; **simulacrum, -i, n.** likeness
Model sentence: *Pacem cum Scipione Sulla sive faciebat sive **simulabat**.* —Cicero

let, permit

ACTIVE · PASSIVE

INDICATIVE

	ACTIVE		PASSIVE			
Pres.	sinō	sinimus	sinor		sinimur	
	sinis	sinitis	sineris (-re)		siniminī	
	sinit	sinunt	sinitur		sinuntur	
Impf.	sinēbam	sinēbāmus	sinēbar		sinēbāmur	
	sinēbās	sinēbātis	sinēbāris (-re)		sinēbāminī	
	sinēbat	sinēbant	sinēbātur		sinēbantur	
Fut.	sinam	sinēmus	sinar		sinēmur	
	sinēs	sinētis	sinēris (-re)		sinēminī	
	sinet	sinent	sinētur		sinentur	
Perf.	sīvī	sīvimus	situs	sum	sitī	sumus
	sīvistī	sīvistis	(-a, -um)	es	(-ae, -a)	estis
	sīvit	sīvērunt (-ēre)		est		sunt
Plup.	sīveram	sīverāmus	situs	eram	sitī	erāmus
	sīverās	sīverātis	(-a, -um)	erās	(-ae, -a)	erātis
	sīverat	sīverant		erat		erant
Fut.	sīverō	sīverimus	situs	erō	sitī	erimus
Perf.	sīveris	sīveritis	(-a, -um)	eris	(-ae, -a)	eritis
	sīverit	sīverint		erit		erunt

SUBJUNCTIVE

	ACTIVE		PASSIVE			
Pres.	sinam	sināmus	sinar		sināmur	
	sinās	sinātis	sināris (-re)		sināminī	
	sinat	sinant	sinātur		sinantur	
Impf.	sinerem	sinerēmus	sinerer		sinerēmur	
	sinerēs	sinerētis	sinerēris (-re)		sinerēminī	
	sineret	sinerent	sinerētur		sinerentur	
Perf.	sīverim	sīverimus	situs	sim	sitī	sīmus
	sīveris	sīveritis	(-a, -um)	sīs	(-ae, -a)	sītis
	sīverit	sīverint		sit		sint
Plup.	sīvissem	sīvissēmus	situs	essem	sitī	essēmus
	sīvissēs	sīvissētis	(-a, -um)	essēs	(-ae, -a)	essētis
	sīvisset	sīvissent		esset		essent

IMPERATIVE

	ACTIVE	
Pres.	sine	sinite

INFINITIVE

	ACTIVE	PASSIVE
Pres.	sinere	sinī
Perf.	sīvisse	situs (-a, -um) esse
Fut.	sitūrus (-a, -um) esse	situm īrī

PARTICIPLE

	ACTIVE	PASSIVE
Pres.	sinens, (-ntis)	
Perf.		situs (-a, -um)
Fut.	sitūrus (-a, -um)	sinendus (-a, -um) (GERUNDIVE)

GERUND sinendī, -ō, -um, -ō   SUPINE situm, -ū

Alternate forms: **sierim, etc.** = siverim, etc.; **sii** = sivi; **siit** = sivit; **sini** = sivi; **sinisset** = sivisset;
  sinit = sinat; **sissent** = sivissent; **sisset** = sivissent; **sisti** = sivisti; **sistis** = sivistis
Compounds and related words: **desino (3)** to stop
Model sentence: *Non feram, non patiar, non **sinam**.* —Cicero

S

place, stand still, stop

	ACTIVE		PASSIVE	
		INDICATIVE		
Pres.	sistō	sistimus	sistor	sistimur
	sistis	sistitis	sisteris (-re)	sistiminī
	sistit	sistunt	sistitur	sistuntur
Impf.	sistēbam	sistēbāmus	sistēbar	sistēbāmur
	sistēbās	sistēbātis	sistēbāris (-re)	sistēbāminī
	sistēbat	sistēbant	sistēbātur	sistēbantur
Fut.	sistam	sistēmus	sistar	sistēmur
	sistēs	sistētis	sistēris (-re)	sistēminī
	sistet	sistent	sistētur	sistentur
Perf.	stitī	stitimus	status sum	statī sumus
	stitistī	stitistis	(-a, -um) es	(-ae, -a) estis
	stitit	stitērunt (-ēre)	est	sunt
Plup.	stiteram	stiterāmus	status eram	statī erāmus
	stiterās	stiterātis	(-a, -um) erās	(-ae, -a) erātis
	stiterat	stiterant	erat	erant
Fut.	stiterō	stiterimus	status erō	statī erimus
Perf.	stiteris	stiteritis	(-a, -um) eris	(-ae, -a) eritis
	stiterit	stiterint	erit	erunt
		SUBJUNCTIVE		
Pres.	sistam	sistāmus	sistar	sistāmur
	sistās	sistātis	sistāris (-re)	sistāminī
	sistat	sistant	sistātur	sistantur
Impf.	sisterem	sisterēmus	sisterer	sisterēmur
	sisterēs	sisterētis	sisterēris (-re)	sisterēminī
	sisteret	sisterent	sisterētur	sisterentur
Perf.	stiterim	stiterimus	status sim	statī sīmus
	stiteris	stiteritis	(-a, -um) sīs	(-ae, -a) sītis
	stiterit	stiterint	sit	sint
Plup.	stitissem	stitissēmus	status essem	statī essēmus
	stitissēs	stitissētis	(-a, -um) essēs	(-ae, -a) essētis
	stitisset	stitissent	esset	essent
		IMPERATIVE		
Pres.	siste	sistite		
		INFINITIVE		
Pres.	sistere		sistī	
Perf.	stitisse		status (-a, -um) esse	
Fut.	statūrus (-a, -um) esse		statum īrī	
		PARTICIPLE		
Pres.	sistens, (-ntis)			
Perf.			status (-a, -um)	
Fut.	statūrus (-a, -um)		sistendus (-a, -um) (GERUNDIVE)	

GERUND sistendī, -ō, -um, -ō   SUPINE statum, -ū

Alternate forms: **steti** = stiti
Compounds and related words: **absisto (3)** to go away; **assisto (3)** to stand by; **circumsisto (3)** to surround; **consisto (3)** to pause; **desisto (3)** to stop; **exsisto (3)** to exist; **insisto (3)** to stand firm; **resisto (3)** to stand still; **subsisto (3)** to stand still
Model sentence: *Solstitium dictum est quod sol eo die **sistere** videatur.* —Varro

be accustomed

ACTIVE

INDICATIVE

Pres.	soleō	solēmus
	solēs	solētis
	solet	solent
Impf.	solēbam	solēbāmus
	solēbās	solēbātis
	solēbat	solēbant
Fut.	solēbō	solēbimus
	solēbis	solēbitis
	solēbit	solēbunt
Perf.	solitus sum	solitī sumus
	(-a, -um) es	(-ae, -a) estis
	est	sunt
Plup.	solitus eram	solitī erāmus
	(-a, -um) erās	(-ae, -a) erātis
	erat	erant
Fut.	solitus erō	solitī erimus
Perf.	(-a, -um) eris	(-ae, -a) eritis
	erit	erunt

SUBJUNCTIVE

Pres.	soleam	soleāmus
	soleās	soleātis
	soleat	soleant
Impf.	solērem	solērēmus
	solērēs	solērētis
	solēret	solērent
Perf.	solitus sim	solitī sīmus
	(-a, -um) sīs	(-ae, -a) sītis
	sit	sint
Plup.	solitus essem	solitī essēmus
	(-a, -um) essēs	(-ae, -a) essētis
	esset	essent

IMPERATIVE

Pres.	solē	solēte

INFINITIVE

Pres.	solēre
Perf.	solitus (-a, -um) esse
Fut.	solitūrus (-a, -um) esse

PARTICIPLE

Pres.	solens, (-ntis)
Perf.	solitus (-a, -um)
Fut.	solitūrus (-a, -um)

GERUND solendī, -ō, -um, -ō   SUPINE solitum, -ū

S

AN ESSENTIAL
55 VERB

soleō

Related Words

insolens, insolentis unusual

solitum, soliti, n. that which is customary

solitus, solita, solitum usual

This is a very common member of a group of four verbs in Latin called semi-deponents. As the term implies, they are only half deponent. In the present system tenses (i.e. the present, imperfect, and future) they are normal, having active forms with active meanings. In the perfect system tenses (i.e. the perfect, pluperfect, and future perfect), however, they act like deponent verbs having passive forms with active meanings.

The other three semi-deponents are:

fido, fidere, fisus sum *to trust*
gaudeo, gaudere, gavisus sum *to be happy*
audeo, audere, ausus sum *to dare*

This verb can be rather awkward to translate at times. Its basic idea is *to be accustomed* or *be in the habit* of doing something. Another approach to translating it is to apply the person, number, tense, and mood **soleo** appears in to the complementary infinitive that accompanies it and add the word *usually* or *often*.

Canes sub hac arbore dormire solebant.
The dogs used to be accustomed to sleep under this tree.
or
The dogs usually slept under this tree.

ALTERNATE FORMS:
solinunt = solent
soluerat = solitus erat
soluerint = soliti sint
solui = solitus sum

MODEL SENTENCE:
*Epigrammata illis scribuntur, qui **solent** spectare Florales.* —Martial

	ACTIVE		**PASSIVE**	
		INDICATIVE		
Pres.	sollicitō	sollicitāmus	sollicitor	sollicitāmur
	sollicitās	sollicitātis	sollicitāris (-re)	sollicitāminī
	sollicitat	sollicitant	sollicitātur	sollicitantur
Impf.	sollicitābam	sollicitābāmus	sollicitābar	sollicitābāmur
	sollicitābās	sollicitābātis	sollicitābāris (-re)	sollicitābāminī
	sollicitābat	sollicitābant	sollicitābātur	sollicitābantur
Fut.	sollicitābō	sollicitābimus	sollicitābor	sollicitābimur
	sollicitābis	sollicitābitis	sollicitāberis (-re)	sollicitābiminī
	sollicitābit	sollicitābunt	sollicitābitur	sollicitābuntur
Perf.	sollicitāvī	sollicitāvimus	sollicitātus sum	sollicitātī sumus
	sollicitāvistī	sollicitāvistis	(-a, -um) es	(-ae, -a) estis
	sollicitāvit	sollicitāvērunt (-ēre)	est	sunt
Plup.	sollicitāveram	sollicitāverāmus	sollicitātus eram	sollicitātī erāmus
	sollicitāverās	sollicitāverātis	(-a, -um) erās	(-ae, -a) erātis
	sollicitāverat	sollicitāverant	erat	erant
Fut.	sollicitāverō	sollicitāverimus	sollicitātus erō	sollicitātī erimus
Perf.	sollicitāveris	sollicitāveritis	(-a, -um) eris	(-ae, -a) eritis
	sollicitāverit	sollicitāverint	erit	erunt
		SUBJUNCTIVE		
Pres.	sollicitem	sollicitēmus	solliciter	sollicitēmur
	sollicitēs	sollicitētis	sollicitēris (-re)	sollicitēminī
	sollicitet	sollicitent	sollicitētur	sollicitentur
Impf.	sollicitārem	sollicitārēmus	sollicitārer	sollicitārēmur
	sollicitārēs	sollicitārētis	sollicitārēris (-re)	sollicitārēminī
	sollicitāret	sollicitārent	sollicitārētur	sollicitārentur
Perf.	sollicitāverim	sollicitāverimus	sollicitātus sim	sollicitātī sīmus
	sollicitāveris	sollicitāveritis	(-a, -um) sīs	(-ae, -a) sītis
	sollicitāverit	sollicitāverint	sit	sint
Plup.	sollicitāvissem	sollicitāvissēmus	sollicitātus essem	sollicitātī essēmus
	sollicitāvissēs	sollicitāvissētis	(-a, -um) essēs	(-ae, -a) essētis
	sollicitāvisset	sollicitāvissent	esset	essent
		IMPERATIVE		
Pres.	sollicitā	sollicitāte		
		INFINITIVE		
Pres.	sollicitāre		sollicitārī	
Perf.	sollicitāvisse		sollicitātus (-a, -um) esse	
Fut.	sollicitātūrus (-a, -um) esse		sollicitātum īrī	
		PARTICIPLE		
Pres.	sollicitans, (-ntis)			
Perf.			sollicitātus (-a, -um)	
Fut.	sollicitātūrus (-a, -um)		sollicitandus (-a, -um) (GERUNDIVE)	

GERUND sollicitandī, -ō, -um, -ō   SUPINE sollicitātum, -ū

Alternate forms: **solicatatum** = sollicitatum; **solicitavi** = sollicitavi; **solicito** = sollicito
Compounds and related words: **sollicitudo, -inis, f.** anxiety; **sollicitus, -a, -um** agitated, worried
Model sentence: *An dubitas quin ea me cura vehementissime sollicitet?* —Cicero

comfort

ACTIVE

INDICATIVE

Pres.	sōlor	sōlāmur
	sōlāris (-re)	sōlāminī
	sōlātur	sōlantur
Impf.	sōlābar	sōlābāmur
	sōlābāris (-re)	sōlābāminī
	sōlābātur	sōlābantur
Fut.	sōlābor	sōlābimur
	sōlāberis (-re)	sōlābiminī
	sōlābitur	sōlābuntur
Perf.	sōlātus sum	sōlātī sumus
	(-a, -um) es	(-ae, -a) estis
	est	sunt
Plup.	sōlātus eram	sōlātī erāmus
	(-a, -um) erās	(-ae, -a) erātis
	erat	erant
Fut.	sōlātus erō	sōlātī erimus
Perf.	(-a, -um) eris	(-ae, -a) eritis
	erit	erunt

SUBJUNCTIVE

Pres.	sōler	sōlēmur
	sōlēris (-re)	sōlēminī
	sōlētur	sōlentur
Impf.	sōlārer	sōlārēmur
	sōlārēris (-re)	sōlārēminī
	sōlārētur	sōlārentur
Perf.	sōlātus sim	sōlātī sīmus
	(-a, -um) sīs	(-ae, -a) sītis
	sit	sint
Plup.	sōlātus essem	sōlātī essēmus
	(-a, -um) essēs	(-ae, -a) essētis
	esset	essent

IMPERATIVE

Pres.	sōlāre	sōlāminī

INFINITIVE

Pres.	sōlārī
Perf.	sōlātus (-a, -um) esse
Fut.	sōlātūrus (-a, -um) esse

PARTICIPLE

	Active	**Passive**
Pres.	sōlans, (-ntis)	
Perf.	sōlātus (-a, -um)	
Fut.	sōlātūrus (-a, -um)	sōlandus (-a, -um) (GERUNDIVE)

GERUND sōlandī, -ō, -um, -ō SUPINE sōlātum, -ū

Compounds and related words: **consolatio, -onis, f.** comfort; **consolor (1)** to comfort
Model sentence: *Quos bonus Aeneas dictis **solatur** amicis.* —Vergil

loosen, set sail, pay

ACTIVE		PASSIVE	
INDICATIVE			

	ACTIVE		PASSIVE	
Pres.	solvō	solvimus	solvor	solvimur
	solvis	solvitis	solveris (-re)	solviminī
	solvit	solvunt	solvitur	solvuntur
Impf.	solvēbam	solvēbāmus	solvēbar	solvēbāmur
	solvēbās	solvēbātis	solvēbāris (-re)	solvēbāminī
	solvēbat	solvēbant	solvēbātur	solvēbantur
Fut.	solvam	solvēmus	solvar	solvēmur
	solvēs	solvētis	solvēris (-re)	solvēminī
	solvet	solvent	solvētur	solventur
Perf.	solvī	solvimus	solūtus sum	solūtī sumus
	solvistī	solvistis	(-a, -um) es	(-ae, -a) estis
	solvit	solvērunt (-ēre)	est	sunt
Plup.	solveram	solverāmus	solūtus eram	solūtī erāmus
	solverās	solverātis	(-a, -um) erās	(-ae, -a) erātis
	solverat	solverant	erat	erant
Fut.	solverō	solverimus	solūtus erō	solūtī erimus
Perf.	solveris	solveritis	(-a, -um) eris	(-ae, -a) eritis
	solverit	solverint	erit	erunt

SUBJUNCTIVE

	ACTIVE		PASSIVE	
Pres.	solvam	solvāmus	solvar	solvāmur
	solvās	solvātis	solvāris (-re)	solvāminī
	solvat	solvant	solvātur	solvantur
Impf.	solverem	solverēmus	solverer	solverēmur
	solverēs	solverētis	solverēris (-re)	solverēminī
	solveret	solverent	solverētur	solverentur
Perf.	solverim	solverimus	solūtus sim	solūtī sīmus
	solveris	solveritis	(-a, -um) sīs	(-ae, -a) sītis
	solverit	solverint	sit	sint
Plup.	solvissem	solvissēmus	solūtus essem	solūtī essēmus
	solvissēs	solvissētis	(-a, -um) essēs	(-ae, -a) essētis
	solvisset	solvissent	esset	essent

IMPERATIVE

	ACTIVE		PASSIVE	
Pres.	solve	solvite		

INFINITIVE

	ACTIVE	PASSIVE
Pres.	solvere	solvī
Perf.	solvisse	solūtus (-a, -um) esse
Fut.	solūtūrus (-a, -um) esse	solūtum īrī

PARTICIPLE

	ACTIVE	PASSIVE
Pres.	solvens, (-ntis)	
Perf.		solūtus (-a, -um)
Fut.	solūtūrus (-a, -um)	solvendus (-a, -um) (GERUNDIVE)

GERUND solvendī, -ō, -um, -ō   SUPINE solūtum, -ū

Alternate forms: **soluisse** = solvisse; **soluit** = solvit
Compounds and related words: **absolutio, -onis, f.** acquittal; **absolvo (3)** to free; **dissolvo (3)** to destroy; **persolvo (3)** to pay; **resolvo (3)** to unfasten; **solutilis, -e** easily falling to pieces; **solutio, -onis, f.** payment; **solutus, -a, -um** free
Model sentence: ***Solvas, Sexte, creditori.*** —Martial

S

scatter, sprinkle, divide

ACTIVE		PASSIVE	
INDICATIVE			

	ACTIVE		PASSIVE	
Pres.	spargō	spargimus	spargor	spargimur
	spargis	spargitis	spargeris (-re)	spargiminī
	spargit	spargunt	spargitur	sparguntur
Impf.	spargēbam	spargēbāmus	spargēbar	spargēbāmur
	spargēbās	spargēbātis	spargēbāris (-re)	spargēbāminī
	spargēbat	spargēbant	spargēbātur	spargēbantur
Fut.	spargam	spargēmus	spargar	spargēmur
	spargēs	spargētis	spargēris (-re)	spargēminī
	sparget	spargent	spargētur	spargentur
Perf.	sparsī	sparsimus	sparsus sum	sparsī sumus
	sparsistī	sparsistis	(-a, -um) es	(-ae, -a) estis
	sparsit	sparsērunt (-ēre)	est	sunt
Plup.	sparseram	sparserāmus	sparsus eram	sparsī erāmus
	sparserās	sparserātis	(-a, -um) erās	(-ae, -a) erātis
	sparserat	sparserant	erat	erant
Fut. *Perf.*	sparserō	sparserimus	sparsus erō	sparsī erimus
	sparseris	sparseritis	(-a, -um) eris	(-ae, -a) eritis
	sparserit	sparserint	erit	erunt
SUBJUNCTIVE				
Pres.	spargam	spargāmus	spargar	spargāmur
	spargās	spargātis	spargāris (-re)	spargāminī
	spargat	spargant	spargātur	spargantur
Impf.	spargerem	spargerēmus	spargerer	spargerēmur
	spargerēs	spargerētis	spargerēris (-re)	spargerēminī
	spargeret	spargerent	spargerētur	spargerentur
Perf.	sparserim	sparserimus	sparsus sim	sparsī sīmus
	sparseris	sparseritis	(-a, -um) sīs	(-ae, -a) sītis
	sparserit	sparserint	sit	sint
Plup.	sparsissem	sparsissēmus	sparsus essem	sparsī essēmus
	sparsissēs	sparsissētis	(-a, -um) essēs	(-ae, -a) essētis
	sparsisset	sparsissent	esset	essent
IMPERATIVE				
Pres.	sparge	spargite		
INFINITIVE				
Pres.	spargere		spargī	
Perf.	sparsisse		sparsus (-a, -um) esse	
Fut.	sparsūrus (-a, -um) esse		sparsum īrī	
PARTICIPLE				
Pres.	spargens, (-ntis)			
Perf.			sparsus (-a, -um)	
Fut.	sparsūrus (-a, -um)		spargendus (-a, -um) (GERUNDIVE)	

GERUND spargendī, -ō, -um, -ō   SUPINE sparsum, -ū

Usage notes: Passive may be used impersonally.
Alternate forms: **spargier** = spargi
Compounds and related words: **aspergo (3)** to sprinkle; **dispergo (3)** to disperse; **sparsim** here and there; **sparsio, -onis, f.** a scattering
Model sentence: ***Spargite humum foliis.*** —Vergil

look at, watch

	ACTIVE			PASSIVE	
INDICATIVE					
Pres.	spectō	spectāmus		spector	spectāmur
	spectās	spectātis		spectāris (-re)	spectāminī
	spectat	spectant		spectātur	spectantur
Impf.	spectābam	spectābāmus		spectābar	spectābāmur
	spectābās	spectābātis		spectābāris (-re)	spectābāminī
	spectābat	spectābant		spectābātur	spectābantur
Fut.	spectābō	spectābimus		spectābor	spectābimur
	spectābis	spectābitis		spectāberis (-re)	spectābiminī
	spectābit	spectābunt		spectābitur	spectābuntur
Perf.	spectāvī	spectāvimus		spectātus sum	spectātī sumus
	spectāvistī	spectāvistis		(-a, -um) es	(-ae, -a) estis
	spectāvit	spectāvērunt (-ēre)		est	sunt
Plup.	spectāveram	spectāverāmus		spectātus eram	spectātī erāmus
	spectāverās	spectāverātis		(-a, -um) erās	(-ae, -a) erātis
	spectāverat	spectāverant		erat	erant
Fut.	spectāverō	spectāverimus		spectātus erō	spectātī erimus
Perf.	spectāveris	spectāveritis		(-a, -um) eris	(-ae, -a) eritis
	spectāverit	spectāverint		erit	erunt
SUBJUNCTIVE					
Pres.	spectem	spectēmus		specter	spectēmur
	spectēs	spectētis		spectēris (-re)	spectēminī
	spectet	spectent		spectētur	spectentur
Impf.	spectārem	spectārēmus		spectārer	spectārēmur
	spectārēs	spectārētis		spectārēris (-re)	spectārēminī
	spectāret	spectārent		spectārētur	spectārentur
Perf.	spectāverim	spectāverimus		spectātus sim	spectātī sīmus
	spectāveris	spectāveritis		(-a, -um) sīs	(-ae, -a) sītis
	spectāverit	spectāverint		sit	sint
Plup.	spectāvissem	spectāvissēmus		spectātus essem	spectātī essēmus
	spectāvissēs	spectāvissētis		(-a, -um) essēs	(-ae, -a) essētis
	spectāvisset	spectāvissent		esset	essent
IMPERATIVE					
Pres.	spectā	spectāte			
INFINITIVE					
Pres.	spectāre			spectārī	
Perf.	spectāvisse			spectātus (-a, -um) esse	
Fut.	spectātūrus (-a, -um) esse			spectātum īrī	
PARTICIPLE					
Pres.	spectans, (-ntis)				
Perf.				spectātus (-a, -um)	
Fut.	spectātūrus (-a, -um)			spectandus (-a, -um) (GERUNDIVE)	

GERUND spectandī, -ō, -um, -ō   SUPINE spectātum, -ū

487

spectō

Related Words

aspectus, aspectus, m. look

auspicium, auspicii, n. augury

conspectus, conspectus, m. view

conspicor, conspicari, conspicatus sum to observe

perspicuus, perspicua, perspicuum transparent

species, speciei, f. appearance

speciosus, speciosa, speciosum showy

spectaculum, spectaculi, n. a show

speculum, speculi, n. mirror

suspicio, suspicionis, f. suspicion

suspicor, suspicari, suspicatus sum to suspect

This verb is essential because of how frequently it and its compounds appear. Note that most of its compounds are third conjugation.

COMPOUNDS:

aspicio, aspicere, aspexi, aspectum to look at

circumspecto, circumspectare, circumspectavi, circumspectatum to look around

circumspicio, circumspicere, circumspexi, circumspectum to look around

conspicio, conspicere, conspexi, conspectum to catch sight of, notice

despicio, despicere, despexi, despectum to despise

exspecto, exspectare, exspectavi, exspectatum to wait for

inspicio, inspicere, inspexi, inspectum to examine

perspicio, perspicere, perspexi, perspectum to examine

prospicio, prospicere, prospexi, prospectum to look out

respicio, respicere, respexi, respectum to look back at

suspicio, suspicere, suspexi, suspectum to mistrust

MODEL SENTENCE:
Spectatum veniunt, veniunt spectentur ut ipsae. —Ovid

despise

	ACTIVE			PASSIVE	
		INDICATIVE			
Pres.	spernō	spernimus		spernor	spernimur
	spernis	spernitis		sperneris (-re)	sperniminī
	spernit	spernunt		spernitur	spernuntur
Impf.	spernēbam	spernēbāmus		spernēbar	spernēbāmur
	spernēbās	spernēbātis		spernēbāris (-re)	spernēbāminī
	spernēbat	spernēbant		spernēbātur	spernēbantur
Fut.	spernam	spernēmus		spernar	spernēmur
	spernēs	spernētis		spernēris (-re)	spernēminī
	spernet	spernent		spernētur	spernentur
Perf.	sprēvī	sprēvimus		sprētus sum	sprētī sumus
	sprēvistī	sprēvistis		(-a, -um) es	(-ae, -a) estis
	sprēvit	sprēvērunt (-ēre)		est	sunt
Plup.	sprēveram	sprēverāmus		sprētus eram	sprētī erāmus
	sprēverās	sprēverātis		(-a, -um) erās	(-ae, -a) erātis
	sprēverat	sprēverant		erat	erant
Fut.	sprēverō	sprēverimus		sprētus erō	sprētī erimus
Perf.	sprēveris	sprēveritis		(-a, -um) eris	(-ae, -a) eritis
	sprēverit	sprēverint		erit	erunt
		SUBJUNCTIVE			
Pres.	spernam	spernāmus		spernar	spernāmur
	spernās	spernātis		spernāris (-re)	spernāminī
	spernat	spernant		spernātur	spernantur
Impf.	spernerem	spernerēmus		spernerer	spernerēmur
	spernerēs	spernerētis		spernerēris (-re)	spernerēminī
	sperneret	spernerent		spernerētur	spernerentur
Perf.	sprēverim	sprēverimus		sprētus sim	sprētī sīmus
	sprēveris	sprēveritis		(-a, -um) sīs	(-ae, -a) sītis
	sprēverit	sprēverint		sit	sint
Plup.	sprēvissem	sprēvissēmus		sprētus essem	sprētī essēmus
	sprēvissēs	sprēvissētis		(-a, -um) essēs	(-ae, -a) essētis
	sprēvisset	sprēvissent		esset	essent
		IMPERATIVE			
Pres.	sperne	spernite			
		INFINITIVE			
Pres.	spernere			spernī	
Perf.	sprēvisse			sprētus (-a, -um) esse	
Fut.	sprētūrus (-a, -um) esse			sprētum īrī	
		PARTICIPLE			
Pres.	spernens, (-ntis)				
Perf.				sprētus (-a, -um)	
Fut.	sprētūrus (-a, -um)			spernendus (-a, -um) (GERUNDIVE)	

GERUND spernendī, -ō, -um, -ō   SUPINE sprētum, -ū

Alternate forms: **sprerunt** = spreverunt
Compounds and related words: **aspernor (1)** to reject; **spretio, -onis, f.** contempt;
   spretor, -is, m. despiser
Model sentence: ***Spernitur** orator bonus, horridus miles amatur.* —Ennius

S

hope

ACTIVE		PASSIVE	
		INDICATIVE	

Pres.	spērō	spērāmus		
	spērās	spērātis		
	spērat	spērant	spērātur	spērantur
Impf.	spērābam	spērābāmus		
	spērābās	spērābātis		
	spērābat	spērābant	spērābātur	spērābantur
Fut.	spērābō	spērābimus		
	spērābis	spērābitis		
	spērābit	spērābunt	spērābitur	spērābuntur
Perf.	spērāvī	spērāvimus		
	spērāvistī	spērāvistis		
	spērāvit	spērāvērunt (-ēre)	spērātus (-a, -um) est	spērātī (-ae, -a) sunt
Plup.	spērāveram	spērāverāmus		
	spērāverās	spērāverātis		
	spērāverat	spērāverant	spērātus (-a, -um) erat	spērātī (-ae, -a) erant
Fut.	spērāverō	spērāverimus		
Perf.	spērāveris	spērāveritis		
	spērāverit	spērāverint	spērātus (-a, -um) erit	spērātī (-ae, -a) erunt

		SUBJUNCTIVE	

Pres.	spērem	spērēmus		
	spērēs	spērētis		
	spēret	spērent	spērētur	spērentur
Impf.	spērārem	spērārēmus		
	spērārēs	spērārētis		
	spērāret	spērārent	spērārētur	spērārentur
Perf.	spērāverim	spērāverimus		
	spērāveris	spērāveritis		
	spērāverit	spērāverint	spērātus (-a, -um) sit	spērātī (-ae, -a) sint
Plup.	spērāvissem	spērāvissēmus		
	spērāvissēs	spērāvissētis		
	spērāvisset	spērāvissent	spērātus (-a, -um) esset	spērātī (-ae, -a) essent

		IMPERATIVE	
Pres.	spērā	spērāte		

		INFINITIVE	
Pres.	spērāre		spērārī	
Perf.	spērāvisse		spērātus (-a, -um) esse	
Fut.	spērātūrus (-a, -um) esse		spērātum īrī	

		PARTICIPLE	
Pres.	spērans, (-ntis)			
Perf.			spērātus (-a, -um)	
Fut.	spērātūrus (-a, -um)		spērandus (-a, -um) (GERUNDIVE)	

GERUND spērandī, -ō, -um, -ō   SUPINE spērātum, -ū

Compounds and related words: **despero (1)** to give up hope; **prosperus, -a, -um** successful; **spes, -ei, f.** hope

Model sentence: ***Spero*** *te mihi ignoscere.* —Cicero

breathe, blow, live

ACTIVE

INDICATIVE

Pres.	spīrō	spīrāmus
	spīrās	spīrātis
	spīrat	spīrant
Impf.	spīrābam	spīrābāmus
	spīrābās	spīrābātis
	spīrābat	spīrābant
Fut.	spīrābō	spīrāmus
	spīrābis	spīrābitis
	spīrābit	spīrābunt
Perf.	spīrāvī	spīrāvimus
	spīrāvistī	spīrāvistis
	spīrāvit	spīrāvērunt (-ēre)
Plup.	spīrāveram	spīrāverāmus
	spīrāverās	spīrāverātis
	spīrāverat	spīrāverant
Fut.	spīrāverō	spīrāverimus
Perf.	spīrāveris	spīrāveritis
	spīrāverit	spīrāverint

SUBJUNCTIVE

Pres.	spīrem	spīrēmus
	spīrēs	spīrētis
	spīret	spīrent
Impf.	spīrārem	spīrārēmus
	spīrārēs	spīrārētis
	spīrāret	spīrārent
Perf.	spīrāverim	spīrāverimus
	spīrāveris	spīrāveritis
	spīrāverit	spīrāverint
Plup.	spīrāvissem	spīrāvissēmus
	spīrāvissēs	spīrāvissētis
	spīrāvisset	spīrāvissent

IMPERATIVE

Pres.	spīrā	spīrāte

INFINITIVE

Pres.	spīrāre
Perf.	spīrāvisse
Fut.	spīrātūrus (-a, -um) esse

PARTICIPLE

	Active	Passive
Pres.	spīrans, (-ntis)	
Perf.		spīrātus (-a, -um)
Fut.	spīrātūrus (-a, -um)	spīrandus (-a, -um) (GERUNDIVE)

GERUND spīrandī, -ō, -um, -ō   SUPINE spīrātum, -ū

Compounds and related words: **conspiro (1)** to harmonize; **respiro (1)** to revive; **spiritus, -us, m.** breath; **suspirium, -i, n.** sigh; **suspiro (1)** to sigh

Model sentence: *Catilina inter hostium cadavera repertus est, paululum etiam **spirans**.* —Sallust

spondeō

spondeō, spondēre, spopondī, sponsum

promise, betroth

ACTIVE		PASSIVE	

INDICATIVE

	ACTIVE		PASSIVE	
Pres.	spondeō	spondēmus	spondeor	spondēmur
	spondēs	spondētis	spondēris (-re)	spondēminī
	spondet	spondent	spondētur	spondentur
Impf.	spondēbam	spondēbāmus	spondēbar	spondēbāmur
	spondēbās	spondēbātis	spondēbāris (-re)	spondēbāminī
	spondēbat	spondēbant	spondēbātur	spondēbantur
Fut.	spondēbō	spondēbimus	spondēbor	spondēbimur
	spondēbis	spondēbitis	spondēberis (-re)	spondēbiminī
	spondēbit	spondēbunt	spondēbitur	spondēbuntur
Perf.	spopondī	spopondimus	sponsus sum	sponsī sumus
	spopondistī	spopondistis	(-a, -um) es	(-ae, -a) estis
	spopondit	spopondērunt (-ēre)	est	sunt
Plup.	spoponderam	spoponderāmus	sponsus eram	sponsī erāmus
	spoponderās	spoponderātis	(-a, -um) erās	(-ae, -a) erātis
	spoponderat	spoponderant	erat	erant
Fut.	spopanderō	spoponderimus	sponsus erō	sponsī erimus
Perf.	spoponderis	spoponderitis	(-a, -um) eris	(-ae, -a) eritis
	spoponderit	spoponderint	erit	erunt

SUBJUNCTIVE

	ACTIVE		PASSIVE	
Pres.	spondeam	spondeāmus	spondear	spondeāmur
	spondeās	spondeātis	spondeāris (-re)	spondeāminī
	spondeat	spondeant	spondeātur	spondeantur
Impf.	spondērem	spondērēmus	spondērer	spondērēmur
	spondērēs	spondērētis	spondērēris (-re)	spondērēminī
	spondēret	spondērent	spondērētur	spondērentur
Perf.	spoponderim	spoponderimus	sponsus sim	sponsī sīmus
	spoponderis	spoponderitis	(-a, -um) sīs	(-ae, -a) sītis
	spoponderit	spoponderint	sit	sint
Plup.	spopondissem	spopondissēmus	sponsus essem	sponsī essēmus
	spopondissēs	spopondissētis	(-a, -um) essēs	(-ae, -a) essētis
	spopondisset	spopondissent	esset	essent

IMPERATIVE

	ACTIVE		PASSIVE
Pres.	spondē	spondēte	

INFINITIVE

	ACTIVE	PASSIVE
Pres.	spondēre	spondērī
Perf.	spopondisse	sponsus (-a, -um) esse
Fut.	sponsūrus (-a, -um) esse	sponsum īrī

PARTICIPLE

	ACTIVE	PASSIVE
Pres.	spondens, (-ntis)	
Perf.		sponsus (-a, -um)
Fut.	sponsūrus (-a, -um)	spondendus (-a, -um) (GERUNDIVE)

GERUND spondendī, -ō, -um, -ō   SUPINE sponsum, -ū

Alternate forms: **spepondi** = spopondi; **sponderat** = spoponderat; **sponsis** = spoponderis
Compounds and related words: **despondeo (2)** to promise; **respondeo (2)** to answer; **sponsa, -ae, f.** bride; **sponsio, -onis, f.** solemn promise; **sponsor, -is, m.** bail; **sponsus, -i, m.** bridegroom; **sponte** willingly
Model sentence: *Coeperunt certam medici **spondere** salutem.* —Martial

decide, station

ACTIVE　　　　　　　PASSIVE

INDICATIVE

Pres.	statuō	statuimus	statuor	statuimur
	statuis	statuitis	statueris (-re)	statuiminī
	statuit	statuunt	statuitur	statuuntur
Impf.	statuēbam	statuēbāmus	statuēbar	statuēbāmur
	statuēbās	statuēbātis	statuēbāris (-re)	statuēbāminī
	statuēbat	statuēbant	statuēbātur	statuēbantur
Fut.	statuam	statuēmus	statuar	statuēmur
	statuēs	statuētis	statuēris (-re)	statuēminī
	statuet	statuent	statuētur	statuentur
Perf.	statuī	statuimus	statūtus　sum	statūtī　sumus
	statuistī	statuistis	(-a, -um)　es	(-ae, -a)　estis
	statuit	statuērunt (-ēre)	est	sunt
Plup.	statueram	statuerāmus	statūtus　eram	statūtī　erāmus
	statuerās	statuerātis	(-a, -um)　erās	(-ae, -a)　erātis
	statuerat	statuerant	erat	erant
Fut.	statuerō	statuerimus	statūtus　erō	statūtī　erimus
Perf.	statueris	statueritis	(-a, -um)　eris	(-ae, -a)　eritis
	statuerit	statuerint	erit	erunt

SUBJUNCTIVE

Pres.	statuam	statuāmus	statuar	statuāmur
	statuās	statuātis	statuāris (-re)	statuāminī
	statuat	statuant	statuātur	statuantur
Impf.	statuerem	statuerēmus	statuerer	statuerēmur
	statuerēs	statuerētis	statuerēris (-re)	statuerēminī
	statueret	statuerent	statuerētur	statuerentur
Perf.	statuerim	statuerimus	statūtus　sim	statūtī　sīmus
	statueris	statueritis	(-a, -um)　sīs	(-ae, -a)　sītis
	statuerit	statuerint	sit	sint
Plup.	statuissem	statuissēmus	statūtus　essem	statūtī　essēmus
	statuissēs	statuissētis	(-a, -um)　essēs	(-ae, -a)　essētis
	statuisset	statuissent	esset	essent

IMPERATIVE

Pres.	statue	statuite		

INFINITIVE

Pres.	statuere		statuī
Perf.	statuisse		statūtus (-a, -um) esse
Fut.	statūtūrus (-a, -um) esse		statūtum īrī

PARTICIPLE

Pres.	statuens, (-ntis)		
Perf.			statūtus (-a, -um)
Fut.	statūtūrus (-a, -um)		statuendus (-a, -um) (GERUNDIVE)

GERUND statuendī, -ō, -um, -ō　SUPINE statūtum, -ū

AN ESSENTIAL
55 VERB

statuō

Related Words

statua, statuae, f. statue

statumen, statuminis, n. support

statura, staturae, f. stature

status, status, m. posture

sto, stare, steti, statum to stand

Although this verb itself doesn't appear very often, its compounds are *extremely* common! Its basic idea is *to **put** in an upright position.* Compare this verb to **sto**, the basic meaning of which is *to **be** in an upright position.*

COMPOUNDS:

constituo, constituere, constitui, constitutum to decide

instituo, instituere, institui, institutum to establish

restituo, restituere, restitui, restitutum to restore

MODEL SENTENCE:
*Crateras magnos **statuunt** et vina coronat.*
—Vergil

stretch or spread out, cover

ACTIVE		PASSIVE	
INDICATIVE			

Pres.

sternō	sternimus	sternor	sternimur
sternis	sternitis	sterneris (-re)	sterniminī
sternit	sternunt	sternitur	sternuntur

Impf.

sternēbam	sternēbāmus	sternēbar	sternēbāmur
sternēbās	sternēbātis	sternēbāris (-re)	sternēbāminī
sternēbat	sternēbant	sternēbātur	sternēbantur

Fut.

sternam	sternēmus	sternar	sternēmur
sternēs	sternētis	sternēris (-re)	sternēminī
sternet	sternent	sternētur	sternentur

Perf.

strāvī	strāvimus	strātus	sum	strātī	sumus
strāvistī	strāvistis	(-a, -um) es	(-ae, -a) estis
strāvit	strāvērunt (-ēre)	est	sunt

Plup.

strāveram	strāverāmus	strātus	eram	strātī	erāmus
strāverās	strāverātis	(-a, -um) erās	(-ae, -a) erātis
strāverat	strāverant	erat	erant

Fut.
Perf.

strāverō	strāverimus	strātus	erō	strātī	erimus
strāveris	strāveritis	(-a, -um) eris	(-ae, -a) eritis
strāverit	strāverint	erit	erunt

SUBJUNCTIVE			

Pres.

sternam	sternāmus	sternar	sternāmur
sternās	sternātis	sternāris (-re)	sternāminī
sternat	sternant	sternātur	sternantur

Impf.

sternerem	sternerēmus	sternerer	sternerēmur
sternerēs	sternerētis	sternerēris (-re)	sternerēminī
sterneret	sternerent	sternerētur	sternerentur

Perf.

strāverim	strāverimus	strātus	sim	strātī	sīmus
strāveris	strāveritis	(-a, -um) sīs	(-ae, -a) sītis
strāverit	strāverint	sit	sint

Plup.

strāvissem	strāvissēmus	strātus	essem	strātī	essēmus
strāvissēs	strāvissētis	(-a, -um) essēs	(-ae, -a) essētis
strāvisset	strāvissent	esset	essent

IMPERATIVE			

Pres.   sterne   sternite

INFINITIVE			

Pres.	sternere	sternī
Perf.	strāvisse	strātus (-a, -um) esse
Fut.	strātūrus (-a, -um) esse	strātum īrī

PARTICIPLE			

Pres.	sternens, (-ntis)	
Perf.		strātus (-a, -um)
Fut.	strātūrus (-a, -um)	sternendus (-a, -um) (GERUNDIVE)

GERUND sternendī, -ō, -um, -ō   SUPINE strātum, -ū

Alternate forms: **strarat** = straverat; **strasset** = stravisset
Compounds and related words: **prosterno (3)** to throw in front; **sternax, -acis** a throwing to the ground; **stratum, -i, n.** a covering
Model sentence: ***Sternunt** se somno diversae in litore phocae.* —Vergil

stand

ACTIVE

INDICATIVE

Pres.	stō	stāmus
	stās	stātis
	stat	stant
Impf.	stābam	stābāmus
	stābās	stābātis
	stābat	stābant
Fut.	stābō	stābimus
	stābis	stābitis
	stābit	stābunt
Perf.	stetī	stetimus
	stetistī	stetistis
	stetit	stetērunt (-ēre)
Plup.	steteram	steterāmus
	steterās	steterātis
	steterat	steterant
Fut.	steterō	steterimus
Perf.	steteris	steteritis
	steterit	steterint

SUBJUNCTIVE

Pres.	stem	stēmus
	stēs	stētis
	stet	stent
Impf.	stārem	stārēmus
	stārēs	stārētis
	stāret	stārent
Perf.	steterim	steterimus
	steteris	steteritis
	steterit	steterint
Plup.	stetissem	stetissēmus
	stetissēs	stetissētis
	stetisset	stetissent

IMPERATIVE

| *Pres.* | stā | stāte |

INFINITIVE

Pres.	stāre
Perf.	stetisse
Fut.	stātūrus (-a, -um) esse

PARTICIPLE

Pres.	stans, (-ntis)
Perf.	
Fut.	stātūrus (-a, -um)

GERUND standī, -ō, -um, -ō   SUPINE statum, -ū

**AN ESSENTIAL
55 VERB**

AN ESSENTIAL 55 VERB

stō

Related Words

antistes, antistitis, m. overseer

constantia, constantiae, f. steadiness

stabilis, stabile steady

stabulum, stabuli, n. stable

statio, stationis, f. station

superstes, superstitis surviving

Although this verb itself appears with some frequency, its compounds are *extremely* common! Its basic idea is *to be in an upright position.* Compare this verb to **statuo**, the basic meaning of which is *to put in an upright position.*

COMPOUNDS:
absto, abstare to stand at a distance

asto, astare, asteti to stand nearby

circumsto, circumstare, circumsteti to surround

consto, constare, consteti, constatum to agree

disto, distare to be apart

exsto, exstare to stand out

insto, instare, insteti to be close

obsto, obstare, obsteti, obstaturus to obstruct

praesto, praestare, praesteti, praestatum to be superior

resto, restare, resteti to resist

MODEL SENTENCE:
Colossus magnitudinem suam servabit etiam si steterit in puteo. —Seneca

make a noise

ACTIVE

INDICATIVE

Pres.	strepō	strepimus
	strepis	strepitis
	strepit	strepunt
Impf.	strepēbam	strepēbāmus
	strepēbās	strepēbātis
	strepēbat	strepēbant
Fut.	strepam	strepēmus
	strepēs	strepētis
	strepet	strepent
Perf.	strepuī	strepuimus
	strepuistī	strepuistis
	strepuit	strepuērunt (-ēre)
Plup.	strepueram	strepuerāmus
	strepuerās	strepuerātis
	strepuerat	strepuerant
Fut.	strepuerō	strepuerimus
Perf.	strepueris	strepueritis
	strepuerit	strepuerint

SUBJUNCTIVE

Pres.	strepam	strepāmus
	strepās	strepātis
	strepat	strepant
Impf.	streperem	streperēmus
	streperēs	streperētis
	streperet	streperent
Perf.	strepuerim	strepuerimus
	strepueris	strepueritis
	strepuerit	strepuerint
Plup.	strepuissem	strepuissēmus
	strepuissēs	strepuissētis
	strepuisset	strepuissent

IMPERATIVE

Pres.	strepe	strepite

INFINITIVE

Pres.	strepere
Perf.	strepuisse
Fut.	

PARTICIPLE

Pres.	strepens, (-ntis)
Perf.	
Fut.	strependus (-a, -um) (GERUNDIVE)

GERUND strependī, -ō, -um, -ō   SUPINE

Compounds and related words: **obstrepo (3)** to make a noise; **strepitus, -us, m.** noise
Model sentence: *Apes in alvo strepunt.* —Pliny

draw, bind, touch, prune

ACTIVE			PASSIVE	
		INDICATIVE		
Pres.	stringō	stringimus	stringor	stringimur
	stringis	stringitis	stringeris (-re)	stringiminī
	stringit	stringunt	stringitur	stringuntur
Impf.	stringēbam	stringēbāmus	stringēbar	stringēbāmur
	stringēbās	stringēbātis	stringēbāris (-re)	stringēbāminī
	stringēbat	stringēbant	stringēbātur	stringēbantur
Fut.	stringam	stringēmus	stringar	stringēmur
	stringēs	stringētis	stringēris (-re)	stringēminī
	stringet	stringent	stringētur	stringentur
Perf.	strinxī	strinximus	strictus sum	strictī sumus
	strinxistī	strinxistis	(-a, -um) es	(-ae, -a) estis
	strinxit	strinxērunt (-ēre)	est	sunt
Plup.	strinxeram	strinxerāmus	strictus eram	strictī erāmus
	strinxerās	strinxerātis	(-a, -um) erās	(-ae, -a) erātis
	strinxerat	strinxerant	erat	erant
Fut.	strinxerō	strinxerimus	strictus erō	strictī erimus
Perf.	strinxeris	strinxeritis	(-a, -um) eris	(-ae, -a) eritis
	strinxerit	strinxerint	erit	erunt
		SUBJUNCTIVE		
Pres.	stringam	stringāmus	stringar	stringāmur
	stringās	stringātis	stringāris (-re)	stringāminī
	stringat	stringant	stringātur	stringantur
Impf.	stringerem	stringerēmus	stringerer	stringerēmur
	stringerēs	stringerētis	stringerēris (-re)	stringerēminī
	stringeret	stringerent	stringerētur	stringerentur
Perf.	strinxerim	strinxerimus	strictus sim	strictī sīmus
	strinxeris	strinxeritis	(-a, -um) sīs	(-ae, -a) sītis
	strinxerit	strinxerint	sit	sint
Plup.	strinxissem	strinxissēmus	strictus essem	strictī essēmus
	strinxissēs	strinxissētis	(-a, -um) essēs	(-ae, -a) essētis
	strinxisset	strinxissent	esset	essent
		IMPERATIVE		
Pres.	stringe	stringite		
		INFINITIVE		
Pres.	stringere		stringī	
Perf.	strinxisse		strictus (-a, -um) esse	
Fut.	strictūrus (-a, -um) esse		strictum īrī	
		PARTICIPLE		
Pres.	stringens, (-ntis)			
Perf.			strictus (-a, -um)	
Fut.	strictūrus (-a, -um)		stringendus (-a, -um) (GERUNDIVE)	

GERUND stringendī, -ō, -um, -ō　　SUPINE strictum, -ū

Compounds and related words: **astringo (3)** to tighten; **constringo (3)** to restrain
Model sentence: *Gladium cum Arria de visceribus **strinxerat** ipsa suis,...* —Martial

struō

pile up, build, prepare

ACTIVE   PASSIVE

INDICATIVE

	Active			Passive	
Pres.	struō	struimus		struor	struimur
	struis	struitis		strueris (-re)	struiminī
	struit	struunt		struitur	struuntur
Impf.	struēbam	struēbāmus		struēbar	struēbāmur
	struēbās	struēbātis		struēbāris (-re)	struēbāminī
	struēbat	struēbant		struēbātur	struēbantur
Fut.	struam	struēmus		struar	struēmur
	struēs	struētis		struēris (-re)	struēminī
	struet	struent		struētur	struentur
Perf.	struxī	struximus		structus sum	structī sumus
	struxistī	struxistis		(-a, -um) es	(-ae, -a) estis
	struxit	struxērunt (-ēre)		est	sunt
Plup.	struxeram	struxerāmus		structus eram	structī erāmus
	struxerās	struxerātis		(-a, -um) erās	(-ae, -a) erātis
	struxerat	struxerant		erat	erant
Fut.	struxerō	struxerimus		structus erō	structī erimus
Perf.	struxeris	struxeritis		(-a, -um) eris	(-ae, -a) eritis
	struxerit	struxerint		erit	erunt

SUBJUNCTIVE

	Active			Passive	
Pres.	struam	struāmus		struar	struāmur
	struās	struātis		struāris (-re)	struāminī
	struat	struant		struātur	struantur
Impf.	struerem	struerēmus		struerer	struerēmur
	struerēs	struerētis		struerēris (-re)	struerēminī
	strueret	struerent		struerētur	struerentur
Perf.	struxerim	struxerimus		structus sim	structī sīmus
	struxeris	struxeritis		(-a, -um) sīs	(-ae, -a) sītis
	struxerit	struxerint		sit	sint
Plup.	struxissem	struxissēmus		structus essem	structī essēmus
	struxissēs	struxissētis		(-a, -um) essēs	(-ae, -a) essētis
	struxisset	struxissent		esset	essent

IMPERATIVE

Pres.	strue	struite

INFINITIVE

	Active	Passive
Pres.	struere	struī
Perf.	struxisse	structus (-a, -um) esse
Fut.	structūrus (-a, -um) esse	structum īrī

PARTICIPLE

	Active	Passive
Pres.	struens, (-ntis)	
Perf.		structus (-a, -um)
Fut.	structūrus (-a, -um)	struendus (-a, -um) (GERUNDIVE)

GERUND struendī, -ō, -um, -ō   SUPINE structum, -ū

Compounds and related words: **construo (3)** to build; **destruo (3)** to tear down; **exstruo (3)** to heap up; **instrumentum, -i, n.** tool; **instruo (3)** to erect; **obstruo (3)** to block

Model sentence: *"Marmore sicanio **struxi** tibi, Delphice, templum."* —Petronius

be eager for, desire

ACTIVE

INDICATIVE

Pres.	studeō	studēmus
	studēs	studētis
	studet	student
Impf.	studēbam	studēbāmus
	studēbās	studēbātis
	studēbat	studēbant
Fut.	studēbō	studēbimus
	studēbis	studēbitis
	studēbit	studēbunt
Perf.	studuī	studuimus
	studuistī	studuistis
	studuit	studuērunt (-ēre)
Plup.	studueram	studuerāmus
	studuerās	studuerātis
	studuerat	studuerant
Fut.	studuerō	studuerimus
Perf.	studueris	studueritis
	studuerit	studuerint

SUBJUNCTIVE

Pres.	studeam	studeāmus
	studeās	studeātis
	studeat	studeant
Impf.	studērem	studērēmus
	studērēs	studērētis
	studēret	studērent
Perf.	studuerim	studuerimus
	studueris	studueritis
	studuerit	studuerint
Plup.	studuissem	studuissēmus
	studuissēs	studuissētis
	studuisset	studuissent

IMPERATIVE

Pres.	studē	studēte

INFINITIVE

Pres.	studēre
Perf.	studuisse
Fut.	

PARTICIPLE

Pres.	studens, (-ntis)
Perf.	
Fut.	

GERUND studendī, -ō, -um, -ō   SUPINE

Usage notes: generally used with the **dative**

Alternate forms: **studivi** = studui

Compounds and related words: **studiosus, -a, -um** eager; **studium, -i, n.** eagerness

Model sentence: *Omnis homines qui sese **student** praestare ceteris animalibus summa ope niti decet ne vitam silentio transeant veluti percora.* —Sallust

be stunned

ACTIVE

INDICATIVE

Pres.	stupeō	stupēmus
	stupēs	stupētis
	stupet	stupent
Impf.	stupēbam	stupēbāmus
	stupēbās	stupēbātis
	stupēbat	stupēbant
Fut.	stupēbō	stupēbimus
	stupēbis	stupēbitis
	stupēbit	stupēbunt
Perf.	stupuī	stupuimus
	stupuistī	stupuistis
	stupuit	stupuērunt (-ēre)
Plup.	stupueram	stupuerāmus
	stupuerās	stupuerātis
	stupuerat	stupuerant
Fut.	stupuerō	stupuerimus
Perf.	stupueris	stupueritis
	stupuerit	stupuerint

SUBJUNCTIVE

Pres.	stupeam	stupeāmus
	stupeās	stupeātis
	stupeat	stupeant
Impf.	stupērem	stupērēmus
	stupērēs	stupērētis
	stupēret	stupērent
Perf.	stupuerim	stupuerimus
	stupueris	stupueritis
	stupuerit	stupuerint
Plup.	stupuissem	stupuissēmus
	stupuissēs	stupuissētis
	stupuisset	stupuissent

IMPERATIVE

| *Pres.* | stupē | stupēte |

INFINITIVE

Pres.	stupēre
Perf.	stupuisse
Fut.	

PARTICIPLE

Pres.	stupens, (-ntis)
Perf.	
Fut.	stupendus (-a, -um) (GERUNDIVE)

GERUND stupendī, -ō, -um, -ō   SUPINE

Compounds and related words: **obstipesco (3)** to be astounded; **stupor, is, m.** bewilderment
Model sentence: *Curae leves loquuntur, ingentes **stupent**.* —Seneca

advise

ACTIVE		PASSIVE	
INDICATIVE			

	ACTIVE		PASSIVE	
Pres.	suādeō	suādēmus	suādeor	suādēmur
	suādēs	suādētis	suādēris (-re)	suādēminī
	suādet	suādent	suādētur	suadentur
Impf.	suādēbam	suādēbāmus	suādēbar	suādēbāmur
	suādēbās	suādēbātis	suādēbāris (-re)	suādēbāminī
	suādēbat	suādēbant	suādēbātur	suādēbantur
Fut.	suādēbō	suādēbimus	suādēbor	suādēbimur
	suādēbis	suādēbitis	suādēberis (-re)	suādēbiminī
	suādēbit	suādēbunt	suādēbitur	suādēbuntur
Perf.	suāsī	suāsimus	suāsus sum	suāsī sumus
	suāsistī	suāsistis	(-a, -um) es	(-ae, -a) estis
	suāsit	suāsērunt (-ēre)	est	sunt
Plup.	suāseram	suāserāmus	suāsus eram	suāsī erāmus
	suāserās	suāserātis	(-a, -um) erās	(-ae, -a) erātis
	suāserat	suāserant	erat	erant
Fut.	suāserō	suāserimus	suāsus erō	suāsī erimus
Perf.	suāseris	suāseritis	(-a, -um) eris	(-ae, -a) eritis
	suāserit	suāserint	erit	erunt
SUBJUNCTIVE				
Pres.	suādeam	suādeāmus	suādear	suādeāmur
	suādeās	suādeātis	suādeāris (-re)	suādeāminī
	suādeat	suādeant	suādeātur	suādeantur
Impf.	suādērem	suādērēmus	suādērer	suādērēmur
	suādērēs	suādērētis	suādērēris (-re)	suādērēminī
	suādēret	suādērent	suādērētur	suādērentur
Perf.	suāserim	suāserimus	suāsus sim	suāsī sīmus
	suāseris	suāseritis	(-a, -um) sīs	(-ae, -a) sītis
	suāserit	suāserint	sit	sint
Plup.	suāsissem	suāsissēmus	suāsus essem	suāsī essēmus
	suāsissēs	suāsissētis	(-a, -um) essēs	(-ae, -a) essētis
	suāsisset	suāsissent	esset	essent
IMPERATIVE				
Pres.	suādē	suādēte		
INFINITIVE				
Pres.	suādēre		suādērī	
Perf.	suāsisse		suāsus (-a, -um) esse	
Fut.	suāsūrus (-a, -um) esse		suāsum īrī	
PARTICIPLE				
Pres.	suādens, (-ntis)			
Perf.			suāsus (-a, -um)	
Fut.	suāsūrus (-a, -um)		suādendus (-a, -um) (GERUNDIVE)	

GERUND suādendī, -ō, -um, -ō   SUPINE suāsum, -ū

Usage notes: generally used with the **dative**
Compounds and related words: **persuadeo (2)** to persuade; **suavis, -e** sweet; **suavitas, -tatis, f.** sweetness
Model sentence: *Quid mi igitur suades?* —Horace

approach, enter

ACTIVE   **PASSIVE**

INDICATIVE

Pres.	subeō	subīmus		subeor	subīmur	
	subīs	subītis		subīris (-re)	subīminī	
	subit	subeunt		subītur	subeuntur	
Impf.	subībam	subībāmus		subībar	subībāmur	
	subībās	subībātis		subībāris (-re)	subībāminī	
	subībat	subībant		subībātur	subībantur	
Fut.	subībō	subībimus		subībor	subībimur	
	subībis	subībitis		subīberis (-re)	subībiminī	
	subībit	subībunt		subībitur	subībuntur	
Perf.	subiī	subiimus		subitus sum	subitī sumus	
	subiistī	subiistis		(-a, -um) es	(-ae, -a) estis	
	subiit	subiērunt (-ēre)		est	sunt	
Plup.	subieram	subierāmus		subitus eram	subitī erāmus	
	subierās	subierātis		(-a, -um) erās	(-ae, -a) erātis	
	subierat	subierant		erat	erant	
Fut.	subierō	subierimus		subitus erō	subitī erimus	
Perf.	subieris	subieritis		(-a, -um) eris	(-ae, -a) eritis	
	subierit	subierint		erit	erunt	

SUBJUNCTIVE

Pres.	subeam	subeāmus		subear	subeāmur	
	subeās	subeātis		subeāris (-re)	subeāminī	
	subeat	subeant		subeātur	subeantur	
Impf.	subīrem	subīrēmus		subīrer	subīrēmur	
	subīrēs	subīrētis		subīrēris (-re)	subīrēminī	
	subīret	subīrent		subīrētur	subīrentur	
Perf.	subierim	subierimus		subitus sim	subitī sīmus	
	subieris	subieritis		(-a, -um) sīs	(-ae, -a) sītis	
	subierit	subierint		sit	sint	
Plup.	subīssem	subīssēmus		subitus essem	subitī essēmus	
	subīssēs	subīssētis		(-a, -um) essēs	(-ae, -a) essētis	
	subīsset	subīssent		esset	essent	

IMPERATIVE

Pres.	subī	subīte

INFINITIVE

Pres.	subīre	subīrī
Perf.	subīsse	subitus (-a, -um) esse
Fut.	subitūrus (-a, -um) esse	subitum īrī

PARTICIPLE

Pres.	subiens, (-euntis)	
Perf.		subitus (-a, -um)
Fut.	subitūrus (-a, -um)	subeundus (-a, -um) (GERUNDIVE)

GERUND subeundī, -ō, -um, -ō   SUPINE subitum, -ū

Alternate forms: **subivi** = subii
Compounds and related words: **subito** suddenly; **subitus, -a, -um** sudden
See **eo** for other compounds of this verb.
Model sentence: *Albani **subiere** ad montes.* —Livy

throw or place under, lift, substitute

<table>
<tr><th colspan="2" style="text-align:center">ACTIVE</th><th colspan="2" style="text-align:center">PASSIVE</th></tr>
<tr><td colspan="4" style="text-align:center">INDICATIVE</td></tr>
</table>

	ACTIVE		PASSIVE	
Pres.	sūbiciō	sūbicimus	sūbicior	sūbicimur
	sūbicis	sūbicitis	sūbiceris (-re)	sūbiciminī
	sūbicit	sūbiciunt	sūbicitur	sūbiciuntur
Impf.	sūbiciēbam	sūbiciēbāmus	sūbiciēbar	sūbiciēbāmur
	sūbiciēbās	sūbiciēbātis	sūbiciēbāris (-re)	sūbiciēbāminī
	sūbiciēbat	sūbiciēbant	sūbiciēbātur	sūbiciēbantur
Fut.	sūbiciam	sūbiciēmus	sūbiciar	sūbiciēmur
	sūbiciēs	sūbiciētis	sūbiciēris (-re)	sūbiciēminī
	sūbiciet	sūbicient	sūbiciētur	sūbicientur
Perf.	sūbiēcī	sūbiēcimus	sūbiectus sum	sūbiectī sumus
	sūbiēcistī	sūbiēcistis	(-a, -um) es	(-ae, -a) estis
	sūbiēcit	sūbiēcērunt (-ēre)	est	sunt
Plup.	sūbiēceram	sūbiēcerāmus	sūbiectus eram	sūbiectī erāmus
	sūbiēcerās	sūbiēcerātis	(-a, -um) erās	(-ae, -a) erātis
	sūbiēcerat	sūbiēcerant	erat	erant
Fut.	sūbiēcerō	sūbiēcerimus	sūbiectus erō	sūbiectī erimus
Perf.	sūbiēceris	sūbiēceritis	(-a, -um) eris	(-ae, -a) eritis
	sūbiēcerit	sūbiēcerint	erit	erunt

SUBJUNCTIVE

	ACTIVE		PASSIVE	
Pres.	sūbiciam	sūbiciāmus	sūbiciar	sūbiciāmur
	sūbiciās	sūbiciātis	sūbiciāris (-re)	sūbiciāminī
	sūbiciat	sūbiciant	sūbiciātur	sūbiciantur
Impf.	sūbicerem	sūbicesūbmus	sūbicerer	sūbicesūbmur
	sūbicesūbs	sūbicesūbtis	sūbicesūbris (-re)	sūbicesūbminī
	sūbiceret	sūbicerent	sūbicesūbtur	sūbicerentur
Perf.	sūbiēcerim	sūbiēcerimus	sūbiectus sim	sūbiectī sīmus
	sūbiēceris	sūbiēceritis	(-a, -um) sīs	(-ae, -a) sītis
	sūbiēcerit	sūbiēcerint	sit	sint
Plup.	sūbiēcissem	sūbiēcissēmus	sūbiectus essem	sūbiectī essēmus
	sūbiēcissēs	sūbiēcissētis	(-a, -um) essēs	(-ae, -a) essētis
	sūbiēcisset	sūbiēcissent	esset	essent

IMPERATIVE

	ACTIVE		PASSIVE	
Pres.	sūbice	sūbicite		

INFINITIVE

	ACTIVE	PASSIVE
Pres.	sūbicere	sūbicī
Perf.	sūbiēcisse	sūbiectus (-a, -um) esse
Fut.	sūbiectūrus (-a, -um) esse	sūbiectum īrī

PARTICIPLE

	ACTIVE	PASSIVE
Pres.	sūbiciens, (-ntis)	
Perf.		sūbiectus (-a, -um)
Fut.	sūbiectūrus (-a, -um)	sūbiciendus (-a, -um) (GERUNDIVE)

GERUND sūbiciendī, -ō, -um, -ō   SUPINE sūbiectum, -ū

Compounds and related words: **subiectio, -onis, f.** a placing under; **subiecto (1)** to place under; **subiector, -is, m.** a forger
See **iacio** for other compounds of this verb.
Model sentence: *Ligna et sarmenta circumdare ignemque circum **subicere** coeperunt.* —Cicero

be under or close by

ACTIVE

INDICATIVE

Pres.	subsum	subsumus
	subes	subestis
	subest	subsunt
Impf.	suberam	suberāmus
	suberās	suberātis
	suberat	suberant
Fut.	suberō	suberimus
	suberis	suberitis
	suberit	suberunt
Perf.		
Plup.		
Fut.		
Perf.		

SUBJUNCTIVE

Pres.	subsim	subsīmus
	subsīs	subsītis
	subsit	subsint
Impf.	subessem	subessēmus
	subessēs	subessētis
	subesset	subessent
Perf.		
Plup.		

IMPERATIVE

Pres.	subes	subeste

INFINITIVE

Pres.	subesse
Perf.	
Fut.	

PARTICIPLE

Pres.
Perf.
Fut.

GERUND   SUPINE

See **sum** for other compounds of this verb.

Model sentence: *Tandem vulneribus defessi et pedem referre et, quod mons* **suberat** *circiter mille passuum, eo se recipere coeperunt.* —Caesar

become accustomed

ACTIVE

INDICATIVE

Pres.	suescō	suescimus
	suescis	suescitis
	suescit	suescunt
Impf.	suescēbam	suescēbāmus
	suescēbās	suescēbātis
	suescēbat	suescēbant
Fut.	suescam	suescēmus
	suescēs	suescētis
	suescēt	suescēnt
Perf.	suēvī	suēvimus
	suēvistī	suēvistis
	suēvit	suēvērunt (-ēre)
Plup.	suēveram	suēverāmus
	suēverās	suēverātis
	suēverat	suēverant
Fut.	suēverō	suēverimus
Perf.	suēveris	suēveritis
	suēverit	suēverint

SUBJUNCTIVE

Pres.	suescam	suescāmus
	suescās	suescātis
	suescat	suescant
Impf.	suescerem	suescerēmus
	suescerēs	suescerētis
	suesceret	suescerent
Perf.	suēverim	suēverimus
	suēveris	suēveritis
	suēverit	suēverint
Plup.	suēvissem	suēvissēmus
	suēvissēs	suēvissētis
	suēvisset	suēvissent

IMPERATIVE

Pres.	suesce	suescite

INFINITIVE

Pres.	suescere
Perf.	suēvisse
Fut.	suētūrus (-a, -um) esse

PARTICIPLE

	Active	Passive
Pres.	suescens, (-ntis)	
Perf.		suētus (-a, -um)
Fut.	suētūrus (-a, -um)	suescendus (-a, -um) (GERUNDIVE)

GERUND suescendī, -ō, -um, -ō   SUPINE suētum, -ū

Usage notes: often used with the **dative**

Alternate forms: **suerunt** = sueverunt; **suesse** = suevisse; **suesti** = suevisti

Compounds and related words: **assuetus, -a, -um** accustomed; **consuesco (3)** to accustom;
   consuetudo, -inis, f. habit; **insuesco (3)** to accustom; **mansuesco (3)** to tame

Model sentence: *Drusus in Illyricum missus est, ut **suesceret** militiae.* —Tacitus

hold up, endure, suffer

ACTIVE		PASSIVE	
INDICATIVE			

Pres.	sufferō	sufferimus	sufferor	sufferimur
	suffers	suffertis	sufferris (-re)	sufferiminī
	suffert	sufferunt	suffertur	sufferuntur
Impf.	sufferēbam	sufferēbāmus	sufferēbar	sufferēbāmur
	sufferēbās	sufferēbātis	sufferēbāris (-re)	sufferēbāminī
	sufferēbat	sufferēbant	sufferēbātur	sufferēbantur
Fut.	sufferam	sufferēmus	sufferar	sufferēmur
	sufferēs	sufferētis	sufferēris (-re)	sufferēminī
	sufferet	sufferent	sufferētur	sufferentur
Perf.	sustulī	sustulimus	sublātus sum	sublātī sumus
	sustulistī	sustulistis	(-a, -um) es	(-ae, -a) estis
	sustulit	sustulērunt (-ēre)	est	sunt
Plup.	sustuleram	sustulerāmus	sublātus eram	sublātī erāmus
	sustulerās	sustulerātis	(-a, -um) erās	(-ae, -a) erātis
	sustulerat	sustulerant	erat	erant
Fut.	sustulerō	sustulerimus	sublātus erō	sublātī erimus
Perf.	sustuleris	sustuleritis	(-a, -um) eris	(-ae, -a) eritis
	sustulerit	sustulerint	erit	erunt

SUBJUNCTIVE			

Pres.	sufferam	sufferāmus	sufferar	sufferāmur
	sufferās	sufferātis	sufferāris (-re)	sufferāminī
	sufferat	sufferant	sufferātur	sufferantur
Impf.	sufferrem	sufferrēmus	sufferrer	sufferrēmur
	sufferrēs	sufferrētis	sufferrēris (-re)	sufferrēminī
	sufferret	sufferrent	sufferrētur	sufferrentur
Perf.	sustulerim	sustulerimus	sublātus sim	sublātī sīmus
	sustuleris	sustuleritis	(-a, -um) sīs	(-ae, -a) sītis
	sustulerit	sustulerint	sit	sint
Plup.	sustulissem	sustulissēmus	sublātus essem	sublātī essēmus
	sustulissēs	sustulissētis	(-a, -um) essēs	(-ae, -a) essētis
	sustulisset	sustulissent	esset	essent

IMPERATIVE			
Pres.	suffer	sufferte		

INFINITIVE			
Pres.	sufferre		sufferrī	
Perf.	sustulisse		sublātus (-a, -um) esse	
Fut.	sublātūrus (-a, -um) esse		sublātum īrī	

PARTICIPLE			
Pres.	sufferens, (-ntis)			
Perf.			sublātus (-a, -um)	
Fut.	sublātūrus (-a, -um)		sufferendus (-a, -um) (GERUNDIVE)	

GERUND sufferendī, -ō, -um, -ō   SUPINE sublātum, -ū

Alternate forms: **subfero** = suffero
See **fero** for other compounds of this verb.
Model sentence: *Instat vi patria Pyrrhus: nec claustra nec ipsi custodes **sufferre** valent.* —Vergil

ACTIVE

INDICATIVE

Pres.	sum	sumus
	es	estis
	est	sunt
Impf.	eram	erāmus
	erās	erātis
	erat	erant
Fut.	erō	erimus
	eris	eritis
	erit	erunt
Perf.	fuī	fuimus
	fuistī	fuistis
	fuit	fuērunt (-ēre)
Plup.	fueram	fuerāmus
	fuerās	fuerātis
	fuerat	fuerant
Fut.	fuerō	fuerimus
Perf.	fueris	fueritis
	fuerit	fuerint

SUBJUNCTIVE

Pres.	sim	sīmus
	sīs	sītis
	sit	sint
Impf.	essem (forem)	essēmus (forēmus)
	essēs (forēs)	essētis (forētis)
	esset (foret)	essent (forent)
Perf.	fuerim	fuerimus
	fueris	fueritis
	fuerit	fuerint
Plup.	fuissem	fuissēmus
	fuissēs	fuissētis
	fuisset	fuissent

IMPERATIVE

Pres.	es	este

INFINITIVE

Pres.	esse
Perf.	fuisse
Fut.	futūrus (-a, -um) esse (fore)

PARTICIPLE

Pres.	ens, -ntis
Perf.	
Fut.	futūrus (-a, -um)

GERUND   SUPINE

sum

COMPOUNDS:

absum, abesse, afui, afuturus to be away

adsum, adesse, adfui to be present

desum, deesse, defui, defuturus to fail

insum, inesse, infui to be in or on

intersum, interesse, interfui to be amongst

obsum, obesse, obfui to be in the way

possum, posse, potui to be able

praesum, praeesse, praefui to be in charge

prosum, prodesse, profui to be useful

subsum, subesse, subfui to be close to

supersum, superesse, superfui, superfuturus to survive

ALTERNATE FORMS:

escit = erit

escunt = erunt

esit = erit

essis = es

esum = sum

forem, etc. = essem, etc.

fuam, etc. = sim, etc.

fueit = fuit

fuvimus = fuimus

fuvisset = fuisset

siem, etc. = sim, etc.

simus = sumus

This verb is hands down the most essential verb in the Latin language! It appears on its own, in compounds, and is used to form all the perfect passive tense forms among other things. It is also the most irregular of Latin verbs, but its peculiarities become less peculiar if you are familiar with a linguistic phenomenon called *rhotacism.*

Rhotacism is when an **s** changes to an **r** when it appears between two vowels. You can see an example of this in English with the verb forms *was* and *were.* The actual root of the verb sum is **es-**. In archaic Latin the present tense went like this:

esum	esumus
es	estis
est	esunt

Over time, the forms followed by an **m** or an **n** dropped the initial **e**. In the imperfect and future tenses, however, the **es-** remained, but became rhotacized with the addition of endings, so **esam** became **eram**, **esas** became **eras**, and so on. Same thing for the future tense form **eso** becoming **ero**, etc.

The root **fu-** in **fui** and **futurus** came from a completely different verb, just like what happened for the English verb of the same meaning. The forms *am, is,* and *are* are from a different verb than the forms *was* and *were,* which are from yet another different verb than *be, being,* and *been.*

MODEL SENTENCE:
Dulce et decorum est pro patria mori.
—Horace

take

ACTIVE		PASSIVE	
INDICATIVE			
Pres.	sūmō	sūmimus	sūmor	sūmimur
	sūmis	sūmitis	sūmeris (-re)	sūmiminī
	sūmit	sūmunt	sūmitur	sūmuntur
Impf.	sūmēbam	sūmēbāmus	sūmēbar	sūmēbāmur
	sūmēbās	sūmēbātis	sūmēbāris (-re)	sūmēbāminī
	sūmēbat	sūmēbant	sūmēbātur	sūmēbantur
Fut.	sūmam	sūmēmus	sūmar	sūmēmur
	sūmēs	sūmētis	sūmēris (-re)	sūmēminī
	sūmet	sūment	sūmētur	sūmentur
Perf.	sumpsī	sumpsimus	sumptus sum	sumptī sumus
	sumpsistī	sumpsistis	(-a, -um) es	(-ae, -a) estis
	sumpsit	sumpsērunt (-ēre)	est	sunt
Plup.	sumpseram	sumpserāmus	sumptus eram	sumptī erāmus
	sumpserās	sumpserātis	(-a, -um) erās	(-ae, -a) erātis
	sumpserat	sumpserant	erat	erant
Fut.	sumpserō	sumpserimus	sumptus erō	sumptī erimus
Perf.	sumpseris	sumpseritis	(-a, -um) eris	(-ae, -a) eritis
	sumpserit	sumpserint	erit	erunt
SUBJUNCTIVE			
Pres.	sūmam	sūmāmus	sūmar	sūmāmur
	sūmās	sūmātis	sūmāris (-re)	sūmāminī
	sūmat	sūmant	sūmātur	sūmantur
Impf.	sūmerem	sūmerēmus	sūmerer	sūmerēmur
	sūmerēs	sūmerētis	sūmerēris (-re)	sūmerēminī
	sūmeret	sūmerent	sūmerētur	sūmerentur
Perf.	sumpserim	sumpserimus	sumptus sim	sumptī sīmus
	sumpseris	sumpseritis	(-a, -um) sīs	(-ae, -a) sītis
	sumpserit	sumpserint	sit	sint
Plup.	sumpsissem	sumpsissēmus	sumptus essem	sumptī essēmus
	sumpsissēs	sumpsissētis	(-a, -um) essēs	(-ae, -a) essētis
	sumpsisset	sumpsissent	esset	essent
IMPERATIVE			
Pres.	sūme	sūmite		
INFINITIVE			
Pres.	sūmere		sūmī	
Perf.	sumpsisse		sumptus (-a, -um) esse	
Fut.	sumptūrus (-a, -um) esse		sumptum īrī	
PARTICIPLE			
Pres.	sūmens, (-ntis)			
Perf.			sumptus (-a, -um)	
Fut.	sumptūrus (-a, -um)		sūmendus (-a, -um) (GERUNDIVE)	

GERUND sūmendī, -ō, -um, -ō SUPINE sumptum, -ū

Alternate forms: **serempsit** = sumpserit; **sumpse** = sumpsisse; **suremit** = sumpsit; (con)sumpsti = (con)sumpisti

Compounds and related words: **absumo (3)** to consume; **assumo (3)** to receive; **consumo (3)** to consume; **praesumo (3)** to anticipate; **resumo (3)** to take up again; **sumptus, -us, m.** expense

Model sentence: *Litteras ad te a M. Lepido consule quasi commendaticias **sumpsimus.*** —Cicero

superō

overcome, surpass

<table>
<tr><th colspan="3" style="text-align:center">ACTIVE</th><th colspan="2" style="text-align:center">PASSIVE</th></tr>
<tr><td colspan="5" style="text-align:center">INDICATIVE</td></tr>
<tr><td>Pres.</td><td>superō
superās
superat</td><td>superāmus
superātis
superant</td><td>superor
superāris (-re)
superātur</td><td>superāmur
superāminī
superantur</td></tr>
<tr><td>Impf.</td><td>superābam
superābās
superābat</td><td>superābāmus
superābātis
superābant</td><td>superābar
superābāris (-re)
superābātur</td><td>superābāmur
superābāminī
superābantur</td></tr>
<tr><td>Fut.</td><td>superābō
superābis
superābit</td><td>superābimus
superābitis
superābunt</td><td>superābor
superāberis (-re)
superābitur</td><td>superābimur
superābiminī
superābuntur</td></tr>
<tr><td>Perf.</td><td>superāvī
superāvistī
superāvit</td><td>superāvimus
superāvistis
superāvērunt (-ēre)</td><td>superātus sum
(-a, -um) es
est</td><td>superātī sumus
(-ae, -a) estis
sunt</td></tr>
<tr><td>Plup.</td><td>superāveram
superāverās
superāverat</td><td>superāverāmus
superāverātis
superāverant</td><td>superātus eram
(-a, -um) erās
erat</td><td>superātī erāmus
(-ae, -a) erātis
erant</td></tr>
<tr><td>Fut.
Perf.</td><td>superāverō
superāveris
superāverit</td><td>superāverimus
superāveritis
superāverint</td><td>superātus erō
(-a, -um) eris
erit</td><td>superātī erimus
(-ae, -a) eritis
erunt</td></tr>
<tr><td colspan="5" style="text-align:center">SUBJUNCTIVE</td></tr>
<tr><td>Pres.</td><td>superem
superēs
superet</td><td>superēmus
superētis
superent</td><td>superer
superēris (-re)
superētur</td><td>superēmur
superēminī
superentur</td></tr>
<tr><td>Impf.</td><td>superārem
superārēs
superāret</td><td>superārēmus
superārētis
superārent</td><td>superārer
superārēris (-re)
superārētur</td><td>superārēmur
superārēminī
superārentur</td></tr>
<tr><td>Perf.</td><td>superāverim
superāveris
superāverit</td><td>superāverimus
superāveritis
superāverint</td><td>superātus sim
(-a, -um) sīs
sit</td><td>superātī sīmus
(-ae, -a) sītis
sint</td></tr>
<tr><td>Plup.</td><td>superāvissem
superāvissēs
superāvisset</td><td>superāvissēmus
superāvissētis
superāvissent</td><td>superātus essem
(-a, -um) essēs
esset</td><td>superātī essēmus
(-ae, -a) essētis
essent</td></tr>
<tr><td colspan="5" style="text-align:center">IMPERATIVE</td></tr>
<tr><td>Pres.</td><td>superā</td><td>superāte</td><td></td><td></td></tr>
<tr><td colspan="5" style="text-align:center">INFINITIVE</td></tr>
<tr><td>Pres.</td><td colspan="2">superāre</td><td colspan="2">superārī</td></tr>
<tr><td>Perf.</td><td colspan="2">superāvisse</td><td colspan="2">superātus (-a, -um) esse</td></tr>
<tr><td>Fut.</td><td colspan="2">superātūrus (-a, -um) esse</td><td colspan="2">superātum īrī</td></tr>
<tr><td colspan="5" style="text-align:center">PARTICIPLE</td></tr>
<tr><td>Pres.</td><td colspan="2">superans, (-ntis)</td><td colspan="2"></td></tr>
<tr><td>Perf.</td><td colspan="2"></td><td colspan="2">superātus (-a, -um)</td></tr>
<tr><td>Fut.</td><td colspan="2">superātūrus (-a, -um)</td><td colspan="2">superandus (-a, -um) (GERUNDIVE)</td></tr>
</table>

GERUND superandī, -ō, -um, -ō   SUPINE superātum, -ū

Compounds and related words: **exsupero (1)** to surpass; **super** above; **superbia, -ae, f.** arrogance; **superbus, -a, -um** arrogant; **superus, -a, -um** upper

Model sentence: *Materiam **superabat** opus.* —Ovid

be left over, survive, abound

ACTIVE

INDICATIVE

Pres.	supersum	supersumus
	superes	superestis
	superest	supersunt
Impf.	supereram	supererāmus
	supererās	supererātis
	supererat	supererant
Fut.	supererō	supererimus
	supereris	supereritis
	supererit	supererunt
Perf.	superfuī	superfuimus
	superfuistī	superfuistis
	superfuit	superfuērunt (-ēre)
Plup.	superfueram	superfuerāmus
	superfuerās	superfuerātis
	superfuerat	superfuerant
Fut.	superfuerō	superfuerimus
Perf.	superfueris	superfueritis
	superfuerit	superfuerint

SUBJUNCTIVE

Pres.	supersim	supersīmus
	supersīs	supersītis
	supersit	supersint
Impf.	superessem	superessēmus
	superessēs	superessētis
	superesset	superessent
Perf.	superfuerim	superfuerimus
	superfueris	superfueritis
	superfuerit	superfuerint
Plup.	superfuissem	superfuissēmus
	superfuissēs	superfuissētis
	superfuisset	superfuissent

IMPERATIVE

Pres.	superes	supereste

INFINITIVE

Pres.	superesse
Perf.	superfuisse
Fut.	superfutūrus (-a, -um) esse

PARTICIPLE

Pres.	
Perf.	
Fut.	superfutūrus (-a, -um)

GERUND   SUPINE

Alternate forms: **superescit** = superest
See **sum** for other compounds of this verb.
Model sentence: *Nil actum reputa si quid **superest** agendum.* —Lucan

raise, stand up, ascend

	ACTIVE		PASSIVE	
		INDICATIVE		
Pres.	surgō	surgimus	surgor	surgimur
	surgis	surgitis	surgeris (-re)	surgiminī
	surgit	surgunt	surgitur	surguntur
Impf.	surgēbam	surgēbāmus	surgēbar	surgēbāmur
	surgēbās	surgēbātis	surgēbāris (-re)	surgēbāminī
	surgēbat	surgēbant	surgēbātur	surgēbantur
Fut.	surgam	surgēmus	surgar	surgēmur
	surgēs	surgētis	surgēris (-re)	surgēminī
	surget	surgent	surgētur	surgentur
Perf.	surrexī	surreximus	surrectus sum	surrectī sumus
	surrexistī	surrexistis	(-a, -um) es	(-ae, -a) estis
	surrexit	surrexērunt (-ēre)	est	sunt
Plup.	surrexeram	surrexerāmus	surrectus eram	surrectī erāmus
	surrexerās	surrexerātis	(-a, -um) erās	(-ae, -a) erātis
	surrexerat	surrexerant	erat	erant
Fut.	surrexerō	surrexerimus	surrectus erō	surrectī erimus
Perf.	surrexeris	surrexeritis	(-a, -um) eris	(-ae, -a) eritis
	surrexerit	surrexerint	erit	erunt
		SUBJUNCTIVE		
Pres.	surgam	surgāmus	surgar	surgāmur
	surgās	surgātis	surgāris (-re)	surgāminī
	surgat	surgant	surgātur	surgantur
Impf.	surgerem	surgerēmus	surgerer	surgerēmur
	surgerēs	surgerētis	surgerēris (-re)	surgerēminī
	surgeret	surgerent	surgerētur	surgerentur
Perf.	surrexerim	surrexerimus	surrectus sim	surrectī sīmus
	surrexeris	surrexeritis	(-a, -um) sīs	(-ae, -a) sītis
	surrexerit	surrexerint	sit	sint
Plup.	surrexissem	surrexissēmus	surrectus essem	surrectī essēmus
	surrexissēs	surrexissētis	(-a, -um) essēs	(-ae, -a) essētis
	surrexisset	surrexissent	esset	essent
		IMPERATIVE		
Pres.	surge	surgite		
		INFINITIVE		
Pres.	surgere		surgī	
Perf.	surrexisse		surrectus (-a, -um) esse	
Fut.	surrectūrus (-a, -um) esse		surrectum īrī	
		PARTICIPLE		
Pres.	surgens, (-ntis)			
Perf.			surrectus (-a, -um)	
Fut.	surrectūrus (-a, -um)		surgendus (-a, -um) (GERUNDIVE)	

GERUND surgendī, -ō, -um, -ō   SUPINE surrectum, -ū

Alternate forms: **subrectum** = surrectum; **subrexi** = surrexi; **subrigo** = surgo; **surregit** = surrexit;
   surrexe = surrexisse; **surrexti** = surrexisti; **surrigo** = surgo
Compounds and related words: **assurgo (3)** to stand up; **consurgo (3)** to stand up; **exsurgo (3)**
   to stand up; **insurgo (3)** to rise up; **resurgo (3)** to stand back up
See **rego** for other compounds of this verb.
Model sentence: *Plaudite, valete, lumbos **surgite** atque extollite.* —Plautus

hang

	ACTIVE		**PASSIVE**	
		INDICATIVE		
Pres.	suspendō	suspendimus	suspendor	suspendimur
	suspendis	suspenditis	suspenderis (-re)	suspendiminī
	suspendit	suspendunt	suspenditur	suspenduntur
Impf.	suspendēbam	suspendēbāmus	suspendēbar	suspendēbāmur
	suspendēbās	suspendēbātis	suspendēbāris (-re)	suspendēbāminī
	suspendēbat	suspendēbant	suspendēbātur	suspendēbantur
Fut.	suspendam	suspendēmus	suspendar	suspendēmur
	suspendēs	suspendētis	suspendēris (-re)	suspendēminī
	suspendet	suspendent	suspendētur	suspendentur
Perf.	suspendī	suspendimus	suspensus sum	suspensī sumus
	suspendistī	suspendistis	(-a, -um) es	(-ae, -a) estis
	suspendit	suspendērunt (-ēre)	est	sunt
Plup.	suspenderam	suspenderāmus	suspensus eram	suspensī erāmus
	suspenderās	suspenderātis	(-a, -um) erās	(-ae, -a) erātis
	suspenderat	suspenderant	erat	erant
Fut.	suspenderō	suspenderimus	suspensus erō	suspensī erimus
Perf.	suspenderis	suspenderitis	(-a, -um) eris	(-ae, -a) eritis
	suspenderit	suspenderint	erit	erunt
		SUBJUNCTIVE		
Pres.	suspendam	suspendāmus	suspendar	suspendāmur
	suspendās	suspendātis	suspendāris (-re)	suspendāminī
	suspendat	suspendant	suspendātur	suspendantur
Impf.	suspenderem	suspenderēmus	suspenderer	suspenderēmur
	suspenderēs	suspenderētis	suspenderēris (-re)	suspenderēminī
	suspenderet	suspenderent	suspenderētur	suspenderentur
Perf.	suspenderim	suspenderimus	suspensus sim	suspensī sīmus
	suspenderis	suspenderitis	(-a, -um) sīs	(-ae, -a) sītis
	suspenderit	suspenderint	sit	sint
Plup.	suspendissem	suspendissēmus	suspensus essem	suspensī essēmus
	suspendissēs	suspendissētis	(-a, -um) essēs	(-ae, -a) essētis
	suspendisset	suspendissent	esset	essent
		IMPERATIVE		
Pres.	suspende	suspendite		
		INFINITIVE		
Pres.	suspendere		suspendī	
Perf.	suspendisse		suspensus (-a, -um) esse	
Fut.	suspensūrus (-a, -um) esse		suspensum īrī	
		PARTICIPLE		
Pres.	suspendens, (-ntis)			
Perf.			suspensus (-a, -um)	
Fut.	suspensūrus (-a, -um)		suspendendus (-a, -um) (GERUNDIVE)	

GERUND suspendendī, -ō, -um, -ō   SUPINE suspensum, -ū

Compounds and related words: **pendo (3)** to hang; **suspendium, -i, n.** a hanging
See **pendo** for other compounds of this verb.
Model sentence: *Rusticus emeritum palo **suspendat** aratrum.* —Ovid

taceō

taceō, tacēre, tacuī, tacitum

be silent, keep still

ACTIVE			PASSIVE	
INDICATIVE				
Pres.	taceō	tacēmus		
	tacēs	tacētis		
	tacet	tacent	tacētur	tacentur
Impf.	tacēbam	tacēbāmus		
	tacēbās	tacēbātis		
	tacēbat	tacēbant	tacēbātur	tacēbantur
Fut.	tacēbō	tacēbimus		
	tacēbis	tacēbitis		
	tacēbit	tacēbunt	tacēbitur	tacēbuntur
Perf.	tacuī	tacuimus		
	tacuistī	tacuistis		
	tacuit	tacuērunt (-ēre)	tacitus (-a, -um) est	tacitī (-ae, -a) sunt
Plup.	tacueram	tacuerāmus		
	tacuerās	tacuerātis		
	tacuerat	tacuerant	tacitus (-a, -um) erat	tacitī (-ae, -a) erant
Fut.	tacuerō	tacuerimus		
Perf.	tacueris	tacueritis		
	tacuerit	tacuerint	tacitus (-a, -um) erit	tacitī (-ae, -a) erunt
SUBJUNCTIVE				
Pres.	taceam	taceāmus		
	taceās	taceātis		
	taceat	taceant	taceātur	taceantur
Impf.	tacērem	tacērēmus		
	tacērēs	tacērētis		
	tacēret	tacērent	tacērētur	tacērentur
Perf.	tacuerim	tacuerimus		
	tacueris	tacueritis		
	tacuerit	tacuerint	tacitus (-a, -um) sit	tacitī (-ae, -a) sint
Plup.	tacuissem	tacuissēmus		
	tacuissēs	tacuissētis		
	tacuisset	tacuissent	tacitus (-a, -um) esset	tacitī (-ae, -a) essent
IMPERATIVE				
Pres.	tacē	tacēte		
INFINITIVE				
Pres.	tacēre		tacērī	
Perf.	tacuisse		tacitus (-a, -um) esse	
Fut.	tacitūrus (-a, -um) esse		tacitum īrī	
PARTICIPLE				
Pres.	tacens, (-ntis)			
Perf.			tacitus (-a, -um)	
Fut.	tacitūrus (-a, -um)		tacendus (-a, -um) (GERUNDIVE)	

GERUND tacendī, -ō, -um, -ō   SUPINE tacitum, -ū

Compounds and related words: **reticentia, -ae, f.** a keeping quiet; **reticeo (2)** to keep quiet; **taciturnitas, -tatis, f.** silence; **taciturnus, -a, -um** quiet; **tacitus, -a, -um** quiet
Model sentence: *Quae vera audivi, taceo.* —Terence

touch

ACTIVE · PASSIVE

INDICATIVE

Pres.				
tangō	tangimus	tangor	tangimur
tangis	tangitis	tangeris (-re)	tangiminī
tangit	tangunt	tangitur	tanguntur

Impf.				
tangēbam	tangēbāmus	tangēbar	tangēbāmur
tangēbās	tangēbātis	tangēbāris (-re)	tangēbāminī
tangēbat	tangēbant	tangēbātur	tangēbantur

Fut.				
tangam	tangēmus	tangar	tangēmur
tangēs	tangētis	tangēris (-re)	tangēminī
tanget	tangent	tangētur	tangentur

Perf.				
tetigī	tetigimus	tactus sum	tactī sumus
tetigistī	tetigistis	(-a, -um) es	(-ae, -a) estis
tetigit	tetigērunt (-ēre)	est	sunt

Plup.				
tetigeram	tetigerāmus	tactus eram	tactī erāmus
tetigerās	tetigerātis	(-a, -um) erās	(-ae, -a) erātis
tetigerat	tetigerant	erat	erant

Fut. Perf.				
tetigerō	tetigerimus	tactus erō	tactī erimus
tetigeris	tetigeritis	(-a, -um) eris	(-ae, -a) eritis
tetigerit	tetigerint	erit	erunt

SUBJUNCTIVE

Pres.				
tangam	tangāmus	tangar	tangāmur
tangās	tangātis	tangāris (-re)	tangāminī
tangat	tangant	tangātur	tangantur

Impf.				
tangerem	tangerēmus	tangerer	tangerēmur
tangerēs	tangerētis	tangerēris (-re)	tangerēminī
tangeret	tangerent	tangerētur	tangerentur

Perf.				
tetigerim	tetigerimus	tactus sim	tactī sīmus
tetigeris	tetigeritis	(-a, -um) sīs	(-ae, -a) sītis
tetigerit	tetigerint	sit	sint

Plup.				
tetigissem	tetigissēmus	tactus essem	tactī essēmus
tetigissēs	tetigissētis	(-a, -um) essēs	(-ae, -a) essētis
tetigisset	tetigissent	esset	essent

IMPERATIVE

Pres.			
tange	tangite		

INFINITIVE

Pres.	tangere	tangī
Perf.	tetigisse	tactus (-a, -um) esse
Fut.	tactūrus (-a, -um) esse	tactum īrī

PARTICIPLE

Pres.	tangens, (-ntis)	
Perf.		tactus (-a, -um)
Fut.	tactūrus (-a, -um)	tangendus (-a, -um) (GERUNDIVE)

GERUND tangendī, -ō, -um, -ō   SUPINE tactum, -ū

Alternate forms: **tago, tagere, taxi** = tango, tangere, tetigi
Compounds and related words: **attingo (3)** to touch; **contingo (3)** touch; **contiguus, -a, -um** adjoining; **tactilis, -e** that which can be touched; **tactio, -onis, f.** the sense of touch; **tactus, -us, m.** a touch
Model sentence: *Praedam non **tetigere** canes.* —Martial

T

cover, conceal

	ACTIVE			PASSIVE	
INDICATIVE					
Pres.	tegō	tegimus		tegor	tegimur
	tegis	tegitis		tegeris (-re)	tegiminī
	tegit	tegunt		tegitur	teguntur
Impf.	tegēbam	tegēbāmus		tegēbar	tegēbāmur
	tegēbās	tegēbātis		tegēbāris (-re)	tegēbāminī
	tegēbat	tegēbant		tegēbātur	tegēbantur
Fut.	tegam	tegēmus		tegar	tegēmur
	tegēs	tegētis		tegēris (-re)	tegēminī
	teget	tegent		tegētur	tegentur
Perf.	texī	teximus		tectus sum	tectī sumus
	texistī	texistis		(-a, -um) es	(-ae, -a) estis
	texit	texērunt (-ēre)		est	sunt
Plup.	texeram	texerāmus		tectus eram	tectī erāmus
	texerās	texerātis		(-a, -um) erās	(-ae, -a) erātis
	texerat	texerant		erat	erant
Fut. Perf.	texerō	texerimus		tectus erō	tectī erimus
	texeris	texeritis		(-a, -um) eris	(-ae, -a) eritis
	texerit	texerint		erit	erunt
SUBJUNCTIVE					
Pres.	tegam	tegāmus		tegar	tegāmur
	tegās	tegātis		tegāris (-re)	tegāminī
	tegat	tegant		tegātur	tegantur
Impf.	tegerem	tegerēmus		tegerer	tegerēmur
	tegerēs	tegerētis		tegerēris (-re)	tegerēminī
	tegeret	tegerent		tegerētur	tegerentur
Perf.	texerim	texerimus		tectus sim	tectī sīmus
	texeris	texeritis		(-a, -um) sīs	(-ae, -a) sītis
	texerit	texerint		sit	sint
Plup.	texissem	texissēmus		tectus essem	tectī essēmus
	texissēs	texissētis		(-a, -um) essēs	(-ae, -a) essētis
	texisset	texissent		esset	essent
IMPERATIVE					
Pres.	tege	tegite			
INFINITIVE					
Pres.	tegere			tegī	
Perf.	texisse			tectus (-a, -um) esse	
Fut.	tectūrus (-a, -um) esse			tectum īrī	
PARTICIPLE					
Pres.	tegens, (-ntis)				
Perf.				tectus (-a, -um)	
Fut.	tectūrus (-a, -um)			tegendus (-a, -um) (GERUNDIVE)	

GERUND tegendī, -ō, -um, -ō   SUPINE tectum, -ū

Compounds and related words: **contego (3)** to cover up; **detego (3)** to uncover; **protego (3)** to shield; **retego (3)** to uncover; **tectum, -i, n.** roof; **tegmen, -minis, n.** covering; **toga, -ae, f.** toga; **togatus, -a, -um** wearing a toga

Model sentence: *Incustoditis et apertis, Lesbia, semper liminibus peccas nec tua furta **tegis**.* —Martial

ACTIVE		PASSIVE	
INDICATIVE			

	ACTIVE		PASSIVE	
Pres.	temptō	temptāmus	temptor	temptāmur
	temptās	tempātis	temptāris (-re)	temptāminī
	temptat	temptant	temptātur	temptantur
Impf.	temptābam	temptābāmus	temptābar	temptābāmur
	temptābās	temptābātis	temptābāris (-re)	temptābāminī
	temptābat	temptābant	temptābātur	temptābantur
Fut.	temptābō	temptābimus	temptābor	temptābimur
	temptābis	temptābitis	temptāberis (-re)	temptābiminī
	temptābit	temptābunt	temptābitur	temptābuntur
Perf.	temptāvī	temptāvimus	temptātus sum	temptātī sumus
	temptāvistī	temptāvistis	(-a, -um) es	(-ae, -a) estis
	temptāvit	temptāvērunt (-ēre)	est	sunt
Plup.	temptāveram	temptāverāmus	temptātus eram	temptātī erāmus
	temptāverās	temptāverātis	(-a, -um) erās	(-ae, -a) erātis
	temptāverat	temptāverant	erat	erant
Fut.	temptāverō	temptāverimus	temptātus erō	temptātī erimus
Perf.	temptāveris	temptāveritis	(-a, -um) eris	(-ae, -a) eritis
	temptāverit	temptāverint	erit	erunt

SUBJUNCTIVE			

	ACTIVE		PASSIVE	
Pres.	temptem	temptēmus	tempter	temptēmur
	temptēs	temptētis	temptēris (-re)	temptēminī
	temptet	temptent	temptētur	temptentur
Impf.	temptārem	temptārēmus	temptārer	temptārēmur
	temptārēs	temptārētis	temptārēris (-re)	temptārēminī
	temptāret	temptārent	temptārētur	temptārentur
Perf.	temptāverim	temptāverimus	temptātus sim	temptātī sīmus
	temptāveris	temptāveritis	(-a, -um) sīs	(-ae, -a) sītis
	temptāverit	temptāverint	sit	sint
Plup.	temptāvissem	temptāvissēmus	temptātus essem	temptātī essēmus
	temptāvissēs	temptāvissētis	(-a, -um) essēs	(-ae, -a) essētis
	temptāvisset	temptāvissent	esset	essent

IMPERATIVE		
Pres.	temptā	temptāte

INFINITIVE		
Pres.	temptāre	temptārī
Perf.	temptāvisse	temptātus (-a, -um) esse
Fut.	temptātūrus (-a, -um) esse	temptātum īrī

PARTICIPLE		
Pres.	temptans, (-ntis)	
Perf.		temptātus (-a, -um)
Fut.	temptātūrus (-a, -um)	temptandus (-a, -um) (GERUNDIVE)

GERUND temptandī, -ō, -um, -ō   SUPINE temptātum, -ū

Alternate forms: **tento, tentare, tentavi, tentatum** = tempto, temptare, temptavi, temptatum
Compounds and related words: **temptabundus, -a, -um** trying; **temptamen, -minis, n.** an attempt;
    temptamentum, -i, n. an attempt; **temptatio, -onis, f.** an attack; **temptator, -is, m.** one who attempts
Model sentence: *Saepius fortunam **temptare** Galba nolebat.* —Caesar

T

stretch, strive, aim

ACTIVE		PASSIVE	

INDICATIVE

	ACTIVE		PASSIVE	
Pres.	tendō	tendimus	tendor	tendimur
	tendis	tenditis	tenderis (-re)	tendiminī
	tendit	tendunt	tenditur	tenduntur
Impf.	tendēbam	tendēbāmus	tendēbar	tendēbāmur
	tendēbās	tendēbātis	tendēbāris (-re)	tendēbāminī
	tendēbat	tendēbant	tendēbātur	tendēbantur
Fut.	tendam	tendēmus	tendar	tendēmur
	tendēs	tendētis	tendēris (-re)	tendēminī
	tendet	tendent	tendētur	tendentur
Perf.	tetendī	tetendimus	tentus sum	tentī sumus
	tetendistī	tetendistis	(-a, -um) es	(-ae, -a) estis
	tetendit	tetendērunt (-ēre)	est	sunt
Plup.	tetenderam	tetenderāmus	tentus eram	tentī erāmus
	tetenderās	tetenderātis	(-a, -um) erās	(-ae, -a) erātis
	tetenderat	tetenderant	erat	erant
Fut.	tetenderō	tetenderimus	tentus erō	tentī erimus
Perf.	tetenderis	tetenderitis	(-a, -um) eris	(-ae, -a) eritis
	tetenderit	tetenderint	erit	erunt

SUBJUNCTIVE

	ACTIVE		PASSIVE	
Pres.	tendam	tendāmus	tendar	tendāmur
	tendās	tendātis	tendāris (-re)	tendāminī
	tendat	tendant	tendātur	tendantur
Impf.	tenderem	tenderēmus	tenderer	tenderēmur
	tenderēs	tenderētis	tenderēris (-re)	tenderēminī
	tenderet	tenderent	tenderētur	tenderentur
Perf.	tetenderim	tetenderimus	tentus sim	tentī sīmus
	tetenderis	tetenderitis	(-a, -um) sīs	(-ae, -a) sītis
	tetenderit	tetenderint	sit	sint
Plup.	tetendissem	tetendissēmus	tentus essem	tentī essēmus
	tetendissēs	tetendissētis	(-a, -um) essēs	(-ae, -a) essētis
	tetendisset	tetendissent	esset	essent

IMPERATIVE

Pres.	tende	tendite

INFINITIVE

	ACTIVE	PASSIVE
Pres.	tendere	tendī
Perf.	tetendisse	tentus (-a, -um) esse
Fut.	tentūrus (-a, -um) esse	tentum īrī

PARTICIPLE

	ACTIVE	PASSIVE
Pres.	tendens, (-ntis)	
Perf.		tentus (-a, -um)
Fut.	tentūrus (-a, -um)	tendendus (-a, -um) (GERUNDIVE)

GERUND tendendī, -ō, -um, -ō   SUPINE tentum, -ū

AN ESSENTIAL 55 VERB

tendō

This verb is essential because of how commonly it and its compounds occur. Its central idea involves *stretching*.

ALTERNATE FORMS:
tenno = tendo
tensum = tentum

COMPOUNDS:
attendo, attendere, attendi, attentum to pay attention to

contendo, contendere, contendi, contentum to strain

distendo, distendere, distendi, distentum to stretch out

extendo, extendere, extendi, extentum to stretch out

intendo, intendere, intendi, intentum to aim

ostendo, ostendere, ostendi, ostentum to show

portendo, portendere, portendi, portentum to predict

praetendo, praetendere, praetendi, praetentum to spread out in front

protendo, protendere, protendi, protentum to stretch out

MODEL SENTENCE:
*Tympana **tenta** tonant palmis.* —Lucretius

T

hold, keep

	ACTIVE		PASSIVE	
INDICATIVE				
Pres.	teneō	tenēmus	teneor	tenēmur
	tenēs	tenētis	tenēris (-re)	tenēminī
	tenet	tenent	tenētur	tenentur
Impf.	tenēbam	tenēbāmus	tenēbar	tenēbāmur
	tenēbās	tenēbātis	tenēbāris (-re)	tenēbāminī
	tenēbat	tenēbant	tenēbātur	tenēbantur
Fut.	tenēbō	tenēbimus	tenēbor	tenēbimur
	tenēbis	tenēbitis	tenēberis (-re)	tenēbiminī
	tenēbit	tenēbunt	tenēbitur	tenēbuntur
Perf.	tenuī	tenuimus		
	tenuistī	tenuistis		
	tenuit	tenuērunt (-ēre)		
Plup.	tenueram	tenuerāmus		
	tenuerās	tenuerātis		
	tenuerat	tenuerant		
Fut. *Perf.*	tenuerō	tenuerimus		
	tenueris	tenueritis		
	tenuerit	tenuerint		
SUBJUNCTIVE				
Pres.	teneam	teneāmus	tenear	teneāmur
	teneās	teneātis	teneāris (-re)	teneāminī
	teneat	teneant	teneātur	teneantur
Impf.	tenērem	tenērēmus	tenērer	tenērēmur
	tenērēs	tenērētis	tenērēris (-re)	tenērēminī
	tenēret	tenērent	tenērētur	tenērentur
Perf.	tenuerim	tenuerimus		
	tenueris	tenueritis		
	tenuerit	tenuerint		
Plup.	tenuissem	tenuissēmus		
	tenuissēs	tenuissētis		
	tenuisset	tenuissent		
IMPERATIVE				
Pres.	tenē	tenēte		
INFINITIVE				
Pres.	tenēre		tenērī	
Perf.	tenuisse			
Fut.				
PARTICIPLE				
Pres.	tenens, (-ntis)			
Perf.				
Fut.			tenendus (-a, -um) (GERUNDIVE)	

GERUND tenendī, -ō, -um, -ō   SUPINE tentum, -ū

Alternate forms: **tenivi** = tenui; **tetinerim** = tenuerim; **tetinerit** = tenuerit; **tetinero** = tenuero; **tetinisse** = tenuisse

Compounds and related words: **abstinentia, -ae, f.** abstinence; **abstineo (2)** to hold back; **contineo (2)** to contain; **detineo (2)** to detain; **obtineo (2)** to obtain; **pertinax, -acis** stubborn; **pertineo (2)** to extend; **retineo (2)** to hold back; **sustineo (2)** to support; **sustento (1)** to support; **tenax, -acis** tenacious

Model sentence: *Quos amor verus tenuit, tenebit.* —Seneca

rub, wear down

ACTIVE		**PASSIVE**	
INDICATIVE			

Pres.	terō	terimus	teror	terimur
	teris	teritis	tereris (-re)	teriminī
	terit	terunt	teritur	teruntur
Impf.	terēbam	terēbāmus	terēbar	terēbāmur
	terēbās	terēbātis	terēbāris (-re)	terēbāminī
	terēbat	terēbant	terēbātur	terēbantur
Fut.	teram	terēmus	terar	terēmur
	terēs	terētis	terēris (-re)	terēminī
	teret	terent	terētur	terentur
Perf.	trīvī	trīvimus	trītus sum	trītī sumus
	trīvistī	trīvistis	(-a, -um) es	(-ae, -a) estis
	trīvit	trīvērunt (-ēre)	est	sunt
Plup.	trīveram	trīverāmus	trītus eram	trītī erāmus
	trīverās	trīverātis	(-a, -um) erās	(-ae, -a) erātis
	trīverat	trīverant	erat	erant
Fut.	trīverō	trīverimus	trītus erō	trītī erimus
Perf.	trīveris	trīveritis	(-a, -um) eris	(-ae, -a) eritis
	trīverit	trīverint	erit	erunt

SUBJUNCTIVE			
Pres.	teram	terāmus	terar	terāmur
	terās	terātis	terāris (-re)	terāminī
	terat	terant	terātur	terantur
Impf.	tererem	tererēmus	tererer	tererēmur
	tererēs	tererētis	tererēris (-re)	tererēminī
	tereret	tererent	tererētur	tererentur
Perf.	trīverim	trīverimus	trītus sim	trītī sīmus
	trīveris	trīveritis	(-a, -um) sīs	(-ae, -a) sītis
	trīverit	trīverint	sit	sint
Plup.	trīvissem	trīvissēmus	trītus essem	trītī essēmus
	trīvissēs	trīvissētis	(-a, -um) essēs	(-ae, -a) essētis
	trīvisset	trīvissent	esset	essent

IMPERATIVE			
Pres.	tere	terite		

INFINITIVE			
Pres.	terere		terī	
Perf.	trīvisse		trītus (-a, -um) esse	
Fut.	trītūrus (-a, -um) esse		trītum īrī	

PARTICIPLE			
Pres.	terens, (-ntis)			
Perf.			trītus (-a, -um)	
Fut.	trītūrus (-a, -um)		terendus (-a, -um) (GERUNDIVE)	

GERUND terendī, -ō, -um, -ō   SUPINE trītum, -ū

Alternate forms: **terii** = trivi; **tristi** = trivisti
Compounds and related words: **attero (3)** to wear away; **contero (3)** to grind; **obtero (3)** to trample on; **protero (3)** to crush
Model sentence: *Ambulator porticum terit.* —Martial

T

terreō

frighten

<table>
<tr><th colspan="2" align="center">ACTIVE</th><th colspan="2" align="center">PASSIVE</th></tr>
<tr><th colspan="4" align="center">INDICATIVE</th></tr>
<tr><td>*Pres.*</td><td>terreō
terrēs
terret</td><td>terrēmus
terrētis
terrent</td><td>terreor
terrēris (-re)
terrētur</td><td>terrēmur
terrēminī
terrentur</td></tr>
<tr><td>*Impf.*</td><td>terrēbam
terrēbās
terrēbat</td><td>terrēbāmus
terrēbātis
terrēbant</td><td>terrēbar
terrēbāris (-re)
terrēbātur</td><td>terrēbāmur
terrēbāminī
terrēbantur</td></tr>
<tr><td>*Fut.*</td><td>terrēbō
terrēbis
terrēbit</td><td>terrēbimus
terrēbitis
terrēbunt</td><td>terrēbor
terrēberis (-re)
terrēbitur</td><td>terrēbimur
terrēbiminī
terrēbuntur</td></tr>
<tr><td>*Perf.*</td><td>terruī
terruistī
terruit</td><td>terruimus
terruistis
terruērunt (-ēre)</td><td>territus sum
(-a, -um) es
est</td><td>territī sumus
(-ae, -a) estis
sunt</td></tr>
<tr><td>*Plup.*</td><td>terrueram
terruerās
terruerat</td><td>terruerāmus
terruerātis
terruerant</td><td>territus eram
(-a, -um) erās
erat</td><td>territī erāmus
(-ae, -a) erātis
erant</td></tr>
<tr><td>*Fut.*
Perf.</td><td>terruerō
terrueris
terruerit</td><td>terruerimus
terrueritis
terruerint</td><td>territus erō
(-a, -um) eris
erit</td><td>territī erimus
(-ae, -a) eritis
erunt</td></tr>
<tr><th colspan="4" align="center">SUBJUNCTIVE</th></tr>
<tr><td>*Pres.*</td><td>terream
terreās
terreat</td><td>terreāmus
terreātis
terreant</td><td>terrear
terreāris (-re)
terreātur</td><td>terreāmur
terreāminī
terreantur</td></tr>
<tr><td>*Impf.*</td><td>terrērem
terrērēs
terrēret</td><td>terrērēmus
terrērētis
terrērent</td><td>terrērer
terrērēris (-re)
terrērētur</td><td>terrērēmur
terrērēminī
terrērentur</td></tr>
<tr><td>*Perf.*</td><td>terruerim
terrueris
terruerit</td><td>terruerimus
terrueritis
terruerint</td><td>territus sim
(-a, -um) sīs
sit</td><td>territī sīmus
(-ae, -a) sītis
sint</td></tr>
<tr><td>*Plup.*</td><td>terruissem
terruissēs
terruisset</td><td>terruissēmus
terruissētis
terruissent</td><td>territus essem
(-a, -um) essēs
esset</td><td>territī essēmus
(-ae, -a) essētis
essent</td></tr>
<tr><th colspan="4" align="center">IMPERATIVE</th></tr>
<tr><td>*Pres.*</td><td>terrē</td><td>terrēte</td><td></td><td></td></tr>
<tr><th colspan="4" align="center">INFINITIVE</th></tr>
<tr><td>*Pres.*</td><td colspan="2">terrēre</td><td colspan="2">terrērī</td></tr>
<tr><td>*Perf.*</td><td colspan="2">terruisse</td><td colspan="2">territus (-a, -um) esse</td></tr>
<tr><td>*Fut.*</td><td colspan="2">territūrus (-a, -um) esse</td><td colspan="2">territum īrī</td></tr>
<tr><th colspan="4" align="center">PARTICIPLE</th></tr>
<tr><td>*Pres.*</td><td colspan="2">terrens, (-ntis)</td><td colspan="2"></td></tr>
<tr><td>*Perf.*</td><td colspan="2"></td><td colspan="2">territus (-a, -um)</td></tr>
<tr><td>*Fut.*</td><td colspan="2">territūrus (-a, -um)</td><td colspan="2">terrendus (-a, -um) (GERUNDIVE)</td></tr>
</table>

GERUND terrendī, -ō, -um, -ō   SUPINE territum, -ū

Compounds and related words: **absterreo (2)** to scare away; **deterreo (2)** to scare away; **exterreo (2)** to scare thoroughly; **perterreo (2)** to frighten; **terribilis, -e** frightening; **terror, -is, m.** terror
Model sentence: *Maris subita tempestas **terret** navigantes.* —Cicero

weave, braid

ACTIVE   PASSIVE

INDICATIVE

Pres.	texō	teximus	texor	teximur	
	texis	texitis	texeris (-re)	teximinī	
	texit	texunt	texitur	texuntur	
Impf.	texēbam	texēbāmus	texēbar	texēbāmur	
	texēbās	texēbātis	texēbāris (-re)	texēbāminī	
	texēbat	texēbant	texēbātur	texēbantur	
Fut.	texam	texēmus	texar	texēmur	
	texēs	texētis	texēris (-re)	texēminī	
	texet	texent	texētur	texentur	
Perf.	texuī	texuimus	textus sum	textī sumus	
	texuistī	texuistis	(-a, -um) es	(-ae, -a) estis	
	texuit	texuērunt (-ēre)	est	sunt	
Plup.	texueram	texuerāmus	textus eram	textī erāmus	
	texuerās	texuerātis	(-a, -um) erās	(-ae, -a) erātis	
	texuerat	texuerant	erat	erant	
Fut.	texuerō	texuerimus	textus erō	textī erimus	
Perf.	texueris	texueritis	(-a, -um) eris	(-ae, -a) eritis	
	texuerit	texuerint	erit	erunt	

SUBJUNCTIVE

Pres.	texam	texāmus	texar	texāmur	
	texās	texātis	texāris (-re)	texāminī	
	texat	texant	texātur	texantur	
Impf.	texerem	texerēmus	texerer	texerēmur	
	texerēs	texerētis	texerēris (-re)	texerēminī	
	texeret	texerent	texerētur	texerentur	
Perf.	texuerim	texuerimus	textus sim	textī sīmus	
	texueris	texueritis	(-a, -um) sīs	(-ae, -a) sītis	
	texuerit	texuerint	sit	sint	
Plup.	texuissem	texuissēmus	textus essem	textī essēmus	
	texuissēs	texuissētis	(-a, -um) essēs	(-ae, -a) essētis	
	texuisset	texuissent	esset	essent	

IMPERATIVE

Pres.	texe	texite	

INFINITIVE

Pres.	texere	texī
Perf.	texuisse	textus (-a, -um) esse
Fut.	textūrus (-a, -um) esse	textum īrī

PARTICIPLE

Pres.	texens, (-ntis)	
Perf.		textus (-a, -um)
Fut.	textūrus (-a, -um)	texendus (-a, -um) (GERUNDIVE)

GERUND texendī, -ō, -um, -ō   SUPINE textum, -ū

Alternate forms: **texier** = texi
Compounds and related words: **contexo (3)** to weave together; **detexo (3)** to braid; **praetexo (3)**
    to disguise; **textilis, -e** woven; **textor, -is, m.** weaver; **textrix, -tricis, f.** a female weaver;
    textura, -ae, f. construction; **textus, -us, m.** web
Model sentence: *In vacuo **texetur** aranea lecto.* —Propertius

fear

	ACTIVE		PASSIVE	
INDICATIVE				
Pres.	timeō	timēmus	timeor	timēmur
	timēs	timētis	timēris (-re)	timēminī
	timet	timent	timētur	timentur
Impf.	timēbam	timēbāmus	timēbar	timēbāmur
	timēbās	timēbātis	timēbāris (-re)	timēbāminī
	timēbat	timēbant	timēbātur	timēbantur
Fut.	timēbō	timēbimus	timēbor	timēbimur
	timēbis	timēbitis	timēberis (-re)	timēbiminī
	timēbit	timēbunt	timēbitur	timēbuntur
Perf.	timuī	timuimus		
	timuistī	timuistis		
	timuit	timuērunt (-ēre)		
Plup.	timueram	timuerāmus		
	timuerās	timuerātis		
	timuerat	timuerant		
Fut.	timuerō	timuerimus		
Perf.	timueris	timueritis		
	timuerit	timuerint		
SUBJUNCTIVE				
Pres.	timeam	timeāmus	timear	timeāmur
	timeās	timeātis	timeāris (-re)	timeāminī
	timeat	timeant	timeātur	timeantur
Impf.	timērem	timērēmus	timērer	timērēmur
	timērēs	timērētis	timērēris (-re)	timērēminī
	timēret	timērent	timērētur	timērentur
Perf.	timuerim	timuerimus		
	timueris	timueritis		
	timuerit	timuerint		
Plup.	timuissem	timuissēmus		
	timuissēs	timuissētis		
	timuisset	timuissent		
IMPERATIVE				
Pres.	timē	timēte		
INFINITIVE				
Pres.	timēre		timērī	
Perf.	timuisse			
Fut.				
PARTICIPLE				
Pres.	timens, (-ntis)			
Perf.				
Fut.			timendus (-a, -um) (GERUNDIVE)	

GERUND timendī, -ō, -um, -ō   SUPINE

Compounds and related words: **pertimesco (3)** to be very afraid; **timidus, -a, -um** afraid; **timor, -is, m.** fear

Model sentence: *Sedet qui **timuit** ne non succederet.* —Horace

lift, raise

ACTIVE		PASSIVE	

INDICATIVE

Pres.	tollō	tollimus	tollor	tollimur
	tollis	tollitis	tolleris (-re)	tolliminī
	tollit	tollunt	tollitur	tolluntur
Impf.	tollēbam	tollēbāmus	tollēbar	tollēbāmur
	tollēbās	tollēbātis	tollēbāris (-re)	tollēbāminī
	tollēbat	tollēbant	tollēbātur	tollēbantur
Fut.	tollam	tollēmus	tollar	tollēmur
	tollēs	tollētis	tollēris (-re)	tollēminī
	tollet	tollent	tollētur	tollentur
Perf.	sustulī	sustulimus	sublātus sum	sublātī sumus
	sustulistī	sustulistis	(-a, -um) es	(-ae, -a) estis
	sustulit	sustulērunt (-ēre)	est	sunt
Plup.	sustuleram	sustulerāmus	sublātus eram	sublātī erāmus
	sustulerās	sustulerātis	(-a, -um) erās	(-ae, -a) erātis
	sustulerat	sustulerant	erat	erant
Fut.	sustulerō	sustulerimus	sublātus erō	sublātī erimus
Perf.	sustuleris	sustuleritis	(-a, -um) eris	(-ae, -a) eritis
	sustulerit	sustulerint	erit	erunt

SUBJUNCTIVE

Pres.	tollam	tollāmus	tollar	tollāmur
	tollās	tollātis	tollāris (-re)	tollāminī
	tollat	tollant	tollātur	tollantur
Impf.	tollerem	tollerēmus	tollerer	tollerēmur
	tollerēs	tollerētis	tollerēris (-re)	tollerēminī
	tolleret	tollerent	tollerētur	tollerentur
Perf.	sustulerim	sustulerimus	sublātus sim	sublātī sīmus
	sustuleris	sustuleritis	(-a, -um) sīs	(-ae, -a) sītis
	sustulerit	sustulerint	sit	sint
Plup.	sustulissem	sustulissēmus	sublātus essem	sublātī essēmus
	sustulissēs	sustulissētis	(-a, -um) essēs	(-ae, -a) essētis
	sustulisset	sustulissent	esset	essent

IMPERATIVE

Pres.	tolle	tollite	

INFINITIVE

Pres.	tollere	tollī
Perf.	sustulisse	sublātus (-a, -um) esse
Fut.	sublātūrus (-a, -um) esse	sublātum īrī

PARTICIPLE

Pres.	tollens, (-ntis)	
Perf.		sublātus (-a, -um)
Fut.	sublātūrus (-a, -um)	tollendus (-a, -um) (GERUNDIVE)

GERUND tollendī, -ō, -um, -ō   SUPINE sublātum, -ū

Alternate forms: **tollisse** = sustulisse; **tollit** = sustulit
Compounds and related words: **attollo (3)** to lift up; **extollo (3)** to lift up; **intolerabilis, -e** unbearable; **tolerabilis, -e** bearable; **tolerantia, -ae, f.** an enduring; **toleratio, -onis, f.** an enduring; **tolero (1)** to carry; **tolleno, -onis, m.** a crane
Model sentence: ***Sustulerat** raptas taurus in astra pilas.* —Martial

tondeō

shear, crop, shave, trim

	ACTIVE			PASSIVE	
	INDICATIVE				
Pres.	tondeō	tondēmus		tondeor	tondēmur
	tondēs	tondētis		tondēris (-re)	tondēminī
	tondet	tondent		tondētur	tondentur
Impf.	tondēbam	tondēbāmus		tondēbar	tondēbāmur
	tondēbās	tondēbātis		tondēbāris (-re)	tondēbāminī
	tondēbat	tondēbant		tondēbātur	tondēbantur
Fut.	tondēbō	tondēbimus		tondēbor	tondēbimur
	tondēbis	tondēbitis		tondēberis (-re)	tondēbiminī
	tondēbit	tondēbunt		tondēbitur	tondēbuntur
Perf.	totondī	totondimus		tonsus sum	tonsī sumus
	totondistī	totondistis		(-a, -um) es	(-ae, -a) estis
	totondit	totondērunt (-ēre)		est	sunt
Plup.	totonderam	totonderāmus		tonsus eram	tonsī erāmus
	totonderās	totonderātis		(-a, -um) erās	(-ae, -a) erātis
	totonderat	totonderant		erat	erant
Fut.	totonderō	totonderimus		tonsus erō	tonsī erimus
Perf.	totonderis	totonderitis		(-a, -um) eris	(-ae, -a) eritis
	totonderit	totonderint		erit	erunt
	SUBJUNCTIVE				
Pres.	tondeam	tondeāmus		tondear	tondeāmur
	tondeās	tondeātis		tondeāris (-re)	tondeāminī
	tondeat	tondeant		tondeātur	tondeantur
Impf.	tondērem	tondērēmus		tondērer	tondērēmur
	tondērēs	tondērētis		tondērēris (-re)	tondērēminī
	tondēret	tondērent		tondērētur	tondērentur
Perf.	totonderim	totonderimus		tonsus sim	tonsī sīmus
	totonderis	totonderitis		(-a, -um) sīs	(-ae, -a) sītis
	totonderit	totonderint		sit	sint
Plup.	totondissem	totondissēmus		tonsus essem	tonsī essēmus
	totondissēs	totondissētis		(-a, -um) essēs	(-ae, -a) essētis
	totondisset	totondissent		esset	essent
	IMPERATIVE				
Pres.	tondē	tondēte			
	INFINITIVE				
Pres.	tondēre			tondērī	
Perf.	totondisse			tonsus (-a, -um) esse	
Fut.	tonsūrus (-a, -um) esse			tonsum īrī	
	PARTICIPLE				
Pres.	tondens, (-ntis)				
Perf.				tonsus (-a, -um)	
Fut.	tonsūrus (-a, -um)			tondendus (-a, -um) (GERUNDIVE)	

GERUND tondendī, -ō, -um, -ō   SUPINE tonsum, -ū

Usage notes: Passive forms often with middle sense

Compounds and related words: **tonsilis, -e** that which can be clipped; **tonsito (1)** to clip repeatedly; **tonsor, -is, m.** barber; **tonsorius, -a, -um** pertaining to clipping; **tonstrina, -ae, f.** a barber shop; **tonstrix, -tricis, f.** a female barber; **tonsura, -ae, f.** a clipping; **tonsus, -us, m.** a hair-do

Model sentence: *Lavamur et **tondemur** et convivimus ex consuetudine.* —Quintilian

thunder

ACTIVE

INDICATIVE

Pres.	tonō	tonāmus
	tonās	tonātis
	tonat	tonant
Impf.	tonābam	tonābāmus
	tonābās	tonābātis
	tonābat	tonābant
Fut.	tonābō	tonāmus
	tonābis	tonābitis
	tonābit	tonābunt
Perf.	tonuī	tonuimus
	tonuistī	tonuistis
	tonuit	tonuērunt (-ēre)
Plup.	tonueram	tonuerāmus
	tonuerās	tonuerātis
	tonuerat	tonuerant
Fut.	tonuerō	tonuerimus
Perf.	tonueris	tonueritis
	tonuerit	tonuerint

SUBJUNCTIVE

Pres.	tonem	tonēmus
	tonēs	tonētis
	tonet	tonent
Impf.	tonārem	tonārēmus
	tonārēs	tonārētis
	tonāret	tonārent
Perf.	tonuerim	tonuerimus
	tonueris	tonueritis
	tonuerit	tonuerint
Plup.	tonuissem	tonuissēmus
	tonuissēs	tonuissētis
	tonuisset	tonuissent

IMPERATIVE

Pres.	tonā	tonāte

INFINITIVE

Pres.	tonāre
Perf.	tonuisse
Fut.	

PARTICIPLE

Pres.	tonans, (-ntis)
Perf.	
Fut.	tonandus (-a, -um) (GERUNDIVE)

GERUND tonandī, -ō, -um, -ō   SUPINE

Usage notes: third person may be used impersonally.

Alternate forms: **tonimus** = tonamus

Compounds and related words: **attonitus, -a, -um** stunned; **attono (1)** to stun; **tonitrus, -us, m.** thunder; **tonitruum, -i, n.** thunder

Model sentence: *Tympana tenta **tonant** palmis.* —Lucretius

T

torqueō

twist

ACTIVE		PASSIVE	
INDICATIVE			

	ACTIVE		PASSIVE	
Pres.	torqueō	torquēmus	torqueor	torquēmur
	torquēs	torquētis	torquēris (-re)	torquēminī
	torquet	torquent	torquētur	torquentur
Impf.	torquēbam	torquēbāmus	torquēbar	torquēbāmur
	torquēbās	torquēbātis	torquēbāris (-re)	torquēbāminī
	torquēbat	torquēbant	torquēbātur	torquēbantur
Fut.	torquēbō	torquēbimus	torquēbor	torquēbimur
	torquēbis	torquēbitis	torquēberis (-re)	torquēbiminī
	torquēbit	torquēbunt	torquēbitur	torquēbuntur
Perf.	torsī	torsimus	tortus sum	tortī sumus
	torsistī	torsistis	(-a, -um) es	(-ae, -a) estis
	torsit	torsērunt (-ēre)	est	sunt
Plup.	torseram	torserāmus	tortus eram	tortī erāmus
	torserās	torserātis	(-a, -um) erās	(-ae, -a) erātis
	torserat	torserant	erat	erant
Fut.	torserō	torserimus	tortus erō	tortī erimus
Perf.	torseris	torseritis	(-a, -um) eris	(-ae, -a) eritis
	torserit	torserint	erit	erunt

SUBJUNCTIVE			

	ACTIVE		PASSIVE	
Pres.	torqueam	torqueāmus	torquear	torqueāmur
	torqueās	torqueātis	torqueāris (-re)	torqueāminī
	torqueat	torqueant	torqueātur	torqueantur
Impf.	torquērem	torquērēmus	torquērer	torquērēmur
	torquērēs	torquērētis	torquērēris (-re)	torquērēminī
	torquēret	torquērent	torquērētur	torquērentur
Perf.	torserim	torserimus	tortus sim	tortī sīmus
	torseris	torseritis	(-a, -um) sīs	(-ae, -a) sītis
	torserit	torserint	sit	sint
Plup.	torsissem	torsissēmus	tortus essem	tortī essēmus
	torsissēs	torsissētis	(-a, -um) essēs	(-ae, -a) essētis
	torsisset	torsissent	esset	essent

IMPERATIVE			
Pres.	torquē	torquēte	

INFINITIVE		
Pres.	torquēre	torquērī
Perf.	torsisse	tortus (-a, -um) esse
Fut.	tortūrus (-a, -um) esse	tortum īrī

PARTICIPLE		
Pres.	torquens, (-ntis)	
Perf.		tortus (-a, -um)
Fut.	tortūrus (-a, -um)	torquendus (-a, -um) (GERUNDIVE)

GERUND torquendī, -ō, -um, -ō   SUPINE tortum, -ū

Alternate forms: **torquerier** = torqueri

Compounds and related words: **extorqueo (2)** to wrench out; **torquatus, -a, -um** wearing a twisted collar; **torquis, -is, m./f.** a twisted collar; **tortilis, -e** twisted; **torto (1)** to torture; **tortor, -is, m.** torturer; **tortuosus, -a, -um** full of twists; **tortus, -a, -um** twisted

Model sentence: ***Torsit*** *lenta tristia fata fame.* —Martial

burn, dry

ACTIVE　　　　　　　　　PASSIVE

INDICATIVE

Pres.	torreō	torrēmus		torreor	torrēmur
	torrēs	torrētis		torrēris (-re)	torrēminī
	torret	torrent		torrētur	torrentur
Impf.	torrēbam	torrēbāmus		torrēbar	torrēbāmur
	torrēbās	torrēbātis		torrēbāris (-re)	torrēbāminī
	torrēbat	torrēbant		torrēbātur	torrēbantur
Fut.	torrēbō	torrēbimus		torrēbor	torrēbimur
	torrēbis	torrēbitis		torrēberis (-re)	torrēbiminī
	torrēbit	torrēbunt		torrēbitur	torrēbuntur
Perf.	torruī	torruimus		tostus　　sum	tostī　　sumus
	torruistī	torruistis		(-a, -um) es	(-ae, -a) estis
	torruit	torruērunt (-ēre)		est	sunt
Plup.	torrueram	torruerāmus		tostus　　eram	tostī　　erāmus
	torruerās	torruerātis		(-a, -um) erās	(-ae, -a) erātis
	torruerat	torruerant		erat	erant
Fut.	torruerō	torruerimus		tostus　　erō	tostī　　erimus
Perf.	torrueris	torrueritis		(-a, -um) eris	(-ae, -a) eritis
	torruerit	torruerint		erit	erunt

SUBJUNCTIVE

Pres.	torream	torreāmus		torrear	torreāmur
	torreās	torreātis		torreāris (-re)	torreāminī
	torreat	torreant		torreātur	torreantur
Impf.	torrērem	torrērēmus		torrērer	torrērēmur
	torrērēs	torrērētis		torrērēris (-re)	torrērēminī
	torrēret	torrērent		torrērētur	torrērentur
Perf.	torruerim	torruerimus		tostus　　sim	tostī　　sīmus
	torrueris	torrueritis		(-a, -um) sīs	(-ae, -a) sītis
	torruerit	torruerint		sit	sint
Plup.	torruissem	torruissēmus		tostus　　essem	tostī　　essēmus
	torruissēs	torruissētis		(-a, -um) essēs	(-ae, -a) essētis
	torruisset	torruissent		esset	essent

IMPERATIVE

Pres.	torrē	torrēte

INFINITIVE

Pres.	torrēre	torrērī
Perf.	torruisse	tostus (-a, -um) esse
Fut.	tostūrus (-a, -um) esse	tostum īrī

PARTICIPLE

Pres.	torrens, (-ntis)	
Perf.		tostus (-a, -um)
Fut.	tostūrus (-a, -um)	torrendus (-a, -um) (GERUNDIVE)

GERUND torrendī, -ō, -um, -ō　　SUPINE tostum, -ū

Compounds and related words: **torresco (3)** to become parched; **torridus, -a, -um** burnt;
　torris, -is, m. torch
Model sentence: *Femineus pectora **torret** amor.* —Ovid

T

drag, draw

	ACTIVE			PASSIVE	
			INDICATIVE		
Pres.	trahō	trahimus		trahor	trahimur
	trahis	trahitis		traheris (-re)	trahiminī
	trahit	trahunt		trahitur	trahuntur
Impf.	trahēbam	trahēbāmus		trahēbar	trahēbāmur
	trahēbās	trahēbātis		trahēbāris (-re)	trahēbāminī
	trahēbat	trahēbant		trahēbātur	trahēbantur
Fut.	traham	trahēmus		trahar	trahēmur
	trahēs	trahētis		trahēris (-re)	trahēminī
	trahet	trahent		trahētur	trahentur
Perf.	traxī	traximus		tractus sum	tractī sumus
	traxistī	traxistis		(-a, -um) es	(-ae, -a) estis
	traxit	traxērunt (-ēre)		est	sunt
Plup.	traxeram	traxerāmus		tractus eram	tractī erāmus
	traxerās	traxerātis		(-a, -um) erās	(-ae, -a) erātis
	traxerat	traxerant		erat	erant
Fut.	traxerō	traxerimus		tractus erō	tractī erimus
Perf.	traxeris	traxeritis		(-a, -um) eris	(-ae, -a) eritis
	traxerit	traxerint		erit	erunt
			SUBJUNCTIVE		
Pres.	traham	trahāmus		trahar	trahāmur
	trahās	trahātis		trahāris (-re)	trahāminī
	trahat	trahant		trahātur	trahantur
Impf.	traherem	traherēmus		traherer	traherēmur
	traherēs	traherētis		traherēris (-re)	traherēminī
	traheret	traherent		traherētur	traherentur
Perf.	traxerim	traxerimus		tractus sim	tractī sīmus
	traxeris	traxeritis		(-a, -um) sīs	(-ae, -a) sītis
	traxerit	traxerint		sit	sint
Plup.	traxissem	traxissēmus		tractus essem	tractī essēmus
	traxissēs	traxissētis		(-a, -um) essēs	(-ae, -a) essētis
	traxisset	traxissent		esset	essent
			IMPERATIVE		
Pres.	trahe	trahite			
			INFINITIVE		
Pres.	trahere			trahī	
Perf.	traxisse			tractus (-a, -um) esse	
Fut.	tractūrus (-a, -um) esse			tractum īrī	
			PARTICIPLE		
Pres.	trahens, (-ntis)				
Perf.				tractus (-a, -um)	
Fut.	tractūrus (-a, -um)			trahendus (-a, -um) (GERUNDIVE)	

GERUND trahendī, -ō, -um, -ō SUPINE tractum, -ū

trahō

Related Words

detrecto, detrectare, detrectavi, detrecta-tum to decline

tractabilis, tractabile manageable

tractatio, tractationis, f. management

tractator, tractatoris, m. masseur

tractatrix, tractatricis, f. masseuse

tractatus, tractatus, m. management

tractim by degrees

tracto, tractare, tractavi, tractatum to handle

tractus, tractus, m. a dragging

trahax, trahacis greedy

Expressions

lanam trahere to spin wool

This verb is essential because of how often it and its compounds appear. Its central meaning is like that of **duco**, to take someone or something from point A to point B, but whereas **duco** gets someone or thing to move in accompaniment under its own power, **traho** forces it along, hence the ideas of *drag* or *pull*.

ALTERNATE FORMS:
traxe = traxisse

COMPOUNDS:
abstraho, abstrahere, abstraxi, abstractum to drag away

contraho, contrahere, contraxi, contractum to pull together

detraho, detrahere, detraxi, detractum to drag down

extraho, extrahere, extraxi, extractum to pull out

retraho, retrahere, retraxi, retractum to pull back

subtraho, subtrahere, subtraxi, subtractum to remove

MODEL SENTENCE:
Trahimur omnes laudis studio. —Cicero

T

pierce

	ACTIVE		**PASSIVE**	
		INDICATIVE		
Pres.	trāiciō	trāicimus	trāicior	trāicimur
	trāicis	trāicitis	trāiceris (-re)	trāiciminī
	trāicit	trāiciunt	trāicitur	trāiciuntur
Impf.	trāiciēbam	trāiciēbāmus	trāiciēbar	trāiciēbāmur
	trāiciēbās	trāiciēbātis	trāiciēbāris (-re)	trāiciēbāminī
	trāiciēbat	trāiciēbant	trāiciēbātur	trāiciēbantur
Fut.	trāiciam	trāiciēmus	trāiciar	trāiciēmur
	trāiciēs	trāiciētis	trāiciēris (-re)	trāiciēminī
	trāiciet	trāicient	trāiciētur	trāicientur
Perf.	trāiēcī	trāiēcimus	trāiectus sum	trāiectī sumus
	trāiēcistī	trāiēcistis	(-a, -um) es	(-ae, -a) estis
	trāiēcit	trāiēcērunt (-ēre)	est	sunt
Plup.	trāiēceram	trāiēcerāmus	trāiectus eram	trāiectī erāmus
	trāiēcerās	trāiēcerātis	(-a, -um) erās	(-ae, -a) erātis
	trāiēcerat	trāiēcerant	erat	erant
Fut.	trāiēcerō	trāiēcerimus	trāiectus erō	trāiectī erimus
Perf.	trāiēceris	trāiēceritis	(-a, -um) eris	(-ae, -a) eritis
	trāiēcerit	trāiēcerint	erit	erunt
		SUBJUNCTIVE		
Pres.	trāiciam	trāiciāmus	trāiciar	trāiciāmur
	trāiciās	trāiciātis	trāiciāris (-re)	trāiciāminī
	trāiciat	trāiciant	trāiciātur	trāiciantur
Impf.	trāicerem	trāicerēmus	trāicerer	trāicerēmur
	trāicerēs	trāicerētis	trāicerēris (-re)	trāicerēminī
	trāiceret	trāicerent	trāicerētur	trāicerentur
Perf.	trāiēcerim	trāiēcerimus	trāiectus sim	trāiectī sīmus
	trāiēceris	trāiēceritis	(-a, -um) sīs	(-ae, -a) sītis
	trāiēcerit	trāiēcerint	sit	sint
Plup.	trāiēcissem	trāiēcissēmus	trāiectus essem	trāiectī essēmus
	trāiēcissēs	trāiēcissētis	(-a, -um) essēs	(-ae, -a) essētis
	trāiēcisset	trāiēcissent	esset	essent
		IMPERATIVE		
Pres.	trāice	trāicite		
		INFINITIVE		
Pres.	trāicere		trāicī	
Perf.	trāiēcisse		trāiectus (-a, -um) esse	
Fut.	trāiectūrus (-a, -um) esse		trāiectum īrī	
		PARTICIPLE		
Pres.	trāiciens, (-ntis)			
Perf.			trāiectus (-a, -um)	
Fut.	trāiectūrus (-a, -um)		trāiciendus (-a, -um) (GERUNDIVE)	

GERUND trāiciendī, -ō, -um, -ō   SUPINE trāiectum, -ū

Alternate forms: **transicio** = traicio
Compounds and related words: **traiectio, -onis, f.** passage; **traiectus, -us, m.** passage
See **iacio** for other compounds of this verb.
Model sentence: *Arreptum vexillum trans vallum hostium **traiecit**.* —Livy

cross

ACTIVE			PASSIVE	
INDICATIVE				
Pres.	transeō	transīmus	transeor	transīmur
	transīs	transītis	transīris (-re)	transīminī
	transit	transeunt	transītur	transeuntur
Impf.	transībam	transībāmus	transībar	transībāmur
	transībās	transībātis	transībāris (-re)	transībāminī
	transībat	transībant	transībātur	transībantur
Fut.	transībō	transībimus	transībor	transībimur
	transībis	transībitis	transīberis (-re)	transībiminī
	transībit	transībunt	transībitur	transībuntur
Perf.	transiī	transiimus	transitus sum	transitī sumus
	transiistī	transiistis	(-a, -um) es	(-ae, -a) estis
	transiit	transiērunt (-ēre)	est	sunt
Plup.	transieram	transierāmus	transitus eram	transitī erāmus
	transierās	transierātis	(-a, -um) erās	(-ae, -a) erātis
	transierat	transierant	erat	erant
Fut.	transierō	transierimus	transitus erō	transitī erimus
Perf.	transieris	transieritis	(-a, -um) eris	(-ae, -a) eritis
	transierit	transierint	erit	erunt
SUBJUNCTIVE				
Pres.	transeam	transeāmus	transear	transeāmur
	transeās	transeātis	transeāris (-re)	transeāminī
	transeat	transeant	transeātur	transeantur
Impf.	transīrem	transīrēmus	transīrer	transīrēmur
	transīrēs	transīrētis	transīrēris (-re)	transīrēminī
	transīret	transīrent	transīrētur	transīrentur
Perf.	transierim	transierimus	transitus sim	transitī sīmus
	transieris	transieritis	(-a, -um) sīs	(-ae, -a) sītis
	transierit	transierint	sit	sint
Plup.	transīssem	transīssēmus	transitus essem	transitī essēmus
	transīssēs	transīssētis	(-a, -um) essēs	(-ae, -a) essētis
	transīsset	transīssent	esset	essent
IMPERATIVE				
Pres.	transī	transīte		
INFINITIVE				
Pres.	transīre		transīrī	
Perf.	transīsse		transitus (-a, -um) esse	
Fut.	transitūrus (-a, -um) esse		transitum īrī	
PARTICIPLE				
Pres.	transiens, (-euntis)			
Perf.			transitus (-a, -um)	
Fut.	transitūrus (-a, -um)		transeundus (-a, -um) (GERUNDIVE)	

GERUND transeundī, -ō, -um, -ō   SUPINE transitum, -ū

Alternate forms: **transiet** = transibit; **transivi** = transii
Compounds and related words: **transitans, -ntis** passing over; **transitio, -onis, f.** a going across;
    transitorius, -a, -um providing passage through; **transitus, -us, m.** transit
See **eo** for other compounds of this verb.
Model sentence: *Si per vim navibus flumen **transire** conentur, prohibeat.* —Caesar

carry over

ACTIVE		PASSIVE	
INDICATIVE			
Pres. transferō	transferimus	transferor	transferimur
transfers	transfertis	transferris (-re)	transferiminī
transfert	transferunt	transfertur	transferuntur
Impf. transferēbam	transferēbāmus	transferēbar	transferēbāmur
transferēbās	transferēbātis	transferēbāris (-re)	transferēbāminī
transferēbat	transferēbant	transferēbātur	transferēbantur
Fut. transferam	transferēmus	transferar	transferēmur
transferēs	transferētis	transferēris (-re)	transferēminī
transferet	transferent	transferētur	transferentur
Perf. transtulī	transtulimus	translātus sum	translātī sumus
transtulistī	transtulistis	(-a, -um) es	(-ae, -a) estis
transtulit	transtulērunt (-ēre)	est	sunt
Plup. transtuleram	transtulerāmus	translātus eram	translātī erāmus
transtulerās	transtulerātis	(-a, -um) erās	(-ae, -a) erātis
transtulerat	transtulerant	erat	erant
Fut. transtulerō	transtulerimus	translātus erō	translātī erimus
Perf. transtuleris	transtuleritis	(-a, -um) eris	(-ae, -a) eritis
transtulerit	transtulerint	erit	erunt
SUBJUNCTIVE			
Pres. transferam	transferāmus	transferar	transferāmur
transferās	transferātis	transferāris (-re)	transferāminī
transferat	transferant	transferātur	transferantur
Impf. transferrem	transferrēmus	transferrer	transferrēmur
transferrēs	transferrētis	transferrēris (-re)	transferrēminī
transferret	transferrent	transferrētur	transferrentur
Perf. transtulerim	transtulerimus	translātus sim	translātī sīmus
transtuleris	transtuleritis	(-a, -um) sīs	(-ae, -a) sītis
transtulerit	transtulerint	sit	sint
Plup. transtulissem	transtulissēmus	translātus essem	translātī essēmus
transtulissēs	transtulissētis	(-a, -um) essēs	(-ae, -a) essētis
transtulisset	transtulissent	esset	essent
IMPERATIVE			
Pres. transfer	transferte		
INFINITIVE			
Pres. transferre		transferrī	
Perf. transtulisse		translātus (-a, -um) esse	
Fut. translātūrus (-a, -um) esse		translātum īrī	
PARTICIPLE			
Pres. transferens, (-ntis)			
Perf.		translātus (-a, -um)	
Fut. translātūrus (-a, -um)		transferendus (-a, -um) (GERUNDIVE)	

GERUND transferendī, -ō, -um, -ō   SUPINE translātum, -ū

Alternate forms: **tralatum** = translatum
Compounds and related words: **translatio, -onis, f.** a transferring; **translativus, -a, -um** transferable; **translator, -is, m.** transferrer
See **fero** for other compounds of this verb.
Model sentence: *Mustela catulos suos cottidie **transfert** mutatque sedem.* —Pliny

tremble

ACTIVE

INDICATIVE

Pres.	tremō	tremimus
	tremis	tremitis
	tremit	tremunt
Impf.	tremēbam	tremēbāmus
	tremēbās	tremēbātis
	tremēbat	tremēbant
Fut.	tremam	tremēmus
	tremēs	tremētis
	tremet	trement
Perf.	tremuī	tremuimus
	tremuistī	tremuistis
	tremuit	tremuērunt (-ēre)
Plup.	tremueram	tremuerāmus
	tremuerās	tremuerātis
	tremuerat	tremuerant
Fut.	tremuerō	tremuerimus
Perf.	tremueris	tremueritis
	tremuerit	tremuerint

SUBJUNCTIVE

Pres.	tremam	tremāmus
	tremās	tremātis
	tremat	tremant
Impf.	tremerem	tremerēmus
	tremerēs	tremerētis
	tremeret	tremerent
Perf.	tremuerim	tremuerimus
	tremueris	tremueritis
	tremuerit	tremuerint
Plup.	tremuissem	tremuissēmus
	tremuissēs	tremuissētis
	tremuisset	tremuissent

IMPERATIVE

Pres.	treme	tremite

INFINITIVE

Pres.	tremere
Perf.	tremuisse
Fut.	

PARTICIPLE

Pres.	tremens, (-ntis)
Perf.	
Fut.	tremendus (-a, -um) (GERUNDIVE)

GERUND tremendī, -ō, -um, -ō   SUPINE

Compounds and related words: **tremefacio (3)** to cause to shake; **tremesco (3)** to tremble; **tremor, -is, m.** shaking; **tremulus, -a, -um** trembling
Model sentence: *Corde et genibus **tremit**.* —Horace

assign, allow, give

ACTIVE		PASSIVE	

INDICATIVE

Pres.	tribuō	tribuimus	tribuor	tribuimur	
	tribuis	tribuitis	tribueris (-re)	tribuiminī	
	tribuit	tribuunt	tribuitur	tribuuntur	
Impf.	tribuēbam	tribuēbāmus	tribuēbar	tribuēbāmur	
	tribuēbās	tribuēbātis	tribuēbāris (-re)	tribuēbāminī	
	tribuēbat	tribuēbant	tribuēbātur	tribuēbantur	
Fut.	tribuam	tribuēmus	tribuar	tribuēmur	
	tribuēs	tribuētis	tribuēris (-re)	tribuēminī	
	tribuet	tribuent	tribuētur	tribuentur	
Perf.	tribuī	tribuimus	tribūtus sum	tribūtī sumus	
	tribuistī	tribuistis	(-a, -um) es	(-ae, -a) estis	
	tribuit	tribuērunt (-ēre)	est	sunt	
Plup.	tribueram	tribuerāmus	tribūtus eram	tribūtī erāmus	
	tribuerās	tribuerātis	(-a, -um) erās	(-ae, -a) erātis	
	tribuerat	tribuerant	erat	erant	
Fut.	tribuerō	tribuerimus	tribūtus erō	tribūtī erimus	
Perf.	tribueris	tribueritis	(-a, -um) eris	(-ae, -a) eritis	
	tribuerit	tribuerint	erit	erunt	

SUBJUNCTIVE

Pres.	tribuam	tribuāmus	tribuar	tribuāmur	
	tribuās	tribuātis	tribuāris (-re)	tribuāminī	
	tribuat	tribuant	tribuātur	tribuantur	
Impf.	tribuerem	tribuerēmus	tribuerer	tribuerēmur	
	tribuerēs	tribuerētis	tribuerēris (-re)	tribuerēminī	
	tribueret	tribuerent	tribuerētur	tribuerentur	
Perf.	tribuerim	tribuerimus	tribūtus sim	tribūtī sīmus	
	tribueris	tribueritis	(-a, -um) sīs	(-ae, -a) sītis	
	tribuerit	tribuerint	sit	sint	
Plup.	tribuissem	tribuissēmus	tribūtus essem	tribūtī essēmus	
	tribuissēs	tribuissētis	(-a, -um) essēs	(-ae, -a) essētis	
	tribuisset	tribuissent	esset	essent	

IMPERATIVE

Pres.	tribue	tribuite	

INFINITIVE

Pres.	tribuere	tribuī
Perf.	tribuisse	tribūtus (-a, -um) esse
Fut.	tribūtūrus (-a, -um) esse	tribūtum īrī

PARTICIPLE

Pres.	tribuens, (-ntis)	
Perf.		tribūtus (-a, -um)
Fut.	tribūtūrus (-a, -um)	tribuendus (-a, -um) (GERUNDIVE)

GERUND tribuendī, -ō, -um, -ō   SUPINE tribūtum, -ū

Compounds and related words: **attribuo (3)** to assign; **distribuo (3)** to distribute; **tribunal, -is, n.** platform; **tribunus, -i, m.** tribune; **tribus, -us, f.** tribe; **tributio, -onis, f.** distribution

Model sentence: *Praemia bene meritis et viritim et publice **tribuit.*** —Caesar

watch, protect

ACTIVE

INDICATIVE

Pres.	tueor	tuēmur
	tuēris (-re)	tuēminī
	tuētur	tuentur
Impf.	tuēbar	tuēbāmur
	tuēbāris (-re)	tuēbāminī
	tuēbātur	tuēbantur
Fut.	tuēbor	tuēbimur
	tuēberis (-re)	tuēbiminī
	tuēbitur	tuēbuntur
Perf.	tuitus sum	tuitī sumus
	(-a, -um) es	(-ae, -a) estis
	est	sunt
Plup.	tuitus eram	tuitī erāmus
	(-a, -um) erās	(-ae, -a) erātis
	erat	erant
Fut.	tuitus erō	tuitī erimus
Perf.	(-a, -um) eris	(-ae, -a) eritis
	erit	erunt

SUBJUNCTIVE

Pres.	tuear	tueāmur
	tueāris (-re)	tueāminī
	tueātur	tueantur
Impf.	tuērer	tuērēmur
	tuērēris (-re)	tuērēminī
	tuērētur	tuērentur
Perf.	tuitus sim	tuitī sīmus
	(-a, -um) sīs	(-ae, -a) sītis
	sit	sint
Plup.	tuitus essem	tuitī essēmus
	(-a, -um) essēs	(-ae, -a) essētis
	esset	essent

IMPERATIVE

Pres.	tuēre	tuēminī

INFINITIVE

Pres.	tuērī
Perf.	tuitus (-a, -um) esse
Fut.	tuitūrus (-a, -um) esse

PARTICIPLE

	Active	Passive
Pres.	tuens, (-ntis)	
Perf.	tuitus (-a, -um)	
Fut.	tuitūrus (-a, -um)	tuendus (-a, -um) (GERUNDIVE)

GERUND tuendī, -ō, -um, -ō   SUPINE tuitum, -ū

Usage notes: rare active forms exist, with regular passive forms and sense.
Alternate forms: **tuamur** = tueamur; **tuantur** = tueantur; **tuerier** = tueri; **tueris** = tueberis;
  tuimur = tuemur; **tuor** = tueor; **tutus** = tuitus
Compounds and related words: **intueor (2)** to look at; **tutela, -ae, f.** guardianship; **tutus, -a, -um** safe

strike

ACTIVE		PASSIVE	
INDICATIVE			
Pres. tundō	tundimus	tundor	tundimur
tundis	tunditis	tunderis (-re)	tundiminī
tundit	tundunt	tunditur	tunduntur
Impf. tundēbam	tundēbāmus	tundēbar	tundēbāmur
tundēbās	tundēbātis	tundēbāris (-re)	tundēbāminī
tundēbat	tundēbant	tundēbātur	tundēbantur
Fut. tundam	tundēmus	tundar	tundēmur
tundēs	tundētis	tundēris (-re)	tundēminī
tundet	tundent	tundētur	tundentur
Perf. tutudī	tutudimus	tunsus sum	tunsī sumus
tutudistī	tutudistis	(-a, -um) es	(-ae, -a) estis
tutudit	tutudērunt (-ēre)	est	sunt
Plup. tutuderam	tutuderāmus	tunsus eram	tunsī erāmus
tutuderās	tutuderātis	(-a, -um) erās	(-ae, -a) erātis
tutuderat	tutuderant	erat	erant
Fut. tutuderō	tutuderimus	tunsus erō	tunsī erimus
Perf. tutuderis	tutuderitis	(-a, -um) eris	(-ae, -a) eritis
tutuderit	tutuderint	erit	erunt
SUBJUNCTIVE			
Pres. tundam	tundāmus	tundar	tundāmur
tundās	tundātis	tundāris (-re)	tundāminī
tundat	tundant	tundātur	tundantur
Impf. tunderem	tunderēmus	tunderer	tunderēmur
tunderēs	tunderētis	tunderēris (-re)	tunderēminī
tunderet	tunderent	tunderētur	tunderentur
Perf. tutuderim	tutuderimus	tunsus sim	tunsī sīmus
tutuderis	tutuderitis	(-a, -um) sīs	(-ae, -a) sītis
tutuderit	tutuderint	sit	sint
Plup. tutudissem	tutudissēmus	tunsus essem	tunsī essēmus
tutudissēs	tutudissētis	(-a, -um) essēs	(-ae, -a) essētis
tutudisset	tutudissent	esset	essent
IMPERATIVE			
Pres. tunde	tundite		
INFINITIVE			
Pres. tundere		tundī	
Perf. tutudisse		tunsus (-a, -um) esse	
Fut. tunsūrus (-a, -um) esse		tunsum īrī	
PARTICIPLE			
Pres. tundens, (-ntis)			
Perf.		tunsus (-a, -um)	
Fut. tunsūrus (-a, -um)		tundendus (-a, -um) (GERUNDIVE)	

GERUND tundendī, -ō, -um, -ō   SUPINE tunsum, -ū

Alternate forms: **tundier** = tundi; **tuserunt** = tutuderunt; **tussum** = tunsum; **tusum** = tunsum
Compounds and related words: **contundo (3)** to pound; **pertundo (3)** to bore through
Model sentence: *Adspice ut pectora infesta **tundat** aperta manu!* —Ovid

disturb, throw into confusion

ACTIVE			PASSIVE	

INDICATIVE

Pres.	turbō	turbāmus		turbor	turbāmur
	turbās	turbātis		turbāris (-re)	turbāminī
	turbat	turbant		turbātur	turbantur
Impf.	turbābam	turbābāmus		turbābar	turbābāmur
	turbābās	turbābātis		turbābāris (-re)	turbābāminī
	turbābat	turbābant		turbābātur	turbābantur
Fut.	turbābō	turbābimus		turbābor	turbābimur
	turbābis	turbābitis		turbāberis (-re)	turbābiminī
	turbābit	turbābunt		turbābitur	turbābuntur
Perf.	turbāvī	turbāvimus		turbātus sum	turbātī sumus
	turbāvistī	turbāvistis		(-a, -um) es	(-ae, -a) estis
	turbāvit	turbāvērunt (-ēre)		est	sunt
Plup.	turbāveram	turbāverāmus		turbātus eram	turbātī erāmus
	turbāverās	turbāverātis		(-a, -um) erās	(-ae, -a) erātis
	turbāverat	turbāverant		erat	erant
Fut.	turbāverō	turbāverimus		turbātus erō	turbātī erimus
Perf.	turbāveris	turbāveritis		(-a, -um) eris	(-ae, -a) eritis
	turbāverit	turbāverint		erit	erunt

SUBJUNCTIVE

Pres.	turbem	turbēmus		turber	turbēmur
	turbēs	turbētis		turbēris (-re)	turbēminī
	turbet	turbent		turbētur	turbentur
Impf.	turbārem	turbārēmus		turbārer	turbārēmur
	turbārēs	turbārētis		turbārēris (-re)	turbārēminī
	turbāret	turbārent		turbārētur	turbārentur
Perf.	turbāverim	turbāverimus		turbātus sim	turbātī sīmus
	turbāveris	turbāveritis		(-a, -um) sīs	(-ae, -a) sītis
	turbāverit	turbāverint		sit	sint
Plup.	turbāvissem	turbāvissēmus		turbātus essem	turbātī essēmus
	turbāvissēs	turbāvissētis		(-a, -um) essēs	(-ae, -a) essētis
	turbāvisset	turbāvissent		esset	essent

IMPERATIVE

Pres.	turbā	turbāte	

INFINITIVE

Pres.	turbāre	turbārī
Perf.	turbāvisse	turbātus (-a, -um) esse
Fut.	turbātūrus (-a, -um) esse	turbātum īrī

PARTICIPLE

Pres.	turbans, (-ntis)	
Perf.		turbātus (-a, -um)
Fut.	turbātūrus (-a, -um)	turbandus (-a, -um) (GERUNDIVE)

GERUND turbandī, -ō, -um, -ō   SUPINE turbātum, -ū

Alternate forms: **turbassit** = turbaverit; **turbassitur** = turbatus (-a, -um) erit
Compounds and related words: **conturbo (1)** to disturb; **perturbo (1)** to throw into confusion; **turba, -ae, f.** crowd; **turbidus, -a, -um** confused; **turbo, -inis, m.** rotation
Model sentence: *Protinus eversae **turbant** convivia mensae.* —Ovid

avenge, punish

ACTIVE

INDICATIVE

Pres.	ulciscor	ulciscimur	
	ulcisceris (-re)	ulcisciminī	
	ulciscitur	ulciscuntur	
Impf.	ulciscēbar	ulciscēbāmur	
	ulciscēbāris (-re)	ulciscēbāminī	
	ulciscēbātur	ulciscēbantur	
Fut.	ulciscar	ulciscēmur	
	ulciscēris (-re)	ulciscēminī	
	ulciscētur	ulciscentur	
Perf.	ultus	sum	ultī	sumus
	(-a, -um)	es	(-ae, -a)	estis
		est		sunt
Plup.	ultus	eram	ultī	erāmus
	(-a, -um)	erās	(-ae, -a)	erātis
		erat		erant
Fut.	ultus	erō	ultī	erimus
Perf.	(-a, -um)	eris	(-ae, -a)	eritis
		erit		erunt

SUBJUNCTIVE

Pres.	ulciscar	ulciscāmur	
	ulciscāris (-re)	ulciscāminī	
	ulciscātur	ulciscantur	
Impf.	ulciscerer	ulciscērēmur	
	ulciscerēris (-re)	ulciscērēminī	
	ulciscerētur	ulciscerentur	
Perf.	ultus	sim	ultī	sīmus
	(-a, -um)	sīs	(-ae, -a)	sītis
		sit		sint
Plup.	ultus	essem	ultī	essēmus
	(-a, -um)	essēs	(-ae, -a)	essētis
		esset		essent

IMPERATIVE

Pres.	ulciscere	ulcisciminī

INFINITIVE

Pres.	ulciscī
Perf.	ultus (-a, -um) esse
Fut.	ultūrus (-a, -um) esse

PARTICIPLE

	Active	Passive
Pres.	ulciscens, (-ntis)	
Perf.	ultus (-a, -um)	
Fut.	ultūrus (-a, -um)	ulciscendus (-a, -um) (GERUNDIVE)

GERUND ulciscendī, -ō, -um, -ō   SUPINE ultum, -ū

Compounds and related words: **inultus, -a, -um** unavenged; **ultor, -is, m.** avenger
Model sentence: *Odi hominem et odero: Utinam **ulcisci** possem! Sed illum **ulciscentur** mores sui.* —Cicero

drive, burden

ACTIVE			PASSIVE	
		INDICATIVE		
Pres.	urgeō	urgēmus	urgeor	urgēmur
	urgēs	urgētis	urgēris (-re)	urgēminī
	urget	urgent	urgētur	urgentur
Impf.	urgēbam	urgēbāmus	urgēbar	urgēbāmur
	urgēbās	urgēbātis	urgēbāris (-re)	urgēbāminī
	urgēbat	urgēbant	urgēbātur	urgēbantur
Fut.	urgēbō	urgēbimus	urgēbor	urgēbimur
	urgēbis	urgēbitis	urgēberis (-re)	urgēbiminī
	urgēbit	urgēbunt	urgēbitur	urgēbuntur
Perf.	ursī	ursimus		
	ursistī	ursistis		
	ursit	ursērunt (-ēre)		
Plup.	urseram	urserāmus		
	urserās	urserātis		
	urserat	urserant		
Fut.	urserō	urserimus		
Perf.	urseris	urseritis		
	urserit	urserint		
		SUBJUNCTIVE		
Pres.	urgeam	urgeāmus	urgear	urgeāmur
	urgeās	urgeātis	urgeāris (-re)	urgeāminī
	urgeat	urgeant	urgeātur	urgeantur
Impf.	urgērem	urgērēmus	urgērer	urgērēmur
	urgērēs	urgērētis	urgērēris (-re)	urgērēminī
	urgēret	urgērent	urgērētur	urgērentur
Perf.	urserim	urserimus		
	urseris	urseritis		
	urserit	urserint		
Plup.	ursissem	ursissēmus		
	ursissēs	ursissētis		
	ursisset	ursissent		
		IMPERATIVE		
Pres.	urgē	urgēte		
		INFINITIVE		
Pres.	urgēre		urgērī	
Perf.	ursisse			
Fut.				
		PARTICIPLE		
Pres.	urgens, (-ntis)			
Perf.				
Fut.			urgendus (-a, -um) (GERUNDIVE)	

U

GERUND urgendī, -ō, -um, -ō   SUPINE

Alternate forms: **urgueo** = urgeo
Compounds and related words: **urgens, -ntis** pressing; **urgenter** pressingly
Model sentence: *Unda impellitur unda **urgetur**que eadem veniens **urget**que priorem.* —Ovid

burn

	ACTIVE			PASSIVE	
INDICATIVE					
Pres.	ūrō	ūrimus		ūror	ūrimur
	ūris	ūritis		ūreris (-re)	ūriminī
	ūrit	ūrunt		ūritur	ūruntur
Impf.	ūrēbam	ūrēbāmus		ūrēbar	ūrēbāmur
	ūrēbās	ūrēbātis		ūrēbāris (-re)	ūrēbāminī
	ūrēbat	ūrēbant		ūrēbātur	ūrēbantur
Fut.	ūram	ūrēmus		ūrar	ūrēmur
	ūrēs	ūrētis		ūrēris (-re)	ūrēminī
	ūret	ūrent		ūrētur	ūrentur
Perf.	ussī	ussimus		ustus sum	ustī sumus
	ussistī	ussistis		(-a, -um) es	(-ae, -a) estis
	ussit	ussērunt (-ēre)		est	sunt
Plup.	usseram	usserāmus		ustus eram	ustī erāmus
	usserās	usserātis		(-a, -um) erās	(-ae, -a) erātis
	usserat	usserant		erat	erant
Fut.	usserō	usserimus		ustus erō	ustī erimus
Perf.	usseris	usseritis		(-a, -um) eris	(-ae, -a) eritis
	usserit	usserint		erit	erunt
SUBJUNCTIVE					
Pres.	ūram	ūrāmus		ūrar	ūrāmur
	ūrās	ūrātis		ūrāris (-re)	ūrāminī
	ūrat	ūrant		ūrātur	ūrantur
Impf.	ūrerem	ūrerēmus		ūrerer	ūrerēmur
	ūrerēs	ūrerētis		ūrerēris (-re)	ūrerēminī
	ūreret	ūrerent		ūrerētur	ūrerentur
Perf.	usserim	usserimus		ustus sim	ustī sīmus
	usseris	usseritis		(-a, -um) sīs	(-ae, -a) sītis
	usserit	usserint		sit	sint
Plup.	ussissem	ussissēmus		ustus essem	ustī essēmus
	ussissēs	ussissētis		(-a, -um) essēs	(-ae, -a) essētis
	ussisset	ussissent		esset	essent
IMPERATIVE					
Pres.	ūre	ūrite			
INFINITIVE					
Pres.	ūrere			ūrī	
Perf.	ussisse			ustus (-a, -um) esse	
Fut.	ustūrus (-a, -um) esse			ustum īrī	
PARTICIPLE					
Pres.	ūrens, (-ntis)				
Perf.				ustus (-a, -um)	
Fut.	ustūrus (-a, -um)			ūrendus (-a, -um) (GERUNDIVE)	

GERUND ūrendī, -ō, -um, -ō   SUPINE ustum, -ū

Compounds and related words: **exuro (3)** to burn up; **ustor, -is, m.** a cremator; **ustulo (1)** to singe
Model sentence: *Urere manum potuit contempto Mucius igne.* —Martial

ACTIVE

INDICATIVE

Pres.	ūtor	ūtimur
	ūteris (-re)	ūtiminī
	ūtitur	ūtuntur
Impf.	ūtēbar	ūtēbāmur
	ūtēbāris (-re)	ūtēbāminī
	ūtēbatur	ūtēbantur
Fut.	ūtar	ūtēmur
	ūtēris (-re)	ūtēminī
	ūtētur	ūtentur

Perf.	ūsus	sum	ūsī	sumus
	(-a, -um)	es	(-ae, -a)	estis
		est		sunt
Plup.	ūsus	eram	ūsī	erāmus
	(-a, -um)	erās	(-ae, -a)	erātis
		erat		erant
Fut.	ūsus	erō	ūsī	erimus
Perf.	(-a, -um)	eris	(-ae, -a)	eritis
		erit		erunt

SUBJUNCTIVE

Pres.	ūtar	ūtāmur
	ūtāris (-re)	ūtāminī
	ūtātur	ūtantur
Impf.	ūterer	ūterēmur
	ūterēris (-re)	ūterēminī
	ūterētur	ūterentur

Perf.	ūsus	sim	ūsī	sīmus
	(-a, -um)	sīs	(-ae, -a)	sītis
		sit		sint
Plup.	ūsus	essem	ūsī	essēmus
	(-a, -um)	essēs	(-ae, -a)	essētis
		esset		essent

IMPERATIVE

Pres.	ūtere	ūtiminī

INFINITIVE

Pres.	ūtī
Perf.	ūsus (-a, -um) esse
Fut.	ūsūrus (-a, -um) esse

PARTICIPLE

	Active	**Passive**
Pres.	ūtens, (-ntis)	
Perf.	ūsus (-a, -um)	
Fut.	ūsūrus (-a, -um)	ūtendus (-a, -um) (GERUNDIVE)

GERUND ūtendī, -ō, -um, -ō   SUPINE ūsum, -ū

AN ESSENTIAL 55 VERB

AN ESSENTIAL 55 VERB

ūtor

Related Words

abusus, abusus, m. a wasting

inutilis, inutile useless

usucapio, usucapere, usucepi, usucaptum to gain ownership through use

usucapio, usucapionis, f. ownership gained through use

usura, usurae, f. use

usurpatio, usurpationis, f. use

usurpo, usurpare, usurpavi, usurpatum to make use of

usus, usus, m. use

utibilis, utibile useful

utilis, utile useful

utilitas, utilitatis, f. usefulness

The core idea behind this verb is *to benefit one-self*, which makes it clear why it takes an ablative of means for an object. This also makes it a quintessential example of the middle voice nature of deponent verbs, which are the ones that seem to have passive forms but active meanings.

Deponent verbs have *middle voice* forms with *middle voice* meanings. In *active* voice, the subject performs the action. In *passive* voice the subject receives the action. In *middle* voice the subject performs the action for his, her, or its own benefit, or has some deeply personal involvement or investment in the action. Middle voice forms in Latin are identical to passive voice forms. They may translate as if they were active voice, but middle voice lends them a flavor all their own.

USAGE NOTES:
generally used with the **ablative**

ALTERNATE FORMS:
oetier = uti
oetor, oeti, oesus sum = utor, uti, usus sum
utier = uti

MODEL SENTENCE:
Utere velis, totos pande sinus. —Juvenal

go, walk

ACTIVE

INDICATIVE

Pres.	vādō	vādimus
	vādis	vāditis
	vādit	vādunt
Impf.	vādēbam	vādēbāmus
	vādēbās	vādēbātis
	vādēbat	vādēbant
Fut.	vādam	vādēmus
	vādēs	vādētis
	vādet	vādent
Perf.		
Plup.		
Fut. *Perf.*		

SUBJUNCTIVE

Pres.	vādam	vādāmus
	vādās	vādātis
	vādat	vādant
Impf.	vāderem	vāderēmus
	vāderēs	vāderētis
	vāderet	vāderent
Perf.		
Plup.		

IMPERATIVE

Pres.	vāde	vādite

INFINITIVE

Pres.	vādere
Perf.	
Fut.	

PARTICIPLE

Pres.	vādens, (-ntis)
Perf.	
Fut.	vādendus (-a, -um) (GERUNDIVE)

GERUND vādendī, -ō, -um, -ō   SUPINE

V

Usage notes: perfect forms appear in compounds only: **-vāsī, -vāsum**
Compounds and related words: **evado (3)** to manoeuvre; **invado (3)** to attack; **vadum, -i, n.** ford
Model sentence: *Vade salutatum pro me, liber.* —Martial

valeō

be well, be strong

ACTIVE

INDICATIVE

Pres.	valeō	valēmus
	valēs	valētis
	valet	valent
Impf.	valēbam	valēbāmus
	valēbās	valēbātis
	valēbat	valēbant
Fut.	valēbō	valēbimus
	valēbis	valēbitis
	valēbit	valēbunt
Perf.	valuī	valuimus
	valuistī	valuistis
	valuit	valuērunt (-ēre)
Plup.	valueram	valuerāmus
	valuerās	valuerātis
	valuerat	valuerant
Fut.	valuerō	valuerimus
Perf.	valueris	valueritis
	valuerit	valuerint

SUBJUNCTIVE

Pres.	valeam	valeāmus
	valeās	valeātis
	valeat	valeant
Impf.	valērem	valērēmus
	valērēs	valērētis
	valēret	valērent
Perf.	valuerim	valuerimus
	valueris	valueritis
	valuerit	valuerint
Plup.	valuissem	valuissēmus
	valuissēs	valuissētis
	valuisset	valuissent

IMPERATIVE

Pres.	valē	valēte

INFINITIVE

Pres.	valēre
Perf.	valuisse
Fut.	valitūrus (-a, -um) esse

PARTICIPLE

Pres.	valens, (-ntis)
Perf.	
Fut.	valitūrus (-a, -um)

GERUND valendī, -ō, -um, -ō   SUPINE

Compounds and related words: **praevaleo (2)** to be very powerful; **valde** very much; **valedico (1)** to say good-bye; **valesco (3)** to grow strong; **valetudo, -inis, f.** state of health; **validus, -a, -um** strong
Model sentence: *Non est vivere sed **valere** vita est.* —Martial

548

bear, draw, ride

ACTIVE		PASSIVE	
INDICATIVE			

Pres.	vehō	vehimus	vehor	vehimur
	vehis	vehitis	veheris (-re)	vehiminī
	vehit	vehunt	vehitur	vehuntur
Impf.	vehēbam	vehēbāmus	vehēbar	vehēbāmur
	vehēbās	vehēbātis	vehēbāris (-re)	vehēbāminī
	vehēbat	vehēbant	vehēbātur	vehēbantur
Fut.	veham	vehēmus	vehar	vehēmur
	vehēs	vehētis	vehēris (-re)	vehēminī
	vehet	vehent	vehētur	vehentur
Perf.	vexī	veximus	vectus　sum	vectī　sumus
	vexistī	vexistis	(-a, -um)　es	(-ae, -a)　estis
	vexit	vexērunt (-ēre)	est	sunt
Plup.	vexeram	vexerāmus	vectus　eram	vectī　erāmus
	vexerās	vexerātis	(-a, -um)　erās	(-ae, -a)　erātis
	vexerat	vexerant	erat	erant
Fut.	vexerō	vexerimus	vectus　erō	vectī　erimus
Perf.	vexeris	vexeritis	(-a, -um)　eris	(-ae, -a)　eritis
	vexerit	vexerint	erit	erunt

SUBJUNCTIVE			

Pres.	veham	vehāmus	vehar	vehāmur
	vehās	vehātis	vehāris (-re)	vehāminī
	vehat	vehant	vehātur	vehantur
Impf.	veherem	veherēmus	veherer	veherēmur
	veherēs	veherētis	veherēris (-re)	veherēminī
	veheret	veherent	veherētur	veherentur
Perf.	vexerim	vexerimus	vectus　sim	vectī　sīmus
	vexeris	vexeritis	(-a, -um)　sīs	(-ae, -a)　sītis
	vexerit	vexerint	sit	sint
Plup.	vexissem	vexissēmus	vectus　essem	vectī　essēmus
	vexissēs	vexissētis	(-a, -um)　essēs	(-ae, -a)　essētis
	vexisset	vexissent	esset	essent

IMPERATIVE			
Pres.	vehe	vehite		

INFINITIVE			
Pres.	vehere		vehī	
Perf.	vexisse		vectus (-a, -um) esse	
Fut.	vectūrus (-a, -um) esse		vectum īrī	

PARTICIPLE			
Pres.	vehens, (-ntis)			
Perf.			vectus (-a, -um)	
Fut.	vectūrus (-a, -um)		vehendus (-a, -um) (GERUNDIVE)	

GERUND vehendī, -ō, -um, -ō　SUPINE vectum, -ū

V

AN ESSENTIAL
55 VERB

vehō

AN ESSENTIAL 55 VERB

Related Words

vectabilis, vectabile portable

vectatio, vectationis, f. a ride

vectigal, vectigalis, n. a tax

vectio, vectionis, f. a carrying

vectis, vectis, m. lever

vecto, vectare to carry

vector, vectoris, m. carrier

vectura, vecturae, f. transportation

vehiculum, vehiculi, n. vehicle

This verb is very often found in passive voice forms. Its central idea does involve carrying, but very often in a middle voice sense, making it more akin to *riding* than *being carried*. Think of the Latin noun **vehiculum** and its English derivative.

USAGE NOTES:
passive forms often used in a middle voice sense with the meaning *ride*

COMPOUNDS:
adveho, advehere, advexi, advectum to carry (in a vehicle)

eveho, evehere, evexi, evectum to carry out

inveho, invehere, invexi, invectum to carry in

proveho, provehere, provexi, provectum to carry along

reveho, revehere, revexi, revectum to carry back

subveho, subvehere, subvexi, subvectum to remove

MODEL SENTENCE:
*... curro aurato per urbem **vectus** in Capitolium ascenderit.* —Livy

ACTIVE		**PASSIVE**	
		INDICATIVE	

	ACTIVE		PASSIVE	
Pres.	vellō	vellimus	vellor	vellimur
	vellis	vellitis	velleris (-re)	velliminī
	vellit	vellunt	vellitur	velluntur
Impf.	vellēbam	vellēbāmus	vellēbar	vellēbāmur
	vellēbās	vellēbātis	vellēbāris (-re)	vellēbāminī
	vellēbat	vellēbant	vellēbātur	vellēbantur
Fut.	vellam	vellēmus	vellar	vellēmur
	vellēs	vellētis	vellēris (-re)	vellēminī
	vellet	vellent	vellētur	vellentur
Perf.	vulsī	vulsimus	vulsus sum	vulsī sumus
	vulsistī	vulsistis	(-a, -um) es	(-ae, -a) estis
	vulsit	vulsērunt (-ēre)	est	sunt
Plup.	vulseram	vulserāmus	vulsus eram	vulsī erāmus
	vulserās	vulserātis	(-a, -um) erās	(-ae, -a) erātis
	vulserat	vulserant	erat	erant
Fut.	vulserō	vulserimus	vulsus erō	vulsī erimus
Perf.	vulseris	vulseritis	(-a, -um) eris	(-ae, -a) eritis
	vulserit	vulserint	erit	erunt
		SUBJUNCTIVE		
Pres.	vellam	vellāmus	vellar	vellāmur
	vellās	vellātis	vellāris (-re)	vellāminī
	vellat	vellant	vellātur	vellantur
Impf.	vellerem	vellerēmus	vellerer	vellerēmur
	vellerēs	vellerētis	vellerēris (-re)	vellerēminī
	velleret	vellerent	vellerētur	vellerentur
Perf.	vulserim	vulserimus	vulsus sim	vulsī sīmus
	vulseris	vulseritis	(-a, -um) sīs	(-ae, -a) sītis
	vulserit	vulserint	sit	sint
Plup.	vulsissem	vulsissēmus	vulsus essem	vulsī essēmus
	vulsissēs	vulsissētis	(-a, -um) essēs	(-ae, -a) essētis
	vulsisset	vulsissent	esset	essent
		IMPERATIVE		
Pres.	velle	vellite		
		INFINITIVE		
Pres.	vellere		vellī	
Perf.	vulsisse		vulsus (-a, -um) esse	
Fut.	vulsūrus (-a, -um) esse		vulsum īrī	
		PARTICIPLE		
Pres.	vellens, (-ntis)			
Perf.			vulsus (-a, -um)	
Fut.	vulsūrus (-a, -um)		vellendus (-a, -um) (GERUNDIVE)	

GERUND vellendī, -ō, -um, -ō   SUPINE vulsum, -ū

V

Alternate forms: **velli** = vulsi; **volsum** = vulsum
Compounds and related words: **avello (3)** to tear off; **convello (3)** to wrench; **evello (3)** to tear out;
 revello (3) to tear off
Model sentence: *Dextra pectus pulsat et comam vellit.* —Martial

sell, betray

	ACTIVE		**PASSIVE**	
		INDICATIVE		
Pres.	vendō	vendimus	vendor	vendimur
	vendis	venditis	venderis (-re)	vendiminī
	vendit	vendunt	venditur	venduntur
Impf.	vendēbam	vendēbāmus	vendēbar	vendēbāmur
	vendēbās	vendēbātis	vendēbāris (-re)	vendēbāminī
	vendēbat	vendēbant	vendēbātur	vendēbantur
Fut.	vendam	vendēmus		
	vendēs	vendētis		
	vendet	vendent		
Perf.	vendidī	vendidimus		
	vendidistī	vendidistis		
	vendidit	vendidērunt (-ēre)		
Plup.	vendideram	vendiderāmus		
	vendiderās	vendiderātis		
	vendiderat	vendiderant		
Fut.	vendiderō	vendiderimus		
Perf.	vendideris	vendideritis		
	vendiderit	vendiderint		
		SUBJUNCTIVE		
Pres.	vendam	vendāmus	vendar	vendāmur
	vendās	vendātis	vendāris (-re)	vendāminī
	vendat	vendant	vendātur	vendantur
Impf.	venderem	venderēmus	venderer	venderēmur
	venderēs	venderētis	venderēris (-re)	venderēminī
	venderet	venderent	venderētur	venderentur
Perf.	vendiderim	vendiderimus		
	vendideris	vendideritis		
	vendiderit	vendiderint		
Plup.	vendidissem	vendidissēmus		
	vendidissēs	vendidissētis		
	vendidisset	vendidissent		
		IMPERATIVE		
Pres.	vende	vendite		
		INFINITIVE		
Pres.	vendere		vendī	
Perf.	vendidisse		venditus (-a, -um) esse	
Fut.	venditūrus (-a, -um) esse		venditum īrī	
		PARTICIPLE		
Pres.	vendens, (-ntis)			
Perf.			venditus (-a, -um)	
Fut.	venditūrus (-a, -um)		vendendus (-a, -um) (GERUNDIVE)	

GERUND vendendī, -ō, -um, -ō   SUPINE venditum, -ū

Usage notes: The usual passive of *vendo* is *veneo* (q.v.). After the time of Augustus, however, the above
passive forms for the present and imperfect tenses are used.
Compounds and related words: **venalis, -e** for sale; **vendor, -is, m.** seller
Model sentence: *Non potes, ut cupias, **vendere,** copo, merum.* —Martial

ACTIVE

INDICATIVE

Pres.	vēneō	vēnīmus
	vēnīs	vēnītis
	vēnit	vēneunt
Impf.	vēnībam	vēnībāmus
	vēnībās	vēnībātis
	vēnībat	vēnībant
Fut.	vēnībō	vēnībimus
	vēnībis	vēnībitis
	vēnībit	vēnībunt
Perf.	vēniī	vēniimus
	vēniistī	vēniistis
	vēniit	vēniērunt (-ēre)
Plup.	vēnieram	vēnierāmus
	vēnierās	vēnierātis
	vēnierat	vēnierant
Fut.	vēnierō	vēnierimus
Perf.	vēnieris	vēnieritis
	vēnierit	vēnierint

SUBJUNCTIVE

Pres.	vēneam	vēneāmus
	vēneās	vēneātis
	vēneat	vēneant
Impf.	vēnīrem	vēnīrēmus
	vēnīrēs	vēnīrētis
	vēnīret	vēnīrent
Perf.	vēnierim	vēnierimus
	vēnieris	vēnieritis
	vēnierit	vēnierint
Plup.	vēnīssem	vēnīssēmus
	vēnīssēs	vēnīssētis
	vēnīsset	vēnīssent

IMPERATIVE

Pres.	vēnī	vēnīte

INFINITIVE

Pres.	vēnīre
Perf.	vēnīsse
Fut.	vēnitūrus (-a, -um) esse

PARTICIPLE

	Active	Passive
Pres.	vēniens, (-euntis)	
Perf.		vēnitus (-a, -um)
Fut.	vēnitūrus (-a, -um)	vēneundus (-a, -um) (GERUNDIVE)

GERUND vēneundī, -ō, -um, -ō   SUPINE vēnitum, -ū

Usage notes: This verb serves as the usual passive of *vendo* (q.v.).
Alternate forms: **vaeneo** = veneo; **vaeniri** = venire; **veneatur** = veneat; **vener** = veneo;
  veniet = venibit; **venivi** = venii
Compounds and related words: **venalis, -e** for sale; **vendor, -is, m.** seller
Model sentence: *Auctio fiet; **venibunt** servi, supellex, fundi, aedes, omnia **venibunt**.* —Plautus

worship, beg

ACTIVE

INDICATIVE

Pres.	veneror	venerāmur
	venerāris (-re)	venerāminī
	venerātur	venerantur
Impf.	venerābar	venerābāmur
	venerābāris (-re)	venerābāminī
	venerābātur	venerābantur
Fut.	venerābor	venerābimur
	venerāberis (-re)	venerābiminī
	venerābitur	venerābuntur
Perf.	venerātus sum	venerātī sumus
	(-a, -um) es	(-ae, -a) estis
	est	sunt
Plup.	venerātus eram	venerātī erāmus
	(-a, -um) erās	(-ae, -a) erātis
	erat	erant
Fut.	venerātus erō	venerātī erimus
Perf.	(-a, -um) eris	(-ae, -a) eritis
	erit	erunt

SUBJUNCTIVE

Pres.	venerer	venerēmur
	venerēris (-re)	venerēminī
	venerētur	venerentur
Impf.	venerārer	venerārēmur
	venerārēris (-re)	venerārēminī
	venerārētur	venerārentur
Perf.	venerātus sim	venerātī sīmus
	(-a, -um) sīs	(-ae, -a) sītis
	sit	sint
Plup.	venerātus essem	venerātī essēmus
	(-a, -um) essēs	(-ae, -a) essētis
	esset	essent

IMPERATIVE

Pres.	venerāre	venerāminī

INFINITIVE

Pres.	venerārī
Perf.	venerātus (-a, -um) esse
Fut.	venerātūrus (-a, -um) esse

PARTICIPLE

	Active	Passive
Pres.	venerans, (-ntis)	
Perf.	venerātus (-a, -um)	
Fut.	venerātūrus (-a, -um)	venerandus (-a, -um) (GERUNDIVE)

GERUND venerandī, -ō, -um, -ō   SUPINE venerātum, -ū

Compounds and related words: **venerabilis, -e** honorable; **veneratio, -onis, f.** respect; **venia, -ae, f.** kindness

Model sentence: *Sacro **veneranda** petes Palatia clivo, plurima qua summi fulget imago ducis.* —Martial

come

	ACTIVE		**PASSIVE**
		INDICATIVE	
Pres.	veniō	venīmus	
	venīs	venītis	
	venit	veniunt	venitur (Impers.)
Impf.	veniēbam	veniēbāmus	
	veniēbās	veniēbātis	
	veniēbat	veniēbant	veniēbātur (Impers.)
Fut.	veniam	veniēmus	
	veniēs	veniētis	
	veniet	venient	veniētur (Impers.)
Perf.	vēnī	vēnimus	
	vēnistī	vēnistis	
	vēnit	vēnērunt (-ēre)	ventum est (Impers.)
Plup.	vēneram	vēnerāmus	
	vēnerās	vēnerātis	
	vēnerat	vēnerant	ventum erat (Impers.)
Fut.	vēnerō	vēnerimus	
Perf.	vēneris	vēneritis	
	vēnerit	vēnerint	ventum erit (Impers.)
		SUBJUNCTIVE	
Pres.	veniam	veniāmus	
	veniās	veniātis	
	veniat	veniant	veniātur (Impers.)
Impf.	venīrem	venīrēmus	
	venīrēs	venīrētis	
	venīret	venīrent	venīrētur (Impers.)
Perf.	vēnerim	vēnerimus	
	vēneris	vēneritis	
	vēnerit	vēnerint	ventum sit (Impers.)
Plup.	vēnissem	vēnissēmus	
	vēnissēs	vēnissētis	
	vēnisset	vēnissent	ventum esset (Impers.)
		IMPERATIVE	
Pres.	venī	venīte	
		INFINITIVE	
Pres.	venīre		venīrī
Perf.	vēnisse		ventum esse
Fut.	ventūrus (-a, -um) esse		ventum īrī
		PARTICIPLE	
Pres.	veniens, (-ntis)		
Perf.			
Fut.	ventūrus (-a, -um)		veniendus (-a, -um) (GERUNDIVE)

GERUND veniendī, -ō, -um, -ō   SUPINE ventum, -ū

V

AN ESSENTIAL
55 VERB

AN ESSENTIAL 55 VERB

veniō

Related Words

adventus, adventus, m. arrival

ventio, ventionis, f. a coming

ventito, ventitare to keep coming

COMPOUNDS:
advenio, advenire, adveni, adventum to arrive

circumvenio, circumvenire, circumveni, circumventum to surround

convenio, convenire, conveni, conventum to assemble

devenio, devenire, deveni, deventum to come

evenio, evenire, eveni, eventum to come out

invenio, invenire, inveni, inventum to find

pervenio, pervenire, perveni, perventum to arrive

praevenio, praevenire, praeveni, praeventum to anticipate

provenio, provenire, proveni, proventum to come forth

subvenio, subvenire, subveni, subventum to come to the aid of

supervenio, supervenire, superveni, superventum to overtake

This verb and its compounds are extremely essential to learn!

Very often students find the compound **invenio** *to find* a challenge to remember. If thinking of its literal meaning *to come upon* doesn't jog your memory, imagine Alexander Graham Bell out for a walk in the woods and falling face down after tripping over a telephone. There's an *invention*!

ALTERNATE FORMS:
venibat = veniebat
venibo = veniam

MODEL SENTENCE:
Spectatum veniunt, veniunt spectentur et ipsae.
—Ovid

fear, respect

ACTIVE
INDICATIVE

Pres.	vereor	verēmur
	verēris (-re)	verēminī
	verētur	verentur
Impf.	verēbār	verēbāmur
	verēbāris (-re)	verēbāminī
	verēbātur	verēbantur
Fut.	verēbor	verēbimur
	verēberis (-re)	verēbiminī
	verēbitur	verēbuntur
Perf.	veritus sum	veritī sumus
	(-a, -um) es	(-ae, -a) estis
	est	sunt
Plup.	veritus eram	veritī erāmus
	(-a, -um) erās	(-ae, -a) erātis
	erat	erant
Fut.	veritus erō	veritī erimus
Perf.	(-a, -um) eris	(-ae, -a) eritis
	erit	erunt

SUBJUNCTIVE

Pres.	verear	vereāmur
	vereāris (-re)	vereāminī
	vereātur	vereantur
Impf.	verērer	verērēmur
	verērēris (-re)	verērēminī
	verērētur	verērentur
Perf.	veritus sim	veritī sīmus
	(-a, -um) sīs	(ae-, -a) sītis
	sit	sint
Plup.	veritus essem	veritī essēmus
	(-a, -um) essēs	(-ae, -a) essētis
	esset	essent

IMPERATIVE
Pres.   verēre   verēminī

INFINITIVE
Pres. verērī
Perf. veritus (-a, -um) esse
Fut. veritūrus (-a, -um) esse

PARTICIPLE

	Active	Passive
Pres.	verens, (-ntis)	
Perf.	veritus (-a, -um)	
Fut.	veritūrus (-a, -um)	verendus (-a, -um) (GERUNDIVE)

GERUND verendī, -ō, -um, -ō   SUPINE veritum, -ū

Usage notes: may take the **accusative** or the **dative** or *de* with the **ablative**
Compounds and related words: **reverentia, -ae, f.** respect; **revereor (2)** to respect
Model sentence: *Contra nos ambae faciunt, summa gratia et eloquentia; quarum alteram **vereor**, alteram metro.* —Cicero

557

sweep, cover

	ACTIVE		**PASSIVE**	
		INDICATIVE		
Pres.	verrō	verrimus	verror	verrimur
	verris	verritis	verreris (-re)	verriminī
	verrit	verrunt	verritur	verruntur
Impf.	verrēbam	verrēbāmus	verrēbar	verrēbāmur
	verrēbās	verrēbātis	verrēbāris (-re)	verrēbāminī
	verrēbat	verrēbant	verrēbātur	verrēbantur
Fut.	verram	verrēmus	verrar	verrēmur
	verrēs	verrētis	verrēris (-re)	verrēminī
	verret	verrent	verrētur	verrentur
Perf.	verrī	verrimus	versus sum	versī sumus
	verristī	verristis	(-a, -um) es	(-ae, -a) estis
	verrit	verrērunt (-ēre)	est	sunt
Plup.	verreram	verrerāmus	versus eram	versī erāmus
	verrerās	verrerātis	(-a, -um) erās	(-ae, -a) erātis
	verrerat	verrerant	erat	erant
Fut. *Perf.*	verrerō	verrerimus	versus erō	versī erimus
	verreris	verreritis	(-a, -um) eris	(-ae, -a) eritis
	verrerit	verrerint	erit	erunt
		SUBJUNCTIVE		
Pres.	verram	verrāmus	verrar	verrāmur
	verrās	verrātis	verrāris (-re)	verrāminī
	verrat	verrant	verrātur	verrantur
Impf.	verrerem	verrerēmus	verrerer	verrerēmur
	verrerēs	verrerētis	verrerēris (-re)	verrerēminī
	verreret	verrerent	verrerētur	verrerentur
Perf.	verrerim	verrerimus	versus sim	versī sīmus
	verreris	verreritis	(-a, -um) sīs	(-ae, -a) sītis
	verrerit	verrerint	sit	sint
Plup.	verrissem	verrissēmus	versus essem	versī essēmus
	verrissēs	verrissētis	(-a, -um) essēs	(-ae, -a) essētis
	verrisset	verrissent	esset	essent
		IMPERATIVE		
Pres.	verre	verrite		
		INFINITIVE		
Pres.	verrere		verrī	
Perf.	verrisse		versus (-a, -um) esse	
Fut.	versūrus (-a, -um) esse		versum īrī	
		PARTICIPLE		
Pres.	verrens, (-ntis)			
Perf.			versus (-a, -um)	
Fut.	versūrus (-a, -um)		verrendus (-a, -um) (GERUNDIVE)	

GERUND verrendī, -ō, -um, -ō   SUPINE versum, -ū

Alternate forms: **versi** = verri
Compounds and related words: **converro (3)** to sweep together; **everro (3)** to sweep out
Model sentence: *Argentum inter reliqua purgamenta scopis coepit **verrere**.* —Petronius

turn, twist (often or violently)

<table>
<tr><th colspan="3">ACTIVE</th><th colspan="2">PASSIVE</th></tr>
<tr><th colspan="5">INDICATIVE</th></tr>
<tr><td>*Pres.*</td><td>versō</td><td>versāmus</td><td>versor</td><td>versāmur</td></tr>
<tr><td></td><td>versās</td><td>versātis</td><td>versāris (-re)</td><td>versāminī</td></tr>
<tr><td></td><td>versat</td><td>versant</td><td>versātur</td><td>versantur</td></tr>
<tr><td>*Impf.*</td><td>versābam</td><td>versābāmus</td><td>versābar</td><td>versābāmur</td></tr>
<tr><td></td><td>versābās</td><td>versābātis</td><td>versābāris (-re)</td><td>versābāminī</td></tr>
<tr><td></td><td>versābat</td><td>versābant</td><td>versābātur</td><td>versābantur</td></tr>
<tr><td>*Fut.*</td><td>versābō</td><td>versābimus</td><td>versābor</td><td>versābimur</td></tr>
<tr><td></td><td>versābis</td><td>versābitis</td><td>versāberis (-re)</td><td>versābiminī</td></tr>
<tr><td></td><td>versābit</td><td>versābunt</td><td>versābitur</td><td>versābuntur</td></tr>
<tr><td>*Perf.*</td><td>versāvī</td><td>versāvimus</td><td>versātus sum</td><td>versātī sumus</td></tr>
<tr><td></td><td>versāvistī</td><td>versāvistis</td><td>(-a, -um) es</td><td>(-ae, -a) estis</td></tr>
<tr><td></td><td>versāvit</td><td>versāvērunt (-ēre)</td><td>est</td><td>sunt</td></tr>
<tr><td>*Plup.*</td><td>versāveram</td><td>versāverāmus</td><td>versātus eram</td><td>versātī erāmus</td></tr>
<tr><td></td><td>versāverās</td><td>versāverātis</td><td>(-a, -um) erās</td><td>(-ae, -a) erātis</td></tr>
<tr><td></td><td>versāverat</td><td>versāverant</td><td>erat</td><td>erant</td></tr>
<tr><td>*Fut.*</td><td>versāverō</td><td>versāverimus</td><td>versātus erō</td><td>versātī erimus</td></tr>
<tr><td>*Perf.*</td><td>versāveris</td><td>versāveritis</td><td>(-a, -um) eris</td><td>(-ae, -a) eritis</td></tr>
<tr><td></td><td>versāverit</td><td>versāverint</td><td>erit</td><td>erunt</td></tr>
<tr><th colspan="5">SUBJUNCTIVE</th></tr>
<tr><td>*Pres.*</td><td>versem</td><td>versēmus</td><td>verser</td><td>versēmur</td></tr>
<tr><td></td><td>versēs</td><td>versētis</td><td>versēris (-re)</td><td>versēminī</td></tr>
<tr><td></td><td>verset</td><td>versent</td><td>versētur</td><td>versentur</td></tr>
<tr><td>*Impf.*</td><td>versārem</td><td>versārēmus</td><td>versārer</td><td>versārēmur</td></tr>
<tr><td></td><td>versārēs</td><td>versārētis</td><td>versārēris (-re)</td><td>versārēminī</td></tr>
<tr><td></td><td>versāret</td><td>versārent</td><td>versārētur</td><td>versārentur</td></tr>
<tr><td>*Perf.*</td><td>versāverim</td><td>versāverimus</td><td>versātus sim</td><td>versātī sīmus</td></tr>
<tr><td></td><td>versāveris</td><td>versāveritis</td><td>(-a, -um) sīs</td><td>(-ae, -a) sītis</td></tr>
<tr><td></td><td>versāverit</td><td>versāverint</td><td>sit</td><td>sint</td></tr>
<tr><td>*Plup.*</td><td>versāvissem</td><td>versāvissēmus</td><td>versātus essem</td><td>versātī essēmus</td></tr>
<tr><td></td><td>versāvissēs</td><td>versāvissētis</td><td>(-a, -um) essēs</td><td>(-ae, -a) essētis</td></tr>
<tr><td></td><td>versāvisset</td><td>versāvissent</td><td>esset</td><td>essent</td></tr>
<tr><th colspan="5">IMPERATIVE</th></tr>
<tr><td>*Pres.*</td><td>versā</td><td>versāte</td><td></td><td></td></tr>
<tr><th colspan="5">INFINITIVE</th></tr>
<tr><td>*Pres.*</td><td colspan="2">versāre</td><td colspan="2">versārī</td></tr>
<tr><td>*Perf.*</td><td colspan="2">versāvisse</td><td colspan="2">versātus (-a, -um) esse</td></tr>
<tr><td>*Fut.*</td><td colspan="2">versātūrus (-a, -um) esse</td><td colspan="2">versātum īrī</td></tr>
<tr><th colspan="5">PARTICIPLE</th></tr>
<tr><td>*Pres.*</td><td colspan="2">versans, (-ntis)</td><td colspan="2"></td></tr>
<tr><td>*Perf.*</td><td colspan="2"></td><td colspan="2">versātus (-a, -um)</td></tr>
<tr><td>*Fut.*</td><td colspan="2">versātūrus (-a, -um)</td><td colspan="2">versandus (-a, -um) (GERUNDIVE)</td></tr>
<tr><td colspan="5" align="center">GERUND versandī, -ō, -um, -ō   SUPINE versātum, -ū</td></tr>
</table>

Usage notes: passive forms may be used with middle sense.
Alternate forms: **vorsarier** = versari; **vorso, vorsare, etc.** = verso, versare, etc.
Compounds and related words: **converso (1)** to turn around frequently; **obversor (1)** to appear before
Model sentence: *"dies" inquit "nihil est. Dum **versas** te, nox fit."* —Petronius

turn

	ACTIVE			**PASSIVE**	
			INDICATIVE		
Pres.	vertō	vertimus		vertor	vertimur
	vertis	vertitis		verteris (-re)	vertiminī
	vertit	vertunt		vertitur	vertuntur
Impf.	vertēbam	vertēbāmus		vertēbar	vertēbāmur
	vertēbās	vertēbātis		vertēbāris (-re)	vertēbāminī
	vertēbat	vertēbant		vertēbātur	vertēbantur
Fut.	vertam	vertēmus		vertar	vertēmur
	vertēs	vertētis		vertēris (-re)	vertēminī
	vertet	vertent		vertētur	vertentur
Perf.	vertī	vertimus		versus sum	versī sumus
	vertistī	vertistis		(-a, -um) es	(-ae, -a) estis
	vertit	vertērunt (-ēre)		est	sunt
Plup.	verteram	verterāmus		versus eram	versī erāmus
	verterās	verterātis		(-a, -um) erās	(-ae, -a) erātis
	verterat	verterant		erat	erant
Fut.	verterō	verterimus		versus erō	versī erimus
Perf.	verteris	verteritis		(-a, -um) eris	(-ae, -a) eritis
	verterit	verterint		erit	erunt
			SUBJUNCTIVE		
Pres.	vertam	vertāmus		vertar	vertāmur
	vertās	vertātis		vertāris (-re)	vertāminī
	vertat	vertant		vertātur	vertantur
Impf.	verterem	verterēmus		verterer	verterēmur
	verterēs	verterētis		verterēris (-re)	verterēminī
	verteret	verterent		verterētur	verterentur
Perf.	verterim	verterimus		versus sim	versī sīmus
	verteris	verteritis		(-a, -um) sīs	(-ae, -a) sītis
	verterit	verterint		sit	sint
Plup.	vertissem	vertissēmus		versus essem	versī essēmus
	vertissēs	vertissētis		(-a, -um) essēs	(-ae, -a) essētis
	vertisset	vertissent		esset	essent
			IMPERATIVE		
Pres.	verte	vertite			
			INFINITIVE		
Pres.	vertere			vertī	
Perf.	vertisse			versus (-a, -um) esse	
Fut.	versūrus (-a, -um) esse			versum īrī	
			PARTICIPLE		
Pres.	vertens, (-ntis)				
Perf.				versus (-a, -um)	
Fut.	versūrus (-a, -um)			vertendus (-a, -um) (GERUNDIVE)	

GERUND vertendī, -ō, -um, -ō   SUPINE versum, -ū

AN ESSENTIAL
55 VERB

AN ESSENTIAL 55 VERB

vertō

Related Words

adversarius, adversarii, m. opponent

adversus, adversa, adversum opposing

controversia, controversiae, f. dispute

conversatio, conversationis, f. conversation

converso, conversare to turn around

diversus, diversa, diversum different

universus, universa, universum general

verso, versare to twirl

versus (adverb) turned

versus, versus, m. verse

vertex, verticis, m. whirl

COMPOUNDS:

adverto, advertere, adverti, adversum to turn toward

animadverto, animadvertere, animadverti, animadversum to pay attention to

averto, avertere, averti, aversum to turn away

converto, convertere, converti, conversum to turn around

everto, evertere, everti, eversum to overturn

perverto, pervertere, perverti, perversum to overturn

reverto, revertere, reverti, reversum to turn back

subverto, subvertere, subverti, subversum to overturn

This verb and its compounds are quite common. It also rather frequently appears in forms that appear passive but actually are active. This is *middle voice*.

In *active* voice, the subject performs the action. In *passive* voice the subject receives the action. In *middle* voice the subject performs the action upon itself, for his, her, or its own benefit, or has some deeply personal involvement or investment in the action. Middle voice forms in Latin are identical to passive voice forms. They may translate as if they were active voice, but middle voice lends them a flavor all their own. With **verto**, in middle voice sense the subject is turning itself.

USAGE NOTES:
passive voice forms can be used in middle voice sense

ALTERNATE FORMS:
vorsum = versum
vortere = vertere
vorti = verti
vortier = verti
vorto = verto

V

MODEL SENTENCE:
Sinit hic violentis omnia verti Turbinibus.
—Lucretius

eat

ACTIVE

INDICATIVE

Pres.	vescor	vescimur
	vesceris (-re)	vesciminī
	vescitur	vescuntur
Impf.	vescēbar	vescēbāmur
	vescēbāris (-re)	vescēbāminī
	vescēbātur	vescēbantur
Fut.	vescar	vescēmur
	vescēris (-re)	vescēminī
	vescētur	vescentur
Perf.		
Plup.		
Fut.		
Perf.		

SUBJUNCTIVE

Pres.	vescar	vescāmur
	vescāris (-re)	vescāminī
	vescātur	vescantur
Impf.	vescerer	vescerēmur
	vescerēris (-re)	vescerēminī
	vescerētur	vescerentur
Perf.		
Plup.		

IMPERATIVE

Pres.	vescere	vesciminī

INFINITIVE

Pres.	vescī
Perf.	
Fut.	

PARTICIPLE

	Active	Passive
Pres.	vescens, (-ntis)	
Perf.		
Fut.		vescendus (-a, -um) (GERUNDIVE)

GERUND vescendī, -ō, -um, -ō   SUPINE

Usage notes: generally used with the **ablative**
Compounds and related words: **esca, -ae, f.** food; **escarius, -a, -um** relating to food; **esculentus, -a, -um** edible; **vescus, -a, -um** consuming, wasted
Model sentence: *Dii nec cibis nec potionibus **vescuntur.*** —Cicero

vetō

forbid

ACTIVE		PASSIVE	

INDICATIVE

Pres.	vetō	vetāmus	vetor	vetāmur
	vetās	vetātis	vetāris (-re)	vetāminī
	vetat	vetant	vetātur	vetantur
Impf.	vetābam	vetābāmus	vetābar	vetābāmur
	vetābās	vetābātis	vetābāris (-re)	vetābāminī
	vetābat	vetābant	vetābātur	vetābantur
Fut.	vetābō	vetābimus	vetābor	vetābimur
	vetābis	vetābitis	vetāberis (-re)	vetābiminī
	vetābit	vetābunt	vetābitur	vetābuntur
Perf.	vetuī	vetuimus	vetitus sum	vetitī sumus
	vetuistī	vetuistis	(-a, -um) es	(-ae, -a) estis
	vetuit	vetuērunt (-ēre)	est	sunt
Plup.	vetueram	vetuerāmus	vetitus eram	vetitī erāmus
	vetuerās	vetuerātis	(-a, -um) erās	(-ae, -a) erātis
	vetuerat	vetuerant	erat	erant
Fut.	vetuerō	vetuerimus	vetitus erō	vetitī erimus
Perf.	vetueris	vetueritis	(-a, -um) eris	(-ae, -a) eritis
	vetuerit	vetuerint	erit	erunt

SUBJUNCTIVE

Pres.	vetem	vetēmus	veter	vetēmur
	vetēs	vetētis	vetēris (-re)	vetēminī
	vetet	vetent	vetētur	vetentur
Impf.	vetārem	vetārēmus	vetārer	vetārēmur
	vetārēs	vetārētis	vetārēris (-re)	vetārēminī
	vetāret	vetārent	vetārētur	vetārentur
Perf.	vetuerim	vetuerimus	vetitus sim	vetitī sīmus
	vetueris	vetueritis	(-a, -um) sīs	(-ae, -a) sītis
	vetuerit	vetuerint	sit	sint
Plup.	vetuissem	vetuissēmus	vetitus essem	vetitī essēmus
	vetuissēs	vetuissētis	(-a, -um) essēs	(-ae, -a) essētis
	vetuisset	vetuissent	esset	essent

IMPERATIVE

Pres.	vetā	vetāte		

INFINITIVE

Pres.	vetāre	vetārī
Perf.	vetuisse	vetitus (-a, -um) esse
Fut.	vetitūrus (-a, -um) esse	vetitum īrī

PARTICIPLE

Pres.	vetans, (-ntis)	
Perf.		vetitus (-a, -um)
Fut.	vetitūrus (-a, -um)	vetandus (-a, -um) (GERUNDIVE)

GERUND vetandī, -ō, -um, -ō   SUPINE vetitum, -ū

V

Alternate forms: **vetati sunt** = vetiti sunt; **vetavi** = vetuit; **votes** = vetes; **votitus** = vetitus; **voto** = veto
Model sentence: *Ab opere legatos Caesar discedere **vetuerat**.* —Caesar

see, seem

ACTIVE   PASSIVE

INDICATIVE

Pres.	videō	vidēmus	videor	vidēmur
	vidēs	vidētis	vidēris (-re)	vidēminī
	videt	vident	vidētur	videntur
Impf.	vidēbam	vidēbāmus	vidēbar	vidēbāmur
	vidēbās	vidēbātis	vidēbāris (-re)	vidēbāminī
	vidēbat	vidēbant	vidēbātur	vidēbantur
Fut.	vidēbō	vidēbimus	vidēbor	vidēbimur
	vidēbis	vidēbitis	vidēberis (-re)	vidēbiminī
	vidēbit	vidēbunt	vidēbitur	vidēbuntur

Perf.	vīdī	vīdimus	vīsus	sum	vīsī	sumus
	vīdistī	vīdistis	(-a, -um)	es	(-ae, -a)	estis
	vīdit	vīdērunt (-ēre)		est		sunt
Plup.	vīderam	vīderāmus	vīsus	eram	vīsī	erāmus
	vīderās	vīderātis	(-a, -um)	erās	(-ae, -a)	erātis
	vīderat	vīderant		erat		erant
Fut.	vīderō	vīderimus	vīsus	erō	vīsī	erimus
Perf.	vīderis	vīderitis	(-a, -um)	eris	(-ae, -a)	eritis
	vīderit	vīderint		erit		erunt

SUBJUNCTIVE

Pres.	videam	videāmus	videar	videāmur
	videās	videātis	videāris (-re)	videāminī
	videat	videant	videātur	videantur
Impf.	vidērem	vidērēmus	vidērer	vidērēmur
	vidērēs	vidērētis	vidērēris (-re)	vidērēminī
	vidēret	vidērent	vidērētur	vidērentur

Perf.	vīderim	vīderimus	vīsus	sim	vīsī	sīmus
	vīderis	vīderitis	(-a, -um)	sīs	(-ae, -a)	sītis
	vīderit	vīderint		sit		sint
Plup.	vīdissem	vīdissēmus	vīsus	essem	vīsī	essēmus
	vīdissēs	vīdissētis	(-a, -um)	essēs	(-ae, -a)	essētis
	vīdisset	vīdissent		esset		essent

IMPERATIVE

Pres.	vidē	vidēte	

INFINITIVE

Pres.	vidēre	vidērī
Perf.	vīdisse	vīsus (-a, -um) esse
Fut.	vīsūrus (-a, -um) esse	vīsum īrī

PARTICIPLE

Pres.	videns, (-ntis)	
Perf.		vīsus (-a, -um)
Fut.	vīsūrus (-a, -um)	videndus (-a, -um) (GERUNDIVE)

GERUND videndī, -ō, -um, -ō   SUPINE vīsum, -ū

AN ESSENTIAL 55 VERB

videō

This verb is essential because it and its related words are common.

In passive voice this verb has the idea *to seem.*

The compounds beginning with **in-** are negative because they reflect the Romans' belief in the "evil eye." You can see the cultural persistence of this fear in *The Tell-Tale Heart* by Edgar Allan Poe.

ALTERNATE FORMS:
viden = videsne
viderier = videri

COMPOUNDS:
invideo, invidere, invidi, invisum to hate
provideo, providere, providi, provisum to foresee

MODEL SENTENCE:
*Senes mori sic **videntur** ut sua sponte nulla adhibita vi consumptus ignis exstinguitur.*
—Cicero

V

thrive

ACTIVE

INDICATIVE

Pres.	vigeō	vigēmus
	vigēs	vigētis
	viget	vigent
Impf.	vigēbam	vigēbāmus
	vigēbās	vigēbātis
	vigēbat	vigēbant
Fut.	vigēbō	vigēbimus
	vigēbis	vigēbitis
	vigēbit	vigēbunt
Perf.	viguī	viguimus
	viguistī	viguistis
	viguit	viguērunt
Plup.	vigueram	viguerāmus
	viguerās	viguerātis
	viguerat	viguerant
Fut.	viguerō	viguerimus
Perf.	vigueris	vigueritis
	viguerit	viguerint

SUBJUNCTIVE

Pres.	vigeam	vigeāmus
	vigeās	vigeātis
	vigeat	vigeant
Impf.	vigērem	vigērēmus
	vigērēs	vigērētis
	vigēret	vigērent
Perf.	viguerim	viguerimus
	vigueris	vigueritis
	viguerit	viguerint
Plup.	viguissem	viguissēmus
	viguissēs	viguissētis
	viguisset	viguissent

IMPERATIVE

Pres.	vigē	vigēte

INFINITIVE

Pres.	vigēre
Perf.	viguisse
Fut.	

PARTICIPLE

Pres.	vigens, (-ntis)
Perf.	
Fut.	vigendus (-a, -um) (GERUNDIVE)

GERUND vigendī, -ō, -um, -ō SUPINE

Compounds and related words: **vigesco (3)** to thrive; **vigil, -is** awake; **vigilantia, -ae, f.** watchfulness; **vigilarium, -i, n.** watch-house; **vigilax, -acis** watchful; **vigilia, -ae, f.** watch; **vigor, -is, m.** vigor
Model sentence: *Audacia, largitio, avaritia **vigebant**.* —Sallust

keep awake, watch

	ACTIVE		**PASSIVE**	
			INDICATIVE	
Pres.	vigilō	vigilāmus	vigilor	vigilāmur
	vigilās	vigilātis	vigilāris (-re)	vigilāminī
	vigilat	vigilant	vigilātur	vigilantur
Impf.	vigilābam	vigilābāmus	vigilābar	vigilābāmur
	vigilābās	vigilābātis	vigilābāris (-re)	vigilābāminī
	vigilābat	vigilābant	vigilābātur	vigilābantur
Fut.	vigilābō	vigilābimus	vigilābor	vigilābimur
	vigilābis	vigilābitis	vigilāberis (-re)	vigilābiminī
	vigilābit	vigilābunt	vigilābitur	vigilābuntur
Perf.	vigilāvī	vigilāvimus	vigilātus sum	vigilātī sumus
	vigilāvistī	vigilāvistis	(-a, -um) es	(-ae, -a) estis
	vigilāvit	vigilāvērunt (-ēre)	est	sunt
Plup.	vigilāveram	vigilāverāmus	vigilātus eram	vigilātī erāmus
	vigilāverās	vigilāverātis	(-a, -um) erās	(-ae, -a) erātis
	vigilāverat	vigilāverant	erat	erant
Fut.	vigilāverō	vigilāverimus	vigilātus erō	vigilātī erimus
Perf.	vigilāveris	vigilāveritis	(-a, -um) eris	(-ae, -a) eritis
	vigilāverit	vigilāverint	erit	erunt
			SUBJUNCTIVE	
Pres.	vigilem	vigilēmus	vigiler	vigilēmur
	vigilēs	vigilētis	vigilēris (-re)	vigilēminī
	vigilet	vigilent	vigilētur	vigilentur
Impf.	vigilārem	vigilārēmus	vigilārer	vigilārēmur
	vigilārēs	vigilārētis	vigilārēris (-re)	vigilārēminī
	vigilāret	vigilārent	vigilārētur	vigilārentur
Perf.	vigilāverim	vigilāverimus	vigilātus sim	vigilātī sīmus
	vigilāveris	vigilāveritis	(-a, -um) sīs	(-ae, -a) sītis
	vigilāverit	vigilāverint	sit	sint
Plup.	vigilāvissem	vigilāvissēmus	vigilātus essem	vigilātī essēmus
	vigilāvissēs	vigilāvissētis	(-a, -um) essēs	(-ae, -a) essētis
	vigilāvisset	vigilāvissent	esset	essent
			IMPERATIVE	
Pres.	vigilā	vigilāte		
			INFINITIVE	
Pres.	vigilāre		vigilārī	
Perf.	vigilāvisse		vigilātus (-a, -um) esse	
Fut.	vigilātūrus (-a, -um) esse		vigilātum īrī	
			PARTICIPLE	
Pres.	vigilans, (-ntis)			
Perf.			vigilātus (-a, -um)	
Fut.	vigilātūrus (-a, -um)		vigilandus (-a, -um) (GERUNDIVE)	

GERUND vigilandī, -ō, -um, -ō SUPINE vigilātum, -ū

Compounds and related words: **evigilo (1)** to be wide awake; **vigil, -is** awake; **vigilantia, -ae, f.** watchfulness; **vigilarium, -i, n.** watch-house; **vigilax, -acis** watchful; **vigilia, -ae, f.** watch
Model sentence: ***Vigilandum** est semper: multae insidiae sunt bonis.* —Attius

vinciō

bind, compress

ACTIVE		PASSIVE	
INDICATIVE			
Pres.			
vinciō	vincīmus	vincior	vincīmur
vincīs	vincītis	vincīris (-re)	vincīminī
vincit	vinciunt	vincītur	vinciuntur
Impf.			
vinciēbam	vinciēbāmus	vinciēbar	vinciēbāmur
vinciēbās	vinciēbātis	vinciēbāris (-re)	vinciēbāminī
vinciēbat	vinciēbant	vinciēbātur	vinciēbantur
Fut.			
vinciam	vinciēmus	vinciar	vinciēmur
vinciēs	vinciētis	vinciēris (-re)	vinciēminī
vinciet	vincient	vinciētur	vincientur
Perf.			
vinxī	vinximus	vinctus sum	vinctī sumus
vinxistī	vinxistis	(-a, -um) es	(-ae, -a) estis
vinxit	vinxērunt (-ēre)	est	sunt
Plup.			
vinxeram	vinxerāmus	vinctus eram	vinctī erāmus
vinxerās	vinxerātis	(-a, -um) erās	(-ae, -a) erātis
vinxerat	vinxerant	erat	erant
Fut. *Perf.*			
vinxerō	vinxerimus	vinctus erō	vinctī erimus
vinxeris	vinxeritis	(-a, -um) eris	(-ae, -a) eritis
vinxerit	vinxerint	erit	erunt
SUBJUNCTIVE			
Pres.			
vinciam	vinciāmus	vinciar	vinciāmur
vinciās	vinciātis	vinciāris (-re)	vinciāminī
vinciat	vinciant	vinciātur	vinciantur
Impf.			
vincīrem	vincīrēmus	vincīrer	vincīrēmur
vincīrēs	vincīrētis	vincīrēris (-re)	vincīrēminī
vincīret	vincīrent	vincīrētur	vincīrentur
Perf.			
vinxerim	vinxerimus	vinctus sim	vinctī sīmus
vinxeris	vinxeritis	(-a, -um) sīs	(-ae, -a) sītis
vinxerit	vinxerint	sit	sint
Plup.			
vinxissem	vinxissēmus	vinctus essem	vinctī essēmus
vinxissēs	vinxissētis	(-a, -um) essēs	(-ae, -a) essētis
vinxisset	vinxissent	esset	essent
IMPERATIVE			
Pres.	vincī	vincīte	
INFINITIVE			
Pres.	vincīre		vincīrī
Perf.	vinxisse		vinctus (-a, -um) esse
Fut.	vinctūrus (-a, -um) esse		vinctum īrī
PARTICIPLE			
Pres.	vinciens, (-ntis)		
Perf.			vinctus (-a, -um)
Fut.	vincitūrus (-a, -um)		vinciendus (-a, -um) (GERUNDIVE)

GERUND vinciendī, -ō, -um, -ō   SUPINE vinctum, -ū

Compounds and related words: **devincio (4)** to bind; **evincio (4)** to bind; **revincio (4)** to tie back; **vinculum, -i, n.** bond

Model sentence: *Facinus est **vincire** civem Romanum.* —Cicero

conquer

ACTIVE		PASSIVE	
INDICATIVE			
Pres.	vincō	vincimus	vincor	vincimur
	vincis	vincitis	vinceris (-re)	vinciminī
	vincit	vincunt	vincitur	vincuntur
Impf.	vincēbam	vincēbāmus	vincēbar	vincēbāmur
	vincēbās	vincēbātis	vincēbāris (-re)	vincēbāminī
	vincēbat	vincēbant	vincēbātur	vincēbantur
Fut.	vincam	vincēmus	vincar	vincēmur
	vincēs	vincētis	vincēris (-re)	vincēminī
	vincet	vincent	vincētur	vincentur
Perf.	vīcī	vīcimus	victus sum	victī sumus
	vīcistī	vīcistis	(-a, -um) es	(-ae, -a) estis
	vīcit	vīcērunt (-ēre)	est	sunt
Plup.	vīceram	vīcerāmus	victus eram	victī erāmus
	vīcerās	vīcerātis	(-a, -um) erās	(-ae, -a) erātis
	vīcerat	vīcerant	erat	erant
Fut.	vīcerō	vīcerimus	victus erō	victī erimus
Perf.	vīceris	vīceritis	(-a, -um) eris	(-ae, -a) eritis
	vīcerit	vīcerint	erit	erunt
SUBJUNCTIVE			
Pres.	vincam	vincāmus	vincar	vincāmur
	vincās	vincātis	vincāris (-re)	vincāminī
	vincat	vincant	vincātur	vincantur
Impf.	vincerem	vincerēmus	vincerer	vincerēmur
	vincerēs	vincerētis	vincerēris (-re)	vincerēminī
	vinceret	vincerent	vincerētur	vincerentur
Perf.	vīcerim	vīcerimus	victus sim	victī sīmus
	vīceris	vīceritis	(-a, -um) sīs	(-ae, -a) sītis
	vīcerit	vīcerint	sit	sint
Plup.	vīcissem	vīcissēmus	victus essem	victī essēmus
	vīcissēs	vīcissētis	(-a, -um) essēs	(-ae, -a) essētis
	vīcisset	vīcissent	esset	essent
IMPERATIVE			
Pres.	vince	vincite		
INFINITIVE			
Pres.	vincere		vincī	
Perf.	vīcisse		victus (-a, -um) esse	
Fut.	victūrus (-a, -um) esse		victum īrī	
PARTICIPLE			
Pres.	vincens, (-ntis)			
Perf.			victus (-a, -um)	
Fut.	victūrus (-a, -um)		vincendus (-a, -um) (GERUNDIVE)	

GERUND vincendī, -ō, -um, -ō   SUPINE victum, -ū

V

Compounds and related words: **convinco (3)** to refute; **devinco (3)** to defeat; **invictus, -a, -um** unconquerable; **victor, -is, m.** victor; **victoria, -ae, f.** victory; **victrix, -tricis, f.** victor (female)
Model sentence: *Ius est belli ut qui **vicissent** iis quos **vicissent** quemadmodum vellent imperarent.* —Caesar

flourish, be green

ACTIVE

INDICATIVE

Pres.	vireō	virēmus
	virēs	virētis
	viret	virent
Impf.	virēbam	virēbāmus
	virēbās	virēbātis
	virēbat	virēbant
Fut.	virēbō	virēbimus
	virēbis	virēbitis
	virēbit	virēbunt
Perf.	viruī	viruimus
	viruistī	viruistis
	viruit	viruērunt (-ēre)
Plup.	virueram	viruerāmus
	viruerās	viruerātis
	viruerat	viruerant
Fut.	viruerō	viruerimus
Perf.	virueris	virueritis
	viruerit	viruerint

SUBJUNCTIVE

Pres.	viream	vireāmus
	vireās	vireātis
	vireat	vireant
Impf.	virērem	virērēmus
	virērēs	virērētis
	virēret	virērent
Perf.	viruerim	viruerimus
	virueris	virueritis
	viruerit	viruerint
Plup.	viruissem	viruissēmus
	viruissēs	viruissētis
	viruisset	viruissent

IMPERATIVE

Pres.	virē	virēte

INFINITIVE

Pres.	virēre
Perf.	viruisse
Fut.	

PARTICIPLE

Pres.	virens, (-ntis)
Perf.	
Fut.	virendus (-a, -um) (GERUNDIVE)

GERUND virendī, -ō, -um, -ō   SUPINE

Compounds and related words: **ver, -is, n.** spring; **viresco (3)** to turn green; **viridans, -ntis** green; **viridis, -e** green; **viriditas, -tatis, f.** greenness;
Model sentence: ***Virent** lacrimis roscida prata meis.* —Martial

live, be alive

ACTIVE		PASSIVE
INDICATIVE		

Pres.	vīvō	vīvimus	
	vīvis	vīvitis	
	vīvit	vīvunt	vīvitur (Impers.)
Impf.	vīvēbam	vīvēbāmus	
	vīvēbās	vīvēbātis	
	vīvēbat	vīvēbant	vīvēbātur (Impers.)
Fut.	vīvam	vīvēmus	
	vīvēs	vīvētis	
	vīvet	vīvent	vīvētur (Impers.)
Perf.	vixī	viximus	
	vixistī	vixistis	
	vixit	vixērunt (-ēre)	victum est (Impers.)
Plup.	vixeram	vixerāmus	
	vixerās	vixerātis	
	vixerat	vixerant	victum erat (Impers.)
Fut.	vixerō	vixerimus	
Perf.	vixeris	vixeritis	
	vixerit	vixerint	victum erit (Impers.)

SUBJUNCTIVE		

Pres.	vīvam	vīvāmus	
	vīvās	vīvātis	
	vīvat	vīvant	vīvātur (Impers.)
Impf.	vīverem	vīverēmus	
	vīverēs	vīverētis	
	vīveret	vīverent	vīverētur (Impers.)
Perf.	vixerim	vixerimus	
	vixeris	vixeritis	
	vixerit	vixerint	victum sit (Impers.)
Plup.	vixissem	vixissēmus	
	vixissēs	vixissētis	
	vixisset	vixissent	victum esset (Impers.)

IMPERATIVE		

Pres.	vīve	vīvite	

INFINITIVE		

Pres.	vīvere	vīvī
Perf.	vixisse	victus (-a, -um) esse
Fut.	victūrus (-a, -um) esse	victum īrī

PARTICIPLE		

Pres.	vīvens, (-ntis)	
Perf.		victus (-a, -um)
Fut.	victūrus (-a, -um)	vivendus (-a, -um) (GERUNDIVE)

GERUND vīvendī, -ō, -um, -ō   SUPINE victum, -ū

Alternate forms: **vixet** = vixisset
Compounds and related words: **convictus, -us, m.** party; **conviva, -ae, m.** guest; **convivium, -i, n.** party; **victus, -us, m.** livelihood; **vivus, -a, -um** alive
Model sentence: ***Vixere** fortes ante Agamemnona.* —Horace

call

ACTIVE   PASSIVE

INDICATIVE

	Active		Passive	
Pres.	vocō	vocāmus	vocor	vocāmur
	vocās	vocātis	vocāris (-re)	vocāminī
	vocat	vocant	vocātur	vocantur
Impf.	vocābam	vocābāmus	vocābar	vocābāmur
	vocābās	vocābātis	vocābāris (-re)	vocābāminī
	vocābat	vocābant	vocābātur	vocābantur
Fut.	vocābō	vocābimus	vocābor	vocābimur
	vocābis	vocābitis	vocāberis (-re)	vocābiminī
	vocābit	vocābunt	vocābitur	vocabuntur
Perf.	vocāvī	vocāvimus	vocātus sum	vocātī sumus
	vocāvistī	vocāvistis	(-a, -um) es	(-ae, -a) estis
	vocāvit	vocāvērunt (-ēre)	est	sunt
Plup.	vocāveram	vocāverāmus	vocātus eram	vocātī erāmus
	vocāverās	vocāverātis	(-a, -um) erās	(-ae, -a) erātis
	vocāverat	vocāverant	erat	erant
Fut.	vocāverō	vocāverimus	vocātus erō	vocātī erimus
Perf.	vocāveris	vocāveritis	(-a, -um) eris	(-ae, -a) eritis
	vocāverit	vocāverint	erit	erunt

SUBJUNCTIVE

	Active		Passive	
Pres.	vocem	vocēmus	vocer	vocēmur
	vocēs	vocētis	vocēris (-re)	vocēminī
	vocet	vocent	vocētur	vocentur
Impf.	vocārem	vocārēmus	vocārer	vocārēmur
	vocārēs	vocārētis	vocārēris (-re)	vocārēminī
	vocāret	vocārent	vocārētur	vocārentur
Perf.	vocāverim	vocāverimus	vocātus sim	vocātī sīmus
	vocāveris	vocāveritis	(-a, -um) sīs	(-ae, -a) sītis
	vocāverit	vocāverint	sit	sint
Plup.	vocāvissem	vocāvissēmus	vocātus essem	vocātī essēmus
	vocāvissēs	vocāvissētis	(-a, -um) essēs	(-ae, -a) essētis
	vocāvisset	vocāvissent	esset	essent

IMPERATIVE

Pres.	vocā	vocāte	

INFINITIVE

Pres.	vocāre	vocārī
Perf.	vocāvisse	vocātus (-a, -um) esse
Fut.	vocātūrus (-a, -um) esse	vocātum īrī

PARTICIPLE

Pres.	vocans, (-ntis)	
Perf.		vocātus (-a, -um)
Fut.	vocātūrus (-a, -um)	vocandus (-a, -um) (GERUNDIVE)

GERUND vocandī, -ō, -um, -ō   SUPINE vocātum, -ū

Alternate forms: **vocarier** = vocari
Compounds and related words: **advoco (1)** summon; **convoco (1)** summon; **evoco (1)** summon; **invoco (1)** summon; **provoco (1)** challenge; **revoco (1)** call back; **vocabulum, -i, n.** name; **vocalis, -e** pertaining to the voice; **vociferor (1)** shout; **vocito (1)** shout; **vox, vocis, f.** voice
Model sentence: *Mirabar quare nunquam me, Cotta, **vocasses:** iam scio me nudum displicuisse tibi.* —Martial

fly

ACTIVE

INDICATIVE

Pres.	volō	volāmus
	volās	volātis
	volat	volant
Impf.	volābam	volābāmus
	volābās	volābātis
	volābat	volābant
Fut.	volābō	volāmus
	volābis	volābitis
	volābit	volābunt
Perf.	volāvī	volāvimus
	volāvistī	volāvistis
	volāvit	volāvērunt (-ēre)
Plup.	volāveram	volāverāmus
	volāverās	volāverātis
	volāverat	volāverant
Fut.	volāverō	volāverimus
Perf.	volāveris	volāveritis
	volāverit	volāverint

SUBJUNCTIVE

Pres.	volem	volēmus
	volēs	volētis
	volet	volent
Impf.	volārem	volārēmus
	volārēs	volārētis
	volāret	volārent
Perf.	volāverim	volāverimus
	volāveris	volāveritis
	volāverit	volāverint
Plup.	volāvissem	volāvissēmus
	volāvissēs	volāvissētis
	volāvisset	volāvissent

IMPERATIVE

Pres.	volā	volāte

INFINITIVE

Pres.	volāre
Perf.	volāvisse
Fut.	volātūrus (-a, -um) esse

PARTICIPLE

	Active	Passive
Pres.	volans, (-ntis)	
Perf.		volātus (-a, -um)
Fut.	volātūrus (-a, -um)	volandus (-a, -um) (GERUNDIVE)

GERUND volandī, -ō, -um, -ō   SUPINE volātum, -ū

Compounds and related words: **evolo (1)** to fly out; **pervolo (1)** to fly over; **velocitas, -tatis, f.** speed; **velox, -ocis** swift; **volito (1)** to fly around; **volucer, -cris, -cre** winged
Model sentence: *Verba **volant,** scripta manent.* —proverb

V

wish

ACTIVE

INDICATIVE

Pres.	volō	volumus
	vīs	vultis
	vult	volunt
Impf.	volēbam	volēbāmus
	volēbās	volēbātis
	volēbat	volēbant
Fut.	volam	volēmus
	volēs	volētis
	volet	volent
Perf.	voluī	voluimus
	voluistī	voluistis
	voluit	voluērunt (-ēre)
Plup.	volueram	voluerāmus
	voluerās	voluerātis
	voluerat	voluerant
Fut.	voluerō	voluerimus
Perf.	volueris	volueritis
	voluerit	voluerint

SUBJUNCTIVE

Pres.	velim	velīmus
	velīs	velītis
	velit	velint
Impf.	vellem	vellēmus
	vellēs	vellētis
	vellet	vellent
Perf.	voluerim	voluerimus
	volueris	volueritis
	voluerit	voluerint
Plup.	voluissem	voluissēmus
	voluissēs	voluissētis
	voluisset	voluissent

IMPERATIVE

Pres.

INFINITIVE

Pres.	velle
Perf.	voluisse
Fut.	

PARTICIPLE

Pres.	volens, (-ntis)
Perf.	
Fut.	

GERUND   SUPINE

volō

This verb is among the most essential in the entire language. Its basic idea is *to be willing*. Although it can be translated as *to want*, it actually has little to do with desire. Consider the English word *volunteer*. It expresses willingness, not necessarily desire.

There are two other irregular verbs which are contractions with **volo**. They are **nolo** *to be unwilling*, which is **non + volo**, and **malo** to prefer, **magis + volo**. Each has its own page in this book.

ALTERNATE FORMS:
veis = vis
vin = visne
volim, etc. = velim, etc.
volimus = volumus
sis = si vis
sultis = si vultis
voliturus (future active participle)

MODEL SENTENCE:
*Libenter homines id quod **volunt** credunt.*
—Caesar

roll, unroll, ponder

	ACTIVE		PASSIVE	

INDICATIVE

Pres.	volvō	volvimus	volvor	volvimur
	volvis	volvitis	volveris (-re)	volviminī
	volvit	volvunt	volvitur	volvuntur
Impf.	volvēbam	volvēbāmus	volvēbar	volvēbāmur
	volvēbās	volvēbātis	volvēbāris (-re)	volvēbāminī
	volvēbat	volvēbant	volvēbātur	volvēbantur
Fut.	volvam	volvēmus	volvar	volvēmur
	volvēs	volvētis	volvēris (-re)	volvēminī
	volvet	volvent	volvētur	volventur
Perf.	volvī	volvimus	volūtus sum	volūtī sumus
	volvistī	volvistis	(-a, -um) es	(-ae, -a) estis
	volvit	volvērunt (-ēre)	est	sunt
Plup.	volveram	volverāmus	volūtus eram	volūtī erāmus
	volverās	volverātis	(-a, -um) erās	(-ae, -a) erātis
	volverat	volverant	erat	erant
Fut.	volverō	volverimus	volūtus erō	volūtī erimus
Perf.	volveris	volveritis	(-a, -um) eris	(-ae, -a) eritis
	volverit	volverint	erit	erunt

SUBJUNCTIVE

Pres.	volvam	volvāmus	volvar	volvāmur
	volvās	volvātis	volvāris (-re)	volvāminī
	volvat	volvant	volvātur	volvantur
Impf.	volverem	volverēmus	volverer	volverēmur
	volverēs	volverētis	volverēris (-re)	volverēminī
	volveret	volverent	volverētur	volverentur
Perf.	volverim	volverimus	volūtus sim	volūtī sīmus
	volveris	volveritis	(-a, -um) sīs	(-ae, -a) sītis
	volverit	volverint	sit	sint
Plup.	volvissem	volvissēmus	volūtus essem	volūtī essēmus
	volvissēs	volvissētis	(-a, -um) essēs	(-ae, -a) essētis
	volvisset	volvissent	esset	essent

IMPERATIVE

Pres.	volve	volvite	

INFINITIVE

Pres.	volvere		volvī
Perf.	volvisse		volūtus (-a, -um) esse
Fut.	volūtūrus (-a, -um) esse		volūtum īrī

PARTICIPLE

Pres.	volvens, (-ntis)		
Perf.			volūtus (-a, -um)
Fut.	volūtūrus (-a, -um)		volvendus (-a, -um) (GERUNDIVE)

GERUND volvendī, -ō, -um, -ō   SUPINE volūtum, -ū

Usage notes: passive forms often with middle sense
Alternate forms: **volvier** = volvi
Compounds and related words: **advolvo (3)** to roll to; **convolvo (3)** to roll together; **devolvo (3)** to roll down; **evolvo (3)** to unroll; **involvo (3)** to envelop; **pervolvo (3)** to roll around; **provolvo (3)** to roll forward; **revolvo (3)** to roll backwards, unroll; **volumen, -minis, n.** roll; **voluto (1)** to roll over
Model sentence: ***Volvit** sub undis grandia saxa.* —Lucretius

vow, consecrate

ACTIVE		PASSIVE	
INDICATIVE			
Pres. voveō	vovēmus	voveor	vovēmur
vovēs	vovētis	vovēris (-re)	vovēminī
vovet	vovent	vovētur	voventur
Impf. vovēbam	vovēbāmus	vovēbar	vovēbāmur
vovēbās	vovēbātis	vovēbāris (-re)	vovēbāminī
vovēbat	vovēbant	vovēbātur	vovēbantur
Fut. vovēbō	vovēbimus	vovēbor	vovēbimur
vovēbis	vovēbitis	vovēberis (-re)	vovēbiminī
vovēbit	vovēbunt	vovēbitur	vovēbuntur
Perf. vōvī	vōvimus	vōtus sum	vōtī sumus
vōvistī	vōvistis	(-a, -um) es	(-ae, -a) estis
vōvit	vōvērunt (-ēre)	est	sunt
Plup. vōveram	vōverāmus	vōtus eram	vōtī erāmus
vōverās	vōverātis	(-a, -um) erās	(-ae, -a) erātis
vōverat	vōverant	erat	erant
Fut. vōverō	vōverimus	vōtus erō	vōtī erimus
Perf. vōveris	vōveritis	(-a, -um) eris	(-ae, -a) eritis
vōverit	vōverint	erit	erunt
SUBJUNCTIVE			
Pres. voveam	voveāmus	vovear	voveāmur
voveās	voveātis	voveāris (-re)	voveāminī
voveat	voveant	voveātur	voveantur
Impf. vovērem	vovērēmus	vovērer	vovērēmur
vovērēs	vovērētis	vovērēris (-re)	vovērēminī
vovēret	vovērent	vovērētur	vovērentur
Perf. vōverim	vōverimus	vōtus sim	vōtī sīmus
vōveris	vōveritis	(-a, -um) sīs	(-ae, -a) sītis
vōverit	vōverint	sit	sint
Plup. vōvissem	vōvissēmus	vōtus essem	vōtī essēmus
vōvissēs	vōvissētis	(-a, -um) essēs	(-ae, -a) essētis
vōvisset	vōvissent	esset	essent
IMPERATIVE			
Pres. vovē	vovēte		
INFINITIVE			
Pres. vovēre		vovērī	
Perf. vōvisse		vōtus (-a, -um) esse	
Fut. vōtūrus (-a, -um) esse		vōtum īrī	
PARTICIPLE			
Pres. vovens, (-ntis)			
Perf.		vōtus (-a, -um)	
Fut. vōtūrus (-a, -um)		vovendus (-a, -um) (GERUNDIVE)	

GERUND vovendī, -ō, -um, -ō   SUPINE vōtum, -ū

V

Compounds and related words: **devoveo (2)** to consecrate; **votivus, -a, -um** relating to a vow; **votum, -i, n.** vow

Model sentence: *Tullus in re trepida decem **vovit** Salios fanaque Pallori ac Pavori.* —Livy

vulnerō

wound

ACTIVE		PASSIVE	
INDICATIVE			
Pres. vulnerō	vulnerāmus	vulneror	vulnerāmur
vulnerās	vulnerātis	vulnerāris (-re)	vulnerāminī
vulnerat	vulnerant	vulnerātur	vulnerantur
Impf. vulnerābam	vulnerābāmus	vulnerābar	vulnerābāmur
vulnerābās	vulnerābātis	vulnerābāris (-re)	vulnerābāminī
vulnerābat	vulnerābant	vulnerābātur	vulnerābantur
Fut. vulnerābō	vulnerābimus	vulnerābor	vulnerābimur
vulnerābis	vulnerābitis	vulnerāberis (-re)	vulnerābiminī
vulnerābit	vulnerābunt	vulnerābitur	vulnerābuntur
Perf. vulnerāvī	vulnerāvimus	vulnerātus sum	vulnerātī sumus
vulnerāvistī	vulnerāvistis	(-a, -um) es	(-ae, -a) estis
vulnerāvit	vulnerāvērunt (-ēre)	est	sunt
Plup. vulnerāveram	vulnerāverāmus	vulnerātus eram	vulnerātī erāmus
vulnerāverās	vulnerāverātis	(-a, -um) erās	(-ae, -a) erātis
vulnerāverat	vulnerāverant	erat	erant
Fut. vulnerāverō	vulnerāverimus	vulnerātus erō	vulnerātī erimus
Perf. vulnerāveris	vulnerāveritis	(-a, -um) eris	(-ae, -a) eritis
vulnerāverit	vulnerāverint	erit	erunt
SUBJUNCTIVE			
Pres. vulnerem	vulnerēmus	vulnerer	vulnerēmur
vulnerēs	vulnerētis	vulnerēris (-re)	vulnerēminī
vulneret	vulnerent	vulnerētur	vulnerentur
Impf. vulnerārem	vulnerārēmus	vulnerārer	vulnerārēmur
vulnerārēs	vulnerārētis	vulnerārēris (-re)	vulnerārēminī
vulnerāret	vulnerārent	vulnerārētur	vulnerārentur
Perf. vulnerāverim	vulnerāverimus	vulnerātus sim	vulnerātī sīmus
vulnerāveris	vulnerāveritis	(-a, -um) sīs	(-ae, -a) sītis
vulnerāverit	vulnerāverint	sit	sint
Plup. vulnerāvissem	vulnerāvissēmus	vulnerātus essem	vulnerātī essēmus
vulnerāvissēs	vulnerāvissētis	(-a, -um) essēs	(-ae, -a) essētis
vulnerāvisset	vulnerāvissent	esset	essent
IMPERATIVE			
Pres. vulnerā	vulnerāte		
INFINITIVE			
Pres. vulnerāre		vulnerārī	
Perf. vulnerāvisse		vulnerātus (-a, -um) esse	
Fut. vulnerātūrus (-a, -um) esse		vulnerātum īrī	
PARTICIPLE			
Pres. vulnerans, (-ntis)			
Perf.		vulnerātus (-a, -um)	
Fut. vulnerātūrus (-a, -um)		vulnerandus (-a, -um) (GERUNDIVE)	

GERUND vulnerandī, -ō, -um, -ō   SUPINE vulnerātum, -ū

Alternate forms: **volnero, volnerare, etc.** = vulnero, vulnerare, etc.
Compounds and related words: **convulnero (1)** to wound severely; **vulnerabilis, -e** wounding;
    vulneratio, -onis, f. wound; **vulnerator, -is, m.** wounder; **vulnus, -eris, n.** wound
Model sentence: *Cotta legatus in adversum os funda **vulneratur.*** —Caesar

Appendixes

Exercises for Review

The exercises in this book take the form of what is called a synopsis. A synopsis is a chart that shows all the tenses, voices, moods, infinitives, and participles of a verb in the same person, number, and gender. Anyone at any stage of studying Latin can do at least part of one. As you learn more forms you can keep coming back to test your new found knowledge.

There are thirty exercises with a few verbs from each conjugation (in order) for you to practice with, followed by four irregular verbs, some deponent verbs, and finally a key so you can check your work.

The following is a sample synopsis. The lines you see in the indicative and subjunctive sections are to remind you which verb stem is used to create the forms in that area. The first two principal parts of a verb give you all the information you need to know in order to make the forms above the line. To the bottom left, the area reserved for the perfect active forms, you use the third principal part. To the bottom right the fourth principal part with a form of *sum* comes into play.

Sample Synopsis:

tangō, tangere, tetigī, tactum *to touch*
3rd person plural, masculine

INDICATIVE

	ACTIVE	PASSIVE
Present:	**tangunt**	**tanguntur**
Imperfect:	**tangēbant**	**tangēbantur**
Future:	**tangent**	**tangentur**
Perfect:	**tetigērunt**	**tactī sunt**
Pluperfect:	**tetigerant**	**tactī erant**
Fut. Perf.:	**tetigerint**	**tactī erunt**

SUBJUNCTIVE

	ACTIVE	PASSIVE
Present:	**tangant**	**tangantur**
Imperfect:	**tangerent**	**tangerentur**
Perfect:	**tetigerint**	**tactī sint**
Pluperfect:	**tetigissent**	**tactī essent**

PARTICIPLES / INFINITIVES

	PARTICIPLES ACTIVE	PARTICIPLES PASSIVE	INFINITIVES ACTIVE	INFINITIVES PASSIVE
Present:	**tangentēs**	———	**tangere**	**tangī**
Perfect:	———	**tactī**	**tetigisse**	**tactī esse**
Future:	**tactūrī**	**tangendī**	**tactūrī esse**	**tactum īrī**

IMPERATIVE (both forms)

SINGULAR	PLURAL
tange	**tangite**

Synopsis 1:

necō, necāre, necāvī, necātum *to kill*
3rd person plural, feminine

INDICATIVE

	ACTIVE	PASSIVE
Present:		
Imperfect:		
Future:		

Perfect:		
Pluperfect:		
Fut. Perf.:		

SUBJUNCTIVE

	ACTIVE	PASSIVE
Present:		
Imperfect:		

Perfect:		
Pluperfect:		

PARTICIPLES / INFINITIVES

	ACTIVE	PASSIVE	ACTIVE	PASSIVE
Present:				
Perfect:				
Future:				

IMPERATIVE (both forms)

SINGULAR	PLURAL

Synopsis 2:

laetō, laetāre, laetāvī, laetātum   *to make joyful*
3rd person singular, feminine

INDICATIVE

	ACTIVE	PASSIVE
Present:	_____	_____
Imperfect:	_____	_____
Future:	_____	_____

Perfect:	_____	_____
Pluperfect:	_____	_____
Fut. Perf.:	_____	_____

SUBJUNCTIVE

	ACTIVE	PASSIVE
Present:	_____	_____
Imperfect:	_____	_____

Perfect:	_____	_____
Pluperfect:	_____	_____

PARTICIPLES / INFINITIVES

	PARTICIPLES		INFINITIVES	
	ACTIVE	PASSIVE	ACTIVE	PASSIVE
Present:	_____	_____	_____	_____
Perfect:	_____	_____	_____	_____
Future:	_____	_____	_____	_____

IMPERATIVE (both forms)

SINGULAR	PLURAL
_____	_____

Synopsis 3:

fugō, fugāre, fugāvī, fugātum   *to rout*

1st person singular, feminine

INDICATIVE

	ACTIVE	PASSIVE
Present:	_____	_____
Imperfect:	_____	_____
Future:	_____	_____

Perfect:	_____	_____
Pluperfect:	_____	_____
Fut. Perf.:	_____	_____

SUBJUNCTIVE

	ACTIVE	PASSIVE
Present:	_____	_____
Imperfect:	_____	_____

Perfect:	_____	_____
Pluperfect:	_____	_____

PARTICIPLES   INFINITIVES

	ACTIVE	PASSIVE	ACTIVE	PASSIVE
Present:	_____	_____	_____	_____
Perfect:	_____	_____	_____	_____
Future:	_____	_____	_____	_____

IMPERATIVE (both forms)

SINGULAR	PLURAL
_____	_____

Synopsis 4:

dō, dare, dedī, datum *to give*
3rd person plural, neuter

INDICATIVE

	ACTIVE	PASSIVE
Present:	_____	_____
Imperfect:	_____	_____
Future:	_____	_____

	ACTIVE	PASSIVE
Perfect:	_____	_____
Pluperfect:	_____	_____
Fut. Perf.:	_____	_____

SUBJUNCTIVE

	ACTIVE	PASSIVE
Present:	_____	_____
Imperfect:	_____	_____

	ACTIVE	PASSIVE
Perfect:	_____	_____
Pluperfect:	_____	_____

PARTICIPLES / INFINITIVES

	PARTICIPLES ACTIVE	PARTICIPLES PASSIVE	INFINITIVES ACTIVE	INFINITIVES PASSIVE
Present:	_____	_____	_____	_____
Perfect:	_____	_____	_____	_____
Future:	_____	_____	_____	_____

IMPERATIVE (both forms)

SINGULAR	PLURAL
_____	_____

Synopsis 5:

torqueō, torquēre, torsī, tortum *to twist*
1st person singular, masculine

INDICATIVE

	ACTIVE	PASSIVE
Present:	_____	_____
Imperfect:	_____	_____
Future:	_____	_____

	ACTIVE	PASSIVE
Perfect:	_____	_____
Pluperfect:	_____	_____
Fut. Perf.:	_____	_____

SUBJUNCTIVE

	ACTIVE	PASSIVE
Present:	_____	_____
Imperfect:	_____	_____

	ACTIVE	PASSIVE
Perfect:	_____	_____
Pluperfect:	_____	_____

PARTICIPLES

	ACTIVE	PASSIVE
Present:	_____	_____
Perfect:	_____	_____
Future:	_____	_____

INFINITIVES

	ACTIVE	PASSIVE
Present:	_____	_____
Perfect:	_____	_____
Future:	_____	_____

IMPERATIVE (both forms)

SINGULAR	PLURAL
_____	_____

Synopsis 6:

exerceō, exercēre, exercuī, exercitum *to train*
1st person plural, masculine

INDICATIVE

	ACTIVE	PASSIVE
Present:	_____	_____
Imperfect:	_____	_____
Future:	_____	_____

Perfect:	_____	_____
Pluperfect:	_____	_____
Fut. Perf.:	_____	_____

SUBJUNCTIVE

	ACTIVE	PASSIVE
Present:	_____	_____
Imperfect:	_____	_____

Perfect:	_____	_____
Pluperfect:	_____	_____

PARTICIPLES / INFINITIVES

	PARTICIPLES		INFINITIVES	
	ACTIVE	PASSIVE	ACTIVE	PASSIVE
Present:	_____	_____	_____	_____
Perfect:	_____	_____	_____	_____
Future:	_____	_____	_____	_____

IMPERATIVE (both forms)

SINGULAR	PLURAL
_____	_____

Synopsis 7:

cieō, ciēre, cīvī, citum *to set in motion*
3rd person plural, masculine

INDICATIVE

	ACTIVE	PASSIVE
Present:	_____	_____
Imperfect:	_____	_____
Future:	_____	_____

Perfect:	_____	_____
Pluperfect:	_____	_____
Fut. Perf.:	_____	_____

SUBJUNCTIVE

	ACTIVE	PASSIVE
Present:	_____	_____
Imperfect:	_____	_____

Perfect:	_____	_____
Pluperfect:	_____	_____

PARTICIPLES ___ INFINITIVES

	ACTIVE	PASSIVE	ACTIVE	PASSIVE
Present:	_____	_____	_____	_____
Perfect:	_____	_____	_____	_____
Future:	_____	_____	_____	_____

IMPERATIVE (both forms)

	SINGULAR	PLURAL
	_____	_____

Synopsis 8:

videō, vidēre, vīdī, vīsum   *to see*
1st person singular, masculine

INDICATIVE

	ACTIVE	PASSIVE
Present:	_____	_____
Imperfect:	_____	_____
Future:	_____	_____
Perfect:	_____	_____
Pluperfect:	_____	_____
Fut. Perf.:	_____	_____

SUBJUNCTIVE

	ACTIVE	PASSIVE
Present:	_____	_____
Imperfect:	_____	_____
Perfect:	_____	_____
Pluperfect:	_____	_____

PARTICIPLES		INFINITIVES	
ACTIVE	PASSIVE	ACTIVE	PASSIVE

	ACTIVE	PASSIVE	ACTIVE	PASSIVE
Present:	_____	_____	_____	_____
Perfect:	_____	_____	_____	_____
Future:	_____	_____	_____	_____

IMPERATIVE (both forms)

SINGULAR	PLURAL
_____	_____

Synopsis 9:

tollō, tollere, sustulī, sublātum *to lift*

3rd person plural, masculine

INDICATIVE

	ACTIVE	PASSIVE
Present:	_____	_____
Imperfect:	_____	_____
Future:	_____	_____

Perfect:	_____	_____
Pluperfect:	_____	_____
Fut. Perf.:	_____	_____

SUBJUNCTIVE

	ACTIVE	PASSIVE
Present:	_____	_____
Imperfect:	_____	_____

Perfect:	_____	_____
Pluperfect:	_____	_____

	PARTICIPLES		INFINITIVES	
	ACTIVE	PASSIVE	ACTIVE	PASSIVE
Present:	_____	_____	_____	_____
Perfect:	_____	_____	_____	_____
Future:	_____	_____	_____	_____

IMPERATIVE (both forms)

SINGULAR	PLURAL
_____	_____

Synopsis 10:

quaerō, quaerere, quaesīvī, quaesītum *to seek*
3rd person plural, neuter

INDICATIVE

	ACTIVE	PASSIVE
Present:	_____	_____
Imperfect:	_____	_____
Future:	_____	_____
Perfect:	_____	_____
Pluperfect:	_____	_____
Fut. Perf.:	_____	_____

SUBJUNCTIVE

	ACTIVE	PASSIVE
Present:	_____	_____
Imperfect:	_____	_____
Perfect:	_____	_____
Pluperfect:	_____	_____

PARTICIPLES

	ACTIVE	PASSIVE	ACTIVE	PASSIVE
	PARTICIPLES		INFINITIVES	
Present:	_____	_____	_____	_____
Perfect:	_____	_____	_____	_____
Future:	_____	_____	_____	_____

IMPERATIVE (both forms)

SINGULAR	PLURAL
_____	_____

Synopsis 11:

fundō, fundere, fūdī, fūsum   *to pour*
3rd person singular, masculine

INDICATIVE

	ACTIVE	PASSIVE
Present:	_____	_____
Imperfect:	_____	_____
Future:	_____	_____
Perfect:	_____	_____
Pluperfect:	_____	_____
Fut. Perf.:	_____	_____

SUBJUNCTIVE

	ACTIVE	PASSIVE
Present:	_____	_____
Imperfect:	_____	_____
Perfect:	_____	_____
Pluperfect:	_____	_____

PARTICIPLES

	ACTIVE	PASSIVE
Present:	_____	_____
Perfect:	_____	_____
Future:	_____	_____

INFINITIVES

	ACTIVE	PASSIVE
Present:	_____	_____
Perfect:	_____	_____
Future:	_____	_____

IMPERATIVE (both forms)

SINGULAR	PLURAL
_____	_____

Synopsis 12:

colō, colere, coluī, cultum   *to cherish*
2nd person plural, feminine

INDICATIVE

	ACTIVE	PASSIVE
Present:	_____	_____
Imperfect:	_____	_____
Future:	_____	_____
Perfect:	_____	_____
Pluperfect:	_____	_____
Fut. Perf.:	_____	_____

SUBJUNCTIVE

	ACTIVE	PASSIVE
Present:	_____	_____
Imperfect:	_____	_____
Perfect:	_____	_____
Pluperfect:	_____	_____

PARTICIPLES   INFINITIVES

	ACTIVE	PASSIVE	ACTIVE	PASSIVE
Present:	_____	_____	_____	_____
Perfect:	_____	_____	_____	_____
Future:	_____	_____	_____	_____

IMPERATIVE (both forms)

SINGULAR	PLURAL
_____	_____

Synopsis 13:

dīcō, dīcere, dīxī, dictum   *to say*
3rd person singular, neuter

INDICATIVE

	ACTIVE	PASSIVE
Present:	_____	_____
Imperfect:	_____	_____
Future:	_____	_____

	ACTIVE	PASSIVE
Perfect:	_____	_____
Pluperfect:	_____	_____
Fut. Perf.:	_____	_____

SUBJUNCTIVE

	ACTIVE	PASSIVE
Present:	_____	_____
Imperfect:	_____	_____

	ACTIVE	PASSIVE
Perfect:	_____	_____
Pluperfect:	_____	_____

PARTICIPLES / INFINITIVES

	PARTICIPLES		INFINITIVES	
	ACTIVE	PASSIVE	ACTIVE	PASSIVE
Present:	_____	_____	_____	_____
Perfect:	_____	_____	_____	_____
Future:	_____	_____	_____	_____

IMPERATIVE (both forms)

SINGULAR	PLURAL
_____	_____

Synopsis 14:

reiciō, reicere, reiēci, reiectum   *to throw back*
3rd person singular, masculine

INDICATIVE

	ACTIVE	PASSIVE
Present:		
Imperfect:		
Future:		
Perfect:		
Pluperfect:		
Fut. Perf.:		

SUBJUNCTIVE

	ACTIVE	PASSIVE
Present:		
Imperfect:		
Perfect:		
Pluperfect:		

PARTICIPLES   INFINITIVES

	ACTIVE	PASSIVE	ACTIVE	PASSIVE
Present:				
Perfect:				
Future:				

IMPERATIVE (both forms)

SINGULAR	PLURAL

Synopsis 15:

fodiō, fodere, fōdī, fossum *to dig, stab*
3rd person singular, neuter

INDICATIVE

	ACTIVE	PASSIVE
Present:	_____	_____
Imperfect:	_____	_____
Future:	_____	_____

Perfect:	_____	_____
Pluperfect:	_____	_____
Fut. Perf.:	_____	_____

SUBJUNCTIVE

	ACTIVE	PASSIVE
Present:	_____	_____
Imperfect:	_____	_____

Perfect:	_____	_____
Pluperfect:	_____	_____

PARTICIPLES / INFINITIVES

	PARTICIPLES		INFINITIVES	
	ACTIVE	PASSIVE	ACTIVE	PASSIVE
Present:	_____	_____	_____	_____
Perfect:	_____	_____	_____	_____
Future:	_____	_____	_____	_____

IMPERATIVE (both forms)

	SINGULAR	PLURAL
	_____	_____

Synopsis 16:

accipiō, accipere, accēpī, acceptum *to receive*
2nd person singular, feminine

INDICATIVE

	ACTIVE	PASSIVE
Present:	_____	_____
Imperfect:	_____	_____
Future:	_____	_____
Perfect:	_____	_____
Pluperfect:	_____	_____
Fut. Perf.:	_____	_____

SUBJUNCTIVE

	ACTIVE	PASSIVE
Present:	_____	_____
Imperfect:	_____	_____
Perfect:	_____	_____
Pluperfect:	_____	_____

PARTICIPLES		INFINITIVES	
	ACTIVE	PASSIVE	ACTIVE	PASSIVE

	ACTIVE	PASSIVE	ACTIVE	PASSIVE
Present:	_____	_____	_____	_____
Perfect:	_____	_____	_____	_____
Future:	_____	_____	_____	_____

IMPERATIVE (both forms)

SINGULAR	PLURAL
_____	_____

Synopsis 17:

faciō, facere fēcī, factum *to make, do*
2nd person plural, masculine

INDICATIVE

	ACTIVE	PASSIVE
Present:	_____	_____
Imperfect:	_____	_____
Future:	_____	_____

Perfect:	_____	_____
Pluperfect:	_____	_____
Fut. Perf.:	_____	_____

SUBJUNCTIVE

	ACTIVE	PASSIVE
Present:	_____	_____
Imperfect:	_____	_____

Perfect:	_____	_____
Pluperfect:	_____	_____

PARTICIPLES   INFINITIVES

	ACTIVE	PASSIVE	ACTIVE	PASSIVE
Present:	_____	_____	_____	_____
Perfect:	_____	_____	_____	_____
Future:	_____	_____	_____	_____

IMPERATIVE (both forms)

SINGULAR	PLURAL
_____	_____

Synopsis 18:

hauriō, haurīre, hausī, haustum *to drain*
3rd person singular, feminine

INDICATIVE

	ACTIVE	PASSIVE
Present:	_____	_____
Imperfect:	_____	_____
Future:	_____	_____
Perfect:	_____	_____
Pluperfect:	_____	_____
Fut. Perf.:	_____	_____

SUBJUNCTIVE

	ACTIVE	PASSIVE
Present:	_____	_____
Imperfect:	_____	_____
Perfect:	_____	_____
Pluperfect:	_____	_____

PARTICIPLES

	ACTIVE	PASSIVE
Present:	_____	_____
Perfect:	_____	_____
Future:	_____	_____

INFINITIVES

	ACTIVE	PASSIVE
Present:	_____	_____
Perfect:	_____	_____
Future:	_____	_____

IMPERATIVE (both forms)

SINGULAR	PLURAL
_____	_____

Synopsis 19:

audiō, audīre, audīvī, audītum *to hear, listen*
1st person plural, feminine

INDICATIVE

	ACTIVE	PASSIVE
Present:	_____	_____
Imperfect:	_____	_____
Future:	_____	_____
Perfect:	_____	_____
Pluperfect:	_____	_____
Fut. Perf.:	_____	_____

SUBJUNCTIVE

	ACTIVE	PASSIVE
Present:	_____	_____
Imperfect:	_____	_____
Perfect:	_____	_____
Pluperfect:	_____	_____

PARTICIPLES

	ACTIVE	PASSIVE
Present:	_____	_____
Perfect:	_____	_____
Future:	_____	_____

INFINITIVES

	ACTIVE	PASSIVE
Present:	_____	_____
Perfect:	_____	_____
Future:	_____	_____

IMPERATIVE (both forms)

SINGULAR	PLURAL
_____	_____

Synopsis 20:

sentiō, sentīre, sensī, sensum   *to feel, perceive*
2nd person singular, masculine

INDICATIVE

	ACTIVE	PASSIVE
Present:	_____	_____
Imperfect:	_____	_____
Future:	_____	_____
Perfect:	_____	_____
Pluperfect:	_____	_____
Fut. Perf.:	_____	_____

SUBJUNCTIVE

	ACTIVE	PASSIVE
Present:	_____	_____
Imperfect:	_____	_____
Perfect:	_____	_____
Pluperfect:	_____	_____

PARTICIPLES / INFINITIVES

	PARTICIPLES		INFINITIVES	
	ACTIVE	PASSIVE	ACTIVE	PASSIVE
Present:	_____	_____	_____	_____
Perfect:	_____	_____	_____	_____
Future:	_____	_____	_____	_____

IMPERATIVE (both forms)

SINGULAR	PLURAL
_____	_____

Synopsis 21:

custōdiō, custōdīre, custōdīvī, custōditum *to guard*
1st person singular, masculine

INDICATIVE

	ACTIVE	PASSIVE
Present:	_____	_____
Imperfect:	_____	_____
Future:	_____	_____
Perfect:	_____	_____
Pluperfect:	_____	_____
Fut. Perf.:	_____	_____

SUBJUNCTIVE

	ACTIVE	PASSIVE
Present:	_____	_____
Imperfect:	_____	_____
Perfect:	_____	_____
Pluperfect:	_____	_____

PARTICIPLES / INFINITIVES

	PARTICIPLES ACTIVE	PARTICIPLES PASSIVE	INFINITIVES ACTIVE	INFINITIVES PASSIVE
Present:	_____	_____	_____	_____
Perfect:	_____	_____	_____	_____
Future:	_____	_____	_____	_____

IMPERATIVE (both forms)

SINGULAR	PLURAL
_____	_____

Synopsis 22:

sum, esse, fuī, futūrus *to be*
2nd person singular, feminine

INDICATIVE

	ACTIVE	PASSIVE
Present:	_____	_____
Imperfect:	_____	_____
Future:	_____	_____

Perfect:	_____	_____
Pluperfect:	_____	_____
Fut. Perf.:	_____	_____

SUBJUNCTIVE

	ACTIVE	PASSIVE
Present:	_____	_____
Imperfect:	_____	_____

Perfect:	_____	_____
Pluperfect:	_____	_____

PARTICIPLES / INFINITIVES

	ACTIVE	PASSIVE	ACTIVE	PASSIVE
Present:	_____	_____	_____	_____
Perfect:	_____	_____	_____	_____
Future:	_____	_____	_____	_____

IMPERATIVE (both forms)

SINGULAR	PLURAL
_____	_____

Synopsis 23:

afferō, afferre, attulī, allātum *to bring*
3rd person singular, neuter

INDICATIVE

	ACTIVE	PASSIVE
Present:	_____	_____
Imperfect:	_____	_____
Future:	_____	_____
Perfect:	_____	_____
Pluperfect:	_____	_____
Fut. Perf.:	_____	_____

SUBJUNCTIVE

	ACTIVE	PASSIVE
Present:	_____	_____
Imperfect:	_____	_____
Perfect:	_____	_____
Pluperfect:	_____	_____

PARTICIPLES   INFINITIVES

	ACTIVE	PASSIVE	ACTIVE	PASSIVE
Present:	_____	_____	_____	_____
Perfect:	_____	_____	_____	_____
Future:	_____	_____	_____	_____

IMPERATIVE (both forms)

SINGULAR	PLURAL
_____	_____

Synopsis 24:

exeō, exīre, exiī, exitum   *to go out*
3rd person plural, neuter

INDICATIVE

	ACTIVE	PASSIVE
Present:		
Imperfect:		
Future:		
Perfect:		
Pluperfect:		
Fut. Perf.:		

SUBJUNCTIVE

	ACTIVE	PASSIVE
Present:		
Imperfect:		
Perfect:		
Pluperfect:		

PARTICIPLES

	ACTIVE	PASSIVE
Present:		
Perfect:		
Future:		

INFINITIVES

	ACTIVE	PASSIVE
Present:		
Perfect:		
Future:		

IMPERATIVE (both forms)

	SINGULAR	PLURAL

Synopsis 25:

nōlō, nolle, nōluī   *to be unwilling*
3rd person singular, feminine

INDICATIVE

	ACTIVE	PASSIVE
Present:	_____	_____
Imperfect:	_____	_____
Future:	_____	_____
Perfect:	_____	_____
Pluperfect:	_____	_____
Fut. Perf.:	_____	_____

SUBJUNCTIVE

	ACTIVE	PASSIVE
Present:	_____	_____
Imperfect:	_____	_____
Perfect:	_____	_____
Pluperfect:	_____	_____

PARTICIPLES / INFINITIVES

	PARTICIPLES		INFINITIVES	
	ACTIVE	PASSIVE	ACTIVE	PASSIVE
Present:	_____	_____	_____	_____
Perfect:	_____	_____	_____	_____
Future:	_____	_____	_____	_____

IMPERATIVE (both forms)

SINGULAR	PLURAL
_____	_____

Synopsis 26:

conor, conārī, conātus sum *to try*

1st person singular, masculine

INDICATIVE

	ACTIVE	PASSIVE
Present:	_____	_____
Imperfect:	_____	_____
Future:	_____	_____

	ACTIVE	PASSIVE
Perfect:	_____	_____
Pluperfect:	_____	_____
Fut. Perf.:	_____	_____

SUBJUNCTIVE

	ACTIVE	PASSIVE
Present:	_____	_____
Imperfect:	_____	_____

	ACTIVE	PASSIVE
Perfect:	_____	_____
Pluperfect:	_____	_____

PARTICIPLES / INFINITIVES

	ACTIVE	PASSIVE		ACTIVE	PASSIVE
Present:	_____	_____		_____	_____
Perfect:	_____	_____		_____	_____
Future:	_____	_____		_____	_____

IMPERATIVE (both forms)

SINGULAR	PLURAL
_____	_____

Synopsis 27:

audeō, audēre, ausus sum   *to dare*
3rd person plural, masculine

INDICATIVE

	ACTIVE	PASSIVE
Present:	_____	_____
Imperfect:	_____	_____
Future:	_____	_____

Perfect:	_____	_____
Pluperfect:	_____	_____
Fut. Perf.:	_____	_____

SUBJUNCTIVE

	ACTIVE	PASSIVE
Present:	_____	_____
Imperfect:	_____	_____

Perfect:	_____	_____
Pluperfect:	_____	_____

PARTICIPLES / INFINITIVES

	ACTIVE	PASSIVE	ACTIVE	PASSIVE
Present:	_____	_____	_____	_____
Perfect:	_____	_____	_____	_____
Future:	_____	_____	_____	_____

IMPERATIVE (both forms)

SINGULAR	PLURAL
_____	_____

Synopsis 28:

sequor, sequī, secūtus sum *to follow*
1st person singular, feminine

INDICATIVE

	ACTIVE	PASSIVE
Present:	_____	_____
Imperfect:	_____	_____
Future:	_____	_____

Perfect:	_____	_____
Pluperfect:	_____	_____
Fut. Perf.:	_____	_____

SUBJUNCTIVE

	ACTIVE	PASSIVE
Present:	_____	_____
Imperfect:	_____	_____

Perfect:	_____	_____
Pluperfect:	_____	_____

PARTICIPLES · INFINITIVES

	ACTIVE	PASSIVE	ACTIVE	PASSIVE
Present:	_____	_____	_____	_____
Perfect:	_____	_____	_____	_____
Future:	_____	_____	_____	_____

IMPERATIVE (both forms)

	SINGULAR	PLURAL
	_____	_____

Synopsis 29:

morior, morī, mortuus sum *to die*
3rd person singular, masculine

INDICATIVE

	ACTIVE	PASSIVE
Present:	_____	_____
Imperfect:	_____	_____
Future:	_____	_____

Perfect:	_____	_____
Pluperfect:	_____	_____
Fut. Perf.:	_____	_____

SUBJUNCTIVE

	ACTIVE	PASSIVE
Present:	_____	_____
Imperfect:	_____	_____

Perfect:	_____	_____
Pluperfect:	_____	_____

	PARTICIPLES		INFINITIVES	
	ACTIVE	PASSIVE	ACTIVE	PASSIVE
Present:	_____	_____	_____	_____
Perfect:	_____	_____	_____	_____
Future:	_____	_____	_____	_____

IMPERATIVE (both forms)

SINGULAR	PLURAL
_____	_____

Synopsis 30:

orior, orīrī, ortus sum   *to rise*
3rd person singular, neuter

INDICATIVE

	ACTIVE	PASSIVE
Present:	_____	_____
Imperfect:	_____	_____
Future:	_____	_____

Perfect:	_____	_____
Pluperfect:	_____	_____
Fut. Perf.:	_____	_____

SUBJUNCTIVE

	ACTIVE	PASSIVE
Present:	_____	_____
Imperfect:	_____	_____

Perfect:	_____	_____
Pluperfect:	_____	_____

PARTICIPLES / INFINITIVES

	PARTICIPLES		INFINITIVES	
	ACTIVE	PASSIVE	ACTIVE	PASSIVE
Present:	_____	_____	_____	_____
Perfect:	_____	_____	_____	_____
Future:	_____	_____	_____	_____

IMPERATIVE (both forms)

	SINGULAR	PLURAL
	_____	_____

Answer Key to Exercises

Synopsis 1:

necō, necāre, necāvī, necātum *to kill*
3rd person plural, feminine

INDICATIVE

	ACTIVE	PASSIVE
Present:	necant	necantur
Imperfect:	necābant	necābantur
Future:	necābunt	necābuntur
Perfect:	necāvērunt	necātae sunt
Pluperfect:	necāverant	necātae erant
Fut. Perf.:	necāverint	necātae erunt

SUBJUNCTIVE

	ACTIVE	PASSIVE
Present:	necent	necentur
Imperfect:	necārent	necārentur
Perfect:	necāverint	necātae sint
Pluperfect:	necāvissent	necātae essent

PARTICIPLES / INFINITIVES

	ACTIVE	PASSIVE	ACTIVE	PASSIVE
Present:	necantēs	———	necāre	necārī
Perfect:	———	necātae	necāvisse	necātae esse
Future:	necātūrae	necandae	necātūrae esse	necātum īrī

IMPERATIVE (both forms)

SINGULAR	PLURAL
necā	necāte

Synopsis 2:

laetō, laetāre, laetāvī, laetātum *to make joyful*
3rd person singular, feminine

INDICATIVE

	ACTIVE	PASSIVE
Present:	**laetat**	**laetātur**
Imperfect:	**laetābat**	**laetābātur**
Future:	**laetābit**	**laetābitur**

	ACTIVE	PASSIVE
Perfect:	**laetāvit**	**laetāta est**
Pluperfect:	**laetāverat**	**laetāta erat**
Fut. Perf.:	**laetāverit**	**laetāta erit**

SUBJUNCTIVE

	ACTIVE	PASSIVE
Present:	**laetet**	**laetētur**
Imperfect:	**laetāret**	**laetārētur**

	ACTIVE	PASSIVE
Perfect:	**laetāverit**	**laetāta sit**
Pluperfect:	**laetāvisset**	**laetāta esset**

PARTICIPLES / INFINITIVES

	ACTIVE	PASSIVE	ACTIVE	PASSIVE
Present:	**laetans**	———	**laetāre**	**laetārī**
Perfect:	———	**laetāta**	**laetāvisse**	**laetāta esse**
Future:	**laetātūra**	**laetanda**	**laetātūra esse**	**laetātum īrī**

IMPERATIVE (both forms)

	SINGULAR	PLURAL
	laetā	**laetāte**

Synopsis 3:

fugō, fugāre, fugāvī, fugātum *to rout*

1st person singular, feminine

INDICATIVE

	ACTIVE	PASSIVE
Present:	**fugō**	**fugor**
Imperfect:	**fugābam**	**fugābar**
Future:	**fugābō**	**fugābor**
Perfect:	**fugāvī**	**fugāta sum**
Pluperfect:	**fugāveram**	**fugāta eram**
Fut. Perf.:	**fugāverō**	**fugāta erō**

SUBJUNCTIVE

	ACTIVE	PASSIVE
Present:	**fugem**	**fuger**
Imperfect:	**fugārem**	**fugārer**
Perfect:	**fugāverim**	**fugāta sim**
Pluperfect:	**fugāvissem**	**fugāta essem**

PARTICIPLES

	ACTIVE	PASSIVE
Present:	**fugans**	———
Perfect:	———	**fugāta**
Future:	**fugātūra**	**fuganda**

INFINITIVES

	ACTIVE	PASSIVE
Present:	**fugāre**	**fugārī**
Perfect:	**fugāvisse**	**fugāta esse**
Future:	**fugātūra esse**	**fugātum īrī**

IMPERATIVE (both forms)

SINGULAR	PLURAL
fugā	**fugāte**

Synopsis 4:

dō, dare, dedī, datum *to give*
3rd person plural, neuter

INDICATIVE

	ACTIVE	PASSIVE
Present:	**dant**	**dantur**
Imperfect:	**dabant**	**dabantur**
Future:	**dabunt**	**dabuntur**
Perfect:	**dedērunt**	**data sunt**
Pluperfect:	**dederant**	**data erant**
Fut. Perf.:	**dederint**	**data erunt**

SUBJUNCTIVE

	ACTIVE	PASSIVE
Present:	**dent**	**dentur**
Imperfect:	**dārent**	**dārentur**
Perfect:	**dederint**	**data sint**
Pluperfect:	**dedissent**	**data essent**

PARTICIPLES / INFINITIVES

	PARTICIPLES ACTIVE	PARTICIPLES PASSIVE	INFINITIVES ACTIVE	INFINITIVES PASSIVE
Present:	**dantia**	——	**dare**	**darī**
Perfect:	——	**data**	**dedisse**	**data esse**
Future:	**datūra**	**danda**	**datūra esse**	**datum īrī**

IMPERATIVE (both forms)

SINGULAR	PLURAL
dā	**date**

Synopsis 5:

torqueō, torquēre, torsī, tortum *to twist*
1st person singular, masculine

INDICATIVE

	ACTIVE	PASSIVE
Present:	torqueō	torqueor
Imperfect:	torquēbam	torquēbar
Future:	torquēbō	torquēbor

	ACTIVE	PASSIVE
Perfect:	torsī	tortus sum
Pluperfect:	torseram	tortus eram
Fut. Perf.:	torserō	tortus erō

SUBJUNCTIVE

	ACTIVE	PASSIVE
Present:	torqueam	torquear
Imperfect:	torquērem	torquērer

	ACTIVE	PASSIVE
Perfect:	torserim	tortus sim
Pluperfect:	torsissem	tortus essem

PARTICIPLES

	ACTIVE	PASSIVE
Present:	torquens	——
Perfect:	——	tortus
Future:	tortūrus	torquendus

INFINITIVES

	ACTIVE	PASSIVE
Present:	torquēre	torquērī
Perfect:	torsisse	tortus esse
Future:	tortūrus esse	tortum īrī

IMPERATIVE (both forms)

SINGULAR	PLURAL
torquē	torquēte

Synopsis 6:

exerceō, exercēre, exercuī, exercitum *to train*

1st person plural, masculine

INDICATIVE

	ACTIVE	PASSIVE
Present:	exercēmus	exercēmur
Imperfect:	exercēbāmus	exercēbāmur
Future:	exercēbimus	exercēbimur

	ACTIVE	PASSIVE
Perfect:	exercuimus	exercitī sumus
Pluperfect:	exercuerāmus	exercitī erāmus
Fut. Perf.:	exercuerimus	exercitī erimus

SUBJUNCTIVE

	ACTIVE	PASSIVE
Present:	exerceāmus	exerceāmur
Imperfect:	exercērēmus	exercērēmur

	ACTIVE	PASSIVE
Perfect:	exercuerimus	exercitī sīmus
Pluperfect:	exercuissēmus	exercitī essēmus

	PARTICIPLES		INFINITIVES	
	ACTIVE	PASSIVE	ACTIVE	PASSIVE
Present:	exercentēs	——	exercēre	exercērī
Perfect:	——	exercitī	exercuisse	exercitī esse
Future:	exercitūrī	exercendī	exercitūrī esse	exercitum īrī

IMPERATIVE (both forms)

SINGULAR	PLURAL
exercē	exercēte

Synopsis 7:

cieō, ciēre, cīvī, citum *to set in motion*
3rd person plural, masculine

INDICATIVE

	ACTIVE	PASSIVE
Present:	**cient**	**cientur**
Imperfect:	**ciēbant**	**ciēbantur**
Future:	**ciēbunt**	**ciēbuntur**
Perfect:	**cīvērunt**	**citī sunt**
Pluperfect:	**cīverant**	**citī erant**
Fut. Perf.:	**cīverint**	**citī erunt**

SUBJUNCTIVE

	ACTIVE	PASSIVE
Present:	**cieant**	**cieantur**
Imperfect:	**ciērent**	**ciērentur**
Perfect:	**cīverint**	**citī sint**
Pluperfect:	**cīvissent**	**citī essent**

	PARTICIPLES		INFINITIVES	
	ACTIVE	PASSIVE	ACTIVE	PASSIVE
Present:	**cientēs**	———	**ciēre**	**ciērī**
Perfect:	———	**citī**	**cīvisse**	**citī esse**
Future:	**citūrī**	**ciendī**	**citūrī esse**	**citum īrī**

IMPERATIVE (both forms)

SINGULAR	PLURAL
ciē	**ciēte**

Synopsis 8:

videō, vidēre, vīdī, vīsum *to see*
1st person singular, masculine

INDICATIVE

	ACTIVE	PASSIVE
Present:	**videō**	**videor**
Imperfect:	**vidēbam**	**vidēbar**
Future:	**vidēbō**	**vidēbor**
Perfect:	**vīdī**	**vīsus sum**
Pluperfect:	**videram**	**vīsus eram**
Fut. Perf.:	**vīderō**	**vīsus erō**

SUBJUNCTIVE

	ACTIVE	PASSIVE
Present:	**videam**	**videar**
Imperfect:	**vidērem**	**vidērer**
Perfect:	**vīderim**	**vīsus sim**
Pluperfect:	**vīdissem**	**vīsus essem**

	PARTICIPLES		INFINITIVES	
	ACTIVE	PASSIVE	ACTIVE	PASSIVE
Present:	**videns**	———	**vidēre**	**vidērī**
Perfect:	———	**vīsus**	**vīdisse**	**vīsus esse**
Future:	**vīsūrus**	**videndus**	**vīsūrus esse**	**vīsum īrī**

IMPERATIVE (both forms)

SINGULAR	PLURAL
vidē	**vidēte**

Synopsis 9:

tollō, tollere, sustulī, sublātum   *to lift*

3rd person plural, masculine

INDICATIVE

	ACTIVE	PASSIVE
Present:	**tollunt**	**tolluntur**
Imperfect:	**tollēbant**	**tollēbantur**
Future:	**tollent**	**tollentur**
Perfect:	**sustulērunt**	**sublātī sunt**
Pluperfect:	**sustulerant**	**sublātī erant**
Fut. Perf.:	**sustulerint**	**sublātī erunt**

SUBJUNCTIVE

	ACTIVE	PASSIVE
Present:	**tollant**	**tollantur**
Imperfect:	**tollerent**	**tollerentur**
Perfect:	**sustulerint**	**sublātī sint**
Pluperfect:	**sustulissent**	**sublātī essent**

PARTICIPLES

	ACTIVE	PASSIVE
Present:	**tollentēs**	——
Perfect:	——	**sublātī**
Future:	**sublātūrī**	**tollendī**

INFINITIVES

	ACTIVE	PASSIVE
Present:	**tollere**	**tollī**
Perfect:	**sustulisse**	**sublātī esse**
Future:	**sublātūrī esse**	**sublātum īrī**

IMPERATIVE (both forms)

SINGULAR	PLURAL
tolle	**tollite**

Synopsis 10:

quaerō, quaerere, quaesīvī, quaesītum *to seek*

3rd person plural, neuter

INDICATIVE

	ACTIVE	PASSIVE
Present:	**quaerunt**	**quaeruntur**
Imperfect:	**quaerēbant**	**quaerēbantur**
Future:	**quaerent**	**quaerentur**
Perfect:	**quaesīvērunt**	**quaesīta sunt**
Pluperfect:	**quaesīverant**	**quaesīta erant**
Fut. Perf.:	**quaesīverint**	**quaesīta erunt**

SUBJUNCTIVE

	ACTIVE	PASSIVE
Present:	**quaerant**	**quaerantur**
Imperfect:	**quaererent**	**quaererentur**
Perfect:	**quaesīverint**	**quaesīta sint**
Pluperfect:	**quaesīvissent**	**quaesīta essent**

PARTICIPLES / INFINITIVES

	PARTICIPLES ACTIVE	PARTICIPLES PASSIVE	INFINITIVES ACTIVE	INFINITIVES PASSIVE
Present:	**quaerentia**	———	**quaerere**	**quaerī**
Perfect:	———	**quaesīta**	**quaesīvisse**	**quaesīta esse**
Future:	**quaesītūra**	**quaerenda**	**quaesītūra esse**	**quaesītum īrī**

IMPERATIVE (both forms)

SINGULAR	PLURAL
quaere	**quaerite**

Synopsis 11:

fundō, fundere, fūdī, fūsum   *to pour*
3rd person singular, masculine

INDICATIVE

	ACTIVE	PASSIVE
Present:	**fundit**	**funditur**
Imperfect:	**fundēbat**	**fundēbātur**
Future:	**fundet**	**fundētur**
Perfect:	**fūdit**	**fūsus est**
Pluperfect:	**fūderat**	**fūsus erat**
Fut. Perf.:	**fūderit**	**fūsus erit**

SUBJUNCTIVE

	ACTIVE	PASSIVE
Present:	**fundat**	**fundātur**
Imperfect:	**funderent**	**funderentur**
Perfect:	**fūderit**	**fūsus sit**
Pluperfect:	**fūdisset**	**fūsus esset**

PARTICIPLES

	ACTIVE	PASSIVE
Present:	**fundens**	———
Perfect:	———	**fūsus**
Future:	**fūsūrus**	**fundendus**

INFINITIVES

	ACTIVE	PASSIVE
Present:	**fundere**	**fundī**
Perfect:	**fūdisse**	**fūsus**
Future:	**fūsūrus esse**	**fūsum īrī**

IMPERATIVE (both forms)

SINGULAR	PLURAL
funde	**fundite**

Synopsis 12:

colō, colere, coluī, cultum   *to cherish*
2nd person plural, feminine

INDICATIVE

	ACTIVE	PASSIVE
Present:	**colitis**	**coliminī**
Imperfect:	**colēbātis**	**colēbāminī**
Future:	**colētis**	**colēminī**
Perfect:	**coluistis**	**cultae estis**
Pluperfect:	**coluerātis**	**cultae erātis**
Fut. Perf.:	**colueritis**	**cultae eritis**

SUBJUNCTIVE

	ACTIVE	PASSIVE
Present:	**colātis**	**colāminī**
Imperfect:	**colerētis**	**colerēminī**
Perfect:	**colueritis**	**cultae sītis**
Pluperfect:	**coluissētis**	**cultae essētis**

PARTICIPLES

	ACTIVE	PASSIVE
Present:	**colentēs**	———
Perfect:	———	**cultae**
Future:	**cultūrae**	**colendae**

INFINITIVES

	ACTIVE	PASSIVE
Present:	**colere**	**colī**
Perfect:	**coluisse**	**cultae esse**
Future:	**cultūrae esse**	**cultum īrī**

IMPERATIVE (both forms)

SINGULAR	PLURAL
cole	**colite**

Synopsis 13:

dīcō, dīcere, dīxī, dictum *to say*
3rd person singular, neuter

INDICATIVE

	ACTIVE	PASSIVE
Present:	dīcit	dīcitur
Imperfect:	dīcēbat	dīcēbātur
Future:	dīcet	dīcētur
Perfect:	dixit	dictum est
Pluperfect:	dixerat	dictum erat
Fut. Perf.:	dixerit	dictum erit

SUBJUNCTIVE

	ACTIVE	PASSIVE
Present:	dīcat	dīcātur
Imperfect:	dīceret	dīcerētur
Perfect:	dixerit	dictum sit
Pluperfect:	dixisset	dictum esset

PARTICIPLES

	ACTIVE	PASSIVE
Present:	dīcens	———
Perfect:	———	dictum
Future:	dictūrum	dīcendum

INFINITIVES

	ACTIVE	PASSIVE
Present:	dīcere	dīcī
Perfect:	dixisse	dictum esse
Future:	dictūrum esse	dictum īrī

IMPERATIVE (both forms)

SINGULAR	PLURAL
dīc	dīcite

Synopsis 14:

reiciō, reicere, reiēcī, reiectum   *to throw back*

3rd person singular, masculine

INDICATIVE

	ACTIVE	PASSIVE
Present:	reicit	reicitur
Imperfect:	reiciēbat	reiciēbātur
Future:	reiciet	reiciētur
Perfect:	reiēcit	reiectus est
Pluperfect:	reiēcerat	reiectus erat
Fut. Perf.:	reiēcerit	reiectus erit

SUBJUNCTIVE

	ACTIVE	PASSIVE
Present:	reiciat	reiciātur
Imperfect:	reiceret	reicerētur
Perfect:	reiēcerit	reiectus sit
Pluperfect:	reiēcisset	reiectus esset

PARTICIPLES / INFINITIVES

	PARTICIPLES ACTIVE	PARTICIPLES PASSIVE	INFINITIVES ACTIVE	INFINITIVES PASSIVE
Present:	reiciens	———	reicere	reicī
Perfect:	———	reiectus	reiēcisse	reiectus esse
Future:	reiectūrus	reiciendus	reiectūrus esse	reiectum īrī

IMPERATIVE (both forms)

SINGULAR	PLURAL
reice	reicite

Synopsis 15:

fodiō, fodere, fōdī, fossum *to dig, stab*
3rd person singular, neuter

INDICATIVE

	ACTIVE	PASSIVE
Present:	**fodit**	**foditur**
Imperfect:	**fodiēbat**	**fodiēbātur**
Future:	**fodiet**	**fodiētur**

	ACTIVE	PASSIVE
Perfect:	**fōdit**	**fossum est**
Pluperfect:	**fōderat**	**fossum erat**
Fut. Perf.:	**fōderit**	**fossum erit**

SUBJUNCTIVE

	ACTIVE	PASSIVE
Present:	**fodiat**	**fodiātur**
Imperfect:	**foderet**	**foderētur**

	ACTIVE	PASSIVE
Perfect:	**fōdit**	**fossum sit**
Pluperfect:	**fōdisset**	**fossum esset**

PARTICIPLES / INFINITIVES

	PARTICIPLES ACTIVE	PARTICIPLES PASSIVE	INFINITIVES ACTIVE	INFINITIVES PASSIVE
Present:	**fodiens**	————	**fodere**	**fodī**
Perfect:	————	**fossum**	**fōdisse**	**fossum esse**
Future:	**fossūrum**	**fodiendum**	**fossūrum esse**	**fossum īrī**

IMPERATIVE (both forms)

SINGULAR	PLURAL
fode	**fodite**

Synopsis 16:

accipiō, accipere, accēpī, acceptum *to receive*
2nd person singular, feminine

INDICATIVE

	ACTIVE	PASSIVE
Present:	**accipis**	**acciperis**
Imperfect:	**accipiēbās**	**accipiēbāris**
Future:	**accipiēs**	**accipiēris**

	ACTIVE	PASSIVE
Perfect:	**accēpistī**	**accepta es**
Pluperfect:	**accēperās**	**accepta erās**
Fut. Perf.:	**accēperis**	**accepta eris**

SUBJUNCTIVE

	ACTIVE	PASSIVE
Present:	**accipiās**	**accipiāris**
Imperfect:	**acciperēs**	**acciperēris**

	ACTIVE	PASSIVE
Perfect:	**accēperis**	**accepta sīs**
Pluperfect:	**accēpissēs**	**accepta essēs**

	PARTICIPLES		INFINITIVES	
	ACTIVE	PASSIVE	ACTIVE	PASSIVE
Present:	**accipiens**	———	**accipere**	**accipī**
Perfect:	———	**accepta**	**accēpisse**	**accepta esse**
Future:	**acceptūra**	**accipienda**	**acceptūra esse**	**acceptum īrī**

IMPERATIVE (both forms)

SINGULAR	PLURAL
accipe	**accipite**

Synopsis 17:

faciō, facere fēcī, factum *to make, do*
2nd person plural, masculine

INDICATIVE

	ACTIVE	PASSIVE
Present:	**facitis**	**fītis**
Imperfect:	**faciēbātis**	**fiēbātis**
Future:	**faciētis**	**fiētis**
Perfect:	**fēcistis**	**factī estis**
Pluperfect:	**fēcerātis**	**factī erātis**
Fut. Perf.:	**fēceritis**	**factī eritis**

SUBJUNCTIVE

	ACTIVE	PASSIVE
Present:	**faciātis**	**fiātis**
Imperfect:	**facerētis**	**fierētis**
Perfect:	**fēceritis**	**factī sītis**
Pluperfect:	**fēcissētis**	**factī essētis**

PARTICIPLES / INFINITIVES

	PARTICIPLES ACTIVE	PASSIVE	INFINITIVES ACTIVE	PASSIVE
Present:	**facientēs**	——	**facere**	**fierī**
Perfect:	——	**factī**	**fēcisse**	**factī esse**
Future:	**factūrī**	**faciendī**	**factūrī esse**	**factum īrī**

IMPERATIVE (both forms)

SINGULAR	PLURAL
fac	**facite**

Synopsis 18:

haurīō, haurīre, hausī, haustum   *to drain*
3rd person singular, feminine

INDICATIVE

	ACTIVE	PASSIVE
Present:	**haurit**	**hauritur**
Imperfect:	**hauriēbat**	**hauriēbātur**
Future:	**hauriēt**	**hauriētur**
Perfect:	**hausit**	**hausta est**
Pluperfect:	**hauserat**	**hausta erat**
Fut. Perf.:	**hauserit**	**hausta erit**

SUBJUNCTIVE

	ACTIVE	PASSIVE
Present:	**hauriat**	**hauriātur**
Imperfect:	**haurīret**	**haurīrētur**
Perfect:	**hauserit**	**hausta sit**
Pluperfect:	**hausisset**	**hausta esset**

PARTICIPLES / INFINITIVES

	PARTICIPLES ACTIVE	PARTICIPLES PASSIVE	INFINITIVES ACTIVE	INFINITIVES PASSIVE
Present:	**hauriens**	——	**haurīre**	**haurīrī**
Perfect:	——	**hausta**	**hausisse**	**hausta esse**
Future:	**haustūra**	**haurienda**	**haustūra esse**	**haustum īrī**

IMPERATIVE (both forms)

SINGULAR	PLURAL
haurī	**haurīte**

Synopsis 19:

audiō, audīre, audīvī, audītum   *to hear, listen*
1st person plural, feminine

INDICATIVE

	ACTIVE	PASSIVE
Present:	audīmus	audīmur
Imperfect:	audiēbāmus	audiēbāmur
Future:	audiēmus	audiēmur
Perfect:	audīvimus	audītae sumus
Pluperfect:	audīverāmus	audītae erāmus
Fut. Perf.:	audīverimus	audītae erimus

SUBJUNCTIVE

	ACTIVE	PASSIVE
Present:	audiāmus	audiāmur
Imperfect:	audīrēmus	audīrēmur
Perfect:	audīverimus	audītae sīmus
Pluperfect:	audīvissēmus	audītae essēmus

PARTICIPLES / INFINITIVES

	PARTICIPLES ACTIVE	PARTICIPLES PASSIVE	INFINITIVES ACTIVE	INFINITIVES PASSIVE
Present:	audientēs	———	audīre	audīrī
Perfect:	———	audītae	audīvisse	audītae esse
Future:	audītūrae	audiendae	audītūrae esse	audītum īrī

IMPERATIVE (both forms)

SINGULAR	PLURAL
audī	audīte

Synopsis 20:

sentiō, sentīre, sensī, sensum   *to feel, perceive*
2nd person singular, masculine

INDICATIVE

	ACTIVE	PASSIVE
Present:	**sentīs**	**sentīris**
Imperfect:	**sentiēbās**	**sentiēbāris**
Future:	**sentiēs**	**sentiēris**
Perfect:	**sensistī**	**sensus es**
Pluperfect:	**senserās**	**sensus erās**
Fut. Perf.:	**senseris**	**sensus eris**

SUBJUNCTIVE

	ACTIVE	PASSIVE
Present:	**sentiās**	**sentiāris**
Imperfect:	**sentīrēs**	**sentīrēris**
Perfect:	**senseris**	**sensus sīs**
Pluperfect:	**sensissēs**	**sensus essēs**

PARTICIPLES

	ACTIVE	PASSIVE
Present:	**sentiens**	———
Perfect:	———	**sensus**
Future:	**sensūrus**	**sentiendus**

INFINITIVES

	ACTIVE	PASSIVE
Present:	**sentīre**	**sentīrī**
Perfect:	**sensisse**	**sensus esse**
Future:	**sensūrus esse**	**sensum īrī**

IMPERATIVE (both forms)

SINGULAR	PLURAL
sensī	**sensīte**

Synopsis 21:

custōdiō, custōdīre, custōdīvī, custōdītum *to guard*
1st person singular, masculine

INDICATIVE

	ACTIVE	PASSIVE
Present:	custōdiō	custōdior
Imperfect:	custōdiēbam	custōdiēbar
Future:	custōdiam	custōdiar
Perfect:	custōdīvī	custōditus sum
Pluperfect:	custōdīveram	custōditus eram
Fut. Perf.:	custōdīverō	custōditus erō

SUBJUNCTIVE

	ACTIVE	PASSIVE
Present:	custōdiam	custōdiar
Imperfect:	custōdīrem	custodīrer
Perfect:	custōdīverim	custōditus sim
Pluperfect:	custōdīvissem	custōditus essem

	PARTICIPLES		INFINITIVES	
	ACTIVE	PASSIVE	ACTIVE	PASSIVE
Present:	custodiens	———	custōdīre	custōdīrī
Perfect:	———	custōditus	custōdīvisse	custōditus esse
Future:	custōdītūrus	custōdiendus	custōdītūrus esse	custōditum īrī

IMPERATIVE (both forms)

SINGULAR	PLURAL
custōdī	custōdite

Synopsis 22:

sum, esse, fuī, futūrus *to be*
2nd person singular, feminine

INDICATIVE

	ACTIVE	PASSIVE
Present:	**es**	
Imperfect:	**erās**	
Future:	**eris**	

Perfect:	**fuistī**	
Pluperfect:	**fuerās**	
Fut. Perf.:	**fueris**	

SUBJUNCTIVE

	ACTIVE	PASSIVE
Present:	**sīs**	
Imperfect:	**essēs**	

Perfect:	**fueris**	
Pluperfect:	**fuissēs**	

PARTICIPLES / INFINITIVES

	ACTIVE	PASSIVE	ACTIVE	PASSIVE
Present:		———	**esse**	
Perfect:	———		**fuisse**	
Future:	**futūra**		**futūra esse / fore**	

IMPERATIVE (both forms)

SINGULAR	PLURAL
es	**este**

Synopsis 23:

afferō, afferre, attulī, allātum *to bring*
3rd person singular, neuter

INDICATIVE

	ACTIVE	PASSIVE
Present:	**affert**	**affertur**
Imperfect:	**afferēbat**	**afferēbātur**
Future:	**afferet**	**afferētur**

	ACTIVE	PASSIVE
Perfect:	**attulit**	**allātum est**
Pluperfect:	**attulerat**	**allātum erat**
Fut. Perf.:	**attulerit**	**allātum erit**

SUBJUNCTIVE

	ACTIVE	PASSIVE
Present:	**afferat**	**afferātur**
Imperfect:	**afferret**	**afferrētur**

	ACTIVE	PASSIVE
Perfect:	**attulerit**	**allātum sit**
Pluperfect:	**attulisset**	**allātum esset**

PARTICIPLES / INFINITIVES

	ACTIVE	PASSIVE	ACTIVE	PASSIVE
Present:	**afferens**	———	**afferre**	**afferrī**
Perfect:	———	**allātum**	**attulisse**	**allātum esse**
Future:	**allātūrum**	**afferendum**	**allātūrum esse**	**allātum īrī**

IMPERATIVE (both forms)

	SINGULAR	PLURAL
	affer	**afferte**

Synopsis 24:

exeō, exīre, exiī, exitum *to go out*
3rd person plural, neuter

INDICATIVE

	ACTIVE	PASSIVE
Present:	**exeunt**	
Imperfect:	**exībant**	
Future:	**exībunt**	
Perfect:	**exiērunt**	
Pluperfect:	**exierant**	
Fut. Perf.:	**exierint**	

SUBJUNCTIVE

	ACTIVE	PASSIVE
Present:	**exeant**	
Imperfect:	**exīrent**	
Perfect:	**exierint**	
Pluperfect:	**exiissent**	

PARTICIPLES / INFINITIVES

	ACTIVE	PASSIVE	ACTIVE	PASSIVE
Present:	**exiens**	———	**exīre**	**exīrī**
Perfect:	———	**exitum**	**exīsse**	**exitum esse**
Future:	**exitūrum**	**exeundum**	**exitūrum**	**exitum īrī**

IMPERATIVE (both forms)

SINGULAR	PLURAL
exī	**exīte**

Synopsis 25:

nōlō, nolle, nōluī *to be unwilling*
3rd person singular, feminine

INDICATIVE

	ACTIVE	PASSIVE
Present:	**nōn vult**	
Imperfect:	**nōlēbat**	
Future:	**nōlet**	
Perfect:	**nōluit**	
Pluperfect:	**nōluerat**	
Fut. Perf.:	**nōluerit**	

SUBJUNCTIVE

	ACTIVE	PASSIVE
Present:	**nōlit**	
Imperfect:	**nollet**	
Perfect:	**nōluerit**	
Pluperfect:	**nōluisset**	

PARTICIPLES

	ACTIVE	PASSIVE
Present:	**nōlens**	———
Perfect:	———	
Future:		

INFINITIVES

	ACTIVE	PASSIVE
Present:	**nōlle**	
Perfect:	**nōluisse**	
Future:		

IMPERATIVE (both forms)

SINGULAR	PLURAL
nōli	**nōlīte**

Synopsis 26:

cōnor, cōnārī, cōnātus sum *to try*
1st person singular, masculine

INDICATIVE

	ACTIVE	PASSIVE
Present:		**cōnor**
Imperfect:		**cōnābar**
Future:		**cōnābō**
Perfect:		**cōnātus sum**
Pluperfect:		**cōnātus eram**
Fut. Perf.:		**cōnātus erō**

SUBJUNCTIVE

	ACTIVE	PASSIVE
Present:		**cōner**
Imperfect:		**cōnārer**
Perfect:		**cōnātus sim**
Pluperfect:		**cōnātus essem**

PARTICIPLES / INFINITIVES

	PARTICIPLES		INFINITIVES	
	ACTIVE	PASSIVE	ACTIVE	PASSIVE
Present:	**cōnans**	———		**cōnārī**
Perfect:	———	**cōnātus**		**cōnātus esse**
Future:	**cōnātūrus**	**cōnandus**	**cōnātūrus esse**	**cōnātum īrī**

IMPERATIVE (both forms)

SINGULAR	PLURAL
cōnāre	**cōnāmini**

Synopsis 27:

audeō, audēre, ausus sum   *to dare*
3rd person plural, masculine

INDICATIVE

	ACTIVE	PASSIVE
Present:	**audent**	
Imperfect:	**audēbant**	
Future:	**audēbunt**	

	ACTIVE	PASSIVE
Perfect:		**ausī sunt**
Pluperfect:		**ausī erant**
Fut. Perf.:		**ausī erunt**

SUBJUNCTIVE

	ACTIVE	PASSIVE
Present:	**audeant**	
Imperfect:	**audērent**	

	ACTIVE	PASSIVE
Perfect:		**ausī sint**
Pluperfect:		**ausī essent**

PARTICIPLES / INFINITIVES

	PARTICIPLES ACTIVE	PARTICIPLES PASSIVE	INFINITIVES ACTIVE	INFINITIVES PASSIVE
Present:	**audentēs**	——	**audēre**	
Perfect:	——	**ausī**		**ausī esse**
Future:	**ausūrī**	**audendī**	**ausūrī esse**	**ausum īrī**

IMPERATIVE (both forms)

SINGULAR	PLURAL
audē	**audēte**

Synopsis 28:

sequor, sequī, secūtus sum   *to follow*
1st person singular, feminine

INDICATIVE

	ACTIVE	PASSIVE
Present:		**sequor**
Imperfect:		**sequēbar**
Future:		**sequar**
Perfect:		**secūta sum**
Pluperfect:		**secūta eram**
Fut. Perf.:		**secūta erō**

SUBJUNCTIVE

	ACTIVE	PASSIVE
Present:		**sequar**
Imperfect:		**sequerer**
Perfect:		**secūta sim**
Pluperfect:		**secūta essem**

PARTICIPLES / INFINITIVES

	ACTIVE	PASSIVE		ACTIVE	PASSIVE
Present:	**sequens**	———			**sequī**
Perfect:	———	**secūta**			**secūta esse**
Future:	**secūtūra**	**sequenda**			**secūtum īrī**

IMPERATIVE (both forms)

SINGULAR	PLURAL
sequere	**sequiminī**

Synopsis 29:

morior, morī, mortuus sum   *to die*
3rd person singular, masculine

INDICATIVE

	ACTIVE	PASSIVE
Present:		**moritur**
Imperfect:		**moriēbātur**
Future:		**moriētur**
Perfect:		**mortuus est**
Pluperfect:		**mortuus erat**
Fut. Perf.:		**mortuus erit**

SUBJUNCTIVE

	ACTIVE	PASSIVE
Present:		**moriātur**
Imperfect:		**morerētur**
Perfect:		**mortuus sit**
Pluperfect:		**mortuus esset**

	PARTICIPLES		INFINITIVES	
	ACTIVE	PASSIVE	ACTIVE	PASSIVE
Present:	**moriens**	———		**morī**
Perfect:	———	**mortuus**		**mortuus esse**
Future:	**moritūrus**	**moriendus**	**moritūrus esse**	**mortuum īrī**

IMPERATIVE (both forms)

SINGULAR	PLURAL
morere	**moriminī**

Synopsis 30:

orior, orīrī, ortus sum *to rise*
3rd person singular, neuter

INDICATIVE

	ACTIVE	PASSIVE
Present:		**orītur**
Imperfect:		**oriēbātur**
Future:		**oriētur**
Perfect:		**ortum est**
Pluperfect:		**ortum erat**
Fut. Perf.:		**ortum erit**

SUBJUNCTIVE

	ACTIVE	PASSIVE
Present:		**oriātur**
Imperfect:		**orīrētur**
Perfect:		**ortum sit**
Pluperfect:		**ortum esset**

PARTICIPLES / INFINITIVES

	PARTICIPLES ACTIVE	PARTICIPLES PASSIVE	INFINITIVES ACTIVE	INFINITIVES PASSIVE
Present:	**oriens**	———		**orīrī**
Perfect:	———	**ortum**		**ortum esse**
Future:	**ortūrum**	**oriendum**	**ortūrum esse**	**ortum īrī**

IMPERATIVE (both forms)

SINGULAR	PLURAL
orīre	**orīminī**

English-Latin Verb Index

The following list provides some ready options for the student of Latin composition, supplying Latin verbs and the conjugations to which they belong. For exact paradigms of these verbs, consult the Latin Verb Index.

A

abandon   **desolo (1), desero (3), derelinquo (3)**
abuse   **abutor (3)**
accompany   **comito (1), comitor (1), prosequor (3)**
accumulate   **agglomero (1), congero (3)**
accuse   **accuso (1)**
accustom   **consuesco (3), insuesco (3)**
achieve   **impetro (1)**
acquire   **potior (4)**
adapt   **accommodo (1), commodo (1), adapto (1)**
add   **addo (3)**
address   **affor (1), alloquor (3)**
admire   **admiror (1)**
admit   **intromitto (3)**
adorn   **decoro (1)**
advance   **succedo (3), promoveo (2)**
agree   **paciscor (3), assentio (4), consentio (4), consto (1)**
aim   **intendo (3), expeto (3)**
allot   **assigno (1)**
allow   **permitto (3), sino (3)**
animate   **animo (1)**
annoint   **ungo (3)**
announce   **nuntio (1), pronuntio (1)**
answer   **respondeo (2)**
anticipate   **praecipio (3), praevenio (4), praesumo (3)**
appear   **appareo (2), coorior (4)**
apply to   **adhibeo (2)**
appoint   **destino (1)**
approach   **accedo (3), adeo (irreg.), appropinquo (1)**
approve   **approbo (1)**
arm   **armo (1)**
arrange   **ordino (1), como (3), dispono (3), dissero (3)**

arrive   **advenio (4), pervenio (4)**
ask   **quaeso (1), inquiro (3), interrogo (1), rogo (1)**
ask for eagerly   **rogito (1)**
assemble   **congredior (3), concieo (2), conduco (3), convenio (4)**
assert   **perhibeo (2)**
assess   **censeo (2)**
assign   **inscribo (3), attribuo (3), tribuo (3)**
attach   **affigo (3), figo (3), applico (1), iniungo (3)**
attach firmly   **defigo (3)**
attack   **aggredior (3), invado (3), adorior (4), appeto (3), oppugno (1)**
attend   **sector (1)**
attend to   **ministro (1)**
avenge   **ulciscor (3)**
avert (by prayer)   **deprecor (1)**
avoid   **evito (1), vito (1)**
award as judge   **adiudico (1)**

B

bark   **latro (1)**
batter   **pulso (1)**
be   **sum (irreg.)**
be a slave   **inservio (4), servio (4)**
be a soldier   **milito (1)**
be able   **possum (irreg.), queo (irreg.)**
be absent   **absum (irreg.)**
be accustomed   **soleo (2), suesco (3)**
be afraid   **timeo (2)**
be against   **obsum (irreg.)**
be amongst   **intersum (irreg.)**
be angry   **irascor (3), indignor (1)**
be astounded   **obstipesco (3)**
be at a feast   **epulor (1)**
be born   **nascor (3)**
be born again   **renascor (3)**
be born in   **innascor (3)**

be busy **satago (3)**	become **fio (3)**
be close **insto (1)**, **subsum (irreg.)**	become evident **patesco (3)**
be cold **algeo (2)**	beg **obsecro (1)**, **supplico (1)**, **imploro (1)**
be damp **umeo (2)**	begin **concipio (3)**, **incipio (3)**, **incoho (1)**,
be dirty **sordeo (2)**	**coepi (irreg.)**, **ordior (4)**
be distant **disto (1)**	begin to doubt **addubito (1)**
be dry **areo (2)**	begin to increase **adaugesco (3)**
be eager **studeo (2)**	believe **credo (3)**
be empty **vaco (1)**	bellow **mugio (4)**
be flogged **vapulo (1)**	bend **curvo (1)**, **inclino (1)**, **flecto (3)**
be for sale **veneo (irreg.)**	beseige **obsideo (2)**
be frightened **paveo (2)**	betray **trado (3)**, **prodo (3)**
be green **vireo (2)**	beware **caveo (2)**
be happy **laetor (1)**	bind **ligo (1)**, **vincio (4)**
be hungry **esurio (4)**	bite **mordeo (2)**
be in **insum (irreg.)**	blaze **flagro (1)**
be in charge **praesum (irreg.)**	bless **beo (1)**
be in exile **exsulo (1)**	block **intercludo (3)**, **obstruo (3)**
be in need **egeo (2)**	bloom **floreo (2)**
be in pain **doleo (2)**	blush **rubesco (2)**, **erubesco (3)**
be kind to **indulgeo (2)**	boast **glorior (1)**
be mad **furo (3)**	boil **aestuo (1)**, **ferveo (2)**
be master **dominor (1)**	braid **plecto (3)**
be numb **torpeo (2)**	brandish **corrusco (1)**
be open **pateo (2)**	break **confringo (3)**, **frango (3)**
be pale **palleo (2)**	break in **irrumpo (3)**
be present **adsum (irreg.)**	break off **abrumpo (3)**, **praerumpo (3)**
be quiet **sileo (2)**, **taceo (2)**	break out **erumpo (3)**
be red **rubeo (2)**	break up **corrumpo (3)**
be stiff **rigeo (2)**	break wind **pedo (3)**
be strong **polleo (2)**, **valeo (2)**	breathe **spiro (1)**
be stunned **stupeo (2)**	bring across **traduco (3)**, **transfero (irreg.)**
be stupid **desipio (3)**	bring back **redigo (3)**, **reporto (1)**, **refero**
be superior **praesto (1)**	**(irreg.)**
be thirsty **sitio (4)**	bring down **defero (irreg.)**
be tired **langueo (2)**	bring forward **produco (3)**, **profero (irreg.)**
be unable **nequeo (irreg.)**	bring in **infero (irreg.)**, **ingero (3)**
be unwilling **nolo (irreg.)**	bring together **confero (irreg.)**, **comparo (1)**
be useful **prosum (irreg.)**	bristle **horreo (2)**
be very afraid **pertimesco (3)**	broadcast **vulgo (1)**
be very powerful **praevaleo (2)**	bruise **pinso (3)**
be warm **caleo (2)**, **tepeo (2)**	buffet **iacto (1)**
be well **salveo (2)**	build **aedifico (1)**, **construo (3)**, **struo (3)**
be wet **madeo (2)**	burden **onero (1)**
be white **candeo (2)**	burn **ardeo (2)**, **cremo (1)**, **flammo (1)**,
be wide awake **evigilo (1)**	**uro (3)**
be willing **volo (irreg.)**	burn up **exuro (3)**
beat **verbero (1)**, **plango (3)**, **tundo (3)**	burst **rumpo (3)**

bury **humo (1), defodio (3), sepelio (4)**
buy **emo (3)**
buy back **redimo (3)**

C

call **appello (1), voco (1)**
call back **revoco (1)**
call by name **nuncupo (1)**
calm **placo (1), sedo (1), mitigo (1)**
care for **curo (1)**
carry **fero (irreg.), gero (3), porto (1), veho (3), adveho (3)**
carry along **proveho (3)**
carry around **circumfero (irreg.), gesto (1)**
carry away **aufero (irreg.)**
carry back **reveho (3)**
carry down **deporto (1)**
carry in **inveho (3)**
carry off **asporto (1)**
carry out **effero (irreg.), eveho (3)**
carry to **affero (irreg.)**
carve **scalpo (3)**
catch **deprehendo (3), prehendo (3)**
cause **efficio (3)**
challenge **provoco (1)**
change **commuto (1), muto (1)**
charm **delecto (1)**
cheat **fraudo (1)**
cherish **colo (3), foveo (2)**
choke **ango (3)**
choose **lego (3)**
claim **vindico (1)**
clap **plaudo (3)**
clean **purgo (3)**
clean out **emungo (3)**
climb **conscendo (3), scando (3)**
climb up **ascendo (3)**
cling **haereo (2)**
cling to **adhaereo (2), inhaereo (2)**
close **operio (4), claudo (3)**
clothe **amicio (4)**
coincide **competo (3)**
collapse **concido (3), corruo (3)**
collect **comporto (1)**
comb **como (3), pecto (3)**
come **devenio (4), venio (4)**
come back to **reviso (3)**
come out **evenio (4)**

come to the aid of **subvenio (4)**
come up to **subeo (irreg.)**
come upon **incido (3)**
comfort **consolor (1), solor (1)**
command **impero (1), imperito (1)**
compel **subigo (3)**
compete **certo (1)**
complain **conqueror (3), queror (3)**
complete **transigo (3), perago (3), consummo (1), perficio (3)**
comply with **obsequor (3)**
condemn **condemno (1), damno (1)**
confess **confiteor (2), fateor (2)**
confirm **affirmo (1)**
confiscate **publico (1)**
congeal **concresco (3)**
connect **adiungo (3)**
conquer **edomo (1), vinco (3)**
consecrate **consecro (1), sacro (1)**
consider **delibero (1), deputo (1)**
consume **absumo (3), consumo (3)**
contain **contineo (2)**
contemplate **meditor (1)**
continue **pergo (3)**
contrive **excogito (1)**
control **coerceo (2)**
converse **colloquor (3)**
cook **coquo (3)**
copy **imitor (1)**
correct **emendo (1), corrigo (3)**
count **numero (1)**
cover **tego (3)**
cover over **obduco (3)**
cover up **velo (1), contego (3)**
crawl **serpo (3)**
create **creo (1)**
credit **imputo (1)**
creep **repo (3)**
cross **transeo (irreg.)**
cross over **transgredior (3)**
crowd **celebro (1)**
crown **corono (1)**
crush **protero (3)**
cure **sano (1)**
curse **maledico (3)**
cut **caedo (3), seco (1)**
cut back **recido (3)**
cut off **abscido (3), decido (3)**

cut open   **incido (3), scindo (3)**
cut out   **excido (3)**
cut short   **praecido (3)**
cut to pieces   **concido (3)**

D

dare   **audeo (2)**
deceive   **decipio (3), frustro (1), fallo (3)**
decide   **constituo (3), decerno (3)**
declare   **profiteor (2), indico (3), denuntio (1)**
decline   **detrecto (1)**
defeat   **devinco (3)**
defend   **defendo (3)**
deflect   **declino (1)**
delay   **cunctor (1), moror (1)**
deliberate   **consulo (3)**
demand   **flincito (1), deposco (3), posco (3), postulo (1)**
demolish   **diruo (3)**
deny   **abnego (1), nego (1)**
deny on oath   **abiuro (1)**
depart   **abscedo (3), discedo (3)**
depict   **depingo (3)**
deprive   **privo (1)**
descend   **descendo (3)**
desecrate   **scelero (1)**
deserve   **mereo (2), emereo (2)**
desire   **aveo (2), desidero (1), concupisco (3), cupio (3)**
despise   **contemno (3), despicio (3)**
destroy   **perdo (3), interimo (3), perimo (3), deleo (2), aboleo (2), dissolvo (3)**
detain   **detineo (2), retardo (1)**
devise   **machinor (1)**
devour   **devoro (1), comedo (irreg.)**
die   **morior (3), pereo (irreg.)**
diffuse   **diffundo (3)**
dig   **fodio (4)**
dine   **ceno (1)**
dip   **imbuo (3), tingo (3)**
direct   **dirigo (3), praescribo (3)**
disagree   **dissentio (4)**
discern   **cerno (3)**
disfigure   **foedo (1)**
disgrace   **infamo (1)**
disguise   **praetexo (3)**
dismiss   **dimitto (3)**
disperse   **dispergo (3), differo (irreg.)**
display   **exhibeo (2), propono (3)**

displease   **displiceo (2)**
distinguish   **distinguo (3)**
distort   **depravo (1)**
distress   **vexo (1), sollicito (1)**
distribute   **dispenso (1), distribuo (3)**
distrust   **diffido (3)**
divide   **discerno (3), divido (3), digero (3)**
do   **ago (3)**
do violence to   **violo (1)**
double   **gemino (1)**
drag   **traho (3)**
drag away   **abstraho (3)**
drag down   **detraho (3)**
drag out   **extraho (3)**
drain   **haurio (4)**
drain completely   **exhaurio (4)**
draw   **stringo (3)**
draw lots   **sortior (4)**
dread   **expavesco (3)**
dream   **somnio (1)**
drench   **perfundo (3)**
drink   **bibo (3), poto (1)**
drive   **impello (3), ago (3), agito (1)**
drive away   **abigo (3)**
drive back   **repello (3)**
drive in   **pango (3)**
drive out   **exigo (3), expello (3)**
drive to   **adigo (3), appello (3)**
droop   **marceo (2)**
dry   **sicco (1)**
dwell   **incolo (3), habito (1)**

E

eat   **edo (esse) (irreg.)**
eat lunch   **prandeo (2)**
educate   **erudio (4)**
embrace   **amplector (3), complector (3), amplexor (1)**
emerge   **emergo (3)**
encircle   **redimio (4)**
enclose   **arceo (2), concludo (3), includo (3)**
encourage   **adhortor (1)**
end   **finio (4)**
endure   **tolero (1), perpetior (3), perfero (irreg.)**
enfold   **implico (1)**
enjoy   **fruor (3)**
enlist   **conscribo (3)**
enrich   **dito (1)**

enter **ineo (irreg.), ingredior (3), intro (1), introeo (irreg.)**
entice **elicio (3)**
entrust **commendo (1), mando (1)**
envelop **involvo (3)**
equip **orno (1)**
erect **instruo (3)**
err **pecco (1)**
escape **excido (3), effugio (3), elabor (3)**
establish **condo (3), instituo (3)**
examine **considero (1), inspicio (3), perspicio (3)**
excel **excello (3)**
excite **concito (1), excito (1)**
excuse **excuso (1)**
execute **facesso (3)**
exercise **exercito (1)**
exert oneself **elaboro (1)**
exist **exsisto (3)**
expand **dilato (1)**
expel **depello (3)**
experience **patior (3)**
explain **expono (3)**
extend **laxo (1), pertineo (2)**
extinguish **exstinguo (3), restinguo (3)**

F

fail **desum (irreg.)**
fall **occido (3), cado (3)**
fall asleep **obdormio (4)**
fall down **decido (3)**
fall forward **procido (3), procumbo (3)**
fall in love **adamo (1)**
fall short **deficio (3)**
fall violently **ruo (3)**
favor **faveo (2)**
fear **metuo (3), vereor (2)**
feed **pasco (3), vescor (3)**
feel **sentio (4)**
fence in **saepio (4)**
fight **dimico (1), pugno (1)**
fight it out **decerto (1)**
fill **impleo (2)**
fill up **compleo (2), expleo (2)**
find **invenio (4)**
find out **reperio (4)**
finish **conficio (3)**

finish with **defungor (3)**
fit **apto (1)**
flash **fulgeo (2)**
flee **confugio (3), fugio (3), profugio (3)**
flee for refuge **perfugio (3)**
flee in different directions **diffugio (3)**
flow **mano (1), fluo (3), fluito (1)**
flow down **defluo (3)**
flow out **effluo (3)**
flow together **confluo (3)**
fly **volo (1)**
fly around **volito (1)**
fly out **evolo (1)**
fly over **pervolo (1)**
follow **exsequor (3), sequor (3)**
follow after **consector (1)**
follow closely **insequor (3), subsequor (3)**
forbid **interdico (3), veto (1)**
force **cogo (3), compello (3)**
foresee **provideo (2)**
forget **obliviscor (3)**
form into a ball **glomero (1)**
forsake **destituo (3)**
fortify **munio (4)**
found **fundo (1)**
free **absolvo (3)**
frighten **perterreo (2), terreo (2)**
frolic **lascivio (4)**
froth **spumo (1)**
fry **frigo (3)**
furnish with spokes **radio (1)**

G

gather **colligo (3)**
get **acquiro (3)**
gild **inauro (1)**
gird **accingo (3), cingo (3)**
give **dono (1), do (1)**
give access to **admitto (3)**
give back **reddo (3)**
give birth **gigno (3), pario (3)**
give evidence **testor (1)**
give freely **largior (4)**
give up hope **despero (1)**
gnaw **rodo (3)**
go **cedo (3), eo (irreg.), meo (1), vado (3)**

go around   **ambio (4), circumeo (irreg.)**
go away   **abeo (irreg.), abito (3), absisto (3)**
go forward   **procedo (3), progredior (3), prodeo (irreg.)**
go out   **exeo (irreg.)**
goad   **stimulo (1)**
grasp   **comprehendo (3)**
greet   **saluto (1)**
grind   **contero (3), molo (3)**
groan   **ingemisco (3), gemo (3)**
grow old   **senesco (3)**
grow up   **adolesco (3)**
guard   **custodio (4), praesideo (2)**
guide   **perduco (3)**

H

hack at   **accido (3)**
handle   **tracto (1)**
hang   **pendeo (2), suspendo (3)**
happen   **accido (3)**
harass   **afflicto (1), exincito (1)**
harden   **duro (1)**
harm   **laedo (3), noceo (2)**
harmonize   **concino (3)**
hate   **abominor (1), odi (irreg.), invideo (2)**
have   **habeo (2)**
heal   **medeor (2)**
heap up   **accumulo (1), acervo (1), cumulo (1), exstruo (3)**
hear   **audio (4)**
hear clearly   **exaudio (4)**
help   **adiuto (1), adiuvo (1), iuvo (1)**
hesitate   **dubito (1)**
hide   **abdo (3), celo (1), abscondo (3), occulto (1), occulo (3)**
hide away   **recondo (3)**
hinder   **prohibeo (2), impedio (4)**
hit   **icio (3)**
hit against   **offendo (3)**
hold   **teneo (2)**
hold back   **abstineo (2), retineo (2)**
hold out   **porrigo (3), praebeo (2)**
honor   **honoro (1)**
hope   **spero (1)**
howl   **ululo (1)**
hunt   **venor (1)**
hurry   **celero (1), festino (1), maturo (1), propero (1)**

I

illuminate   **illustro (1)**
imitate   **simulo (1)**
impede   **tardo (1)**
implant   **insero (3)**
impose   **impono (3)**
incite   **incito (1), suscito (1)**
increase   **augeo (2)**
indicate   **significo (1), designo (1)**
inflate   **inflo (1)**
influence   **afficio (3)**
injure   **affligo (3)**
inquire   **sciscitor (1)**
intercept   **intercipio (3)**
interpret   **interpretor (1)**
interrupt   **interpello (3), intermitto (3), interpono (3)**
intervene   **intercedo (3)**
intoxicate   **inebrio (1)**
introduce   **induco (3), introduco (3)**
investigate   **exploro (1)**
invite   **invito (1)**
it behooves   **oportet (2)**
it causes regret   **paenitet (2)**
it causes shame   **pudet (2)**
it disgusts   **piget (2)**
it is allowed   **licet (2)**
it is pleasing   **libet (2)**
it is proper   **decet (2)**
it wearies   **taedet (2)**

J

join   **copulo (1), iungo (3), committo (3), conecto (3)**
join battle   **proelior (1)**
join together   **coniungo (3)**
joke   **iocor (1)**
judge   **iudico (1)**
jump   **salio (4)**
jump away   **absilio (4)**
jump down   **desilio (4)**
jump up   **exsulto (1)**

K

keep back   **reprimo (3), reservo (1)**
keep flowing   **profluo (3)**
keep repeating   **decanto (1)**
keep watch   **vigilo (1)**

kill **exanimo (1), interficio (3), neco (1), occido (3)**
kiss **osculor (1)**
knead **depso (3)**
knock down **percello (3)**
know **scio (4)**

L

lack **careo (2)**
last **permaneo (2)**
laugh **rideo (2)**
laugh at **arrideo (2)**
lead **duco (3)**
lead around **circumduco (3)**
lead away **abduco (3), deduco (3)**
lead back **reduco (3)**
lead out **educo (3)**
lead the way **praeeo (irreg.)**
lead to **adduco (3)**
lean back **reclino (1)**
lean on **innitor (3), nitor (3)**
learn **comperio (4), cognosco (3), disco (3), nosco (3)**
learn well **edisco (3)**
leave **excedo (3), egredior (3)**
leave behind **linquo (3), delinquo (3), relinquo (3)**
lessen **minuo (3)**
let down **demitto (3)**
let pass **praetermitto (3)**
lie (recline) **iaceo (2)**
lie **mentior (4)**
lie down **recumbo (3)**
lie hidden **lateo (2)**
lie under **subiaceo (2)**
lie upon **incubo (1), incumbo (3)**
lift **tollo (3)**
lift up **attollo (3), extollo (3)**
light up **illumino (1)**
lighten **levo (1)**
live **vivo (3)**
live nearby **accolo (3)**
loiter **cesso (1)**
look at **viso (3), aspicio (3), intueor (2)**
look back at **respicio (3)**
look out **prospicio (3)**
loosen **solvo (3)**
lose **amitto (3)**
love **amo (1), diligo (3)**

M

make **fabricor (1), facio (3)**
make a noise **crepo (1), increpo (3), crepito (1), obstrepo (3), strepo (3)**
make clear **claresco (3)**
make equal **aequo (1)**
make equal with **adaequo (1)**
make progress **proficio (3)**
make sacred **sancio (4)**
make upright **erigo (3)**
make use of **usurpo (1)**
manage **administro (1)**
mangle **lacero (1)**
maneuver **evado (3)**
mark **noto (1), signo (1)**
marry **nubo (3)**
measure **metior (4)**
measure out **emetior (4)**
meet **coeo (irreg.), occurso (1), obeo (irreg.), occurro (3)**
melt **liquesco (3), liquo (1)**
mend **sarcio (4)**
mention beforehand **praedico (3)**
mingle **permisceo (2)**
mistrust **suspicio (3)**
mix **confundo (3), misceo (2)**
mix in **admisceo (2)**
moderate **tempero (1), admoderor (1)**
moisten **roro (1)**
mourn **lugeo (2), maereo (2)**
move **migro (1), admoveo (2), moveo (2)**
move back **removeo (2)**
move deeply **permoveo (2)**
multiply **multiplico (1)**
murmur **murmuro (1)**

N

name **nomino (1)**
need **indigeo (2)**
neglect **neglego (3)**
nibble **adedo (irreg.)**
nod **nuto (1)**
nod (give assent) **annuo (3)**
not know **ignoro (1), nescio (4)**
nourish **alo (3)**
nurse **nutrio (4)**

O

obey **pareo (2), oboedio (4)**
observe **conspicor (1), contemplor (1)**
obstruct **obsto (1)**
obtain **adipiscor (3), obtineo (2), nanciscor (3)**
offer **offero (irreg.)**
open **aperio (4)**
open fully **adaperio (4)**
open up **patefacio (3), recludo (3)**
oppress **opprimo (3)**
order **iubeo (2)**
outmaneuver **eludo (3)**
overflow **abundo (1)**
overhang **immineo (2), impendeo (2)**
overlook **omitto (3)**
overtake **supervenio (4), assequor (3)**
overturn **everto (3), perverto (3), subverto (3)**
overwhelm **obruo (3)**
owe **debeo (2)**

P

pacify **paco (1)**
paint **pingo (3)**
panic **trepido (1)**
pant **anhelo (1)**
pardon **ignosco (3)**
pass by **praetereo (irreg.)**
pause **consisto (3)**
pay **luo (3), persolvo (3)**
pay attention to **attendo (3), animadverto (3)**
penetrate **penetro (1)**
perform **perpetro (1), fungor (3)**
perish **depereo (irreg.), intereo (irreg.), pereo (irreg.)**
persist **persevero (1)**
persuade **exoro (1), persuadeo (2)**
pick out **eligo (3)**
pierce **perforo (1), pungo (3), transfigo (3), traicio (3)**
pity **miseror (1), misereo (2)**
place **loco (1), colloco (1)**
play **illudo (3), ludo (3)**
play (music) **modulor (1)**
play the lyre **psallo (3)**
plead **oro (1)**
please **placeo (2)**

plough **aro (1), sulco (1)**
pluck **carpo (3), vello (3)**
pluck off **decerpo (3)**
plunder **praedor (1), spolio (1)**
plunge **immergo (3)**
plunge under **submergo (3)**
point out **indico (1)**
possess **possideo (2)**
pound **contundo (3)**
pour **fundo (3)**
pour around **circumfundo (3)**
pour in **infundo (3)**
pour out **effundo (3), profundo (3)**
pour upon **adfundo (3)**
praise **benedico (3), laudo (1)**
pray **precor (1)**
precede **praecedo (3)**
predict **portendo (3)**
prefer **malo (irreg.), praefero (irreg.)**
prepare **paro (1), praeparo (1)**
press **premo (3)**
press down **deprimo (3)**
press upon **imprimo (3)**
pretend **dissimulo (1)**
probe into **scrutor (1)**
proclaim **proclamo (1), declaro (1), praedico (1)**
produce **promo (3)**
project **emineo (2)**
promise **promitto (3), polliceor (2), despondeo (2), spondeo (2)**
prop up **fulcio (4)**
prosper **provenio (4)**
prove **arguo (3), comprobo (1), probo (1)**
provoke **irrito (1)**
prune **amputo (1)**
pull back **retraho (3)**
pull together **contraho (3)**
punish **castigo (1), punio (4)**
purify **lustro (1)**
pursue **consequor (3), persequor (3)**
push forward **urgeo (2)**
put **pono (3)**
put against **oppono (3)**
put aside **depono (3)**
put beside **appono (3)**
put forth **edo (-ere) (3)**
put in **indo (3)**
put in charge **praeficio (3), praepono (3)**

put on (clothing)　**induo (3)**
put to sleep　**sopio (4)**
put together　**compono (3)**
put under　**subicio (3)**

Q

quiver　**mico (1)**

R

rage　**saevio**
raise　**elevo (1), arrigo (3)**
ravage　**populo (1), vasto (1)**
read through　**perlego (3)**
reap　**meto (3)**
rebound　**resulto (1)**
recall　**recordor (1), memoro (1)**
receive　**accipio (3), recipio (3), accepto (1), assumo (3)**
recite　**recito (1)**
reckon　**computo (1)**
recline　**cubo (1), recubo (1), accumbo (3)**
recline at a table　**accubo (1), discumbo (3)**
recognize　**agnosco (3)**
recoil　**recido (3)**
recover　**recupero (1)**
redouble　**ingemino (1)**
refill　**repleo (2)**
refresh　**refoveo (2)**
refuse　**recuso (1)**
refuse by a nod　**abnuo (3)**
refuse by a nod repeatedly　**abnuto (1)**
refute　**convinco (3)**
reject　**aspernor (1), repudio (1)**
rejoice　**gaudeo (2), ovo (1)**
remain　**resto (1)**
remake　**recreo (1)**
remember　**memini (irreg.)**
remind　**commemoro (1)**
remove　**excipio (3), submoveo (2), subtraho (3), subveho (3)**
rend　**diripio (3)**
renew　**renovo (1), instauro (1)**
repair　**reficio (3)**
repair　**restauro (1)**
repay　**rependo (3)**
repeal　**abrogo (1)**
repeat　**itero (1)**
replace　**repono (3)**

report　**enuntio (1), renuntio (1)**
reproach　**compello (1)**
resist　**repugno (1)**
resound　**persono (1), reboo (1), consono (1), resono (1)**
respect　**revereor (2)**
rest　**acquiesco (3), quiesco (3), requiesco (3)**
restore　**restituo (3)**
restrain　**cohibeo (2), inhibeo (2), freno (1), moderor (1), supprimo (3), reprehendo (3), constringo (3)**
retrieve　**reparo (1)**
return　**regredior (3), remeo (1), recurro (3), redeo (irreg.)**
revel　**bacchor (1)**
revere　**adoro (1)**
revisit　**repeto (3)**
revive　**respiro (1)**
ride a horse　**equito (1)**
rise　**orior (4)**
rise up　**insurgo (3)**
roar　**fremo (3)**
roll　**volvo (3)**
roll over　**voluto (1)**
rout　**fugo (1)**
rub　**tero (3), frico (1)**
rule　**regno (1), rego (3)**
run　**curro (3)**
run away　**aufugio (3)**
run away from　**defugio (3), refugio (3)**
run down　**decurro (3)**
run in different directions　**discurro (3)**
run into　**incurro (3)**
run through　**percurro (3)**
run to　**accurro (3)**
run to the aid of　**succurro (3)**
rush forward　**procurro (3), prorumpo (3)**
rush in　**irruo (3)**
rush together　**concurro (3)**

S

sacrifice　**sacrifico (1), sacrifico (1), immolo (1), macto (1)**
sadden　**contristo (1)**
sail　**navigo (1)**
satisfy　**satio (1)**
save　**conservo (1), servo (1)**

say   aio (irreg.), dico (3), inquam (irreg.)
say in advance   praefor (1)
scare away   absterreo (2), deterreo (2)
scare thoroughly   exterreo (2), perterreo (2)
scatter   disicio (3), spargo (3)
scorch   torreo (2)
scorn   sperno (3)
scrape   rado (3)
scratch   scabo (3)
search for   conquiro (3), requiro (3)
see   conspicio (3), video (2)
see often   visito (1)
seek   peto (3), quaero (3)
seize   arripio (3), corripio (3), capto (1),
     occupo (1), capesso (3), apprehendo (3),
     rapio (3)
select   excerpo (3), deligo (3)
sell   vendo (3)
send   mitto (3)
send back   remitto (3)
send in   immitto (3)
send in advance   praemitto (3)
send out   emitto (3)
send up   submitto (3)
separate   digredior (3), secerno (3),
     separo (1)
serve   famulor (1)
set   aborior (4), sisto (3)
set aside   sepono (3)
set free   libero (1)
set in motion   cieo (2)
set on fire   accendo (3), incendo (3), succendo
     (3)
set out   proficiscor (3)
set up   statuo (3)
sew   suo (3)
shade   umbro (1)
shake   quasso (1), vibro (1), concutio (3),
     quatio (3)
shake out   excutio (3)
shape   formo (1), fingo (3)
share   impertio, (4), partio (4),
     communico (1)
sharpen   acuo (3)
shear   tondeo (2)
shield   protego (3)
shine   luceo (2), splendeo (2), adfulgeo (3),
     niteo (2)

shout   clamo (1), conclamo (1), exclamo (1),
     vociferor (1), vocito (1)
show   demonstro (1), monstro (1),
     ostendo (3)
show off   ostento (1)
shriek   strideo (2)
shrink back   abhorreo (2)
shut out   excludo (3)
sigh   suspiro (1)
sing   cano (3), canto (1)
sink   mergo (3)
sip   libo (1)
sit   sedeo (2)
sit beside   assideo (2)
sit down   consido (3), resido (3)
slaughter   trucido (1)
sleep   dormio (4)
slip   labor (3)
slip down   delabor (3)
slip forward   prolabor (3)
slip out   elabor (3)
smash to pieces   discutio (3)
smash together   confligo (3)
smear   lino (3)
smell   odoror (1), oleo (2), redoleo (2)
smile   subrideo (2)
snatch away   abripio (3), eripio (3)
sneeze   sternuo (3)
snore   sterto (3)
soften   lenio (4), mollio (4), macero (1)
soothe   mulceo (2)
sound   sono (1)
sow   sero (3)
spare   parco (3)
speak   eloquor (3)
speed up   accelero (1)
spend the winter   hiemo (1)
spend time   dego (3)
spit   spuo (3)
split   findo (3)
spread   sterno (3)
spread out   pando (3)
spread out in front   praetendo (3)
sprinkle   aspergo (3)
sprout   gemmo (1)
squeeze   comprimo (3)
squeeze out   exprimo (3)
stagger   titubo (1)

stain **maculo (1)**

stand **sto (1)**

stand aloof **absto (1)**

stand back up **resurgo (3)**

stand by **assisto (3)**

stand firm **insisto (3)**

stand near **asto (1)**

stand out **exsto (1)**

stand still **resisto (3), subsisto (3)**

stand up **surgo (3), assurgo (3), consurgo (3), exsurgo (3)**

start **exorior (4)**

stay **maneo (2), remaneo (2)**

steal **furor (1), subduco (3)**

steer **guberno (1)**

step **gradior (3)**

stop **desino (3), desisto (3)**

storm **expugno (1)**

strain **contendo (3)**

strengthen **confirmo (1), firmo (1)**

stretch **tendo (3)**

stretch out **distendo (3), extendo (3), protendo (3)**

strike **lacesso (3), ferio (4), pello (3), percutio (3)**

strike against **allido (3)**

strip **nudo (1)**

strive **conitor (3)**

strive **enitor (3)**

stuff **stipo (1), farcio (4)**

stun **stupefacio (3), attono (1)**

subdue **subdo (3)**

submerge **demergo (3)**

submit **succumbo (3)**

substitute **suppono (3)**

suck **sugo (3)**

suggest **admoneo (2)**

summon **accio (4), accieo (2), excieo (2), accerso (3), arcesso (3), advoco (1), convoco (1), evoco (1), invoco (1)**

supply **sufficio (3)**

support **sublevo (1), sustineo (2), sustento (1)**

suppress **compesco (3)**

surmount **transcendo (3)**

surpass **exsupero (1), supero (1)**

surrender **dedo (1)**

surround **circumdo (1), circumvenio (4), circumsisto (3), circumsto (1)**

survive **supersum (irreg.)**

suspect **suspicor (1)**

swallow **absorbeo (2), sorbeo (2)**

swear **adiuro (1), coniuro (1), iuro (1)**

sweat **sudo (1)**

sweep **verro (3)**

swell **tumeo (2)**

swim **nato (1), no (1)**

swim across **trano (1)**

T

taint **inficio (3)**

take **percipio (3), capio (3)**

take a walk **deambulo (1)**

take away **adimo (3), seduco (3), demo (3)**

take away by a judgement **abiudico (1)**

take care of **accuro (1), procuro (1)**

take up **sumo (3)**

take up again **resumo (3)**

talk **for (1), loquor (3)**

tame **mansuesco (3), domo (1)**

taste **gusto (1), sapio (3)**

teach **doceo (2)**

teach clearly **edoceo (2)**

tear apart **discerpo (3)**

tear down **destruo (3)**

tear off **abscindo (3), avello (3), revello (3)**

tear open **rimor (1)**

tear out **evello (3)**

tear to pieces **lanio (1)**

tell (a story) **narro (1)**

think **arbitror (1), cogito (1), opinor (1), existimo (1), puto (1), reor (2)**

think over **reputo (1)**

think worthy **dignor (1)**

threaten **minitor (1), minor (1)**

thrive **vigeo (2)**

throw **conicio (3), iacio (3)**

throw against **obicio (3)**

throw at **adicio (3)**

throw away **abicio (3)**

throw back **reicio (3)**

throw down **deicio (3)**

throw forward **proicio (3)**

throw in **inicio (3)**

throw in front **prosterno (3)**

throw into confusion **perturbo (1), turbo (1)**

throw out **eicio (3)**

thunder   **tono (1)**
tie to   **alligo (1)**
tie up   **colligo (1), religo (1)**
tighten   **astringo (3)**
tire   **fatigo (1)**
torture   **crucio (1)**
touch   **attingo (3), contingo (3), tango (3)**
train   **exerceo (2)**
trample   **calco (1), conculco (1)**
trample on   **obtero (3)**
transfer   **transmitto (3)**
transport   **transporto (1)**
tremble   **tremo (3)**
triumph (over)   **triumpho (1)**
trust   **confido (3), fido (3)**
try   **conor (1), experior (4), tempto (1)**
turn   **vergo (3), roto (1), verto (3)**
turn around   **converso (1), converto (3)**
turn away   **averto (3)**
turn back   **reverto (3)**
turn pale   **pallesco (3)**
turn towards   **adverto (3)**
twist   **sero (3), torqueo (2)**

U

unbar   **resero (1)**
uncover   **detego (3), retego (3)**
undergo   **suffero (irreg.)**
understand   **intellego (3)**
undertake   **suscipio (3)**
undress   **exuo (3)**
undulate   **fluctuo (1)**
unencumber   **expedio (4)**
unfasten   **resolvo (3)**
unfold   **explico (1)**
unharness   **abiungo (3)**
unite   **concilio (1), socio (1)**
unroll   **revolvo (3)**
uproot   **eruo (3)**
upset   **commoveo (2)**
urge   **cohortor (1), hortor (1), suadeo (2)**
use   **utor (3)**

V

vanish   **evanesco (3)**
vary   **vario (1)**

visit often   **frequento (1)**
vomit   **evomo (3)**
vow   **devoveo (2), voveo (2)**

W

wage war   **bello (1)**
wail (for)   **ploro (1)**
wait   **commoror (1), demoror (1)**
wait for   **exspecto (1)**
walk   **incedo (3), ambulo (1)**
walk around   **grassor (1)**
walk by   **adambulo (1)**
wander   **vagor (1), aberro (1), erro (1)**
warn   **moneo (2)**
wash   **lavo (1), abluo (3), alluo (3)**
watch   **observo (1), specto (1), tueor (2)**
water   **rigo (1)**
weaken   **infirmo (1)**
wear away   **attero (3)**
weave   **necto (3), texo (3)**
weep   **fleo (2)**
weep (for)   **lacrimo (1)**
weep bitterly   **defleo (2)**
weigh   **pendo (3)**
weigh carefully   **perpendo (3)**
weigh down   **gravo (1)**
weigh out   **penso (1), expendo (3)**
whirl   **verso (1)**
wipe   **tergeo (2)**
wipe off   **abstergeo (2)**
wish for   **opto (1)**
withdraw   **decedo (3), recedo (3)**
wonder   **miror (1)**
work   **laboro (1), operor (1)**
work at   **molior (4)**
worship   **veneror (1)**
wound   **vulnero (1)**
wrench   **convello (3)**
wrench out   **extorqueo (2)**
write   **scribo (3)**
write back   **rescribo (3)**

Y

yawn   **hio (1)**
yield   **cedo (3), concedo (3)**

Verb Form Locator

This index locates verb forms that are not immediately recognizable or are irregular in some way. Among the forms listed here are archaic, syncopated, and collateral forms, as well as perfect system and participial forms that deviate their respective present system stems. Also included are forms of other verbs that frequently present problems to students of Latin. To use this locator, simply look up the verb form in question, for example, *noris*. Here you will find that it is from the verb *nosco*. Then turn to the full conjugation of *nosco* in the body of the book and check the *Alternate forms* list at the foot of the page. There you will learn that *noris* is a syncopated form of the verb *noveris*.

A

abeam, *etc.* abeo
aberam, *etc.* absum
abero, *etc.* absum
abes absum
abessem, *etc.* absum
abeundus abeo
abeunt abeo
abeuntis abeo
abi, *etc.* abeo
abibam, *etc.* abeo
abibo, *etc.* abeo
abiciens abicio
abicit abicio
abieci, *etc.* abicio
abiectum abicio
abiens abeo
abieram, *etc.* abeo
abierim, *etc.* abeo
abiero, *etc.* abeo
abii, *etc.* abeo
abin abeo
abire abeo
abirem, *etc.* abeo
abissem, *etc.* abeo
abitum abeo
abiturus abeo
abivi, *etc.* abeo
ablatum aufero
absim, *etc.* absum
abstersi tergeo
abstuli, *etc.* aufero
accepso, *etc.* accipio

accessi, *etc.* accedo
accestis accedo
accusso, *etc.* accuso
actum ago
acui, *etc.* acuo
acutum acuo
adduis addo
adeam, *etc.* adeo
ademi, *etc.* adimo
adempsit adimo
ademptum adimo
adeptus adipiscor
aderam, *etc.* adsum
ades adsum
adesse adsum
adeundus adeo
adeunt adeo
adeuntis adeo
adfero, *etc.* affero
adferre affero
adfligo, *etc.* affligo
adfor, *etc.* affor
adforem, *etc.* adsum
adfui, *etc.* adsum
adfuturus adsum
adgredior, *etc.* aggredior
adgrediri, *etc.* aggredior
adgredirier aggredior
adgretus aggredior
adi, *etc.* adeo
adibam, *etc.* adeo
adibo, *etc.* adeo
adiciens adicio

adicit adicio	**amixi,** *etc.* amicio
adieci, *etc.* adicio	**annuvi,** *etc.* annuo
adiectum adicio	**aperibo,** *etc.* aperio
adiens adeo	**appellassis** appello
adieram, *etc.* adeo	**arbitrarier** arbitror
adierim, *etc.* adeo	**arbitro,** *etc.* arbitror
adiero, *etc.* adeo	**arcitum** arceo
adii, *etc.* adeo	**arduerint** ardeo
adin adeo	**arfui,** *etc.* adsum
adire adeo	**arfuise** adsum
adirem, *etc.* adeo	**arsi,** *etc.* ardeo
adirier adeo	**arsum** ardeo
adissem, *etc.* adeo	**aspargo,** *etc.* aspergo
aditum adeo	**asscendo,** *etc.* ascendo
aditurus adeo	**assum** adsum
adivi, *etc.* adeo	**attolo,** *etc.* attollo
adlatum affero	**attuli,** *etc.* affero
adnuo, *etc.* annuo	**audibant** audio
adolesse adolesco	**audibat** audio
adolui, *etc.* adolesco	**audibis** audio
adpello, *etc.* appello	**audibo,** *etc.* audio
adscendo, *etc.* ascendo	**audii,** *etc.* audio
adsiem, *etc.* adsum	**audin** audio
adsient adsum	**audisse** audio
adsiet adsum	**ausi,** *etc.* audeo
adsim, *etc.* adsum	**ausim,** *etc.* audeo
adspergo, *etc.* aspergo	**ausint** audeo
adtuli, *etc.* affero	**ausis** audeo
afflixint affligo	**ausit** audeo
aforem, *etc.* absum	**auxitis** augeo
afuerim, *etc.* absum	**axim,** *etc.* ago
afui, *etc.* adsum	**axit** ago
afuissem, *etc.* absum	
afuturus absum	**C**
aggressus aggredior	**caecidi,** *etc.* caedo
agier ago	**caesum** caedo
aibam, *etc.* aio	**calitarus** caleo
aiio, *etc.* aio	**cantatum** cano
ain aio	**captum** capio
alitus alo	**carint** careo
allatum affero	**casurus** cado
altum alo	**cautum** caveo
alui, *etc.* alo	**cecidi,** *etc.* cado
amasse amo	**cecidi,** *etc.* caedo
amasso, *etc.* amo	**cecini,** *etc.* cano
ambibat ambio	**cecurri,** *etc.* curro
ambivi, *etc.* ambio	**censitum** censeo
amicibor, *etc.* amicio	**censum** censeo
amicisse amicio	**cepi,** *etc.* capio

cereo, *etc.* creo		**clausum** claudo	
certus cerno		**clodo,** *etc.* claudo	
cessi, *etc.* cedo		**cludo,** *etc.* claudo	
cessurus cedo		**coactum** cogo	
cinctum cingo		**coctum** coquo	
cinxi, *etc.* cingo		**coeam,** *etc.* coeo	
cio, *etc.* cieo		**coegi,** *etc.* cogo	
circueam, *etc.* circumeo		**coerandi,** *etc.* curo	
circueundus circumeo		**coerari,** *etc.* curo	
circueunt circumeo		**coeret** curo	
circueuntis circumeo		**coero,** *etc.* curo	
circui, *etc.* circumeo		**coeundus** coeo	
circuibam, *etc.* circumeo		**coeunt** coeo	
circuibo, *etc.* circumeo		**coeuntis** coeo	
circuiens circumeo		**cognitum** cognosco	
circuieram, *etc.* circumeo		**cognoram,** *etc.* cognosco	
circuierim, *etc.* circumeo		**cognorim,** *etc.* cognosco	
circuiero, *etc.* circumeo		**cognoris** cognosco	
circuii, *etc.* circumeo		**cognorit** cognosco	
circuire circumeo		**cognoro,** *etc.* cognosco	
circuirem, *etc.* circumeo		**cognosse** cognosco	
circuissem, *etc.* circumeo		**cognossent** cognosco	
circuitum circumeo		**cognosses** cognosco	
circuiturus circumeo		**cognosti,** *etc.* cognosco	
circuivi, *etc.* circumeo		**cognostis** cognosco	
circumeam, *etc.* circumeo		**cognovi,** *etc.* cognosco	
circumeundus circumeo		**coguit** cogo	
circumeunt circumeo		**coi,** *etc.* coeo	
circumeuntis circumeo		**coibam,** *etc.* coeo	
circumi, *etc.* circumeo		**coibo,** *etc.* coeo	
circumibam, *etc.* circumeo		**coicio,** *etc.* conicio	
circumibo, *etc.* circumeo		**coiens** coeo	
circumiens circumeo		**coieram,** *etc.* coeo	
circumieram, *etc.* circumeo		**coierim,** *etc.* coeo	
circumierim, *etc.* circumeo		**coiero,** *etc.* coeo	
circumiero, *etc.* circumeo		**coii,** *etc.* coeo	
circumii, *etc.* circumeo		**coiisse** coeo	
circumire circumeo		**coire** coeo	
circumirem, *etc.* circumeo		**coirem,** *etc.* coeo	
circumirier circumeo		**coiro,** *etc.* curo	
circumissem, *etc.* circumeo		**coissem,** *etc.* coeo	
circumitum circumeo		**coitum** coeo	
circumiturus circumeo		**coiturus** coeo	
circumivi, *etc.* circumeo		**coivi,** *etc.* coeo	
circumlatum circumfero		**collatum** confero	
circumtuli, *etc.* circumfero		**colui,** *etc.* colo	
citum cieo		**comedim,** *etc.* comedo	
civi, *etc.* cieo		**comes** comedo	
clausi, *etc.* claudo		**comesse** comedo	

comessem, *etc.* comedo
comessus comedo
comest comedo
comestis comedo
comestum comedo
comesum comedo
comesurus comedo
complexus complector
confessus confiteor
confexim, *etc.* conficio
confiant conficio
confiat conficio
confierent conficio
confieret conficio
confieri, *etc.* conficio
confit conficio
confiterier confiteor
confiunt conficio
confractum confringo
confregi, *etc.* confringo
coniciens conicio
conicit conicio
conieci, *etc.* conicio
coniectum conicio
conlatum confero
conmendo, *etc.* commendo
conplector, *etc.* complector
consacro, *etc.* consecro
constiti, *etc.* consisto
constiturus consisto
consumpsti (con)sumo
contactum contingo
contempno, *etc.* contemno
contempsi, *etc.* contemno
contemptum contemno
contemsi, *etc.* contemno
contemtum contemno
contentum contendo
contigi, *etc.* contingo
contor, *etc.* cunctor
contudi, *etc.* contundo
contuli, *etc.* confero
contunsum contundo
contusum contundo
coxi, *etc.* coquo
credier credo
creduam, *etc.* credo
creduas credo
creduat credo

creduis credo
creduit credo
cresse cresco
cretum cerno
crevi, *etc.* cerno
cubaris cubo
cubasse cubo
cubavi, *etc.* cubo
cucurri, *etc.* curro
cultum colo
cunctarier cunctor
cuncto, *etc.* cunctor
cupiret cupio
curarier curo
curassis curo
curri, *etc.* curro
custodibitur custodio
custodii, *etc.* custodio

D

dane do
danunt do
dasi, *etc.* do
decreram, *etc.* decerno
decrerim, *etc.* decerno
decresse decerno
decretum decerno
decrevi, *etc.* decerno
dedi, *etc.* do
deeram, *etc.* desum
deeris desum
deero, *etc.* desum
dees desum
deesse desum
deessem, *etc.* desum
deest desum
deestis desum
defendier defendo
defensum defendo
deforem, *etc.* desum
defuat desum
defui, *etc.* desum
defuturus desum
dehibeo, *etc.* debeo
deiciens deicio
deicit deicio
deico, *etc.* dico
deieci, *etc.* deicio
deiectum deicio

deixserint   dico
delatum   defero
delerant   deleo
delerat   deleo
delerit   deleo
delerunt   deleo
delesset   deleo
delitus   deleo
dem, *etc.*   do
depeream, *etc.*   depereo
depereundus   depereo
depereunt   depereo
depereuntis   depereo
deperi, *etc.*   depereo
deperibam, *etc.*   depereo
deperibo, *etc.*   depereo
deperiens   depereo
deperieram, *etc.*   depereo
deperierim, *etc.*   depereo
deperiero, *etc.*   depereo
deperiet   depereo
deperii, *etc.*   depereo
deperire   depereo
deperirem, *etc.*   depereo
deperissem, *etc.*   depereo
deperitum   depereo
deperiturus   depereo
deperivi, *etc.*   depereo
derigo, *etc.*   dirigo
desiet   desum
desilii, *etc.*   desilio
desilivi, *etc.*   desilio
desim, *etc.*   desum
desultum   desilio
desului, *etc.*   desilio
desumus   desum
desunt   desum
detuli, *etc.*   defero
dicem, *etc.*   dico
dicier   dico
dictum   dico
didici, *etc.*   disco
differier   differo
dilatum   differo
dilectum   diligo
dilexi, *etc.*   diligo
directum   dirigo
direxi, *etc.*   dirigo
direxti, *etc.*   dirigo

disiciens   disicio
disicit   disicio
disieci, *etc.*   disicio
disiectum   disicio
dissicio, *etc.*   disicio
distuli, *etc.*   differo
divisi, *etc.*   divido
divisse   divido
divisum   divido
dixe   dico
dixem, *etc.*   dico
dixi, *etc.*   dico
dixis   dico
dixti, *etc.*   dico
dormibit   dormio
dormibo, *etc.*   dormio
dormii, *etc.*   dormio
duas   do
ductum   duco
duim, *etc.*   do
duint   do
duis   do
duit   do
duxi, *etc.*   duco
duxti   duco

E

ecfero, *etc.*   effero
ecferre   effero
ecfundo, *etc.*   effundo
edim, *etc.*   edo
effudi, *etc.*   effundo
effugiri, *etc.*   effugio
effusum   effundo
egi, *etc.*   ago
egitum   egeo
egui, *etc.*   egeo
eiciens   eicio
eicit   eicio
eieci, *etc.*   eicio
eiectum   eicio
elabsus   elabor
elapsus   elabor
elatum   effero
electum   eligo
elegi, *etc.*   eligo
emissim, *etc.*   emo
emptum   emo
eram, *etc.*   sum

ereptum eripio	**existumo,** *etc.* existimo
eris sum	**exit** exiit
ero, *etc.* sum	**exitum** exeo
erudii, *etc.* erudio	**exiturus** exeo
es edo	**exivi,** *etc.* exeo
es sum	**exolo,** *etc.* exsulo
escit sum	**expertus** experior
escunt sum	**expuli,** *etc.* expello
esit sum	**expulsum** expello
esse edo	**exsolo,** *etc.* exsulo
esse sum	**exstinctum** exstinguo
essem, *etc.* sum	**exstinxem,** *etc.* exstinguo
essetur edo	**exstinxi,** *etc.* exstinguo
essis sum	**exstinxit** exstinguo
est edo	**exstinxsti,** *etc.* exstinguo
est sum	**extingo,** *etc.* extinguo
este edo	**extinguo,** *etc.* exstinguo
este sum	**extuli,** *etc.* effero
estis edo	**exulo,** *etc.* exsulo
estis sum	**exutum** exuo
esto sum	
estote sum	# F
estur edo	**face** facio
esum edo	**faciatur** facio
esum sum	**facie** facio
esurus edo	**facitur** facio
eunt eo	**fallier** fallo
evasi, *etc.* evado	**falsum** fallo
evasti, *etc.* evado	**fassus** fateor
evasum evado	**faterier** fateor
exactum exigo	**faxim,** *etc.* facio
exeam, *etc.* exeo	**faxo,** *etc.* facio
exegi, *etc.* exigo	**feci,** *etc.* facio
exeundus exeo	**fefelli,** *etc.* fallo
exeunt exeo	**fefellitus sum** fallo
exeuntis exeo	**ferbui,** *etc.* ferveo
exi, *etc.* exeo	**ferinunt** ferio
exibam, *etc.* exeo	**fervo,** *etc.* ferveo
exibo, *etc.* exeo	**fiam,** *etc.* facio
exiens exeo	**fictum** fingo
exieram, *etc.* exeo	**fictus** figo
exierim, *etc.* exeo	**fiebam,** *etc.* facio
exiero, *etc.* exeo	**fiebantur** facio
exies exeo	**fiere** facio
exiet exeo	**finii,** *etc.* finio
exii, *etc.* exeo	**finxi,** *etc.* fingo
exire exeo	**fio,** *etc.* facio
exirem, *etc.* exeo	**fisus** fido
exissem, *etc.* exeo	**fitum est** facio

fitur facio
fixi, *etc.* figo
fixum figo
flectum flecto
flemus fleo
flerunt fleo
flesse fleo
flesset fleo
flesti, *etc.* fleo
fletum fleo
flevi, *etc.* fleo
flexi, *etc.* flecto
fluxi, *etc.* fluo
fluxum fluo
fodiri, *etc.* fodio
fore sum
forem, *etc.* sum
fossum fodio
fotum foveo
foturus faveo
fractum frango
fregi, *etc.* frango
fructus fruor
fruiturus fruor
fruitus fruor
fuam, *etc.* sum
fudi, *etc.* fundo
fui, *etc.* sum
fulgit fulgeo
fulsi, *etc.* fulgeo
functus fundo
fusum fundo
futurus sum
fuveit sum
fuvimus sum
fuvisset sum

G

gavisi, *etc.* gaudeo
gavisus gaudeo
genendi, *etc.* gignendi
geni, *etc.* gigni
genitum gigno
geno, *etc.* gigno
genui, *etc.* gigno
ger gero
gessi, *etc.* gero
gestum gero
gignier gigni

gnatus nascor
gnitus nitor
gnixus nitor
gnosco, *etc.* nosco
gnosse nosco
gressus gradior

H

haberier habeo
habessit habeo
haesi, *etc.* haereo
haesum haereo
hauribant haurio
haurierint haurio
hauritu haurio
hauriturus haurio
hauritus haurio
hausi, *etc.* haurio
hausiturus haurio
haustum haurio
hausurus haurio
hortarier hortor

I

iaciturus iaceo
ibam, *etc.* eo
ibo, *etc.* eo
ieci, *etc.* iacio
ii, *etc.* eo
illatum infero
imitarier imitor
imperassit impero
implerat impleo
implerint impleo
impleris impleo
implerit impleo
implerunt impleo
implessem, *etc.* impleo
implesset impleo
implicitum implico
implicui, *etc.* implico
imus eo
inbuo, *etc.* imbuo
incensit incendo
incensum incendo
inclusi, *etc.* includo
inclusum includo
incubitum incumbo
incubui, *etc.* incumbo

induperantum impero	**inquisti,** *etc.* inquam
ineam, *etc.* ineo	**inquito,** *etc.* inquam
ineram, *etc.* insum	**insim,** *etc.* insum
inero, *etc.* insum	**insumus** insum
ines insum	**insunt** insum
inesse insum	**intellectum** intellego
inest insum	**intellegerint** intellego
ineste insum	**intellexes** intellego
inestis insum	**intellexi,** *etc.* intellego
ineundus ineo	**intellexti,** *etc.* intellego
ineunt ineo	**intelligo,** *etc.* intellego
ineuntis ineo	**interream,** *etc.* intereo
infui, *etc.* insum	**intereram,** *etc.* intersum
inger ingero	**interero,** *etc.* intersum
ingessi, *etc.* ingero	**interes** intersum
ingestum ingero	**interesse** intersum
ingressus ingredior	**interest** intersum
ini, *etc.* ineo	**intereste** intersum
inibam, *etc.* ineo	**interestis** intersum
inibo, *etc.* ineo	**intereundus** intereo
iniciens inicio	**intereunt** intereo
inicit inicio	**intereuntis** intereo
inieci, *etc.* inicio	**interfiat** interficio
iniectum inicio	**interfieri,** *etc.* interficio
iniens ineo	**interfui,** *etc.* intersum
inieram, *etc.* ineo	**interi,** *etc.* intereo
inierim, *etc.* ineo	**interibam,** *etc.* intereo
iniero, *etc.* ineo	**interibo,** *etc.* intereo
iniet inibit	**interiens** intereo
iniexit iniecerit	**interieram,** *etc.* intereo
inii, *etc.* ineo	**interierim,** *etc.* intereo
inire ineo	**interiero,** *etc.* intereo
inirem, *etc.* ineo	**interii,** *etc.* intereo
inissem, *etc.* ineo	**interire** intereo
initum ineo	**interirem,** *etc.* intereo
initurus ineo	**interissem,** *etc.* intereo
inivi, *etc.* ineo	**interissent** intersum
inpedio, *etc.* impedio	**interitum** intereo
inpendeo, *etc.* impendeo	**interiturus** intereo
inpero, *etc.* impero	**interivi,** *etc.* intereo
inpleo, *etc.* impleo	**intersim,** *etc.* intersum
inplesse impleo	**intersumus** intersum
inplico, *etc.* implico	**intersunt** intersum
inque inquam	**intrassis** intro
inquiebat inquam	**introdeo,** *etc.* introeo
inquies inquam	**introeam,** *etc.* introeo
inquiet inquam	**introeundus** introeo
inquii, *etc.* inquam	**introeunt** introeo
inquio, *etc.* inquam	**introeuntis** introeo

introi, *etc.* introeo
introibam, *etc.* introeo
introibo, *etc.* introeo
introiens introeo
introieram, *etc.* introeo
introierim, *etc.* introeo
introiero, *etc.* introeo
introiet introeo
introii, *etc.* introeo
introire introeo
introirem, *etc.* introeo
introissem, *etc.* introeo
introitum introeo
introiturus introeo
introivi, *etc.* introeo
intuli, *etc.* infero
invenibit invenio
irascier irascor
irasco, *etc.* irascor
iratus irascor
irier eo
is eo
isse eo
issem, *etc.* eo
isti, *etc.* eo
istis eo
it eo
itis eo
itum eo
iudicassit iudico
iuerint iuvo
iunctum iungo
iunxi, *etc.* iungo
iusse iubeo
iussi, *etc.* iubeo
iussitur iubeo
iusso, *etc.* iubeo
iussum iubeo
iusti, *etc.* iubeo
iutum iuvo
iuvaturus iuvo
iuvi, *etc.* iuvo
ivi, *etc.* eo

L

labier labor
labundus labor
laesi, *etc.* laedo

laesum laedo
lapsus labor
latum fero
lautum lavo
lavere lavo
lavis lavo
lectum lego
licessit licet
lictum linquo
liqui, *etc.* linquo
locassim, *etc.* loco
locassint loco
locutus loquor
loquier loquor
loquutus loquor
lotum lavo
lubet libet
luctum lugeo
ludier ludo
lugeri, *etc.* **(deponent)** lugeo
lui, *etc.* luo
luiturus luo
luxi, *etc.* lugeo
luxti, *etc.* lugeo

M

malim, *etc.* malo
mallem, *etc.* malo
malumus malo
malunt malo
mansi, *etc.* maneo
mansti, *etc.* maneo
mansurus maneo
mavelim, *etc.* malo
mavelis malo
mavelit malo
mavellem, *etc.* malo
mavis malo
mavolet malo
mavolo, *etc.* malo
mavoluit malo
mavolunt malo
mavult malo
mavultis malo
memorarier memoro
memordi, *etc.* mordeo
mensus metior
mentibitur mentior

mersi, *etc.* mergo
mersum mergo
messui, *etc.* meto
messum meto
metitus metior
miro, *etc.* miror
misererier misereo
misertus misereo
misi, *etc.* mitto
missum mitto
misti, *etc.* mitto
mistum misceo
mittier mitto
mixtum misceo
moenio, *etc.* munio
moereo, *etc.* maereo
molirier molior
momordi, *etc.* mordeo
monerier moneo
moneris moneo
moriri, *etc.* morior
morsum mordeo
morunt moveo
mostis moveo
mostro, *etc.* monstro
motum moveo
mulctum mulceo
mulsi, *etc.* mulceo
mulsum mulceo
munibis munio
munii, *etc.* munio
mutarier muto

N

na no
nabam, *etc.* no
nabo, *etc.* no
nactus nanciscor
nanciscier nanciscor
nanctus nanciscor
nandus no
nans no
nas no
nasciturus nascor
nasse no
nat no
natus nascor
neclego, *etc.* neglego
nectier necto

nectus neco
necui, *etc.* neco
negassim, *etc.* nego
neglectum neglego
neglegerit neglego
neglegisset neglego
neglexi, *etc.* neglego
negligo, *etc.* neglego
negumo, *etc.* nego
nem, *etc.* no
nequeam, *etc.* nequeo
nequeunt nequeo
nequeuntis nequeo
nequibat nequeo
nequibit nequeo
nequiens nequeo
nequiere nequeo
nequii, *etc.* nequeo
nequire nequeo
nequirem, *etc.* nequeo
nequisset nequeo
nequit nequeo
nequivi, *etc.* nequeo
nescii, *etc.* nescio
nevis nolo
nevult nolo
nexi, *etc.* necto
nexui, *etc.* necto
nexum necto
nisus nitor
nitier nitor
nixus nitor
nocerier noceo
nolam, *etc.* nolo
nolens nolo
noli, *etc.* nolo
nolim, *etc.* nolo
nolite nolo
nollem, *etc.* nolo
noltis nolo
nolumus nolo
nomus nosco
noram, *etc.* nosco
norim, *etc.* nosco
noris nosco
nosse nosco
nosti, *etc.* nosco
notum nosco
novi, *etc.* nosco

noxit noceo
nunctio, *etc.* nuntio
nupsi, *etc.* nubo
nuptum nubo
nutribant nutrio
nutribat nutrio
nutribo, *etc.* nutrio
nutrii, *etc.* nutrio
nutrimus nutrio

O

obcido, *etc.* occido
obcucurri, *etc.* occurro
obculo, *etc.* occulo
obcurro, *etc.* occurro
obeam, *etc.* obeo
oberam, *etc.* obsum
obero, *etc.* obsum
obes obsum
obescet obsum
obesse obsum
obessem, *etc.* obsum
obest obsum
obeste obsum
obestis obsum
obeundus obeo
obeunt obeo
obeuntis obeo
obfero, *etc.* offero
obi, *etc.* obeo
obibam, *etc.* obeo
obibo, *etc.* obeo
obiciens obicio
obicit obicio
obieci, *etc.* obicio
obiectum obicio
obiens obeo
obieram, *etc.* obeo
obierim, *etc.* obeo
obiero, *etc.* obeo
obiexim, *etc.* obicio
obiexis obicio
obii, *etc.* obeo
obinunt obeo
obire obeo
obirem, *etc.* obeo
obissem, *etc.* obeo
obit obeo
obitum obeo

obiturus obeo
obivi, *etc.* obeo
oblatum offero
obliscier obliviscor
oblitus obliviscor
obpressi, *etc.* opprimo
obpressus opprimo
obprimo, *etc.* opprimo
obsim, *etc.* obsum
obsum obsum
obtuli, *etc.* offero
obui, *etc.* obsum
occecurri, *etc.* occurro
occisit occido
occisum occido
occulerat occulo
occupassis occupo
occupassit occupo
occursum occurro
oderem, *etc.* odi
odiant odi
odiebant odi
odiendi, *etc.* odi
odientes odi
odies odi
odiet odi
odio, *etc.* odi
odiremur odi
oditur odi
odivi, *etc.* odi
odivit odi
oetier utor
oetor, *etc.* utor
offueram, *etc.* obsum
offuerim, *etc.* obsum
offuero, *etc.* obsum
offui, *etc.* obsum
offuturus obsum
opero, *etc.* operor
oppressi, *etc.* opprimo
oppressum opprimo
oppugnarant (op)pugno
optassis opto
orassis oro
orere orior
oreretur orior
oreris orior
oriturus orior
ortus orior

ostensurus ostendo
ostensus ostendo
osus sum odi

P

paco, *etc.* pango
pactum pango
pago, *etc.* pango
panctum pango
pansum pando
panxi, *etc.* pango
parcitum parco
parciturus parco
parcui, *etc.* parco
paribis pario
parire pario
paritum pario
parreo, *etc.* pareo
parsi, *etc.* parco
parsum parco
parsurus parco
partum pario
parturus pario
passum pando
passus patior
pastum pasco
patias passus
pavi, *etc.* pasco
pavi, *etc.* paveo
pegi, *etc.* pango
penderit pendo
pendissent pendo
pensum pendo
pependi, *etc.* pendeo
pependi, *etc.* pendo
peperci, *etc.* parco
peperi, *etc.* pario
pepigi, *etc.* pango
peposci, *etc.* posco
pepuli, *etc.* pello
perculi, *etc.* percello
perculsi, *etc.* percello
perculsum percello
percussi, *etc.* percutio
percussum percutio
percusti, *etc.* percutio
peream, *etc.* pereo
pereundus pereo

pereunt pereo
pereuntis pereo
peri, *etc.* pereo
peribam, *etc.* pereo
peribo, *etc.* pereo
periens pereo
perieram, *etc.* pereo
perierim, *etc.* pereo
periero, *etc.* pereo
periet pereo
perii, *etc.* pereo
perire pereo
perirem, *etc.* pereo
perissem, *etc.* pereo
peritum pereo
periturus pereo
perivi, *etc.* pereo
perlatum perfero
perrectum pergo
perrexi, *etc.* pergo
pertuli, *etc.* perfero
petii, *etc.* peto
petisse peto
petissem, *etc.* peto
petisti, *etc.* peto
petistis peto
petit peto
pictum pingo
pinxi, *etc.* pingo
planctum plango
planxi, *etc.* plango
plausi, *etc.* plaudo
plausum plaudo
plodo, *etc.* plaudo
poenibat punio
poenio, *etc.* punio
poenitet paenitet
polliceres polliceor
pollicitus polliceor
poposci, *etc.* posco
porge porrigo
porgebat porrigo
porgens porrigo
porgi, *etc.* porrigo
porgite porrigo
porgo, *etc.* porrigo
porrectum porrigo
porrexi, *etc.* porrigo

porxit porrigo	**praees** praesum
posedet possideo	**praeesse** praesum
poseivei, *etc.* pono	**praeessem,** *etc.* praesum
posidebunt possideo	**praeest** praesum
posideit possideo	**praeeste** praesum
posident possideo	**praeestis** praesum
posidere possideo	**praeeundus** praeeo
posidet possideo	**praeeunt** praeeo
posideto, *etc.* possideo	**praeeuntis** praeeo
posierunt pono	**praefui,** *etc.* praesum
posit pono	**praehendi,** *etc.* prehendo
positum pono	**praehendo,** *etc.* prehendo
posivi, *etc.* pono	**praehensus** prehendo
posse possum	**praei,** *etc.* praeeo
possedi, *etc.* possideo	**praeibam,** *etc.* praeeo
possem, *etc.* possum	**praeibo,** *etc.* praeeo
possessum possideo	**praeiens** praeeo
possetur possum	**praeieram,** *etc.* praeeo
possiem, *etc.* possum	**praeierim,** *etc.* praeeo
possies possum	**praeiero,** *etc.* praeeo
possim, *etc.* possum	**praeii,** *etc.* praeeo
possitur possum	**praeire** praeeo
possumus possum	**praeirem,** *etc.* praeeo
possunt possum	**praeissem,** *etc.* praeeo
postus pono	**praeitum** praeeo
posui, *etc.* pono	**praeiturus** praeeo
potatum bibo	**praeivi,** *etc.* praeeo
poterant possum	**praelatum** praefero
poteratur possum	**praendi,** *etc.* prehendo
potero, *etc.* possum	**praendo,** *etc.* prehendo
potes possum	**praensus** prehendo
potesse possum	**praesim,** *etc.* praesum
potest possum	**praestatum** praesto
potestis possum	**praestavi,** *etc.* praesto
potestur possum	**praestiti,** *etc.* praesto
poti, *etc.* potior	**praestitum** praesto
potin possum	**praesumus** praesum
potio, *etc.* potior	**praesunt** praesum
potirier potior	**praeteream,** *etc.* praetereo
potisit possum	**praetereundus** praetereo
potisse possum	**praetereunt** praetereo
potisset possum	**praetereuntis** praetereo
potui, *etc.* possum	**praeteri,** *etc.* praetereo
potum bibo	**praeteribam,** *etc.* praetereo
praeberier praebeo	**praeteribo,** *etc.* praetereo
praeeam, *etc.* praeeo	**praeteriens** praetereo
praeeram, *etc.* praesum	**praeterieram,** *etc.* praetereo
praeero, *etc.* praesum	**praeterierim,** *etc.* praetereo

praeteriero, *etc.* praetereo
praeteriet praetereo
praeterii, *etc.* praetereo
praeterire praetereo
praeterirem, *etc.* praetereo
praeterissem, *etc.* praetereo
praeteritum praetereo
praeteriturus praetereo
praeterivi, *etc.* praetereo
praetuli, *etc.* praefero
prehensum prehendo
prendi, *etc.* prehendo
prendo, *etc.* prehendo
prensus prehendo
pressi, *etc.* premo
pressum premo
prodeam, *etc.* prodeo
proderam, *etc.* prosum
prodero, *etc.* prosum
prodes prosum
prodesse prosum
prodessem, *etc.* prosum
prodest prosum
prodeste prosum
prodestis prosum
prodeundus prodeo
prodeunt prodeo
prodeuntis prodeo
prodi, *etc.* prodeo
prodibam, *etc.* prodeo
prodibo, *etc.* prodeo
prodiens prodeo
prodieram, *etc.* prodeo
prodierim, *etc.* prodeo
prodiero, *etc.* prodeo
prodii, *etc.* prodeo
prodinunt prodeo
prodire prodeo
prodirem, *etc.* prodeo
prodissem, *etc.* prodeo
proditum prodeo
proditurus prodeo
prodivi, *etc.* prodeo
profectus proficiscor
proferis profero
proferrier profero
profui, *etc.* prosum
proiciens proicio

proicit proicio
proieci, *etc.* proicio
proiectum proicio
prolatum profero
prosim, *etc.* prosum
prosumus prosum
prosunt prosum
protuli, *etc.* profero
pudeatur pudet
puditum est pudet
pulserat pello
pulsum pello
punii, *etc.* punio

Q

quaesii, *etc.* quaero
quairo, *etc.* quaero
quassum quatio
queam, *etc.* queo
questus queror
queunt queo
quibam, *etc.* queo
quibo, *etc.* queo
quiens queo
quiere queo
quierit queo
quietum quiesco
quievi, *etc.* quiesco
quii, *etc.* queo
quimus queo
quire queo
quis queo
quit queo
quitis queo
quivi, *etc.* queo

R

rapsit rapio
raturus reor
ratus reor
rear, *etc.* reor
reatur reor
rebar, *etc.* reor
rebor, *etc.* reor
rectum rego
reddibitur reddo
reddibo, *etc.* reddo
redeam, *etc.* redeo

redeundus redeo
redeunt redeo
redeuntis redeo
redi, *etc.* redeo
redibam, *etc.* redeo
redibo, *etc.* redeo
rediens redeo
redieram, *etc.* redeo
redierim, *etc.* redeo
rediero, *etc.* redeo
redies redeo
redii, *etc.* redeo
redinunut redeo
redire redeo
redirem, *etc.* redeo
redissem, *etc.* redeo
reditum redeo
rediturus redeo
redivi, *etc.* redeo
reiciens reicio
reicit reicio
reieci, *etc.* reicio
reiectum reicio
relatum refero
relictum relinquo
reliqui, *etc.* relinquo
rellatus refero
remini, *etc.* reor
remur reor
rendus reor
rens reor
rentur reor
reperi, *etc.* reperio
reperibit reperio
reperibitur reperio
reperirier reperio
repertum reperio
repperi, *etc.* reperio
requisii, *etc.* requiro
requisitum requiro
requisivi, *etc.* requiro
rere reor
rerer reor
reri, *etc.* reor
reris reor
resedi, *etc.* resido
residi, *etc.* resido
respectum respicio
respexi, *etc.* respicio

respexis respicio
responsum respondeo
rettuli, *etc.* refero
retuli, *etc.* refero
retur reor
rexi, *etc.* rego
risi, *etc.* rideo
risum rideo
rogarier rogo
rogassint rogo
rumpier rumpo
rupi, *etc.* rumpo
ruptum rumpo
rutum ruo

S

saevibat saevio
saevibo, *etc.* saevio
salii, *etc.* salio
salivi, *etc.* salio
saltum salio
salui, *etc.* salio
sancierat sancio
sancitum sancio
sancivi, *etc.* sancio
sanctum sancio
sanxi, *etc.* sancio
sapii, *etc.* sapio
sapisset sapio
sapisti, *etc.* sapio
sapivi, *etc.* sapio
sapui, *etc.* sapio
satum sero
scibam, *etc.* scio
scibitur scio
scibo, *etc.* scio
scicidi, *etc.* scindo
scidi, *etc.* scindo
sciit scio
scirint scio
scisse scio
scissum scindo
scisti, *etc.* scio
scripse scribo
scripsi, *etc.* scribo
scripsti, *etc.* scribo
scripstis scribo
scriptum scribo
sectum seco

secui, *etc.*   seco
secutus   sequor
sedi, *etc.*   sedeo
sensi, *etc.*   sentio
sensti, *etc.*   sentio
sensum   sentio
sepeli, *etc.*   sepelio
sepelibis   sepelio
sepelii, *etc.*   sepelio
sepelisset   sepelio
sepelitus   sepelio
sepelivi, *etc.*   sepelio
sepultum   sepelio
sequo, *etc.*   sequor
sequutus   sequor
serempsit   sumo
sertum   sero
serui, *etc.*   sero
servasso, *etc.*   servo
servibas   servio
servibit   servio
servibo, *etc.*   servio
servii, *etc.*   servio
sevi, *etc.*   sero
siem, *etc.*   sum
sierim, *etc.*   sino
sii, *etc.*   sino
siit   sino
sim, *etc.*   sum
similo, *etc.*   simulo
simus   sum
sini, *etc.*   sino
sinisset   sino
sinit   sino
sis   volo
sissent   sino
sisset   sino
sisti, *etc.*   sino
sistis   sino
situm   sino
sivi, *etc.*   sino
solicatatum   sollicito
solicitavi, *etc.*   sollicito
solicito, *etc.*   sollicito
solinunt   soleo
solitus   soleo
soluerat   soleo
soluerint   soleo
solui, *etc.*   soleo

soluisse   solvo
soluit   solvo
solutus   solvo
solvi, *etc.*   solvo
spargier   spargo
sparsi, *etc.*   spargo
sparsum   spargo
spepondi, *etc.*   spondeo
sponderat   spondeo
sponsis   spondeo
sponsum   spondeo
spopondi, *etc.*   spondeo
sprerunt   sperno
spretum   sperno
sprevi, *etc.*   sperno
statum   sisto
staturus   sto
statutum   statuo
stem, *etc.*   sto
steti, *etc.*   sisto
steti, *etc.*   sto
stiti, *etc.*   sisto
strarat   sterno
strasset   sterno
stratum   sterno
stravi, *etc.*   sterno
strictum   stringo
strinxi, *etc.*   stringo
structum   struo
struxi, *etc.*   struo
studivi, *etc.*   studeo
suasi, *etc.*   suadeo
suasum   suadeo
suberam, *etc.*   subsum
subero, *etc.*   subsum
subes   subsum
subesse   subsum
subest   subsum
subeste   subsum
subestis   subsum
subfero, *etc.*   suffero
subiciens   subicio
subicit   subicio
subieci, *etc.*   subicio
subiectum   subicio
sublatum   suffero
sublatum   tollo
subrectum   surgo
subrexi, *etc.*   surgo

subrigo, *etc.* surgo
subsim, *etc.* subsum
subsumus subsum
subsunt subsum
suerunt suesco
suesse suesco
suesti, *etc.* suesco
suetum suesco
suevi, *etc.* suesco
sultis volo
sum sum
sumpse sumo
sumus sum
sunt sum
supereram, *etc.* supersum
superero, *etc.* supersum
superes supersum
superescit supersum
superesse supersum
superest supersum
supereste supersum
superestis supersum
supersim, *etc.* supersum
supersumus supersum
supersunt supersum
suremit sumo
surrectum surgo
surregit surgo
surrexe surgo
surrexi, *etc.* surgo
surrexti surgo
surrio, *etc.* surgo
suspensum suspendo
sustuli, *etc.* suffero
sustuli, *etc.* tollo

T

tactum tango
tago, *etc.* tango
taxi, *etc.* tango
tectum tego
tenivi, *etc.* teneo
tenno, *etc.* tendo
tensum tendo
tentatum tempto
tentavi, *etc.* tempto
tento, *etc.* tempto
tentum tendo
tentum teneo

terii, *etc.* tero
tetendi, *etc.* tendo
tetigi, *etc.* tango
tetinerim, *etc.* teneo
tetinerit teneo
tetinero, *etc.* teneo
tetinisse teneo
tetuli, *etc.* fero
texi, *etc.* tego
texier texo
textum texo
texui, *etc.* texo
tollisse tollo
tollit tollo
tonimus tono
tonsum tondeo
tonui, *etc.* tono
torquerier torqueo
torrui, *etc.* torreo
torsi, *etc.* torqueo
tortum torqueo
tostum torreo
totondi, *etc.* tondeo
tractum traho
traiciens traicio
traicit traicio
traieci, *etc.* traicio
traiectum traicio
tralatum transfero
transeam, *etc.* transeo
transeundus transeo
transeunt transeo
transeuntis transeo
transi, *etc.* transeo
transibam, *etc.* transeo
transibo, *etc.* transeo
transicio, *etc.* traicio
transiens transeo
transieram, *etc.* transeo
transierim, *etc.* transeo
transiero, *etc.* transeo
transiet transeo
transii, *etc.* transeo
transire transeo
transirem, *etc.* transeo
transissem, *etc.* transeo
transitum transeo
transiturus transeo
transivi, *etc.* transeo

translatum transfero
transtuli, *etc.* transfero
traxe traho
traxi, *etc.* traho
tristi, *etc.* tero
tritum tero
trivi, *etc.* tero
tuamur tueor
tuantur tueor
tuerier tueor
tueris tueor
tuimur tueor
tuitus tueor
tuli, *etc.* fero
tundier tundo
tunsum tundo
tuor, *etc.* tueor
turbassit turbo
turbassitur turbo
tuserunt tundo
tussum tundo
tusum tundo
tutudi, *etc.* tundo
tutus tueor

U

ultus ulciscor
urgueo, *etc.* urgeo
ursi, *etc.* urgeo
ussi, *etc.* uro
ustum uro
usus utor
utier utor

V

vaeneo, *etc.* veneo
vaeniri, *etc.* veneo
valiturus valeo
vectum veho
veis volo
velim, *etc.* volo
velle volo
vellem, *etc.* volo
velli, *etc.* vello
veneam, *etc.* veneo
veneatur veneo
vener veneo
veneundus veneo
veneunt veneo

venibam, *etc.* veneo
venibat venio
venibo, *etc.* veneo
venibo, *etc.* venio
veniet veneo
venii, *etc.* veneo
venitum veneo
veniturus veneo
venivi, *etc.* veneo
verri, *etc.* verro
versi, *etc.* verro
versum verro
versum verto
vexi, *etc.* veho
vici, *etc.* vinco
victum vinco
victum vivo
vin volo
vinctum vincio
vinxi, *etc.* vincio
vis volo
vixet vivo
vixi, *etc.* vivo
vocarier voco
volam, *etc.* volo
volebam, *etc.* volo
voles volo
volim, *etc.* volo
volimus volo
voliturus volo
volnero, *etc.* vulnero
volsum vello
volueram, *etc.* volo
volumus volo
volunt volo
volutum volvo
volvier volvo
vorsarier verso
vorso, *etc.* verso
vortier verto
vorto, *etc.* verto
voto, *etc.* veto
votum voveo
vovi, *etc.* voveo
vulsi, *etc.* vello
vulsum vello
vult volo
vultis volo

Latin Verb Index

The following index includes the 501 verbs in this book, plus over 1,000 other similarly conjugated verbs. After each boldface entry you will find a number in parentheses representing the conjugation to which that verb belongs, then a basic meaning in italics. The last word of each entry directs you to a model verb in the body of this book, where you will find either the verb itself fully conjugated or a model verb similar in conjugation to the verb in question. For example, if you look up the verb **abdo**, you will see that it is third conjugation (**3**), has a basic meaning **hide**, and is conjugated like the verb **addo**.

A

abdo (3) *hide* addo
abduco (3) *lead away* duco
abeo (irreg.) *go away* abeo
aberro (1) *wander* erro
abhorreo (2) *shrink back* horreo
abicio (3) *throw away* abicio
abigo (3) *drive away* exigo
abiudico (1) *take away by a judgement* iudico
abiungo (3) *unharness* iungo
abiuro (1) *deny on oath* iuro
abluo (3) *wash* luo
abnego (1) *deny* nego
abnuo (3) *refuse by a nod* annuo
abnuto (1) *refuse by a nod repeatedly* incito
aboleo (2) *destroy* deleo
abominor (1) *hate* conor
aborior (4) *set* orior
abripio (3) *snatch away* eripio
abrogo (1) *repeal* rogo
abrumpo (3) *break off* rumpo
abscedo (3) *depart* accedo
abscido (3) *cut off* occido
abscindo (3) *tear off* scindo
abscondo (3) *hide* condo
absilio (4) *jump away* desilio
absisto (3) *go away* sisto
absolvo (3) *free* solvo
absorbeo (2) *swallow* doceo
abstergeo (2) *wipe off* doceo
absterreo (2) *scare away* terreo

abstineo (2) *hold back* contineo
absto (1) *stand aloof* sto
abstraho (3) *drag away* traho
absum (irreg.) *be absent* absum
absumo (3) *consume* sumo
abundo (1) *overflow* celo
abutor (3) *abuse* utor
accedo (3) *approach* accedo
accelero (1) *speed up* celo
accendo (3) *set on fire* incendo
accepto (1) *receive* incito
accerso (3) *summon* peto
accido (3) *happen* accido
accido (3) *hack at* occido
accieo (2) *summon* cieo
accingo (3) *gird* cingo
accio (4) *summon* audio
accipio (3) *receive* accipio
accolo (3) *live nearby* colo
accommodo (1) *adapt* celo
accubo (1) *recline at a table* cubo
accumbo (3) *recline* incumbo
accumulo (1) *heap up* celo
accuro (1) *take care of* curo
accurro (3) *run to* occurro
accuso (1) *accuse* accuso
acervo (1) *heap up* celo
acquiesco (3) *rest* quiesco
acquiro (3) *get* requiro
acuo (3) *sharpen* acuo
adaequo (1) *make equal with* aequo
adambulo (1) *walk by* ambulo

adamo (1) *fall in love*   amo

adaperio (4) *open fully*   aperio

adapto (1) *adapt*   incito

adaugesco (3) *begin to increase*   cresco

addo (3) *add*   addo

addubito (1) *begin to doubt*   dubito

adduco (3) *lead to*   duco

adedo (irreg.) *nibble*   comedo

adeo (irreg.) *approach*   adeo

adfulgeo (3) *shine*   fulgeo

adfundo (3) *pour upon*   effundo

adhaereo (2) *cling to*   haereo

adhibeo (2) *apply to*   adhibeo

adhortor (1) *encourage*   hortor

adicio (3) *throw at*   adicio

adigo (3) *drive to*   exigo

adimo (3) *take away*   adimo

adipiscor (3) *obtain*   adipiscor

adiudico (1) *award as judge*   iudico

adiungo (3) *connect*   iungo

adiuro (1) *swear*   iuro

adiuto (1) *help*   incito

adiuvo (1) *help*   iuvo

administro (1) *manage*   celo

admiror (1) *admire*   miror

admisceo (2) *mix in*   misceo

admitto (3) *give access to*   mitto

admoderor (1) *moderate*   conor

admoneo (2) *suggest*   moneo

admoveo (2) *move*   moveo

adolesco (3) *grow up*   adolesco

adorior (4) *attack*   orior

adoro (1) *revere*   oro

adsum (irreg.) *be present*   adsum

adveho (3) *carry (in a vehicle)*   veho

advenio (4) *arrive*   venio

adverto (3) *turn towards*   verto

advoco (1) *summon*   voco

aedifico (1) *build*   aedifico

aequo (1) *make equal*   aequo

aestuo (1) *boil*   aestuo

affero (irreg.) *carry to*   affero

afficio (3) *influence*   conficio

affigo (3) *attach*   figo

affirmo (1) *confirm*   celo

afflicto (1) *harass*   incito

affligo (3) *injure*   affligo

affor (1) *address*   affor

agglomero (1) *accumulate*   celo

aggredior (3) *attack*   aggredior

agito (1) *drive*   incito

agnosco (3) *recognize*   cognosco

ago (3) *do*   ago

aio (irreg.) *say*   aio

algeo (2) *be cold*   fulgeo

allido (3) *strike against*   laedo

alligo (1) *tie to*   ligo

alloquor (3) *address*   loquor

alluo (3) *wash*   luo

alo (3) *nourish*   alo

ambio (4) *go around*   ambio

ambulo (1) *walk*   ambulo

amicio (4) *clothe*   amicio

amitto (3) *lose*   mitto

amo (1) *love*   amo

amplector (3) *embrace*   complector

amplexor (1) *embrace*   conor

amputo (1) *prune*   celo

ango (3) *choke*   cingo

anhelo (1) *pant*   exsulo

animadverto (3) *pay attention to*   verto

animo (1) *animate*   celo

annuo (3) *nod, give assent*   annuo

aperio (4) *open*   aperio

appareo (2) *appear*   faveo

appello (1) *call*   appello

appello (3) *drive to*   expello

appeto (3) *attack*   peto

applico (1) *attach*   implico

appono (3) *put beside*   pono

apprehendo (3) *seize*   prehendo

approbo (1) *approve*   probo

appropinquo (1) *approach*   aequo

apto (1) *fit*   celo

arbitror (1) *think*   arbitror

arceo (2) *enclose*   arceo

arcesso (3) *summon*   peto

ardeo (2) *burn*   ardeo

areo (2) *be dry*   faveo

arguo (3) *prove*   constituo

armo (1) *arm*   armo

aro (1) *plough*   celo

arrideo (2) *laugh at*   rideo

arrigo (3) *raise*   dirigo

arripio (3) *seize* eripio
ascendo (3) *climb up* ascendo
aspergo (3) *sprinkle* aspergo
aspernor (1) *reject* conor
aspicio (3) *look at* respicio
asporto (1) *carry off* porto
assentio (4) *agree* sentio
assequor (3) *overtake* sequor
assideo (2) *sit beside* possideo
assigno (1) *allot* signo
assisto (3) *stand by* sisto
assumo (3) *receive* sumo
assurgo (3) *stand up* surgo
asto (1) *stand near* sto
astringo (3) *tighten* stringo
attendo (3) *pay attention to* ostendo
attero (3) *wear away* tero
attingo (3) *touch* contingo
attollo (3) *lift up* tollo
attono (1) *stun* veto
attribuo (3) *assign* tribuo
audeo (2) *dare* audeo
audio (4) *hear* audio
aufero (irreg.) *carry away* aufero
aufugio (3) *run away* effugio
augeo (2) *increase* augeo
avello (3) *tear off* vello
aveo (2) *desire* caveo
averto (3) *turn away* verto

B

bacchor (1) *revel* conor
bello (1) *wage war* exsulo
benedico (3) *praise* dico
beo (1) *bless* celo
bibo (3) *drink* bibo

C

cado (3) *fall* cado
caedo (3) *cut* caedo
calco (1) *trample* celo
caleo (2) *be warm* caleo
candeo (2) *be white* vireo
cano (3) *sing* cano
canto (1) *sing* incito
capesso (3) *seize* peto
capio (3) *take* capio

capto (1) *seize* incito
careo (2) *lack* careo
carpo (3) *pluck* carpo
castigo (1) *punish* celo
caveo (2) *beware* caveo
cedo (3) *go* cedo
celebro (1) *crowd* celo
celero (1) *hurry* celo
celo (1) *hide* celo
ceno (1) *dine* celo
censeo (2) *assess* censeo
cerno (3) *discern* cerno
certo (1) *compete* certo
cesso (1) *loiter* cesso
cieo (2) *set in motion* cieo
cingo (3) *gird* cingo
circumdo (1) *surround* do
circumduco (3) *lead around* duco
circumeo (irreg.) *go around* circumeo
circumfero (irreg.) *carry around* circumfero
circumfundo (3) *pour around* effundo
circumsisto (3) *surround* sisto
circumsto (1) *surround* sto
circumvenio (4) *surround* invenio
clamo (1) *shout* clamo
claresco (3) *make clear* cresco
claudo (3) *close* claudo
coeo (irreg.) *meet* coeo
coepi (irreg.) *begin* coepi
coerceo (2) *control* exerceo
cogito (1) *think* cogito
cognosco (3) *learn* cognosco
cogo (3) *force* cogo
cohibeo (2) *restrain* adhibeo
cohortor (1) *urge* hortor
colligo (1) *tie up* ligo
colligo (3) *gather* eligo
colloco (1) *place* loco
colloquor (3) *converse* loquor
colo (3) *cherish* colo
comedo (irreg.) *devour* comedo
comito (1) *accompany* comito
comitor (1) *accompany* conor
commemoro (1) *remind* memoro
commendo (1) *entrust* commendo
committo (3) *join* mitto

commodo (1)   *adapt*   celo
commoror (1)   *wait*   moror
commoveo (2)   *upset*   moveo
communico (1)   *share*   celo
commuto (1)   *change*   muto
como (3)   *arrange*   emo
como (3)   *comb*   emo
comparo (1)   *bring together*   paro
compello (1)   *reproach*   appello
compello (3)   *force*   expello
comperio (4)   *learn*   aperio
compesco (3)   *suppress*   cresco
competo (3)   *coincide*   peto
complector (3)   *embrace*   complector
compleo (2)   *fill up*   impleo
compono (3)   *put together*   pono
comporto (1)   *collect*   porto
comprehendo (3)   *grasp*   prehendo
comprimo (3)   *squeeze*   opprimo
comprobo (1)   *prove*   probo
computo (1)   *reckon*   puto
concedo (3)   *yield*   accedo
concido (3)   *collapse*   accido
concido (3)   *cut to pieces*   occido
concieo (2)   *assemble*   cieo
concilio (1)   *unite*   nuntio
concino (3)   *harmonize*   concino
concipio (3)   *begin*   accipio
concito (1)   *excite*   incito
conclamo (1)   *shout*   clamo
concludo (3)   *enclose*   includo
concresco (3)   *congeal*   cresco
conculco (1)   *trample*   celo
concupisco (3)   *desire*   cresco
concurro (3)   *rush together*   occurro
concutio (3)   *shake*   percutio
condemno (1)   *condemn*   celo
condo (3)   *establish*   condo
conduco (3)   *assemble*   duco
conecto (3)   *join*   necto
confero (irreg.)   *bring together*   confero
conficio (3)   *finish*   interficio
confido (3)   *trust*   fido
confirmo (1)   *strengthen*   celo
confiteor (2)   *confess*   confiteor
confligo (3)   *smash together*   affligo

confluo (3)   *flow together*   fluo
confringo (3)   *break*   confringo
confugio (3)   *flee*   effugio
confundo (3)   *mix*   effundo
congero (3)   *accumulate*   ingero
congredior (3)   *assemble*   aggredior
conicio (3)   *throw*   conicio
conitor (3)   *strive*   nitor
coniungo (3)   *join together*   iungo
coniuro (1)   *swear*   iuro
conor (1)   *try*   conor
conqueror (3)   *complain*   queror
conquiro (3)   *search for*   requiro
conscendo (3)   *climb*   ascendo
conscribo (3)   *enlist*   scribo
consecro (1)   *consecrate*   consecro
consector (1)   *follow after*   conor
consentio (4)   *agree*   sentio
consequor (3)   *pursue*   sequor
conservo (1)   *save*   servo
considero (1)   *examine*   celo
consido (3)   *sit down*   resido
consisto (3)   *pause*   sisto
consolor (1)   *comfort*   solor
consono (1)   *resound*   cubo
conspicio (3)   *see*   respicio
conspicor (1)   *observe*   conor
constituo (3)   *decide*   constituo
consto (1)   *agree*   sto
constringo (3)   *restrain*   stringo
construo (3)   *build*   struo
consuesco (3)   *accustom*   suesco
consulo (3)   *deliberate*   consulo
consummo (1)   *complete*   celo
consumo (3)   *consume*   sumo
consurgo (3)   *stand up*   surgo
contego (3)   *cover up*   tego
contemno (3)   *despise*   contemno
contemplor (1)   *observe*   conor
contendo (3)   *strain*   contendo
contero (3)   *grind*   tero
contineo (2)   *contain*   contineo
contingo (3)   *touch*   contingo
contraho (3)   *pull together*   traho
contristo (1)   *sadden*   celo
contundo (3)   *pound*   contundo

convello (3)   *wrench*   vello
convenio (4)   *assemble*   venio
converso (1)   *turn around*   verso
converto (3)   *turn around*   verto
convinco (3)   *refute*   vinco
convoco (1)   *summon*   voco
coorior (4)   *appear*   orior
copulo (1)   *join*   celo
coquo (3)   *cook*   coquo
corono (1)   *crown*   celo
corrigo (3)   *correct*   dirigo
corripio (3)   *seize*   eripio
corrumpo (3)   *break up*   rumpo
corruo (3)   *collapse*   ruo
corrusco (1)   *brandish*   celo
credo (3)   *believe*   credo
cremo (1)   *burn*   celo
creo (1)   *create*   creo
crepito (1)   *make a noise*   cubo
crepo (1)   *make a noise*   crepo
crucio (1)   *torture*   crucio
cubo (1)   *recline*   cubo
cumulo (1)   *heap up*   celo
cunctor (1)   *delay*   cunctor
cupio (3)   *desire*   cupio
curo (1)   *care for*   curo
curro (3)   *run*   curro
curvo (1)   *bend*   celo
custodio (4)   *guard*   custodio

D

damno (1)   *condemn*   celo
deambulo (1)   *take a walk*   ambulo
debeo (2)   *owe*   debeo
decanto (1)   *keep repeating*   celo
decedo (3)   *withdraw*   accedo
decerno (3)   *decide*   decerno
decerpo (3)   *pluck off*   discerpo
decerto (1)   *fight it out*   certo
decet (2)   *it is proper*   decet
decido (3)   *fall down*   accido
decido (3)   *cut off*   occido
decipio (3)   *deceive*   accipio
declaro (1)   *proclaim*   clamo
declino (1)   *deflect*   declino
decoro (1)   *adorn*   celo

decurro (3)   *run down*   occurro
dedo (1)   *surrender*   addo
deduco (3)   *lead away*   duco
defendo (3)   *defend*   defendo
defero (irreg.)   *bring down*   defero
deficio (3)   *fall short*   conficio
defigo (3)   *attach firmly*   figo
defleo (2)   *weep bitterly*   fleo
defluo (3)   *flow down*   fluo
defodio (3)   *bury*   fodio
defugio (3)   *run away from*   effugio
defungor (3)   *finish with*   fungor
dego (3)   *spend time*   cogo
deicio (3)   *throw down*   deicio
delabor (3)   *slip down*   elabor
delecto (1)   *charm*   celo
deleo (2)   *destroy*   deleo
delibero (1)   *consider*   celo
deligo (3)   *select*   eligo
delinquo (3)   *leave behind*   relinquo
demergo (3)   *submerge*   mergo
demitto (3)   *let down*   mitto
demo (3)   *take away*   emo
demonstro (1)   *show*   monstro
demoror (1)   *wait*   moror
denuntio (1)   *declare*   nuntio
depello (3)   *expel*   expello
depereo (irreg.)   *perish*   depereo
depingo (3)   *depict*   pingo
depono (3)   *put aside*   pono
deporto (1)   *carry down*   porto
deposco (3)   *demand*   posco
depravo (1)   *distort*   celo
deprecor (1)   *avert (by prayer)*   precor
deprehendo (3)   *catch*   prehendo
deprimo (3)   *press down*   opprimo
depso (3)   *knead*   texo
deputo (1)   *consider*   puto
derelinquo (3)   *abandon*   relinquo
descendo (3)   *descend*   ascendo
desero (3)   *abandon*   desero
desidero (1)   *desire*   celo
designo (1)   *indicate*   signo
desilio (4)   *jump down*   desilio
desino (3)   *stop*   sino
desipio (3)   *be stupid*   sapio

desisto (3) *stop* sisto
desolo (1) *abandon* celo
despero (1) *give up hope* spero
despicio (3) *despise* respicio
despondeo (2) *promise* respondeo
destino (1) *appoint* celo
destituo (3) *forsake* constituo
destruo (3) *tear down* struo
desum (irreg.) *fail* desum
detego (3) *uncover* tego
deterreo (2) *scare away* terreo
detineo (2) *detain* contineo
detraho (3) *drag down* traho
detrecto (1) *decline* incito
devenio (4) *come* venio
devinco (3) *defeat* vinco
devoro (1) *devour* celo
devoveo (2) *vow* voveo
dico (3) *say* dico
differo (irreg.) *disperse* differo
diffido (3) *distrust* fido
diffugio (3) *flee in different directions* effugio
diffundo (3) *diffuse* effundo
digero (3) *divide* ingero
dignor (1) *think worthy* dignor
digredior (3) *separate* aggredior
dilato (1) *expand* celo
diligo (3) *love* diligo
dimico (1) *fight* celo
dimitto (3) *dismiss* mitto
dirigo (3) *direct* dirigo
diripio (3) *rend* eripio
diruo (3) *demolish* ruo
discedo (3) *depart* accedo
discerno (3) *divide* decerno
discerpo (3) *tear apart* discerpo
disco (3) *learn* disco
discumbo (3) *recline at a table* incumbo
discurro (3) *run in different directions* occurro
discutio (3) *smash to pieces* percutio
disicio (3) *scatter* disicio
dispenso (1) *distribute* celo
dispergo (3) *disperse* aspergo
displiceo (2) *displease* displiceo
dispono (3) *arrange* pono
dissentio (4) *disagree* sentio
dissero (3) *arrange in order* desero

dissimulo (1) *pretend* simulo
dissolvo (3) *destroy* solvo
distendo (3) *stretch out* ostendo
distinguo (3) *distinguish* exstinguo
disto (1) *be distant* sto
distribuo (3) *distribute* tribuo
dito (1) *enrich* celo
divido (3) *divide* divido
do (1) *give* do
doceo (2) *teach* doceo
doleo (2) *be in pain* doleo
dominor (1) *be master* conor
domo (1) *tame* veto
dono (1) *give* celo
dormio (4) *sleep* dormio
dubito (1) *hesitate* dubito
duco (3) *lead* duco
duro (1) *harden* duro

E

edisco (3) *learn well* disco
edo (-ere) (3) *put forth* edo
edo (esse) (irreg.) *eat* edo
edoceo (2) *teach clearly* doceo
edomo (1) *conquer* veto
educo (3) *lead out* duco
effero (irreg.) *carry out* effero
efficio (3) *cause* conficio
effluo (3) *flow out* fluo
effugio (3) *escape* effugio
effundo (3) *pour out* effundo
egeo (2) *be in need* egeo
egredior (3) *leave* aggredior
eicio (3) *throw out* eicio
elabor (3) *slip out* elabor
elaboro (1) *exert oneself* laboro
elevo (1) *raise* celo
elicio (3) *entice* capio
eligo (3) *pick out* eligo
eloquor (3) *speak* loquor
eludo (3) *outmaneuver* ludo
emendo (1) *correct* commendo
emereo (2) *deserve* mereo
emergo (3) *emerge* mergo
emetior (4) *measure out* metior
emineo (2) *project* timeo
emitto (3) *send out* mitto

emo (3) *buy* emo
emungo (3) *clean out* plango
enitor (3) *strive* nitor
enuntio (1) *report* nuntio
eo (irreg.) *go* eo
epulor (1) *be at a feast* conor
equito (1) *ride a horse* exsulo
erigo (3) *make upright* dirigo
eripio (3) *snatch away* eripio
erro (1) *wander* erro
erubesco (3) *blush* cresco
erudio (4) *educate* erudio
erumpo (3) *break out* rumpo
eruo (3) *uproot* ruo
esurio (4) *be hungry* salio
evado (3) *maneuver* evado
evanesco (3) *vanish* adolesco
eveho (3) *carry out* veho
evello (3) *tear out* vello
evenio (4) *come out* venio
everto (3) *overturn* verto
evigilo (1) *be wide awake* vigilo
evito (1) *avoid* incito
evoco (1) *summon* voco
evolo (1) *fly out* volo
evomo (3) *vomit* alo
exanimo (1) *kill* celo
exaudio (4) *hear clearly* audio
excedo (3) *leave* accedo
excello (3) *excel* percello
excerpo (3) *select* discerpo
excido (3) *escape* accido
excido (3) *cut out* occido
excieo (2) *summon* cieo
excipio (3) *remove* accipio
excito (1) *excite* incito
exclamo (1) *shout* clamo
excludo (3) *shut out* includo
excogito (1) *contrive* cogito
excuso (1) *excuse* accuso
excutio (3) *shake out* percutio
exeo (irreg.) *go out* exeo
exerceo (2) *train* exerceo
exercito (1) *exercise* incito
exhaurio (4) *drain completely* haurio
exhibeo (2) *display* adhibeo
exigo (3) *drive out* exigo

exincito (1) *harass* incito
existimo (1) *think* existimo
exorior (4) *start* orior
exoro (1) *persuade* oro
expavesco (3) *dread* cresco
expedio (4) *unencumber* impedio
expello (3) *drive out* expello
expendo (3) *weigh out* suspendo
experior (4) *try* experior
expeto (3) *aim at* peto
expleo (2) *fill up* impleo
explico (1) *unfold* implico
exploro (1) *investigate* celo
expono (3) *explain* pono
exprimo (3) *squeeze out* opprimo
expugno (1) *storm* pugno
exsequor (3) *follow* sequor
exsisto (3) *exist* sisto
exspecto (1) *wait for* specto
exstinguo (3) *extinguish* exstinguo
exsto (1) *stand out* sto
exstruo (3) *heap up* struo
exsulo (1) *be in exile* exsulo
exsulto (1) *jump up* exsulo
exsupero (1) *surpass* supero
exsurgo (3) *stand up* surgo
extendo (3) *stretch out* ostendo
exterreo (2) *scare thoroughly* terreo
extollo (3) *lift up* tollo
extorqueo (2) *wrench out* torqueo
extraho (3) *drag out* traho
exuo (3) *undress* exuo
exuro (3) *burn up* uro

F

fabricor (1) *make* conor
facesso (3) *execute* quaero
facio (3) *make* facio
fallo (3) *deceive* fallo
famulor (1) *serve* conor
farcio (4) *stuff* haurio
fateor (2) *confess* fateor
fatigo (1) *tire* incito
faveo (2) *favor* faveo
ferio (4) *strike* ferio
fero (irreg.) *carry* fero
ferveo (2) *boil* ferveo

festino (1) *hurry* celo
fido (3) *trust* fido
figo (3) *attach* figo
findo (3) *split* scindo
fingo (3) *shape* fingo
finio (4) *end* finio
fio (3) *become* facio
firmo (1) *strengthen* celo
flagro (1) *blaze* exsulo
flammo (1) *burn* exsulo
flecto (3) *bend* flecto
fleo (2) *weep* fleo
flincito (1) *demand* incito
floreo (2) *bloom* floreo
fluctuo (1) *undulate* exsulo
fluito (1) *flow* incito
fluo (3) *flow* fluo
fodio (4) *dig* fodio
foedo (1) *disfigure* foedo
for (1) *talk* for
formo (1) *shape* celo
foveo (2) *cherish* foveo
frango (3) *break* frango
fraudo (1) *cheat* celo
fremo (3) *roar* fremo
freno (1) *restrain* celo
frequento (1) *visit often* celo
frico (1) *rub* veto
frigo (3) *fry* iungo
fruor (3) *enjoy* fruor
frustro (1) *deceive* celo
fugio (3) *flee* fugio
fugo (1) *rout* fugo
fulcio (4) *prop up* audio
fulgeo (2) *flash* fulgeo
fundo (1) *found* celo
fundo (3) *pour* fundo
fungor (3) *perform* fungor
furo (3) *be mad* curro
furor (1) *steal* conor

G

gaudeo (2) *rejoice* gaudeo
gemino (1) *double* celo
gemmo (1) *sprout* exsulo
gemo (3) *groan* gemo
gero (3) *carry* gero

gesto (1) *carry around* incito
gigno (3) *give birth* gigno
glomero (1) *form into a ball* celo
glorior (1) *boast* conor
gradior (3) *step* gradior
grassor (1) *walk around* conor
gravo (1) *weigh down* celo
guberno (1) *steer* celo
gusto (1) *taste* incito

H

habeo (2) *have* habeo
habito (1) *dwell* habito
haereo (2) *cling* haereo
haurio (4) *drain* haurio
hiemo (1) *spend the winter* exsulo
hio (1) *yawn* exsulo
honoro (1) *honor* celo
horreo (2) *bristle* horreo
hortor (1) *urge* hortor
humo (1) *bury* celo

I

iaceo (2) *lie* iaceo
iacio (3) *throw* iacio
iacto (1) *buffet* incito
icio (3) *hit* capio
ignoro (1) *not know* celo
ignosco (3) *pardon* cresco
illudo (3) *play* ludo
illumino (1) *light up* celo
illustro (1) *illuminate* celo
imbuo (3) *dip* imbuo
imitor (1) *copy* imitor
immergo (3) *plunge* mergo
immineo (2) *overhang* faveo
immitto (3) *send in* mitto
immolo (1) *sacrifice* celo
impedio (4) *hinder* impedio
impello (3) *drive* expello
impendeo (2) *overhang* impendeo
imperito (1) *command* incito
impero (1) *command* impero
impertio (4) *share* audio
impetro (1) *achieve* celo
impleo (2) *fill* impleo
implico (1) *enfold* implico

imploro (1) *beg* ploro
impono (3) *impose* pono
imprimo (3) *press upon* opprimo
imputo (1) *credit* puto
inauro (1) *gild* celo
incedo (3) *walk* accedo
incendo (3) *set on fire* incendo
incido (3) *come upon* accido
incido (3) *cut open* occido
incipio (3) *begin* accipio
incito (1) *incite* incito
inclino (1) *bend* declino
includo (3) *enclose* includo
incoho (1) *begin* celo
incolo (3) colo
increpo (3) *make a noise* crepo
incubo (1) *lie upon* cubo
incumbo (3) *lie upon* incumbo
incurro (3) *run into* occurro
indico (1) *point out* celo
indico (3) *declare* dico
indigeo (2) *need* egeo
indignor (1) *be angry at* dignor
indo (3) *put in* addo
induco (3) *introduce* duco
indulgeo (2) *be kind to* mulceo
induo (3) *put on (clothing)* induo
inebrio (1) *intoxicate* nuntio
ineo (irreg.) *enter* ineo
infamo (1) *disgrace* celo
infero (irreg.) *bring in* infero
inficio (3) *taint* conficio
infirmo (1) *weaken* celo
inflo (1) *inflate* celo
infundo (3) *pour in* effundo
ingemino (1) *redouble* celo
ingemisco (3) *groan* adolesco
ingero (3) *bring in* ingero
ingredior (3) *enter* ingredior
inhaereo (2) *cling to* haereo
inhibeo (2) *restrain* adhibeo
inicio (3) *throw in* inicio
iniungo (3) *attach* iungo
innascor (3) *be born in* nascor
innitor (3) *lean on* nitor
inquam (irreg.) *say* inquam
inquiro (3) *ask* requiro

inscribo (3) *assign* scribo
insequor (3) *follow closely* sequor
insero (3) *implant* sero
inservio (4) *be a slave* servio
insisto (3) *stand firm* sisto
inspicio (3) *examine* respicio
instauro (1) *renew* celo
instituo (3) *establish* statuo
insto (1) *be close* sto
instruo (3) *erect* struo
insuesco (3) *accustom* suesco
insum (irreg.) *be in* insum
insurgo (3) *rise up* surgo
intellego (3) *understand* intellego
intendo (3) *aim* ostendo
intercedo (3) *intervene* accedo
intercipio (3) *intercept* accipio
intercludo (3) *block* includo
interdico (3) *forbid* dico
intereo (irreg.) *perish* intereo
interficio (3) *kill* interficio
interimo (3) *destroy* adimo
intermitto (3) *interrupt* mitto
interpello (3) *interrupt* expello
interpono (3) *interrupt* pono
interpretor (1) *interpret* conor
interrogo (1) *ask* rogo
intersum (irreg.) *be amongst* intersum
intro (1) *enter* intro
introduco (3) *introduce* duco
introeo (irreg.) *enter* introeo
intromitto (3) *admit* mitto
intueor (2) *look at* tueor
invado (3) *attack* evado
inveho (3) *carry in* veho
invenio (4) *find* invenio
invideo (2) *hate* video
invito (1) *invite* incito
invoco (1) *summon* voco
involvo (3) *envelop* volvo
iocor (1) *joke* conor
irascor (3) *be angry* irascor
irrito (1) *provoke* incito
irrumpo (3) *break in* rumpo
irruo (3) *rush in* ruo
itero (1) *repeat* celo
iubeo (2) *order* iubeo

iudico (**1**) *judge* iudico
iungo (**3**) *join* iungo
iuro (**1**) *swear* iuro
iuvo (**1**) *help* iuvo

L

labor (**3**) *slip* labor
laboro (**1**) *work* laboro
lacero (**1**) *mangle* lacero
lacesso (**3**) *strike* duco
lacrimo (**1**) *weep (for)* celo
laedo (**3**) *harm* laedo
laetor (**1**) *be happy* laetor
langueo (**2**) *be tired* faveo
lanio (**1**) *tear to pieces* nuntio
largior (**4**) *give freely* orior
lascivio (**4**) *frolic* salio
lateo (**2**) *lie hidden* lateo
latro (**1**) *bark* exsulo
laudo (**1**) *praise* laudo
lavo (**1**) *wash* lavo
laxo (**1**) *extend* celo
lego (**3**) *choose* lego
lenio (**4**) *soften* audio
levo (**1**) *lighten* celo
libero (**1**) *set free* celo
libet (**2**) *it is pleasing* libet
libo (**1**) *sip* libo
licet (**2**) *it is allowed* licet
ligo (**1**) *bind* ligo
lino (**3**) *smear* nosco
linquo (**3**) *leave behind* linquo
liquesco (**3**) *melt* adolesco
liquo (**1**) *melt* aequo
loco (**1**) *place* celo
loquor (**3**) *talk* loquor
luceo (**2**) *shine* faveo
ludo (**3**) *play* ludo
lugeo (**2**) *mourn* lugeo
luo (**3**) *pay* luo
lustro (**1**) *purify* celo

M

macero (**1**) *soften* celo
machinor (**1**) *devise* conor
macto (**1**) *sacrifice* celo
maculo (**1**) *stain* celo

madeo (**2**) *be wet* faveo
maereo (**2**) *mourn* maereo
maledico (**3**) *curse* dico
malo (**irreg.**) *prefer* malo
mando (**1**) *entrust* mando
maneo (**2**) *stay* maneo
mano (**1**) *flow* exsulo
mansuesco (**3**) *tame* suesco
marceo (**2**) *droop* faveo
maturo (**1**) *hurry* celo
medeor (**2**) *heal* vereor
meditor (**1**) *contemplate* meditor
memini (**irreg.**) *remember* memini
memoro (**1**) *recall* memoro
mentior (**4**) *lie* mentior
meo (**1**) *go* exsulo
mereo (**2**) *deserve* doceo
mergo (**3**) *sink* mergo
metior (**4**) *measure* metior
meto (**3**) *reap* meto
metuo (**3**) *fear* metuo
mico (**1**) *quiver* cubo
migro (**1**) *move* exsulo
milito (**1**) *be a soldier* exsulo
ministro (**1**) *attend to* celo
minitor (**1**) *threaten* conor
minor (**1**) *threaten* minor
minuo (**3**) *lessen* minuo
miror (**1**) *wonder* miror
misceo (**2**) *mix* misceo
misereo (**2**) *pity* misereo
miseror (**1**) *pity* conor
mitigo (**1**) *calm* celo
mitto (**3**) *send* mitto
moderor (**1**) *restrain* conor
modulor (**1**) *play (music)* conor
molior (**4**) *work at* molior
mollio (**4**) *soften* audio
molo (**3**) *grind* pono
moneo (**2**) *warn* moneo
monstro (**1**) *show* monstro
mordeo (**2**) *bite* mordeo
morior (**3**) *die* morior
moror (**1**) *delay* moror
moveo (**2**) *move* moveo
mugio (**4**) *bellow* salio
mulceo (**2**) *soothe* mulceo

multiplico (1) *multiply* implico
munio (4) *fortify* munio
murmuro (1) *murmur* exsulo
muto (1) *change* muto

N

nanciscor (3) *obtain* nanciscor
narro (1) *tell (a story)* narro
nascor (3) *be born* nascor
nato (1) *swim* exsulo
navigo (1) *sail* navigo
neco (1) *kill* neco
necto (3) *weave* necto
neglego (3) *neglect* neglego
nego (1) *deny* nego
nequeo (irreg.) *be unable* nequeo
nescio (4) *not know* nescio
niteo (2) *shine* niteo
nitor (3) *lean on* nitor
no (1) *swim* no
noceo (2) *harm* noceo
nolo (irreg.) *be unwilling* nolo
nomino (1) *name* celo
nosco (3) *learn* nosco
noto (1) *mark* incito
nubo (3) *marry* nubo
nudo (1) *strip* celo
numero (1) *count* celo
nuncupo (1) *call by name* occupo
nuntio (1) *announce* nuntio
nuto (1) *nod* incito
nutrio (4) *nurse* nutrio

O

obdormio (4) *fall asleep* dormio
obduco (3) *cover over* duco
obeo (irreg.) *meet* obeo
obicio (3) *throw against* obicio
obliviscor (3) *forget* obliviscor
oboedio (4) *obey* salio
obruo (3) *overwhelm* ruo
obsecro (1) *beg* consecro
obsequor (3) *comply with* sequor
observo (1) *watch* servo
obsideo (2) *beseige* possideo
obstipesco (3) *be astounded* adolesco
obsto (1) *obstruct* sto

obstrepo (3) *make a noise* strepo
obstruo (3) *block* struo
obsum (irreg.) *be against* obsum
obtero (3) *trample on* tero
obtineo (2) *obtain* contineo
occido (3) *fall* accido
occido (3) *kill* occido
occulo (3) *hide* occulo
occulto (1) *hide* incito
occupo (1) *seize* occupo
occurro (3) *meet* occurro
occurso (1) *meet* exsulo
odi (irreg.) *hate* odi
odoror (1) *smell* conor
offendo (3) *hit against* defendo
offero (irreg.) *offer* offero
oleo (2) *smell* doceo
omitto (3) *overlook* mitto
onero (1) *burden* celo
operio (4) *close* aperio
operor (1) *work* operor
opinor (1) *think* conor
oportet (2) *it behooves* oportet
oppono (3) *put against* pono
opprimo (3) *oppress* opprimo
oppugno (1) *attack* pugno
opto (1) *wish for* opto
ordino (1) *arrange* celo
ordior (4) *begin* orior
orior (4) *rise* orior
orno (1) *equip* celo
oro (1) *plead* oro
osculor (1) *kiss* conor
ostendo (3) *show* ostendo
ostento (1) *show off* incito
ovo (1) *rejoice* ovo

P

paciscor (3) *agree* nascor
paco (1) *pacify* celo
paenitet (2) *it causes regret* paenitet
palleo (2) *be pale* palleo
pallesco (3) *turn pale* adolesco
pando (3) *spread out* pando
pango (3) *drive in* pango
parco (3) *spare* parco
pareo (2) *obey* pareo

pario (3) *give birth* pario
paro (1) *prepare* paro
partio (4) *share* audio
pasco (3) *feed* pasco
patefacio (3) *open up* facio
pateo (2) *be open* pateo
patesco (3) *become evident* adolesco
patior (3) *experience* patior
paveo (2) *be frightened* paveo
pecco (1) *err* exsulo
pecto (3) *comb* necto
pedo (3) *break wind* curro
pello (3) *strike* pello
pendeo (2) *hang* pendeo
pendo (3) *weigh* pendo
penetro (1) *penetrate* celo
penso (1) *weigh out* celo
perago (3) *complete* ago
percello (3) *knock down* percello
percipio (3) *take* accipio
percurro (3) *run through* occurro
percutio (3) *strike* percutio
perdo (3) *destroy* addo
perduco (3) *guide* duco
pereo (irreg.) *perish* pereo
perfero (irreg.) *endure* perfero
perficio (3) *complete* conficio
perforo (1) *pierce* celo
perfugio (3) *flee for refuge* effugio
perfundo (3) *drench* effundo
pergo (3) *continue* pergo
perhibeo (2) *assert* adhibeo
perimo (3) *destroy* adimo
perlego (3) *read through* lego
permaneo (2) *last* maneo
permisceo (2) *mingle* misceo
permitto (3) *allow* mitto
permoveo (2) *move deeply* moveo
perpendo (3) *weigh carefully* suspendo
perpetior (3) *endure* patior
perpetro (1) *perform* celo
persequor (3) *pursue* sequor
persevero (1) *persist* exsulo
persolvo (3) *pay* solvo
persono (1) *resound* cubo
perspicio (3) *examine* respicio
persuadeo (2) *persuade* suadeo

perterreo (2) *frighten* terreo
pertimesco (3) *be very afraid* adolesco
pertineo (2) *extend* contineo
perturbo (1) *throw into confusion* celo
pervenio (4) *arrive* venio
perverto (3) *overturn* verto
pervolo (1) *fly over* volo
peto (3) *seek* peto
piget (2) *it disgusts* licet
pingo (3) *paint* pingo
pinso (3) *bruise* carpo
placeo (2) *please* placeo
placo (1) *calm* celo
plango (3) *beat* plango
plaudo (3) *clap* plaudo
plecto (3) *braid* necto
ploro (1) *wail (for)* ploro
polleo (2) *be strong* faveo
polliceor (2) *promise* polliceor
pono (3) *put* pono
populo (1) *ravage* celo
porrigo (3) *hold out* porrigo
portendo (3) *predict* ostendo
porto (1) *carry* porto
posco (3) *demand* posco
possideo (2) *possess* possideo
possum (irreg.) *be able* possum
postulo (1) *demand* postulo
potior (4) *acquire* potior
poto (1) *drink* celo
praebeo (2) *hold out* praebeo
praecedo (3) *precede* accedo
praecido (3) *cut short* occido
praecipio (3) *anticipate* accipio
praedico (1) *proclaim* indico
praedico (3) *mention beforehand* praedico
praedor (1) *plunder* conor
praeeo (irreg.) *lead the way* praeeo
praefero (irreg.) *prefer* praefero
praeficio (3) *put in charge* conficio
praefor (1) *say in advance* affor
praemitto (3) *send in advance* mitto
praeparo (1) *prepare* paro
praepono (3) *put in charge* pono
praerumpo (3) *break off* rumpo
praescribo (3) *direct* scribo
praesideo (2) *guard* possideo

praesto (1)   *be superior*   praesto
praesum (irreg.)   *be in charge*   praesum
praesumo (3)   *anticipate*   sumo
praetendo (3)   *spread out in front*   ostendo
praetereo (irreg.)   *pass by*   praetereo
praetermitto (3)   *let pass*   mitto
praetexo (3)   *disguise*   texo
praevaleo (2)   *be very powerful*   valeo
praevenio (4)   *anticipate*   invenio
prandeo (2)   *eat lunch*   faveo
precor (1)   *pray*   precor
prehendo (3)   *catch*   prehendo
premo (3)   *press*   premo
privo (1)   *deprive*   celo
probo (1)   *prove*   probo
procedo (3)   *go forward*   accedo
procido (3)   *fall forward*   accido
proclamo (1)   *proclaim*   clamo
procumbo (3)   *fall forward*   incumbo
procuro (1)   *take care of*   curo
procurro (3)   *rush forward*   occurro
prodeo (irreg.)   *go forward*   prodeo
prodo (3)   *betray*   reddo
produco (3)   *bring forward*   duco
proelior (1)   *join battle*   conor
profero (irreg.)   *bring forward*   profero
proficio (3)   *make progress*   conficio
proficiscor (3)   *set out*   proficiscor
profiteor (2)   *declare*   confiteor
profluo (3)   *keep flowing*   fluo
profugio (3)   *flee*   effugio
profundo (3)   *pour out*   effundo
progredior (3)   *go forward*   aggredior
prohibeo (2)   *hinder*   adhibeo
proicio (3)   *throw forward*   proicio
prolabor (3)   *slip forward*   elabor
promitto (3)   *promise*   mitto
promo (3)   *produce*   sumo
promoveo (2)   *advance*   moveo
pronuntio (1)   *announce*   nuntio
propero (1)   *hurry*   propero
propono (3)   *display*   pono
prorumpo (3)   *rush forward*   rumpo
prosequor (3)   *accompany*   sequor
prospicio (3)   *look out*   respicio
prosterno (3)   *throw in front*   sterno
prosum (irreg.)   *be useful*   prosum

protego (3)   *shield*   tego
protendo (3)   *stretch out*   ostendo
protero (3)   *crush*   tero
proveho (3)   *carry along*   veho
provenio (4)   *prosper*   venio
provideo (2)   *foresee*   video
provoco (1)   *challenge*   voco
psallo (3)   *play the lyre*   curro
publico (1)   *confiscate*   celo
pudet (2)   *it causes shame*   pudet
pugno (1)   *fight*   pugno
pulso (1)   *batter*   celo
pungo (3)   *pierce*   duco
punio (4)   *punish*   punio
purgo (3)   *clean*   duco
puto (1)   *think*   puto

Q

quaero (3)   *seek*   quaero
quaeso (1)   *ask*   celo
quasso (1)   *shake*   celo
quatio (3)   *shake*   quatio
queo (irreg.)   *be able*   queo
queror (3)   *complain*   queror
quiesco (3)   *rest*   quiesco

R

radio (1)   *furnish with spokes*   nuntio
rado (3)   *scrape*   claudo
rapio (3)   *seize*   rapio
reboo (1)   *resound*   exsulo
recedo (3)   *withdraw*   accedo
recido (3)   *recoil*   accido
recido (3)   *cut back*   occido
recipio (3)   *receive*   accipio
recito (1)   *recite*   incito
reclino (1)   *lean back*   declino
recludo (3)   *open up*   includo
recondo (3)   *hide away*   condo
recordor (1)   *recall*   conor
recreo (1)   *remake*   creo
recubo (1)   *recline*   cubo
recumbo (3)   *lie down*   incumbo
recupero (1)   *recover*   celo
recurro (3)   *return*   occurro
recuso (1)   *refuse*   accuso
reddo (3)   *give back*   reddo

redeo (irreg.) *return* redeo
redigo (3) *bring back* exigo
redimio (4) *encircle* audio
redimo (3) *buy back* adimo
redoleo (2) *smell* faveo
reduco (3) *lead back* duco
refero (irreg.) *bring back* refero
reficio (3) *repair* conficio
refoveo (2) *refresh* foveo
refugio (3) *run away from* effugio
regno (1) *rule* exsulo
rego (3) *rule* rego
regredior (3) *return* aggredior
reicio (3) *throw back* reicio
religo (1) *tie up* ligo
relinquo (3) *leave behind* relinquo
remaneo (2) *stay* maneo
remeo (1) *return* exsulo
remitto (3) *send back* mitto
removeo (2) *move back* moveo
renascor (3) *be born again* nascor
renovo (1) *renew* celo
renuntio (1) *report* nuntio
reor (2) *think* reor
reparo (1) *retrieve* paro
repello (3) *drive back* expello
rependo (3) *repay* suspendo
reperio (4) *find (out)* reperio
repeto (3) *revisit* peto
repleo (2) *refill* impleo
repo (3) *creep* cedo
repono (3) *replace* pono
reporto (1) *bring back* porto
reprehendo (3) *restrain* prehendo
reprimo (3) *keep back* opprimo
repudio (1) *reject* nuntio
repugno (1) *resist* pugno
reputo (1) *think over* puto
requiesco (3) *rest* quiesco
requiro (3) *search for* requiro
rescribo (3) *write back* scribo
resero (1) *unbar* celo
reservo (1) *keep back* servo
resido (3) *sit down* resido
resisto (3) *stand still* sisto
resolvo (3) *unfasten* solvo
resono (1) *resound* cubo

respicio (3) *look back at* respicio
respiro (1) *revive* spiro
respondeo (2) *answer* respondeo
restauro (1) *reapair* celo
restinguo (3) *extinguish* exstinguo
restituo (3) *restore* constituo
resto (1) *remain* sto
resulto (1) *rebound* exsulo
resumo (3) *take up again* sumo
resurgo (3) *stand back up* surgo
retardo (1) *detain* celo
retego (3) *uncover* tego
retineo (2) *hold back* contineo
retraho (3) *pull back* traho
reveho (3) *carry back* veho
revello (3) *tear off* vello
revereor (2) *respect* vereor
reverto (3) *turn back* verto
reviso (3) *come back to* duco
revoco (1) *call back* voco
revolvo (3) *unroll* volvo
rideo (2) *laugh* rideo
rigeo (2) *be stiff* faveo
rigo (1) *water* celo
rimor (1) *tear open* conor
rodo (3) *gnaw* vello
rogito (1) *ask for eagerly* incito
rogo (1) *ask* rogo
roro (1) *moisten* celo
roto (1) *turn* celo
rubeo (2) *be red* rubeo
rubesco (2) *blush* adolesco
rumpo (3) *burst* rumpo
ruo (3) *fall violently* ruo

S

sacrifico (1) *sacrifice* aedifico
sacro (1) *consecrate* sacro
saepio (4) *fence in* haurio
saevio (4) *rage* saevio
salio (4) *jump* salio
saluto (1) *greet* cogito
salveo (2) *be well* valeo
sancio (4) *make sacred* sancio
sano (1) *cure* celo
sapio (3) *taste* sapio
sarcio (4) *mend* haurio

satago (3) *be busy* ago	**spargo (3)** *scatter* spargo
satio (1) *satisfy* nuntio	**specto (1)** *watch* specto
scabo (3) *scratch* rumpo	**sperno (3)** *scorn* sperno
scalpo (3) *carve* scribo	**spero (1)** *hope* spero
scando (3) *climb* scando	**spiro (1)** *breathe* spiro
scelero (1) *desecrate* celo	**splendeo (2)** *shine* faveo
scindo (3) *cut open* scindo	**spolio (1)** *plunder* nuntio
scio (4) *know* scio	**spondeo (2)** *promise* spondeo
sciscitor (1) *inquire* conor	**spumo (1)** *froth* exsulo
scribo (3) *write* scribo	**spuo (3)** *spit* statuo
scrutor (1) *probe into* conor	**statuo (3)** *set up* statuo
secerno (3) *separate* decerno	**sterno (3)** *spread* sterno
seco (1) *cut* seco	**sternuo (3)** *sneeze* annuo
sector (1) *attend* conor	**sterto (3)** *snore* tremo
sedeo (2) *sit* sedeo	**stimulo (1)** *goad* celo
sedo (1) *calm* celo	**stipo (1)** *stuff* celo
seduco (3) *take away* duco	**sto (1)** *stand* sto
senesco (3) *grow old* adolesco	**strepo (3)** *make a noise* strepo
sentio (4) *feel* sentio	**strideo (2)** *shriek* faveo
separo (1) *separate* paro	**stringo (3)** *draw* stringo
sepelio (4) *bury* sepelio	**struo (3)** *build* struo
sepono (3) *set aside* pono	**studeo (2)** *be eager* studeo
sequor (3) *follow* sequor	**stupefacio (3)** *stun* facio
sero (3) *twist* occulo	**stupeo (2)** *be stunned* stupeo
sero (3) *sow* sero	**suadeo (2)** *urge* suadeo
serpo (3) *crawl* cedo	**subdo (3)** *subdue* condo
servio (4) *be a slave* servio	**subduco (3)** *steal* duco
servo (1) *save* servo	**subeo (irreg.)** *come up to* subeo
sicco (1) *dry* celo	**subiaceo (2)** *lie under* iaceo
significo (1) *indicate* aedifico	**subicio (3)** *put under* subicio
signo (1) *mark* signo	**subigo (3)** *compel* exigo
sileo (2) *be quiet* sileo	**sublevo (1)** *support* celo
simulo (1) *imitate* simulo	**submergo (3)** *plunge under* mergo
sino (3) *allow* sino	**submitto (3)** *send up* mitto
sisto (3) *set* sisto	**submoveo (2)** *remove* moveo
sitio (4) *be thirsty* salio	**subrideo (2)** *smile* rideo
socio (1) *unite* nuntio	**subsequor (3)** *follow closely* sequor
soleo (2) *be accustomed* soleo	**subsisto (3)** *stand still* sisto
sollicito (1) *distress* sollicito	**subsum (irreg.)** *be close to* subsum
solor (1) *comfort* solor	**subtraho (3)** *remove* traho
solvo (3) *loosen* solvo	**subveho (3)** *remove* veho
somnio (1) *dream* nuntio	**subvenio (4)** *come to the aid of* venio
sono (1) *sound* cubo	**subverto (3)** *overturn* verto
sopio (4) *put to sleep* audio	**succedo (3)** *advance* accedo
sorbeo (2) *swallow* terreo	**succendo (3)** *set on fire* incendo
sordeo (2) *be dirty* faveo	**succumbo (3)** *submit* incumbo
sortior (4) *draw lots* orior	**succurro (3)** *run to the aid of* occurro

sudo (1) *sweat* exsulo
suesco (3) *be accustomed* suesco
suffero (irreg.) *undergo* suffero
sufficio (3) *supply* conficio
sugo (3) *suck* tego
sulco (1) *plough* celo
sum (irreg.) *be* sum
sumo (3) *take up* sumo
suo (3) *sew* induo
supero (1) *surpass* supero
supersum (irreg.) *survive* supersum
supervenio (4) *overtake* invenio
supplico (1) *beg* implico
suppono (3) *substitute* pono
supprimo (3) *restrain* opprimo
surgo (3) *stand up* surgo
suscipio (3) *undertake* accipio
suscito (1) *incite* incito
suspendo (3) *hang* suspendo
suspicio (3) *mistrust* respicio
suspicor (1) *suspect* conor
suspiro (1) *sigh* spiro
sustento (1) *support* incito
sustineo (2) *support* contineo

T

taceo (2) *be quiet* taceo
taedet (2) *it wearies* pudet
tango (3) *touch* tango
tardo (1) *impede* celo
tego (3) *cover* tego
tempero (1) *moderate* celo
tempto (1) *try* tempto
tendo (3) *stretch* tendo
teneo (2) *hold* teneo
tepeo (2) *be warm* faveo
tergeo (2) *wipe* habeo
tero (3) *rub* tero
terreo (2) *frighten* terreo
testor (1) *give evidence* conor
texo (3) *weave* texo
timeo (2) *be afraid* timeo
tingo (3) *dip* pingo
titubo (1) *stagger* exsulo
tolero (1) *endure* celo
tollo (3) *lift* tollo
tondeo (2) *shear* spondeo

tono (1) *thunder* tono
torpeo (2) *be numb* faveo
torqueo (2) *twist* torqueo
torreo (2) *scorch* torreo
tracto (1) *handle* incito
trado (3) *betray* condo
traduco (3) *bring across* duco
traho (3) *drag* traho
traicio (3) *pierce* traicio
trano (1) *swim across* no
transcendo (3) *surmount* ascendo
transeo (irreg.) *cross* transeo
transfero (irreg.) *bring across* transfero
transfigo (3) *pierce* figo
transgredior (3) *cross over* aggredior
transigo (3) *complete* adimo
transmitto (3) *transfer* mitto
transporto (1) *transport* porto
tremo (3) *tremble* tremo
trepido (1) *panic* exsulo
tribuo (3) *assign* tribuo
triumpho (1) *triumph (over)* celo
trucido (1) *slaughter* celo
tueor (2) *watch* tueor
tumeo (2) *swell* faveo
tundo (3) *beat* tundo
turbo (1) *throw into confusion* turbo

U

ulciscor (3) *avenge* ulciscor
ululo (1) *howl* exsulo
umbro (1) *shade* celo
umeo (2) *be damp* faveo
ungo (3) *annoint* pingo
urgeo (2) *push forward* urgeo
uro (3) *burn* uro
usurpo (1) *make use of* celo
utor (3) *use* utor

V

vaco (1) *be empty* exsulo
vado (3) *go* vado
vagor (1) *wander* conor
valeo (2) *be strong* valeo
vapulo (1) *be flogged* exsulo
vario (1) *vary* nuntio
vasto (1) *ravage* celo